한 권으로 읽는
컴퓨터 구조와 프로그래밍

Title of English-language original: *The Secret Life of Programs: Understand Computers - Craft Better Code*,
ISBN 978-1-59327-970-7, published by No Starch Press.

한 권으로 읽는
컴퓨터 구조와 프로그래밍

더 나은 소프트웨어 개발을 위한 하드웨어, 자료구조, 필수 알고리즘 등
프로그래머의 비밀 노트

조너선 스타인하트 지음 | 오현석 옮김

책만

복잡한 기술을 평범한 사람에게 설명하는 방법을
내게 가르쳐준 줄리와 하날리에게 바칩니다.

놀라운 곳이었던 벨 전화 연구소와 그곳에서 일했던 모든 이들,
특히 10대인 내게 일자리를 마련해준 칼에게 바칩니다.

추천의 글

세상은 빠르게 변화하고 있고 날마다 새로운 기술과 서비스들이 등장한다. 디지털 트랜스포메이션이니 4차 산업혁명이니 하는 용어들은 마치 유행어처럼 뉴스 꼭지 한 편을 차지하며 마치 이러한 시류에 편승하지 못하면 시대에 뒤처진 사람들처럼 느끼게 만들기도 한다. 모든 것이 온라인으로 옮겨지고 있으며 IT와 관련한 사업 창업이나 프로그래머 취업/전직에 모두가 관심을 가지는 시대가 되었다. 겉보기엔 모든 기술이 클라우드로 옮겨가고 기술에 대한 패러다임 자체가 바뀐 것처럼 보이지만 오늘날의 IT 기술을 지탱하는 원론적인 컴퓨터 이론이나 구조는 사실 그다지 크게 변한 것이 없다.

이 책에서는 연륜 있는 베테랑 프로그래머가 오랜 경험을 바탕으로, 개발자와 컴퓨터공학 전공자가 반드시 알아야 할 컴퓨터의 동작 방식과 프로그래밍 언어에 대한 이야기를 한 권에 집약해서 보여준다. 이 책을 통해 독자들이 컴퓨터를 더 많이 이해하고 이를 바탕으로 더 나은 개발자와 컴퓨터공학 전공자로 성장하기를 바란다.

– 강유 / 서울대학교 컴퓨터공학과 교수

어딘가 처음 가는 곳으로 여행을 간다면 여기저기서 여러 자료를 찾기도 하지만 우선 가이드북을 하나 챙긴다. 좋은 가이드북은 해당 나라나 지역에 대해 꽤 상세한 지도와 짧은 기간 동안 둘러보는 데 필요한 정보, 간단한 역사나 문화까지 모두 담고 있다. 그래서 가이드북을 통해서 방문하려는 여행지에 대해 전반적으로 이해하고, 이곳에서 내가 무엇을 즐길 수 있으며, 필요한 것은 무엇인지를 이해할 수 있다. 그러면 더 자세히 필요한 내용이 무엇인지도 알 수 있을 것이고, 그런 내용은 여러 매체를 통해서 더 자세히 찾아볼 수 있다.

이 책은 프로그램의 세계에 대한 좋은 가이드북이 될 수 있을 것이다. 프로그램이 컴퓨터 내에서 어떻게 작동하고 이런 것이 어떤 식으로 실제로 활용되는지를 두루두루, 하지만 꽤 상세하게 담고 있다. 컴퓨터공학에 관심이 있지만 어떻게 접근해야 할지 몰랐던 초심자에게 이 책은 전반적인 프로그램의 세계를 살펴볼 수 있는 기회가 될 것이고, 이미 오래 프로그래밍을 업으로 삼고 있지만 자신의 분야에만 익숙하거나 본질적으로 프로그램이 어떻게 돌아가는지를 잠시 잊었던 사람들은 이 책을 통해 자신이 하고 있는 것이 넓은 프로그램 세계에서 어디에 안착하고 있는지 환기할 수 있는 기회를 얻게 될 것이다.

– **권정민** / ODK Media, Data Analytics Lead(데이터 분석 리드)

오늘날 최신 스마트폰은 물론이고 최신 노트북조차 분해하기가 매우 어렵다. 편의성과 심미성을 높이기 위해 확장성과 개방성을 다소 희생했다고 볼 수 있는데, 덕분에 내부에서 일어나는 일은 점점 더 이해하기 어려운 상황에 놓였다. 물론 이렇게 컴퓨터 하드웨어를 완전히 숨기고 심지어 운영체제를 비롯한 소프트웨어 층의 추상화 단계를 높인 덕분에, 과거에 비해 엄청나게 높은 생산성을 얻을 수 있다. 하지만 하드웨어와 소프트웨어의 접경 지대에서 성능이 떨어지거나 정상적으로 동작하지 않는 문제가 발생했을 때 레지스터 플립플롭이 반짝거리고 메모리를 덤프하는 등의 물리적인 단서가 없어졌기에, 근본 원인을 파악하는 작업은 무척 까다로워지고 말았다. 기술이 발전할수록 컴퓨터와 소프트웨어 사이의 간극은 점점 더 멀어지고 있다.

그렇다면 요즘처럼 소프트웨어가 세상을 잡아먹는 시대에 소프트웨어 개발자가 2진법과 부동소수점, 논리 게이트와 플립플롭을 알아야 할 이유가 있을까? 이렇게 한번 생각해보자. 컴퓨터는 계층적인 구조를 갖추고 있으므로 가장 아래 트랜지스터 수준에서 출발해서 CPU와 메모리가 구성되며, 입출력 장치가 붙으면서 컴퓨터라고 부를 수 있는 형태를 갖춘다. 그리고 이 위에서 운영체제, 웹 브라우저, 자바 가상 머신, 파이썬 인터프리터가 돌아가고, 최종적으로 온갖 종류의 애플리케이션이 일상에서 우리를 반긴다. 결국에는 층층이 쌓인 모든 구성요소가 제대로 맞물려 돌아갈 때 기능이나 성능 측면에서 훌륭한 소프트웨어가 탄생한다. 따라서 우리는 부분뿐만 아니라 큰 그림에서 바라봐야 하므로 어느 정도까지는 컴퓨터 하부에서 동작하는 기본적인 원리를 이해하고 있어야 한다.

이 책은 소프트웨어를 지탱하는 기술을 하드웨어에서 시작해 거꾸로 거슬러 올라오면서 소프트웨어 개발에 기반이 되는 주요 지식과 팁을, 때로는 고전적으로 때로는 현대적으로 흥미를 유발하며 빠른 템포로 정리해준다. 컴퓨터 전공자라면 과거에 배운 내용을 다시 한번 되새기면서 즐거운 시간을 보낼 수 있을 것이고 비전공자라면 전공자들이 학교에서 어떤 지식을 배우는지 살펴볼 수 있는 좋은 기회가 될 것이다. 소프트웨어는 궁극적으로 비트와 바이트를 처리하는 논리적인 생각의 덩어리라는 사실을 이해하면 이 책의 내용이 훨씬 더 가슴속에 와 닿을 것이다.

– 박재호 / 『클린 코드, 이제는 파이썬이다』 역자, 〈컴퓨터 vs 책〉 블로그 운영자

누구든 이 책 목차를 보면 현기증이 날 것이다. 빨리 알고 싶어서 현기증이 나거나 빨리 덮고 싶어서 현기증이 나거나. 하지만 최소한 이 책을 골라서 목차까지 펼쳐봐 놓고도 그냥 덮고 돌아선다면 나중에 이따금씩 계속 신경을 건드릴 것이다. 이런 책은 아마 다시 없을 수도 있겠다라는 직감이 이미 뇌리에 박혔을 테니까.

프로그래밍은 점점 더 추상화되고 있다. 덕분에 프로그래밍의 저변이 확대되어 개발자의 수도 많아졌고, 소프트웨어를 통해 점점 더 많은 세상사를 효율화할 수 있었으며, 소프트웨어가 세상의 중심에 우뚝 서게 됐다. 하지만 그런 소프트웨어를 만드는 개발자는 컴퓨팅의 중심에서 반대로 점점 멀어지고 있다. 개발자는 점점 더 많아지고 있으며 나도 모르는 사이에 흔한 개발자 중 한 사람이 되고 있다.

프로그램을 그럭저럭 작성하는 것은 누구나 흔히 할 수 있는 일이지만, 프로그램을 애초부터 더 나은 방식으로 만들거나 또는 나중에 발생한 문제를 해결하고 개선하는 일은 프로그램이 컴퓨터에서 어떤 여정을 거쳐 실행되는지 아는 사람만이 할 수 있다. 그런 사람이 되고 싶다면 이 책만 한 길잡이가 없을 것이다. 컴퓨팅의 가장 기저에 있는 표현 방식과 내부 하드웨어 구조부터 시작해서 통신, 데이터 처리, 언어, 보안, 인공지능, 개발방법론에 이르기까지 이렇게 한 권에 모아볼 수 있는 책은 개발계의 규화보전이라 할 수 있겠다.

이런 명저를 집필한 저자에게도 큰 감사와 존경을 보내지만, 이 만만치 않은 내용을 우리말로 옮기는 것만으로도 벅찬 일인데 영어로 된 유머마저도 우리말로 살려내고 원서 내용을 더 잘 이해할 수 있도록 풍부한 역자주를 달아주신 현석 님께도 깊은 감사와 경의를 표합니다.

– 오명운 / 네이버제트 개발자

누구도 알려주지 않았던 컴퓨터 상식과 기본이 가득한 책이다. 컴퓨터가 동작하는 원리부터 시작해 소프트웨어와 하드웨어 그리고 네트워크 통신에 이르기까지 프로그래밍의 기본이 되는 지식들을 총망라한 바이블이다.

프로그래밍은 I/O(입출력)가 전부라 할 만큼 I/O의 이해와 처리 경험 및 기본 지식이 매우 중요하다. 그래서 인터뷰를 볼 때마다 이 사람은 I/O에 대해 어떻게 알고 다루는지 살펴보곤 하는데

이 책에서는 이 근간이 되는 다양한 Input과 Output을 다루고 있다. 또한, 단순 문자열부터 하드웨어, 소프트웨어, 주변기기, 통신 방식 및 언어적 형태에 따른 다양한 방식으로 존재하는 I/O의 기본 원리와 처리 방식을 충실하게 설명해준다. 더불어 프로그래밍에 필요한 다양한 자료구조에 대한 설명과 알고리즘, 보안, 그래픽 처리까지 이 정도로 알려줘도 되나 싶을 만큼 저자의 모든 영혼을 쏟아부은 것 같다.

아직 프로그래밍에 입문하기 전이거나 혹시 컴퓨터에 관심이 많은 분이라면 이 책을 강력히 추천한다. 분명 이 책을 다 본 후에는 세상이 다시 보이게 될 것이라고 감히 확신하기 때문이다. 이 외에 컴퓨터공학/과학 전공자에게도 자신의 지식을 복기하기 위한 필독서로 꼭 한 번쯤은 읽어보길 권한다.

– 오창훈 / 토스증권 대표

컴퓨터 분야에서 공부는 두 가지로 크게 갈린다. 하나는 항상 반짝이면서 핫한 최신 트렌드 기술 학습이고, 하나는 컴퓨터가 밑바닥부터 다시 설계되지 않는 이상 좀처럼 바뀌지 않는 기초 학습이다.

전자인 인공지능, 블록체인 등 컴퓨터뿐만 아니라 사회 전반에 영향을 미치는 최신 기술을 익히는 것은 적재적소의 기술 분야에 빠르게 대응할 기회를 포착할 수 있는 장점이 있는 반면, 이런 기술의 생명주기는 상대적으로 짧아서 한 번 배우고 나서 얼마나 오래 써먹을지는 쉽게 가늠하기 힘들다. 하지만 기본기를 익히는 후자는 다르다. 한번 익혀 놓으면 어디든 써먹을 수 있는 기초를 다질 수 있고, 빠르게 변화하는 기술 생태계의 특성상 언젠가 또 새로운 기술이 등장하더라도 자신감을 얻고 공부를 시작할 수 있는 초석이 된다.

이 책은 밑바닥 지식을 훑어주는 주제를 다룸으로써, 바쁘게 변화하는 컴퓨터 지식의 흐름 속에서 자칫 간과하기 쉬운 기초를 튼튼하게 다져준다. 이 책에서 설명하는 모든 내용은 컴퓨터를 업으로 삼고 있는 사람이라면 한 번은 꼭 짚어야 할 지식임에 틀림없다.

– 이두희 / 멋쟁이사자처럼 창업자, CEO

요즘 개발자들은 하드웨어가 어떻게 생겼는지도 모르는 클라우드 환경에서 명령어 몇 줄로 애플리케이션의 기본 코드를 생성하고, 원하는 기능을 지원하는 라이브러리와 프레임워크, 개발 도구들을 찾아 이리저리 조합한 뒤 빠르게 프로그램을 완성해서 출시하기 바쁘다. 이렇게 사용한 개발 기술의 상당수는 몇 년 뒤 유행이 지나면 버리고 새롭게 등장해 인기를 끄는 기술을 다시 학습해야 한다.

그런데 매번 새로운 것 같은 프로그램을 만드는 최신 기술에도 깊이 살펴보면 변함없이 적용되어 있는 원리와 지식이 존재한다. 예전 인터넷, 클라우드, 오픈소스, 프레임워크 등이 없던 시절에 프로그래밍을 바닥부터 공부하기 시작했던 개발자들이라면 자연스럽게 배워왔던 컴퓨터 구조와 프로그래밍의 기초 원리들이다. 이런 내용을 한자리에 모아놓은 책이 있다니 무척이나 반갑다.

어린 시절부터 혹은 전공 과정에서 이런 내용을 배워왔던 개발자라면 이 책을 읽으면서 잊고 지냈던 많은 추억이 떠오를 것이다. 처음부터 바로 웹이나 앱 개발로 시작한 젊은 개발자들이라면 뭘 이런 걸 다 알아야 하나 싶기도 할 텐데, 이런 밑바닥 지식이 개발자를 종종 괴롭히는 문제를 해결하는 데 중요한 실마리를 제공해주기도 하니 흥미를 가지고 읽어보자.

– 이일민 / 이프릴 대표, 『토비의 스프링 3.1』 저자

언젠가부터 조금만 긴 글에도 TL; DR 딱지와 함께 독자를 놓치기 싫은 글쓴이의 몇 줄 요약이 붙어 있다. 세상이 점점 빠르게 돌아가면서 뭐 하나를 진득하니 붙들기가 점점 어려워지고 머리에 넣는 지식도 당장 써먹을 수 있는 기능 위주로 익히는 추세다.

이런 시기에 이 책의 저자는 고집스럽게도 프로그래밍을 잘하려면 컴퓨터와 프로그램이 어떻게 움직이는지 알아야 한다며 전자공학 전공자들이나 배울 법한 전기회로 그림을 눈앞에 디민다. 필요에 의해 급하게 코딩을 배우는, 단순한 프로그래밍 기법 위주 스타일의 도서들과 10분 내외의 유튜브 강의에 익숙한 독자라면 '이제 비로소 쓸 만한 게 나오려나' 싶겠지만 항로는 사회로 방향을 틀어 소프트웨어 개발의 역사와 직장 내 문화까지 흘러간다. 저자는 코딩 교육 열풍의 이면에는 '질 낮은 프로그래머를 회사에 많이 공급함으로써 프로그래머의 급여 수준을 낮추고 회사의 이익을 증가시키려는 목적'이 있다고 진단한다. 따라서 이 덫에 빠지지 않으려면 우리 스스로 문제를 정의할 줄 알아야 하고 문제를 효율적으로 풀 줄 알아야 하는데, 그러려면 컴퓨터가 돌아가는 방식을 이해해야 한다고 역설한다.

바다에 빠졌을 때 헤엄쳐 나올 수 있는 사람은 커다란 배를 타고 세계를 일주한 사람이 아니라 맨몸으로 자맥질을 해본 사람이고, 지도에 없는 보물섬을 찾을 수 있는 사람은 GPS가 안내하는 길로만 다닌 사람이 아니라 지도를 보고 빈 곳을 궁금해 찾아가 보고, 가끔은 허탕도 치면서 지도에 없는 배움을 몸으로 익힌 사람이다.

컴퓨터공학이나 전자공학 전공자라면 이미 교과과정을 통해 이 책의 내용을 충실히 배웠을 것이다. 하지만 나처럼 필요에 의해 맨몸으로 시작한 사람이라면 처음 보는 개념이 낯설게 다가올 수도 있겠으나 얼마든지 충분히 소화할 수 있다. 나와 같은 타 전공자라도 이 책을 덮을 때쯤엔 새로 들어간 해역에 용감히 잠수해보는 용기가 샘솟기를 바란다.

– 이제현 / 한국에너지기술연구원 플랫폼연구실 선임연구원

지은이 소개

조너선 스타인하트 Jonathan E. Steinhart

1960년대부터 엔지니어링을 해왔다. 중학교 때 하드웨어 설계를 시작했고, 고등학교 때 소프트웨어 설계를 해본 경험 덕분에 여름 단기 아르바이트로 벨 전화 연구소에서 일하는 기회를 얻을 수 있었다. 클라크슨 대학교에서 1977년 전자공학 및 컴퓨터과학 학사BSEE를 취득했으며, 졸업 후 텍트로닉스Tektronix에서 일하다가 스타트업을 창업했다. 그래픽스 하드웨어와 소프트웨어를 설계하고, CAD 시스템, 그래픽스 워크스테이션, 회로 시뮬레이터, 발전소, IC 설계용 언어 등을 만들었으며, 1987년에는 안전이 중요한 크리티컬 시스템 엔지니어링에 초점을 맞춘 컨설턴트가 되어 애플, 인텔, 썬, 웰치알린, 룰루 등의 기업을 컨설팅했다.

1990년대부터는 전업을 조금 줄이고, 포 윈즈 비냐드Four Winds Vineyard라는 와인 농장 경영도 겸업하고 있다.

기술 감수자 소개

오브리 앤더슨Aubrey Anderson

터프츠 대학교에서 전자공학 및 컴퓨터과학 학사BSEE를 취득했다. 그 대학에서 강의 펠로우Teaching Fellow로 있었고, 입문 컴퓨터과학 과정의 커리큘럼을 개선하는 데 도움을 줬다. 14세에 프로그래밍을 시작했고, 그 후 다양한 로보틱스, 시스템 설계, 웹 프로그래밍 프로젝트에 참여했다. 현재는 구글에서 소프트웨어 엔지니어로 일하고 있다.

옮긴이 소개

오현석(enshahar@gmail.com)

비사이드소프트BSIDESOFT 이사로 일하면서 매일매일 고객의 요청에 따라 코드를 만들어내고 있는 현업 개발자다. 어릴 때 처음 컴퓨터를 접하고 매혹된 후 경기과학고, KAIST 전산학과(프로그래밍 언어 전공 석사)를 거치면서 계속 컴퓨터를 사용해왔다.

직장에서는 주로 코틀린이나 자바를 사용한 서버 프로그래밍을 하고, 주말이나 빈 시간에는 번역을 하거나 공부를 하면서 즐거움을 찾는다. 시간이 아주 많이 남을 때는 시뮬레이션 게임을 하면서 머리를 식히며 놀고, 어떻게 하면 막내자식을 프로그래밍의 세계로 끌어들일 수 있을까 고민 중인 아빠이기도 하다.

『코어 파이썬 애플리케이션 프로그래밍 Core Python Applications Programming Third Edition』(에이콘출판, 2014)을 시작으로 『Kotlin in Action』(에이콘출판, 2017), 『파이썬으로 살펴보는 아키텍처 패턴』(한빛미디어, 2021), 『Programming in Scala 4/e』(에이콘출판, 2021) 등 30여 권의 책을 번역했다.

지은이의 말

아버지의 말에 따르면 나는 태생부터 긱geek이었다. 그네를 타기 전에는 가상의 스위치를 사용해 그네를 켜고, 그네를 다 타고 나면 스위치로 그네를 껐다고 한다. 기계를 보면 내부 동작을 바로 알 수 있었다. 나는 '가습기의 2진 언어'를 이해한다는 점에서 영화 〈스타워즈〉에 나오는 드로이드 C-3PO와 닮았다. 현미경 없이도 대부분 사물이 어떻게 작동하는지 알아낼 수 있는 시절에 자라다니 운이 좋았다.

돌이켜 보면, 나는 뉴저지에서 매우 초현실적인 어린 시절을 보냈다. 온갖 것을 뜯어 고치다 종종 엄마의 신경계를 교란시키기도 했다. 부모님은 50가지 전자 회로 모델을 만들 수 있는 프로젝트 키트를 많이 사주셨는데, 키트에 들어 있는 이런저런 부품을 서로 연결해 책에 없는 프로젝트를 만들기 시작하자 난감해하셨다. 이 난감함은 베개 도난 경보기로 인해 금 동전을 놓고 가는 이빨 요정tooth fairy[1]이 잡히면서 절정에 이르렀다(이 경보기 설치는 감정적으로도 만족스럽지 못했을 뿐만 아니라 경제적으로도 좋지 못한 선택이었다). 쓰레기 수거 날[2]이면 남이 버린 고장 난 텔레비전이나 가전제품을 주워다가 모아서 분해한 다음, 각각이 어떻게 작동하는지 배우고, 수집한 부품을 가지고 새로운 가전제품을 만들어냈다. 내가 가장 좋아하는 장난감은 아버지의 1929년식 과학상자 이렉터 세트Erector Set였다. 우주 프로그램으로 인해 기술에 흥미를 갖기 좋은 시대였다. 어느 날 밤 에코 1Echo 1[3] 위성이 머리 위를 지나가는 모습을 보면서 아버지와 함께 집 앞마당에 서 있었던 기억이 난다.

대부분의 아이들은 신문 배달을 했지만, 나는 텔레비전과 스테레오를 수리했다. 아버지는 IBM에서 일하셨는데, 나는 가끔 아버지 일터에 함께 가서 큰 컴퓨터에 경외심을 느꼈다. 아버지는 내가 여덟 살이었을 때 애틀랜틱시에서 열린 전자 쇼Electro Show에 나를 데려가셨고, 거기서 IBM 1620을 가지고 놀았던 적이 있다. 또, 텍트로닉스Tektronix 부스의 장비에 매료됐던 것도 기억한다. 아마 이 경험이 나중에 텍트로닉스에 입사하는 데 영향을 미쳤을 수도 있다. 1년 후, 뉴욕에서 열린 세계 박람회에 갔고 벨 시스템의 전시에 경외심을 느꼈다. 우연히 나중에 그 전시를 설계한 사람과 함께 일할 수 있었다.

---

1 서양 풍습으로, 어린 아이들이 빠진 젖니를 머리맡에 두고 자면 잘 때 이빨 요정이 와서 동전을 놓고 이를 가져간다. – 옮긴이

2 매주 쓰레기차가 와서 쓰레기통(바퀴 달린 쓰레기통(wheelie bin)이라고 부르는 240리터 용량의 큰 쓰레기통)을 비워서 가져가는 날이 아니라, 연 1~2회 집 앞에 큰 쓰레기를 버리면 지자체에서 수거해가는 날이 있는데, 이런 날을 뜻한다. – 옮긴이

3 1960년 8월 발사되어 1968년까지 1600km 고도의 궤도를 돈 인공위성이다. – 옮긴이

나는 스푸트니크호 발사 이후post-Sputnik[4]의 놀라운 공립학교 교육을 받았는데, 이 교육은 더 이상 미국에 존재하지 않는다. 우리는 5학년 때 수은통을 다뤄봤다. 나는 6학년 때 화학 실험실을 날려버리고 방에 갇히는 체벌을 받았는데, 오히려 그 화학 실험실에서 여러 경험을 통해 배움을 얻을 수 있었다(여전히 아이오딘화 질소 제조법을 말할 수 있을 정도다). 8학년 과학 선생님이 우리를 데리고 영화 〈2001 스페이스 오디세이〉를 보러 뉴욕에 간 적이 있다. 그 선생님은 그 일이 중요하다고 생각했기 때문이다. 선생님은 부모님 허가서 없이 우릴 데려갔다. 요즘이라면 그런 짓을 한 교사는 직장을 잃거나 더 나쁜 일을 당할 것이다. 고등학교 화학 시간에는 화약을 만들었고, 물리학 시간에는 축구장에서 서로 로켓을 쐈고, 생물학 시간에는 혈액형을 알아내기 위해 자기 손가락을 찔렀다. 오늘날, 5갤런(약 19리터) 양동이 물에도 수백만 명이 빠져 죽을 수 있어서 경고를 적어둬야 하고, 젖은 바닥이 성인 남성의 심장에 공포로 인한 충격을 주며, 정부 관리가 과학을 무시해서 테러리즘과 물건을 이런저런 식으로 고치면서 즐기는 땜장이를 구분하지 못하는 요즘과는 거리가 먼 경험이다.

학교 밖에서는 부모님이 나를 보이 스카우트와 (야구) 리틀 리그에 등록해주셨다. 나는 보이 스카우트를 좋아했지만 리틀 리그는 싫어했다. 보이 스카우트를 통해 말타기부터 야외에서 생존하기 위해 안전하게 불을 다루는 법에 이르기까지 물리적인 세계에 대해 많이 배울 수 있었다. 리틀 리그에서는 내가 팀 스포츠를 좋아하지 않는다는 사실을 배웠다.

당시 햄(아마추어 무선 통신) 장비는 컸다. 여기서 내 땜장이 기질이 발동됐다. 나는 무선 장비를 다루기 위해 지역 민방위 긴급 무선 통신 그룹에 자원했다. 지역 민방위는 원시적인 라디오 텔레타이프 시스템을 갖고 있었는데, 나는 이 시스템을 재설계했고, 나중에는 다른 대도시권 지역 민방위의 장비까지 만들어주게 됐다. 나는 텔레타이프라는 3차원으로 만들어진 기묘한 기계 장치를 아주 좋아했다.

고등학교 때 친구가 근처 머리 힐Murray Hill의 벨 전화 연구소에서 월요일 저녁마다 모이는 익스플로러 스카우트Explorer Scout 그룹에 대해 말해줬다. 나는 그 그룹에 합류해 컴퓨터를 가지고 놀 수 있었다. 당시 컴퓨터는 큰 집만 한 크기였다. 이내 나는 컴퓨터에 매료됐다. 얼마 지나지 않아, 나는 학교를 빨리 끝내고 연구소로 가는 차를 히치하이킹하고, 연구소 사람들에게 들여보내 달라고 이야기하게 됐다. 이런 경험은 나중에 내 인생을 바꾼 놀라운 사람들과 함께 일하게 된 몇 가지 여름 단기 아르바이트로 바뀐다. 나는 여러 실험실을 기웃대면서 사람들에게 뭘 하고

4 소련이 스푸트니크를 우주로 보낸 후 미국은 엄청난 충격을 받고(스푸트니크 충격), 나사를 창설해 우주 프로그램을 가동하고, 기초 학문 교육을 중시하는 방향으로 교육 시스템 전반을 손봤다. – 옮긴이

있는지 물어보는 것만으로 많은 것을 배울 수 있었다. 전기 공학을 공부할 계획이었지만 하드웨어 프로젝트를 여름 안에 끝낼 수는 없었기 때문에 벨 연구소 사람들을 위한 소프트웨어를 작성하게 됐다.

나의 스카우트 고문이었던 분들에게 경의를 표하는 가장 좋은 방법은 내가 그분들 같은 위치가 됐을 때 새로운 젊은 기술자를 도와주면서 그분들의 발자취를 따르려 노력하는 것이라고 느꼈다. 하지만 이런 보답은 어려운 일임이 드러났다. 미국 연구의 전성기는 점차 주주 가치를 증가시키는 것으로 대치됐기 때문이다. 제품 자체의 가치는 그 제품이 만들어내는 이익만큼 높게 평가받지 못한다. 따라서 점점 더 연구를 정당화하기가 어려워졌다. 회사들은 책임상의 이유로 회사 안에서 아이들이 맘대로 뛰어놀게 허락하지 않는다. 애초에 나는 스카우트를 통해 젊은 친구들을 도울 수 있으리라 생각했지만, 스카우트에서 내가 동의할 수 없는 정책을 채택해서 성 차별 방지 배지를 얻을 수 없었기 때문에 그럴 수 없었다. 대신에 지역 학교 시스템에 자원봉사로 참여했다.

나는 내 스스로 자원해 나선 강의 수업의 보조 자료로 활용하고자 이 책을 쓰기 시작했는데, 당시만 해도 요즘처럼 인터넷에 쉽게 접근할 수가 없었다. 현재 상당히 가난한 시골 농촌 지역에 살기 때문에 이 책의 초안에는 학생들이 필요한 보충 자료를 얻을 수 없으리라는 가정하에 온갖 내용이 포함돼 있었다. 하지만 모든 자료를 담는 건 불가능한 일이었다.

이제는 다양한 프로그래밍 언어 및 개념에 대한 자료가 온라인에서 제공되며 대부분의 사람들은 집, 학교 또는 도서관에서 인터넷에 접속할 수 있다. 그래서 독자들이 온라인에서 추가 정보를 훨씬 더 쉽게 찾을 수 있다는 가정하에 책을 뜯어 고쳤다. 따라서 명확하지 않은 것이 있거나 더 많은 정보를 원하면 인터넷을 찾아보기 바란다.

최근 많은 학생이 프로그래밍을 가르치는 방식에 불만을 표했다. 학생들은 온라인에서 정보를 찾을 수 있지만, 필요한 모든 정보를 한꺼번에 찾을 수 있는 곳이 없는지 계속 질문했다. 나는 이 책이 그렇게 백과사전처럼 집대성된 자료가 되도록 집필했다.

나는 컴퓨터와 함께 동시대에 자랄 수 있었기 때문에 운이 좋았다. 컴퓨터와 나는 함께 발전했다. 아무런 배경지식 없이 오늘날 컴퓨터 분야처럼 이미 성숙한 분야에 뛰어드는 것이 어떨지 감히 상상하기 어렵다. 이 책을 쓰는 데 가장 어려웠던 부분은 얼마나 먼 과거로 거슬러 올라가서 예제를 선택하고 그 예제를 사용해 어떤 최신 기술을 설명할지 선택하는 것이었다. 때로는 좀 오래되고 단순해도, 더 이해하기 쉬운 기술로부터 자신에게 필요한 대부분의 내용을 배울 수 있기 때문에, 결국 나는 이 책이 일종의 복고나 레트로 느낌을 주도록 만들고 싶었다. 새롭고 복잡한 기술은 이전 기술과 동일한 구성요소를 사용해 구축된다. 이런 구성요소를 알면 새 기술을 훨씬 쉽게 이해할 수 있다.

이제는 시대가 달라졌다. 주변의 자잘한 물건을 분해하거나 수리하고 변경하기가 훨씬 더 어렵다. 기업은 디지털 밀레니엄 저작권법DMCA, Digital Millennium Copyright Act 같은 법률을 악용해 사람들이 자신이 소유한 장치를 수리하지 못하도록 막는다. 다행히 일부 지역에서는 '수리할 권리'라는 법률이 생겼다. 미국인인 우리는 정부로부터 여러 가지 메시지를 듣는다. 한편에서는 STEM(과학, 기술, 공학, 수학 융합 교육) 관련 직업을 얻으라고 장려하는데, 반대편에서는 과학을 폄하하고 STEM 관련 직업을 아웃소싱하는 모습을 볼 수 있다. 반세기 전 미국이 이런 환경이었다면 오늘날 미국이 기술 강국의 위상을 누릴 수 있었을지는 분명하지 않다.

하지만 한편 희망적인 면도 존재한다. 메이커 공간maker space이 급증하고 있다. 어떤 아이들은 물건을 만들 수 있고, 그런 일이 재미있다는 사실을 깨닫고 있다. 전자 부품은 (전선이 달린 부품을 원하지 않는 한) 그 어느 때보다도 저렴하다. 스마트폰은 내가 어렸을 때 전 세계 모든 컴퓨터를 합친 것보다 더 큰 처리 능력을 갖추고 있다. 컴퓨터는 과거 어느 누가 상상했던 것보다 더 싸다. 라즈베리 파이나 아두이노 같은 소형 컴퓨터는 피자보다 싸지만 피자보다 훨씬 더 다양한 주변장치를 붙일 수 있다. 이런 강력한 성능을 사용할 수 있으므로, 높은 수준의 기능만 사용하고 싶을 수도 있다. 이는 마치 레고 블록을 가지고 노는 것과 같다. 부모님은 나에게 초기에 나온 레고 세트 중 하나를 사주셨다. 그 안에는 거의 단순한 직사각형 블록만 들어 있었다. 하지만 나에게는 상상력이 있었고, 이를 활용해 원하는 것은 무엇이든 만들 수 있었다. 요즘 여러분은 스타워즈 레고 세트를 구입하고, 미리 잘 사출된 요다를 (물론 레고가 만들어놓은 틀에 맞춰서만) 만들어낼 수 있다. 이제 레고로 새로운 캐릭터를 만들어내는 것은 훨씬 더 어렵다. 화려한 부품들이 오히려 상상력을 방해한다.

1939년에 나온 고전 영화 〈오즈의 마법사〉에는 마법사의 정체가 드러나면서 "커튼 뒤에 있는 남자에게 신경 쓰지 말아줘."라고 울부짖는 멋진 장면이 있다. 이 책은 이 마법사의 말을 듣기 싫어하고 커튼 뒤에 뭐가 있는지 궁금해하는 사람들을 위한 것이다. 내 의도는 고급 기능을 만들어낼 수 있는 기본 구성요소에 빛을 비추는 것이다. 이 책은 이미 존재하는 고급 기능만으로는 상상력을 충족할 수 없는 사람들을 위한 책이다. 이 책은 '새로운' 고급 기능을 만들고 싶은 사람을 위한 책이다. 여러분이 단순히 마법 아이템을 사용하는 사람이 되지 않고 진정한 마법사가 되고 싶다면 이 책은 여러분을 위한 책이다.

감사의 글

이 책이 세상에 나올 수 있게 도와준 분들이 많습니다. 우선 부모님인 로버트와 로절린 스타인하트에게, 나를 존재하게 해주시고, 최소한 과학이 무서워질 정도에 이를 때까지 내게 과학에 대한 흥미를 북돋아주신 것에 감사드립니다. 그 지점부터 베아트리체 시갈, 윌리엄 멀바힐, 밀러 버그리아리 등 많은 선생님들이 나를 이끌어주셨습니다. 시빌 디펜스Civil Defense와 벨 연구소 익스플로러 스카웃Bell Labs Explorer Scout에 대해 알려준 폴 루벤필드에게도 감사드립니다.

익스플로러 스카웃 고문이었던 칼 크리스티안센과 하인츠 릭라마에게 어떻게 감사를 표시해도 부족할 겁니다. 이들은 내 삶을 바꿨습니다. 이들을 통해 조 콘돈, 샌디 프레이저, 데이브 하겔바거, 딕 하우스, 짐 카이저, 행크 맥도널드, 데니스 리치, 켄 톰슨, 데이브 웰러 등의 벨 전화 연구소에 있는 놀라운 분들을 만났습니다. 이분들에게 아주 많은 것을 배웠습니다.

이 책 전체를 한 번 이상 살펴봐준 오브리 앤더슨, 클렘 콜, 리 자로벡, A.C. 멘디오네, 에드 포스트, 베시 젤러에게 감사드립니다. 특히 기술 편집을 맡아 해주신 오브리에게 감사드립니다.

몇몇 장에 대한 피드백을 제공해준 맷 블레이즈, 애덤 체케티, 샌디 클라크, 톰 더프, 나탈리 프리드, 프랭크 하이트, (일명 검비로 불리는) DV 헨켈월리스, 루 카츠, 사라제이 터프, 탈린, 폴 빅시에게도 감사드립니다.

그리고 워드 커닝엄, 존 길모어, 에브린 마스트, 마이크 페리, 알렉스 폴비, 앨런 워프스브록, 마이크 줄 등을 포함해, 질문이 있어서 전화할 때마다 답을 해준 모든 분께 감사드립니다. 물론 스키 리프트에서 만난 소녀인 라켈 헬버그에게도 이 프로젝트를 끝낼 수 있게 넛지nudge를 제공해준 것에 대해 감사드립니다.

AMW, 해커스Hackers, TUHS 등의 여러 긱geek 커뮤니티 사람들의 지원이 없었다면 이 책은 존재할 수 없었을 겁니다.

그림 6-36의 악보를 만들어준 하날리 스타인하트와, 그림 11-41에 사용한 뜨개목도리를 제공해준 줄리 도널리에게 감사드립니다.

그리고 자기 사진을 실을 수 있게 허락해주고 키보드를 계속 털로 가득하게 해준 내 고양이 토니에게 고마움을 전합니다.

– 조너선 스타인하트

옮긴이의 말

누구나 프로그래머가 될 수 있지만 누구나 좋은 프로그래머가 될 수 있는 것은 아니다. 자동차를 잘 운전하기 위해 꼭 차를 조립할 수 있어야 하는 것은 아니지만, 최상위 클래스 F1 드라이버가 되려면 드라이빙에 필요한 신체나 정신적인 능력은 물론 레이스에 적합하게 차를 설정하기 위한 다양한 공학적 지식도 필요한 것처럼, 좋은 프로그래머가 되기 위해서는 도메인 지식은 물론 컴퓨터의 동작 원리나 컴퓨터공학 전반에 대해 잘 이해할 필요가 있다.

운이 좋게도 나를 포함한 40대 이상 개발자들은 자라나면서 자연스럽게 컴퓨터 산업의 발달 과정에 맞춰 기술의 지평을 넓힐 수 있었지만, 요즘 컴퓨터에 입문하는 사람들은 지식 생산 속도나 프레임워크와 프로그래밍 언어 변화가 너무나 빨라서 실무에 사용하는 프레임워크와 프로그래밍 언어의 변화나 새로운 기술 트렌드를 좇아가기도 힘들다. 하지만 그렇다고 근본적인 컴퓨터공학에 대한 공부를 포기해서는 안 된다.

컴퓨터가 어떻게 작동하고 프로그래밍의 기초 원리가 무엇인지 이해하면, 직접 작성한 프로그램이 잘 작동하지 않을 때 조금 더 쉽게 문제를 해결할 수 있으며 새로운 기술을 배우고 익힐 때도 훨씬 더 수월할 수 있다.

누군가 좋은 스승이 있어서 하드웨어, 소프트웨어 등의 여러 내용을 잘 알려준다면 가장 좋겠지만, 쉽게 기초를 설명해주면서 컴퓨터공학에 대한 지식을 넓혀나갈 토대를 마련해줄 수 있는 책을 통해 컴퓨터 전반을 이해하는 것도 그에 못지않게 좋은 방법이다.

이 책은 저자가 자원봉사로 학생들을 가르치며 다뤘던 내용을 정리한 책이다. 하드웨어의 토대가 되는 기초 전자회로, 게이트로부터 시작해서 메모리, CPU, I/O, 컴퓨터 아키텍처 전반을 설명하고, 그 위에서 소프트웨어를 작성하는 방법을 웹과 C 프로그램을 통해 맛보여주고, 보안, 인공지능, 알고리즘 등의 내용까지 거의 모든 것을 다루는 컴퓨터공학 개론서라 할 수 있다.

이 책을 쭉 훑어보면서 컴퓨터공학에 대해 전체적으로 감을 잡고, 각 분야를 좀 더 자세히 다룬 책이나 인터넷 강의 등을 찾아보면서 지식을 넓히는 작업을 꾸준히 하면 어느 순간 내공이 쌓이고 좋은 프로그래머가 된 자기 자신을 발견하게 될 것이다. 아무쪼록 컴퓨터에 관심을 가지는 일반 독자나, 컴퓨터공학을 간략히 살펴보고 싶은 개발자 동료들에게 이 책이 도움이 되길 바란다.

다뤄야 하는 분야가 많고 내용이 워낙 방대해서 번역 과정에서 신경 써야 할 부분도 많았다. 번역 원고를 꼼꼼하게 살펴보고 결점을 고치도록 지원해주신 김희정 사장님을 비롯한 책만 출판사 여러분께 감사드린다. 열심히 번역을 했지만, 혹 있을지 모르는 실수는 모두 역자인 나의 탓이다. 한편 추천글을 써주신 강유, 권정민, 박재호, 오명운, 오창훈, 이두희, 이일민, 이제현 님께도 감사드린다.

호주 브리즈번에서

– 오현석

차례

추천의 글 6
지은이 소개 12
기술 감수자 소개 13
옮긴이 소개 14
지은이의 말 15
감사의 글 19
옮긴이의 말 20
들어가며 34

1장 컴퓨터 내부의 언어 체계
컴퓨터는 어떤 말을 사용할까 51

언어란 무엇인가 52
문자 언어 52
비트 53
논리 연산 54
불리언 대수 54
드모르간의 법칙 56
정수를 비트로 표현하는 방법 57
양의 정수 표현 57
2진수 덧셈 61
음수 표현 62
실수를 표현하는 방법 68
고정소수점 표현법 68
부동소수점 표현법 70
IEEE 부동소수점 수 표준 71
2진 코드화한 10진수 시스템 73
2진수를 다루는 쉬운 방법 74
8진 표현법 74
16진 표현법 74

프로그래밍 언어의 진법 표기법 75
비트 그룹의 이름 76
텍스트 표현 78
아스키 코드 78
다른 표준의 진화 80
유니코드 변환 형식 8비트 81
문자를 사용한 수 표현 83
출력 가능하게 변경한 인코딩 83
베이스64 인코딩 84
URL 인코딩 85
색을 표현하는 방법 86
투명도 추가 88
색 인코딩 89
정리 90

2장 전자 회로의 조합 논리
컴퓨터는 어떤 논리로 비트를 다루는가 91

디지털 컴퓨터의 사례 92
아날로그와 디지털의 차이 94
하드웨어에서 크기가 중요한 이유 95
디지털을 사용하면 더 안정적인 장치를 만들 수 있다 96
아날로그 세계에서 디지털 만들기 98
10진 숫자 대신 비트를 사용하는 이유 100
간단한 전기 이론 가이드 101
전기는 수도 배관과 유사하다 101
전기 스위치 105
비트를 처리하기 위한 하드웨어 109
릴레이 109
진공관 112
트랜지스터 113
집적 회로 115
논리 게이트 115
이력 현상을 활용한 잡음 내성 향상 117

차동 신호 119
전파 지연 121
출력 유형 122
게이트를 조합한 복잡한 회로 126
가산기 127
디코더 129
디멀티플렉서 131
실렉터 132
정리 134

3장 메모리와 디스크의 핵심: 순차 논리
컴퓨터는 비트를 어떻게 기억하는가 135

시간 표현과 상태 기억 136
발진자 136
클록 137
래치 138
게이트가 있는 래치 140
플립플롭 142
카운터 145
레지스터 147
메모리 조직과 주소 지정 148
임의 접근 메모리 151
읽기 전용 메모리 153
블록 장치 156
플래시 메모리와 SSD 159
오류 감지와 정정 159
하드웨어와 소프트웨어 비교 162
정리 163

4장 컴퓨터 내부 구조

컴퓨터 하드웨어는 어떻게 구성되는가 165

- **메모리** 165
- **입력과 출력** 168
- **중앙 처리 장치** 170
  - 산술 논리 장치 170
  - 시프트 172
  - 실행 장치 174
- **명령어 집합** 176
  - 명령어 176
  - 주소 지정 모드 179
  - 조건 코드 명령어 180
  - 분기 명령어 180
  - 최종 명령어 집합 구성 181
- **마지막 설계** 184
  - 명령어 레지스터 184
  - 데이터 경로와 제어 신호 185
  - 데이터 흐름 제어 186
- **RISC와 CISC 명령어 집합** 190
- **GPU** 191
- **정리** 192

5장 컴퓨터 아키텍처와 운영체제

컴퓨터는 어떻게 프로그램과 메모리를 조직적으로 관리할까 193

- **기본적인 구조 요소들** 194
  - 프로세서 코어 194
  - 마이크로프로세서와 마이크로컴퓨터 195
- **프로시저, 서브루틴, 함수** 196
- **스택** 198
- **인터럽트** 203
- **상대 주소 지정** 206

메모리 관리 장치 209
가상 메모리 211
시스템 공간과 사용자 공간 212
메모리 계층과 성능 213
코프로세서 216
메모리상의 데이터 배치 217
프로그램 실행 218
메모리 전력 소비 220
정리 220

6장 입출력과 네트워킹
컴퓨터는 외부와 어떻게 상호작용하는가 221

저수준 I/O 222
I/O 포트 222
버튼을 눌러라 224
빛이 있으라 226
빛, 동작, 그리고 상호 연동 228
밝기 조절 230
그레이의 2^n가지 그림자 230
쿼드러처 232
병렬 통신 233
직렬 통신 234
파동에 올라타라 237
범용 직렬 버스 239
네트워킹 240
최근의 LAN들 241
인터넷 242
아날로그 처리 방법 245
디지털을 아날로그로 변환 245
아날로그를 디지털로 변환 248
디지털 오디오 251
디지털 이미지 260
비디오 262

휴먼 인터페이스 장치 264
터미널 264
그래픽 터미널 265
벡터 그래픽 266
래스터 그래픽 268
키보드와 마우스 270
정리 271

7장 데이터 구조와 처리
어떻게 해야 프로그램에서 데이터를 잘 구성하고 처리할까 273

기본 데이터 타입 274
배열 275
비트맵 278
문자열 279
복합 데이터 타입 280
단일 연결 리스트 283
동적 메모리 할당 289
더 효율적인 메모리 할당 291
가비지 컬렉션 292
이중 연결 리스트 293
계층적인 데이터 구조 294
대용량 저장장치 299
데이터베이스 302
인덱스 304
데이터 이동 305
벡터를 사용한 I/O 309
객체 지향의 함정 310
정렬 312
해시 314
효율성과 성능 317
정리 318

8장 프로그래밍 언어 처리

컴퓨터는 프로그램을 어떻게 해석하고 변환하는가 319

어셈블리 언어 319
고수준 언어 321
구조적 프로그래밍 322
어휘 분석 324
상태 기계 327
정규식 328
단어에서 문장으로 331
누구나 프로그래밍 언어를 만들 수 있는 시대 333
파스 트리 334
인터프리터 337
컴파일러 339
최적화 341
하드웨어를 다룰 때 주의하라 343
정리 344

9장 웹 브라우저

추상적인 컴퓨터를 이해하기 위한 가상 머신 345

마크업 언어 346
URL 348
HTML 문서 349
DOM: 문서 객체 모델 352
트리 관련 용어 353
DOM 처리 353
CSS 354
XML 등의 마크업 언어 358
자바스크립트 363
jQuery 365
SVG 367
HTML5 368
JSON 369
정리 370

10장 애플리케이션 프로그래밍과 시스템 프로그래밍

고수준 언어와 저수준 언어 프로그래밍 방식 비교 373

동물 추측 프로그램 버전 1: HTML과 자바스크립트 프로그램 376
애플리케이션 수준의 뼈대 377
웹 페이지 본문 378
자바스크립트 379
CSS 382
동물 추측 게임 버전 2: C 프로그램 383
터미널과 명령줄 383
프로그램 빌드 384
터미널과 장치 드라이버 385
문맥 전환 385
표준 I/O 388
원형 버퍼 389
추상화를 활용한 코드 개선 390
런타임 라이브러리와 표준 입출력 391
버퍼 오버플로 393
C 프로그램 394
훈련 401
정리 402

11장 성능 향상을 위한 알고리즘 기법

계산을 간소화하는 프로그래밍 트릭 405

표 찾기 406
변환 406
텍스처 매핑 407
문자 종류 판별 411
정수를 사용한 계산 방법 413
직선 416
곡선 다루기 423
다항식 426
재귀적 분할 427

나선 427
구성적인 기하 431
시프트와 마스크 439
계산을 회피하는 그 밖의 수학적 기법들 441
멱급수 근삿값 계산 441
CORDIC 알고리즘 442
무작위성과 관련 있는 예제들 448
공간을 채우는 곡선 449
L 시스템 451
스토캐스틱 기법 453
양자화 454
정리 464

12장 병렬성과 비동기성
컴퓨터는 어떻게 한 번에 많은 일을 하는가 465

경합 조건이란 무엇인가 466
공유 자원 467
프로세스와 스레드 467
락 470
트랜잭션과 작업 크기 472
락 대기 473
교착 상태 474
단기 락 구현 475
장기 락 구현 476
브라우저 자바스크립트 477
비동기 함수와 프로미스 481
정리 486

13장 컴퓨터 보안

컴퓨터는 어떻게 데이터를 안전하게 지키는가 487

보안과 프라이버시 개요 488
- 위협 모델 488
- 신뢰 490
- 물리적 보안 492
- 통신 보안 494
- 모던 타임즈 495
- 메타데이터와 감시 498
- 사회적 맥락 498
- 인증과 권한부여 501

크립토그래피 502
- 스테가노그래피 502
- 치환 암호 504
- 전치 암호 507
- 더 복잡한 암호 508
- 일회용 패드 509
- 키 교환 문제 510
- 공개키 암호 510
- 전방향 안전성 511
- 암호학적 해시 함수 512
- 디지털 서명 513
- 공개키 인프라 514
- 블록체인 514
- 패스워드 관리 515

보안을 위한 소프트웨어 예방 조치 516
- 올바른 대상을 보호하라 517
- 로직은 세 번 체크하라 517
- 오류를 검사하라 518
- 공격 표면을 최소화하라 518
- 경계 내부에 머물러라 519
- 좋은 난수를 생성하기는 힘들다 520
- 네 코드를 알라 522
- 극단적인 영리함은 여러분의 적이다 524
- 눈에 보이는 것을 이해하라 525

과다수집하지 마라 525
모아두지 마라 526
동적 메모리 할당은 여러분의 친구가 아니다 526
가비지 컬렉션도 여러분의 친구가 아니다 528
코드 역할을 하는 데이터 530
정리 533

14장 세상을 바꾸는 기계 지능
미래를 열어가는 인공지능, 머신러닝, 빅데이터 535

개요 536
머신러닝 539
베이즈 540
가우스 542
소벨 545
캐니 550
특성 추출 552
인공 신경망 554
머신러닝 데이터의 활용 560
인공지능 561
빅데이터 565
정리 568

15장 훌륭한 프로그래머가 되기 위한 팁과 경험담
알아두면 좋은 실무 상식과 조언 569

가치 제안 570
소프트웨어 개발의 발자취 573
간추린 역사 573
오픈소스 소프트웨어 576
크리에이티브 커먼즈 578
이식성의 발전 579
패키지 관리 580

컨테이너 581
자바 581
노드 583
클라우드 컴퓨팅 584
가상 머신 585
이동식 장치 586
프로그래밍 환경 586
초보 프로그래머도 경험을 얻는 방법 586
추정하는 방법 배우기 587
프로젝트 스케줄링 587
의사결정 589
성향이 다른 사람들과 함께 일하기 590
직장 내 문화 다루기 592
정보를 얻은 상태에서 선택하기 592
개발 방법론 593
프로젝트 설계 595
생각을 글로 써보자 595
빠른 프로토타이핑 596
인터페이스 설계 596
코드를 재활용할 것인가, 직접 작성할 것인가 600
프로젝트 개발 602
나이 든 개발자의 잡설 602
이식성이 있는 코드 605
소스 코드 제어 606
테스트 607
버그 보고와 추적 608
리팩토링 608
유지보수 609
스타일을 지켜라 609
기존 프로젝트를 활용하라 611
정리 612

찾아보기 613

들어가며

몇 년 전 우연히 스키 리프트를 함께 탄 스웨덴 교환 학생에게 고등학교를 졸업하면 뭘 할 계획인지 물었다. 그는 엔지니어링을 생각하고 있고 이전 해에 프로그래밍 과목을 들었다고 했다. 이어 나는 무슨 내용을 배웠냐고 물어봤다. 그 학생은 "자바"라고 답했다. 나는 본능적으로 대답했다. "참 안됐네요."

내가 왜 그랬을까? 잠깐 생각해볼 시간을 달라. 이런 말을 한 건 자바가 나쁜 프로그래밍 언어여서가 아니다. 실제로 자바는 꽤 좋은 언어다. 내가 그 말을 한 이유는, 오늘날 자바 등의 프로그래밍 수업에서는 컴퓨터의 구조나 하부 기술에 대해서는 잘 가르치지 않는다는 점 때문이었다. 이 사실이 여러분에게도 충격이라면 이 책은 여러분을 위한 책이다.

자바 프로그래밍 언어는 제임스 고슬링James Gosling, 마이크 셰리든Mike Sheridan, 패트릭 노튼Patrick Naughton에 의해 1990년대에 썬 마이크로시스템즈Sun Microsystems에서 만들어졌다. 자바는 부분적으로는 당시 널리 쓰이던 C 프로그래밍 언어를 본떠 만들어졌다. C에는 메모리 자동 관리가 없었고, 메모리 관리 오류는 당시 프로그래머에게 자주 두통을 일으키게 하는 오류였다. 자바는 언어 설계를 통해 이런 종류의 오류(메모리 관리 관련 오류)를 없앴다. 자바는 메모리 관리를 프로그래머가 볼 수 없게 감췄다. 이것이 자바가 초보자에게 좋은 언어가 된 이유 중 하나다. 하지만 좋은 프로그래머와 좋은 프로그램을 탄생시키려면 좋은 프로그래밍 언어 이상의 것이 필요하다. 그리고 자바로 인해, 디버깅하기 더 어려운 새로운 버그 종류가 생겨났음이 드러났다. 이런 버그 중에는 감춰진 메모리 관리 시스템으로 인해 생긴 형편없는 성능이 포함된다.

여러분도 이 책을 통해 알게 되겠지만, 메모리를 이해하는 것은 프로그래머에게 핵심 기술에 속한다. 처음 프로그램을 배울 때는 이후에 좀처럼 고치기 어려운 전형적인 습관이 생기기 쉽다. 소위 '안전한' 환경에서 자란 아이들이 그런 환경에서 자라지 않은 아이들보다 나중에 실제 삶에서 더 큰 부상을 입을 확률이 높다는 연구 결과도 있다. 이는 아마도 이런 아이들이 추락하는 아픔이 뭔지 배우지 않았기 때문일 것이다. 처음 시작하는 프로그래머들에게는 안전한 프로그래밍 환경이 덜 두려울 테지만, 그들 또한 나중에 만나게 될 실제 세계를 미리 대비할 필요도 있다. 이 책은 이런 전환을 쉽게 할 수 있게 돕는다.

프로그래밍을 제대로 잘해야 하는 이유

컴퓨터에 대해 가르치지 않고 컴퓨터 프로그래밍을 가르치는 것이 왜 문제인지 이해하기 위해, 먼저 컴퓨터가 얼마나 우리가 사는 세상 곳곳에 널리 퍼져 있는지부터 살펴보자. 컴퓨터 가격은 매우 저렴해져서 이제는 뭔가를 만들 때 가장 돈이 적게 드는 방법이 컴퓨터를 사용하는 것일 정도다. 예를 들어, 컴퓨터를 사용해 자동차 대시보드에 아날로그 시계를 표시하는 게 실제 기계식 아날로그 시계를 넣는 것보다 더 싸게 먹힌다. 이는 컴퓨터 칩이 만들어지는 방식 때문에 생기는 현상이다. 컴퓨터 칩은 인쇄된다. 이제는 수십억 개의 부품으로 이뤄진 칩을 출력하는 것도 큰 문제가 아니다. 내가 컴퓨터 안에 들어간 개개 부품의 가격이 아니라 컴퓨터 자체의 가격에 대해 이야기하고 있다는 사실을 알아두자. 일반적으로, 오늘날 컴퓨터 칩은 그 칩을 선적하기 위한 포장 비용보다 더 싸다. 몇십 원짜리 컴퓨터 칩도 많다. 앞으로는 컴퓨터가 들어 있지 않은 물건을 찾기가 어려운 시대가 올 것이다.

수많은 일을 하는 컴퓨터가 수없이 많다는 말은 수많은 컴퓨터 프로그램이 있다는 뜻이다. 컴퓨터가 온갖 곳에 쓰이기 때문에 컴퓨터 프로그래밍의 영역도 믿을 수 없을 정도로 다양하다. 의학과 비슷하게 대부분의 프로그래머는 전문적인 프로그래머로 일한다. 여러분은 비전vision, 애니메이션, 웹 페이지, 모바일 폰 앱, 공장 제어, 의료 기기 등의 분야에서 전문가가 될 수 있다.

하지만 컴퓨터 프로그래밍에서 이상한 점은 의학과 달리 프로그래밍에서는 다방면의 지식을 갖추지 않아도 특정 분야의 전문가가 될 수 있다는 점이다. 해부학을 배운 적이 없다면 심장외과 전문의가 될 수는 없을 것이다. 하지만 오늘날 프로그래머 중에는 컴퓨터에 대한 다방면의 지식을 갖추지 못한 전문가가 많다. 이게 정말 문제일까? 사실은 이런 식의 구조가 제대로 작동하지 않는다는 사실에 대한 증거는 날마다 쏟아져 나오는 보안 취약점 보고서나 제품 리콜 등에서 볼 수 있다. 호흡 음주 측정기로 인해 음주운전으로 고발당한 사람이 음주 측정기 코드를 리뷰한 결과 무죄로 판결된 판례가 있다. 음주 측정기 코드가 버그투성이여서 판결이 뒤집혔다. 최근 안티바이러스 소프트웨어 중 일부가 심장 수술을 하는 중에 의료 기기를 중단시킨 사건도 있었다. 보잉 737 맥스 비행기의 설계 문제로 인해 많은 사람이 사망했다. 이와 같은 사고가 많이 일어난다는 사실을 보면 (소프트웨어의 품질에 대해) 자신감을 크게 가질 수가 없다.

프로그래밍을 배우는 것은 시작일 뿐이다

이런 사태가 벌어진 이유 중에는 작동하는 것처럼 보이거나, 대부분의 경우 잘 작동하는 컴퓨터 프로그램을 작성하는 게 그리 어렵지 않다는 점이 있다. 1980년대 음악의 변화(디스코가 아니다!)를 비유로 살펴보자. 사람들은 음악을 만들어내기 위한 토대를 개발해야 했다. 이 과정에는 음악 이론, 작곡, 악기 연주법, 청음을 배우고 수없이 연습하는 것이 포함됐다. 그 후 처음으로 롤랜드Roland의 카케하시 이쿠타로梯 郁太郎가 제안한 악기 디지털 인터페이스Musical Instrument Digital Interface, 즉 미디MIDI 표준이 생겨났다. 미디로 인해 사람들은 더 이상 손에 물집이 잡히지 않고도 컴퓨터에서 '음악'을 만들 수 있게 됐다. 내 생각에는 컴퓨터가 생성한 '음악' 중 일부만이 진짜 음악이다. 나머지는 대부분 잡음이다. 음악은 실제 음악가에 의해 만들어진다(음악가는 자신의 토대를 쌓는 과정에서 미디를 사용할 수도 있고 사용하지 않을 수도 있다). 요즘 프로그래밍은 미디를 사용하는 것처럼 되고 있다. 더 이상 프로그램을 작성하기 위해 여러 해 동안 연습을 하거나 이론을 배우지 않는다. 하지만 그렇다고 해서, 이런 식으로 작성된 프로그램이 좋은 프로그램이거나 신뢰할 만한 프로그램인 것은 아니다.

이런 상황은 점점 악화되는 것 같다. 최소한 미국에서는 그렇다. 소프트웨어 회사를 소유한 이들, 즉 기득권을 쥔 부자들은 학교에서 누구나 코딩하는 법을 배워야 하도록 법안을 바꾸기 위해 로비를 하고 있다. 누구나 코딩을 배우는 것은 이론적으로는 멋진 이야기이지만, 실제로는 모두가 좋은 프로그래머가 되기에 적합한 태도를 갖추는 건 아니기에 좋은 생각이 아니다. 우리는 축구가 모든 사람에게 적합한 운동은 아니라는 사실을 알기에 누구나 축구를 배우도록 법안을 제정하라는 로비를 하지 않는다. 이런 운동의 목표는 훌륭한 프로그래머를 낳는 게 아니라 질 낮은 프로그래머를 회사에 많이 공급함으로써 프로그래머의 급여 수준을 낮추고, 이를 통해 소프트웨어 회사의 이익을 증가시키는 것이다. 이 운동을 뒷받침하는 사람들은 코드 품질에는 그다지 신경 쓰지 않는다(이런 사람들은 자신들이 만든 제품의 결함에 대한 책임을 제한해달라는 법안을 위해서도 로비를 하고 있다). 물론 재미로 축구를 하는 것처럼 재미로 프로그램을 작성할 수도 있다. 하지만 이런 경우 월드컵 대표팀으로 뽑히리라 기대를 해서는 안 된다.

2014년 오바마 대통령은 자신이 코딩하는 법을 배웠다고 말했다. 그는 블록리Blockly라는 멋진 비주얼 프로그래밍 도구에서 몇 가지를 드래그했고, 자바스크립트JavaScript 코드를 타이핑하기까지 했다(자바스크립트는 자바와는 관계없는 프로그래밍 언어로, 넷스케이프가 만들었다. 넷스케이프는 이제 파이어폭스 웹 브라우저 등의 다양한 소프트웨어 패키지를 유지보수하는 모질라 재단이 됐다). 그렇다면 여러분은 오바마 대통령이 실제 코딩하는 법을 배웠다고 생각하는가? 힌트가 있다. 그렇다고 생각하는 독자는 이 책을 읽는 것과 더불어 비판적 사고critical thinking를 다듬기 위해 노력해야 한다. 물론 오바마는 프로그래밍을 아주 조금 배우긴 했다. 하지만 아니다. 오바마 대통령은 코딩하는 법을 배우지 않았다. 그가 한 시간 만에 코딩하는 법을 배운 게 사실이라면, 코딩이 너무 단순한 일이라서 학교에서 가르칠 필요도 없다는 사실이 분명해진다.

하부 기술 지식의 중요성

매스매티카Mathematica와 울프람Wolfram 언어를 만든 스티븐 울프람Stephen Wolfram이 쓴 '어떻게 컴퓨팅 사고를 가르칠까?How to Teach Computational Thinking'라는 블로그 글에는 프로그래밍을 가르치는 방법에 대한 흥미롭지만 상당히 반대되는 관점이 들어 있다. 울프람은 컴퓨팅 사고를 "컴퓨터가 할 일을 지시하기 위해 충분히 명확하게, 충분히 시스템적으로 사물을 수식화하는 방법"이라고 정의했다. 나도 이 정의에 완전히 동의한다. 사실 이 주장은 내가 이 책을 쓰게 된 계기 중 큰 부분을 차지한다.

하지만 프로그램을 배우는 사람이 컴퓨팅 사고를 개발하기 위해 토대가 되는 기술을 배우는 대신, 자신이 개발한 강력한 고수준 도구 등을 사용해야 한다는 울프람의 주장에는 강하게 반대한다. 예를 들어, 미적분학보다 통계학에 대한 관심이 늘어난다는 점을 보면 '데이터 주무르기data wrangling'가 점점 더 중요한 분야가 되고 있음이 분명하다. 하지만 사람들이 멋진 프로그램에 엄청난 양의 데이터를 입력하는데 이 데이터를 전혀 이해하지 못한다면 어떤 일이 벌어질까?

이럴 경우 한 가지 가능성은 사람들이 재미있어 보이지만 의미가 전혀 없거나 틀린 결과를 만들어내는 것이다. 예를 들어, 마크 지만, 요탐 에렌, 아쌈 엘오스타가 발표한 최근의 연구(「과학 문헌에 유전자 이름 오류가 널리 퍼져 있다Gene Name Errors Are Widespread in the Scientific Literature」)에 따르면, 유전학 논문 중 5분의 1가량에 스프레드시트를 잘못 사용해서 생긴 오류가 있다는 사실이 밝혀졌다. 이런 종류의 오류를 생각해보고, 더 강력한 도구가 더 많은 사람들 손에 들어갔을 때 생길 결과를 생각해보라! 사람의 생명에 영향을 끼치는 경우라면 이런 일을 바로잡는 일은 더욱 중요해질 것이다.

하부 기술을 잘 이해하면 무엇이 잘못되고 있는지 알아차리는 능력을 계발할 수 있다. 고수준 도구만 알면 잘못된 질문을 던지기 쉽다. 전동 공구를 사용하려면 먼저 망치 쓰는 법부터 익혀야 한다. 하부 시스템과 도구를 배워둬야 하는 또 다른 이유는 이를 통해 여러분이 새로운 도구를 만들 수 있는 능력을 가질 수 있다는 점이다. 새로운 도구를 만드는 사람은 언제나 필요하며, 도구 사용자가 늘어나면 늘어날수록 이런 사람의 중요성은 더 커진다. 컴퓨터를 잘 이해함으로써 프로그램의 동작에 대한 수수께끼가 풀린다면, 여러분은 분명히 더 나은 코드를 작성할 수 있다.

이 책의 대상 독자

이 책은 좋은 프로그래머가 되고 싶은 사람을 위한 책이다. 좋은 프로그래머는 어떤 프로그래머일까? 첫 번째이자 가장 중요한 것으로, 좋은 프로그래머는 좋은 비판적 사고와 분석 기술을 지녀야 한다. 복잡한 문제를 해결하기 위해 프로그래머는 프로그램이 올바른 문제를 제대로 해결하는지 판단할 능력을 갖춰야 한다. 이는 생각보다 어렵다. 경험이 많은 프로그래머가 다른 사람의 코드를 보고 짜증을 내면서 "아이고, 이 프로그램은 별다르지 않은 간단한 문제에 대해 정답도 아닌 복잡한 해법을 구현해놓은 것뿐이네요."라는 주석을 다는 경우도 드물지 않다.

마법사가 사물의 진짜 이름을 배우면서 점점 사물을 지배하는 힘을 얻는 고전적인 판타지에 익숙할 것이다. 세부 사항을 잊어버리는 마법사에게 화가 미칠진저! 좋은 프로그래머는 이런 마법사처럼 사물의 핵심을 파악하면서 세부 사항을 잊어버리지 않는 사람이다.

좋은 프로그래머는 마치 숙련된 장인처럼 예술성을 갖추기도 한다. 마치 영어 원어민들에게도 난해하기로 소문난 제임스 조이스의 소설 『피네간의 경야』 영어 원문처럼 전혀 해독할 수 없는 코드를 보게 되는 경우도 드물지 않다. 모름지기 좋은 프로그래머란 작동할 뿐만 아니라 다른 사람들이 이해하고 유지보수하기 쉬운 코드를 작성한다.

마지막으로, 좋은 프로그래머는 컴퓨터 작동을 잘 이해해야 한다. 기반 지식이 얕으면 복잡한 문제를 잘 풀 수 없다. 이 책은 프로그래밍을 배우고 있지만 깊이 부족으로 인해 불만족스러워하는 사람을 위한 책이다. 그리고 이미 프로그래밍을 배웠지만 프로그래밍과 컴퓨터에 대해 더 잘 알고 싶어 하는 사람을 위한 책이기도 하다.

컴퓨터란 무엇인가

이 질문에 대한 보편적인 답이라면 컴퓨터란 사람들이 전자우편을 읽거나, 온라인 쇼핑을 하거나, 논문을 쓰거나, 사진을 정리하거나, 게임을 하기 위해 사용하는 가전제품이라는 것이다. 이 정의는 컴퓨터와 소비자 가전제품이 서로 엮이면서 더 많아진 엉성한 용어 정의 때문일 것이다.

또 다른 일반적인 답으로는 컴퓨터는 휴대 전화나 음악 플레이어 같은 하이테크 장난감을 돌아가게 해주는 두뇌라는 것이 있다. 이런 답은 좀 더 정답에 가깝다.

전자우편을 보내고 게임을 하는 등의 일은 컴퓨터에서 실행되는 프로그램에 의해 가능해진다. 컴퓨터 자체는 새로 태어난 아기와 같다. 컴퓨터는 할 줄 아는 일이 그리 많지 않다. 우리는 보통 인간을 이루는 기본적인 하드웨어에 대해서는 거의 생각해본 적이 없다. 이는 대부분의 경우, 기본적인 하드웨어 위에서 작동되는 개인의 개성과 상호작용하기 때문이다. 이는 마치 컴퓨터가 프로그램을 실행하는 것과 같다. 예를 들어 웹 페이지를 볼 때는 컴퓨터만 쓰는 것이 아니라, 컴퓨터에서 실행되는 누군가가 미리 작성해둔 프로그램, 웹 페이지를 호스팅하는 컴퓨터, 그리고 그 두 컴퓨터 사이에서 인터넷이 작동하도록 돕는 모든 컴퓨터를 통해 웹 페이지를 본다.

컴퓨터 프로그래밍이란 무엇인가

선생님은 인간의 기본적인 하드웨어를 훈련시켜서 특정 작업을 수행하게 해주는 사람이다. 비슷하게 프로그래밍은 컴퓨터의 선생님이 되는 것이다. 프로그래머는 컴퓨터가 프로그래머를 위해 할 일을 하는 방법을 컴퓨터에게 가르쳐준다.

컴퓨터를 가르치는 방법을 알면 유용하다. 특히 컴퓨터가 스스로 행할 방법을 모르는 일을 컴퓨터에게 시키고 싶은데, 그에 대한 프로그램을 누가 작성해두지 않아서 그런 프로그램을 살 수 없는 경우 더 유용하다. 예를 들어 여러분은 월드 와이드 웹World Wide Web을 그냥 원래부터 있던 것처럼 느끼겠지만, 사실 웹은 수십 년 전 팀 버너스리Tim Berners-Lee에 의해 유럽의 핵 물리학 연구소에 있는 과학자들이 정보를 좀 더 잘 공유하기 위한 수단으로 만들어졌고, 팀 버너스리는 이 공로로 기사로 임명됐다. 멋지지 않은가?

컴퓨터를 가르치는 일은 복잡하다. 하지만 사람을 가르치는 일보다는 쉽다. 우리는 컴퓨터가 어떻게 작동하는지 잘 알고 있다. 그리고 컴퓨터는 여러분에게 토할 가능성도 훨씬 적다.

컴퓨터 프로그래밍은 두 단계로 이뤄진다.

1. 우주를 이해한다.
2. 3살짜리 아이에게 이해한 내용을 설명한다.

이 말이 무슨 뜻일까? 컴퓨터 프로그램을 사용해 여러분 스스로도 이해하지 못하는 일을 할 수는 없다. 예를 들어 철자법을 모른다면 철자 교정 프로그램을 작성할 수 없고, 물리를 모르면 좋은 액션 비디오 게임을 만들 수 없다. 따라서 좋은 컴퓨터 프로그래머가 되기 위한 첫 번째 단계는 모든 분야를 가능한 한 많이 배우는 것이다. 문제에 대한 해답을 종종 예기치 못한 장소에서 발견할 수 있다. 따라서 어떤 것이 당장 필요하지는 않을 것이라며 무시해서는 안 된다.

이 과정의 두 번째 단계는 여러분이 알고 있는 내용을 어린아이처럼 아주 융통성 없는 기계에게 설명하는 것이다. 아이가 3살 정도면 융통성이 없다는 게 너무 뻔히 보인다. 이 아이와 함께 집 밖으로 나가고 싶다고 하자. 아이에게 물어본다. "신발 어디 있니?" 답은 "저기"다. 아이는 여러분의 질문에 답을 한다. 문제는 여러분이 실제로 원하는 건, 아이가 신발을 찾아서 신고, 같이 밖으로 나가자는 것임을 아이는 이해하지 못한다는 점이다. 아이들은 자라나면서 유연성과 추론 능력을 배운다. 하지만 컴퓨터는 피터팬 같다. 컴퓨터는 절대로 자라지 않는다.

컴퓨터는 일반화할 줄 모른다는 점에서도 어린아이와 같다. 여러분이 컴퓨터에게 어떤 일을 설명하는 방법을 배우고 나면 컴퓨터가 아주 빠르게 지치지 않고 그 일을 해주기 때문에, 상식이 없음에도 컴퓨터는 매우 유용하다. 컴퓨터는 자신이 요청받은 일이 잘못된 일인지 여부를 평가하지 않으며 지치지 않고 그 일을 해준다. 이는 마치 1940년 디즈니 애니메이션 〈판타지아〉에 나오는 마법을 부여받은 빗자루와도 같다. 컴퓨터에게 마법 램프(FBI가 만든 마법 램프[1]가 아니다!)의 지니에게 부탁하는 것처럼 소원을 말해보라. 다만 아주 조심스럽게 소원 문구를 구성해야 할 것이다.

내가 방금 말한 것보다 컴퓨터는 더 많은 일을 할 수 있는 것 같아 보이기 때문에, 내 말을 의심하는 독자도 있을 것이다. 예를 들어, 우리가 사용하는 컴퓨터는 그림 그리는 법을 알고, 철자를 고쳐주고, 말하는 내용을 이해하고, 음악을 틀어주는 등의 일을 하기 때문이다. 하지만 이런 일을 하는 건 컴퓨터가 아니라는 사실을 기억하라. 실제 일하는 것은 누군가가 컴퓨터가 이런 일을 할 수 있도록 미리 작성해둔 프로그램이다. 컴퓨터는 컴퓨터가 실행하는 프로그램과 분리되어 있다.

이는 마치 도로에 있는 자동차를 보는 것과 같다. 차는 제때 멈추고, 제때 출발하며, 장애물을 피하고, 목적지를 찾아가고, 배가 고프면 주유소에 가서 기름을 먹는 등의 일을 한다. 하지만 이런 일을 하는 건 자동차 혼자만이 아니다. 자동차와 운전자가 합쳐져야 이런 일을 할 수 있다. 컴퓨터는 자동차와 비슷하고 프로그래머는 운전자와 비슷하다. 지식이 없다면 자동차가 하는 일과 운전자가 하는 일을 구분해 말할 수 없을 것이다(메이 스웬슨May Swenson의 「Southbound on the

1 FBI가 만든 키보드 입력 로깅 소프트웨어다. 이름이 'magic lantern'으로 같다는 점을 이용한 농담이다. – 옮긴이

Freeway」라는 시를 보라. 여러분은 어쩌면 이 시의 맨 마지막에 있는 질문에 대한 답이 바뀌는 날을 죽기 전에 볼 수 있을 것이다[2]).

요컨대, 컴퓨터 프로그래밍이란 여러분이 문제를 풀기 위해 알아야 할 필요가 있는 내용을 배우고, 이 내용을 어린아이에게 설명하는 과정이다. 문제를 푸는 방법이 여러 가지이기 때문에 프로그래밍은 과학이자 기술이다. 프로그래밍은 우아한 해법으로부터 마구잡이식으로 문제를 풀어보는 것까지 다양한 방식을 포함한다. 그렇다. 벽을 두들겨 깨서 집 밖으로 나올 수도 있지만, 아마도 문을 통해 나오는 편이 훨씬 더 쉬울 것이다. 누구나 HealthCare.gov 같은 사이트를 몇백만 줄의 코드로 만들 수 있지만, 같은 사이트를 몇천 줄로 만들려면 기술이 필요하다.

3살짜리 아이를 가르치기 전에, 3살짜리 아이와 이런 아이가 뭘 이해할 수 있는지에 대해 배워야 한다. 우리가 가르쳐야 하는 아이는 일반적인 3살짜리 아이가 아니라 외계 생명체다. 컴퓨터는 우리가 사용하는 것과는 다른 규칙을 사용한다. 컴퓨터가 좀 더 사람처럼 행동하게 만들려는 인공지능AI, artificial intelligence에 대해 들은 독자도 있을 것이다. AI 분야의 진보는 원래 예상보다 훨씬 느렸다. 이는 주로 우리가 문제를 정말 이해하고 있지 못해서였다. 우리는 인간이 생각하는 방식에 대해 충분히 알지 못한다. 여러분도 상상할 수 있겠지만, 어떻게 작동하는지를 정확히 모르고 있는 대상을 외계인에게 가르치기란 아주 어려운 일이다.

인간의 두뇌는 의식적으로 생각을 하는 방법을 생각하지 않아도 생각할 수 있게 해준다. 여러분의 두뇌는 처음에는 그냥 하드웨어로 시작했지만, 그 후 프로그래밍이 이뤄졌다. 예를 들어 여러분은 손가락을 움직이는 방법을 먼저 배우고, 그 후 물체를 잡는 방법을 배웠다. 연습을 거친 후에는 물체를 잡는 각 단계를 일일이 생각하지 않아도 물체를 잡을 수 있다. 장 피아제Jean Piaget(스위스 심리학자, 1898~1980)나 놈 촘스키Noam Chomsky(미국 언어학자, 1928년생) 등의 철학자는 이런 학습 과정이 어떻게 이뤄지는지에 대해 각기 다른 이론을 전개했다. 두뇌는 단지 일반적인 기계 장치의 모임에 불과한 것일까, 아니면 언어와 같은 기능을 처리하는 특별한 하드웨어가 있는 것일까? 여전히 이 문제에 대한 연구가 진행 중이다.

인간이 무의식중에 작업을 해낼 수 있는 엄청난 능력은 프로그래밍을 하는 방법을 배우는 것을 더 힘들게 한다. 프로그래밍은 작업을 컴퓨터가 따라 할 수 있는 더 작은 단계로 분해해야 하기

2 이 시의 맨 마지막은 "Those soft shapes, shadowy inside the hard bodies—are they their guts or their brains?"라고 끝난다. 딱딱한 몸통 안에 있는 부드러운 그림자 모양이 과연 차의 내장일까, 두뇌일까? 자율주행이 생기면서 인간이 없어도 차가 알아서 원하는 곳을 갈 수 있게 되면 이 질문의 답이 바뀔 것이다. 이 시의 원문은 https://www.encyclopedia.com/arts/educational-magazines/southbound-freeway를 참조하라. – 옮긴이

때문이다. 예를 들어, 여러분은 틱택토tic-tac-toe 게임 방법을 알고 있을 것이다. 사람들을 모아두고, 여러 틱택토 보드 설정에 대해 각 사람이 독립적으로 최선의 수를 만들어내는 단계를 나열하게 하자(여러분이 해답을 인터넷에서 찾을 수 있으리라 확신하지만, 그러지 마라). 모든 사람이 리스트를 만든 다음, 토너먼트를 열자. 누구의 규칙이 승리하는지 살펴보라! 여러분이 만든 규칙은 얼마나 뛰어날까? 여러분이 빠뜨린 부분은 무엇일까? 게임을 플레이할 때 여러분이 어떤 식으로 판단을 내리는지 정말로 알고 있는가? 직관적으로 알고 있기 때문에 목록에 굳이 적지 않은 요인이 꽤 많을 가능성이 높다.

문제를 분명히 이해하지 못했다면, 첫 단계인 '우주를 이해하라'가 두 번째 단계인 '3살짜리 아이에게 설명하라'보다 훨씬 더 중요하다. 생각해보라. 말할 내용이 없다면 말 잘하는 방법을 배운들 뭐가 좋겠는가? 그럼에도 현재의 교육은 두 번째 단계에 초점을 맞추고 있다. 이는 과업의 기계적인 측면을 가르치고 평가하기가 창조적인 요소를 가르치고 평가하는 것보다 훨씬 더 쉽기 때문이다. 그리고 일반적으로 선생들은 해당 분야의 교육을 거의 받지 않고, 자신에게 주어진 다른 곳에서 개발된 교육 과정을 사용해 학생을 가르치기 때문이다. 하지만 이 책은 첫 번째 단계에 초점을 맞춘다. 이 책이 일반적인 우주를 다루지는 않지만, 해법을 구현하는 데 필요한 정확한 프로그래밍 문법을 파고들기보다는 컴퓨터 우주에 있는 여러 문제와 해법을 살펴본다.

코딩, 프로그래밍, 엔지니어링, 컴퓨터과학

소프트웨어를 다루는 작업을 가리키는 용어가 여러 가지 있다. 각 용어의 정확한 정의는 없지만, 각 용어마다 거칠게나마 어떤 의미가 담겨 있다.

코딩coding은 '코딩을 배우자learn to code'나 '코딩 스쿨' 등의 슬로건으로 유명해졌다. 코딩은 어느 정도 기계적인 변환 작업으로 볼 수 있다. 컴퓨터 코딩 작업을 의료계의 코딩 작업과 비교해보자. 여러분이 의사를 방문해서 진찰을 받는 것은 쉬운 부분이다. 어려운 부분은 진단을 10만 가지가 넘는 ICD 표준 질병 분류 코드 중 하나로 변환하는 것이다. 2020년 현재는 ICD-10을 사용 중이며 ICD-11로 전환을 계획 중이다. 인증받은 전문 코더Certified Professional Coder는 이런 질병 분류 코드를 배운 사람으로, 의사가 '소한테 받혔음'이라는 진단을 보내오면 W55.2XA라는 코드를 할당해야 한다는 사실을 안다. 코드 개수가 많기 때문에 이 과정은 실제로는 프로그래밍 공간에 있는 여러 프로그래밍 작업보다 더 힘든 작업이다. 하지만 처리 과정 자체는 코더coder(코딩을 하는 사람)가 웹 페이지에 대해 '텍스트를 굵은 글씨체로 만들어주세요'라는 지시를 받았을 때 하는 일과 비슷하다. 코더는 글씨체를 바꾸기 위해 어떤 코드를 써야 할지 알고 있다.

ICD-10 질병 코드 표준은 아주 복잡해서 이 표준을 모두 아는 코더는 드물다. 대신 의학 코더는 '신경계의 병'이나 '심리와 행동 장애' 등의 특별한 영역에 대해 인증을 받는다. 이는 코더가 HTML이나 자바스크립트 등 어느 한 언어에만 능숙한 것과 비슷하다.

하지만 **프로그래밍**programming(이 말은 프로그래머가 된다는 뜻이다)은 한 전문 분야 이상을 알고 있다는 뜻이다. 이 시나리오에서는 의사가 프로그래머에 해당한다. 의사는 환자를 진찰하고 진단을 내린다. 이 과정은 아주 복잡할 수도 있다. 예를 들어 환자가 화상이 있고 몸이 땀으로 흠뻑 젖어 있다면, '기괴한 외관(R46.1)'일까 아니면 '워터 스키로 인한 화상, 초기 접촉(V91.07XA)'일까? 의사가 진단을 내리면 치료 계획을 세울 수 있다. 치료 계획은 효과적이어야 한다. 의사는 아마도 해당 환자가 악성인 '부모의 과보호(Z62.1)'를 겪기를 바라지 않을 것이다.

의사와 마찬가지로 프로그래머도 문제를 관찰하고 해법을 결정한다. 예를 들어, 사람들이 ICD-10 코드의 순위를 바보 같은 순서대로 매겨야 할 수도 있다. 프로그래머는 데이터를 정렬하고 조작하는 최적의 알고리즘을 결정하고, 웹 클라이언트와 웹 서버 사이의 통신 구조를 결정하며, 사용자 인터페이스를 결정하는 등의 작업을 수행한다. 이런 작업은 '코드에 끼워 넣는' 식의 간단한 작업은 아니다.

엔지니어링engineering은 복잡도순으로 볼 때 다음 순서다. 일반적으로 엔지니어링은 지식을 얻고, 얻은 지식을 활용해 어떤 목표를 달성하는 기술이다. 여러분은 ICD 표준을 만드는 작업을 엔지니어링으로 생각할 수 있다. ICD 표준을 만들려면 다양한 의학 진단 분야를 알고 이 지식을 줄여서 의사의 진단 기록보다 더 쉽게 추적하고 분석할 수 있는 코드 집합으로 만들어야 한다. 이런 복잡한 시스템이 '좋은' 엔지니어링에 속하는지는 각자 견해의 문제일 뿐이다. 컴퓨터 엔지니어링의 예를 들면, 몇 년 전 나는 병원에서 볼 수 있는 것 같은 저가형 의료 모니터링 시스템을 개발하는 프로젝트에 참여했다. 내가 맡은 책임은 의사나 간호사가 설명서를 읽지 않고도 5분 안에 사용법을 알 수 있는 모니터링 시스템을 만드는 것이었다. 여러분도 상상할 수 있듯이, 이런 일을 하려면 단지 프로그래밍에 대해 아는 것보다 훨씬 더 많은 지식을 필요로 한다. 그리고 나는 이 목표를 초과 달성했다. 내가 만든 해법은 사용법을 아는 데 30초밖에 걸리지 않았다.

프로그래밍을 컴퓨터과학과 혼동하는 경우가 종종 있다. 여러 컴퓨터과학자들이 프로그램을 작성하지만, 대부분의 프로그래머는 컴퓨터과학자가 아니다. **컴퓨터과학**computer science은 계산(컴퓨팅)에 대해 연구하는 학문이다. 컴퓨터과학에서 발견한 내용을 엔지니어와 프로그래머가 사용한다.

코딩, 프로그래밍, 엔지니어링, 컴퓨터과학은 서로 독립적이지만 서로 연관된 분야로, 필요한 지식의 유형과 양이 다르다. 컴퓨터과학자, 엔지니어, 코더가 된다고 해서 자동으로 좋은 프로그래머가 되지는 않는다. 이 책은 여러분에게 컴퓨터과학자나 엔지니어가 생각하는 방법을 맛보게 해주지만, 이 책을 읽어도 여러분이 컴퓨터과학자나 엔지니어가 되지는 못한다. 컴퓨터과학자나 엔지니어가 되려면 대학 이상의 교육과 관련 분야에서 어렵게 얻은 경력이 필요하다. 엔지니어링과 프로그래밍은 음악이나 그림과 비슷하게, 일부는 기술이고 일부는 예술이다. 이 책은 이 두 가지 측면을 함께 보여주기 때문에, 여러분이 프로그래머로서 지녀야 하는 기술을 개선하는 데 도움이 될 것이다.

컴퓨터과학 개요

컴퓨터 설계와 프로그래밍은 공부할 내용이 많은 분야다. 그래서 여기서 전체를 다룰 수는 없다. 여러분은 이를 그림 1처럼 여러 계층으로 시각화할 수 있다.

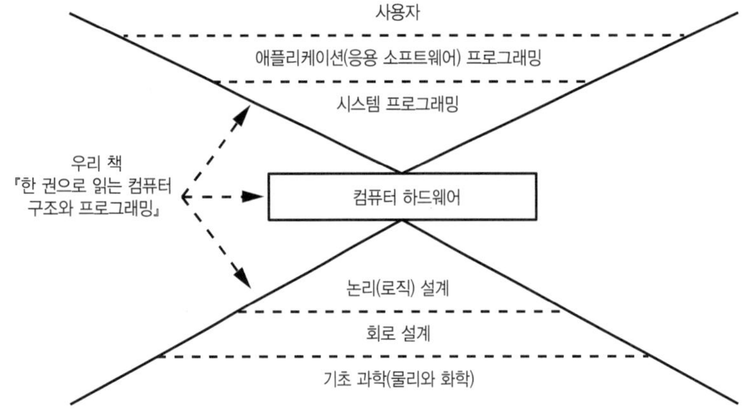

그림 1 컴퓨터과학의 개요

그림 1은 단순화한 그림이며, 여러 계층을 나누는 선이 실제로는 명확하지 않다는 사실을 염두에 두자.

사람들 대부분은 컴퓨터 시스템을 사용하는 **사용자**user다. 지금 여러분은 아마 이런 분류에 속할 것이다. 사용자 중에는 **시스템 관리자**system administrator라는 특별한 사용자가 있다. 관리자는 컴퓨터 시스템이 작동하게 유지하는 일을 한다. 이들은 소프트웨어를 설치하고, 사용자 계정을 관리하며, 백업을 진행하는 등의 일을 한다. 이들에게는 주로 일반 사용자에게는 주어지지 않는 특별한 능력이 주어진다.

웹 페이지, 폰 앱, 음악 플레이어 등의 프로그램을 작성하는 사람을 **애플리케이션 프로그래머** application programmer라고 부른다. 이들은 사용자가 컴퓨터와 상호작용하기 위해 사용하는 프로그램을 다른 사람들이 만든 기본 요소들을 활용해 작성한다. 대부분의 '코딩 스쿨' 수업에서 프로그래머라면 꼭 배워야 하는 것처럼 가르치고 있는 애플리케이션 프로그램 개발은 다른 사람이 만든 기본 요소를 임포트import하는 방법과 이 기본 요소들을 서로 붙이는 방법일 뿐이다. 이런 기술만 사용해도 오랫동안 직업을 유지할 수 있지만, 각 블록과 블록을 붙이는 풀을 실제로 이해하면 훨씬 더 좋을 것이다.

애플리케이션 프로그램은 컴퓨터 하드웨어와 직접 이야기하지 않는다. 이 부분에서 **시스템 프로그래밍**system programming이 개입한다. 시스템 프로그래머는 애플리케이션 프로그래머가 사용하는 기본 요소를 만든다. 시스템 프로그래머는 자신이 작성하는 코드가 하드웨어와 상호작용해야 하기 때문에 하드웨어에 대해 알아야만 한다. 이 책의 목표 중 하나는 여러분이 좋은 시스템 프로그래머가 되기 위해 필요한 내용을 가르쳐주는 것이다.

컴퓨터 하드웨어에는 계산에 필요한 부품만 있는 게 아니라, 외부 세계와 연결하기 위한 부품도 있다. 컴퓨터 하드웨어는 **논리**logic(로직)로 표현된다. 이 논리는 컴퓨터 프로그램을 작성할 때 사용하는 논리와 같다. 컴퓨터의 동작을 이해하려면 논리가 핵심이다. 논리는 여러 전자 회로circuit로부터 만들어진다. 회로 설계를 이 책에서는 다루지 않지만, 전자공학을 공부하면 회로 설계에 대해 더 많이 배울 수 있다. 세계 최고가 되고 싶다면 전자공학과 컴퓨터과학을 복수 전공하는 것도 고려해보라.

물론 기초 과학이 맨 아래를 받쳐준다. 기초 과학은 전기에 대한 이해로 시작해서 칩을 만들기 위해 필요한 화학에 이르기까지 모든 것을 제공한다.

그림 1에서 보는 것처럼, 각 계층은 자신의 아래 계층으로부터 만들어진다. 이 말은 아래 계층에서 설계 시 잘못된 선택을 하면 그 위의 모든 계층에 영향을 끼치게 된다는 뜻이다. 예를 들어, 1994년 인텔 펜티엄 프로세서 회로 설계 시 잘못 설계한 내용이 나중에 일부 나눗셈 연산에서 잘못된 결과를 만들어냈다. 이로 인해 이 프로세서와 부동소수점 나눗셈을 사용하는 모든 소프트웨어가 영향을 받았다.

그림에서 보듯 시스템 프로그래밍은 소프트웨어 계층의 맨 밑에 있다. 시스템 프로그래밍은 길, 전기, 물 등의 인프라infrastructure(사회간접자본)와 같다. 좋은 프로그래머가 되는 건 항상 중요하다. 하지만 여러분이 시스템 프로그래머라면 다른 사람이 여러분이 만든 인프라에 의존하기 때문에 좋은 프로그래머가 되는 게 훨씬 더 중요하다. 그림 1에서 시스템 프로그래밍이 애플리케이션 프로그래밍과 하드웨어 사이에 샌드위치처럼 끼어 있는 걸 볼 수 있다. 이 말은 시스템 프로그래머는 두 분야를 다 잘 이해해야 한다는 뜻이다. 산스크리트 단어인 '요가yoga'는 '하나됨'을 뜻한다. 요가 수행자들이 마음과 몸의 합일을 추구하듯이, 시스템 프로그래머는 하드웨어와 소프트웨어의 합일을 추구하는 테크노 요기yogi(요가 수행자)다.

그림 1의 다른 계층에서 일하고 싶다면 시스템 프로그래밍을 배우지 않아도 된다. 하지만 시스템 프로그래밍을 배우지 않는다면, 여러분의 도메인domain(전문 분야)을 벗어나는 문제가 생기면 문제를 직접 해결하려고 파고들기보다는 여러분을 도와줄 사람을 찾는 편이 더 낫다. 핵심 기술을 이해하면 높은 수준에서 더 나은 해법을 생각해낼 수도 있다. 이런 생각은 단순히 나만의 의견은 아니다. 2014년 블로그 글인 '우리 문명의 자원 누수 버그The Resource Leak Bug of Our Civilization'[3]에서도 비슷한 관점을 볼 수 있다.

이 책은 오래된 역사를 다루려 한다. 대부분의 프로그래머는 자신의 기술(즉 프로그래밍)이 발전해온 역사를 배우지 않는다. 다뤄야 할 분량이 너무 많기 때문이다. 이로 인해 수많은 사람이 이미 누군가 저지른 실수를 똑같이 되풀이한다. 역사를 알면 최소한 과거의 실수를 반복하지 않고 새롭고 더 나은 실수를 할 수 있다. 오늘날 여러분이 사용하고 있는 인기 있는 새로운 기술은 내일이 되면 금방 과거의 기술이 된다는 사실을 기억하라.

역사에 대해 말하자면, 이 책은 흥미진진한 기술과 그 기술을 발명한 사람의 이름들이 가득 들어 있는 책이다. 기술과 그 기술을 발명한 사람에 대해 배우기 위해 시간을 내보라. 이 책에서 언급한 사람들은 대부분 흥미로운 문제를 최소한 한 가지 이상 해결한 사람이며, 이들이 세계를 어떻게 인식했고 문제를 해결하기 위해 어떤 접근을 했는지 배워볼 만한 가치가 있다. 닐 스티븐슨Neal Stephenson의 2008년 소설 『Anathem』에 좋은 대화가 나온다.[4]

> "우리의 적은 원자폭탄이 가득 들어 있는 외계 우주선이다. 우리한테는 각도기가 있다."
> "좋아. 집에 가서 자와 끈을 찾아오지."

3 원문은 https://bit.ly/3nZJRKQ에서 볼 수 있다. – 옮긴이

4 소설에서 상대는 원자폭탄으로 무장한 우주선이지만, 주인공은 기술적 제약으로 자신에게 있는 훨씬 열등한 수단을 총동원해 외계인과 싸워야 했다. – 옮긴이

이들이 기초적인 것에 얼마나 의지하는지 명심하라. 이들의 대화는 '위키피디아에서 뭘 할지 찾아보자'나 '스택 오버플로Stack Overflow에 질문을 올려보자', '깃허브GitHub에서 패키지를 찾아보자'가 아니었다. 어느 누구도 해결하지 못한 문제를 푸는 방법을 배우는 것이 가장 중요한 기술이다.

이 책의 예제 중 상당수는 16비트 컴퓨터 등 오래된 기술을 바탕으로 한다. 이는 이런 기술로부터 여러분이 알 필요가 있는 내용을 대부분 배울 수 있고, 이런 기술에 대한 설명이 더 쉽게 한 페이지 안에 들어가기 때문이다.

이 책의 구성

이 책은 개념적으로 세 부분으로 나뉜다. 첫 번째 부분은 컴퓨터 하드웨어를 탐구한다. 하드웨어가 무엇이고 하드웨어를 어떻게 만드는지 살펴본다. 두 번째 부분은 하드웨어에서 소프트웨어가 어떻게 작동하는지 살펴본다. 마지막 부분은 프로그래밍 기술, 즉 다른 사람들과 협력해 더 나은 프로그램을 만드는 방법에 대한 것이다.

1장 컴퓨터 내부의 언어 체계

1장은 3살짜리 아이의 마음을 탐구하는 것부터 시작한다. 컴퓨터는 비트를 가지고 노는 기계다. 컴퓨터는 비트를 모아서 먹고 산다. 여러분은 비트가 무엇인지 배우고 비트로 무엇을 할 수 있는지에 대해 배운다. 우리는 비트나 비트 모음에 의미를 부여하기 위해 '있다고 치고' 놀이를 할 것이다.

2장 전자 회로의 조합 논리

이번 장은 숫자 대신 비트를 사용하는 게 합리적인 이유를 보여주고, 이 합리성을 디지털 컴퓨터에서 찾아본다. 이 과정에서 요즘 우리가 사용 중인 기술에 이르는 길을 만들어준 오래된 기술을 살펴본다. 2장에서는 조합 논리의 기본을 설명하고, 더 복잡한 기능을 비트와 논리를 사용해 만드는 방법을 배운다.

3장 메모리와 디스크의 핵심: 순차 논리

여기서는 논리를 사용해 메모리를 만드는 방법을 배운다. 그리고 메모리는 시간이 지나도 유지되는 상태에 불과하므로, 어떻게 시간을 생성하는지 살펴본다. 3장에서는 순차 논리의 기본을 설명하고, 여러 가지 메모리 기술에 대해 논의한다.

4장 컴퓨터 내부 구조

이 장은 2, 3장에서 소개한 논리와 메모리를 사용해 컴퓨터를 구성하는 방법을 보여준다. 여러 가지 구현 방법론을 살펴본다.

5장 컴퓨터 아키텍처와 운영체제

5장에서는 4장에서 살펴본 기본 컴퓨터에 몇 가지 장치를 추가한다. 필수적인 기능과 효율성을 어떻게 컴퓨터에 제공할 수 있는지 배운다.

6장 입출력과 네트워킹

컴퓨터는 바깥 세상과 상호작용할 필요가 있다. 6장에서는 입력과 출력(I/O)을 다룬다. 그리고 디지털과 아날로그의 차이를 살펴보고, 어떻게 디지털인 컴퓨터가 아날로그인 세상과 함께 일할 수 있는지 알아본다.

7장 데이터 구조와 처리

이제 컴퓨터의 동작을 배웠으므로, 컴퓨터를 더 효율적으로 사용하는 방법을 배워야 한다. 컴퓨터 프로그램은 메모리에 있는 데이터를 조작한다. 따라서 해결하려는 문제에 따라 프로그램이 메모리를 사용하는 방식을 적절히 매핑하는 것이 중요하다.

8장 프로그래밍 언어 처리

사람들이 컴퓨터를 더 쉽게 프로그램하기 위해 언어를 발명했다. 8장에서는 언어를 컴퓨터가 실제로 실행할 수 있는 어떤 것으로 변환하는 과정을 보여준다.

9장 웹 브라우저

웹 브라우저에서 사용하기 위한 프로그램이 많이 작성된다. 9장에서는 웹 브라우저가 어떻게 작동하는지 살펴보고, 웹 브라우저를 이루는 주요 구성요소에 대해 알아본다.

10장 애플리케이션 프로그래밍과 시스템 프로그래밍

10장에서는 그림 1에 있는 두 가지 계층에서 실행되는 두 버전의 프로그램을 작성한다. 이번 장은 애플리케이션과 시스템 수준 프로그래밍의 여러 가지 차이점을 보여준다.

11장 성능 향상을 위한 알고리즘 기법

프로그램을 효율적으로 만드는 것이 중요하다. 11장에서는 프로그램이 불필요한 작업을 하지 않게 해서 프로그램을 더 효율적으로 만들고 성능을 향상하는 방법을 살펴본다.

12장 병렬성과 비동기성

하나 이상의 컴퓨터가 들어 있는 시스템이 아주 많다. 12장에서는 여러 컴퓨터가 서로 협력하면서 문제를 해결하려고 하는 경우에 생기는 여러 가지 문제를 살펴본다.

13장 컴퓨터 보안

컴퓨터 보안은 고급 주제다. 13장에서는 보안의 기본을 소개하면서 보안에 필요한 고급 수학을 잠깐 시도해본다.

14장 세상을 바꾸는 기계 지능

14장도 고급 주제를 다룬다. 빅데이터, 인공지능, 머신러닝을 조합한 결과로 나타난 새로운 응용에 대해(자율주행부터 광고로 여러분을 미치게 하는 방법에 이르기까지) 다룬다.

15장 훌륭한 프로그래머가 되기 위한 팁과 경험담

프로그래밍은 아주 체계적이고 논리적인 과정이다. 하지만 프로그램을 왜 하고 어떻게 할지 결정할 때 사람이 연관되는데, 사람은 논리가 부족할 때가 자주 있다. 15장은 실제 세계에서 프로그래밍을 할 때 생기는 문제 중 일부를 다룬다.

이 책의 설명은 아주 단순화했기 때문에 자세한 세부 사항까지는 들어맞지 않는 경우도 많다는 점을 염두에 두자. 설명을 완벽하게 하면 세부 사항에 신경 쓰다 큰 줄기를 못 보는 일이 생길 수 있다. 나중에 관련 내용을 더 배울 때 이 책의 세부 설명이 100% 정확하지 않다는 사실을 알게 되더라도 놀라지 마라. 이 책을 컴퓨터 세계를 여행하는 사람을 위한 화려한 여행 브로셔로 생각할 수 있다. 여행 브로셔에 여러분이 방문할 장소에 대한 자세한 내용을 모두 실을 수는 없으므로, 실제로 그 장소를 방문해보면 미묘한 차이가 난다는 사실을 발견하게 될 것이다.

독자 문의와 도서 정보 페이지

한국어판에 대한 의견이나 질문, 오탈자 및 오류 신고는 책만 출판사 편집팀 support@onlybook.co.kr 주소로 메일을 주시면 최대한 빠른 시일 안에 회신 드리겠습니다. 이 책의 도서 정보와 기술 사항, 정오표 등은 책만 출판사 사이트(https://www.onlybook.co.kr/entry/secret-programs)에서 찾아볼 수 있습니다. 원서와 관련한 정보는 노스타치 출판사 사이트(https://nostarch.com/foundationsofcomp)에서 확인할 수 있습니다.

1장

컴퓨터 내부의 언어 체계

- 컴퓨터는 어떤 말을 사용할까

언어는 정보를 서로 소통하기 위해 만들어졌다. 프로그래머가 해야 할 일은 컴퓨터에게 명령을 내리는 것이다. 그런데 컴퓨터는 사람의 말을 알아듣지 못한다. 따라서 사람이 컴퓨터의 말을 배워야 한다.

사람이 쓰는 언어(자연어)는 수천 년 동안 진화해온 결과다. 역사가 기록되기 전부터 초기 언어가 발전해왔기 때문에 언어의 진화에 대해 밝혀진 내용은 많지 않다(언어의 발달에 대한 서사시를 읊은 시인이 없음이 분명하다). 컴퓨터 언어는 이야기가 다르다. 컴퓨터 언어는 자연어가 생긴 지 한참 뒤, 비교적 최근에 만들어진 인공적인 발명품이기 때문에 자연어를 사용해 컴퓨터 언어를 설명할 수 있다.

자연어와 컴퓨터 언어는 쓰인 기호나 제대로 된 기호 나열 방법, 사용법 등의 요소를 상당 부분 공유한다. 자연어와 컴퓨터 언어는 비문자 언어라는 형태를 공유하지 않는다. 컴퓨터 언어는 항상 문자 언어만 사용한다.

1장에서는 컴퓨터의 언어를 배우기 시작한다. 이 과정은 자연어를 배우는 경우와 똑같은 단계로 이뤄진다. 단어와 문장을 배우기 전에 문자부터 배우기 시작해야 한다. 다행히 컴퓨터 언어는 자연어에 비해 훨씬 단순하다.

언어란 무엇인가

언어는 편의를 제공하기 위한 지름길이다. 언어를 사용하면 복잡한 개념을 직접 보여주지 않고도 의사소통을 할 수 있다. 게다가 언어를 사용하면 개념을 아주 멀리까지 전달할 수 있고, 전달하는 과정에서 중재자를 둘 수도 있다.

모든 언어(구어, 문어, 몸짓 언어, 심지어 돌 2개를 줄에 매서 돌리는 것까지)의 뜻은 기호의 집합으로 **인코딩**encoding된다. 하지만 의미를 기호로 인코딩하는 것만으로는 충분하지 않다. 언어가 제대로 작동하려면 의사소통하는 당사자들이 모두 같은 **문맥**context을 공유해서 같은 기호에 같은 뜻을 부여할 수 있어야 한다. 예를 들어 '토토Toto'라는 단어는 『오즈의 마법사』에 나오는 개를 뜻하지만, 열선이 들어간 변좌를 생산하는 일본 기업을 뜻할 수도 있다. 제자 중 프랑스에서 온 교환학생과 대화하는 중에 옷과 관련해 비슷한 혼동을 겪은 적이 있다. 미국에서 '캐미솔camisole'은 여성용 민소매 속옷을 뜻하지만, 프랑스에서는 (죄수 등에게 입히는) 구속복을 뜻한다! 이 두 가지 예에서 동일한 기호를 구분할 수 있는 요소는 문맥뿐인데, 언제나 문맥을 명확히 식별할 수 있는 것은 아니다. 컴퓨터 언어에도 마찬가지 문제가 있다.

문자 언어

문자 언어는 기호를 나열한 것이다. 기호를 정해진 순서대로 나열하면 단어를 만들 수 있다. 예를 들어, 우리말에서 '맛집'이라는 말은 여섯 가지 기호(문자)로 이뤄지며 각각을 왼쪽부터 오른쪽 음절 순, 초, 중, 종성 순으로 적으면 'ㅁ', 'ㅏ', 'ㅅ', 'ㅈ', 'ㅣ', 'ㅂ'이다. 영어의 'yum'이라는 단어는 왼쪽부터 오른쪽으로 'y', 'u', 'm'이라는 글자로 이뤄진다.

기호나 조합은 무궁무진한 가능성이 있다. 현대 한글은 24자의 기본 자모(첫소리, 가운뎃소리, 끝소리로 쓰이는 겹낱자를 포함하면 67자)를 사용한다. 영어에는 기본 기호가 26개(A~Z) 있다(대소문자, 문장 기호, 합자ligature 등은 무시한다). 언어마다 기호와 기호 유형이 달라질 수 있다. 예를 들어, 각 글자가 모두 다른 뜻을 나타내는 표의문자인 한자를 사용하는 일어나 중국어처럼, 수많은 기호로 표현하는 언어도 있다.

언어마다 순서도 다를 수 있다. 예를 들어 히브리어는 오른쪽에서 왼쪽으로, 중국어는 세로로(위에서 아래, 오른쪽에서 왼쪽) 읽는다. 기호의 순서도 중요하다. 'dog'와 'god'는 같지 않다.

어떤 면에서는 문자로 쓰인 스타일도 언어처럼 여겨지기도 하지만, 서체에 따라 기호를 구분하지는 않는다. 따라서 'a', '*a*', '**a**'는 모두 같은 기호다.

다음과 같은 세 가지 구성요소가 문자 언어의 틀을 이루는데, 컴퓨터 언어에서도 마찬가지다.

- 기호가 들어갈 상자
- 상자에 들어갈 기호
- 상자의 순서

일부 언어에는 주변의 상자 안에 들어 있는 기호의 종류에 따라 상자에 들어갈 수 있는 기호를 제한하는 복잡한 규칙이 존재하기도 한다. 예를 들어, 어떤 기호들은 서로 인접한 상자에 들어갈 수 없다.

비트

먼저 상자에 대해 생각해보자. 자연어에서는 이 상자를 **문자**character라고 부르고 컴퓨터에서는 **비트**bit라고 부른다. '비트'라는 단어는 2진법을 사용한다는 뜻의 '바이너리binary'와 숫자를 뜻하는 '디지트digit'가 기묘하게 합쳐진 말이다. 이 결합이 기묘한 이유는 '바이너리'라는 말은 두 가지 부분으로 이뤄진 어떤 대상을 뜻하고, '디지트'라는 말은 일상생활에서 쓰는 10진수를 표현하는 10가지 기호(0~9)를 뜻하기 때문이다. 2장에서는 비트를 컴퓨터에 사용하는 이유를 살펴본다. 지금은 비트를 사용하면 적은 비용으로 편리하게 기호를 담을 수 있다고 아는 것으로 충분하다.

비트는 2진법을 사용한다. 이는 비트 상자에는 모스 부호의 점(.)과 선(-)처럼 두 가지 기호 중 하나만 담을 수 있다는 뜻이다. 모스 부호는 두 기호를 여러 가지 방식으로 조합해 이어붙여서 복잡한 정보를 표현한다. 예를 들어 A는 점-선이고, B는 선-점-점-점, C는 선-점-선-점이다. 자연어와 마찬가지로 기호의 순서가 중요하다. 선-점은 A가 아니라 N이다.

기호라는 개념은 추상적이다. 실제로는 기호가 무엇이든 관계없다. 꺼짐/켜짐일 수도 있고, 낮/밤일 수도 있으며, 쌀/보리 게임일 수도 있다. 하지만 기억하라. 언어는 문맥 없이는 제대로 작동할 수 없다. 말하는 사람은 U(점-점-선)를 말한다고 생각하는데 듣는 사람은 쌀-쌀-보리라고 듣는다면 상황이 금방 이상해진다.

이번 장의 나머지 부분에서는 컴퓨터를 사용한 계산(이를 일반 계산과 구분해 컴퓨팅이라고 적을 것이다)에서 비트에 의미를 부여하는 일반적인 방법을 살펴본다. 이때 '척하기(필요한 게 있거나 됐다고 가정하기)'를 상당히 많이 사용한다는 점에 유의하라. 예를 들어, "이 비트들이 파란색을 뜻한다고 가정하자."라는 식의 말을 자주 볼 것이다. 프로그래밍이 실제로 이런 식으로 작동한다. 따라서 여러분이 표준적인 비트 사용법을 배우더라도, 여러분 자신에게 적합한 자신만의 비트 사용법을 새로 만들어내는 것을 두려워할 필요가 없다.

논리 연산

비트 사용법 중 하나는 "날씨가 추운가?", "내 모자를 좋아하나?"와 같은 예/아니요 질문에 대한 답을 표현하는 것이다. 이때 '예'를 **참**true이라는 용어로 부르고, '아니요'를 **거짓**false이라는 용어로 부른다. "개 파티 장소는 어디인가?"와 같은 질문은 '예/아니요'로 답할 수 없기 때문에 한 비트만으로 표현할 수 없다.

자연어에서 여러 예/아니요 구절을 엮어서 한 문장으로 만드는 경우가 자주 있다. "밖에 비가 내리고 있거나 춥다면 코트를 입어라."라거나, "눈이 오고, 학교에 가는 날이 아니라면 스키를 타러 가라."라고 말할 수 있다. 이 문장들을 다르게 써서 "'추운가?'가 참이거나 '비가 오고 있는가?'가 참이라면 '코트 입는다'가 참이다."나 "'눈이 오고 있는가?'가 참이고 '학교에 가는 날인가?'가 참이 아니라면 '스키를 탄다'가 참이다."라고 할 수도 있다. 다른 비트들이 표현하는 내용으로부터 새로운 비트를 만들어내는 이런 동작을 **논리 연산**logic operation이라고 한다.

불리언 대수

대수가 수에 대한 연산 규칙의 집합인 것처럼, 1800년대 영국 수학자 조지 불George Boole이 만들어낸 **불리언 대수**Boolean algebra도 비트에 대해 사용할 수 있는 연산 규칙의 집합이다. 일반 대수와 마찬가지로 결합 법칙, 교환 법칙, 분배 법칙을 불리언 대수에 적용할 수 있다.

기본적인 불리언 연산자는 NOT, AND, OR 세 가지다. 추가로 XOR이라는 합성 연산을 마지막에 설명한다.

- NOT: 이 연산은 '논리적 반대'를 의미한다. 예를 들어, 거짓인 비트에 NOT을 하면 참이 되고 참인 비트에 NOT을 하면 거짓이 된다.

- AND: 이 연산은 둘 이상의 비트에 작용한다. 2비트 연산인 경우 첫 번째 비트가 참이고 두 번째 비트도 참인 경우에만 결과가 참이 된다. 2비트보다 더 많은 비트에 연산을 적용하는 경우 모든 비트가 참이면 AND 연산의 결과도 참이다.
- OR: 이 연산도 둘 이상의 비트에 작용한다. 2비트 연산인 경우 첫 번째 비트가 참이거나 두 번째 비트가 참이면 결과가 참이 된다. 2비트보다 더 많은 비트에 연산을 적용하는 경우 어느 한 비트라도 참이면 OR 연산의 결과도 참이다.
- XOR: 이 **배타적**exclusive OR의 결과는 첫 번째 비트와 두 번째 비트가 다른 값인 경우에만 참이 된다. 즉 두 값 중 어느 하나가 참이면 XOR도 참이지만 두 값이 모두 참이면 XOR의 결과는 거짓이다. 배타적 OR을 그대로 말로 하면 너무 길기 때문에 줄여서 XOR('엑스오알'이라고 발음함)이라고 부른다.

그림 1-1은 불리언 연산을 **진리표**truth table라는 틀을 사용해 시각적으로 요약해 보여준다. **입력**input은 박스의 밖에 있고, **출력**output은 박스 안에 있다. 이 표에서 T는 참True을, F는 거짓False을 나타낸다.

NOT

F	T
T	F

AND

	F	**T**
F	F	F
T	F	T

OR

	F	**T**
F	F	T
T	T	T

XOR

	F	**T**
F	F	T
T	T	F

그림 1-1 불리언 연산의 진리표

그림 1-2는 NOT과 AND 연산에 대한 진리표를 어떻게 읽는지 보여준다. 표에서 입력(또는 두 입력)의 경로를 따라가면서 입력에 해당하는(둘 이상인 경우 두 입력이 서로 만나는) 출력을 찾으면 된다.

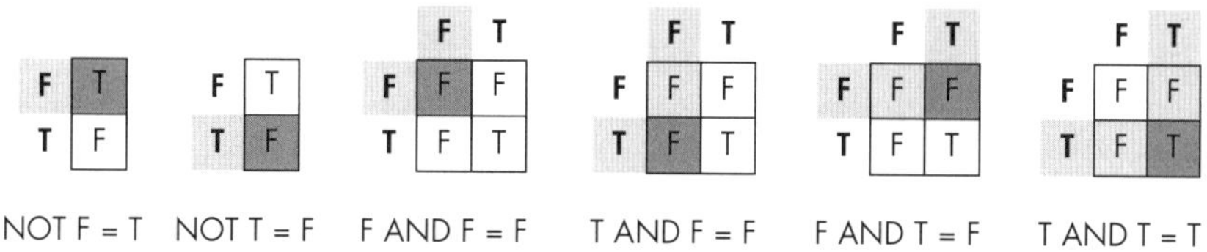

그림 1-2 진리표를 사용하는 방법

그림을 보면 알 수 있듯이 NOT 연산은 단지 입력의 상태를 반대로 반전시킬 뿐이다. 반대로 AND 연산은 두 입력이 모두 참일 때만 참을 돌려준다.

> **참고** 다른 연산을 사용해 XOR 연산을 만들 수 있다. 예를 들어, 두 비트에 대한 XOR 연산(*a* XOR *b*)은 (*a* OR *b*) AND (NOT(*a* AND *b*))와 같다. 이를 통해 기본 불리언 연산을 다양한 방식으로 조합해 똑같은 결과를 얻을 수 있다는 사실을 알 수 있다.

드모르간의 법칙

1800년대 영국 수학자인 오거스터스 드모르간Augustus De Morgan은 불리언 대수에 적용할 수 있는 법칙을 추가로 알아냈다. 이 법칙은 발명자의 이름을 따서 **드모르간의 법칙**De Morgan's law이라고 알려져 있다. 이 법칙은 *a* AND *b*라는 연산은 NOT(NOT *a* OR NOT *b*)와 같다고 말한다. 그림 1-3을 보자.

a	*b*	*a* AND *b*	NOT *a*	NOT *b*	NOT *a* OR NOT *b*	NOT (NOT *a* OR NOT *b*)
F	F	F	T	T	T	F
F	T	F	T	F	T	F
T	F	F	F	T	T	F
T	T	T	F	F	F	T

그림 1-3 드모르간의 법칙을 보여주는 진리표

두 번째 열에 있는 *a* AND *b*의 결과는 마지막 열에 있는 NOT(NOT *a* OR NOT *b*) 연산의 결과와 같다는 사실을 확인하라. 이 말은 NOT을 충분히 사용하면 AND 연산을 OR 연산으로 대신할 수 있다(그리고 역으로 OR을 AND로 대신할 수 있다)는 뜻이다. 컴퓨터에서 입력을 항상 원하는 형태로 얻을 수만은 없기 때문에 이런 성질이 유용할 때가 있다. 예를 들어, 입력이 '춥다'와 '비가 온다'라는 형식이라면 좋지만, 'NOT 춥다'와 'NOT 비가 온다'라는 형식일 수도 있다. 영어 등의 자연어에서 이중 부정이 이와 비슷한 일을 한다('나는 사랑에 빠지지 않을 수 없었어'). 지금까지 살펴본 **긍정적인 논리**positive logic에 더해 **부정적인 논리**negative logic를 기술하는 명제를 사용할 때 드모르간의 법칙을 활용할 수 있다. 그림 1-4는 긍정적인 논리와 부정적인 논리 형식으로 코트를 입을지 결정하는 과정을 보여준다. 긍정적인 논리를 '정논리', 부정적인 논리를 '부논리'라고 짧게 부르기도 한다.

춥다	비가 온다	코트를 입는다
F	F	F
F	T	T
T	F	T
T	T	T

NOT 춥다	NOT 비가 온다	NOT 코트를 입는다
F	F	F
F	T	F
T	F	F
T	T	T

그림 1-4 긍정적인 논리와 부정적인 논리[1]

왼쪽(긍정적인 논리)에서는 OR 연산을 사용해 결정을 내렸다. 오른쪽(부정적인 논리)에서는 드모르간의 법칙을 활용해서 AND 연산을 사용해 결정을 내렸다. 드모르간의 법칙이 없다면 부정적인 논리를 구현할 때 'NOT NOT 춥다 OR NOT NOT 비가 온다'로 OR을 사용해야 했을 것이다. 물론 이런 논리도 제대로 작동하지만 연산을 최소로 사용하면 비용을 최소화할 수 있다. 여기서는 NOT 연산을 수행하는 하드웨어에 실제로 돈이 들기도 하고, 다음 장에서 보겠지만 연산을 연쇄적으로 사용하면 계산이 느려진다.

드모르간의 법칙을 알면 두 번째 표가 표현하는 논리가 '춥다 OR 비가 온다'와 동등함을 알 수 있고, 훨씬 간단하게 결과를 계산할 수 있다.

정수를 비트로 표현하는 방법

이제 좀 더 고차원으로 올라가서 비트를 사용해 수를 표현하는 방법을 알아보자. 수는 논리보다 더 복잡하지만 단어보다는 훨씬 단순하다.

양의 정수 표현

우리는 보통 **10진수**decimal number 체계를 사용하는데, 이는 우리의 손가락과 발가락이 10개씩이기 때문이다. 10진수 체계에서는 10가지 기호인 **숫자**digit를 상자에 담을 수 있다. 이때 오른쪽에서 왼쪽으로 상자가 쌓여가며, 각 상자마다 각기 다른 이름이 붙어 있다. 예를 들어 맨 오른쪽에 있는 상자에는 일의 자리, 오른쪽에서 두 번째 상자에는 십의 자리, 세 번째 상자는 백의 자리라는 이름이 붙는다. 각 이름은 10의 거듭제곱에 해당한다. 즉, 10^0은 1, 10^1은 10, 10^2은 100, 10^3은 1,000이다. 이 체계는 지수를 적용할 밑base으로 10을 사용하기 때문에 **밑이 10**(영어로는 base-

1 표에서 T/F를 나열한 순서가 같기 때문에 오른쪽 진리표에서 최종 결과인 'NOT 코트를 입는다'를 NOT으로 반전시킨 결과가 왼쪽 진리표의 '코트를 입는다'와 다르다고 얼핏 착각할 수가 있다. 하지만 오른쪽 표는 입력 앞에 모두 NOT이 붙어 있기 때문에 오른쪽과 같음을 쉽게 비교하려면 각 행의 순서를 역순으로 바꿔줘야 똑같은 상황을 같은 줄에서 비교할 수 있게 된다. – 옮긴이

10)인 시스템이라고 부른다. 수의 값은 각 상자에 든 내용물의 값과 상자의 값을 곱한 것을 모두 더해서 결정된다. 예를 들어 그림 1-5처럼 5,028이라는 10진수는 5와 1000의 곱에 0과 100의 곱, 2와 10의 곱, 8과 1의 곱을 합한 값을 표현한다. 이를 수식으로 쓰면 $5 \times 10^3 + 0 \times 10^2 + 2 \times 10^1 + 8 \times 10^0$과 같다.

10^3	10^2	10^1	10^0
5	0	2	8

그림 1-5 10진 표현법으로 표현한 수 5,028

비트를 사용해 값을 만들 때도 이와 비슷하게 접근할 수 있다. 10진 숫자 대신 비트를 사용하기 때문에 각 상자에 사용할 수 있는 기호는 1과 0 두 가지밖에 없다. 하지만 기호가 2개뿐이라고 문제가 되지는 않는다. 10진수에서 수를 표현할 수 없을 때는 더 큰 수를 표현하기 위해 상자를 추가할 수 있었다. 예를 들어 9라는 개념적인 수는 한 자리 10진수(상자 하나)로 표현이 가능하지만, 10이라는 수를 표현하기 위해서는 2개의 상자(두 자리 10진수)가 필요하다. 2진수에서도 마찬가지다. 1보다 큰 수를 표현하려면 새로 상자를 추가해야 한다. 가장 오른쪽에 있는 상자에는 여전히 일의 자리라는 이름이 붙어 있다. 하지만 그 바로 왼쪽의 상자에는 어떤 이름이 붙어야 할까? '2의 자리'가 정답이다. 기호가 10개인 10진수 체계에서 어떤 상자가 표현하는 값은 그 상자에 들어 있는 기호에 해당하는 값에 그 상자의 오른쪽 상자가 차지하는 자릿수에 10을 곱한 값을 곱한 것이다. 2진수에서는 기호가 2개이기 때문에 각 상자는 자신의 오른쪽에 있는 상자의 자릿수에 2를 곱한 값의 자리를 표현한다. 필요한 것은 이게 전부다! 각 상자의 자릿수는 2의 거듭제곱이며, 따라서 2진수 체계는 10을 밑으로 하지 않고 **2를 밑으로** 하는 수 체계다.

표 1-1은 2의 거듭제곱을 몇 가지 보여준다. 이 표를 사용해 5,028이라는 수를 2진수로 어떻게 표현할지 알 수 있다.

표 1-1 2의 거듭제곱

펼쳐서 쓴 식	거듭제곱	10진수
2 ÷ 2	2^0	1
2	2^1	2
2 × 2	2^2	4
2 × 2 × 2	2^3	8
2 × 2 × 2 × 2	2^4	16

(이어짐)

펼쳐서 쓴 식	거듭제곱	10진수
$2 \times 2 \times 2 \times 2 \times 2$	2^5	32
$2 \times 2 \times 2 \times 2 \times 2 \times 2$	2^6	64
$2 \times 2 \times 2 \times 2 \times 2 \times 2 \times 2$	2^7	128
$2 \times 2 \times 2 \times 2 \times 2 \times 2 \times 2 \times 2$	2^8	256
$2 \times 2 \times 2 \times 2 \times 2 \times 2 \times 2 \times 2 \times 2$	2^9	512
$2 \times 2 \times 2 \times 2 \times 2 \times 2 \times 2 \times 2 \times 2 \times 2$	2^{10}	1,024
$2 \times 2 \times 2 \times 2 \times 2 \times 2 \times 2 \times 2 \times 2 \times 2 \times 2$	2^{11}	2,048
$2 \times 2 \times 2 \times 2 \times 2 \times 2 \times 2 \times 2 \times 2 \times 2 \times 2 \times 2$	2^{12}	4,096
$2 \times 2 \times 2 \times 2 \times 2 \times 2 \times 2 \times 2 \times 2 \times 2 \times 2 \times 2 \times 2$	2^{13}	8,192
$2 \times 2 \times 2 \times 2 \times 2 \times 2 \times 2 \times 2 \times 2 \times 2 \times 2 \times 2 \times 2 \times 2$	2^{14}	16,384
$2 \times 2 \times 2 \times 2 \times 2 \times 2 \times 2 \times 2 \times 2 \times 2 \times 2 \times 2 \times 2 \times 2 \times 2$	2^{15}	32,768

표 1-1의 가장 오른쪽 열은 2진수의 각 자릿수 값을 보여준다. 그림 1-6은 5,028을 어떻게 2진수로 쓸 수 있는지 보여준다. 이 과정은 근본적으로 10진수로 같은 값을 표현할 때와 같다.

2^{12}	2^{11}	2^{10}	2^9	2^8	2^7	2^6	2^5	2^4	2^3	2^2	2^1	2^0
1	0	0	1	1	1	0	1	0	0	1	0	0

그림 1-6 2진수로 표현한 5,028

2진수 변환의 결과는 다음과 같다.

$$1 \times 2^{12} + 0 \times 2^{11} + 0 \times 2^{10} + 1 \times 2^9 + 1 \times 2^8 + 1 \times 2^7 + 0 \times 2^6 + 1 \times 2^5 + 0 \times 2^4 + 0 \times 2^3 + 1 \times 2^2 + 0 \times 2^1 + 0 \times 2^0 = 5{,}028$$

식을 보면 알 수 있는 것처럼 5,028은 4,096(2^{12})이 하나, 2,048(2^{11})이 영(0), 1,024(2^{10})가 영, 512(2^9)가 하나, 256(2^8)이 하나 등이 모여 1001110100100이라는 2진수를 이룬다. 10진수에서 했던 계산과 마찬가지로 $1 \times 2^{12} + 0 \times 2^{11} + 0 \times 2^{10} + 1 \times 2^9 + 1 \times 2^8 + 1 \times 2^7 + 0 \times 2^6 + 1 \times 2^5 + 0 \times 2^4 + 0 \times 2^3 + 1 \times 2^2 + 0 \times 2^1 + 0 \times 2^0$을 통해 이 2진수가 표현하는 값을 알 수 있다. 표 1-1에서 각 자릿수를 가져와 치환하면 4,096 + 512 + 256 + 128 + 32 + 4가 되고, 이 수는 5,028과 같다.

10진수로는 5,028이 네 자리 숫자라고 말할 수 있다. 2진수로는 5,028이 13비트 수가 된다.

10진수의 숫자 개수는 표현할 수 있는 값의 범위를 결정한다. 예를 들어, 0~99 사이의 100가지 다른 수를 10진 숫자 2개로 표현할 수 있다. 마찬가지로 2진수에서도 비트의 개수가 표현할 수 있는 값의 범위를 결정한다. 예를 들어, 2비트만 사용하면 0~3 사이에 속하는 네 가지 수를 표현할 수 있다. 표 1-2는 여러 가지 비트 개수를 사용해 표현할 수 있는 수의 범위를 보여준다.

표 1-2 2진수로 표현할 수 있는 값의 범위

비트 개수	값의 개수	값의 범위
4	16	0...15
8	256	0...255
12	4,096	0...4,095
16	65,536	0...65,535
20	1,048,576	0...1,048,575
24	16,777,216	0...16,777,215
32	4,294,967,296	0...4,294,967,295
64	18,446,744,073,709,551,616	0...18,446,744,073,709,551,615

2진수에서 가장 오른쪽의 비트를 **가장 작은 유효 비트**least significant bit라고 부르고, 가장 왼쪽의 비트를 **가장 큰 유효 비트**most significant bit라고 부른다. 가장 오른쪽의 비트를 변경하면 2진수의 값이 가장 작게 변경되고 가장 왼쪽의 비트를 변경하면 2진수의 값이 가장 크게 변하기 때문에 이런 이름이 붙었다. 컴퓨터를 사용하는 사람들은 종종 세 글자 줄임말TLA, three letter acronym을 사용하기 때문에, 가장 작은 유효 비트와 가장 큰 유효 비트를 각각 LSB와 MSB라고 부른다. 그림 1-7은 5,028을 16비트 2진수로 저장한 모습을 예로 보여준다.

그림 1-7 가장 큰 유효 비트(MSB)와 가장 작은 유효 비트(LSB)

이제 5,028을 2진수로 표현하려면 13비트가 필요하다는 사실을 알 것이다. 그림 1-7은 16비트를 보여준다. 10진수와 마찬가지로 가장 왼쪽에 있는 상자보다 더 왼쪽에 영(0)을 추가하면(이런 식으로 추가된 영들을 **리딩 제로**leading zero라고 말한다) 어떤 값을 표현하는 데 필요한 최소한의 상자 개수보다 더 많은 상자를 추가할 수 있다. 10진수에서 05,028과 5,028은 같은 값을 표현한다. 컴퓨터가 미리 정해진 수의 비트를 한 덩어리로 사용하도록 만들어졌기 때문에, 2진수를 쓸 때는 이런 식으로 항상 일정한 개수의 비트를 사용해 값을 표현하는 경우가 종종 있다.

2진수 덧셈

이제 10진수를 2진수로 표현하는 방법을 배웠으므로, 2진수와 관련한 간단한 산술 연산을 살펴보자. 10진 덧셈에서는 오른쪽(가장 작은 유효 숫자)에서 왼쪽으로 각 자리의 숫자를 서로 더한다. 결과가 9보다 크면 1을 올린다. 마찬가지로, 2진수에서도 각 비트를 LSB에서 MSB 쪽으로 더하며 결과가 1보다 크면 1을 다음 자리(왼쪽)로 올린다.

2개의 숫자를 더할 때 가능한 경우의 수가 10진수에서는 백 가지이나 2진수에서는 네 가지밖에 안 되기 때문에, 실제로는 2진수 덧셈이 좀 더 쉽다. 예를 들어, 그림 1-8은 1과 5를 2진수로 더하는 방법을 보여준다. 이때 올림하는 수를 각 열에 작게 적어뒀다.

10진수	2진수
1	[0]0 [1]0 [0]1
5	1 0 1
6	1 1 0

그림 1-8 2진수 덧셈

1은 2진수로 001이고 5는 (1×4) + (0×2) + (1×1) = 5이기 때문에 2진수로 101이다. 2진수 001과 101을 더하려면 가장 오른쪽 LSB부터 더하기 시작한다. 가장 오른쪽 열의 2진수 1과 1을 더하면 2가 되지만 2진수에서는 2라는 기호가 없다. 대신 우리는 2가 실제로는 2진수로 10이라는 사실을 알고 있다([1×2] + [0×1] = 2). 따라서 합계로는 0을 표시하고 1을 다음(왼쪽) 숫자로 받아 올린다. 두 수 모두 중간의 비트가 0이기 때문에 여기서는 올려 받은 1만 합계로 적는다. 그 후 가장 왼쪽 열의 숫자를 더한다. 2진수에서 0 더하기 1은 그냥 1이다. 이렇게 계산한 최종 결과는 110이고 10진수로 표시하면 6이 된다. 이 값은 10진수로 1과 5를 더한 값과 같다.

2진 덧셈의 규칙을 앞에서 설명한 논리 연산을 사용해 그림 1-9처럼 표현할 수 있다는 사실을 눈치챈 독자도 있을 것이다. 2장에서 컴퓨터 하드웨어가 2진수 덧셈을 어떻게 수행하는지 설명할 때 이 사실을 살펴본다.

A	B	A AND B		A + B		A XOR B	A	B
0	0	0	---►	00	◄---	0	0	0
0	1	0	---►	01	◄---	1	0	1
1	0	0	---►	01	◄---	1	1	0
1	1	1	---►	10	◄---	0	1	1

그림 1-9 논리 연산을 사용해 2진 덧셈 수행하기

두 비트를 서로 더한 결과는 두 비트를 XOR 한 값과 같고, 올림은 두 비트를 AND 한 값과 같다. 그림 1-9에서 1과 1을 더한 결과가 10임을 보면 이 설명이 참임을 알 수 있다. 1과 1을 더하면 올림이 1인데 이 값은 (1 AND 1)을 계산한 값과 같다. 마찬가지로 (1 XOR 1)은 0인데, 이 값은 두 비트를 더한 결과에서 원래의 위치에 넣을 값과 같다.

한 연산에서 두 비트만 더하는 경우는 드물다. 그림 1-8을 다시 살펴보면 각 열에서 두 비트를 더하는 것처럼 보이지만 실제로는 올림까지 포함해 3개의 비트를 더하고 있다. 다행히 3비트를 더할 때는 2비트 덧셈을 두 번 하면 되기 때문에 새로 배워야 할 수학은 없다(덧셈의 결합 법칙에 의해 A + B + C는 (A + B) + C와 같기 때문이다).

덧셈 결과가 우리가 사용할 비트의 개수로 표현할 수 있는 범위를 벗어나면 어떻게 해야 할까? 이런 경우 **오버플로**overflow가 발생한다. 오버플로란 말은 MSB에서 올림이 발생했다는 뜻이다. 예를 들어, 4비트 덧셈에서 1001(9_{10})과 1000(8_{10})을 더한 결과는 10001(17_{10})이다. 하지만 MSB 왼쪽에 사용할 수 있는 비트가 없기 때문에 결과가 0001(1_{10})이 된다. 나중에 자세히 보겠지만 컴퓨터에는 **조건 코드**(또는 **상태 코드**) **레지스터**condition code register라는 것이 있어서 몇 가지 이상한 정보를 담아둔다. 이런 정보 중에는 **오버플로 비트**overflow bit가 있고, 이 비트에는 MSB에서 발생한 올림값이 들어간다. 이 비트값을 보면 오버플로가 발생했는지 알 수 있다.

여러분은 한 수를 다른 수에서 빼는 것은 한 수에 다른 수의 음수를 더하는 것과 같다는 사실을 알고 있을 것이다. 다음 절에서는 음수를 표현하는 방법을 살펴본다. MSB 위쪽에서 1을 빌려오는 경우를 **언더플로**underflow라고 부른다. 이에 해당하는 조건 코드도 컴퓨터에 들어 있다.

음수 표현

앞 절에서 살펴본 모든 2진수는 양수였다. 하지만 실제 세계에서 문제를 해결하려면 양수와 음수를 모두 사용해야 하는 경우가 많다. 비트들을 사용해 음수를 표현하는 방법을 살펴보자. 예를 들어, 4비트를 쓴다고 가정하자. 앞 절에서 배운 것처럼 4비트로는 0부터 15까지 16가지 수를 표현할 수 있다. 4비트로 수를 16가지만 표현할 수 있다는 말이 꼭 4비트로는 0부터 15까지만 표현할 수 있다는 뜻은 아니다. 기억하라. 언어는 문맥과 의미를 통해 작용한다. 이 말은 비트들을 해석하는 새로운 문맥을 만들 수 있다는 뜻이기도 하다.

부호와 크기

음수와 양수를 구별하기 위해 흔히 **부호**sign를 사용한다. 부호에는 양부호(+)와 음부호(-)라는 두 가지 값이 있다. 따라서 이를 비트 하나를 써서 표현할 수 있다. 우리는 가장 왼쪽 비트(MSB)를 부호에 사용하기로 멋대로 결정했다. 따라서 4비트 중에 3비트가 남고, 이를 사용하면 0부터 7까지 수를 표현할 수 있다. 부호 비트가 0이면 이 2진수를 양수로 취급하고 부호 비트가 1이면 이 2진수를 음수로 취급하자. 이로 인해 총 15가지 음수와 양수를 표현할 수 있다. 양수 0과 음수 0은 똑같은 0이기 때문에 표현할 수 있는 수의 가짓수가 16가지가 아니라는 점에 유의하라. 표 1-3은 -7부터 +7 사이의 수를 어떻게 표현할 수 있는지 보여준다.

한 비트를 부호에 사용하고 나머지 비트를 수의 크기, 즉 0부터의 거리(절댓값)를 표현하기 위해 사용하는 이런 방법을 **부호와 크기**sign and magnitude 표현법이라고 말한다.

부호와 크기 표현법은 두 가지 이유로 인해 널리 쓰이지 못하고 있다. 첫째, 비트들을 구성하려면 비용이 드는데 0을 표현하는 방법이 두 가지라서 비용이 낭비된다. 두 영 표기법 중 하나를 다른 숫자를 표기하는 데 사용하는 편이 더 낫다. 둘째, 부호와 크기 표현법을 사용하면 XOR과 AND를 통한 덧셈 계산을 사용할 수가 없다.

표 1-3 2진수 부호와 크기 표현법

부호	2^2	2^1	2^0	10진수
0	1	1	1	+7
0	1	1	0	+6
0	1	0	1	+5
0	1	0	0	+4
0	0	1	1	+3
0	0	1	0	+2
0	0	0	1	+1
0	0	0	0	+0
1	0	0	0	-0
1	0	0	1	-1
1	0	1	0	-2
1	0	1	1	-3
1	1	0	0	-4

(이어짐)

부호	2^2	2^1	2^0	10진수
1	1	0	1	-5
1	1	1	0	-6
1	1	1	1	-7

+1과 -1을 더하고 싶다고 하자. 합계가 0이 되리라 예상하겠지만, 실제로 부호화 크기 표현법으로 이를 계산하면 그림 1-10처럼 다른 결과가 나온다.

```
    0 0 0 1 | +1
+   1 0 0 1 | -1
  ----------+----
    1 0 1 0 | -2
```

그림 1-10 부호와 크기 표현법을 사용한 덧셈

그림을 보면 0001은 부호 비트가 0이기 때문에 1을 2진수로 표현한다. 1001은 부호 비트가 1이기 때문에 -1을 2진수로 표현한다. 이 두 수를 XOR과 AND를 사용한 산술 방식으로 계산하면 1010이 된다. 이 값을 10진수로 바꾸면 -2인데, -2는 +1과 -1을 더한 값이 아니다.

좀 더 복잡한 로직을 사용해 부호와 크기 표현법에 대한 연산이 제대로 작동하게 할 수도 있다. 하지만 모든 것을 가능한 한 간단하게 유지하는 편이 더 가치가 있다. 더 나은 접근 방법을 찾기 위해 2진수로 양수와 음수를 표현하는 다른 방법들을 살펴보자.

1의 보수

음수를 표현하는 또 다른 방법으로는 양수의 모든 비트를 뒤집는 방법이 있다. 이런 방법을 **1의 보수**one's complement 표현법이라고 부른다. 1의 보수 표현법에서도 부호와 크기 표현법과 비슷하게 비트들을 부호 비트와 나머지로 나눈다. 1의 보수라는 문맥에서는 NOT 연산을 통해 보수를 얻는다. 표 1-4는 1의 보수 표현법으로 -7부터 7까지의 수를 표현하는 방법을 보여준다.

표 1-4 2진수 1의 보수 표현법

부호	2^2	2^1	2^0	10진수
0	1	1	1	+7
0	1	1	0	+6
0	1	0	1	+5

(이어짐)

부호	2^2	2^1	2^0	10진수
0	1	0	0	+4
0	0	1	1	+3
0	0	1	0	+2
0	0	0	1	+1
0	0	0	0	+0
1	1	1	1	-0
1	1	1	0	-1
1	1	0	1	-2
1	1	0	0	-3
1	0	1	1	-4
1	0	1	0	-5
1	0	0	1	-6
1	0	0	0	-7

표를 보면 0111(+7)의 각 비트를 뒤집으면 1000(-7)을 얻을 수 있음을 알 수 있다.

1의 보수 표현법에도 0을 두 가지 방식으로 표현한다는 문제가 여전히 존재한다. 게다가 1의 보수에서도 덧셈을 쉽게 할 수는 없다. 이 문제를 해결하려면 MSB 쪽에서 올림이 발생한 경우에는 LSB로 올림을 전달해야 하는데, 이를 **순환 올림**end-around carry이라고 부른다. 그림 11-1은 이런 계산 방법을 보여준다.

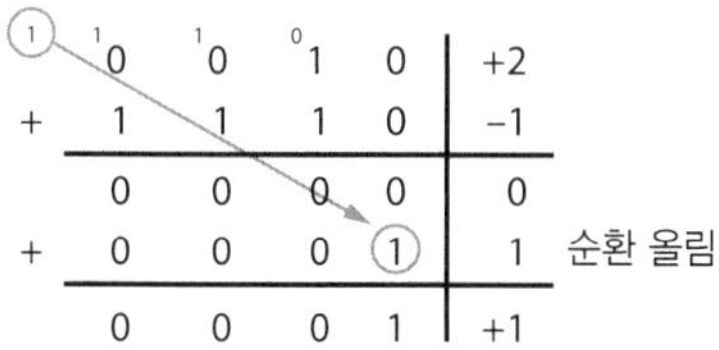

그림 1-11 1의 보수 덧셈

1의 보수를 사용해 +2와 -1을 더하려면 0010과 1110의 덧셈을 일반적인 (양수) 덧셈처럼 계산하면 된다. MSB(부호 비트)를 더하면 10이 나오기 때문에 0을 부호 비트에 쓰고 1을 순환 올림으로 LSB에 더한다. 최종 결과는 0000에 1을 더한 0001이 되고, 이 값은 실제로 +2와 -1을 더한 값과 같다. 여전히 이 덧셈 방법도 약간 복잡하다.

이 방식은 잘 작동하기는 하지만 순환 올림을 처리하기 위한 하드웨어를 추가해야 하기 때문에 그다지 좋은 해법은 아니다.

현대 컴퓨터에서는 부호와 크기 표현법이나 1의 보수 표현법을 모두 사용하지 않는다. 이 두 방식을 사용한 계산은 추가적인 하드웨어 없이는 제대로 작동할 수 없고, 하드웨어를 추가해야 한다는 말은 비용이 더 든다는 뜻이다. 이제는 이런 문제를 해결하는 표현법을 살펴보자.

2의 보수

특별한 하드웨어를 추가할 수 없고 XOR과 AND 연산만 사용해야 한다면 어떻게 일반 정수 사이의 덧셈을 할 수 있을까? +1에 더했을 때 0이 나오는 비트 패턴을 찾고 이 패턴을 -1이라고 불러보자. 4비트 수의 경우 +1은 0001이다. 그림 1-12처럼 1111을 0001에 더하면 0000이 된다. 따라서 앞으로는 1111을 (4비트에서) -1을 표현하는 비트 패턴으로 사용하자.

```
        1   1   1   0
+1       0   0   0   1
-1       1   1   1   1
--     ---------------
 0       0   0   0   0
```

그림 1-12 -1 찾기

이런 표현법을 **2의 보수**two's complement 표현법이라고 하며, 이 방법은 부호가 있는 정수를 표현할 때 가장 널리 쓰이는 방법이다. 어떤 수의 비트를 뒤집고(즉 각 비트의 NOT을 취하고) 1을 추가하면 음수를 얻을 수 있다. 이때 MSB에서 올림이 발생하면 이 값은 버린다. +1, 즉 0001의 비트를 뒤집으면 1110이고, 여기에 1을 더하면 1111이 되며, 이 값이 -1을 표현한다. 비슷하게 +2는 0010이고, 비트를 뒤집으면 1101이며, 1을 더하면 1110이며, 이 값이 -2를 표현한다. 표 1-5는 -8부터 7까지 16가지 수에 대한 2의 보수 표기를 보여준다.

표 1-5 2진수 2의 보수

부호	2^2	2^1	2^0	10진수
0	1	1	1	+7
0	1	1	0	+6
0	1	0	1	+5
0	1	0	0	+4
0	0	1	1	+3

(이어짐)

부호	2^2	2^1	2^0	10진수
0	0	1	0	+2
0	0	0	1	+1
0	0	0	0	+0
1	1	1	1	-1
1	1	1	0	-2
1	1	0	1	-3
1	1	0	0	-4
1	0	1	1	-5
1	0	1	0	-6
1	0	0	1	-7
1	0	0	0	-8

2의 보수에는 0의 중복 표현 문제가 없는지 0을 가지고 살펴보자. 0000의 모든 비트를 뒤집으면 1111을 얻는다. 1111에 1을 더하면 [1]0000이 되는데 이 숫자는 5비트이므로 우리가 사용할 수 있는 4비트보다 크다. 따라서 1을 올림 비트로 생각하고 무시한다. 결과는 0000인데 이 값은 처음에 시작한 0과 같다. 따라서 2의 보수 표현법에서는 0을 표현하는 방법이 하나뿐이다.

프로그래머들은 자신이 다뤄야 하는 수를 표현하기 위해 필요한 비트의 개수를 알 필요가 있다. 그래서 프로그래머들은 거의 본능처럼 이런 계산을 수행한다. 반면 여러분은 표 1-6을 참조하면 된다. 표 1-6은 여러 가지 크기의 2의 보수를 사용해 표현할 수 있는 값의 범위를 보여준다.

표 1-6 2의 보수로 표현할 수 있는 값의 범위

비트 개수	값의 개수	값의 범위
4	16	-8...7
8	256	-128...127
12	4,096	-2,048...2,047
16	65,536	-32,768...32,767
20	1,048,576	-524,288...524,287
24	16,777,216	-8,388,608...8,388,607
32	4,294,967,296	-2,147,483,648...2,137,483,647
64	18,446,744,073,709,551,616	-9,223,372,036,854,775,808 ...9,223,372,036,854,775,807

표 1-6을 보면 알 수 있는 것처럼 비트 개수가 커지면 표현할 수 있는 값의 범위가 지수적으로 증가한다. 이번 절에서 배운 내용 중에 우리가 같은 숫자로 이뤄진 수를 보더라도 문맥에 따라 표현하는 값이 달라질 수 있다는 점을 꼭 염두에 둬야 한다. 예를 들어, 2진수 1111은 2의 보수에서는 -1이지만 부호와 크기 표기로는 -7이고 1의 보수에서는 -0이다. 따라서 여러분이 사용하는 표현법을 반드시 알고 있어야 한다.

실수를 표현하는 방법

지금까지는 정수를 2진수로 표현하는 방법을 살펴봤다. 그렇다면 실수는 어떻게 표현할 수 있을까? 밑이 10인 실수에는 10진 소수점decimal point이 포함된다. 따라서 밑이 2인 경우, 실수를 표기하기 위해 2진 소수점을 표현할 방법이 필요하다. 여기서도 정수의 경우와 마찬가지로 문맥에 따라 실수를 표현하는 방법이 달라질 수 있다.

고정소수점 표현법

2진수를 사용해 소수를 표현하기 위해 2진 소수점의 위치를 임의로 정하는 방법이 있다. 예를 들어 4비트가 있다면 그중 2비트는 2진 소수점의 오른쪽에 있는 분수들을 표현하는 데 쓰고(따라서 네 가지 분숫값을 표현할 수 있다), 2비트는 왼쪽에 있는 숫자들을 표현하는 데 쓸 수 있다(네 가지 정숫값을 표현할 수 있다). 소수점의 위치가 항상 일정하기 때문에 이런 방식을 **고정소수점** fixed-point 표현법이라고 부른다. 표 1-7은 이 방식이 어떻게 작동하는지 보여준다.

표 1-7 고정소수점 2진수

정수 부분			분수 부분		값
0	0	.	0	0	0
0	0	.	0	1	¼
0	0	.	1	0	½
0	0	.	1	1	¾
0	1	.	0	0	1
0	1	.	0	1	1¼
0	1	.	1	0	1½
0	1	.	1	1	1¾

(이어짐)

정수 부분			분수 부분		값
1	0	.	0	0	2
1	0	.	0	1	2¼
1	0	.	1	0	2½
1	0	.	1	1	2¾
1	1	.	0	0	3
1	1	.	0	1	3¼
1	1	.	1	0	3½
1	1	.	1	1	3¾

소수점 왼쪽의 정수 부분은 앞에서 본 2진 표현법과 비슷하다. 정수와 비슷하게 소수점 왼쪽의 2비트는 네 가지 정수를 표현한다. 한편 소수점 오른쪽의 2비트로도 네 가지 값을 표현할 수 있다. 다만 2진 소수점 오른쪽에 있는 숫자들은 10진 소수점의 오른쪽에 있는 숫자들과 비슷하게 분수를 표현한다. 다만 2진수의 경우에는 1/10, 1/100 등 10의 거듭제곱을 분모로 사용하는 10진 소수와 달리, 1/2, 1/4 등 2의 거듭제곱을 분모로 사용한다는 점이 다를 뿐이다.

이런 접근 방법이 잘 작동하기는 하지만, 쓸모 있는 범위의 실숫값을 표현하기 위해 필요한 비트 개수가 너무 많기 때문에 범용 컴퓨터에서 이런 방식을 사용하는 경우는 드물다. 디지털 신호 처리 장치DSP, digital signal processor 등 특별한 목적에 쓰이는 일부 컴퓨터는 여전히 고정소수점 수를 쓰기도 한다. 그리고 11장에서 배우게 되겠지만 고정소수점 수가 응용하기에 유용한 경우도 있다.

범용 컴퓨터는 일반적인 문제를 해결하기 위해 만들어진 컴퓨터라서 그렇게 불린다. 일반적인 문제를 해결하려면 넓은 범위의 수를 다룰 수 있어야 한다. 물리학 교과서를 보면 이 범위가 얼마나 큰지 대략 감을 잡을 수 있다. 예를 들어 플랑크 상수Planck's constant(양자 역학 기본 상수 중 하나)는 6.63×10^{-34}J/s(초당 줄)라는 아주 작은 값이지만, 아보가드로 수Avogadro's constant는 6.02×10^{23}/몰이라는 아주 큰 수다. 두 수의 범위는 10^{57}에 달하며, 대략 2^{191} 정도 된다. 거의 200비트가 필요하다! 모든 수를 몇백 비트로 표현하면 메모리 비용이 너무 많이 들기 때문에 다른 방법을 써야 한다.

부동소수점 표현법

플랑크 상수부터 아보가드로 수에 이르는 범위의 값을 2진수로 표현한다는 문제를 해결하기 위해, 과학적 표기법scientific notation을 2진수에 적용한다. 과학적 표기법은 수를 해석하는 새로운 방법을 도입해서(새로운 해석 방법을 도입하지 않는다면 어떻게 이 문제를 해결할 수 있겠는가?) 큰 범위의 수를 표현한다. 과학적 표기법에서는 10진 소수점 왼쪽이 한 자리뿐인 소수(이를 **가수**mantissa라고 한다)에 10을 몇 번(이를 **지수**exponent라고 한다) 거듭제곱한 값을 곱하는 방식으로 소수를 표현한다. 예를 들어 과학적 표기법에서는 0.0012 대신 1.2×10^{-3}이라고 쓰며, 이 값은 1.2×0.001이므로 0.0012와 같다. 2진법으로 표기할 때는 10이 아닌 2를 밑으로 한다는 점만 다를 뿐이다. 따라서 가수 부분은 (소수점 왼쪽이 한 자리뿐인) 2진 소수, 지수 부분은 2의 거듭제곱 횟수를 표현한다.

이런 표현법을 **부동소수점**floating-point 표현법이라고 부르는 이유가 헷갈릴 수 있다. 단순히 가수 부분만 보면 항상 2진(또는 10진) 소수점의 위치가 같아 보이기 때문이다. 하지만 가수가 1.2로 같다고 해도 지수가 무엇인가에 따라 소수점 왼쪽 숫자의 자리가 1/10일 수도 있고(1.2×10^{-1}), 1일 수도 있고(1.2×10^{0}), 100,000일 수도 있다(1.2×10^{5})는 점을 생각하면 소수점 위치는 정해져 있지 않다고 말할 수 있다. 반면 12.00, 01.20, 00.12 같은 고정소수점 수에서 소수점 바로 왼쪽의 수는 항상 일의 자리 숫자다(여기서는 이해를 돕기 위해 10진 과학적 표기법을 예로 들었지만, 2진 부동소수점 수도 밑이 2라는 점만 빼면 똑같이 생각할 수 있다).

여기서 지수의 밑인 2라는 숫자를 비트로 표현할 필요는 없다는 사실에 유의하라. 부동소수점 수의 정의상 밑 2는 항상 정해져 있다. 부동소수점 표현법은 지수와 가수를 분리함으로써 수를 표현할 때 필요한 (소수점 왼쪽에 연속으로 나타나거나 소수점 오른쪽에 연속으로 나타나는) 0을 모두 저장하지 않고도 큰 수나 작은 수를 표현할 수 있다.

표 1-8은 2비트 가수와 2비트 지수를 사용하는 4비트 부동소수점 수 표현을 보여준다.

표 1-8 부동소수점 2진수

가수			지수		값
0	.	0	0	0	$0(0\times2^{0})$
0	.	0	0	1	$0(0\times2^{1})$
0	.	0	1	0	$0(0\times2^{2})$
0	.	0	1	1	$0(0\times2^{3})$

(이어짐)

가수			지수		값
0	.	1	0	0	0.5(½ × 2^0)
0	.	1	0	1	1.0(½ × 2^1)
0	.	1	1	0	2.0(½ × 2^2)
0	.	1	1	1	4.0(½ × 2^3)
1	.	0	0	0	1.0(1 × 2^0)
1	.	0	0	1	2.0(1 × 2^1)
1	.	0	1	0	4.0(1 × 2^2)
1	.	0	1	1	8.0(1 × 2^3)
1	.	1	0	0	1.5(1½ × 2^0)
1	.	1	0	1	3.0(1½ × 2^1)
1	.	1	1	0	6.0(1½ × 2^2)
1	.	1	1	1	12.0(1½ × 2^3)

이 예제는 단지 4비트만 사용하지만 부동소수점 표현법의 비효율성을 여실히 보여준다. 첫째, 비트 조합 중에 낭비되는 부분이 많다. 예를 들어 0을 표현하는 방법은 네 가지나 되고, 1.0, 2.0, 4.0을 표현하는 방법도 두 가지씩 있다. 둘째, 비트 패턴이 가능한 모든 수를 표현하지는 못한다. 지수가 커질수록 가수의 한 패턴과 다른 패턴 사이의 값 차이가 커진다. 이로 인해 0.5와 0.5를 더하면 1.0을 얻을 수 있지만 6.5를 표현하는 비트 패턴이 없기 때문에 0.5와 6.0을 더할 수는 없다는 부작용이 생긴다(이런 부정확한 계산을 어떻게 추적하고 개선할지 분석하는 **수치 해석**numerical analysis이라는 수학 분야가 있다).

IEEE 부동소수점 수 표준

이상하지만 부동소수점 수 시스템은 컴퓨터에서 계산을 수행할 때 실수를 표현하는 표준 방법이다. 표 1-8보다 더 많은 비트를 사용하며, 가수와 지수에 대해 각각 부호 비트를 사용한다. 다만 지수에 대한 부호 비트는 지수의 비트 패턴에 감춰져 있다. 그리고 낭비되는 비트 조합을 최소화하고 반올림을 쉽게 하기 위한 여러 가지 트릭이 사용된다. IEEE 754라는 표준은 이 모든 기능을 정의한다. IEEE는 미국 전자전기공학회Institute of Electrical and Electronic Engineers의 약자로, 표준 제정 등 다양한 활동을 하는 전문가 조직이다.

똑같은 비트를 사용하더라도 정밀도precision를 가능한 한 높이고 싶다. 한 가지 트릭은 **정규화**normalization다. 정규화는 가수를 조정해서 맨 앞(즉, 왼쪽)에 0이 없게 만드는 것이다. 이런 식으로 가수를 조정하려면 지수도 조정해야 한다. 두 번째 트릭은 디지털 이큅먼트 사DEC, Digital Equipment Corporation에서 고안한 것으로, 가수의 맨 왼쪽 비트가 1이라는 사실을 알고 있으므로 이를 생략하는 것이다. 이로 인해 가수에 1비트를 더 사용할 수 있다.

IEEE 754의 세부 사항을 모두 알 필요는 (아직은) 없다. 하지만 두 가지 부동소수점 수가 자주 쓰인다는 사실을 알아둬야 한다. 한 가지는 기본 정밀도single precision 부동소수점 수이고, 다른 한 가지는 2배 정밀도double precision 부동소수점 수다. 기본 정밀도 수는 32비트를 사용하며 7비트 정밀도로 대략 $\pm 10^{\pm 38}$ 정도의 범위를 표현할 수 있다. 2배 정밀도 수는 64비트를 사용하기 때문에 더 넓은 범위를 표현할 수 있으며, 대략 $\pm 10^{\pm 308}$ 범위의 수를 15비트 정밀도로 표현할 수 있다(기본 정밀도 부동소수점 수를 단정도 실수, 2배 정밀도 부동소수점 수를 배정도 실수라고 부르기도 한다). 그림 1-13은 두 부동소수점 수의 비트 형식을 보여준다.

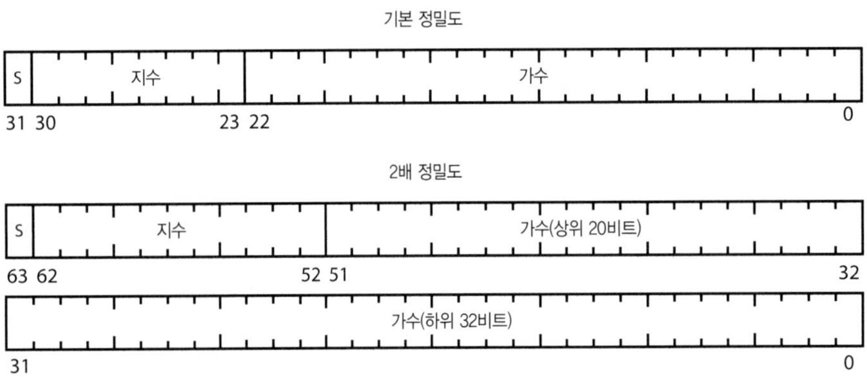

그림 1-13 IEEE 부동소수점 수 형식

두 형태 모두 가수에 대한 부호를 사용한다. 그림 1-13에서 S가 바로 이 부호다. 그림에서 2배 정밀도 수가 기본 정밀도 수보다 지수가 3비트 더 크다는 점을 볼 수 있다. 따라서 지수의 범위는 8배 더 크다. 2배 정밀도 수는 기본 정밀도 수보다 가수가 29비트 더 크다. 따라서 정밀도도 훨씬 더 크다. 하지만 이런 모든 장점은 비트를 2배나 더 많이 사용한다는 비용을 지불하고 얻은 것이다.

지수에 대해 부호 비트가 따로 존재하지 않는다는 점을 눈치챈 독자도 있을 것이다. IEEE 754를 설계한 사람들은 지수 비트가 모두 0이거나 1인 경우에 특별한 의미를 갖게 하고, 실제 지숫값은 나머지 비트 패턴에 집어넣고 싶었다. IEEE 754 설계자들은 **편향된**biased 지숫값을 사용해 이를 달성할 수 있었다. 기본 정밀도의 경우 편향값은 127로, 이 말은 127(01111111)이 지수 0을 표현한다는 뜻이다. 2진수 1을 표현하는 비트 패턴(00000001)은 지수에서는 -126을 표현하며, 2진수 254(11111110)는 +127을 표현한다. 2배 정밀도 수도 편향값으로 127 대신 1023을 사용하는 비슷한 방식을 사용한다.

IEEE 754에서 편리한 점은 0으로 나눴을 때 생길 수 있는 양의 무한대나 음의 무한대를 표현하는 비트 패턴 등 여러 가지 특별한 비트 패턴을 제공한다는 점이다. 이런 비트 패턴 중에는 '수가 아님not a number'이라는 뜻의 NaN을 표현하는 특별한 값도 있다. 이로 인해 부동소수점 수로 계산을 하던 도중에 NaN 값이 생기면 뭔가 잘못된 산술 연산을 수행했다는 뜻이다. 이런 특별한 비트 패턴들은 앞에서 이야기한 특별한 지숫값(모든 비트가 0이거나 모든 비트가 1인 지수)을 사용한다.

2진 코드화한 10진수 시스템

방금까지 2진수로 수를 표현하는 일반적인 방식을 살펴봤다. 하지만 다른 방법도 많다. 그중에는 **2진 코드화한 10진수**BCD, binary-coded decimal가 있다. BCD는 4비트를 사용해 10진 숫자를 하나 표현한다. 예를 들어, 12를 2진수로 표현하면 1100이지만 BCD로 표현하면 0001 0010이다. 여기서 0001은 십의 자리에 있는 1을, 0010은 일의 자리에 있는 2를 표현한다. 10진수를 사용하는 우리에게는 이런 표현이 훨씬 더 익숙하고 편한 방식이다.

오래된 컴퓨터들은 BCD 수를 처리하는 방법을 알고 있었다. 하지만 이런 시스템은 더 이상 주류에 남아 있지 않다. 하지만 BCD가 튀어나오는 경우가 자주 있기 때문에 이에 대해 알아두면 좋다. 특히 컴퓨터와 상호작용하는 장치 중에서 디스플레이나 가속도 센서 등이 BCD를 사용하는 경우가 있다.

BCD 시스템의 인기가 줄어든 이유는 BCD가 2진수를 효율적으로 활용하지 못하기 때문이다. BCD가 일반적인 2진수에 비해 같은 수를 표현할 때 더 많은 비트를 사용한다는 점을 눈치챘을 것이다. 과거에 비해 비트가 더 저렴해지긴 했지만 16가지 조합 중에 여섯 가지를 버려도 될 만큼(이 말은 사용 가능한 비트 중 37.5%를 낭비한다는 말이다) 저렴해지지는 않았다.

2진수를 다루는 쉬운 방법

2진수를 조작하다 보면 눈이 아파진다는 사실이 잘 알려져 있다. 2진수는 사람 눈을 너무 혹사시킨다! 사람들은 2진수를 더 읽기 쉽게 표현할 수 있는 방법을 고안해냈다. 그중 몇 가지를 살펴보자.

8진 표현법

눈에 좋은 표현법 중 하나는 **8진 표현법**octal representation이다. '8진'이라는 말은 밑이 8이라는 뜻이다. 8진 표현법은 2진수 비트들을 3개씩 그룹으로 묶는 아이디어다. 2진수를 배운 지금, 여러분도 쉽게 3비트를 2^3 또는 0부터 7까지의 값으로 표현할 수 있다는 사실을 알 수 있어야 한다. 100101110001010100과 같이 괴물 같은 2진수가 있다고 하자. 눈이 너무 아프다. 그림 1-14는 이 2진수를 8진 표현법으로 바꾸는 방법을 보여준다.

100	101	110	001	010	100
4	5	6	1	2	4

그림 1-14 2진수의 8진 표현법

그림을 보면 비트들을 3개씩 그룹으로 묶고, 각 그룹에 8진 숫자를 부여해 456124를 얻었다. 이 값은 2진수에 비해 훨씬 더 읽기 쉽다. 100이라는 2진 값을 8진 숫자로 바꾸기 위해서는 $(1 \times 2^2) + (0 \times 2^1) + (0 \times 2^0) = 4$라는 식으로 계산한다.

16진 표현법

8진 표현법이 아직도 쓰이기는 하지만, 과거처럼 널리 쓰이지는 않는다. 대신 **16진 표현법**hexadecimal representation이 쓰이고 있다(16진이라는 말은 밑이 16이라는 뜻이다). 그 이유는 요즘은 컴퓨터 내부가 8비트의 배수를 사용해 만들어지기 때문이다. 8의 배수는 4(16진수 한 자리의 비트 수)로는 균일하게 나눠지지만 3(8진수 한 자리의 비트 수)으로는 균일하게 나눠지지 않는다.

2진수를 표현하려면 두 가지 숫자만 있으면 되기 때문에 10진 숫자 기호 중에 두 가지(0과 1)를 2진수에 차용하기는 쉽다. 8진수의 경우에도 10개의 숫자 중 8개만 필요하다. 하지만 16진수 숫자 하나를 표현하려면 우리가 갖고 있는 10가지 숫자만으로는 충분하지 않다. 10을 표현할 숫자부터 시작해서 15에 이르기까지 여섯 가지 숫자가 더 필요하다. 그래서 abcdef(또는 ABCDEF)라는 기호가 10부터 15까지의 숫자를 표현한다고 믿기로 했다(이런 식으로 있는 셈 치고 논리를 전개하는 방식에 대해 앞에서 이미 이야기했다). 예를 들어, 1101001111111100001이라는 또 다른 무서운 2진수가 있다. 그림 1-15는 이를 16진수로 변환하는 방법을 보여준다.

1101	0011	1111	1100	0001
d	3	f	c	1

그림 1-15 2진수의 16진 표현

이 예제에서는 비트를 4개씩 그룹으로 나눈다. 그 후 각 그룹에 16개의 기호(0123456789abcdef) 중 한 값을 할당한다. 예를 들어, 1101(맨 앞의 4비트 그룹)은 d다. 2진수 1101은 10진수로 $1(2^3) + 1(2^2) + 0(2^1) + 1(2^0) = 13$이고, d는 13을 표현하기 때문이다. 그다음 4비트 그룹(0011)도 다른 기호를 할당할 수 있고, 이 과정을 모든 그룹에 반복할 수 있다. 이렇게 하면 1101001111111100001을 d3fc1이라는 16진수로 표현할 수 있다. 표 1-9는 여러분이 16진 숫자를 제2의 천성인 것처럼 자연스럽게 알아보게 될 때까지 사용할 수 있는 16진 숫자 표다.

표 1-9 2진수와 16진수 변환표

2진수	16진수	2진수	16진수
0000	0	1000	8
0001	1	1001	9
0010	2	1010	a
0011	3	1011	b
0100	4	1100	c
0101	5	1101	d
0110	6	1110	e
0111	7	1111	f

프로그래밍 언어의 진법 표기법

수를 변환하는 방법을 어떻게 알 수 있을까? 예를 들어 10이라는 수가 2진수라면 10진수 2이고, 8진수라면 10진수 8이며, 10진수라면 10이고, 16진수라면 10진수 16이다. 수학 책에서는 10_2, 10_8, 10_{10}, 10_{16}처럼 아래 첨자를 사용해 각 진법을 구분한다. 하지만 아래 첨자는 컴퓨터 키보드로 입력하기 불편하다. 입력하기 편한 일관성 있는 표기법을 사용할 수 있으면 좋을 것이다. 하지만 많은 사람이 더 나은 방법이 있다고 주장하면서 새로운 방법을 개발하곤 한다. 여러 프로그래밍 언어에서는 다음과 같은 표기법을 따른다.

- 0으로 시작하는 숫자는 8진 숫자다. 예를 들어, 017은 8진수이며 값은 10진수로 15다.
- 1부터 9 사이의 숫자로 시작하는 숫자는 10진수다. 예를 들어, 123은 10진수다.
- 0x가 앞에 붙은(접두사) 숫자는 16진수다. 예를 들어, 0x12f는 16진수이며 값은 10진수 303이다.

이런 방법을 사용하면 0이 8진수인지 10진수인지 구분할 수는 없지만, 어차피 0은 8진수나 10진수에서 똑같이 0을 가리키기 때문에 이 문제는 중요하지 않다. 한편 문맥을 보고 2진수인지 알아내기는 쉽지 않고 2진수를 사용할 일도 별로 없기 때문에 2진수 표현을 제공하는 프로그래밍 언어는 거의 없다. C++ 같은 몇몇 언어는 0b라는 접두사를 사용해 2진수를 표현한다.

비트 그룹의 이름

컴퓨터는 제대로 조직화되지 않은 비트들로 이뤄지지 않는다. 컴퓨터를 설계하는 사람은 비용을 고려해 컴퓨터가 사용할 비트의 개수와 비트들의 조직을 결정해야만 한다. 수 표현과 마찬가지로 비트의 개수와 조직에 대해서도 다양한 아이디어를 시험해봤지만 그중 일부만 살아남았다.

비트는 너무 작아서 기본 단위로 사용하기에는 유용성이 떨어진다. 따라서 비트를 좀 더 큰 덩어리로 조직화해야 한다. 예를 들어 허니웰Honeywell 6000 시리즈 컴퓨터는 36비트 덩어리를 기본 조직으로 하고, 이 기본 덩어리를 18, 9, 6비트 덩어리들로 나눠서 사용하거나, 두 덩어리를 묶어서 72비트 덩어리로 사용할 수 있다. 1965년에 소개된 최초의 상용 미니컴퓨터minicomputer인 DEC PDP-8은 12비트 덩어리를 사용했다. 시간이 지남에 따라 세계적으로 8비트 덩어리가 기본 단위로 널리 쓰이기 시작했고 이를 **바이트**byte라고 부른다.

다른 크기의 덩어리들도 가리키기 쉽도록 이름이 붙어 있다. 표 1-10은 요즘 널리 쓰이는 이름과 크기를 보여준다.

표 1-10 비트의 묶음을 부르는 이름

이름	비트 개수
니블(nibble)	4
바이트(byte)	8
하프 워드(half word)	16
워드(word)	32
더블 워드(double word)	64

워드word는 각 컴퓨터가 설계상 자연스럽게 사용할 수 있는 비트 묶음의 크기를 가리키는 말로 쓰인다. 자연스럽게 쓸 수 있다는 말은 컴퓨터가 빠르게 처리할 수 있는 가장 큰 덩어리를 뜻한다. 예를 들어 DEC PDP-11은 바이트, 하프 워드, 롱 워드를 처리할 수 있지만 내부에서는 16비트로 비트들을 조직한다. C나 C++ 등의 언어에서 `int`(정수를 뜻하는 영어 'integer'를 줄임)라고 선언한 변수가 이런 자연스러운 크기의 2진수를 표현한다. 또 몇 가지 정해진 비트 크기의 변수를 선언할 수도 있다.[2]

큰 수를 가리키기 위해 사용하는 표준 용어가 존재한다. 음… 예전에도 표준이 있었지만 이제는 다른 새로운 표준으로 변경됐다. 엔지니어들은 자신이 원하는 것에 가까운 뜻의 단어를 찾아내서, 마치 자기들이 원하는 뜻의 단어인 것처럼 사용하는 습관이 있다. 예를 들어 미터법에서 **킬로**kilo는 1천, **메가**mega는 100만, **기가**giga는 10억, **테라**tera는 1조를 뜻한다. 컴퓨터 엔지니어들은 이런 용어를 빌려와서 사용하되 의미를 약간 바꿔서 밑이 10이 아니라 2인 값을 표현하게 했다. 그래서 **킬로비트**kilobit나 **킬로바이트**kilobyte에서 킬로는 실제로는 1000을 뜻하지 않고, 밑이 2이면서 1000에 가장 가까운 수인 1024, 즉 2^{10}을 뜻했다. 비슷하게 **메가바이트**megabyte(M 또는 MB)의 메가는 2^{20}, **기가바이트**gigabyte(G 또는 GB)의 기가는 2^{30}, **테라바이트**terabyte(T 또는 TB)의 테라는 2^{40}이었다.

하지만 때때로 이런 말들이 밑이 10인 용어를 뜻할 때도 있다. 따라서 어떤 밑으로 해석할지 알려면 문맥을 봐야 한다. 전통적으로 디스크 크기를 다룰 때는 밑을 10으로 사용했다. 미국 변호사 한 명이 이런 사실을 모르는 척하면서 디스크 크기가 광고에 나온 것보다 작다고 디스크 제조사를 고소했다(사피어Safier 대 WDC 소송이다. 내 생각에 이 소송은 마치 2인치×4인치 목재라는 용어가 항상 대패질하지 않고 건조하지 않은 상태의 목재 크기를 뜻했다는 사실을 무시하고 2×4 목재

2 예를 들어 C/C++ 컴파일러나 라이브러리에서는 uint8, int16, int32 등의 타입 별명이나 DWORD, INT32 등의 매크로를 제공하는 경우가 있다. – 옮긴이

의 크기가 실제로 2인치×4인치 크기보다 작다고 소송하는 것과 같이 멍청한 짓이다). 이로 인해 새로운 IEC 표준 접두사가 만들어졌다. **키비**kibi(KiB)는 2^{10}, **메비**mebi(MiB)는 2^{20}, **기비**gibi(GiB)는 2^{30}, **테비**tebi(TiB)는 2^{40}을 뜻한다. '키비즈'라는 말은 마치 개 먹이 이름같이 들리는데도, 이런 용어를 쓰는 경우가 조금씩 늘고 있다.

다음 절에서 볼 내용처럼 예전에는 (서양에서) 문자를 코드로 표현할 때 한 바이트 안에 들어가게 표현했기 때문에 **문자**character라는 용어를 **바이트**byte와 바꿔 쓰는 경우가 종종 있었다. 하지만 이제는 영어가 아닌 언어들도 더 잘 지원하기 위해 여러 바이트로 이뤄진 문자에 대해 논의해야 할 경우가 자주 생긴다.

텍스트 표현

컴퓨터는 항상 비트를 다룬다는 사실과 비트를 사용해 수와 같은 대상을 표현할 수 있다는 사실을 알았다. 이제 다음 단계로 넘어가서 수를 사용해 문자나 키보드에 있는 다른 기호 등을 표현하는 방법을 살펴보자.

아스키 코드

수와 마찬가지로 텍스트를 표현하는 방법의 경우에도 몇 가지 아이디어가 서로 경쟁했다. 1963년부터 승자는 **정보 교환을 위한 미국 표준 코드**ASCII, American Standard Code for Information Interchange였다('아스키'라고 읽는다). 아스키는 키보드에 있는 모든 기호에 대해 7비트 수 값을 할당했다. 예를 들어 65는 대문자 A를, 66은 대문자 B를 표현한다. 패배한 아이디어 중에는 IBM의 **확장 BCD 교환 코드**EBCDIC, Extended Binary-Coded Decimal Interchange Code가 있다('엡시딕'이라고 읽는다). 이 코드는 펀치 카드에 사용한 인코딩을 기반으로 만들어진 코드이며, 여러분도 눈치챘듯이 EBCDIC에서 'BCD'는 앞에서 살펴본 2진 코드화한 10진수를 뜻한다. 표 1-11은 아스키 코드를 보여준다.

표 1-11 아스키 코드 표

10진수	16진수	문자	10진수	16진수	문자	10진수	16진수	문자	10진수	16진수	문자
0	00	NUL	32	20	SP	64	40	@	96	60	`
1	01	SOH	33	21	!	65	41	A	97	61	a
2	02	STX	34	22	"	66	42	B	98	62	b
3	03	ETX	35	23	#	67	43	C	99	63	c
4	04	EOT	36	24	$	68	44	D	100	64	d
5	05	ENQ	37	25	%	69	45	E	101	65	e
6	06	ACK	38	26	&	70	46	F	102	66	f
7	07	BEL	39	27	'	71	47	G	103	67	g
8	08	BS	40	28	(	72	48	H	104	68	h
9	09	HT	41	29	)	73	49	I	105	69	i
10	0A	NL	42	2A	*	74	4A	J	106	6A	j
11	0B	VT	43	2B	+	75	4B	K	107	6B	k
12	0C	FF	44	2C	,	76	4C	L	108	6C	l
13	0D	CR	45	2D	–	77	4D	M	109	6D	m
14	0E	SO	46	2E	.	78	4E	N	110	6E	n
15	0F	SI	47	2F	/	79	4F	O	111	6F	o
16	10	DLE	48	30	0	80	50	P	112	70	p
17	11	DC1	49	31	1	81	51	Q	113	71	q
18	12	DC2	50	32	2	82	52	R	114	72	r
19	13	DC3	51	33	3	83	53	S	115	73	s
20	14	DC4	52	34	4	84	54	T	116	74	t
21	15	NAK	53	35	5	85	55	U	117	75	u
22	16	SYN	54	36	6	86	56	V	118	76	v
23	17	ETB	55	37	7	87	57	W	119	77	w
24	18	CAN	56	38	8	88	58	X	120	78	x
25	19	EM	57	39	9	89	59	Y	121	79	y
26	1A	SUB	58	3A	:	90	5A	Z	122	7A	z
27	1B	ESC	59	3B	;	91	5B	[	123	7B	{
28	1C	FS	60	3C	<	92	5C	\	124	7C	|
29	1D	GS	61	3D	=	93	5D	]	125	7D	}
30	1E	RS	62	3E	>	94	5E	^	126	7E	∼
31	1F	US	63	3F	?	95	5F	_	127	7F	DEL

A라는 글자를 이 표에서 찾아보자. 10진 값이 65이고 16진 값이 0x41이라는 사실을 알 수 있다(8진수로는 0101이다). 알고 보면 아스키 문자 코드에서는 역사적인 이유로 8진수가 여전히 쓰이고 있다.

아스키 코드 표에서 몇 가지 재미있는 코드가 눈에 띄었을 것이다. 이런 코드들은 글자를 출력하는 데 쓰이지 않고 장치를 제어하기 위해 쓰이기 때문에 **제어 문자**control character라고 불린다. 표 1-12는 각 제어 문자의 용도를 보여준다.

표 1-12 아스키 제어 문자

NUL	널(null)	SOH	헤딩 시작(start of heading)
STX	텍스트 시작(start of text)	ETX	텍스트 끝(end of text)
EOT	전송 끝(end of transmission)	ENQ	문의(enquiry)
ACK	수신확인(acknowledge)	BEL	벨(bell)
BS	백스페이스(backspace)	HT	가로 탭(horizontal tab)
NL	새 줄(new line)	VT	세로 탭(vertical tab)
FF	폼 피드(form feed)	CR	캐리지 리턴(carriage return)
SO	시프트 아웃(shift out)	SI	시프트 인(shift in)
DLE	데이터 링크 이스케이프(data link escape)	DC1	장치 제어 #1(device control #1)
DC2	장치 제어 #2(device control #2)	DC3	장치 제어 #3(device control #3)
DC4	장치 제어 #4(device control #4)	NAK	반수신확인(negative acknowledgment)
SYN	동기적 유휴(synchronous idle)	ETB	전송 블록 끝(end of transmission block)
CAN	취소(cancel)	EM	전송 수단 끝(end of medium)
SUB	치환(substitute)	ESC	이스케이프(escape)
FS	파일 구분자(file separator)	GS	그룹 구분자(group separator)
RS	레코드 구분자(record separator)	US	단위 구분자(unit separator)
SP	공백(space)	DEL	삭제(delete)

이 중 상당수는 통신 제어를 위한 문자다. 예를 들어 ACK(수신확인)는 '메시지를 받았음'이라는 뜻이고, NAK(반수신확인)는 '메시지를 받지 못했음'이라는 뜻이다.

다른 표준의 진화

아스키는 영어를 표현하는 데 필요한 모든 문자를 포함하고 있어서 상당 기간 표준 역할을 했다. 초기 컴퓨터는 대부분 미국산이었고 미국산이 아닌 컴퓨터는 영국산이었다. 하지만 컴퓨터가 널리 쓰이게 됨에 따라 그 밖의 언어를 지원해야 할 필요가 점차 늘어났다. **국제 표준화 기구**ISO, International Standards Organization는 ISO-646과 ISO-8859를 도입했다. 이들은 기본적으로 아스키를 확장해 유럽 언어에 필요한 액센트 기호나 그 밖의 발음 구별 기호diacritical mark를 추가한 것이다. **일본 산업 표준**JIS, Japanese Industrial Standards 위원회는 일본 문자를 표현하기 위해 JIS X 0201을 만들었다. 그리고 중국어, 아랍어, 한국어(KS C 5601) 등의 표준도 생겼다.

이렇게 각기 다른 표준이 존재한 이유는 비트가 지금보다 더 비싼 시절에 표준이 만들어졌기 때문이다. 그래서 문자를 7비트나 8비트에 욱여넣었다. 비트 가격이 떨어짐에 따라 **유니코드**Unicode라는 새로운 표준이 만들어졌고, 문자에 16비트 코드를 부여했다. 유니코드가 생긴 당시에는 16비트면 지구상에 있는 모든 문자를 다 담고도 여분이 남으리라 생각했다. 그 후 유니코드는 21비트(그중 1,112,064가지 값이 문자를 표현한다)까지 확장됐으며, 그 정도면 앞으로 모든 문자를 다 표현할 수 있을 것이다. 하지만 이렇게 확장하더라도 어쩌면 새로운 고양이 이모티콘을 만들고 싶은 인간의 욕구를 다 담기엔 충분하지 않을 수도 있다.

유니코드 변환 형식 8비트

컴퓨터는 7비트값을 처리하도록 설계되지 않았기 때문에 8비트를 사용해 아스키 문자를 저장한다. 이 경우도 과거에 비해 비트가 훨씬 더 저렴해졌지만 8비트만 사용하면 모든 문자를 표현할 수 있는데 굳이 16비트를 사용해 낭비해도 될 만큼 비트가 저렴하지는 않다는 이유로 한 문자를 8비트로 표현한다. 유니코드는 문자 코드에 따라 각기 다른 인코딩을 사용해 이런 문제를 해결한다. **인코딩**encoding은 다른 비트 패턴을 표현하기 위해 사용하는 비트 패턴을 뜻한다. 그렇다. 우리는 비트 같은 추상화를 사용해 숫자를 표현하고, 숫자를 사용해 문자를 표현하며, 다시 다른 숫자를 사용해 이런(문자를 표현하는) 숫자를 표현한다! 앞에서 말했던 '있다고 치고' 정의하는 방식을 이(비트-숫자-문자-숫자 표현의 연쇄) 경우에도 볼 수 있다. 특히 미국 컴퓨터과학자 켄 톰슨Ken Thompson과 캐나다 프로그래머 롭 파이크Rob Pike가 만든 **유니코드 변환 형식 8비트**UTF-8, Unicode Transformation Format-8 bit[3]라는 인코딩 방법이 하위 호환성과 효율성 때문에 가장 널리 쓰이고 있다. UTF-8은 모든 아스키 문자를 8비트로 표현하기 때문에 아스키 데이터를 인코딩할 때는 추가 공간이 필요하지 않다. 그리고 UTF-8은 아스키가 아닌 문자의 경우 아스키를 받아서 처리하는 프로그램이 깨지지 않는 방법으로 문자를 인코딩한다.

3 이름을 보고 눈치를 챘겠지만, 16비트로 된 유니코드 변환 형식인 UTF-16이나 32비트로 된 변환 형식인 UTF-32도 있다. - 옮긴이

UTF-8은 문자를 8비트 덩어리(이를 **옥텟**octet이라고 부른다)의 시퀀스로 인코딩한다. UTF-8에서 교묘한 부분은 첫 번째 덩어리(8비트)의 MSB 쪽에 있는 비트들이 8비트 덩어리(옥텟) 시퀀스의 길이를 표현하고, (MSB 쪽의 비트 패턴이 겹치지 않아서) 덩어리의 맨 앞을 식별하기 쉽다는 데 있다. 프로그램이 문자 경계를 찾아야 하는 경우 이런 특성이 아주 유용하다. 모든 아스키 문자는 7비트에 들어가기 때문에 덩어리를 하나만 사용해 표현할 수 있다. 영어의 경우 비 아스키 기호를 사용하는 언어보다 더 적은 용량으로 문자를 인코딩할 수 있기 때문에 영어 사용자에게는 이런 특성이 아주 편리하다. 그림 1-16은 UTF-8이 유니코드 문자를 어떻게 인코딩하는지 보여준다.

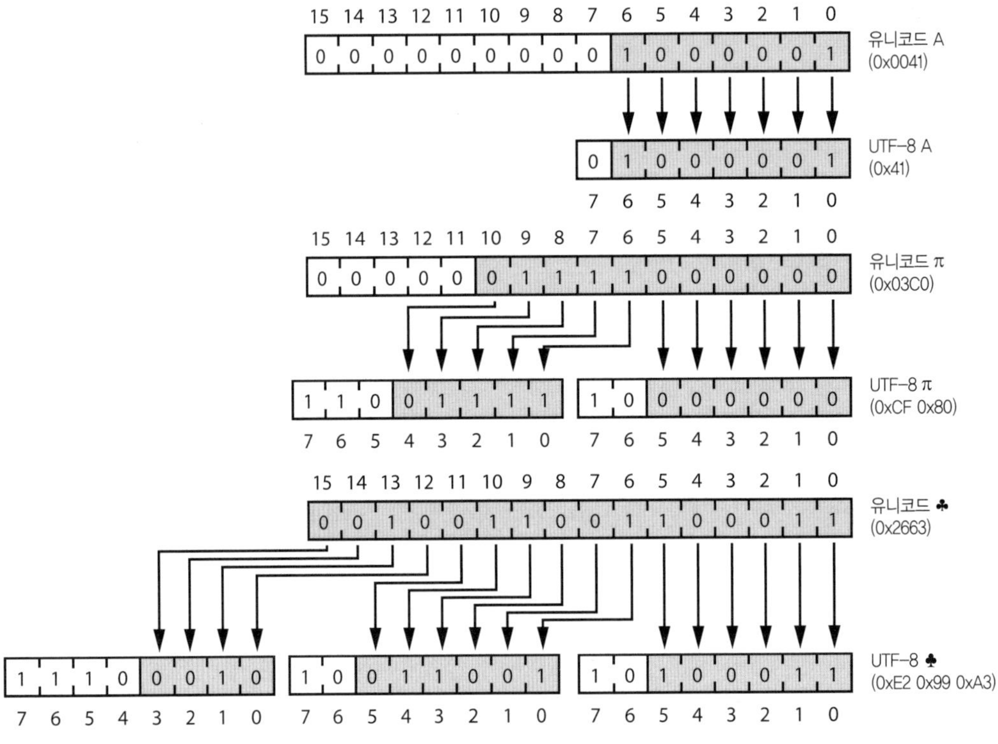

그림 1-16 UTF-8 인코딩 예제

그림 1-16에서 A라는 문자의 숫자 코드가 아스키와 유니코드에서 같다는 사실을 알 수 있다. A를 UTF-8로 인코딩할 때, 7비트 안에 문자의 코드(16비트로 표현할 때 0x0000~0x007f가 이 범위에 속한다)가 들어가면 UTF-8 인코딩에서는 덩어리를 하나만 사용하며 MSB를 0으로 설정한다. 그래서 A라는 문자를 UTF-8로 표현한 그림의 맨 앞에 0이 하나 추가된다. 다음으로는 π(그리스 문자 파이) 기호의 유니코드가 있다. 이 값은 7비트에 들어가지 않지만 11비트로는 표현할

수 있다(16비트로 표현할 때 0x0080~0x07ff가 이 범위에 속한다). π를 UTF-8로 표현하려면 2개의 8비트 덩어리를 사용하되 첫 번째 덩어리의 MSB 3비트를 110으로 시작하고 두 번째 덩어리의 MSB 2비트는 10으로 시작한다. 이렇게 하면 첫 번째 덩어리에는 5비트가 남고, 두 번째 덩어리에는 6비트가 남아서 11비트 코드를 모두 담을 수 있다. 마지막으로 ♣(검은 클로버) 기호를 볼 수 있다. 이 기호의 코드는 16비트에 들어가기 때문에 UTF-8 덩어리를 3개 사용해 표현한다.

문자를 사용한 수 표현

UTF-8은 문자(예: A)를 표현하는 비트들(2진수 0000000001000001)로부터 나온 숫자들(0x0041)을 표현하는 숫자들(UTF-8로 인코딩한 값)을 표현하기 위해 숫자(실제 UTF-8로 인코딩한 0x41)들을 사용한다. 하지만 이게 끝이 아니다! 이제는 문자를 사용해 수를 표현할 수도 있다. 컴퓨터와 컴퓨터 사이의 통신이 시작된 초기부터 사람들은 더 많은 정보를 컴퓨터 사이에 송수신하고 싶었다. 사람들은 2진 데이터를 보내고 싶었다. 하지만 2진 데이터를 직접 보내는 것은 생각처럼 단순하지 않았다. 왜냐하면 앞에서 본 것처럼 아스키 코드 중 상당수가 제어 문자로 예약되어 있었고 이런 제어 문자는 시스템에 따라 처리하는 방식이 달랐기 때문이다. 그리고 몇몇 시스템은 7비트만 송수신할 수 있었다.

출력 가능하게 변경한 인코딩

출력 가능하게[4] 변경한 인코딩 Quoted-Printable encoding은 쿼티드 프린터블 인코딩, 혹은 QP 인코딩이라고도 하는데, 8비트 데이터를 7비트 데이터만 지원하는 통신 경로를 통해 송수신하기 위한 인코딩 방법이다. QP 인코딩은 전자우편 첨부를 처리하기 위해 만들어졌다. 이 인코딩을 사용하면 = 다음에 바이트의 각 니블을 표현하는 16진 숫자 2개를 추가해 8비트값을 표현한다. 물론 이로 인해 =가 특별한 의미를 지니기 때문에 QP에서 =를 표현하려면 =3D를 사용해야 한다. 표 1-11을 보면 =가 3D임을 알 수 있다.[5]

QP 인코딩은 몇 가지 추가 규칙을 사용한다. 줄의 맨 끝에 탭tab과 공백space 문자가 온다면, 이를 각각 =09와 =20으로 표현해야만 한다. 인코딩된 데이터는 한 줄이 76자를 넘을 수 없다. 어

4 '출력 가능(printable)'이라는 표현은 아스키 코드에서 제어 문자가 아닌 문자라는 뜻이다. – 옮긴이
5 이로부터 QP 인코딩이 기본적으로 아스키 코드를 사용한다는 사실도 쉽게 추론할 수 있다. – 옮긴이

떤 줄의 맨 뒤가 =로 끝나면 가짜 줄바꿈soft line break[6]을 뜻하며, 수신 쪽에서 QP로 인코딩된 데이터를 디코딩할 때는 이 =를 제거하고 해석한다.

베이스64 인코딩

QP 인코딩이 잘 작동하기는 하지만 1바이트를 표현하기 위해 3바이트를 사용하기 때문에 아주 비효율적이다. **베이스64**base64 인코딩이 더 효율적인데, 지금보다 컴퓨터 사이의 통신 속도가 훨씬 느렸던 과거에는 이런 효율성이 정말 중요했다. 베이스64 인코딩은 3바이트 데이터를 4문자로 표현한다. 3바이트 데이터의 24비트를 네 가지 6비트 덩어리로 나누고, 각 덩어리의 6비트값에 출력 가능한 문자를 할당해 표현한다. 이때 표 1-13과 같은 변환을 사용한다.

표 1-13 베이스64 문자 인코딩

숫자	문자	숫자	문자	숫자	문자	숫자	문자
0	A	16	Q	32	g	48	w
1	B	17	R	33	h	49	x
2	C	18	S	34	i	50	y
3	D	19	T	35	j	51	z
4	E	20	U	36	k	52	0
5	F	21	V	37	l	53	1
6	G	22	W	38	m	54	2
7	H	23	X	39	n	55	3
8	I	24	Y	40	o	56	4
9	J	25	Z	41	p	57	5
10	K	26	a	42	q	58	6
11	L	27	b	43	r	59	7
12	M	28	c	44	s	60	8
13	N	29	d	45	t	61	9
14	O	30	e	46	u	62	+
15	P	31	f	47	v	63	/

6 가짜 줄바꿈은 송신하려는 문서의 내용은 아니지만 알아보기 쉽게 하기 위해 일부러 넣은 줄바꿈을 뜻한다. 76문자로 한 줄 길이를 제한하므로 76문자를 벗어나는 긴 문장은 여러 줄로 나눠 써야 하고, 이때 나눠 쓴 각 줄의 맨 뒤에 있는 줄바꿈은 실제로는 원문의 줄바꿈이 아니므로 이를 표현하기 위해 =를 붙인다. – 옮긴이

0, 1, 2라는 세 바이트를 인코딩하면 AAEC다. 그림 1-17은 이 변환 과정을 보여준다.

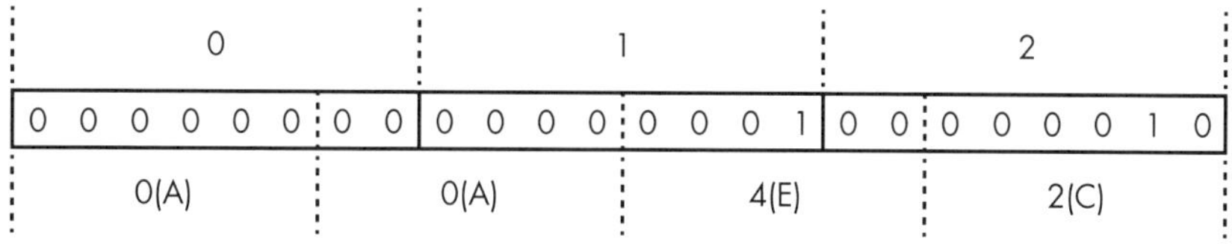

그림 1-17 베이스64 인코딩

이 인코딩은 모든 3바이트 조합을 4바이트 조합으로 변환할 수 있다. 하지만 원본 데이터 길이가 3바이트의 배수라는 보장은 없다. **패딩**padding 문자를 도입해 이런 문제를 해결한다. 원본 데이터가 2바이트 남으면 끝에 =를 붙이고, 1바이트 남으면 끝에 ==를 붙인다.

이 인코딩 방식은 여전히 전자우편 첨부파일 전송에 많이 사용 중이다.

URL 인코딩

앞에서 본 QP 인코딩에서 =에 특별한 기능을 부여한 것을 살펴봤다. 그래서 특별한 기능에 해당하지 않는 =를 표현하기 위한 다른 메커니즘을 도입한 것도 살펴봤다. 웹 페이지의 URL 표현에도 이와 거의 같은 방식을 사용한다.

웹 페이지 URL에서 %26이나 %2F 같은 문자 시퀀스를 본 적이 있을 것이다. 이런 값이 있는 이유는 URL이라는 문맥에서 몇몇 문자가 특별한 의미를 지니기 때문이다. 하지만 이런 특별한 의미를 지니는 문자를 **리터럴**literal로 사용할 필요가 있다('리터럴'이라는 말은 '문자 그대로'라는 뜻으로, 특별한 의미 없이 해당 문자 자체를 뜻하는 경우를 가리키는 영어 단어다).

마지막 절에서 본 것처럼 문자들은 8비트 덩어리의 시퀀스로 표현된다. 각 덩어리는 그림 1-16처럼 2개의 16진 문자로 표현할 수 있다. **URL 인코딩**은 **퍼센트 인코딩**percent-encoding이라고도 부르는데, % 뒤에 어떤 문자의 16진 표현을 덧붙이는 방식으로 문자를 인코딩한다.

예를 들어, 슬래시 문자(/)는 URL에서 특별한 의미를 지닌다. 이 문자의 아스키 코드는 47, 16진수로는 2F다. /를 URL에 사용하되 /가 표현하는 특별한 의미를 뜻하고 싶지는 않은 경우, /를 %2F라는 문자열로 대신한다(그리고 방금 우리가 %에 특별한 의미를 부여했기 때문에 URL에서 % 리터럴을 표현하려면 %25를 사용해야 한다).

색을 표현하는 방법

숫자를 사용하는 일반적인 경우 중에는 색 표현이 있다. 여러분은 그래프의 좌표를 표현하기 위해 숫자 쌍을 사용할 수 있음을 알 것이다. 컴퓨터 그래픽스graphics는 전자 모눈종이에 해당하는 것에 색을 표현하는 점blob을 찍어서 그림을 만드는 과정이다. 이때 모눈의 각 격자에 찍는 점을 **그림 원소**picture element라고 부르고, 줄여서 **픽셀**pixel이라고 부른다.

컴퓨터 모니터는 빨간색, 녹색, 파란색 광선을 섞어서 색을 만들어내며, 이런 색 표현법을 **RGB 색 모델**RGB color model이라고 부른다. 색은 **컬러 큐브**color cube(정육면체)라는 것으로 표현할 수 있다. 컬러 큐브에서 각 축은 **원색**을 표현하며 그림 1-18과 같다. 값이 0이면 그에 해당하는 원색의 빛을 끈다는 뜻이며('빛이 가장 약하다'나 '빛이 없다'와 같은 뜻), 값이 1이면 해당하는 원색의 빛을 가능한 한 최대 밝기로 켠다(빛이 가장 세다)는 뜻이다.

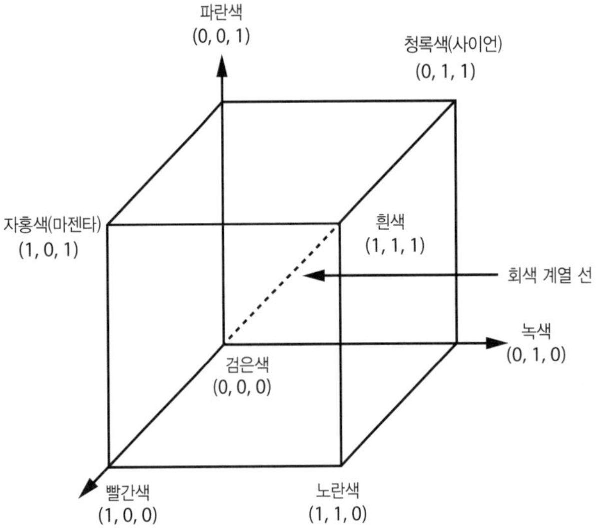

그림 1-18 RGB 컬러 큐브

아무 빛도 없으면 검은색이고 모든 빛을 최대로 켜면(이 말은 밝기를 최대로 한다는 뜻이다) 흰색이라는 사실을 볼 수 있다. 빨간색 빛만 켜면 빨간색의 음영이 생긴다. 빨간색과 녹색을 섞으면 노란색이 생긴다. 회색은 빨간색, 녹색, 파란색의 밝기를 같은 밝기로 만들면(그리고 모두 끄거나 모두 최대로 켜지 않으면) 생긴다. 이런 식으로 빛을 혼합해 색을 표현하는 방식을 **가산**additive 색 시스템이라고 부른다. 각 빛을 섞을수록 더 밝은 색이 나오기 때문이다. 그림 1-19는 RGB 컬러 큐브에서 몇 가지 좌표를 보여준다.

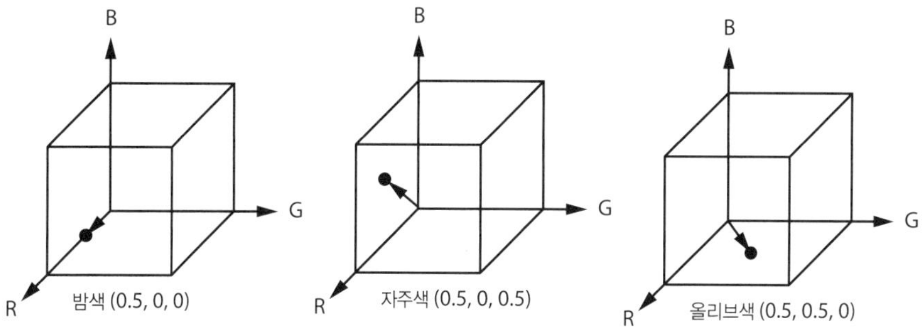

그림 1-19 RGB 컬러 큐브 예제

손으로 그림을 그린다면 아마도 **감산**subtractive 색 시스템에 더 익숙할 것이다. 감산 색 시스템에서는 원색이 청록색(사이언), 자홍색(마젠타), 노란색(옐로)이다. 감산 색 시스템은 흰색 광선에서 각 색에 해당하지 않는 빛을 제거하면서 색을 만들어내는 반면, 가산 색 시스템은 특정 빛의 광선(파장)을 서로 추가해서 색을 만든다. 두 시스템 모두 우리 눈이 볼 수 있는 모든 색을 만들어낼 수는 없지만, 가산 시스템(빛 혼합)이 감산 시스템(물감 혼합)보다 더 많은 색을 만들어낼 수 있다. 컴퓨터 모니터에서 작업하는 예술가들이 자신의 작품이 잡지 등에 인쇄됐을 때와 똑같은 모습을 화면에서 볼 수 있게 해주는 다양한 **인쇄 전**prepress 기술이 존재한다. 색에 대해 흥미가 더 있는 독자는 모린 스톤Maureen Stone의 2003년 AK피터스 출판사에서 출간한 『A Field Guide to Digital Color』를 읽어보라.

인간의 눈은 수치적 계산이 아니라 생존을 위해 진화해온 아주 지저분한 기계장치다. 눈은 천만 가지 색을 구분할 수 있지만 이 구분은 선형적이지 않다. 빛의 세기를 2배로 해도 눈이 인식하는 밝기가 2배가 되지는 않는다. 더 큰 문제는 전체적인 빛의 세기에 맞춰 눈의 응답이 점차 변한다는 데 있다. 이를 **암순응**dark adaptation이라고 한다. 그리고 색이 다르면 눈의 반응도 다르다. 눈은 녹색의 변화에는 민감하지만 파란색의 변화에는 상대적으로 덜 민감하다. 미국 국가 텔레비전 시스템 위원회NTSC, National Television System Committee는 이런 현상을 활용했다. 현대 컴퓨터들은 색을 표현하는 데 24비트를 사용해 1천만에 가장 가까운 2의 제곱수에 해당하는 색을 표현할 수 있다. 이 24비트는 세 가지 8비트 필드로 나뉘며, 각 필드는 세 가지 주요 색을 표현한다.

표 1-10을 보면 24비트에 해당하는 이름이 없음을 알 수 있다. 이는 현대 컴퓨터들이 24비트 단위로 계산을 수행하도록 설계되지 않았기 때문이다(허니웰 DDP-224 같은 24비트 기계가 소수 있긴 하다). 그 결과 그림 1-20처럼 24비트에 가장 가까운 표준 크기인 32비트(워드)에 색을 넣어서 처리하곤 한다.

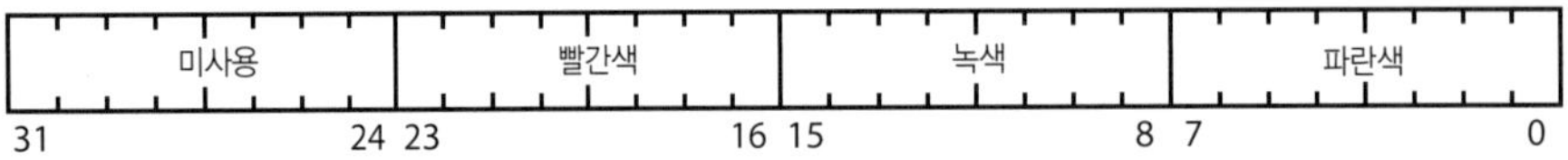

그림 1-20 RGB 색 담기

그림에서 색을 표현할 때마다 사용하지 않는 비트가 8개 있다는 사실을 알 수 있다. 800만 개가 넘는 픽셀을 사용하는 요즘 모니터를 감안하면 낭비되는 비트가 너무 많다. 이런 비트를 낭비하는 대신 뭔가 써먹을 곳이 있지 않을까? 해답은 앞에서 색에 대해 논의하면서 다루지 않은 어떤 요소를 표현하기 위해 이 8비트를 사용하는 것이다. 이 요소는 바로 **투명도**transparency이며, 투명도라는 말은 여러분이 해당 색을 '투과해 볼 수 있는 정도'를 뜻한다. 지금까지 우리가 이야기한 색은 불투명한opaque 색이었는데, 불투명한 색은 예를 들어 장밋빛 유리잔 같은 대상을 표현할 때는 쓸 수 없다.

투명도 추가

초기 애니메이션에서는 각 프레임을 손으로 직접 그렸다. 이런 작업은 노동집약적일 뿐만 아니라 각 프레임의 배경을 정확히 재생산할 방법이 없어서 수없이 많은 시각적인 '흔들림jitter'이 존재했다. 미국 애니메이터인 존 브레이John Bray(1879~1978)와 얼 허드Earl Hurd(1880~1940)는 1915년 **셀 애니메이션**cell animation을 발명해 이 문제를 해결했다. 셀 애니메이션에서는 움직이는 캐릭터를 투명한 셀룰로이드 필름 위에 그려서 정적인 배경 이미지 위에서 움직이게 할 수 있다.

컴퓨터 애니메이션의 근원은 1940년대로 거슬러 올라갈 수 있기는 하지만, 실제로는 1970년대와 1980년대에 널리 만들어지기 시작했다. 그 시절에는 감독이 원하는 모든 기능을 처리할 수 있을 만큼(그리고 어쩌면, 감독이라는 양반들의 성향상 앞으로도 컴퓨터가 감독이 원하는 기능을 100% 만족할 수 있을 것 같지는 않다) 컴퓨터가 충분히 빠르지 못했다. 그래서 각기 다른 알고리즘으로 만들어진 물건들을 하나로 합칠 방법이 필요했다. 셀 애니메이션과 마찬가지로 투명도가 있으면 여러 이미지를 하나로 **합성**compose하거나 결합할 수 있다. 김프GIMP나 포토샵Photoshop을 다뤄본 독자라면 이런 개념에 익숙할 것이다.

1984년 영화 제작사 루카스필름의 톰 더프Tom Duff와 토머스 포터Thomas Porter는 투명도와 합성을 구현하는 새로운 방법을 발명했고, 그 이후 이 방법은 표준이 됐다. 이들은 각 픽셀에 **알파**(α)라는 투명도 값을 추가했다. α는 수학적으로 0 이상 1 이하인 값이다. 0은 해당 값이 완전히 투명하다는 뜻이고, 1은 완전히 불투명하다는 뜻이다. 여러 다른 알파값의 색을 합성해 새로운 색을 만들어내는 방법을 정의하는 일련의 **합성 계산법**compositing algebra 식이 있다.

더프와 포터의 구현은 기발했다. 그들은 부동소수점 수를 사용하지 않았기 때문에 1부터 255까지의 값을 α 값으로 사용했고, 그림 1-20에서 사용하지 않는 8비트를 활용했다. 빨간색, 녹색, 파란색의 값을 그대로 저장하는 대신, 더프와 포스터는 각각의 색값에 α를 곱한 값을 저장했다. 예를 들어 색이 중간 정도 밝기의 빨간색이라면, RGB로는 빨간색이 200이고 녹색과 파랑은 0이다. 이 색이 완전히 불투명하면 α는 1(이 α 값은 255로 표현한다)이고 빨간색 값은 200이다. 하지만 이 빨간색의 α가 절반 정도 투명도인 0.5라면, 저장된 빨간색 값은 200×0.5 = 100이고, 저장된 α는 127(255×0.5 = 127)이다. 그림 1-21은 α를 사용하는 픽셀에서 값을 저장하는 방법을 보여준다.

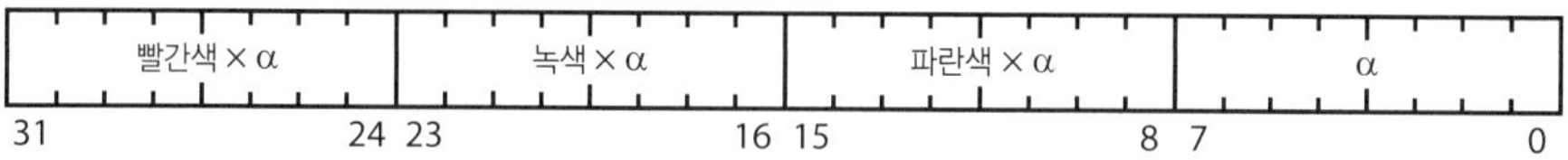

그림 1-21 RGBα 색 담기

따라서 이미지 합성은 색값을 α로 곱하는 과정을 통해 이뤄진다. (α 값을) 미리 곱한 값을 저장한다는 말은 픽셀을 사용할 때마다 α를 곱하는 계산을 반복할 필요가 없다는 뜻이다.

색 인코딩

웹 페이지는 주로 사람이 읽을 수 있는 UTF-8 문자의 시퀀스로 이뤄지는 **텍스트**text를 표현하기 때문에, 텍스트를 사용해 색을 표현할 방법이 필요하다.

URL 인코딩과 비슷한 방법으로 색을 인코딩한다. 웹에서는 색을 **16진 트리플렛**hex triplet으로 표현한다. 16진 트리플렛은 # 뒤에 여섯 자리 16진 숫자를 추가해 #rrggbb처럼 표현하는 방식이다. 여기서 rr은 빨간색의 값, gg는 녹색의 값, bb는 파란색의 값이다. 예를 들어 #ffff00은 노란색, #000000은 검은색, #ffffff는 흰색이다. 각각의 8비트 색값을 두 자리 문자로 된 16진 표기로 바꾼다.

웹 페이지에서도 α를 사용할 수 있지만 α를 표현할 수 있는 간결한 형식은 없다. α를 사용할 때는 전혀 다른 방식을 사용한다.

정리

1장에서는 개념적으로 단순한 비트를 사용해 아주 큰 숫자나 문자, 색 등의 복잡한 요소를 표현할 수 있다는 사실을 배웠다. 그리고 10진수를 2진수로 표현하는 방법과 2진수를 사용해 간단한 사칙연산을 수행하는 방법, 음수와 분수를 표현하는 방법도 배웠다. 그리고 비트를 사용해 문자를 인코딩하는 여러 가지 표준에 대해 배웠다.

"세상에는 10종류의 사람이 있다. 2진수를 이해하는 사람과 2진수를 이해하지 못하는 사람이다."라는 개발자 농담이 있다. 이제 여러분은 첫 번째 유형의 사람이 됐다.

2장에서는 컴퓨터를 이루는 물리적 구성요소를 이해하고 왜 컴퓨터가 애초부터 비트를 사용하는지 이해할 때 도움이 될 수 있도록 하드웨어의 기본을 배운다.

2장

전자 회로의 조합 논리

- 컴퓨터는 어떤 논리로 비트를 다루는가

1967년 〈스타 트렉〉 '영원의 끝에 있는 도시' 에피소드에서 미스터 스팍은 "부인, 저는 돌칼과 곰가죽으로 니모닉 메모리 회로를 구성하려고 노력 중입니다."라고 말했다. 미스터 스팍과 같이 사람들은 가용 자원을 활용해 계산을 수행하는 장치를 만들기 위해 온갖 종류의 창의력을 발휘해왔다. 계산만을 위해 발명된 근본 기술은 드물다. 대부분의 기술은 다른 목적을 위해 만들어진 기술을 계산에 '적용'했을 뿐이다. 이번 장은 이런 기술의 진화 중 일부를 다룬다. 이번 장에서는 편리하고 꽤 최근에 일어난 전기 분야의 혁신을 이끌어낸 변화에 대해 다룬다.

1장에서는 현대 컴퓨터들이 **비트**라고 부르는 2진 상자를 내부 언어로 사용한다는 사실을 배웠다. 사람들은 10진수를 잘 사용하는데 왜 컴퓨터는 2진수를 사용하는지 궁금한 독자도 있을 것이다. 이번 장에서는 비트를 사용하지 않는 초기 계산 장치를 살펴봄으로써 왜 비트가 오늘날 사용하는 기술에 어울리는 올바른 선택인지 배운다. 비트는 계산에 유용한 형태로 자연스럽게 발견된 것이 아니다. 따라서 비트를 만들기 위해 무엇이 필요한지 이야기할 것이다. 릴레이relay나 진공관 같은 더 오래되고 단순한 기술을 살펴보고, 이런 기술을 전기와 집적 회로IC, integrated circuit를 사용하는 하드웨어를 통한 현대적인 비트 구현과 비교할 것이다.

1장에서 비트에 대해 논의한 내용은 상당히 추상적이었다. 여기서는 구체적인 본론으로 들어간다. 비트에 대해 동작하는 장치를 포함해 모든 물리적인 장치를 **하드웨어**hardware라고 부른다. 우리는 **조합 논리**combinatorial logic를 구현하는 하드웨어에 대해 살펴볼 것이다. 조합 논리는 1장에서 설명한 불리언 대수를 부르는 또 다른 이름이다. 1장에서 했던 것처럼 여기서도 먼저 간단한 기본 요소를 살펴보고, 이들을 조합해 더 복잡한 기능을 만들어낼 것이다.

디지털 컴퓨터의 사례

먼저 근대의 톱니바퀴gear를 사용하는 기계적인 계산 장치를 살펴보자. 두 톱니바퀴가 맞물려 돌아가면 각 톱니바퀴의 톱니 비율이 두 바퀴의 상대적인 회전 속도를 결정하기 때문에 곱셈, 나눗셈, 기타 계산에 톱니바퀴가 유용하다. 톱니바퀴를 기반으로 만들어진 가장 오래된 계산기로는 기원전 100년경 만들어진 것으로 추정되는 그리스 제도에서 발견된 안티키테라Antikythera 기계가 있다. 이 기계는 사용자가 다이얼을 돌려서 날짜를 입력하고 크랭크를 돌려서 해당 날짜의 태양의 위치나 달의 위치 같은 천문학 계산을 수행한다. 또 다른 예로는 2차 세계대전 즈음 쓰인 화기 제어 컴퓨터fire control computer를 들 수 있다. 이 컴퓨터는 복잡하고 이상하게 생긴 수많은 톱니바퀴를 사용해 삼각함수와 미적분을 계산했기 때문에, 그 자체로 예술품이라 할 만하다.

톱니바퀴를 사용하지 않는 기계식 컴퓨터로는 영국의 성직자이자 수학자인 윌리엄 오트레드 William Oughtred(1574~1660)가 발명한 **계산자**slide rule가 있다. 계산자는 스코틀랜드의 물리학자이자 천문학자면서 수학자이기도 한 존 네이피어John Napier(1550~1617)가 발견한 로그logarithm를 영리하게 응용한 도구다. 계산자의 기본 기능은 $\log(x \times y) = \log(x) + \log(y)$라는 사실을 이용해 곱셈을 수행하는 것이다.

계산자에는 로그 눈금이 매겨진 고정부와 이동부가 있다. 고정된 x의 로그 눈금과 움직이는 y 로그 눈금의 기준선을 맞추면 그림 2-1처럼 두 수의 곱을 계산할 수 있다.

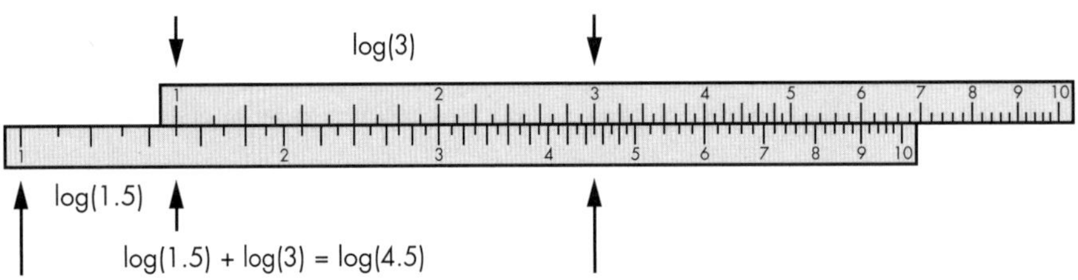

그림 2-1 계산자 덧셈[1]

1 참고로 여기서 로그는 모두 10을 밑으로 하는 상용로그다. 그림의 계산자를 보면 아래쪽 고정부의 log(1.5)에 위쪽 이동부의 1을 맞췄다(log(1)=0이라서 그렇다). 그 후 이동부에서 log(3)을 찾고 그에 해당하는 고정부 눈금을 보면 4.5임을 알 수 있다. 이 값은 1.5×3을 계산한 4.5와 같다. 그래서 계산자에서 덧셈(로그 덧셈)을 수행하면 쉽게 곱셈을 할 수 있고, 게다가 log(10) = 1, $\log(10^n) = n$이라는 사실과 과학적 표기법을 이용하면 뒤에 10의 거듭제곱이 붙어 있어도 아무런 어려움 없이 큰 수의 곱셈을 계산할 수 있다. 예를 들어, 15000초 동안 빛(3×10^8m/s)이 간 거리를 계산한다면 $\log(1.5\times10^4\times3\times10^8) = \log(1.5)+\log(10^4)+\log(3)+\log(10^8) = \log(1.5)+\log(3)+4+8 = \log(4.5)+12$임을 쉽게 계산자로 계산할 수 있다. 이를 보면 일상적으로 큰 수를 곱해야 하는 중세 천문학자나 엔지니어에게 계산자가 얼마나 엄청난 도구로 다가왔을지 상상할 수 있다. – 옮긴이

계산자는 많은 사람에게 최초로 대량 생산된 계산 장치로 여겨지며, 사람들이 자신이 사용할 수 있는 기술을 최대한 활용해 문제를 어떻게 해결하는지 보여주는 훌륭한 예다. 요즘도 비행기 조종사들은 **비행 컴퓨터**flight computer라고 부르는 동그란 계산자를 비상용 항법 계산 도구로 사용한다.

역사적으로는 계수(숫자를 세는 행위)가 계산 장치를 활용하는 주된 용도였다. 손가락이 열 개밖에 없기 때문에(그리고 다른 용도로 손가락을 써야 한다는 이유로 인해) 기원전 18,000년 전부터 **탤리 막대**tally stick를 사용해왔다. 심지어 이집트의 호루스의 눈Eye of Horus이 2진 분수를 표현하는 데 쓰였다는 이론도 있다.

박식한 영국 사람 찰스 배비지Charles Babbage(1791~1871)는 영국 정부를 설득해 **차분 기관**difference engine이라는 복잡한 10진 기계식 계산기 개발 비용을 지원하게 했다. 차분 기관은 헤센Hessen(근대 독일 중부 프랑크푸르트 근처에 있던 대공국, 용병으로도 유명함)의 군인이었던 요한 헬프리히 폰 뮐러Johann Helfrich von Müller(1746~1830)가 원래 상상했던 기계다. 이후 그 이름을 따서 1990년에 윌리엄 깁슨William Gibson과 브루스 스털링Bruce Sterling이 동명 소설로 출간해 유명세를 얻기도 한 차분 기관은 부품의 정밀도가 배비지 시대의 금속 가공 기술로는 달성할 수 없는 수준이었기 때문에 당시에는 제작 불가능한 기계였다.

하지만 간단한 기계적 10진수 계산기는 차분 기관 같은 복잡한 금속 기술이 필요하지 않기 때문에 만들어질 수 있었다. 예를 들어, 중반 회계와 기장(장부 기록)에 쓰이는 10진수를 더하는 기계는 1600년대에 만들어졌다. 여러 다른 모델이 대량 생산됐으며 후기 모델은 손으로 돌리는 핸들을 전동 모터로 바꿔서 더 편리하게 사용할 수 있었다. 실제로 전통적인 현금 등록기의 상징처럼 여겨지는 것은 덧셈 기계에 돈을 수납하는 서랍을 조합한 것이다.

이런 역사적인 예제는 모두 두 가지 부류로 나눌 수 있다. 이에 대해 다음 절에서 다룬다.

아날로그와 디지털의 차이

계산자와 비교할 때 탤리 막대나 덧셈 기계는 중요한 차이가 있다. 그림 2-2는 그림 2-1에서 보여준 계산자의 눈금을 번호가 붙은 손가락과 비교해 보여준다.

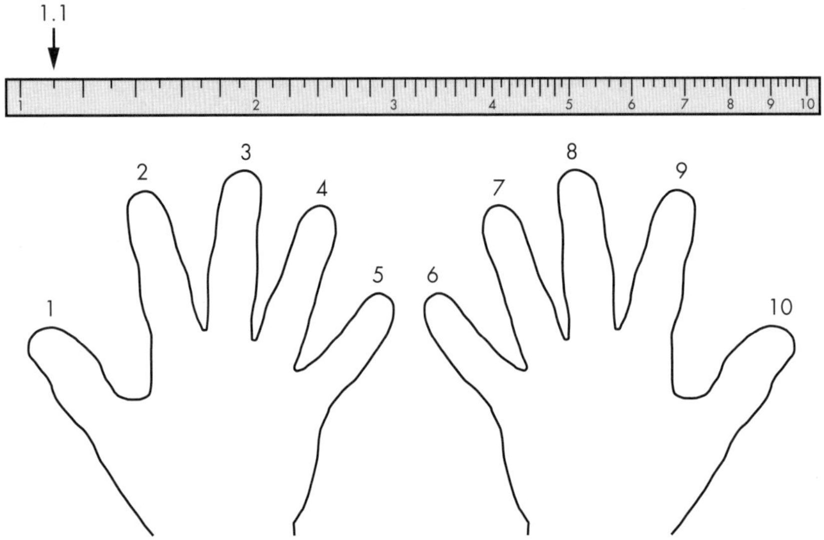

그림 2-2 연속적인 측정과 이산적인 측정

계산자와 손가락은 모두 1부터 10까지를 다룰 수 있다. 하지만 계산자에서는 1.1 등의 수를 표현할 수 있고 표현 방법도 아주 쉽지만, 뭔가 멋진 요술(현란한 손기술을 쓰거나 어쩌면 손가락을 춤추듯 움직여야 할 것이다)을 쓰기 전에는 손가락으로 1.1을 표현할 수는 없다. 계산자는 수학적으로 **연속적**continuous이기 때문이다. 연속적이라는 말은 실수를 (자릿수 제한 없이) 표현할 수 있다는 뜻이다. 반면 손가락은 수학자들이 **이산적**discrete(하나하나 다른 존재로 구분된다는 뜻의 한자어)이라고 부르는 성질을 가졌으며, 정수만 표현할 수 있다. 정수와 다음 정수 사이에는 다른 정숫값이 없다. 정수는 손가락처럼 한 값에서 다음 값으로 값이 건너뛴다.

전자기술에 대해 이야기할 때 **아날로그**analog는 연속적인 것을 뜻하며, **디지털**digital은 이산적인 것을 뜻한다(라틴어로 손가락이 'digitus'라는 점을 알면, 손가락이 디지털이라는 사실은 기억하기 쉽다). 여러분도 아날로그와 디지털은 들어본 적이 있을 것이다. 하지만 계산자 같은 아날로그 컴퓨터가 실제로 존재한다는 사실은 이 책을 통해 처음 알았을 수도 있다.

한편 실수를 표현할 수 있기 때문에 아날로그가 계산에는 더 적합한 선택인 것 같다. 하지만 정밀도의 문제가 있다. 예를 들어 계산자 눈금에서는 1.1을 쉽게 선택할 수 있는데, 이는 1.1 근처가 눈금 간격이 넓고 1.1에 정확히 눈금이 위치하기 때문이다. 하지만 9.1을 선택하기는 훨씬 더 어렵다. 9.1 근처는 눈금 간격이 좁고 9.1에 해당하는 눈금이 없어서 9.0과 9.2 사이의 어딘가를 선택해야 한다. 9.1과 9.105 사이의 구분은 현미경을 사용해도 알아보기 쉽지 않을 것이다.

물론 자를 더 크게 만들 수도 있다. 예를 들어, 자를 축구장 길이로 만들면 훨씬 더 정확할 것이다. 하지만 길이가 120미터인 자를 사용하는 이동 가능한 컴퓨터를 만들기는 어렵고, 이렇게 큰 물건을 움직이는 데 엄청난 에너지가 필요하다는 점은 두말할 나위도 없다. 우리는 작고 빠르면서 전력 소모가 적은 컴퓨터를 원한다. 다음 절에서 크기가 중요한 또 다른 이유를 배울 것이다.

하드웨어에서 크기가 중요한 이유

아이들을 10킬로미터 떨어진 학교에 등하교시킨다고 할 때 (교통 체증을 감안해) 차의 평균 시속이 40km/h라고 하자. 이 거리와 속도를 조합하면 한 시간에 최대 두 번 왕복이 가능하다. 차를 더 빠르게 운전하거나 학교 근처로 이사 가기 전에는 학교로 오가는 시간을 더 줄일 수 없다.

현대 컴퓨터는 아이들 대신 전자를 움직인다. 전기는 빛의 속도로 움직이며 빛의 속도는 초당 3억 미터다(초당 10억 피트인 미국은 예외). 이런 물리적인 한계를 뛰어넘는 방법을 아직 발견하지 못했기 때문에, 컴퓨터에서 전자의 여행 시간을 최소화하는 방법은 부품을 가능한 한 가깝게 위치시키는 것뿐이다.

오늘날 컴퓨터 클록 속도clock speed는 4GHz이며, 이 말은 1초에 40억 가지 계산을 처리할 수 있다는 뜻이다. 40억 분의 1초 동안 전자가 이동할 수 있는 거리는 75밀리미터뿐이다.

그림 2-3은 전형적인 CPU를 보여준다. 이 CPU는 한 면이 18밀리미터다. 40억 분의 1초는 전자가 이 CPU 안을 겨우 두 번 왕복할 수 있는 정도의 시간이다. 따라서 컴퓨터에서 모든 것을 작게 만들면 더 높은 성능을 달성할 수 있음이 분명해 보인다.

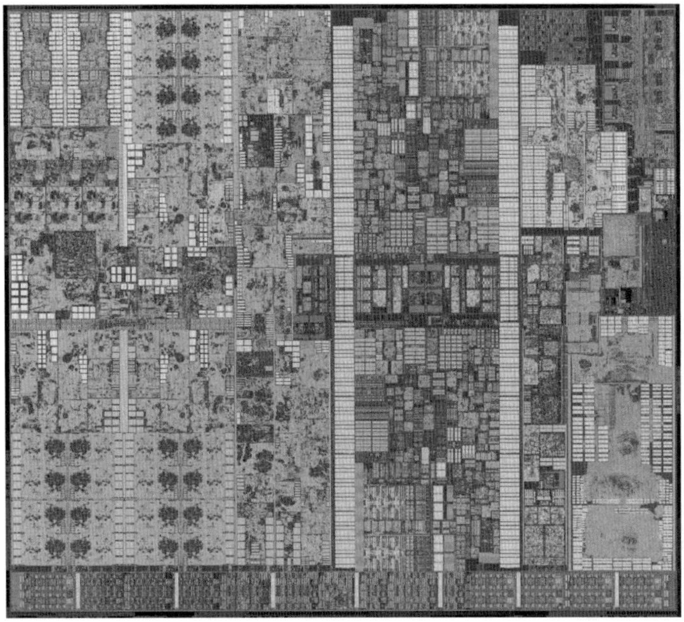

그림 2-3 CPU 확대 사진(인텔(Intel) 제공)

아이들을 데리고 학교를 오갈 때와 마찬가지로 여행을 하려면 커피만 있으면 충분하지 않고 에너지가 필요하다. 하드웨어를 작게 만들면 필요한 여행 거리가 줄어들고, 여행 거리가 줄어들면 필요한 에너지 양도 줄어든다. 이런 변화는 결국 저 전력 소모와 열 발생 감소로 드러나며, 휴대폰에서 나는 열로 주머니에 구멍이 뚫리는 일을 막아준다. 이것이 계산 장치의 역사가 하드웨어를 작게 만들려는 노력으로 점철되어 있는 이유 중 하나다. 하지만 하드웨어를 아주 작게 만들다 보니 여러 가지 문제가 생겼다.

디지털을 사용하면 더 안정적인 장치를 만들 수 있다

하드웨어를 작게 만들면 속도와 효율은 좋아지지만, 물체가 너무 작아지면 서로 간섭하기 아주 쉬워진다. 독일 물리학자 베르너 하이젠베르크Werner Heisenberg(1901~1976)는 이를 분명히 확신했다.[2]

1데시리터(0.1리터)부터 10데시리터(1리터)까지 잴 수 있는 눈금이 새겨진 계량컵을 생각해보라. 이 계량컵에 물을 담고, 손으로 컵을 잡아 위로 들어올리면 손이 흔들려서 컵에 들어 있는 물의

2 하이젠베르크의 불확정성 원리(uncertainty principle)는 미립자의 위치와 운동량을 동시에 어느 한계 이상으로 정확하게 측정할 수 없다는 원리다. 위치를 정밀하게 측정하면 운동량의 불확정성(분산)이 커지고, 운동량을 정확하게 측정하면 위치의 불확정성이 커진다. – 옮긴이

양을 정확히 재기 어려울 것이다. 이제 이 계량컵을 수십억 배 작게 만들었다고 상상해보자. 이렇게 작은 계량컵을 흔들리지 않게 들고 있을 수 있는 사람은 없다. 실제로 이 작은 계량컵을 탁자 위에 놓는다고 해도 컵의 크기가 너무 작아서 원자의 운동으로 인해 컵이 흔들린다. 엄청나게 작은 규모에서 살펴보면 우주에는 잡음이 아주 많다.

계량컵과 계산자는 모두 아날로그(연속적) 장치로, 정확하게 값을 읽으려면 흔들림이 없어야 한다. 갑자기 새어 나온 우주선cosmic ray 방사 정도만 돼도 아주 작은 계량컵에 파문을 일으키기에 충분하지만, 손가락이나 탤리 막대, 기계식 계산기 같은 이산적인 장치에 영향을 끼치기는 어렵다. 우주선 방사가 이산적인 장치에 영향을 끼치지 못하는 이유는 이산적인 장치는 **판정 기준**decision criteria이 있기 때문이다. 손가락으로 숫자를 셀 때는 '중간' 값이 없다. 계산자를 개량해서 정수 위치에서만 멈추도록 **걸쇠**detent(기계적으로 특정 위치에서 움직임이 멈추게 하는 장치)를 추가할 수도 있다. 하지만 이런 계량을 하고 나면 계산자가 이산적인 장치가 돼버리기 때문에 실수를 다룰 수 있는 능력이 사라진다. 결과적으로 판정 기준을 도입하면 값 중에 어떤 범위의 값을 표현할 수 있는 가능성이 사라진다. 수학적으로 이는 숫자를 가장 가까운 정수로 반올림하는 것과 비슷하다.

지금까지는 외부에서 오는 간섭에 대해 살펴봤다. 따라서 어떤 차폐막shielding을 추가하면 이런 간섭을 최소화할 수 있다고 생각하는 독자도 있을 것이다. 결국 슈퍼맨은 납을 사용해 크립토나이트로부터 보호받을 수 있었으니까. 하지만 간섭에는 좀 더 은밀한 내부적인 근원이 존재한다. 전자기력은 중력과 마찬가지로 멀리 떨어진 물체에 영향을 끼칠 수 있다. 이런 영향은 좋은 것이다. 이런 영향이 없으면 라디오도 없을 것이다. 하지만 이 말은 칩 안에서 선을 통하는 신호가 다른 선에 영향을 끼칠 수 있다는 뜻이기도 하다. 특히 두 선의 거리가 아주 가까우면 영향이 더 커진다. 현대 컴퓨터 칩 안의 선은 서로 몇 나노미터(10^{-9}미터) 떨어져 있다. 이와 비교하자면, 사람의 머리카락 지름은 10만 나노미터다. 현대 CPU에서 신호 간섭은 마치 도로에서 마주 보는 두 차가 서로 스쳐 지나갈 때 느껴지는 바람과 같다. 이런 **누화**crosstalk 효과를 방지할 적절한 방법이 없기 때문에, 더 높은 판정 기준을 통해 **잡음 내성**noise immunity을 갖는 디지털 회로를 사용하는 것이 필수적이다. 물론 장치를 크게 만들어서 선과 선 사이를 멀리 떨어뜨리면 간섭의 효과를 줄일 수 있지만, 크기를 키우는 것은 다른 목표에 어긋난다. 판정 기준이라는 장애물을 뛰어넘기 위해서는 추가로 에너지가 필요하기 때문에 연속적인 장치를 사용할 때는 얻을 수 없는 일정 수준의 잡음 내성을 얻을 수 있다.

실제로 판정 기준을 도입해 생기는 안정성이 우리가 디지털(이산적인) 컴퓨터를 만드는 주된 이유다. 하지만 여러분도 이미 눈치챘듯이 너무 작아서 양자역학이 적용되는 것들을 피하면 세상은 아날로그인(연속적인) 장소다. 다음 절에서는 아날로그 세계를 어떻게 조작해서 안정적인 계산 장치를 만드는 데 필요한 디지털적 동작을 얻어낼 수 있는지 살펴본다.

아날로그 세계에서 디지털 만들기

수많은 엔지니어가 과학자들이 발견한 자연적으로 발생하는 **전이 함수**transfer function를 영리하게 응용하는 데 참여했다. 전이 함수는 수학 시간에 배운 함수와 같지만 실제 세계에서 벌어지는 현상을 표현한다는 점만 다르다. 예를 들어, 그림 2-4는 디지털 카메라 센서(디지털이 문제라고 생각되는 독자라면, 예전 스타일의 아날로그 카메라)의 전이 함수 그래프다.

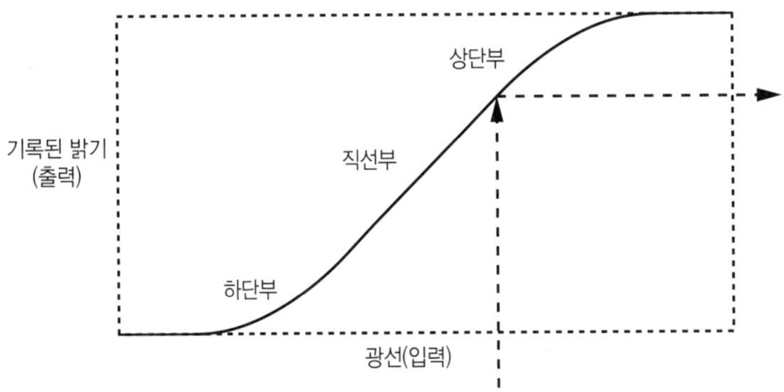

그림 2-4 카메라 센서나 필름의 전이 함수

x축은 들어오는 빛의 양(입력)을 뜻하며, y축은 (센서나 필름에) 기록되는 밝기나 센서가 기록하는 빛(출력)을 의미한다. 곡선은 이 둘 사이의 관계를 보여준다.

전이 함수를 가지고 한번 놀아보자. 공을 이 곡선의 입력으로 던져서 출력을 얻어보자. 빛의 값이 다르면 이 전이 함수가 기록하는 빛의 값도 달라진다는 사실을 알 수 있다. 곡선이 직선이 아니라는 점을 유의하라. 빛이 곡선의 **상단부**에 많이 닿으면 필름이나 센서에 기록되는 밝기 값이 서로 모이면서 최댓값에 가까워져서 이미지 노출이 과해진다. 비슷한 방식으로 빛이 곡선의 **하단부**에 많이 닿으면 이미지 노출이 부족해진다. 카메라의 경우, 목표는 (여러분이 다른 특별한 효과를 노리지 않는다면) 노출을 조절해서 빛이 **직선부**에 많이 닿게 만드는 것이다. 이렇게 해야 현실을 잘 반영하는 이미지를 얻을 수 있다.

엔지니어들은 전이 함수를 활용하는 온갖 트릭을 만들어왔다. 예를 들어, 빛이 선형 영역에 닿게 하기 위해 카메라의 셔터 속도나 조리개를 조절하는 장치를 만들었다. 여러분이 사용하는 이어폰이나 스피커를 구동하는 증폭 회로amplifier circuit도 이런 트릭에 속한다.

그림 2-5는 볼륨을 바꿀 때 증폭 전이 함수가 어떻게 바뀌는지 보여준다.

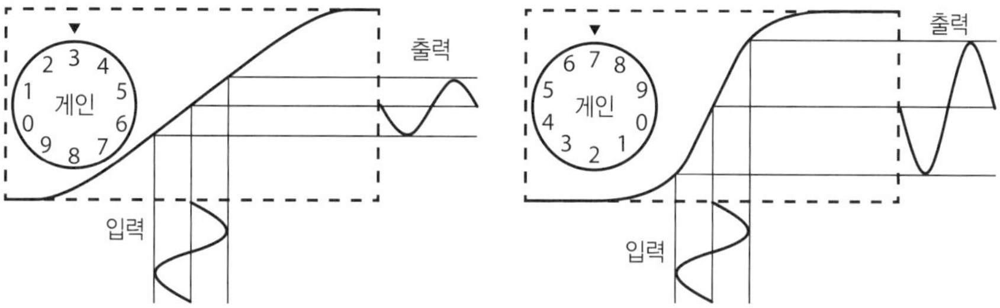

그림 2-5 증폭 전이 함수에 대한 게인의 효과

볼륨은 **게인**gain 또는 곡선이 가파른 정도를 조절한다. 그림을 보면 알 수 있듯이 게인이 높으면 곡선이 가팔라지고 출력도 커진다. 하지만 1984년 영화 〈이것이 스파이널 탭이다〉에 나온, 게인이 11로 고정된 특별한 증폭기를 사용한다면 어떨까? 이렇게 하면 출력이 더 이상 입력을 충실하게 재현하지 못하기 때문에 **왜곡**distortion이 발생하며, 소리가 이상해진다. 그림 2-6을 보면 입력이 전이 함수의 선형 영역을 넘어서기 때문에 출력이 더 이상 입력과 비슷하게 생기지 않았음을 알 수 있다.

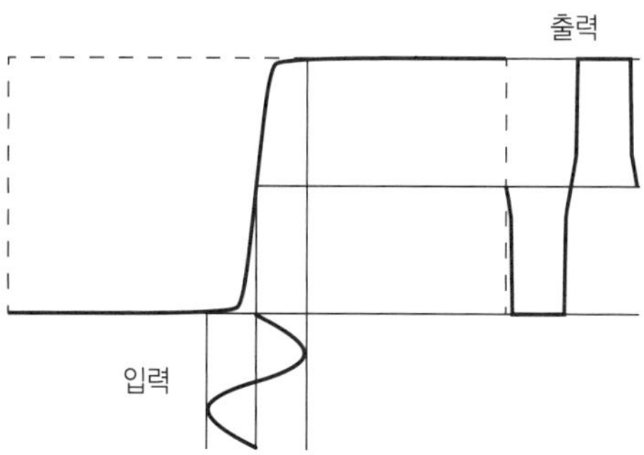

그림 2-6 증폭기 클리핑(clipping)

입력이 조금만 변해도 곡선의 가파른 부분 때문에 출력이 확 달라진다. 이는 마치 한 손가락에서 다른 손가락으로 건너뛰는 것과 같다. 이때 판정 기준을 **문턱값**threshold이라고 부른다. 출력값이 문턱값의 한쪽에서 반대쪽으로 옮겨가고 중간 정도의 출력값이 나오기는 어렵기 때문에 이

런 왜곡이 유용하다. 이 현상은 연속적인 공간을 이산적인 영역으로 나눠준다. 이로부터 우리는 안정성과 잡음 내성(간섭이 있어도 제대로 작동할 수 있는 능력)을 얻을 수 있다. 여러분은 아날로그는 가능한 한 선형 영역을 크게 만들기 위해 노력하는 것이고 디지털은 직선부를 가능하면 작게 만드는 것이라고 생각할 수 있다.

어린 시절 시소에서 놀면서 직관적으로 이런 현상을 발견했을 수도 있다(여러분이 교육기관의 놀이터에 있는 놀이기구를 위험하다고 간주하는 시대 이전에 교육을 받은 행운아라면 말이다). 하단부 영역(내가 앉은 자리가 완전히 내려간 상태)이나 상단부 영역(내가 완전히 올라가 있는 상태)을 유지하기가 그 중간 상태에서 균형을 유지하는 것보다 더 쉽다.

10진 숫자 대신 비트를 사용하는 이유

아날로그보다 디지털 기술이 더 나은 선택인 이유를 살펴봤다. 하지만 왜 컴퓨터가 10진 숫자가 아니라 비트를 사용할까? 무엇보다 사람들은 숫자를 사용하고, 손가락이 열 개라서 10까지 세는 데 익숙한데 말이다.

분명한 이유는 컴퓨터에는 손가락이 없기 때문이다. 손가락이 있다면 기괴할 것이다. 한편, 손가락으로 숫자를 세는 것은 아주 직관적이지만 한 손가락이 한 숫자를 표현하기 때문에 그리 효율적이지는 않다. 만약 각 손가락을 비트를 표현하는 데 사용한다면 1,000개가 넘는 숫자를 셀 수 있을 것이다. 이런 생각은 나쁜 착상은 아니다. 실제로 중국인들은 기원전 9년에 쓰인 『역경』에서 6비트 수(육효)를 사용했다. 손가락 대신 비트를 사용하면 100배보다 더 효율이 좋아진다. 심지어 4개의 손가락을 활용해 1장에서 배운 BCD(2진 코드화한 10진수) 표현을 사용해도 우리가 일반적으로 사용하는 숫자를 세는 방법보다 훨씬 더 효율적이다.

하드웨어에서 비트가 숫자보다 더 좋은 또 다른 이유는 숫자를 사용하면 전이 함수를 각기 다른 10가지 문턱값으로 구분할 수 있는 간단한 방법이 없기 때문이다. 그림 2-7의 왼쪽을 구현하는 하드웨어를 만들 수도 있겠지만, 그렇게 하는 것은 그림 2-7의 오른쪽을 구현하는 똑같은 하드웨어를 10개 만드는 것보다 훨씬 더 복잡하고 비용도 많이 든다.

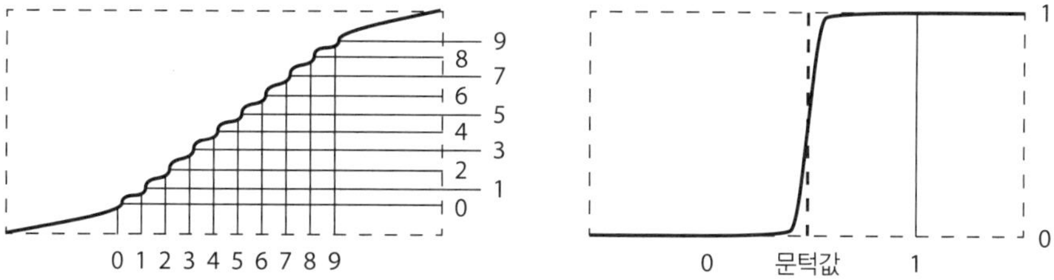

그림 2-7 10진 문턱값과 2진 문턱값

물론 두 가지 문턱값을 구현하는 하드웨어와 같은 크기로 10가지 문턱값을 구현하는 하드웨어를 만들 수 있다면 당연히 그렇게 했을 것이다. 하지만 앞서 손가락 예제에서 살펴본 것처럼, 10진 숫자 하나보다는 10비트를 사용하는 편이 훨씬 낫다. 이것이 현대적 하드웨어가 작동하는 방식이다. 우리는 전이 함수의 하단부와 상단부 영역을 활용하며, 전기 엔지니어들은 하단부 영역을 **차단**cutoff이라고 부르고 상단부 영역을 **포화**saturation라고 부른다. 비트를 사용하면 재량권이 아주 커진다. 전이 함수가 아주 가파르기 때문에 출력이 한 값에서 다른 값으로 아주 급하게 바뀌기 때문이다.

간단한 전기 이론 가이드

현대 컴퓨터는 전기를 조작해 작동된다. 현재 사용 가능한 다른 기술로 컴퓨터를 만드는 것보다 전기를 사용해 컴퓨터를 만들면 더 빠르고 쉽게 컴퓨터를 만들 수 있다. 이번 절은 컴퓨터 하드웨어에서 전기를 사용하는 방법을 이해할 수 있도록, 여러분이 전기에 대해 충분히 배울 수 있게 돕는다.

전기는 수도 배관과 유사하다

전기는 눈에 보이지 않아서 시각화하기 어렵다. 따라서 전기를 물이라고 생각해보자. 물이 물탱크에서 나오는 것처럼 전기는 배터리 같은 에너지 근원에서 나온다. 물탱크가 텅 비면 물을 채워 넣어야 하는 것처럼 배터리 에너지가 고갈되면 충전을 해야 한다. 우리가 사용할 수 있는 유일한 큰 에너지 근원은 태양뿐이다. 태양에서 온 에너지가 물을 기화시켜 수증기로 만들고, 수증기는 다시 물이 되어 물탱크를 채운다.

이제 그림 2-8처럼 간단한 물 밸브valve로부터 시작하자.

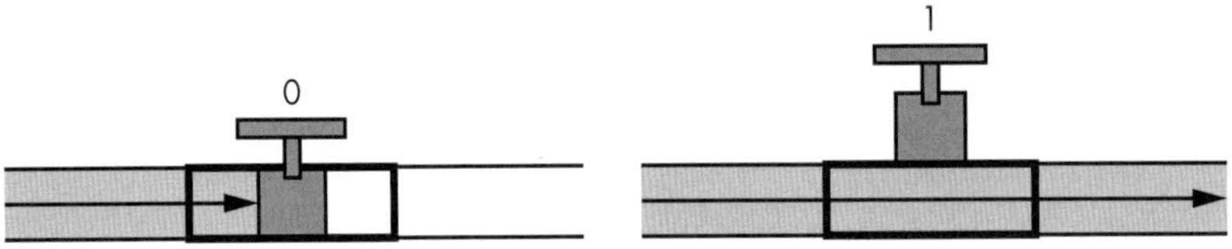

그림 2-8 물 밸브

그림을 보면 밸브를 열고 닫는 손잡이가 있다. 그림 2-9는 실제 게이트gate 밸브를 보여준다. 게이트 밸브는 손잡이를 사용해 (성문이나 관문처럼) 밸브를 닫거나 열 수 있어서 생긴 이름이다. 물은 밸브가 열려 있을 때 게이트 밸브를 통과할 수 있다. 우리는 0이 밸브가 닫힌 상태를, 1이 밸브가 열린 상태를 표현한다고 가정하겠다.

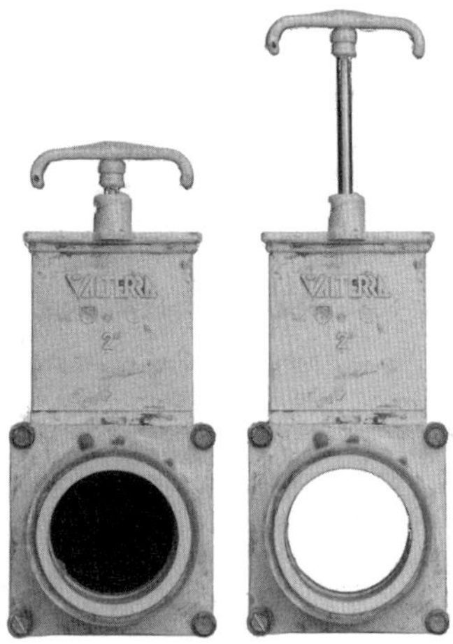

그림 2-9 닫힌 게이트 밸브와 열린 게이트 밸브

그림 2-10은 파이프와 두 밸브를 사용해 AND 연산을 수행하는 모습을 보여준다.

그림을 보면 두 밸브가 모두 열려 있을(즉, 1인 경우) 때만 물이 흐른다. 이는 1장에서 배운 AND 연산 정의와 같다. 그림 2-10처럼 한 밸브의 출력이 다른 밸브의 입력에 연결될 경우, 이런 연결을 **직렬 연결**series connection이라고 한다. 직렬 연결은 AND 연산을 구현한다. 그림 2-11과 같은 **병렬 연결**parallel connection은 두 밸브의 입력을 한 관에 함께 연결하고 두 밸브의 출력을 다른 관에 함께 연결하면 생기는데, OR 연산을 구현한다.

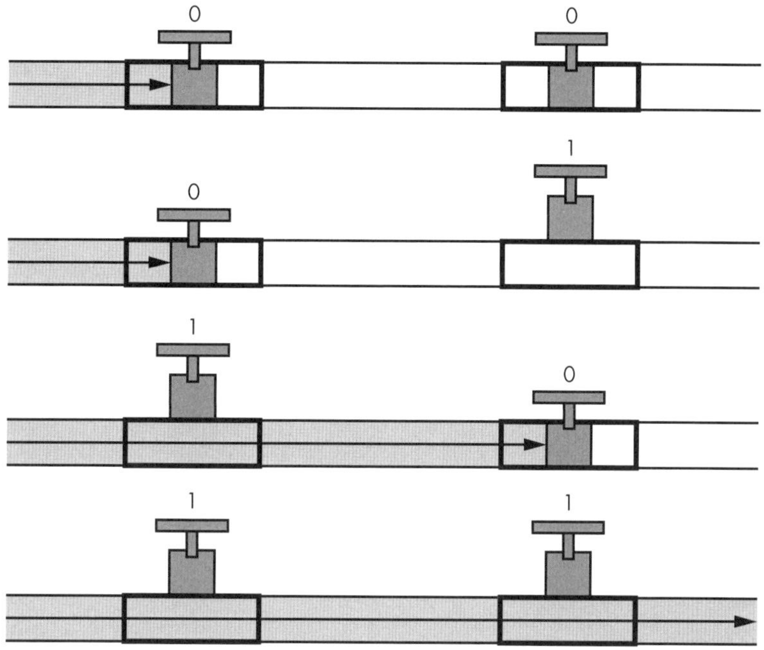

그림 2-10 AND 연산을 수행하는 배관

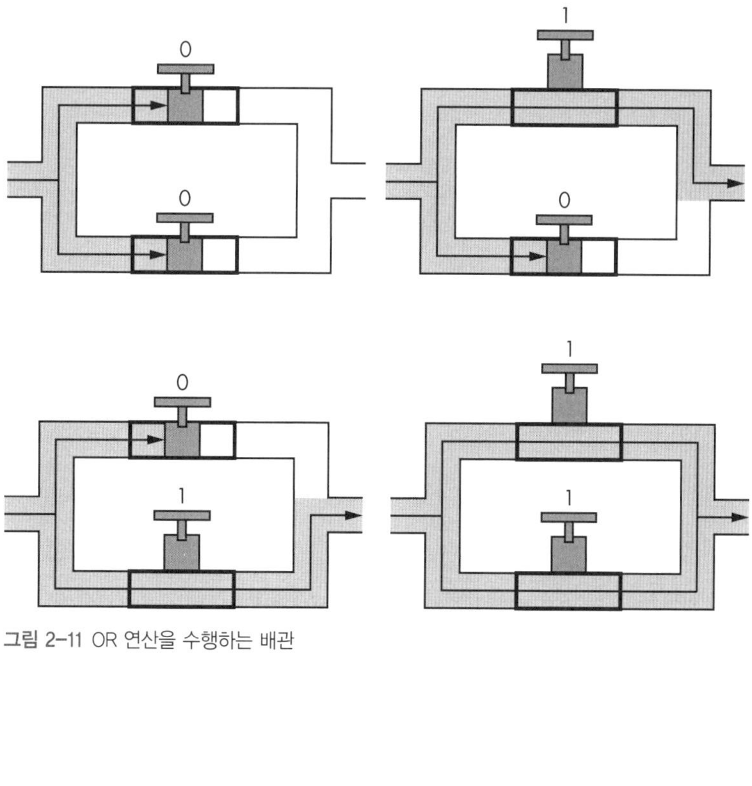

그림 2-11 OR 연산을 수행하는 배관

물이 파이프를 흘러서 전달되는 데 시간이 걸리는 것처럼, 전기가 컴퓨터 칩 내부에서 전파되는 데도 시간이 걸린다. 샤워기 물 온도를 변화시키기 위해 손잡이를 돌리고 원하는 대로 온도가 변할 때까지 시간이 약간 걸리는 것으로부터 이를 경험한 독자도 있을 것이다. 이런 효과를 **전파 지연**propagation delay이라고 부르며, 이에 대해서는 곧 설명할 것이다. 이런 지연은 상수가 아니다. 물의 경우 온도 변화가 파이프를 확장시키거나 수축시키기 때문에 물의 흐름이 달라지며 그에 따라 지연 시간도 차이가 난다.

물이 파이프를 흘러가는 것처럼 전기도 선을 통해 이동한다. 다만 이런 전기의 이동은 실제로는 전자의 흐름은 아니고 전자기 에너지 반응이 전파되는 현상을 (과거 과학자들이) 전기라고 불렀고 (과학적 의미를 100% 담지는 못하는) 이 단어가 정착한 것뿐이다. 전기 선은 두 부분으로 구성된다. 내부에 있는 (유동성이 있는 전자가 가득한) 금속을 **도체**conductor라고 부르고, 금속 바깥쪽을 둘러싼 부분을 **부도체**insulator라고 부른다. 물 배관을 예로 들자면 도체는 파이프 내부, 부도체는 파이프 자체라고 할 수 있다. 물의 흐름을 밸브로 제어할 수 있는 것처럼, 전기의 흐름을 제어할 수 있는 밸브를 **스위치**switch라고 부른다. 스위치는 모두 다 너무 비슷해서 현재는 거의 쓰이지 않는 진공관vacuum tube을 열전자 밸브thermionic valve라고 부를 정도다.

물이 배관 파이프 속을 능동적으로 흘러 다니지는 않는다. 물은 **압력**pressure에 의해 밀려서 움직인다. 압력의 세기는 달라질 수 있다. 전기에서 수압에 해당하는 존재는 **전압**voltage이며, 측정 단위는 **볼트**volt(V)다. 볼트라는 이름은 이탈리아 물리학자 알레산드로 볼타Alessandro Volta (1745~1827)를 기려 붙인 이름이다. 전기 흐름의 양은 **전류**current('*I*'라는 글자로 표현)라고 부르고, 측정 단위는 **암페어**ampere(A)다. 암페어라는 이름은 프랑스 수학자인 앙드레마리 앙페르 André-Marie Ampère(1775~1836)의 이름을 본뜬 것이다.

물은 굵은 관이나 가는 관을 통해 흐를 수 있다. 하지만 관이 더 가늘수록 관을 통해 흐를 수 있는 물의 양을 제한하는 저항이 더 커진다. 전압(수압)이 더 높더라도 너무 가는 도체(관)를 사용함으로 인해 저항이 아주 크면 전류(물의 흐름)가 커지지 못한다. **저항**resistance('*R*'이라는 글자로 표현)을 측정할 때는 **옴**ohm(Ω)을 쓴다. 이 이름은 독일의 수학자이자 물리학자인 게오르크 시몬 옴Georg Simon Ohm(1789~1854)을 기린 것이다.

이 세 가지 변수(전압, 전류, 저항)는 **옴의 법칙**Ohm's law을 통해 $I = V/R$이라는 관계로 서로 이어진다. 옴의 법칙 식은 '전류는 전압을 저항으로 나눈 값과 같다'라고 읽을 수 있다. 따라서 물이 흐르는 관과 마찬가지로 저항이 더 크면 전류가 더 줄어든다. 게다가 저항은 전기를 열로 바꾼다.

이 원리를 사용해 토스터부터 전기담요까지 모든 전열기구가 작동한다. 그림 2-12는 저항이 있으면 전압이 전류를 밀어내는 게 어떻게 어려워지는지 보여준다.

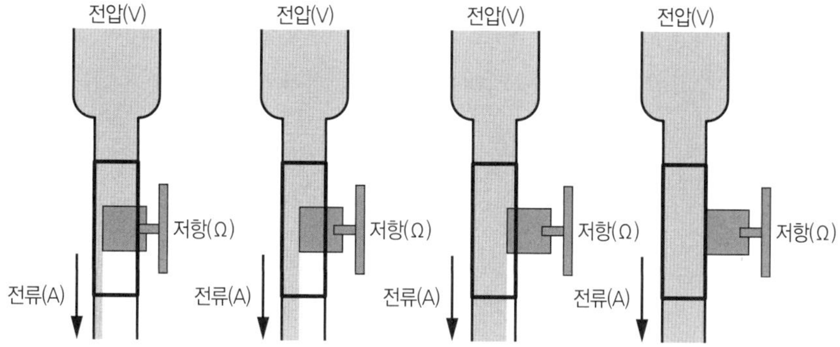

그림 2-12 옴의 법칙

옴의 법칙을 이해하는 쉬운 방법은 밀크셰이크를 빨대로 빨아서 먹어보는 것이다.

전기 스위치

전기에 사용할 스위치(밸브)를 만드는 일은 도체 사이에 부도체를 삽입하거나 제거하는 문제일 뿐이다. 전등 스위치를 손으로 작동시킨다고 생각해보자. 전등 스위치는 스위치 단추를 누르면 붙거나 떨어지는 두 조각의 금속으로 구성된다. 실제로 공기가 상당히 좋은 부도체임이 드러났다. 그래서 두 금속 조각이 서로 붙어 있지 않으면 전기가 흐를 수 없다(여기서 내가 '상당히 좋은' 부도체라고 말했다는 점에 유의하라. 전압이 충분히 높아지면 공기가 이온화되면서 도체로 변한다. 번개를 생각하라).

건물의 배관 시스템을 청사진에서 볼 수 있다. 전기 시스템은 **회로**circuit라고 부르며, **스키매틱**schematic diagrams(계통도 또는 회로도라고 부름)을 통해 문서화한다. 스키매틱은 각 구성요소를 기호로 표현한다. 그림 2-13은 간단한 스위치를 표현하는 기호를 보여준다.

그림 2-13 단극단투 스위치 스키매틱 기호

이런 종류의 스위치는 마치 도개교drawbridge 같다. 이 기호의 화살표(다리상판)가 위로 들어 올려지면 전기(자동차)가 반대쪽으로 이동할 수 없다. B급 공상과학 영화에 종종 나오는 예전 방식의 **나이프 스위치**knife switch(그림 2-14)를 보면 이 동작을 쉽게 이해할 수 있다. 나이프 스위치는 차단기(두꺼비 집) 등에 여전히 쓰이고 있다. 하지만 요즘은 사용자가 실수로 자기 자신을 전기구이로 만드는 일을 막기 위해 스위치가 보호용 컨테이너 안에 들어가 있는 경우가 많다.

그림 2-14 단극단투 나이프 스위치

그림 2-13과 그림 2-14는 모두 **단극단투**SPST, single-pole, single-throw 스위치다. **극**pole이란 한꺼번에 연결되어 이동하는 스위치의 수를 말한다. 앞 절에서 본 수도관 밸브는 모두 단극이었다. 하지만 밸브 두 쌍의 손잡이를 땜질해서 두 손잡이가 함께 움직이게 만들면 **쌍극**double-pole으로 만들 수 있다. **단투**single throw는 접점이 하나뿐이라는 뜻이다. 접점이 하나이기 때문에 유일한 접점을 연결하거나 끊을 수만 있다. 단투 스위치로는 한쪽은 켜고 반대쪽은 끄는 역할을 할 수는 없다. 이런 스위치가 필요하다면 **단극쌍투**SPDT, single-pole, double-throw 스위치가 필요하다. 그림 2-15는 이런 물건을 표현하는 기호를 보여준다.

그림 2-15 단극쌍투 스위치 스키매틱 기호

이 스위치는 마치 두 선로 중 한쪽으로 기차를 연결해주는 선로 분기나 그림 2-16처럼 두 파이프 중 한쪽으로 흐름을 연결해주는 배관과 같다.

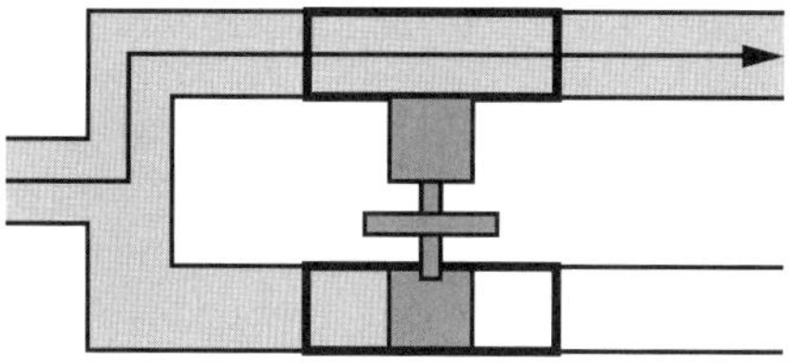

그림 2-16 단극쌍투 수도관 밸브

그림을 보면 손잡이를 아래로 내리면 물이 위쪽 밸브를 통해 흐른다. 손잡이를 위로 올리면 물이 아래쪽 밸브를 통해 흐른다.

원하는 개수만큼 극이나 접점을 사용해 스위치 관련 용어를 확장할 수 있다. 예를 들어 **쌍극쌍투** DPDT, double-pole, double-throw 스위치는 그림 2-17처럼 표현할 수 있다. 파선은 두 극이 서로 **연계** ganged됐다는 표시다. 이 말은 두 스위치가 함께 움직인다는 뜻이다.

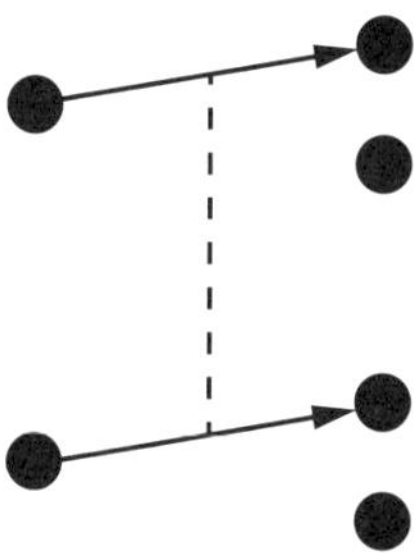

그림 2-17 쌍극쌍투 스위치 스키매틱 기호

그림 2-18은 실제 쌍극쌍투 나이프 스위치가 어떻게 생겼는지 보여준다.

그림 2-18 쌍극쌍투 나이프 스위치

앞에서 배관 관련 내용을 다룰 때 몇 가지 세부 사항을 생략했다. 수도 시스템은 물이 흘러갈 장소가 없으면 제대로 작동하지 않는다. 배수관이 막히면 물이 흐를 수 없다. 그리고 배수관에 모은 물을 다시 물탱크로 보낼 방법이 필요하다. 그런 방법이 없으면 수도 시스템에서 물이 말라버릴 것이다.

전기 시스템도 비슷하다. 에너지 근원에서 나온 전기는 회로 구성요소를 지나서 다시 근원으로 돌아간다. 그래서 이를 **회로**circuit라고 부른다. 또는 경기장 트랙을 도는 어떤 사람이 다음 바퀴를 돌기 위해 출발점으로 돌아가는 것을 생각할 수도 있다.

그림 2-19의 간단한 전기 회로를 살펴보자. 이 회로에는 새로운 기호가 두 가지 등장한다. 하나는 왼쪽에 있는 전원voltage source이고 다른 하나는 오른쪽에 있는 전구light bulb다. 이런 회로를 만들면 스위치를 사용해 전구를 켜거나 끌 수 있다.

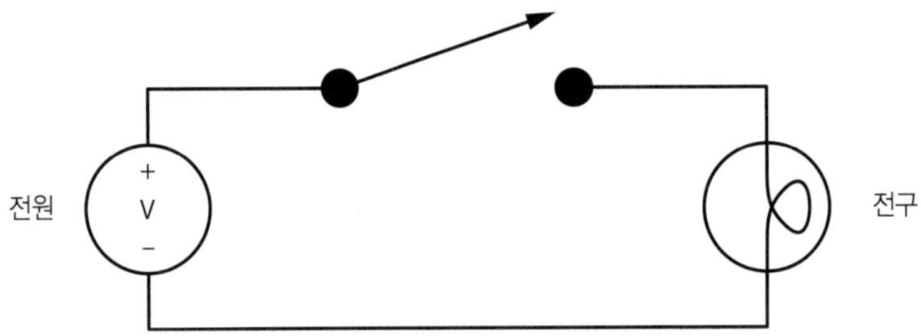

그림 2-19 간단한 전기 회로

전기는 스위치가 열려[3] 있으면 흐르지 못한다. 스위치가 닫히면 전류가 전원에서 나와 스위치를 통과한 다음 전구를 흐르고 다시 전원으로 돌아간다. 병렬이나 직렬로 스위치를 연결하면 각각에 해당하는 수도관 밸브와 똑같이 작동한다.

이제 전기에 대해 조금 배웠고 기본적인 회로 요소도 살펴봤다. 이런 요소를 가지고 단순한 논리 기능을 만들 수는 있지만, 더 복잡한 기능을 수행할 만큼 강력하지는 못하다. 다음 절에서는 초기에 전기를 사용한 컴퓨터를 만들 때 사용할 수 있었던 장치들을 더 살펴본다.

3 닫힌 회로(closed circuit)라는 단어에서 닫혀 있다는 말은 전기가 닫혀 있다는 뜻이 아니고 회로의 모양이 닫힌 곡선(원을 생각해보라. 원은 시작점과 끝점이 이어져 있어서 내부와 외부가 원에 의해 확연히 구분된다. 도형이 이런 식으로 생긴 경우를 닫혀 있다고 말한다)이라는 뜻이다. 회로가 닫혀 있어야 전류가 전원에서 나와 회로를 흘러서 다시 전원으로 돌아가면서 흐름이 이어진다. 처음 전기 회로를 접하면 열림과 닫힘이라는 개념을 헷갈리는 경우가 많다. – 옮긴이

비트를 처리하기 위한 하드웨어

하드웨어에 비트를 사용해야 하는 이유를 알았으므로, 비트를 다루는 하드웨어를 만드는 방법을 배울 준비가 됐다. 현대적인 전자적 구현 기술로 바로 들어가면 어려울 것이므로 이해하기 쉬운 역사적인 기술을 먼저 설명하면서 점차 복잡한 기술로 나아갈 것이다. 이런 예제 중 일부는 오늘날 컴퓨터에는 더 이상 쓰이지 않지만, 컴퓨터와 함께 사용하는 시스템에서 이런 예제에 쓰인 기술을 만나는 경우가 가끔 있으므로 배워둘 만한 가치가 있다.

릴레이

전기가 컴퓨터에 필요한 동력을 공급하는 데 쓰이기 시작한 것은 전기가 발명된 지 얼마 되지 않아서였다. 전기와 자기 사이에는 편리한 관계가 있는데, 덴마크 과학자인 한스 크리스티안 외르스테드Hans Christian Ørsted(1777~1851)가 이를 발견했다. 선을 둥글게 감아서 코일로 만들고 전기를 흘려보내면 코일이 **전자석**electromagnet이 된다. 전자석은 켜고 끌 수 있기 때문에 물건을 움직일 때 이를 활용할 수 있다. 전자석을 사용해 수도 밸브를 제어할 수 있는데, 전기로 움직이는 자동 스프링클러 시스템은 바로 이런 방식으로 작동된다. 전자기electromagnetism를 사용해 모터를 만드는 교묘한 방법이 여러 가지 있다. 그리고 선으로 만든 코일 주변에서 자석을 움직이면 전기가 생긴다. 발전기는 이런 식으로 작동한다. 사실 현재 우리가 사용하는 전기의 대부분은 이런 방식으로 얻어진다. 이런 물건을 가지고 놀아보고 싶다면, 자석에 공급되는 전기를 끄는 것이 코일 근처에서 자석을 아주 빠르게 움직이는 것과 동등한 작용을 한다는 점을 알아두자. 이를 실제로 경험해보면 놀라운 경험이 될 수도 있다. 하지만 **역 기전력**back-EMF이라고 부르는 이런 효과는 아주 흔히 발생하는 효과다. 자동차 점화 코일이 점화 플러그에 불꽃을 튀기게 할 때도 이 효과를 사용한다. 그리고 전기 펜스도 이 효과로 작동한다.

릴레이relay(계전기라고도 부름)는 스위치를 움직이기 위해 전자석을 사용하는 장치다. 그림 2-20은 단극쌍투 릴레이의 스키매틱 기호를 보여준다. 이 기호를 보면 단극쌍투 스위치에 코일을 붙여놓은 것 같이 보일 것이다.

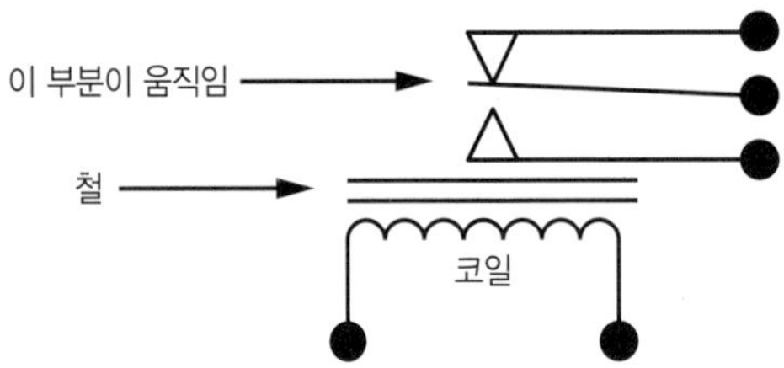

그림 2-20 단극쌍투 릴레이 스키매틱 기호

그림 2-21은 실제 단극단투 릴레이를 보여준다. 그림의 릴레이는 코일에 전력이 들어가지 않아서(이를 '전력을 인가한다'라고 말하기도 한다) 스위치가 열려 있다. 이런 릴레이를 **평상시 열린 릴레이**normally open relay라고 부른다. 반대로 전력이 들어가지 않을 때 스위치가 닫혀 있는 릴레이도 있는데, 이런 릴레이를 **평상시 닫힌 릴레이**normally closed relay라고 부른다.

그림 2-21 평상시 열린 단극단투 릴레이

맨 아래의 두 접점(연결점)은 선으로 만든 코일로 이어진다. 나머지는 스위치의 변종과 상당히 비슷하다. 스위치 부분 중간의 금속은 코일에 에너지가 가해졌는지 여부에 따라 연결이 움직인다. 릴레이를 사용해 그림 2-22처럼 논리 함수를 만들 수 있다.

그림 2-22의 위 그림에서 두 릴레이가 모두 활성화돼야 두 선이 연결된다는 사실을 알 수 있다. 이는 AND 함수 정의와 같다. 비슷하게 아래 그림에서는 두 릴레이 중 어느 하나가 활성화되면 선이 연결된다. 그림에서 작은 검은색 점에 유의하라. 스키매틱에서 점은 선이 연결된 점을 뜻한다. 두 선의 교차점에 점이 찍혀 있지 않으면 두 선은 서로 연결되지 않은 것이다.

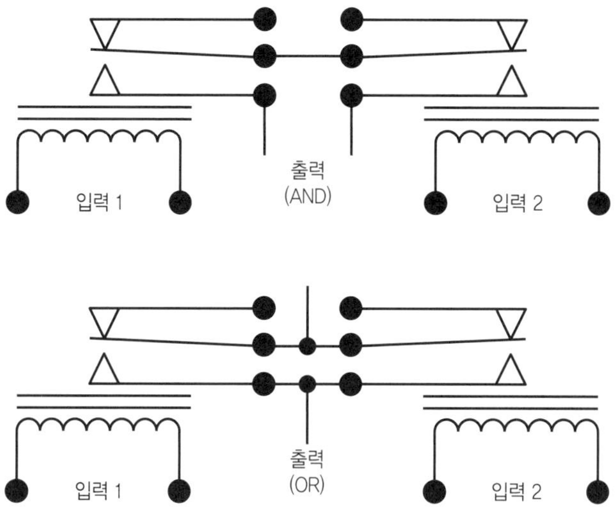

그림 2-22 AND와 OR 함수를 구현하는 릴레이 회로

릴레이를 사용하면 스위치로는 불가능한 일을 할 수 있다. 예를 들어, 릴레이를 사용하면 NOT 함수를 구현하는 **인버터**inverter를 만들 수 있다. NOT이 없으면 표현 가능한 불리언 연산이 제한된다.[4] 위쪽의 AND 회로에서 나온 출력을 아래쪽 OR 회로의 입력 중 하나를 구동하기 위해 연결할 수 있다. 이런 능력을 활용하면 스위치가 다른 스위치를 제어하게 만들 수 있고, 이에 따라 컴퓨터에 필요한 복잡한 논리를 만들 수 있다.

사람들은 릴레이를 활용해 놀라운 일을 하기 시작했다. 예를 들어, 코일을 2개만 사용하는 단극 십투single-pole, 10-throw **스테퍼 릴레이**stepper relay가 있다. 코일 하나는 에너지가 들어올 때마다 접점을 다음 위치로 옮긴다. 다른 코일은 접점을 최초 위치로 돌려보내서 릴레이를 재설정한다. 다이얼dial을 사용하는 전화기를 쓰던 시절에는 전화번호를 세기 위한 스테퍼 릴레이가 가득 찬 빌딩이 있었다. 전화 교환국은 매우 시끄러운 장소였다. 오래된 핀볼 기계를 움직이게 하는 마법도 스테퍼 릴레이다.

릴레이에서 전이 함수의 문턱값이 수직이라는 사실 역시 흥미로운 점이다. 코일에 가하는 전압을 아무리 천천히 높여도 스위치는 항상 다른 위치로 단숨에 움직인다. 어린 시절 이 사실이 나를 혼란스럽게 했다. 대학 3학년 때 라그랑주-해밀턴 방정식Lagrange-Hamilton equation을 배우면

4 어떤 논리 함수(또는 논리 함수의 집합)가 불리언값에서 가능한 모든 연산을 표현할 수 있으면 해당 함수(또는 함수 집합)가 함수적으로 완결(functionally complete)이라고 말한다. NOT 없이는(또는 어떤 함수로 NOT을 표현할 수 있지 않으면) 다른 모든 불리언 함수를 표현할 방법이 없다. 따라서 AND나 OR은 함수적으로 완결적이지 않다. 반면 {AND, NOT}이나 {OR, NOT}은 함수적으로 완결적이다. – 옮긴이

서 이 경우 문턱에서 전이 함수의 값이 정의되지 않는다는 사실을 배웠다. 이로 인해 스위치 접점이 순식간에 이동한다.

릴레이는 느리고 전기를 많이 소모하며, 먼지(또는 벌레)가 스위치 접점에 있으면 제대로 작동하지 않는다는 큰 문제가 있다. 실제로 미국 컴퓨터과학자 그레이스 호퍼Grace Hopper가 1947년 하버드 마크 2Harvard Mark II에 발생한 오류를 추적하다가 릴레이에 낀 나방을 발견하면서 **버그**bug라는 단어가 유명해졌다.[5] 스위치 접점을 사용해 다른 릴레이를 제어하기 때문에 다른 재미있는 문제도 생긴다. 코일의 전원을 갑자기 끄면 순간적으로 초고압이 발생한다는 사실과 초고압에서는 공기에서도 전기가 통한다는 사실을 기억하라. 이 현상이 스위치 접점에서 일어나는 경우가 있고, 이로 인해 접점이 마모된다. 이런 단점 때문에 사람들은 릴레이와 같은 일을 하지만 기계적인 부품이 들어 있지 않은 다른 물건을 찾기 시작했다.

진공관

영국 물리학자이자 전기 엔지니어인 존 앰브로즈 플레밍 경Sir John Ambrose Fleming(1849~1945)이 진공관을 발명했다. 그는 물체를 충분히 가열하면 전자가 튀어나오는 **열전자 방출**thermionic emission이라는 현상을 기반으로 진공관을 만들었다. 진공관 안에는 야구 투수 같은 역할을 하는 **캐소드**cathode[6]와 캐소드를 가열하는 **히터**heater가 있다. 캐소드에서 발생한 전자(야구공)는 진공 속에서 **애노드**anode(포수 같은 역할을 함)로 날아간다. 그림 2-23은 몇 가지 진공관을 보여준다.

그림 2-23 진공관

5 '버그'라는 단어를 시스템의 오류를 뜻하는 용어로 쓰는 문헌은 그레이스 호퍼 이전 에디슨의 글에도 나타난다. 영문 자료이긴 하지만 https://interestingengineering.com/the-origin-of-the-term-computer-bug를 참조하라. - 옮긴이

6 캐소드는 항상 전자가 흘러나오는 장소이고, 애노드는 항상 전자가 흘러 들어가는 장소다. 캐소드를 음극, 애노드를 양극이라고 번역하기도 한다. 그러나 음극과 양극이 상황에 따라 달라질 수 있기 때문에 캐소드와 애노드로 쓰는 게 성질을 더 명확히 표현해준다. 보통 전기를 소비하는 경우에는 캐소드가 음극, 전기를 생산하는 경우에는 캐소드가 양극이 된다. - 옮긴이

전자는 자석과 비슷한 성질을 몇 가지 띠는데, 그중에는 서로 다른 극이 서로를 끌어당기고 서로 같은 극이 서로를 밀어낸다는 성질이 있다. 진공관에 추가로 '타자' 역할을 하는 요소를 더할 수 있는데 이를 **그리드**grid라고 한다. 그리드는 캐소드에서 나오는 전자를 쫓아내서 애노드에 도착하지 못하게 만든다. 세 요소(캐소드, 그리드, 애노드)가 들어 있는 진공관을 **삼극관**triode(트라이오드)이라고 부른다. 그림 2-24는 삼극관의 스키매틱 기호를 보여준다.

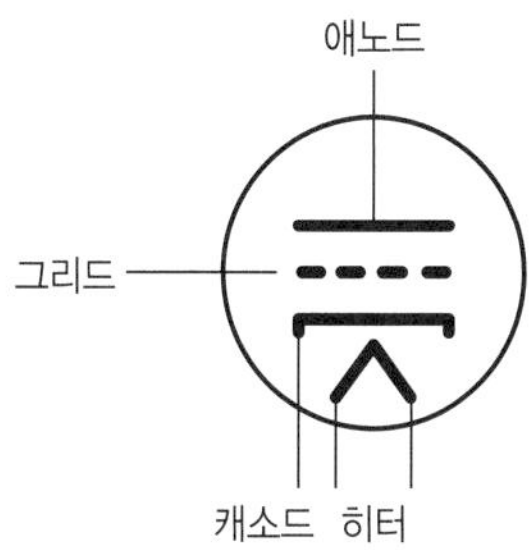

그림 2-24 삼극관 기호

여기서 히터는 캐소드를 가열해 전자가 튀어 나가게 한다. 그리드가 방해하지 않으면 전자가 애노드에 도달한다. 따라서 그리드를 스위치 손잡이로 생각할 수 있다.

진공관의 장점은 움직이는 부분이 없어서 릴레이보다 훨씬 더 빠르다는 점이다. 단점은 전구와 마찬가지로 진공관도 아주 뜨겁고 깨지기 쉽다는 점이다. 전구 필라멘트가 타듯이 히터도 타버릴 수 있다. 하지만 진공관도 릴레이에 비하면 더 개선된 것이기 때문에 더 빠르고 안정적인 컴퓨터 구성이 가능해졌다.

트랜지스터

최근에는 트랜지스터가 왕이다. **전송 저항**transfer resistor이라는 말을 줄인 **트랜지스터**transistor는 진공관과 비슷하지만 **반도체**semiconductor라는 특별한 물질을 사용한다. 반도체는 도체와 부도체 사이를 오갈 수 있는 물질이다. 사실 히터나 움직이는 부분이 없는 전기 밸브를 만들려면 이런 특성이 꼭 필요하다. 물론 트랜지스터도 완벽하지는 않다. 트랜지스터를 아주 작게 만들 수 있으며 이는 좋은 일이지만, 도체가 가늘고 얇아지면 저항이 더 늘어나기 때문에 열이 발생한다. 반도체는 쉽게 녹을 수 있기 때문에, 트랜지스터에서 열을 제거하는 일은 아주 중요한 문제다.

트랜지스터에 대해 모든 내용을 다 알 필요는 없다. 알아둬야 할 중요한 내용은 트랜지스터가 반도체 물질로 이뤄진 **기판**substrate 또는 슬랩slab 위에 만들어진다는 점이다. 보통은 실리콘(규소)이 기판 재료로 쓰인다. 기어, 밸브, 릴레이, 진공관 같은 기술과 달리 트랜지스터는 개별적으로 생산되는 물체가 아니다. 트랜지스터는 트랜지스터 그림을 실리콘 웨이퍼wafer(얇은 판) 위에 투영해서 현상하는 **광식각**photolithography이라는 과정을 통해 만들어진다. 한 실리콘 웨이퍼 기판 위에 수많은 트랜지스터를 투영해 현상한 후 개별적인 부품으로 잘라낼 수 있기 때문에 광식각 과정은 대량 생산에 적합하다.

트랜지스터에는 여러 가지 유형이 있지만, 가장 중요한 두 가지 유형은 **쌍극 접합 트랜지스터**BJT, bipolar junction transistor와 **전계 효과 트랜지스터**FET, field effect transistor다. 제조 공정에는 비소처럼 위험한 물질을 기판 물질의 성질을 변화시키기 위해 기판 위에 얇게 분사하는 도핑doping 과정이 들어간다. 도핑은 *p*와 *n* 유형의 물질으로 이뤄진 영역을 만들어낸다. 트랜지스터를 만들려면 *p*와 *n*의 샌드위치를 만들어야 한다. 그림 2-25는 몇 가지 트랜지스터 유형의 스키매틱 기호를 보여준다.

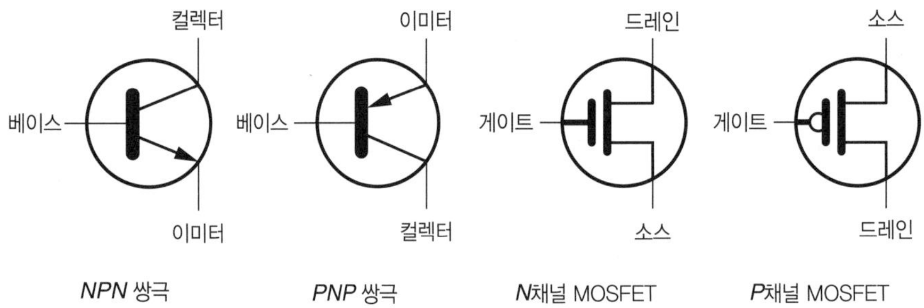

그림 2-25 트랜지스터 기호

NPN, *PNP*, *N*채널, *P*채널이라는 용어는 샌드위치 구성 방법을 뜻한다. 트랜지스터를 밸브나 스위치로 생각할 수 있다. **게이트**gate나 **베이스**base는 스위치 손잡이이며, 이 손잡이가 올라가면 전기가 위에서 아래로 흐른다. 이는 릴레이의 코일이 접점을 움직이는 것과 비슷하다. 하지만 지금까지 살펴본 밸브나 스위치와 달리, 쌍극 접합 트랜지스터에서는 전기가 한 방향으로만 흐를 수 있다.

FET 기호에서 게이트와 트랜지스터의 나머지 부분 사이에 작은 틈을 볼 수 있다. 이 틈은 FET가 정전기를 사용한다는 사실을 보여준다. 이는 마치 정전기 효과를 사용해 스위치를 움직이는 것과 비슷하다.

금속산화물 반도체 전계 효과 트랜지스터MOSFET, metal-oxide semiconductor field effect transistor는 FET의 일종으로, 전력 소모가 적기 때문에 현대 컴퓨터 칩에서 가장 널리 쓰이고 있다. *N*채널과 *P*채널 MOSFET을 서로 보완하도록 한 쌍으로 묶어서 사용하는 경우가 많은데, 이로부터 CMOScomplementary metal oxide semiconductor라는 말이 나왔다.

집적 회로

트랜지스터를 사용하면서 더 작고, 빠르고, 신뢰할 수 있으며 전력도 적게 소모하는 논리 회로를 만들 수 있게 됐다. 하지만 트랜지스터를 사용하면 AND 함수 같은 간단한 회로를 만들 때조차도 부품이 너무 많이 필요하다.

1958년 잭 킬비Jack Kilby(1923~2005)라는 미국 엔지니어와 로버트 노이스Robert Noyce(1927~1990, 페어차일드 세미컨덕터Fairchild Semiconductor[7]와 인텔Intel의 공동 설립자)라는 미국 수학자이자 물리학자가 **집적 회로**integrated circuit를 발명했다. 집적 회로를 사용하면 복잡한 시스템을 트랜지스터 하나를 만드는 정도의 비용으로 만들 수 있다. 집적 회로는 생긴 모양 때문에 **칩**chip이라고 불렸다.

지금까지 본 것처럼 똑같은 유형의 회로를 릴레이, 진공관, 트랜지스터, 집적 회로를 통해 만들 수 있다. 그리고 새로운 기술이 나올 때마다 회로는 더 작아지고 더 저렴해지고 에너지를 더 효율적으로 사용하게 됐다. 다음 절에서는 조합 논리[8]를 위해 만들어진 IC 회로 설계에 대해 설명한다.

논리 게이트

1960년대 중반 잭 킬비가 일하던 회사인 텍사스 인스트루먼츠가 5400과 7400 집적 회로(이하 IC) 패밀리를 발표했다. 이 칩들에는 논리 연산을 수행하는 회로가 미리 들어가 있다. 이런 회로를 **논리 게이트**logic gate라고 부르며, 그냥 **게이트**라고도 한다. 텍사스 인스트루먼츠는 엄청난 수의 게이트 IC를 팔았다. 요즘도 이런 IC를 구입해 사용할 수 있다.[9]

7 초반 실리콘 기반 반도체나 MOSFET 상용화를 낳은 기반 기술 발전에 큰 기여를 했으나 2016년 온 세미컨덕터(ON Semiconductor)에 합병되어 사라졌다. 노이스는 페어차일드에서 일하다 본사와의 갈등으로 동료들과 함께 회사를 나가 인텔을 설립했다. 한편 킬비는 텍사스 인스트루먼츠(TI, Texas Instruments)에서 IC를 만들었고 특허도 TI가 취득했다. – 옮긴이

8 특정 시점의 출력이 해당 시점의 입력 조합만으로 결정되기 때문에 조합 논리라는 이름이 붙었다. 즉, 내부 상태(메모리)가 없어서 입력만 보면 어떤 값이 나올지 알 수 있는 논리를 조합 논리라고 한다. – 옮긴이

9 대학 전자/전산 계열 학과에서 디지털 회로 실습시간에 디지털 회로를 구현하는 연습을 하는 경우, 보통 이런 IC와 빵판(bread board)을 사용한다. – 옮긴이

논리 게이트는 하드웨어 설계자에게 단비와도 같은 존재였다. 게이트를 사용하면 하드웨어 설계자가 밑바닥부터 모든 회로를 설계할 필요 없이, 배관공이 기성 제품들을 복잡한 배관으로 연결해 수도 시스템을 만드는 것처럼 IC를 선으로 연결해 복잡한 회로를 쉽게 만들 수 있었다. 배관공이 철물점에서 티자형 연결 파이프(티tee), 기역자형 연결 파이프(엘보elbow), 연결부품(조인트joint) 등을 박스로 구할 수 있듯이, 논리 설계자도 AND 게이트, OR 게이트, XOR 게이트, **인버터**inverter(NOT을 수행하는 게이트)가 들어 있는 '박스'를 얻을 수 있다. 그림 2-26은 이런 게이트를 표현하는 기호를 보여준다.

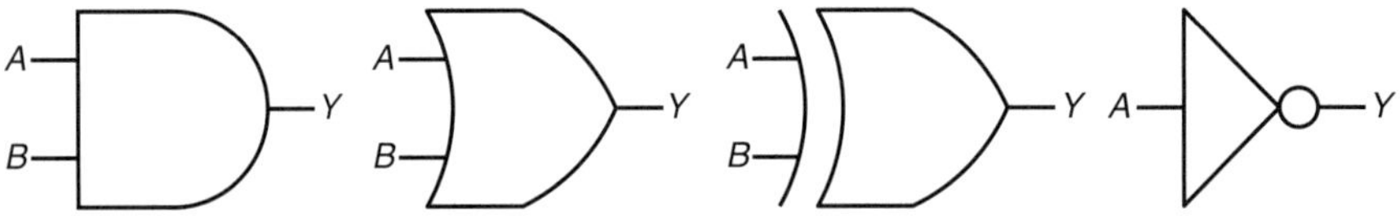

그림 2-26 게이트 스키매틱 기호

여러분의 예상대로 AND 게이트의 출력 *Y*는 게이트의 입력 *A*와 *B*가 참인 경우에만 참이 된다(그림 1-1에 있는 진리표를 보면 다른 게이트의 연산 결과도 알 수 있다).

인버터 기호에서 중요한 부분은 삼각형이 아니라 삼각형 꼭짓점에 있는 ○(동그라미)다. 동그라미가 없는 삼각형은 **버퍼**buffer라고 하며, 버퍼는 단지 입력을 출력으로 전달하기만 한다. (이렇게 버퍼와 동그라미 기호가 합쳐진) 인버터 기호는 인버터를 다른 논리 게이트와 별도로 독립적으로 사용할 때만 쓰인다.

하지만 AND나 OR 게이트가 가장 효율적인 게이트는 아니다. **트랜지스터-트랜지스터 논리**TTL, transistor-transistor logic든 CMOS든 논리 게이트에서 가장 단순한 회로는 NANDnot and나 NORnot or이다. NAND나 NOR은 트랜지스터를 2개(TTL)나 4개(CMOS) 사용한다. 반면 AND나 OR은 NAND나 NOR 회로 출력에 트랜지스터를 덧붙여서 출력을 반전시켜야 하기 때문에 더 비싸고 반응 속도도 더 느리며, 전력도 더 많이 소모된다. 따라서 보통 디지털 회로 설계 시 가장 기본적으로 사용하는 게이트는 NAND나 NOR 게이트다. 이 두 게이트의 기호는 그림 2-27처럼 AND나 NOR의 출력에 출력을 반전시켜주는 원이 더 붙는다.

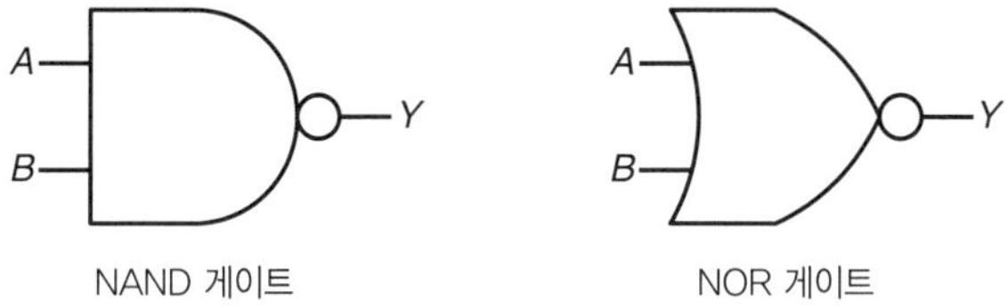

그림 2-27 NAND와 NOR 게이트

다행히 NAND나 NOR에 붙은 반전이 논리 회로 설계에는 문제가 되지 않는다. 사실은 오히려 AND나 OR보다 더 표현할 수 있는 논리가 늘어난다. NAND와 NOR의 두 입력을 같은 입력에 연결하면 인버터를 만들 수 있다(*a* NAND *a*나 *a* NOR *a*는 NOT *a*와 같다. 진리표를 한번 그려보라). 그리고 드모르간의 법칙에 의해 NAND는 OR의 두 입력을 반전시킨 것과 같으므로 그림 2-28에 그린 것처럼 NAND 게이트를 OR 게이트로 쉽게 바꿔 그릴 수 있다. 여기서 NAND로 만든 인버터를 사용해 입력을 반전시키면 OR을 만들 수 있다. 역으로 NAND의 출력에 NAND로 만든 인버터를 연결하면 AND가 된다. 따라서 NAND만 있으면 OR, AND, NOT으로 표현할 수 있는 모든 논리를 표현할 수 있다. NOR도 비슷한 방식으로 모든 논리를 표현 가능하다.

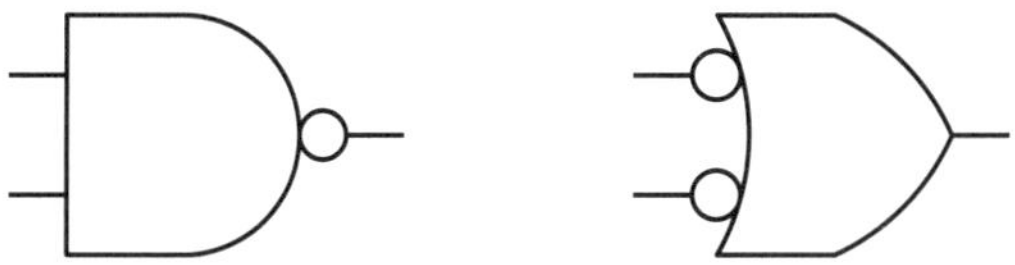

그림 2-28 드모르간의 법칙을 사용해 NAND 게이트 다시 그리기

인버터를 제외하면, 지금까지 본 모든 게이트에는 입력이 둘뿐이었다. 하지만 실제로는 입력이 좀 더 많은 게이트도 있다. 예를 들어, 입력이 3개인 AND 게이트는 세 입력이 모두 참일 때만 참이 된다.

이제 게이트가 어떻게 작동하는지 알았으므로, 게이트를 사용할 때 발생할 수 있는 복잡한 문제들을 살펴보자.

이력 현상을 활용한 잡음 내성 향상

앞에서 디지털(이산적인) 장치를 사용하면 판정 기준에 의해 잡음 내성을 얻을 수 있다는 사실을 배웠다. 하지만 디지털로 전환하는 것만으로 충분하지 않은 경우가 있다. 논리 신호가 0에서 1로 순간적으로 바뀌고, 1에서 0으로도 순간적으로 바뀐다고 생각하기 쉽다. 대부분의 경우, 특히 게이트를 서로 연결하는 경우에는 이 가정이 옳다. 하지만 실제 현실에서 사용 중인 신호 중에는 천천히 변하는 신호가 많다.

천천히 변하는 신호가 있으면 어떤 일이 벌어지는지 살펴보자. 그림 2-29는 0에서 1로 천천히 변하는 두 가지 신호를 보여준다.

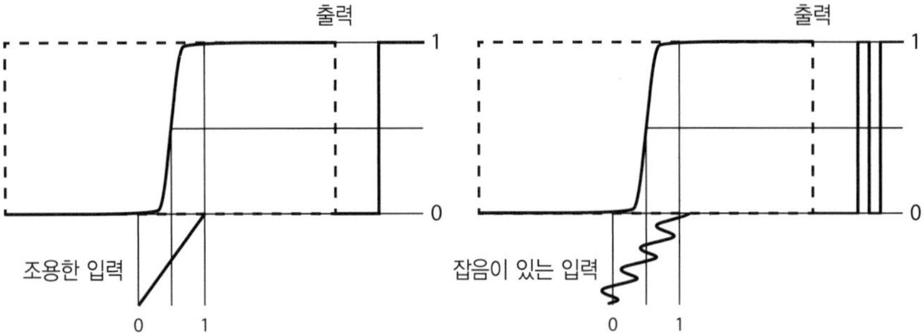

그림 2-29 잡음 글리치

왼쪽 그림의 입력은 조용하며 잡음이 없지만, 오른쪽 그림의 입력 신호에는 잡음이 있다. 잡음으로 인해 입력 신호가 문턱값을 여러 번 오락가락하기 때문에 출력 신호에 **글리치**glitch(작은 오류라는 뜻)가 생긴다.

이런 글리치를 **이력 현상**hysteresis을 사용해 방지할 수 있다. 이력 현상이란 말은 판정 기준이 이력(과거에 벌어진 일)에 따라 달라진다는 뜻이다. 그림 2-30에 있는 전이 함수는 대칭적이지 않다. 화살표로 표시해놓은 것처럼 올라가는 신호(0에서 1로 가는 신호)와 내려가는 신호(1에서 0으로 가는 신호)에 대한 전이 함수가 다르다. 출력이 0이면 왼쪽 곡선을 사용하고, 출력이 1이면 오른쪽 곡선을 사용한다.

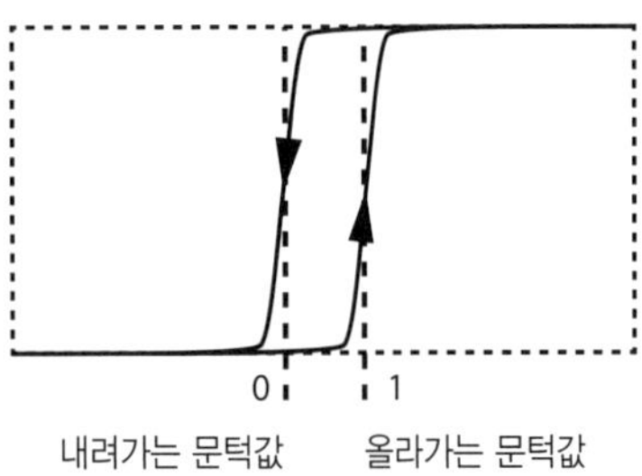

그림 2-30 이력 전이 함수

이렇게 하면 올라가는 신호와 내려가는 신호에 대해 각기 다른 문턱값이 생긴다. 이 말은 입력 신호가 두 문턱값 중 하나를 넘어간 경우 반대쪽 문턱값을 지나가며 출력이 반전되려면 값이 상당히 많이 변해야 한다는 뜻이다. 따라서 잡음 내성이 더 커진다.

이력을 사용하는 게이트가 있다. **슈미트 트리거**Schmitt trigger라는 게이트는 발명자인 미국 과학자 오토 H. 슈미트Otto H. Schmitt(1913~1998)의 이름을 딴 것이다. 일반적인 게이트보다 더 복잡하고 비싸기 때문에 정말 필요한 경우에만 슈미트 트리거를 사용한다. 슈미트 트리거의 스키매틱 기호는 이력을 추가했다는 사실을 나타내며, 인버터의 경우 그림 2-31과 같다.

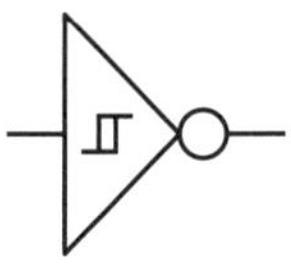

그림 2-31 슈미트 트리거 게이트 스키매틱 기호

차동 신호

잡음이 많아서 이력을 도입해도 충분하지 못한 경우가 있다. 도로 옆 인도를 걷고 있다고 하자. 인도의 오른쪽 끝을 **양으로 가는 문턱**positive-going threshold이라고 부르고 왼쪽 끝을 **음으로 가는 문턱**negative-going threshold이라고 부르자. 여러분이 골똘히 무언가를 생각하고 있는데 누군가 쌍둥이용 가로 유모차로 여러분을 오른쪽 밖으로 밀어내거나, 조깅하는 사람들이 단체로 여러분을 왼쪽 밖으로 밀어낼 수도 있다. 이런 경우에도 보호를 받고 싶다.

지금까지는 신호를 절대적인 문턱값을 기준으로 판단하거나, 슈미트 트리거처럼 두 가지 절대적인 문턱값을 사용해 판단했다. 하지만 잡음이 많아서 슈미트 트리거의 문턱값을 넘어 신호가 오락가락해서 슈미트 트리거조차 효과가 없는 경우도 있다.

대신에 2인조 시스템을 생각해보자. 이제 인도를 친구와 함께 걷는다고 상상하라. 친구가 여러분의 왼쪽에 있으면 이 상황을 0이라고 부른다. 친구가 여러분의 오른쪽에 있으면 1이다. 유모차나 조깅하는 사람들이 가까이 오면 친구와 여러분은 함께 인도의 한쪽으로 밀려난다. 하지만 두 사람이 상대적인 위치를 바꾸지 않았고, 0과 1을 결정하기 위해 측정하는 것은 상대적 위치뿐이기 때문에, 잡음(유모차나 조깅하는 사람들)이 결괏값에 영향을 미치지 못한다. 물론 여러분과 친구가 함께 여기저기를 돌아다닐 때, 두 사람 중 한 명만 밀려나고 나머지 한 명은 밀려나지 않을 수도 있다. 그래서 손을 잡으면 더 좋고, 서로가 허리에 손을 두르고 다니면 더 좋다. 그렇다. 연인관계는 강력한 잡음 내성을 만들어낸다! 이런 방식을 **차동 신호**differential signaling라고 한다. '차동differential'(차이나 격차라는 뜻)이라는 이름은 측정하는 값이 서로 **반전관계**complementary인 신호 쌍의 차이를 측정하기 때문에 붙은 이름이다. 그림 2-32는 차동 신호 회로를 보여준다.

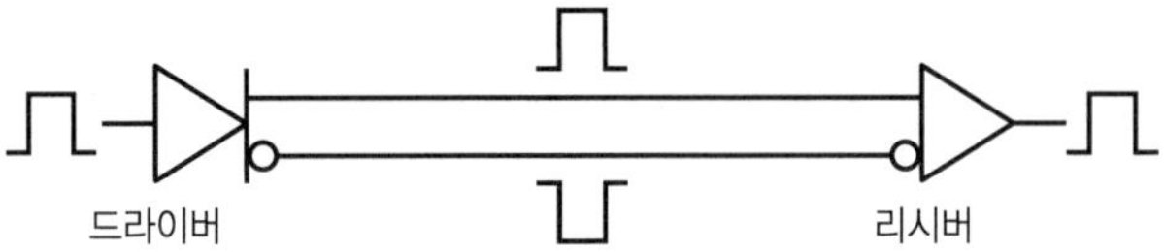

그림 2-32 차동 신호

그림에서 입력 신호를 **반전관계 출력들**complementary outputs로 변환하는 **드라이버**driver와 반전관계인 두 입력을 받아서 **단일 신호**를 만들어주는 **리시버**receiver를 볼 수 있다.

물론 한계도 있다. 잡음이 너무 많으면 전기 부품들이 자신의 정격specific(설계할 때 정해둔 규격) 작동 범위를 넘어갈 수도 있다. 이는 큰 차가 밀려들어서 여러분과 친구가 인도를 벗어날 수밖에 없는 경우로 생각할 수 있다. **공통 모드 판별비**CMRR, common-mode rejection ratio는 부품 정격 중 하나로 처리 가능한 잡음의 양을 표시한다. '공통 모드'라고 부르는 이유는 (서로 반전관계인) 두 신호에서 공통인 잡음을 가리키기 때문이다.

전화선 등 여러 곳에서 차동 신호를 사용한다. 1880년대에 노면전차가 처음 세상에 나왔을 때 차동 신호를 전화선에 적용할 필요가 생겼다. 전차가 잡음을 많이 만들어내서 전화 신호를 간섭했기 때문이다. 스코틀랜드 발명가인 알렉산더 그레이엄 벨Alexander Graham Bell(1847~1922)은 **연선 케이블링**twisted-pair cabling을 발명했다. 연선은 한 쌍의 선을 서로 꼬아서 전기적으로 연인이 서로 허리에 손을 두르는 것 같은 효과를 만들어낸다(그림 2-33 참조). 벨은 전화 특허도 취득했다.[10] 오늘날 USB, SATA(디스크 드라이브 인터페이스), 이더넷Ethernet 케이블 등 어디서나 연선을 볼 수 있다.

10 벨은 1880년 유명한 과학 학술지 「사이언스」를 창간했고, 그 후 1885년 미국 전화전신회사(AT&T)를 만들었다. AT&T가 1925년 설립한 벨 전화 연구소(그 유명한 벨 연구소(Bell Labs)가 바로 이 연구소의 후신이다)는 다양한 IT 기계와 관련된 기술을 무수히 많이 발명했다. 대표적인 것으로 음성 합성기(speech synthesizer), 트랜지스터, 해밍 코드, 현대식 태양전지 셀, 프림(Robert C. Prim)과 크루스칼(Joseph Kruskal)의 그리디(greedy) 그래프 알고리즘, 현대식 레이저, MOSFET, 멀틱스(MULTICS)와 유닉스(UNIX), CCD(카메라 센서), C 언어, TDMA, CDMA, C++ 언어 등을 들 수 있다. – 옮긴이

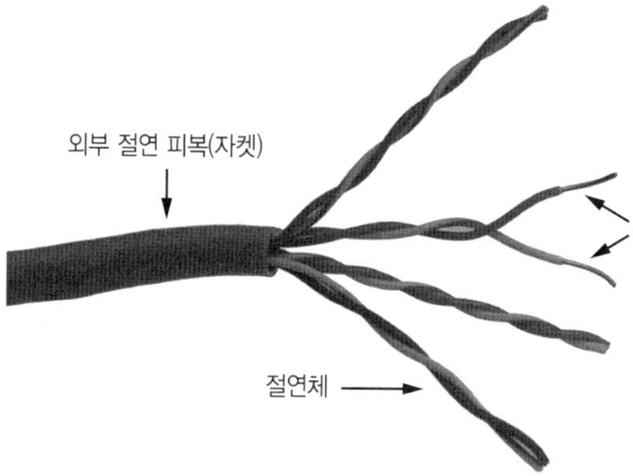

그림 2-33 연선 이더넷 케이블

차동 신호의 재미있는 응용을 미국 밴드 그레이트풀 데드The Grateful Dead(1965~1995)의 '월 오브 사운드Wall of Sound' 콘서트 오디오 시스템에서 볼 수 있다.[11] 이 시스템에서는 보컬 마이크의 피드백 문제를 해결하기 위해 한 쌍의 마이크를 함께 사용하면서 한 마이크의 출력을 다른 마이크의 출력에서 뺐다. 두 마이크에 동시에 도착한 소리는 공통 모드가 되어 서로 상쇄된다. 보컬리스트가 마이크 중 한쪽에 노래를 하면 목소리가 스피커로 나온다. 이 시스템으로 인해 한 가지 문제가 파생되는데, 바로 청중의 소리가 약간 금속성으로 들린다는 점이다. 이 밴드의 라이브 레코딩을 들어보면 이런 소리를 들을 수 있다. 그 이유는 바로 저주파low frequency인 소리가 고주파high frequency인 소리보다 파장wavelength이 더 길기 때문이다. 파장이 길기 때문에 저주파 소리 신호는 고주파 소리 신호보다 공통 모드에 있을 가능성이 더 크다.

전파 지연

101페이지의 '전기는 수도 배관과 유사하다' 절에서 전파 지연을 간단히 설명했다. **전파 지연propagation delay**은 입력의 변화가 출력에 영향을 미칠 때까지 걸리는 시간을 뜻한다. 전파 지연은 정확한 값은 아니고 제조 과정과 온도에 따라 생기는 편차와 게이트 출력에 도달하기까지 연결된 구성 부품의 수에 따라 결정되는 통계적인 측정값이다. 게이트에는 최대 지연과 최소 지연이 있다. 실제 지연은 그 둘 사이의 어떤 값이다. 전파 지연은 논리 회로의 최대 속도를 제한하는 요소 중 하나다. 회로 설계자들이 회로가 제대로 작동하기를 원한다면 **최악의 경우worst-case**에

11 그레이트풀 데드는 미국 록 음악의 상징과 같은 전설적인 밴드다. 그레이트풀 데드가 공연을 하면서 기존 사운드 시스템의 여러 가지 문제를 해결하기 위해 수백 개의 스피커(전체 무게는 75톤에 달했고 시스템 설치를 위해 20여 명이 작업을 해야 했다)를 쌓은 타워를 사용한 사운드 시스템을 사용했다. – 옮긴이

해당하는 지연 시간을 가정해야 한다. 이 말은 최대 지연값과 최소 지연값을 감안해 설계를 수행해야 한다는 뜻이다.

그림 2-34에서 회색 영역은 전파 지연으로 인해 출력을 신뢰할 수 없는 구간이다.

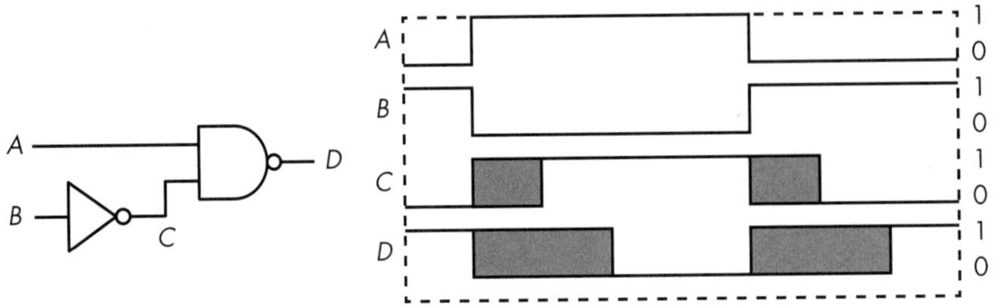

그림 2-34 전파 지연 예제

출력이 회색 영역의 맨 왼쪽처럼 좀 더 이른 시점에 변할 수도 있지만, 반드시 회색 영역의 오른쪽 시점 이전에 변한다고 보장할 수는 없다. 그리고 여러 게이트를 엮으면 회색 영역의 길이가 점점 더 길어진다.

전파 지연 시간은 처리 기술에 따라 아주 많이 달라진다. 7400 계열 같은 개별적인 부품은 지연 시간이 10나노초(1억 분의 1초) 범위에 속한다. 마이크로프로세서microprocessor 같은 현대의 대규모 부품에서 게이트 지연은 피코초(1조 분의 1초) 단위다. 어떤 전자 부품의 정격표(보통은 데이터시트datasheet라고 함)에서 지연 시간은 t_{PLH}와 t_{PHL}이라고 표시된다. PLH는 0(로우low)에서 1(하이high)로 갈 경우 걸리는 지연 시간propagation time from low to high이고, PHL은 1에서 0으로 갈 때 걸리는 지연 시간이다.

이번 절에서는 입력과 입력이 출력으로 전달되면서 생기는 일을 살펴봤다. 이제는 출력을 살펴볼 차례다.

출력 유형

게이트 입력에 대해서는 많이 이야기했지만 출력에 대해서는 그리 많이 이야기하지 않았다. 응용에 따라 달리 설계된 몇 가지 출력 유형이 있다.

토템폴 출력

일반적인 게이트 출력은 **토템폴**totem pole이라고 부른다. 토템폴이라는 이름은 트랜지스터가 토템폴(아메리카 인디언들이 세운 기둥 모양의 나무조각. 긴 통나무에 동물 위에 동물 같은 식으로 여러 형상을 조각함)처럼 세로로 나란히 늘어서 있어서 붙은 것이다. 그림 2-35처럼 이런 유형의 출력을 스위치로 묘사할 수 있다.

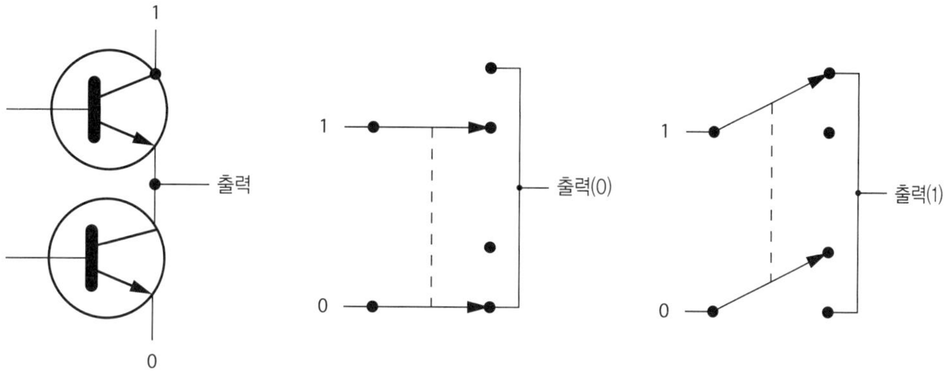

그림 2-35 토템폴 출력

왼쪽 스키매틱은 토템폴 출력이 왜 토템폴이라고 불리는지를 보여준다. 위에 있는 스위치는 출력의 1을 얻기 위해 출력과 높은 논릿값 1(스키매틱의 맨 위에 있는 1)을 연결하기 때문에 **액티브 풀업**active pull-up이라고 불린다. 토템폴 출력을 서로 연결할 수는 없다. 그림 2-35를 보면 알 수 있듯이, 0인 출력을 1인 출력과 연결하면 음극과 양극을 서로 연결하는 것과 같은 일이 벌어지기 때문에,[12] 1984년 영화 〈고스트버스터즈〉에서 양성자 빔을 서로 교차시킨 경우처럼[13] 나쁜 일이 벌어져서 부품이 타버린다.

12 중간의 다이어그램을 보면 출력 0은 입력 0과 연결되어 있다. 오른쪽의 다이어그램을 보면 출력 1이 입력 1에 연결되어 있다. 전자 회로에서 입력 0은 전원의 음극(접지(그라운드(ground))라고 부르기도 한다)에 연결되고, 입력 1은 전원의 양극에 연결되기 때문에 이 두 회로의 출력을 같이 이어주면 음극과 양극이 직접 연결되는 효과가 나타난다. 전원의 음극과 양극을 직접 연결하면 어떤 일이 벌어지는지는 https://www.youtube.com/watch?v=4fj5BLo27yw 등을 보면 알 수 있다. – 옮긴이

13 〈고스트버스터즈〉에서는 설정상 음의 에너지를 가진 유령을 양성자가 나오는 장비인 프로톤 팩(proton pack)에서 나오는 양성자 빔을 사용해 잡을 수 있다. 양성자 팩 주의사항으로 두 양성자 팩에서 나오는 빔을 서로 닿게 하면 매우 위험하다는 내용이 나온다. 하지만 영화 끝에서 마시멜로맨을 없애기 위해 고저(gozer)의 포털(portal)을 공격하고자 양성자 빔을 교차해(cross the stream) 포털을 파괴했다. 유튜브에서 'cross the stream', 'ghostbusters'를 검색해보면 해당 부분을 볼 수 있다. – 옮긴이

오픈 컬렉터 출력

또 다른 유형의 출력으로 **오픈 컬렉터**open-collector(BJT 트랜지스터)나 **오픈 드레인**open-drain(MOS 트랜지스터) 출력이 있다. 이런 출력의 스키매틱과 스위치 모델은 그림 2-36과 같다.

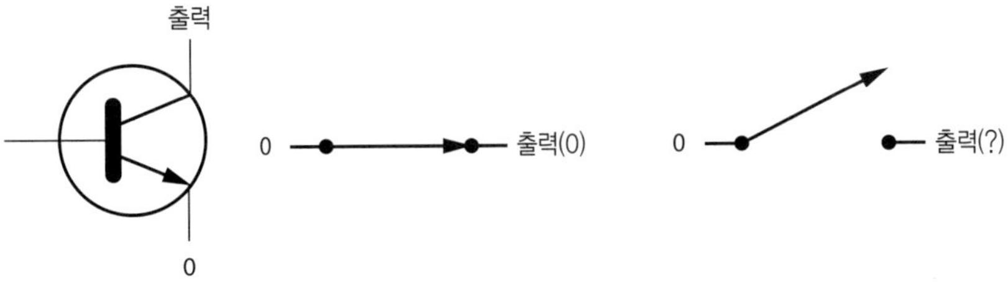

그림 2-36 오픈 컬렉터 / 오픈 드레인 출력

처음 보면 이 그림이 이상해 보일 것이다. 원하는 출력이 0이라면 아무 문제가 없다. 하지만 원하는 출력이 1이면 출력은 그냥 **떠 있다**float. 이런 경우 출력값은 알 수 없다.[14]

오픈 컬렉터나 오픈 드레인 버전은 액티브 풀업이 없기 때문에 출력을 아무 문제 없이 서로 연결할 수 있다. 필요하면 출력을 **패시브 풀업**passive pull-up에 연결할 수 있다. 패시브 풀업은 단순히 **풀업 저항**pull-up resistor을 논리적인 1 값을 공급해주는 공급 전압에 연결한 것이다. BJT에서는 이런 공급 전압을 V_{CC}라고 부르고, MOS에서는 V_{DD}라고 부른다. 그림 2-37처럼 여러 오픈 컬렉터 출력과 패시브 풀업을 사용하면 **와이어드 AND**wired-AND를 만들어낼 수 있다.

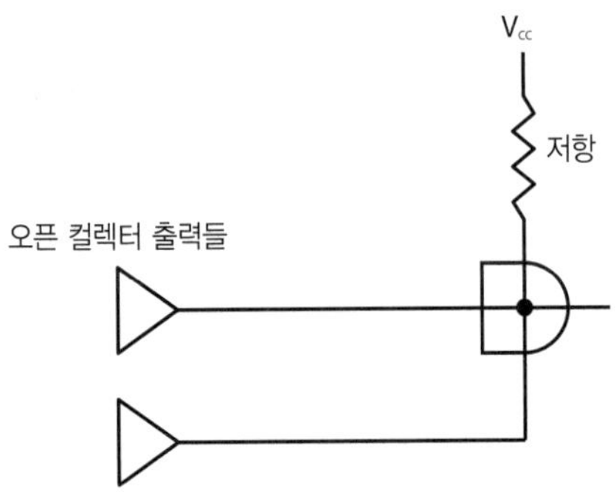

그림 2-37 와이어드 AND

14 전기 회로는 음극(또는 그라운드)에 연결되면 그 전압을 0으로 보고, 양극과 그라운드 사이의 상대적인 전압 차이를 전압으로 본다. 여기서 출력 부분은 음극이나 양극 아무 곳에도 연결되어 있지 않아서 전압이 정의될 수 없다. 이런 경우를 다른 말로 하이 임피던스(high impedance)라고 부르기도 한다. – 옮긴이

여기서 어떤 일이 벌어질까? 오픈 컬렉터 출력이 1이면 해당 게이트의 출력과 해당 게이트의 입력 사이는 회로 연결이 끊어진 상태라는 점에 유의하라. 풀업 저항 아래에 오픈 컬렉터 출력이 모여 있고, 모든 오픈 컬렉터 출력값이 1(사실은 하이 임피던스)이면 전기가 흘러갈 곳이 그림 2-37에 있는 AND 기호의 출력 쪽밖에 없다. 그런데 저항이 V_{CC}에 연결되어 있으므로 출력은 자동으로 1이 된다. 이때 풀업 저항은 V_{CC}에서 와이어드 AND의 출력에 흐르는 전류를 제한하는 역할을 한다. 한편 오픈 컬렉터 출력값 중 0인 값이 있다면 해당 게이트는 오픈 컬렉터 출력과 그라운드를 연결해주는 선로가 생긴다. 풀업 저항에서 와이어드 AND로 연결된 전기는 그라운드로 연결되는 선로가 있으면 그리로 흘러가고 와이어드 AND의 출력 쪽으로는 흘러가지 못한다. 따라서 오픈 컬렉터 출력 중 0인 값이 하나 이상 있으면 와이어드 AND의 출력은 0이 된다. 이 논리를 부정적인 논리(부논리)로 해석하면 오픈 컬렉터 출력값 중 출력이 1인 값이 하나라도 있으면 출력이 1이 되는 것과 같기 때문에 이를 **와이어드 OR**이라고 부르기도 한다. 한편, 이 와이어드 AND를 사용하면 여러 입력이 있는 AND 게이트를 사용하지 않고도 AND 계산이 가능하다.

LED^light-emitting diode^(발광 다이오드) 같은 장치를 구동하는 것도 오픈 컬렉터나 오픈 드레인 출력을 활용하는 방법에 속한다. 오픈 컬렉터와 오픈 드레인 장치는 이런 용도에 쓰일 수 있고, 토템폴 장치보다 더 높은 전류를 감당할 수 있다. 일부 오픈 컬렉터 출력은 전압을 논리 1에 해당하는 수준보다 더 높게 풀업하도록 허용하기도 한다. 이 성질을 이용하면 여러 다른 회로를 연결할 때 오픈 컬렉터 출력을 사용할 수 있다. 7400 계열 등 같은 계열에 속하는 게이트 사이에는 문턱값이 일정하지만 각기 다른 계열에 속하는 게이트 사이에는 문턱값이 다르기 때문에 이런 식으로 출력 전압을 끌어올리는 기능이 중요하다.

트라이스테이트 출력

오픈 컬렉터 회로를 사용하면 출력을 서로 연결할 수 있지만 액티브 풀업을 사용하는 것만큼 응답이 빠르지 않다는 단점이 있다. 따라서 상태가 두 가지인 해법을 버리고 상태가 세 가지인 **트라이스테이트**tri-state 출력을 사용해보자. 세 번째 상태는 꺼진 상태다. 그림 2-38처럼 출력을 켜고 끄기 위한 추가 입력인 **활성화**enable 입력이 존재한다.

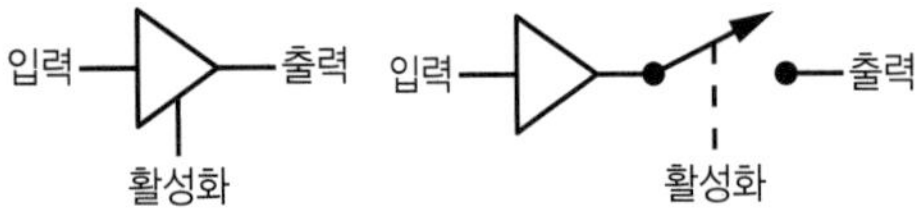

그림 2-38 트라이스테이트 출력

꺼진 상태를 hi-Z라고도 한다. Z는 **임피던스**impedance를 뜻한다. 임피던스는 저항을 수학적으로 복잡하게 부르는 이름이다. 트라이스테이트 출력을 그림 2-35처럼 생각할 수 있다. 베이스를 제어하면 0, 1, hi-Z, 멜트다운meltdown(녹아버림)이라는 네 가지 상태를 얻을 수 있다. 물론 회로를 설계하는 사람은 멜트다운이 일어나지 않게 해야 한다.

트라이스테이트 출력을 사용하면 수많은 장치를 서로 선으로 직접 연결할 수 있다. 단점은 한 번에 단 하나의 장치만 활성화해야 한다는 점이다.

게이트를 조합한 복잡한 회로

게이트를 사용하면서 하드웨어 설계 과정이 아주 단순해졌다. 사람들은 더 이상 개별 부품을 가지고 회로를 설계할 필요가 없다. 예를 들어, 입력이 2개인 NAND 게이트를 설계하려면 대략 10가지 부품이 필요하다. 하지만 7400 IC는 **소규모 집적 회로**SSI, small-scale integration라 불리는 한 패키지 안에 네 가지 NAND 게이트를 제공한다. 따라서 이 패키지 하나는 40개의 부품을 대신할 수 있다.

하드웨어 설계자들은 SSI 게이트를 사용해 자신들이 개별적인 부품을 사용해 설계할 때와 마찬가지로 어떤 것이든 만들 수 있다. 그리고 개별 부품을 사용하는 것보다 더 싸고 더 작게 원하는 시스템을 만들 수 있다. 그리고 게이트의 조합 중에는 특히 자주 사용되는 조합이 있다. **중간 규모 집적 회로**MSI, medium-scale integration라고 불리는 부품은 이런 게이트 조합을 제공하기 위해 도입됐다. MSI를 사용하면 필요한 부품의 수를 더 줄일 수 있다. 나중에는 **대규모 집적 회로**LSI, large-scale integration나 **초대규모 집적 회로**VLSI, very large-scale integration 등이 나왔다.

이제부터 몇 가지 게이트 조합을 살펴볼 것이다. 하지만 여기서 살펴보는 조합이 부품을 키워나가는 방식의 전부는 아니다. 작은 프로그램을 조합해 더 크고 복잡한 컴퓨터 프로그램을 만들어 내는 것처럼, 이런 (게이트 조합으로 만든) 고수준의 기본 기능 요소를 사용해 더 고수준의 부품을 만들 수 있다.

가산기

2의 보수 가산기adder(덧셈 기계)를 만들어보자. 여러분이 가산기를 직접 설계할 필요는 전혀 없겠지만, 이 예제를 살펴보면 논리를 영리하게 조작할 경우 성능을 얼마나 많이 향상할 수 있는지(이 말은 소프트웨어든 하드웨어든 관계없이 참이다) 볼 수 있다.

1장에서 두 비트를 더한 값은 각 비트의 XOR이고 올림은 두 비트의 AND라는 사실을 배웠다. 그림 2-39는 이를 게이트로 구현한 것이다.

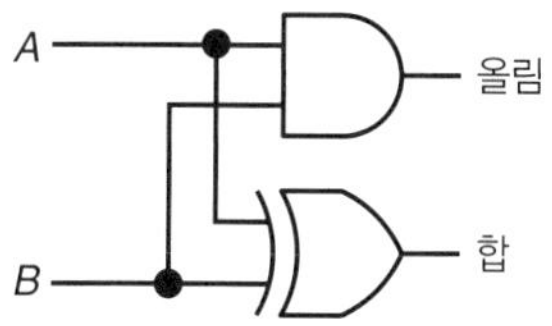

그림 2-39 반가산기

그림에서 더한 값을 계산하는 XOR 게이트와 올림을 계산하는 AND 게이트를 볼 수 있다. 그림 2-39를 **반가산기**half adder라고 부른다. 무언가 빠진 부분이 있어서 가산기에 '반'이라는 접두사가 붙었다. 두 비트를 더할 때는 반가산기만으로도 충분하지만, (다른 자리에서 올라오는) 올림을 처리하려면 세 번째 입력이 필요하다. 따라서 각 비트의 합을 계산하기 위해 반가산기를 2개 연결할 수도 있지만, 이보다 더 잘 할 수도 있다. 세 입력 중 2개 이상이 1일 때 올림이 발생한다. 표 2-1은 이를 고려한 **전가산기**full-adder의 진리표다.

표 2-1 전가산기 진리표

A	*B*	*C*	합	올림
0	0	0	0	0
0	0	1	1	0
0	1	0	1	0
0	1	1	0	1
1	0	0	1	0
1	0	1	0	1
1	1	0	0	1
1	1	1	1	1

이 표를 바탕으로 그림 2-40처럼 전가산기 회로를 구성하면 반가산기를 2개 사용할 때보다 시간 지연이 적은, 더 나은 회로를 만들 수 있다.

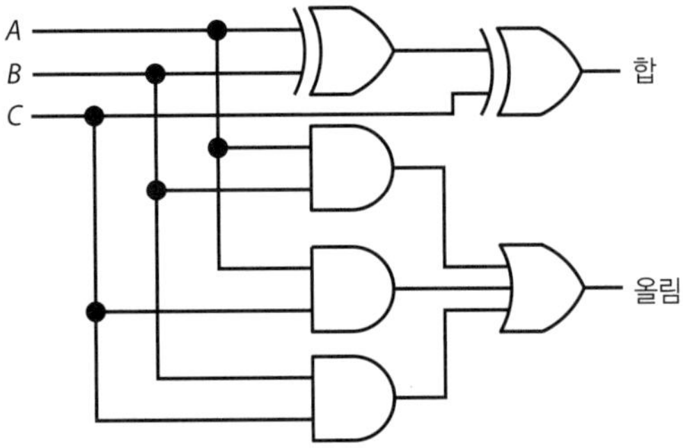

그림 2-40 전가산기

그림을 보면 더 많은 게이트가 필요함을 알 수 있다. 하지만 이제 전가산기가 있기 때문에 여러 비트를 더하는 가산기를 만들 수 있다. 그림 2-41은 **리플 자리올림 가산기**ripple-carry adder를 보여준다.

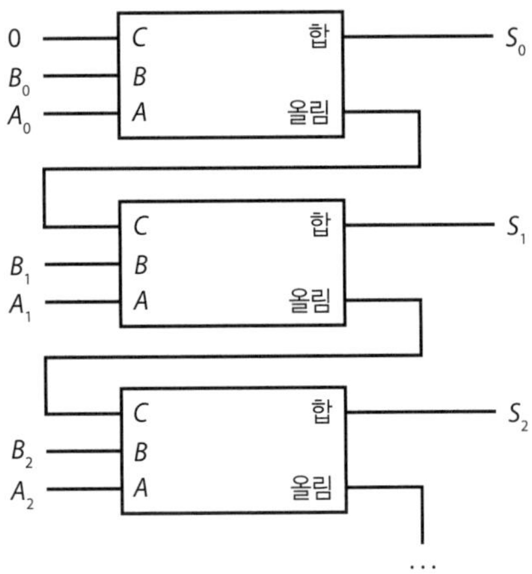

그림 2-41 리플 자리올림 가산기

리플 자리올림 가산기는 자리올림이 아래쪽 비트로부터 바로 위쪽 비트로 물결이 퍼져나가는 것처럼 전달되기 때문에 붙은 이름이다. 이 가산기는 잘 작동하지만, 그림을 보면 비트를 하나 처리할 때마다 게이트 2개에 해당하는 출력 시간 지연이 발생한다는 사실을 알 수 있다. 32비트나 64비트 가산기를 만든다면 이 지연 시간의 합이 빠르게 커진다. **올림 예측 가산기**carry look-ahead adder를 사용하면 이런 지연을 제거할 수 있다. 올림을 예측하는 방법이 어떻게 동작하는지를 보기 위해 간단한 산수 계산을 해보자.

그림 2-40을 보면 i번째 비트의 전가산기 올림 출력이 $i + 1$번째 비트의 올림 입력으로 들어간다는 사실을 알 수 있다.

$$C_{i+1} = (A_i \text{AND} B_i) \text{OR} (A_i \text{AND} C_i) \text{OR} (B_i \text{AND} C_i)$$

여기서 큰 문제는 C_{i+1}을 계산하기 위해 C_i가 필요하다는 점이다. 이로 인해 리플이 발생한다. C_{i+2}에 대한 다음 식을 봐도 이 사실을 확인할 수 있다.

$$C_{i+2} = (A_{i+1} \text{AND} B_{i+1}) \text{OR} (A_{i+1} \text{AND} C_{i+1}) \text{OR} (B_{i+1} \text{AND} C_{i+1})$$

두 번째 식에 첫 번째 식을 대입하면 의존관계를 줄일 수 있다. 결과는 다음과 같다.

$$\begin{aligned} C_{i+2} = &(A_{i+1} \text{AND} B_{i+1}) \\ &\text{OR}\left(A_{i+1} \text{AND} \left((A_i \text{AND} B_i) \text{OR} (A_i \text{AND} C_i) \text{OR} (B_i \text{AND} C_i)\right)\right) \\ &\text{OR}\left(B_{i+1} \text{AND} \left((A_i \text{AND} B_i) \text{OR} (A_i \text{AND} C_i) \text{OR} (B_i \text{AND} C_i)\right)\right) \end{aligned}$$

여기서 AND와 OR이 아주 많아지지만 전파 지연은 최대 게이트 2개에 해당한다는 사실에 유의하라. C_n은 오직 A와 B 입력에 따라 결정되며, 이에 따라 올림을 계산하는 시간이 비트 개수에 따라 달라지지 않게 되고, 그로 인해 전체 덧셈에 걸리는 시간도 일정한 수준으로 고정된다. C_{n+1}은 항상 C_n으로부터 만들어낼 수 있고, n이 커지면 게이트 수가 점점 더 늘어난다. 게이트는 값이 저렴하지만 전력이 소모된다. 따라서 계산 속도와 전력 소모 사이에 트레이드 오프 관계가 존재한다.

디코더

57페이지의 '정수를 비트로 표현하는 방법' 절에서 수를 비트로 **인코딩**했다. **디코더**decoder는 반대로 인코딩된 수를 개별 비트의 집합으로 만들어준다. 디코더를 디스플레이를 제어하는 데 응용할 수 있다. 옛날 공상과학 영화에 자주 나오는 **닉시 튜브**nixie tube를 아는 독자도 있을 것이다(그림 2-42). 닉시 튜브는 숫자를 표시하는 멋진 복고풍 디스플레이다. 닉시 튜브는 근본적으로 각기 다른 숫자를 표시하는 네온사인neon sign을 모아둔 것이다. 빛을 내는 각각의 선마다 서로 연결이 다르기 때문에 4비트 2진수를 10가지 각기 다른 출력으로 만들 수 있다.

그림 2-42 닉시 튜브

8진 표현은 각기 다른 여덟 가지 값을 가져다가 3비트로 인코딩한다는 점을 기억하라. 그림 2-43은 8진 숫자를 단일 비트의 집합으로 되돌려주는 3:8 디코더를 보여준다.

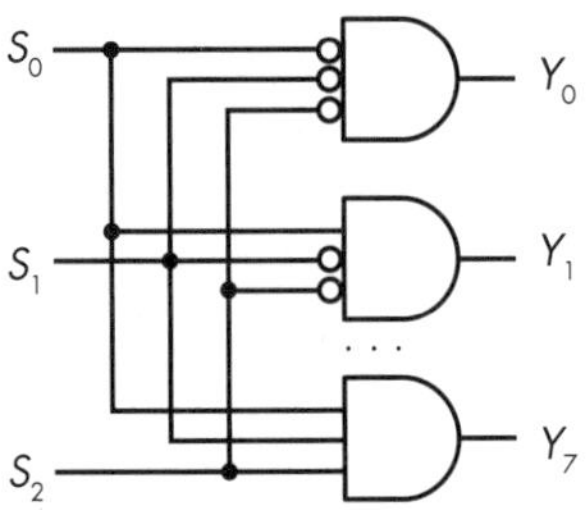

그림 2-43 3:8 디코더

입력이 000이면 Y_0 출력이 참이다. 입력이 001이면 Y_1이 참이다. 이런 동작이 모든 3비트 조합에 대해 성립한다. 디코더에 이름을 붙일 때는 주로 입력과 출력의 개수를 사용한다. 그림 2-43의 디코더는 입력이 3개, 출력이 8개이므로 3:8 디코더다. 이런 디코더를 기호로 표시할 때는 그림 2-44처럼 한다.

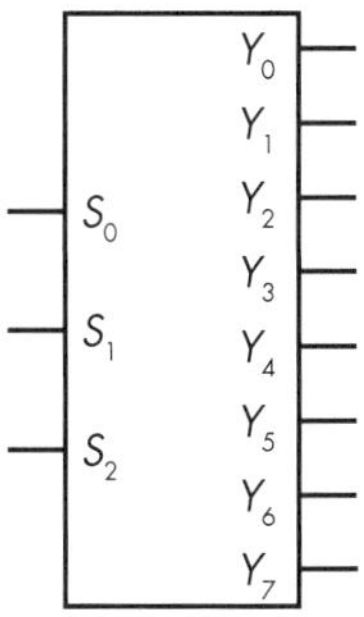

그림 2-44 3:8 디코더 스키매틱 기호

디멀티플렉서

디코더를 사용해 **디멀티플렉서**demultiplexer를 만들 수 있다. 보통은 **디먹스**demux라고 줄여서 부르는 경우가 많다. 디먹스는 입력을 몇 가지 출력 중 한 곳으로 전달한다. 이는 마치 호그와트 학생을 기숙사에 할당하는 것과 비슷하다. 디먹스는 디코더에 몇 가지 게이트를 추가해 만들 수 있다. 그림 2-45를 보라.

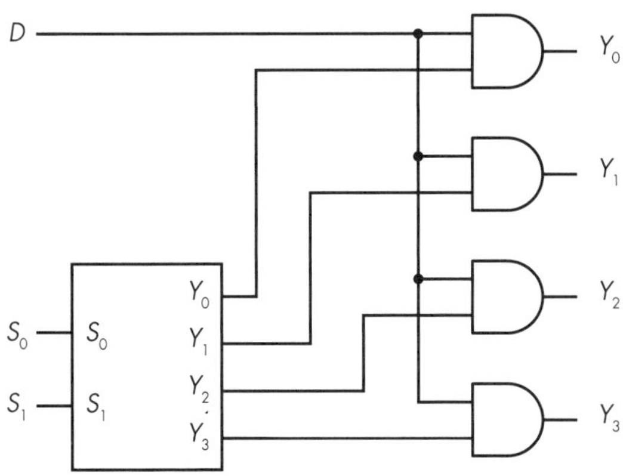

그림 2-45 1:4 디멀티플렉서

디먹스는 입력 신호인 D를 디코더 입력 $S_{0\text{-}1}$에 따라 네 가지 출력 $Y_{0\text{-}3}$ 중 하나로 전달한다. 그림 2-46의 기호는 디먹스의 스키매틱 기호다.

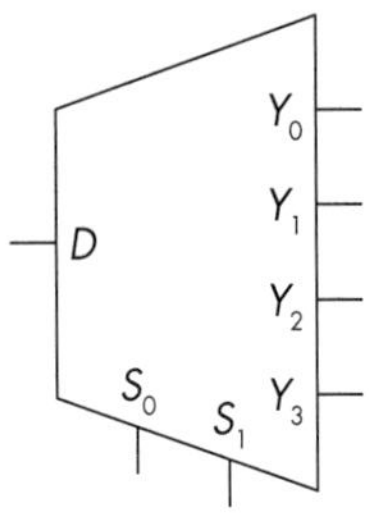

그림 2-46 디멀티플렉서 스키매틱 기호

실렉터

여러 입력 중 한 입력을 선택하는 것도 일반적으로 수행되는 기능 중 하나다. 예를 들어, 가산기에 입력할 피연산자가 여러 개 있다면 그중 하나를 선택하고 싶을 것이다. 게이트를 사용하면 **실렉터**selector(선택기) 또는 **멀티플렉서**multiplexer를 만들 수 있다. 멀티플렉서를 **먹스**mux라고 부르기도 한다.

디코더에 게이트를 추가해 실렉터를 만들 수 있다. 그림 2-47을 보라.

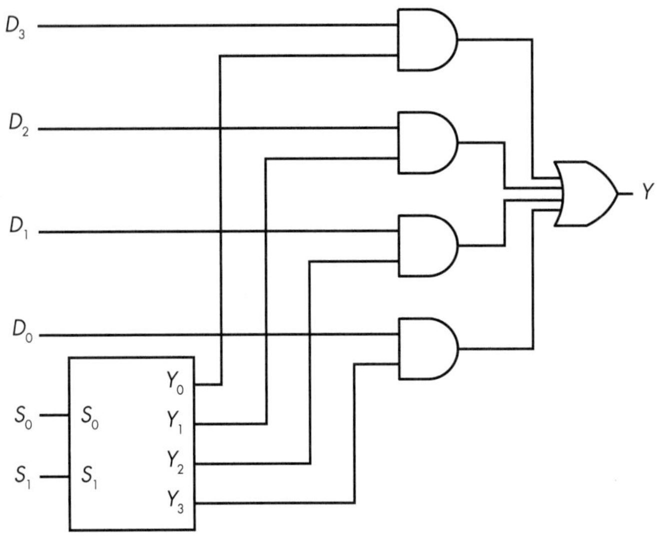

그림 2-47 4:1 실렉터

실렉터도 많이 쓰이기 때문에 실렉터를 표현하는 스키매틱 기호가 있다. 그림 2-48은 4:1 실렉터 기호를 보여준다. 모양을 보면 (당연히) 디먹스를 뒤집은 모양임을 알 수 있다.

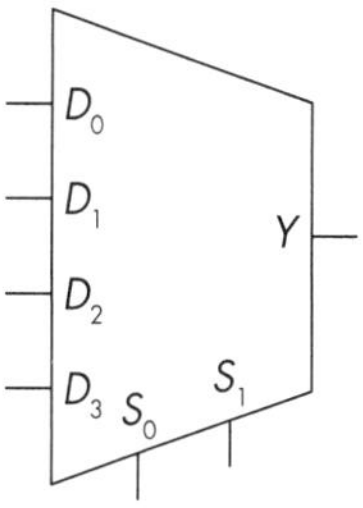

그림 2-48 4:1 실렉터 스키매틱 기호

사실 여러분은 이미 실렉터에 익숙하지만 단지 그 사실을 모를 뿐이다. 다이얼이 있고 눈금에 꺼짐Off, 토스트Toast, 베이크Bake, 브로일Broil이라는 기호가 들어 있는 토스터 오븐을 본 적이 있을 것이다. 이 다이얼은 네 가지 선택지가 있는 **실렉터 스위치**selector switch다. 토스터 오븐에는 위와 아래에 각각 열선이 있다. 토스터 오븐의 논리는 표 2-2와 같다.

표 2-2 토스터 오븐 논리

설정	위 열선	아래 열선
끔	끔	끔
베이크	끔	켬
토스트	켬	켬
브로일	켬	끔

그림 2-49처럼 4:1 실렉터를 2개 연동해서 이 논리를 구현할 수 있다.

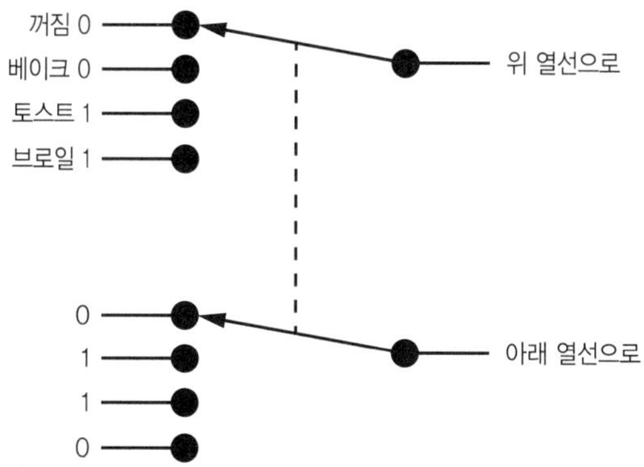

그림 2-49 토스터 오븐 실렉터 스위치

정리

2장에서는 숫자 대신 비트를 사용해 하드웨어를 만드는 이유를 배웠다. 그리고 비트와 조합 디지털 논리를 구현할 수 있게 해준 기술의 발전에 대해 살펴봤다. 여러분은 현대의 논리 설계 기호와 논리 부품을 조합해서 더 복잡한 장치를 만들 수 있다는 사실도 배웠다. 그리고 조합 논리 장치의 출력이 이 장치의 입력의 함수라는 사실을 배웠다. 하지만 출력이 입력에 따라 변하기 때문에 조합 논리를 사용해서는 무언가를 기억할 방법이 없다. 기억을 하려면 출력을 '얼려서' 입력이 바뀌더라도 (얼린) 출력이 바뀌지 않게 해야 한다. 3장에서는 시간이 지나도 원하는 것을 기억할 수 있게 해주는 순차 논리sequential logic에 대해 배운다.

3장

메모리와 디스크의 핵심: 순차 논리

- 컴퓨터는 비트를 어떻게 기억하는가

2장에서 배운 조합 논리는 '흐름을 따른다'. 즉 조합 논리는 입력에 의해서만 출력이 결정된다. 하지만 조합 논리만 사용해 컴퓨터를 만들 수는 없다. 조합 논리만으로는 흐름의 일부분을 떼어내서 기억해둘 수 없기 때문이다. 예를 들어, 현재 처리 중인 수가 어떤 수인지 기억할 수 없다면 1부터 100까지 모든 정수의 합계를 구하는 것은 불가능하다.

이번 장에서는 **순차 논리**sequential logic를 배운다. 순차 논리라는 말은 **순서**sequence라는 말에서 비롯된 용어다. 순서는 '시간적으로 어떤 값 뒤에 오는 다른 값'이라는 뜻이다. 사람은 손가락으로 수를 셀 때처럼 직관적으로 시간에 대해 알지만, 사람이 직관적으로 시간을 안다고 해서 디지털 회로에서도 시간을 자연스럽게 다룰 수 있다는 뜻은 아니다. 우리는 디지털 회로에서 시간을 어떻게든 만들어내야 한다.

조합 논리는 입력의 현재 상태만을 다룬다. 하지만 순차 논리는 입력의 현재 상태와 과거 상태를 함께 고려한다. 이번 장에서는 시간을 만들어내는 회로와 과거를 기억하기 위한 회로에 대해 배운다. 이런 목적을 달성하기 위해 사용하는 여러 가지 기술을 과거로부터 현재까지 추적해보자.

시간 표현과 상태 기억

우리는 **주기**periodic 함수를 사용해 시간을 측정할 수 있다. 예를 들어, 지구의 자전이 바로 주기적 함수다. 지구가 한 바퀴를 다 돌면 이를 하루(1일)라고 부른다. 이 하루를 더 잘게 나눠서 시간, 분, 초 등으로 구분한다. 하루가 86,400초이므로, 1초는 지구 자전의 1/86,400이라고 정의할 수 있다.

지구 자전 같은 외부 이벤트를 활용하는 것에 덧붙여, 몇 가지 물리 요소를 적용하면 우리 스스로 주기 함수를 만들어낼 수 있다. 예를 들어, 진자pendulum가 오가는 시간(주기)을 사용할 수 있다. 이런 기술이 오래된 괘종시계의 '똑딱똑딱' 소리를 만들어낸다. 물론 쓸모가 있으려면 1초보다 훨씬 더 짧은 시간을 제대로 잴 수 있도록 진자를 미세 조정해야 한다.

컴퓨터의 경우 전자공학을 사용하기 때문에 주기적인 전기 신호가 필요하다. 진자가 스위치를 때리게 하면 이런 신호를 만들 수 있다. 하지만 스팀펑크steampunk[1] 장르의 극성 팬이 아니라면 진자로 작동하는 컴퓨터를 원하는 사람은 없을 것이다. 다음 절에서 좀 더 현대적인 접근 방법을 배운다.

발진자

인버터를 사용한 트릭을 살펴보자. 그림 3-1처럼 인버터의 출력을 입력에 연결할 수 있다.

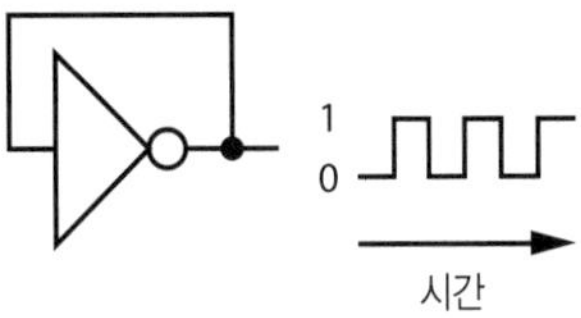

그림 3-1 발진자

이런 식의 연결을 **되먹임**feedback(피드백)이라고 한다. 이는 마치 마이크와 스피커를 가까이 위치시킬 때 생기는 현상과 같다. 인버터 출력은 다시 인버터 입력으로 들어가며, 이 입력은 다시 출력에 반영된다. 이로 인해 출력이 0과 1 사이를 **진동한다**oscillate. 이 값이 진동하는 속도는 전파 지연(121페이지의 '전파 지연' 절을 참고하라)에 따라 결정되며, 온도에 따라 달라지는 경향이 있다. 좀 더 안정적인 주파수로 진동하는 발진자oscillator가 있다면 더 정확히 시간을 측정할 수 있는 기준이 될 것이다.

---

1 증기 기관과 기계식 컴퓨터 등 과거의 기술이 극도로 발달한 가상 세계를 바탕으로 하는 사이언스 픽션 장르다. – 옮긴이

정확한 발진자를 적은 비용으로 효율적으로 만드는 방법은 크리스털crystal(결정이라는 뜻)을 활용하는 것이다. 그렇다. 새로운 방식이다. 자석과 마찬가지로 크리스털도 전기와 관련이 있다. **전극**electrode(즉, 전선)을 크리스털에 연결하고 크리스털을 압축하면 크리스털이 전기를 만들어낸다. 그리고 전극에 전기를 가하면 크리스털이 구부러진다. 이런 현상을 **피에조 전기**piezoelectric(또는 **압전**) 효과라고 부른다. 폴 자크Paul-Jacques(1855~1941)와 피에르Pierre(1859~1906) 퀴리 형제가 1800년대 말 이 현상을 발견했다. 압전 효과를 여러 가지로 응용할 수 있다. 크리스털은 음성 진동을 잡아낼 수 있어서 마이크microphone를 만들 때 이를 쓸 수 있다. 또한 크리스털에 전기를 가해서 음성 진동을 만들어냄으로써 여러 전기 기구에서 다양한 경보음을 낼 수 있다. 회로도에서는 그림 3-2와 같은 기호로 크리스털을 표현한다.

그림 3-2 크리스털을 표현하는 스키매틱 기호

크리스털 발진자는 전자적인 단극쌍투 스위치를 사용해 크리스털에 전기를 가해서 다시 전기를 얻어낸다. 입력한 전기로부터 크리스털이 전기를 다시 만들어내는 시간은 예측이 가능하며 매우 정확하다. 특히 석영quartz이 이런 목표로 사용할 수 있는 가장 좋은 크리스털 고체 물질이다. 그래서 과거 전자 시계에 정확한 석영 부품을 사용한다고 광고하는 경우를 자주 볼 수 있었다. 다만 멋진 시계를 보더라도, 아주 좋은 크리스털 발진자의 소매가가 몇백 원에 불과하다는 사실을 기억하라.

클록

앞에서 본 것처럼 발진자를 사용하면 시간을 잘 측정할 수 있다. 예를 들어, 컴퓨터는 비디오를 일정한 속도로 플레이하고 싶을 때처럼 시간을 정확히 측정해야 할 필요가 분명히 있다. 하지만 시간이 중요한 다른 저수준low level[2]의 이유가 존재한다. 2장에서 전파 지연이 회로가 작업을 수행하는 속도에 미치는 영향을 배웠다. 예를 들어, 시간을 잴 수 있으면 결과가 안정적이고 올바르다고 확신할 수 있는 시점이 될 때까지 최악의 경우를 가정해 가산기의 지연 시간을 기다릴 수 있다.

2 컴퓨터에서 전자적/기계적 부품에 가까우면 더 저수준, 사용자나 프로그래머에 가까우면 더 고수준이라 한다. 이 책에서 지금까지 배운 내용을 통해 보자면, 트랜지스터는 트랜지스터로 만든 게이트보다 더 저수준이고, 게이트 등의 논리 회로를 조합해 만든 CPU는 게이트보다 더 고수준이다. – 옮긴이

발진자는 컴퓨터에 클록clock(시간을 셀 수 있게 해주는 신호)을 제공한다. 컴퓨터 클록은 밴드에서 드러머가 박자를 맞춰 드럼을 치는 것과 같다. 클록은 회로의 페이스pace를 결정한다. 회로의 최대 클록 속도나 가장 빠른 템포tempo는 회로의 전파 지연 시간에 의해 결정된다.

컴퓨터 컴포넌트 제작에는 여러 가지 통계가 필요하다. 컴포넌트를 이루는 부품들 사이에 편차가 크기 때문이다. **비닝**binning(바구니에 넣는다는 뜻) 과정은 부품을 측정해서 그 특성에 따라 여러 다른 빈이나 무더기로 분류한다. 지연 시간이 짧아서 빨리 반응할 수 있는 부품은 가장 가격이 높은 빈에 들어가고, 더 느리고 더 싼 부품은 다른 빈에 들어가며, 이런 분류를 여러 단계의 빈을 사용해 반복한다. 빈 개수가 무한하면 실용적이지 못하기 때문에 부품 전체의 편차보다는 더 작은 편차를 갖도록 부품을 빈에 나눠 담는다.[3] 이런 이유로 부품의 전파 지연 시간을 표시할 때도 범위를 사용한다. 생산자는 전형적인 값과 함께 최솟값과 최댓값을 제공한다. 일반적인 논리 회로 설계 오류는 최댓값이나 최솟값을 사용하지 않고 전형적인 값을 사용하기 때문에 생긴다. 컴퓨터를 **오버클로킹**overclocking한다는 말을 들어본 적이 있을 것이다. 이 말은 통계적으로 빈의 중간 정도에 위치하는 부품을 부품이 고장 나지 않을 범위 안에서 클록을 빠르게 공급하는 도박을 한다는 뜻이다.

래치

이제 시간을 표현하는 근원을 만들었으므로 정보를 1비트 기억할 방법을 생각해볼 때다. 그림 3-3처럼 OR 게이트의 출력을 입력에 묶는 방식의 되먹임을 사용하면 정보를 기억할 수 있다. 이 회로는 값을 반전시키지 않기 때문에 그림 3-1에서 본 회로와 달리 진동을 만들어내지는 않는다. 그림 3-3의 회로 *out*이 0부터 시작한다고 가정하자. 이제 *in*이 1이 되면 *out*도 1이 된다. 그리고 이 출력이 게이트의 (*in*이 아닌 다른 쪽) 입력에 연결되어 있기 때문에 이제부터는 *out*이 1로 유지된다. 심지어 *in*이 0이 돼도 출력은 그대로 1로 유지된다. 다시 말해, 이 회로는 자신의 과거 상태를 기억한다.

3 대표적으로 탄소 피막 저항의 저항값을 표시하는 띠('검갈빨오노녹파보회흰금은'이라는 말을 인터넷에서 찾아보라)에서 마지막 띠는 저항 오차를 표현하는데, 갈색이면 ±1%, 금색이면 ±5% 등이다. 비닝으로 1000Ω 저항을 생산하면서 이 두 빈에 분류하는 경우를 예로 들면, 생산한 저항이 999~1001Ω이면 갈색, 995~1005Ω이면 금색으로 판정하고 그 외의 상품은 불합격시킨다. – 옮긴이

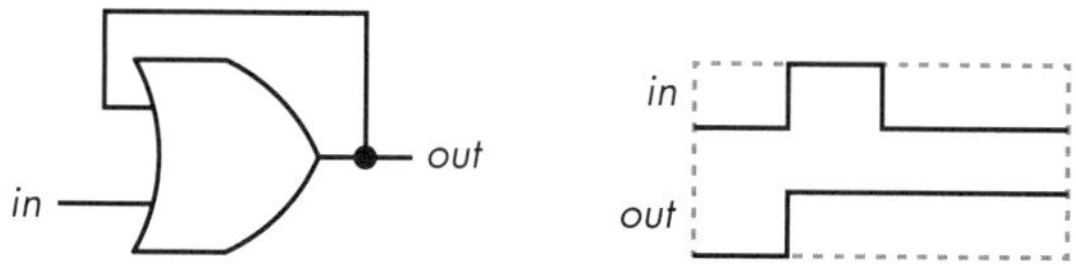

그림 3-3 OR 게이트 래치(latch)

물론 이 회로만으로는 *out*을 다시 0으로 만들 방법이 없기 때문에 약간의 추가 작업이 필요하다. 그림 3-4처럼 되먹임을 끊고 회로를 재설정reset할 방법이 필요하다.

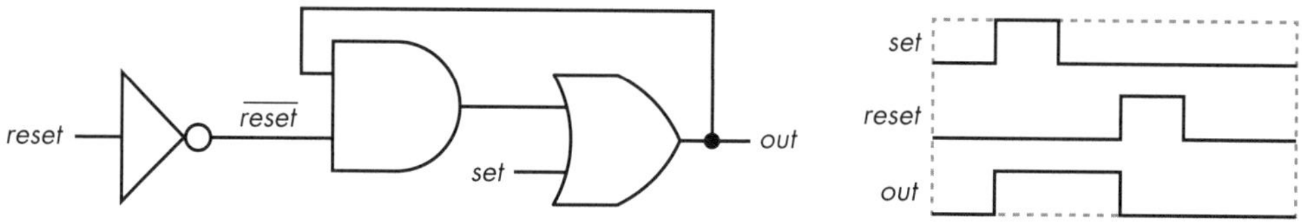

그림 3-4 AND-OR 게이트 래치

여기서 인버터의 출력을 $\overline{reset}$라고 위에 선을 그어 표현했다는 점에 유의하라. 하드웨어 기호 위에 선을 그으면 **반전**opposite을 뜻한다. 이 말은 이 값이 0일 때 참이고 이 값이 1일 때 거짓이라는 뜻이다. 때로 이를 **액티브 하이**active high에 반대되는 **액티브 로우**active low라고 부른다. 이 말은 참(액티브, 활성화 상태)을 표현하기 위해 액티브 하이의 1 대신 액티브 로우에서는 0을 사용한다는 뜻이다. 이렇게 위에 그은 선을 '바bar'라고 읽는다. 따라서 $\overline{reset}$를 말로 읽을 때는 '리셋 바'라고 읽는다.

*reset*이 로우이면 $\overline{reset}$는 하이이므로, OR 게이트의 출력은 OR 게이트의 입력에 되먹임된다. *reset*이 하이로 가면 $\overline{reset}$는 로우가 되고[4] 그에 따라 되먹임이 깨지고 *out*은 0이 된다.

그림 3-5는 ***S-R* 래치**를 보여준다. *S-R* 래치는 좀 더 똘똘하게 1비트 메모리를 만드는 방법이다. *S-R*이라는 말은 *set-reset*(설정-재설정)을 뜻한다. 이들은 액티브 로우 입력을 받고 **보수**complementary 출력을 제공한다. 보수 출력이라는 말은 출력의 한쪽은 액티브 하이, 다른 쪽은 액티브 로우라는 뜻이다. NOR 게이트를 사용하면 입력이 액티브 하이인 *S-R* 래치를 만들 수 있지만 NAND 게이트보다 NOR 게이트가 더 전력을 많이 사용하고, 더 복잡하며, 만드는 비용도 더 많이 든다.

4 되먹임 선의 상태와 관계없이 $\overline{reset}$가 로우이므로 AND 게이트의 출력은 항상 로우다. - 옮긴이

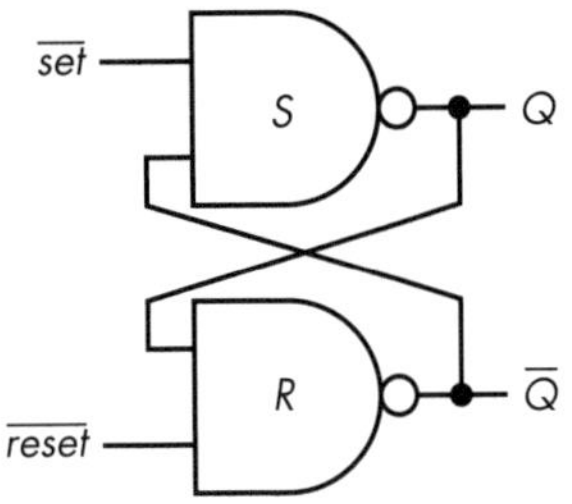

$\overline{set}$	$\overline{reset}$	Q	$\overline{Q}$
0	0	1	1
0	1	1	0
1	0	0	1
1	1	*memory*	$\overline{memory}$

그림 3-5 *S–R* 래치

$\overline{set}$와 $\overline{reset}$가 참(로우)인 경우는 두 출력이 모두 참이라서 이상하기 때문에 이런 입력은 사용하면 안 된다. 그리고 두 입력이 모두 동시에 거짓(하이)으로 바뀌는 경우에는 전파 지연 시간에 따라 출력이 달라지기 때문에 결과를 예측할 수 없다.[5]

그림 3-5의 회로는 그림 3-4의 회로와 달리 설계가 대칭적이라는 좋은 특성이 있다. 회로가 대칭이기 때문에 *set*과 *reset* 신호의 지연 시간이 거의 비슷하다는 뜻이다.

게이트가 있는 래치

이제 정보를 기억할 방법이 있으므로 어느 시점에 무언가를 기억한다는 것이 어떤 뜻인지를 살펴보자. 그림 3-6은 *S-R* 래치의 입력에 게이트를 한 쌍 추가한 회로를 보여준다.

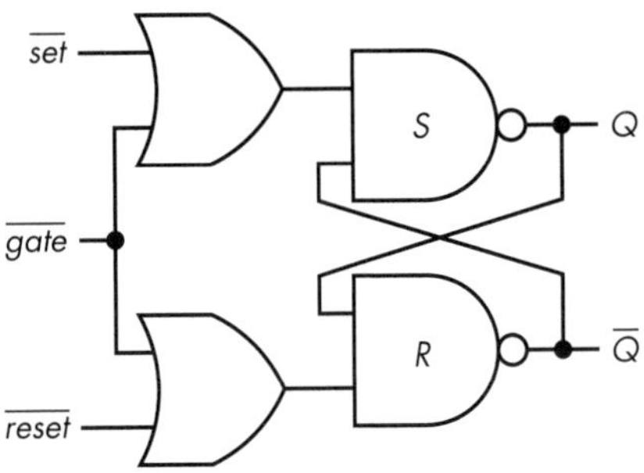

그림 3-6 게이트가 있는 *S–R* 래치

5 *S–R* 래치에 대해 많이들 묻는 질문 중 하나는 바로 "*S–R* 래치의 초깃값은 대체 어떻게 정해지는가?"이다. 예를 들어, $\overline{set}$와 $\overline{reset}$가 모두 1인 상태로 전원을 인가하면 어떤 일이 벌어질까? *S* NAND의 한 입력은 1이고 다른 입력은 *Q*인데, *Q*의 초깃값은 뭔지 알 수 없다. *Q*가 1이라면 *S* NAND의 출력은 0이고, *Q*가 0이라면 *S* NAND의 출력은 1이 된다. 그런데 출력이 입력에 되먹임되기 전이므로 *S* NAND의 최초 출력값은 알 수가 없다! 마찬가지 논리를 *R*에 대해서도 적용할 수 있다. 그래서 우리는 *S–R* 래치의 초깃값을 알 수 없다! 심지어 온도나 습도에 따라 매번 전원을 껐다 켤 때마다 *Q*와 $\overline{Q}$가 어떤 값이 될지가 달라질 수도 있다. 사실은 순차 로직의 수많은 구성요소는 이런 식으로 예측할 수 없는 초기 상태를 갖는 경우가 많다. 그래서 안정적인 동작을 원한다면 초반에 전원을 인가하고 나서 우리가 알 수 있는 상태로 로직을 재설정하는 과정이 필요하다. 예를 들어 $\overline{set}$에 0, $\overline{reset}$에 1을 가하면 초기 상태가 무엇이었든 잠시 후에는 *Q*가 1, $\overline{Q}$가 0이 되기 때문에 그 이후로부터는 시스템의 상태를 제대로 예측할 수 있다. – 옮긴이

그림을 보면 $\overline{gate}$ 입력이 거짓(하이)인 경우 $\overline{set}$와 $\overline{reset}$가 어떤 값이든 아무 관계가 없다. S와 R 게이트의 입력이 모두 1이기 때문에 출력이 그대로 유지된다.

1비트 정보를 유지하고 싶기 때문에 다음으로 이 회로를 개선할 수 있는 방법은 $\overline{set}$와 $\overline{reset}$ 같은 입력에 연결하면서 한쪽 입력에는 인버터를 추가해서 입력을 1비트만 받게 만드는 것이다. 이 1비트 입력을 D라고 부른다. 이렇게 바꾼 회로를 그림 3-7에서 볼 수 있다.

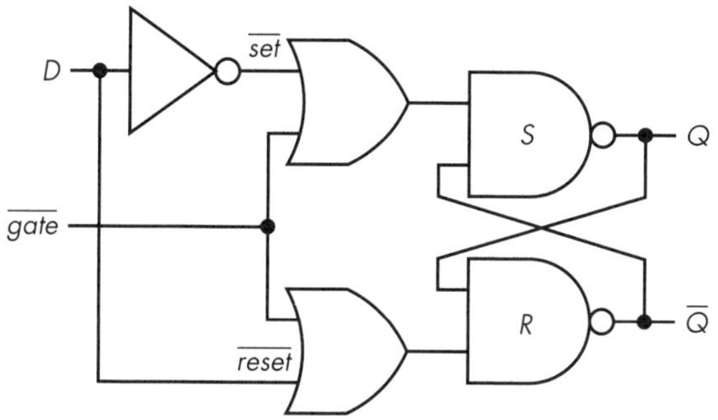

그림 3-7 게이트가 있는 *D* 래치

이제 $\overline{gate}$가 참(로우)일 때 D가 1이면 Q 출력이 1이 된다. 마찬가지로 $\overline{gate}$가 참(로우)일 때 D가 0이면 Q 출력은 0이 된다. $\overline{gate}$가 거짓(하이)일 때는 D가 변해도 Q 출력에 아무 변화가 없다. 그림 3-8의 타이밍 다이어그램에서 이런 동작을 볼 수 있다.

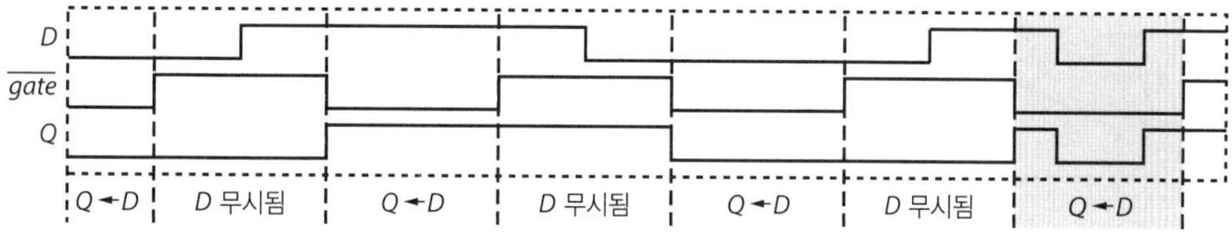

그림 3-8 게이트가 있는 *D* 래치의 타이밍 다이어그램

이 회로의 문제는 $\overline{gate}$가 참(로우)인 상태에서는 D의 변화가 그대로 출력에 나타난다는 점이다. 이로 인해 우리는 D가 '예의 바르게 행동'해서 '게이트'가 '열려 있는' 동안에는 스스로의 상태를 바꾸지 않기를 바랄 수밖에 없다. 이런 게이트를 여는 시간을 최소화해서 거의 순간적으로 D의 상태에 맞춰 출력 상태를 변경할 수 있게 한다면 좋을 것이다. 다음 절에서는 어떻게 이런 동작을 가능하게 할 수 있는지 살펴본다.

플립플롭

마지막에 논의했던 것처럼 데이터 변경으로 인해 잘못된 결과가 생길 수 있는 가능성을 최소화하고 싶다. 이를 위해 가장 일반적으로 사용하는 방법은 논리 수준이 특정 값에 머무는 동안 데이터를 잡아내지 않고 논리 수준이 한 수준에서 다른 수준으로 전이되는 중간에 데이터를 잡아내는 것이다. 이런 전이를 **에지**edge라고 부른다. 에지를 시간에 대한 판정 기준이라고 생각할 수 있다. 그림 3-8을 보면 논리 수준 사이의 (0에서 1로, 1에서 0으로) 전이가 거의 순식간에 벌어진다는 사실을 알 수 있다. 에지에 의해 데이터 변화가 촉발되는 래치edge-triggered latch를 **플립플롭**flip-flop이라고 부른다.

플립플롭을 만들 때는 래치를 기본 요소로 사용한다. 3개의 *S-R* 래치를 그림 3-9처럼 잘 연결하면 **양의 에지에 의해 변화가 촉발되는**positive edge-triggered 플립플롭을 만들 수 있고, 이를 ***D* 플립플롭**이라고 부른다. '양의 에지에 의해 변화가 촉발된다'는 말은 논리 수준이 0에서 1로 바뀌는 순간에 플립플롭의 출력이 바뀐다는 뜻이다. 반대로 **음의 에지에 의해 변화가 촉발되는**negative edge-triggered 플립플롭은 논리 수준이 1에서 0으로 바뀔 때 작동한다.

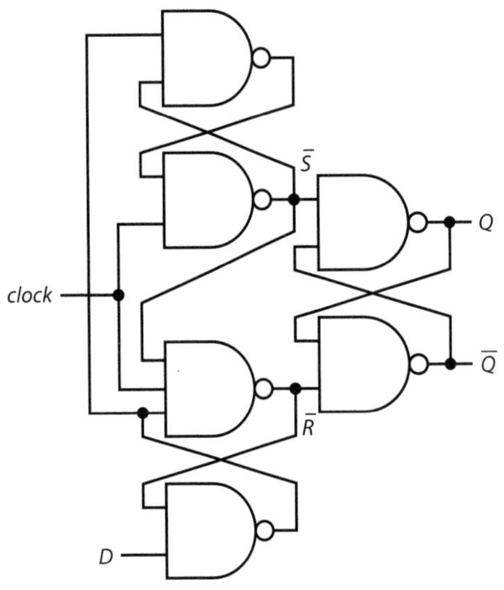

그림 3-9 *D* **플립플롭**

여러분이 이 회로를 바로 이해하기는 어려울 것이다. 오른쪽의 두 게이트는 *S-R* 래치를 이룬다. 그림 3-5로부터 $\overline{S}$와 $\overline{R}$ 중 하나가 참(로우)이 되지 않으면 이 래치의 출력이 바뀌지 않음을 안다.

그림 3-10은 여러 가지 *D*와 *clock*에 따라 회로가 어떻게 동작하는지를 보여준다. 가는 선은 논릿값이 0이고 굵은 선은 논릿값이 1이다.

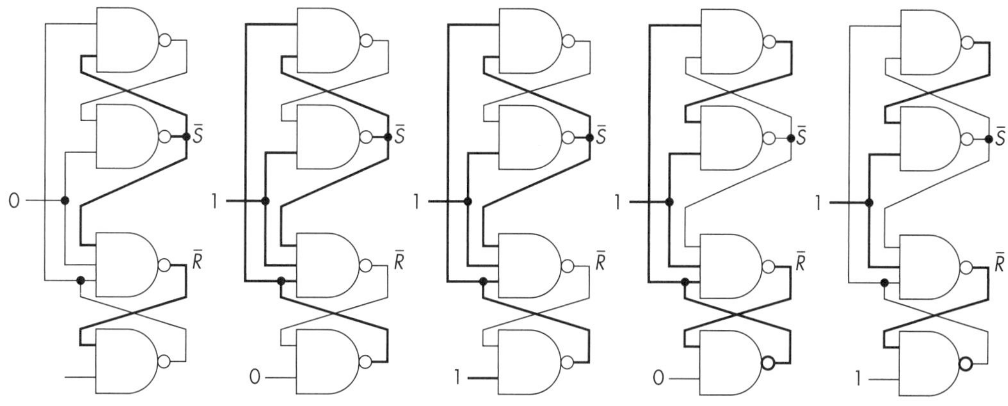

그림 3-10 *D* 플립플롭의 동작

왼쪽부터 차례대로 살펴보자. 클록을 0으로 설정한다(맨 왼쪽 그림). $\bar{S}$와 $\bar{R}$가 모두 거짓(하이)이기 때문에 *D*의 값은 문제가 되지 않고, 그림 3-9의 오른쪽 래치의 상태는 바뀌지 않는다. 왼쪽에서 두 번째와 세 번째 그림을 살펴보면 $\bar{R}$가 참(로우)인 경우 *D*의 값을 바꿔도 아무 효과가 없음을 보여준다. 마찬가지로 맨 오른쪽의 두 그림은 $\bar{S}$가 참(로우)인 경우에 *D* 값을 바꿔도 아무 변화가 없음을 보여준다. 이로부터 클록이 로우이거나 하이인 경우에는 *D*를 바꿔도 아무 일도 일어나지 않음을 알 수 있다.

이제 그림 3-11을 통해 클록이 로우에서 하이로 바뀔 때 어떤 일이 벌어지는지 살펴보자.

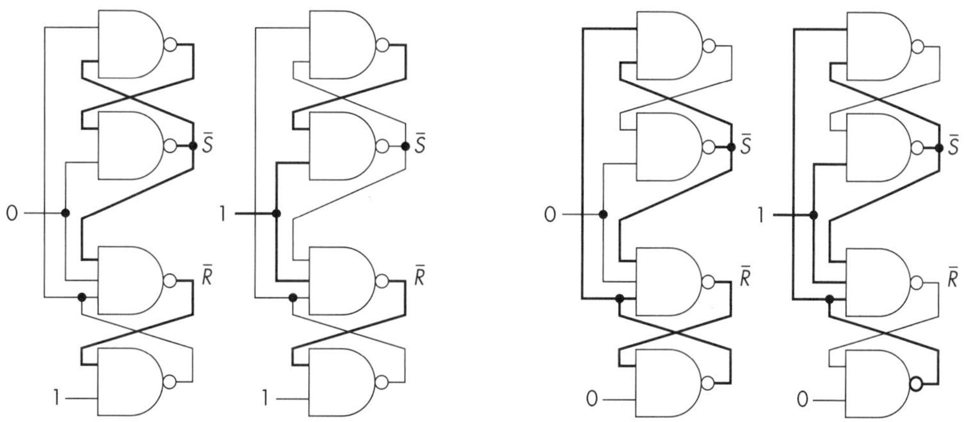

그림 3-11 양의 에지(클록이 0에서 1로 변할 때)에서 *D* 플립플롭의 동작

왼쪽에서 클록이 로우이고 *D*가 하이, $\bar{S}$와 $\bar{R}$가 모두 하이라면 아무 변화도 없음을 볼 수 있다. 하지만 클록이 1로 바뀌면 $\bar{S}$가 로우로 바뀌는데, 이 말은 플립플롭의 상태가 바뀐다는 뜻이다. 오른쪽 그림에서는 *D*가 로우이고 클록이 0에서 1로 바뀔 때 어떤 일이 벌어지는지 보여준다. 그림 3-10에서 다른 부분의 변화는 이 시스템에 아무 영향도 끼치지 못함을 알 수 있다.

1918년 영국 물리학자인 윌리엄 에클스William Eccles와 프랭크 조던Frank Jordan이 최초의 전자적 플립플롭을 발명했다. 당시에는 진공관을 썼다. 그림 3-12에서는 좀 덜 구식인 7474라고 부르는 ***D* 플립플롭**의 스키매틱 기호를 볼 수 있다.

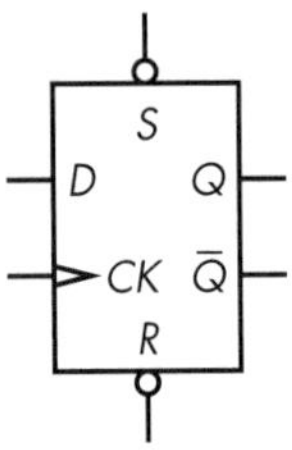

그림 3-12 *D* 플립플롭

D 플립플롭에는 보수 출력인 *Q*, $\bar{Q}$와 입력 $\bar{S}$(set), $\bar{R}$(reset)가 있다. 다이어그램에는 *S*와 *R*로 되어 있어서 혼동할 수도 있는데 박스의 입력 표시에 동그라미(○)가 있기 때문에 (참/거짓이 반전된) $\bar{S}$와 $\bar{R}$가 된다. 따라서 왼쪽에 있는 이상한 것들을 제외하면 *D* 플립플롭은 *S*-*R* 래치와 같다. 왼쪽의 이상한 것들은 두 가지 추가 입력이다. *D*는 데이터data를, *CK*는 클록clock을 뜻한다. 클록은 삼각형으로 표현한다. 이 플립플롭의 변화는 양의 에지에 의해 촉발되기 때문에 *CK* 신호가 0에서 1로 바뀌는 시점에 *D* 입력의 값이 플립플롭에 저장된다.

에지에 의해 상태 변화가 촉발되는 장치의 상태 변화 타이밍을 볼 때는 전파 지연 외의 요소도 고려해야 한다. 클록 에지가 발생(즉, 클록값이 0에서 1로 전이)하기 전에 얼마나 오랫동안 입력 신호가 안정적으로 유지돼야 하는지를 나타내는 **설정 시간**setup time(**셋업 타임**이라고도 함)과 클록 에지가 발생한 이후에 얼마나 오랫동안 입력 신호가 안정적으로 유지돼야 하는지를 나타내는 **유지 시간**hold time(**홀드 타임**이라고도 함)이 있다. 이런 타이밍을 그림 3-13에서 볼 수 있다.

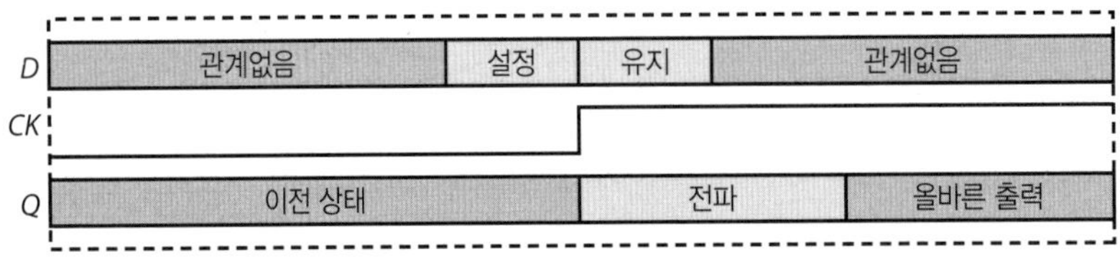

그림 3-13 설정 시간과 유지 시간

그림을 보면 클록 에지 근처의 설정과 유지 시간을 제외한 나머지 시간에는 *D*의 값이 무엇이든 출력에 영향이 없음을 알 수 있다. 그리고 다른 모든 로직과 마찬가지로 출력은 전파 지연 시간이 지나야 *D* 입력과 무관하게 안정적으로 유지됨을 알 수 있다. 보통 설정 시간과 유지 시간을 t_{setup}과 t_{hold}라고 표시한다.

에지에서 상태가 변하는 플립플롭은 클록과 함께 쓰일 수 있다. 다음 절에서 이런 예제를 살펴본다.

카운터

플립플롭을 응용한 회로 중에는 1, 2, 3 순서대로 수를 세는 카운터counter가 있다. 예를 들어 디지털 시계를 만들고 싶다면 발진자에서 나온 시간을 세고, 그 값을 디코더에 공급해서 숫자를 표시하는 디스플레이[6]를 제어drive하면 된다. 그림 3-14는 *signal*이 0에서 1로 가는 횟수를 세서 3비트 수(C_2, C_1, C_0)를 만들어내는 회로를 보여준다. $\overline{reset}$ 신호를 사용하면 카운터를 0으로 재설정할 수 있다.

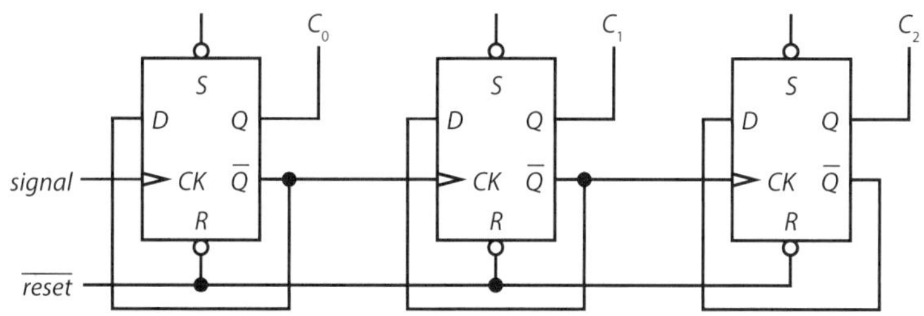

그림 3-14 3비트 리플 카운터

이 카운터를 **리플 카운터**ripple counter라고 부르는 이유는 물에서 물결이 퍼져나가듯이 개수를 센 결과가 왼쪽에서 오른쪽으로 퍼져나가기 때문이다. C_0는 C_1을 바꾸고 C_1은 C_2를 바꾸며, 비트가 더 있으면 이런 과정을 계속 반복한다. 각 플립플롭의 *D* 입력이 자기 자신의 $\overline{Q}$ 출력에 연결되어 있기 때문에, 각 플립플롭은 자신의 *CK* 신호가 0에서 1로 전이될 때마다 상태가 바뀐다.

각 비트의 상태가 다른 비트의 상태 변화에 약간의 시차를 두고 바뀌기 때문에 이 회로를 **비동기 카운터**asynchronous counter라고도 부른다. 비동기 시스템은 언제 결과를 살펴봐야 맞는지 알기 어렵다는 단점이 있다. 출력(C_2, C_1, C_0)은 카운터의 상태가 퍼져나가는 동안에는 올바르지 않다.

6 보통 발광 다이오드(LED, Light Emitting Diode)로 된 7세그먼트(segment)를 사용하고, 원한다면 저항과 LED 등을 사용해 직접 디스플레이 회로를 만들 수도 있다. – 옮긴이

그림 3-15를 보면 앞의 비트보다 뒤의 비트의 결과를 얻는 데 더 오랜 시간이 걸린다는 사실을 알 수 있다. 이 그림에서 회색 영역은 전파 지연으로 인해 상태가 정의되지 않는 경우를 뜻한다.

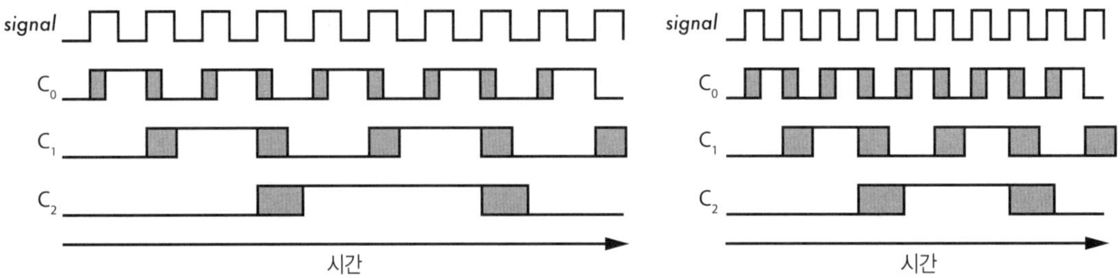

그림 3-15 리플 카운터의 타이밍

왼쪽의 **타이밍 다이어그램**timing diagram은 전파 지연을 제대로 감안해 3비트 수를 세는 경우를 보여준다. 하지만 오른쪽 그림은 전파 지연이 허용하는 것보다 더 빠른 속도로 입력을 변화시키는 경우를 보여준다. 이 경우 출력이 틀리는 경우가 생긴다.

이 문제는 그림 2-41의 리플 자리올림 가산기에서 봤던 문제의 변종이다. 자리올림을 예측하는 회로를 추가해 문제를 해결했던 것처럼, **동기적 카운터**synchronous counter를 설계해서 리플 카운터의 타이밍 문제도 해결할 수 있다.

리플 카운터와 달리 동기적 카운터는 상태 변경이 동시에(동기화되어) 일어난다. 이 말은 모든 플립플롭에 같은 클록을 병렬로 연결한다는 사실을 암시한다. 3비트 동기 카운터를 그림 3-16에서 볼 수 있다.

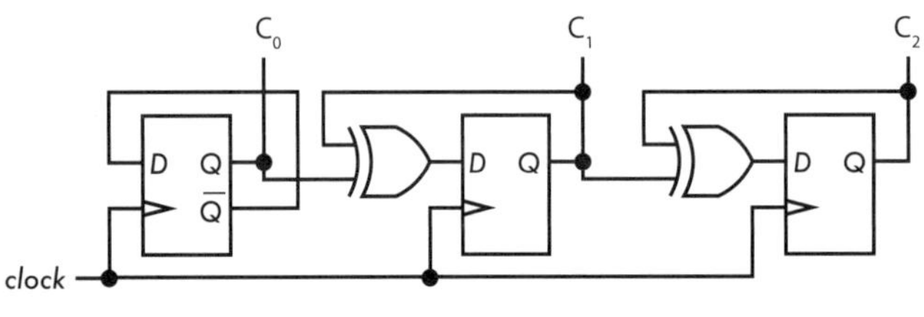

그림 3-16 3비트 동기 카운터

그림을 보면 모든 플립플롭에 같은 클록이 들어가기 때문에 이 카운터의 모든 플립플롭의 상태가 동시에 변한다는 사실을 알 수 있다. 출력이 어느 시점에 올바른지 알려면 전파 지연을 여전히 고려해야 하지만, 플립플롭을 연속적으로 연결해서 생기는 문제는 없어졌다.

카운터를 더 큰 회로를 만드는 기본 기능 요소로 사용할 수 있다. 따라서 카운터를 표현하는 별도의 스키매틱 기호가 있다. 이 경우도 직사각형 박스로 카운터를 표현한다. 그림 3-17을 보라.

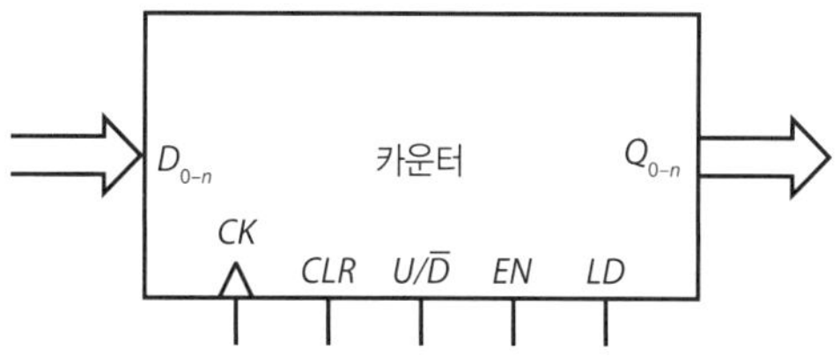

그림 3-17 카운터 스키매틱 기호

이 그림에는 이전에 본 적이 없는 새로운 입력이 몇 가지 들어 있다. 카운터에 따라 이 입력 중 일부만 제공할 수도 있다. 대부분의 카운터에는 카운터를 0으로 되돌리는 *CLR* 입력이 있다. 그리고 대부분의 카운터는 카운터를 활성화하는 *EN* 입력도 제공한다. *EN*이 참이 아니면 카운터가 수를 세지 않는다(즉, 클록이 변하고 입력이 바뀌어도 카운터값이 변하지 않는다). 일부 카운터는 양방향으로 수를 셀 수 있다. $U/\overline{D}$ 입력은 개수를 증가시킬지($U/\overline{D}$가 1인 경우) 감소시킬지($U/\overline{D}$가 0인 경우)를 결정한다. 마지막으로, 일부 카운터는 데이터 입력 D_{0-n}과 카운터를 데이터 입력에 지정한 값으로 설정하기 위한 *LD* 신호 입력을 제공하기도 한다.

지금까지 카운터에 대해 살펴봤다. 카운터를 사용하면 시간을 셀 수 있다. 하지만 플립플롭으로 할 수 있는 일이 더 있다. 다음 절에서는 더 많은 정보를 저장하는 방법을 배운다.

레지스터

D 플립플롭을 사용하면 값을 쉽게 기억할 수 있다. 값을 기억하기 위해 *D* 플립플롭을 사용하는 것은 아주 흔한 응용이기 때문에 **레지스터**register라는 회로를 쉽게 구할 수 있다. 레지스터는 클록을 공유하는 여러 *D* 플립플롭을 한 패키지에 넣은 것이다. 그림 3-18은 2장에서 설명한 가산기 회로로 덧셈한 결과를 레지스터에 저장하는 예를 보여준다.

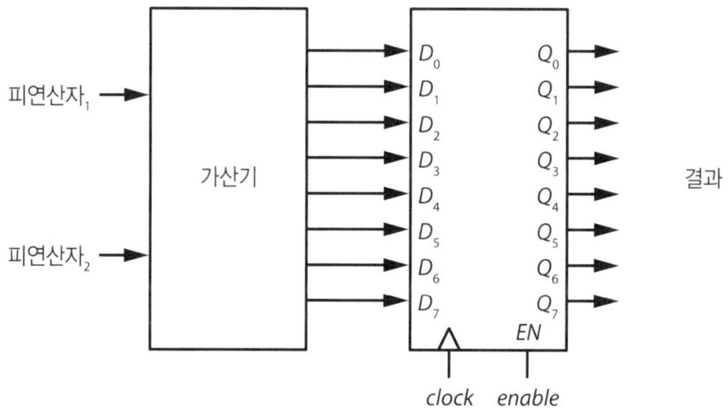

그림 3-18 가산기 결과를 저장하는 레지스터

가산기 출력을 클록을 사용해 레지스터에 넣고 나면, 가산기의 입력을 바꿔도 결과는 바뀌지 않는다. 레지스터도 카운터에서 봤던 것과 비슷한 *enable* 입력을 제공하는 경우가 자주 있다는 사실도 알아두자.

메모리 조직과 주소 지정

비트를 하나 기억할 때 플립플롭이 유용하다는 사실을 봤고, 레지스터를 사용하면 쉽게 여러 비트를 저장할 수 있다는 사실도 배웠다. 하지만 훨씬 더 많은 정보를 저장해야 한다면 어떻게 해야 할까? 예를 들어, 여러 가지 덧셈 결과를 저장해야 한다면 어떻게 할까?

그렇다. 레지스터를 많이 쌓아두는 것부터 시작할 수 있다. 하지만 새로운 문제가 생긴다. 어떤 레지스터를 사용해야 하는지 어떻게 지정할 수 있을까? 상황은 그림 3-19와 같다.

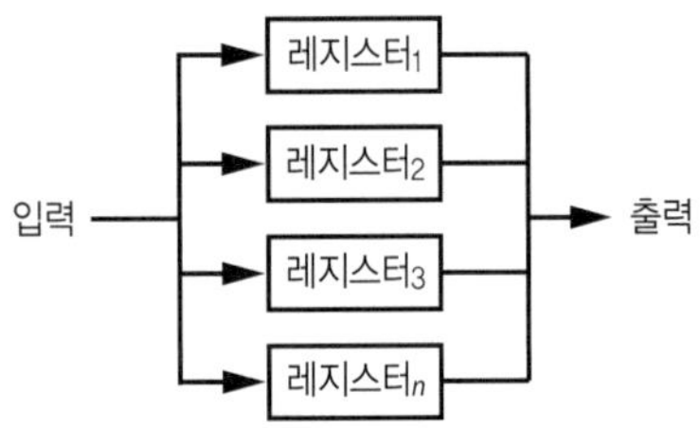

그림 3-19 여러 레지스터 사용하기

이 문제를 해결하는 방법 중 하나는 그림 3-19처럼 각 레지스터에 번호를 부여하는 것이다. 레지스터와 129페이지의 '디코더' 절에서 본 디코더를 기본 요소로 사용하면 이런 처리가 가능하며, 이 번호를 **주소**address라고 한다. 디코더의 출력을 레지스터의 입력을 활성화하기 위해 사용한다.

다음으로는 지정한 주소에 해당하는 레지스터의 출력을 선택할 방법이 필요하다. 다행히 우리는 132페이지의 '실렉터' 절에서 실렉터를 만드는 방법을 배웠고, 실렉터는 우리 필요에 딱 들어맞는다.

시스템에서 여러 메모리 컴포넌트의 출력을 한 출력으로 연결해야 할 수도 있다. 이런 경우 **트라이스테이트**tri-state 출력이라는 또 다른 기본 요소가 필요하다.

이 모든 요소를 한데 합하면 그림 3-20과 같은 메모리 컴포넌트가 만들어진다.

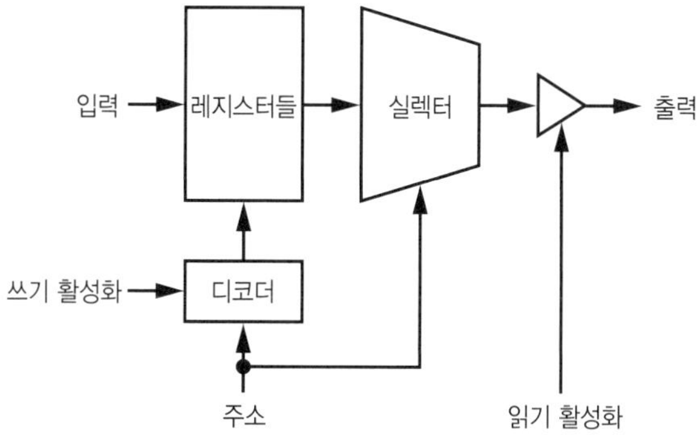

그림 3-20 메모리 회로

메모리 컴포넌트는 연결 지점이 아주 많다. 32비트 수를 다루고 싶다면 입력과 출력을 32개씩 연결해야 하고, 주소, 제어 신호, 전원도 연결해야 한다. 프로그래머는 회로를 패키지에 어떻게 넣을지나 선을 어떻게 잘 연결할지 고민하지 않아도 되지만, 하드웨어 설계자는 이런 요소를 고민해야 한다. (그래서 하드웨어 설계자들은) 메모리를 동시에 읽고 쓸 필요가 있는 경우는 거의 없다는 사실을 활용해 연결을 줄였다. 입력과 출력 데이터 연결을 합치고 *read*/$\overline{write}$ 제어 신호를 사용하면 연결을 많이 줄일 수 있다. 그림 3-21은 이렇게 단순화한 메모리의 스키매틱 기호를 보여준다. *enable* 제어 신호는 메모리 전체를 켜거나 꺼서 여러 메모리 칩을 함께 연결할 수 있게 해준다.

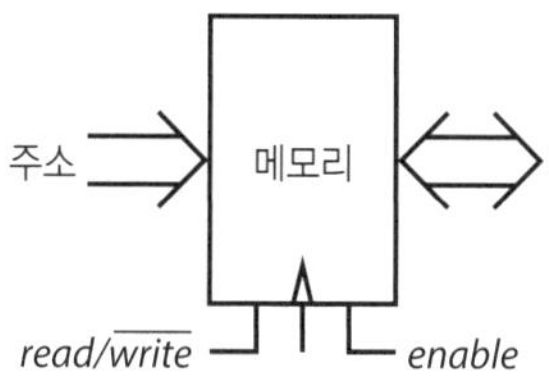

그림 3-21 단순화한 메모리 칩

그림에서 주소address와 데이터data에는 개별 신호 대신 큰 화살표를 사용한 것을 볼 수 있다. 이런 식으로 연관된 신호를 **버스**bus라고 부른다. 따라서 메모리 칩에는 **주소 버스**address bus와 **데이터 버스**data bus가 있다. 그렇다. 버스는 비트를 이동시키는 대량 교통 수단이다.

메모리 칩을 패키지에 넣을 때 해결해야 하는 다른 문제는 메모리 크기가 늘어나면 주소로 연결해야 할 비트 수도 많아진다는 점이다. 1장의 표 1-2를 살펴보면 4GiB 메모리 컴포넌트의 경우 32개의 주소 연결이 필요하다.

메모리 설계자들과 도로 설계자들은 비슷한 교통 관리 문제를 겪는다. 많은 도시는 격자로 조직되어 있고, 메모리 칩도 내부에서는 격자로 관리된다. 그림 2-3의 CPU 확대 사진을 보면 메모리 덩어리로 이뤄진 직사각형 영역을 볼 수 있다. 주소를 **행**row과 **열**column의 두 덩어리로 나눈다. 메모리 내부 위치는 그림 3-22처럼 열과 행을 조합해 지정된다.

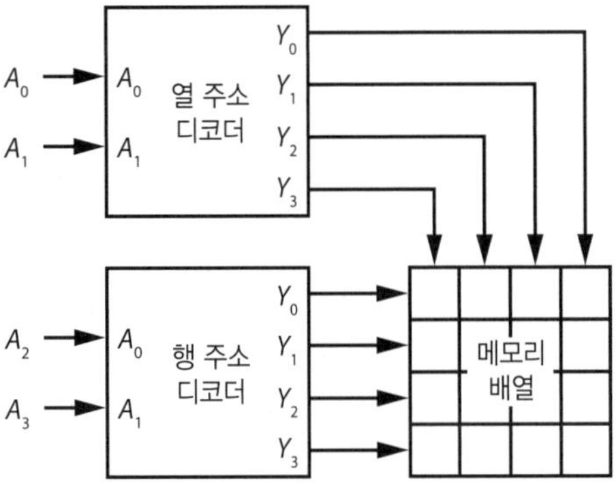

그림 3-22 열과 행 어드레싱

물론 이 그림처럼 메모리가 16 장소밖에 없다면 주소 라인에 대해 고민할 필요가 없을 것이다. 하지만 훨씬 더 많은 메모리가 있다면 어떨까? 행과 열 주소를 **멀티플렉싱**multiplexing하면 주소 라인의 수를 반으로 줄일 수 있다. 이런 식의 절약을 위해 추가로 필요한 것은 멀티플렉싱한 주소를 저장하기 위한 레지스터뿐이다. 그림 3-23을 보라.

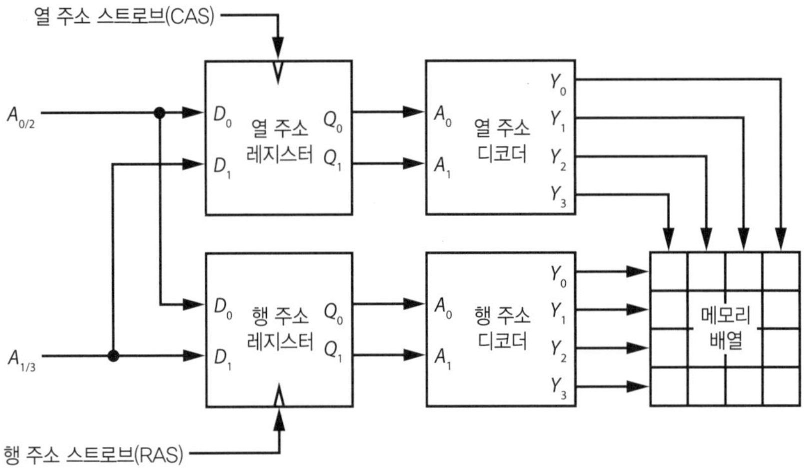

그림 3-23 주소 레지스터를 사용하는 메모리

주소가 두 부분으로 나뉘어 들어오기 때문에, 한 번에 한 부분씩만 변경할 수 있다면 성능이 더 좋아질 수 있다. 예를 들어 행 주소를 먼저 지정하고, 열 주소만 변화시키면 좀 더 빨리 처리할 수 있다. 오늘날 사용 중인 대형 메모리 칩에서는 이런 식으로 주소를 처리한다.

메모리 칩은 깊이depth×너비width로 크기를 표시한다. 예를 들어 256×8 칩은 너비(열의 수)가 8, 깊이(행의 수)가 256개인 메모리 지점을 제공한다. 64Mib×1 칩은 64메비비트가 들어 있다.

임의 접근 메모리

우리가 지금까지 살펴본 메모리를 **임의 접근 메모리**random access memory, 즉 RAM(램)이라고 부른다. RAM을 사용하면 메모리 위치 중 원하는 곳은 어디든 원하는 순서로 쓰거나 읽을 수 있다.

정적static RAM, 즉 SRAM은 비싸지만 아주 빠르다. SRAM은 각 비트에 트랜지스터가 6개 들어간다. 트랜지스터는 공간을 차지하기 때문에 SRAM은 수십억~수조 비트를 저장하기에 좋은 선택은 아니다.

동적dynamic RAM, 즉 DRAM은 더 교묘한 방법을 사용한다. **커패시터**capacitor라는 아주 작은 버킷에 전자를 담고, 트랜지스터를 1개만 사용해 뚜껑을 덮는다. 문제는 이 버킷이 새기 때문에 가끔 메모리를 **갱신**refresh해야 한다는 점이다. 즉, 버킷에 주기적으로 전자를 다시 채워 넣어야 한다는 말이다. 그래서 (이미 비트가 들어 있는) 버킷에 전자를 채우는 시점과 버킷에 정보를 쓰는 시간이 서로 겹치지 않게 조심해야 한다. 최초로 DRAM을 사용한 컴퓨터인 DEC LSI-11에서 실제로 이런 문제가 있었다. DRAM의 흥미로운 부작용으로, 빛이 버킷에 비치면 버킷이 새는 속도가 더 빨라진다. 이런 성질을 디지털 카메라에 활용할 수 있다.

DRAM은 집적도(밀도, 단위 면적당 비트 개수)가 높기 때문에 큰 메모리 칩에 사용된다. 큰 메모리 칩이라는 말은 주소가 더 많다는 뜻이고, 그에 따라 앞 절에서 설명한 주소 멀티플렉싱 방식을 사용해야 한다는 뜻이기도 하다. 내부 설계 시 고려해야 할 그 밖의 사항들로 인해, 행 주소 스트로브를 사용해 행 주소를 저장하는 속도가 열 주소 스트로브로 열 주소를 변경하는 것보다 더 빠르다. 약간 남용되는 용어이긴 하지만, 행을 **페이지**page라고 부르기도 한다. 이는 마치 책에서는 페이지를 넘기는 속도보다 한 페이지 안에서 각 줄을 건너뛰는 게 더 빠른 것과 비슷하다. 또는 공연 예술의 선구자인 지미 듀란트Jimmy Durante가 말했듯이 최고의 성능은 라스 마 카스

a-ras-a-ma-cas다.[7] 프로그래밍에서는 함께 사용되는 요소들을 같은 행에 넣어두면 성능이 훨씬 좋아진다는 점을 고려하는 것이 중요하다.

SRAM이나 DRAM은 모두 **휘발성**volatile 메모리다. 휘발성이라는 말은 전원이 (잠시 또는 완전히) 끊어지면 데이터가 사라진다는 뜻이다. **코어**core 메모리는 오래된 **비휘발성**non-volatile RAM으로, 비트를 **토러스 모양**toroidal(도넛 모양)의 쇳조각에 저장한다. 그림 3-24에서 코어 메모리를 볼 수 있다. 토러스가 한 방향으로 자화되면 0, 반대 방향으로 자화되면 1이다. 토러스는 도넛 바깥쪽의 전자기 간섭에 대한 저항력이 아주 크다는 멋진 물리적 특성이 있다. 이런 유형의 메모리는 가로 세로 선이 통과하는 격자에 코어가 배열된 **평면**plane으로 배열된다. 그리고 코어를 읽기 위한 세 번째 선인 **감지**sense 선이 있다. 코어에 담긴 정보를 읽는 유일한 방법은 코어의 자화 상태를 바꾸려고 시도하고 어떤 일이 벌어지는지 감지하는 방법뿐이기 때문에 감지 선이 필요하다. 물론 자화 상태가 바뀌었다는 사실을 감지하면 원래의 상태로 코어 상태를 복귀시켜야 하며, 그렇지 않으면 데이터를 잃어버리고 코어가 표현하는 비트가 쓸모없어진다. 이로 인해 여러 선을 코어에 얼기설기 엮고 나서 수많은 회로를 추가해야 한다. 실제로 코어 메모리는 평면을 모아 브릭brick을 만들기 때문에 3차원 메모리였다.

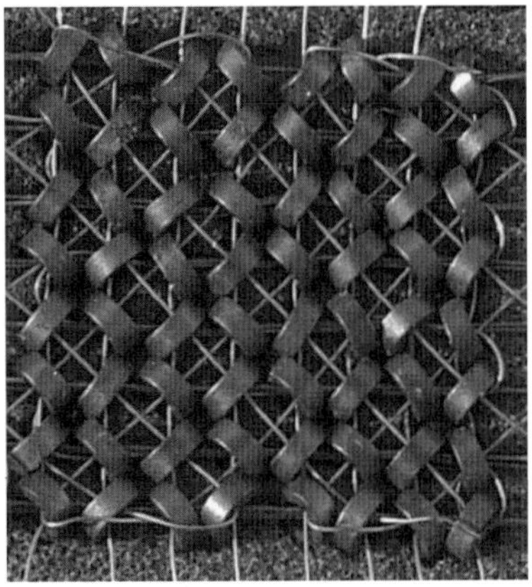

그림 3-24 코어 메모리

코어는 아주 오래된 기술이지만 비휘발성은 여전히 가치가 있다. 그래서 요즘도 코어 메모리와 RAM의 장점을 합친 실용적인 자기저항성 메모리를 개발하기 위한 연구가 이뤄지고 있다.

7 듀란트는 미국의 유명한 희극배우이자 가수, 연주자다. 본문의 'a-ras-a-ma-cas'는 'A-Razz-A-Ma-Tazz'라는 듀란트의 노래를 변형한 것으로, 원래 'razz-ma-tazz'는 남의 관심을 끌기 위한 화려한 퍼포먼스를 뜻하고, 영어 'performance'는 '성능'이라는 뜻 외에 '연기/공연/연주'라는 뜻도 있다는 점을 이용한 농담이다. – 옮긴이

읽기 전용 메모리

읽기 전용 메모리read-only memory, 즉 ROM이라는 이름은 그리 정확한 이름이 아니다. 읽을 수만 있고 쓸 수는 없는 메모리는 그리 쓸모가 없을 것이다. 실제로 ROM이라는 좋지 못한 이름 대신, 한 번만 쓸 수 있는 메모리write-once memory라고 불러야 할 것이다. ROM은 한 번 쓰고 나면 여러 번 읽을 수 있다. 전자레인지 같이 프로그램을 내장해야 하는 장치에서 ROM이 유용하다. 팝콘을 튀길 때마다 전자레인지를 다시 코딩하고 싶지는 않을 것이다.

가장 초기 형태의 ROM은 홀러리스 카드Hollerith card일 것이다. 나중에 이 카드는 IBM 카드로 알려진다. 그림 3-25를 보라. 비트들을 종이에 구멍으로 뚫어 표시한다. 정말이다! 미국 발명가인 허먼 홀러리스Herman Hollerith(1860~1929)는 가격 절감에 능했기 때문에 홀러리스 카드는 아주 쌌다. 홀러리스는 1800년대 후반 이 카드를 발명했다. 더 정확히 말하면 이 카드는 1801년 조셉 마리 자카드Joseph Marie Jacquard가 발명한 자카드 방직기Jacquard loom의 아이디어를 따왔다고 말하는 것이 정확하다. 자카드 방직기는 방직 패턴을 제어하기 위해 천공(구멍이 뚫린) 카드를 사용했다. 물론 자카드는 이 아이디어를 배질 부숑Basile Bouchon에게서 얻었다. 부숑은 1725년 천공 종이 테이프로 제어되는 방직기를 발명했다. 발명과 변용을 구분하기가 쉽지 않은 경우가 많다. 후자는 전자를 기반으로 만들어지고, 미래는 과거를 바탕으로 하기 때문이다. 특허와 지적 재산권 관련 법 적용 기간을 늘리고 제약을 더 강화해야 한다고 주장하는 사람을 볼 때는 이런 사실을 염두에 둬야 한다. 과거를 바탕으로 무언가를 만들 수 없다면 진보가 느려질 수 있다.

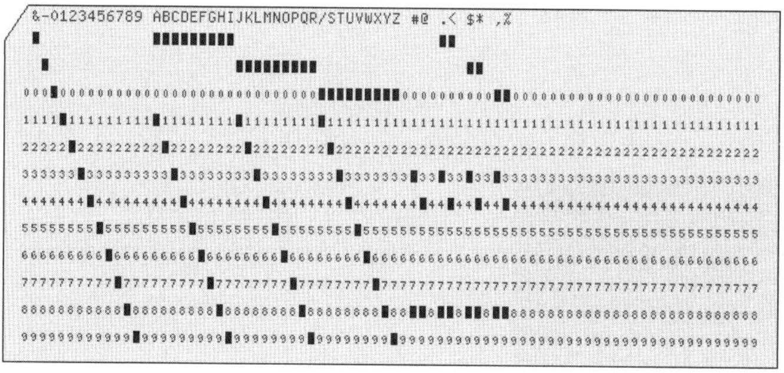

그림 3-25 IBM 카드

초기 IBM 카드 리더는 스위치를 사용해 비트를 읽었다. 카드는 스프링 같은 선이 나열된 사이로 미끄러져 들어갔고, 탄성이 있는 선은 구멍 사이를 지나가 반대편의 금속 조각에 접촉한다. 나중에는 밝은 빛을 한쪽에 켜두고 구멍을 통과한 빛을 반대편에 줄지어 있는 **광감지기**photodetector가 감지하게 했고, 이 방식이 훨씬 더 빨랐다.

천공 종이 테이프punched paper tape는 ROM 기술과 관련이 있다. 종이 테이프 롤에 뚫린 구멍은 비트를 표현한다(그림 3-26 참조). 한 묶음(덱deck)을 떨어뜨리면 순서가 뒤섞여서 데이터가 꼬이는 카드에 비해 테이프는 그런 염려가 없다는 장점이 있다. 반면 테이프가 찢어지면 수리를 하기 힘들다. 작업 도중에 천공 테이프를 수리하기 위해 사용한 마스킹 테이프가 기계를 멈추게 하는 일이 자주 있었다.

그림 3-26 천공 종이 테이프

비트를 읽으려면 카드와 테이프를 물리적으로 움직여야 했기 때문에 카드와 테이프는 아주 느렸다.

아폴로Apollo호 비행 제어 컴퓨터에는 **코어 로프 메모리**core rope memory라는 다른 종류의 ROM이 사용됐다(그림 3-27 참조). 바느질을 통해서만 비트를 기록할 수 있었기 때문에 코어 로프 메모리는 전자기 간섭의 영향을 받지 않았다. 특히 우주 같은 냉혹한 환경에서는 이런 특성이 아주 중요하다.

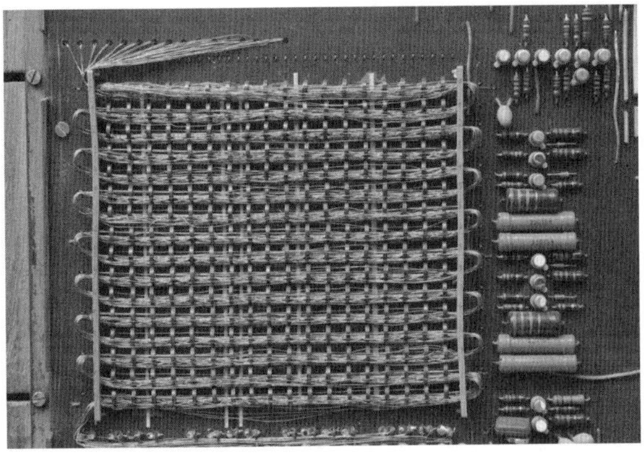

그림 3-27 아폴로호 항로 컴퓨터에 사용한 코어 로프 메모리

IBM 카드와 종이 테이프는 **순차적**sequential 메모리다. 이 말은 데이터를 일정한 순서로만 읽을 수 있다는 뜻이다. 카드 리더는 역순으로 카드를 읽을 수 없기 때문에, 실제로는 장기적으로 저장해야 하는 데이터를 저장하는 경우에만 유용하다. 데이터를 사용하려면 카드나 테이프에 있는 정보를 RAM으로 읽어 들여야 한다. 1971년 최초로 상업적으로 팔리기 시작한 마이크로프로세서microprocessor인 인텔Intel 4004로 인해 더 나은 프로그램 저장 기술에 대한 수요가 생겼다. 이 최초의 마이크로프로세서는 정해진 프로그램을 실행하는 초기 전자 계산기와 같은 장치에 쓰였다. 이와 함께 **마스크 프로그래머블**mask-programmable ROM이 도입됐다. **마스크**mask는 집적 회로 생산 과정에서 사용하는 공판화stencil를 뜻한다. 여러분은 프로그램을 작성하고 그 비트 패턴을 큰 액수의 수표와 함께 반도체 제조사에 보낸다. 반도체 제조사는 비트 패턴을 마스크로 바꿔서 여러분의 프로그램이 들어 있는 칩을 만들어서 돌려준다. 이 칩은 돈을 더 지불하고 새로 다른 마스크를 만들지 않고는 내용을 바꿀 수 없기 때문에[8] 읽기 전용 메모리다. 마스크 프로그래머블 ROM은 임의 접근이 가능하다(아무 주소나 원하는 대로 읽을 수 있음).

마스크는 너무 비싸기 때문에 만들어야 하는 칩이 아주 많은 경우에만 사용할 수 있다. 그에 따라 **프로그래머블 읽기 전용 메모리**PROM, Programmable ROM가 만들어졌다. PROM은 여러분이 직접 프로그래밍할 수 있는 ROM이지만 단 한 번만 ROM에 프로그램을 적어 넣을 수 있다. 최초의 PROM은 칩에 있는 니크롬nichrome(니켈-크롬 합금) 퓨즈를 녹이는 방식이었다. 니크롬은 토스터나 전기장판 열선과 같은 재료다.

프로그램을 개발하는 과정에서 (프로그램의 오류 등으로 버려진) PROM이 산처럼 쌓이기 쉬웠다. 엔지니어들은 고통을 싫어하기 때문에, PROM 다음으로 **지울 수 있는 읽기 전용 메모리**EPROM, erasable programmable ROM를 만들어냈다. 이 칩은 PROM과 비슷하지만 패키지 위쪽에 수정 창이 있어서 특별한 자외선 빛 아래 EPROM을 넣어두면 저장된 내용을 지울 수 있었다.

전기로 지울 수 있는 읽기 전용 메모리EEPROM, electrically EPROM가 등장하면서 삶이 더 편해졌다(전기로 지울 수 있다니 얼마나 편한가!). EEPROM은 전기로 지울 수 있는 EPROM이다. 수정 창도 없고 자외선도 필요 없다. 하지만 EEPROM을 지우는 과정은 느리기 때문에 자주 할 만한 일은 아니다. EEPROM은 내부 데이터를 아무 순서로나 쓰고 읽을 수 있기 때문에 기술적으로는 RAM이다. 하지만 데이터를 쓰는 데 시간이 오래 걸리고 RAM보다 비싸기 때문에 ROM을 대신하는 목적으로 쓰인다.

8 실제로는 원래 칩은 그대로 남고 새로운 칩이 만들어질 뿐이다. 칩의 내용이 바뀌는 일은 없다. 따라서 혹시 마스크를 만드는 비트 패턴을 잘못 옮기면 칩을 다시 만들기 위해 비용을 또 들여야 한다. – 옮긴이

블록 장치

메모리를 읽거나 쓰려면 시간이 걸린다. 밀가루가 필요할 때마다 매번 가게에 가서 밀가루를 사와야 한다고 생각해보라. 가게에 한 번만 방문해 밀가루를 한 포대 사오는 편이 더 나을 것이다. 큰 메모리 장치도 이런 원리를 사용한다. 방산시장에 가서 못을 사오는 경우를 생각해보라.

대량 저장장치mass storage로 알려진 **디스크 드라이브**disk drive는 엄청나게 많은 데이터를 저장하기 아주 좋은 장치다. 2021년 초 기준 8TB 3.5인치 디스크 드라이브 가격은 20만원 정도다. 디스크 드라이브는 중화요리집 식탁 중간에 있는 회전판과 비슷한 자화된 판platter에 비트를 저장한다. 중국집에서는 여러분이 식탁 회전판을 돌리면서 원하는 요리가 여러분 앞에 오면 손을 사용해 음식을 앞접시에 옮겨 담는다. 디스크 드라이브에서는 **디스크 헤드**disk head가 여러분의 손 역할을 한다.

디스크 드라이브는 다른 유형의 메모리에 비해 상대적으로 느리다. 방금 헤드를 지나간 데이터가 필요한 경우 그 데이터를 읽을 수 있으려면 회전판이 거의 1바퀴 돌 때까지 기다려야 한다. 최근의 디스크들은 1분에 7,200번 회전한다(7,200 RPM). 이 말은 한 바퀴 도는 데 8밀리초보다 약간 더 시간이 걸린다는 뜻이다. 또 다른 디스크의 큰 문제는 기계 부품이 시간이 지나면서 낡아진다는 점이다. 회전축의 마찰을 줄여주는 베어링의 마모는 디스크 오류를 일으키는 주 원인이다. 기업용 디스크와 일반인용 디스크의 차이는 주로 베어링에 들어 있는 윤활유 양의 차이다. 이렇게 함으로써 생산자는 10원도 안 하는 것에 수십만 원을 매길 수 있다. 디스크 드라이브는 디스크의 영역을 자화시켜서 데이터를 저장한다. 이로 인해 디스크 드라이브는 코어 메모리와 마찬가지로 비휘발성이다.

디스크 드라이브는 기록 밀도와 속도를 맞바꾼 기억 장치다. 디스크 드라이브는 헤드 아래 원하는 비트가 돌아올 때까지 시간이 걸리기 때문에 속도가 느리다. 하지만 DRAM 등과 달리 주소나 데이터 연결을 위한 공간이 필요 없다. 그림 3-28은 디스크 드라이브의 내부를 보여준다. 먼지가 들어가거나 표면이 오염되면 문제가 생기기 때문에 디스크는 봉인된 컨테이너 안에 들어 있다.[9]

9 최근 디스크 헤드와 회전판 사이의 거리는 수 나노미터 이하로, 담배 연기 입자 같은 미세 입자만 들어가도 원판이 긁히면서 디스크 오류가 발생할 수 있다. 그림 3-28은 내부를 보여주기 위해 일부러 디스크의 뚜껑을 열고 내부를 찍은 모습이다. – 옮긴이

그림 3-28 디스크 드라이브

디스크는 바이트 단위로 주소를 지정해 읽는 대신 블록 단위로 주소를 지정해 읽는다. **블록**block은 역사적으로 **섹터**sector라고 불려왔고, 디스크에서 읽고 쓰기가 가능한 가장 작은 단위다. 디스크는 역사적으로 섹터당 512바이트를 저장했으나 최근에는 4,096바이트를 저장한다. 이 말은 디스크에서 한 바이트만 바꾸고 싶으면 전체 블록을 읽고 원하는 바이트를 바꾼 다음 전체 블록을 다시 써야 한다는 뜻이다. 하드 디스크에는 그림 3-29처럼 레이아웃이 이뤄진 **원판**platter이 하나 이상 회전축에 연결되어 돌아간다.

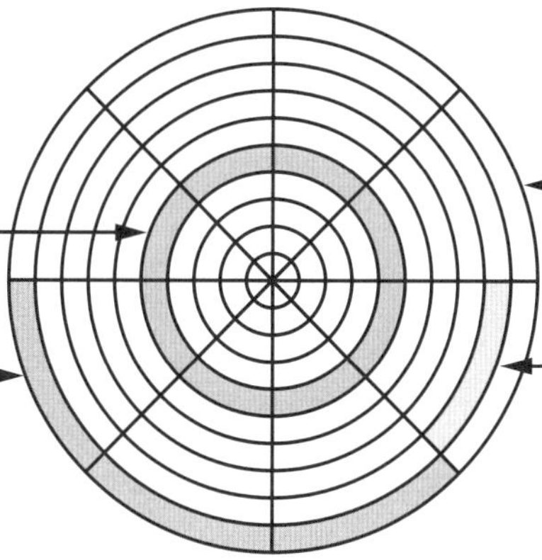

그림 3-29 디스크 레이아웃

모든 섹터에 같은 수의 비트가 들어 있기 때문에 bit/mm^{2}으로 표현하는 **비트 밀도**bit density는 각 원판의 바깥쪽보다 안쪽이 더 높다. 바깥쪽 트랙에는 비트를 더 집어넣을 수 있는 여유가 많기 때문에 이런 방식은 낭비가 심하다. 최신 디스크들은 이 문제를 **방사상 영역**radial zone으로 구분해 해결한다. 이 방식에서는 실제로 내부 영역보다 외부 영역에 더 많은 섹터가 들어간다.

디스크 드라이브 성능을 표현하기 위해 사용하는 몇 가지 수치가 있다. 현대적인 디스크는 방사상으로 움직이는 액추에이터 암actuator arm에 달린 헤드head가 있는데, 디스크는 헤드의 위치에 따라 트랙으로 나뉜다. **탐색 시간**seek time(시크 타임이라고도 한다)은 헤드를 한 트랙에서 다른 트랙으로 옮길 때 걸리는 시간이다. 물론 트랙마다 헤드를 하나씩 두면 탐색 시간이 필요 없을 것이다. 아주 오래된 디스크 중에는 그런 구조로 된 디스크도 있지만, 최근의 디스크에서는 트랙 사이 간격이 너무 작아서 실질적으로 트랙마다 헤드를 배치할 수 없다. 탐색 시간에 더해서, 원하는 데이터가 헤드 아래로 올 때까지 디스크가 돌아야 하는데 이때 걸리는 시간을 **회전 지연 시간** rotational latency이라고 부른다. 앞에서 설명한 것처럼 보통 회전 지연 시간은 수 밀리초 수준이다.

디스크 드라이브를 종종 **하드 드라이브**hard drive(딱딱한 드라이브라는 뜻)라고 부른다. 원래는 모든 디스크 드라이브가 하드 드라이브였다. 하지만 **플로피 디스크**floppy disk라는 더 저렴하고 탈착이 가능한 드라이브가 등장하면서 구분이 생겼다. 플로피 디스크는 잘 구부러지는 재질이었기 때문에 그렇지 않은 다른 (기존의) 드라이브를 '하드' 디스크라고 불러서 둘을 구분하기 시작했다.

더 오래된 디스크의 변종으로 **자기 드럼**magnetic drum 저장장치가 있다. 드럼은 드럼(원통형 석유 드럼통을 생각하면 된다)이라는 이름 그대로 회전하는 원통에 헤드가 줄지어 있는 기억 장치다.

자기 테이프magnetic tape는 자화시킨 테이프를 감은 릴reel을 사용하는 또 다른 비휘발성 저장장치 기술이다. 자기 테이프는 디스크 드라이브보다 더 느리고 원하는 위치까지 테이프를 감으려면 오랜 시간이 걸린다. 초기(1970~80년대) 애플 컴퓨터는 일반 소비자용 음향 카세트 테이프를 자기 테이프 저장장치로 사용했다.

광학 디스크optical disk는 자기 디스크와 비슷하지만 데이터를 읽고 쓰기 위해 자성 대신 빛을 사용한다는 차이가 있다. CD나 DVD가 바로 광학 디스크에 속한다. 광학 디스크는 같은 데이터를 포함하는 디스크를 대량으로 찍어낼 수 있다는 장점이 있다. 미리 출력된 디스크는 ROM이다. PROM처럼 한 번만 쓸 수 있는 디스크도 있고(CD-R, DVD-R), 지우고 다시 쓸 수 있는 디스크도 있다(CD-RW, DVD-RW). 그림 3-30은 광학 디스크의 일부를 확대한 모습을 보여준다.

그림 3-30 광학 디스크 데이터

플래시 메모리와 SSD

플래시 메모리flash memory는 가장 최근 나타난 EEPROM 유형의 매체다. 음악 플레이어나 디지털 카메라 등의 응용에는 플래시 메모리가 적합하다. 플래시 메모리는 DRAM과 마찬가지로 버킷에 전자를 담는 방식으로 작동한다. 하지만 플래시 메모리의 버킷은 DRAM보다 더 크고 잘 만들어져 있어서 전자가 새지 않는다. 하지만 여러 번 읽고 쓰기 위해 뚜껑을 여닫다 보면 뚜껑의 경첩이 닳아서 끊어져 버린다. 플래시 메모리는 EEPROM보다 더 빨리 지울 수 있고 더 저렴하게 만들 수 있다. 플래시 메모리는 RAM처럼 원하는 위치를 마음대로 읽을 수 있다. 하지만 빈 플래시 메모리에 데이터를 기록하기 위해서는 먼저 0을 채워 넣어야 한다. 플래시 메모리의 0을 1로 바꿀 수는 있지만, 전체를 지우지 않고 원하는 비트만 0으로 되돌릴 수는 없다. 모든 메모리를 다 지우는 것은 낭비가 심하므로 플래시 메모리 내부는 블록으로 나눠서, 블록 단위로 지우고 값을 쓸 수 있다. 따라서 플래시 메모리는 읽을 때는 임의 접근random access 장치이고 쓸 때는 블록 접근block access 장치다.

디스크 드라이브는 점차 SSD로 널리 알려진 **고체 상태 드라이브**solid-state drive로 교체되고 있다. SSD는 디스크 드라이브 모양의 패키지에 넣은 플래시 메모리와 같다. 현재는 회전식 하드 디스크보다 SSD의 비트당 가격이 비싸지만 SSD 가격이 점차 저렴해지고 있다. 플래시 메모리는 점차 낡기 때문에[10] SSD에는 여러 블록의 쓴 횟수를 기억해서 모든 블록이 가능하면 똑같은 수준으로 낡도록 조정wear leveling하는 프로세서가 들어 있다.

오류 감지와 정정

한 줄기의 우주 방사선이 언제 메모리에 닿아서 비트가 잘못될지 알 수 없다. 그런 일이 발생했을 때 빨리 알아챌 수 있다면 좋을 것이다. 또는 그렇게 잘못된 부분을 즉시 복구할 수 있다면 더더욱 좋을 것이다. 물론 이렇게 개선하려면 돈이 들어가기 때문에 일반 소비자에게 판매하는 제품 수준에서는 이런 기능이 들어가 있는 경우가 많지 않다.

10 보통 한 비트를 표현하는 셀 하나당 1000(TLC)~10만 회(SLC) 정도 쓰고 지우면 더 이상 데이터를 기록할 수 없게 된다. 물론 이 말은 TLC의 경우 확률적으로 1000번 정도 사용하면 셀이 망가질 가능성이 아주 크다는 뜻이지, 모든 셀이 정확히 1000번 만에 망가진다는 이야기는 아니다. – 옮긴이

원본 데이터의 완벽한 복사본을 저장하지 않고도 데이터 오류가 발생했는지 알고 싶다. 그리고 실제 원본과 똑같은 복사본을 만들려고 해도 실제로는 어떤 쪽이 올바른 버전인지를 알 방법이 없기 때문에 단순히 데이터를 복사하는 방식은 제대로 작동하지 않는다. 복사본을 2개 더 만들고(즉 똑같은 데이터를 3벌 만들고), 세 데이터를 비교해서 둘 이상 일치하는 쪽이 맞는다고 판단할 수도 있다. 아주 혹독한 환경에서 작동해야 하는 컴퓨터는 이런 식의 처리를 하기도 한다. 그런 컴퓨터는 양자에 얻어맞아도 데이터 변화가 일어나지 않는 더 비싼 회로를 사용하기도 한다. 예를 들어, 스페이스 셔틀에는 컴퓨터가 여러 벌 있고 오류가 감지되면 투표 시스템을 활용해 문제를 해결한다.

패리티parity를 사용하면 단 1비트만 데이터가 잘못된 경우를 감지할 수 있다. 패리티의 아이디어는 데이터에서 1로 설정된 비트의 개수를 세고, 그 개수가 짝수인지 홀수인지 나타내는 1비트를 데이터에 덧붙이는 것이다. 모든 비트의 XOR을 취하면 쉽게 이런 비트를 만들 수 있다. 패리티는 두 가지 유형이 있다. **짝수 패리티**even parity는 모든 비트를 서로 XOR 한 값을 사용하며, **홀수 패리티**odd parity는 XOR 한 값의 보수를 사용한다. 이 이름이 조금 이상해 보일 것이다. 실제로는 패리티 비트를 포함하는 전체 비트 시퀀스에서 1의 개수가 짝수인지 홀수인지 여부에 따라 이런 이름이 생겨났다.[11]

그림 3-31의 왼쪽은 짝수 패리티 계산 방법을 보여준다. 1이 4개 있으므로 패리티는 0이다. 오른쪽은 패리티 검사 방법을 보여준다.[12] 출력이 0이면 데이터에 문제가 없다는 뜻이거나, 적어도 패리티만 봤을 때는 아무 문제가 없다는 뜻이다. 패리티의 가장 큰 문제는 오류가 짝수 번 발생하면 오류가 발생하지 않은 경우와 구분이 불가능하다는 점이다. 패리티는 오류가 홀수 번 발생한 경우만 알아낼 수 있다.

11 그림 3-31에서 보면 8비트 데이터에서 1이 모두 4개 있으므로 짝수다. 따라서 짝수 패리티에서는 패리티를 0으로 만들어서 1인 비트의 수를 짝수(4개)로 유지한다. 만약 홀수 패리티를 쓴다면 8비트 데이터에서 1이 모두 4개 있으므로 패리티 비트로 1을 지정해서 1인 비트의 수를 홀수(5개)로 만들어야 한다. – 옮긴이

12 *A* XOR *B*는 항상 *A*와 *B*가 같으면 0, 같지 않으면 0이 아닌 값이 나오며, 특히 *A*, *B*가 모두 1비트인 경우에는 두 비트가 같으면 0, 두 비트가 다르면 1이 나온다. 오른쪽의 비교 부분에서 보면 0부터 7까지 8비트의 XOR을 한 값과 8번째 비트에 있는 패리티 값을 XOR로 비교한다. 따라서 두 비트(미리 계산해 넣은 패리티와 검증하기 위해 8비트 데이터를 가지고 직접 계산한 패리티)가 같으면 0, 같지 않으면 1이 나온다. – 옮긴이

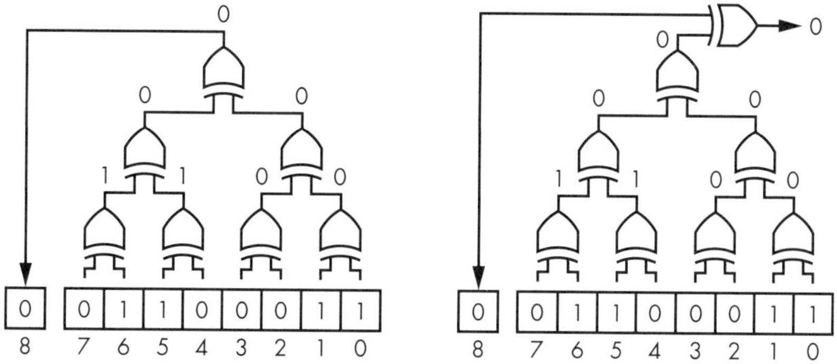

그림 3-31 짝수 패리티 생성과 짝수 패리티 검사

더 복잡한 방법으로 미국 수학자인 리처드 해밍Richard Hamming(1915~1998)이 발명한 해밍 코드Hamming code 등이 있다. 해밍 코드는 더 많은 비트를 사용해 더 많은 오류를 감지할 수 있고 오류 횟수가 작으면 오류가 일어난 부분을 바로 수정할 수도 있다. 이런 회로를 내장한 **오류 검사와 정정**ECC, error checking and correction 메모리 칩도 있다. 이런 칩은 보통 소비자용 장치에는 쓰이지 않고, 큰 데이터 센터 등에 쓰인다.

패리티 같은 방법은 끊임없이 변화하는 데이터를 처리할 때 유용하다. 컴퓨터 프로그램과 같이 정적인(값이 변하지 않는) 데이터 블록을 검증하는 더 값싼 방법도 있다. 이런 방법 중 가장 단순한 방법은 **체크섬**checksum이다. 체크섬은 데이터의 각 지점(예: 바이트)을 n 비트값으로 더하고, n 비트를 넘어가는 값은 무시한다. 체크섬에 사용하는 값이 크면 클수록(즉, n이 크면 클수록) 위양성false positive[13] 결과가 발생하기는 더 어려워진다.

순환 중복 검사CRC, cyclic redundancy check는 수학적으로 체크섬보다 더 나은 대체재다. 해시 코드도 또 다른 더 나은 대체재다. 이런 방식의 목표는 데이터의 고유성을 충분히 드러낼 수 있는 방식으로 검증 숫자를 계산해서, 데이터가 약간이라도 바뀌면 검증 숫자가 더 이상 일치하지 않게 만드는 것이다.

13 위양성(false positive)이라는 용어는 어떤 특성이 있는데 어떤 검사 방법으로 판단한 결과 그 특성이 없다고 판정을 내리는 경우를 뜻하는 통계학 용어다. 사실 엄밀히 보자면 체크섬으로 판단하고 싶은 게 '데이터가 잘못되지 않았다'인지 '데이터가 잘못됐다'인지에 따라 위음성과 위양성이 반대로 정의될 수 있다. 데이터가 잘못되지 않았음을 판정하는 경우, 양성은 데이터가 잘못되지 않은 것이고 음성은 데이터가 잘못된 것이다. 이렇게 양성과 음성을 정의하면 위음성은 데이터 블록에 오류가 없는데 체크섬으로 오류가 있다고 판정하는 경우이고, 위양성은 데이터 블록에 오류가 있는데 체크섬으로 오류가 없다고 판정하는 경우라고 볼 수 있다. 체크섬에서는 수학적으로 위음성은 발생하지 않고(오류가 없는 경우 제대로 체크섬을 계산한다면 항상 결과가 같기 때문에 100% 오류가 없다고 판정이 날 수밖에 없다) 위양성 확률은 체크섬 비트 수가 커짐에 따라 줄어든다. – 옮긴이

하드웨어와 소프트웨어 비교

PROM, EEPROM, 플래시 메모리 등을 만들 때 사용한 기술은 메모리에 한정되지 않는다. 곧 논리 회로로부터 컴퓨터 하드웨어를 만드는 방법을 살펴볼 것이다. 그리고 여러분이 프로그래밍을 배우고 있기 때문에 프로그램 코드에는 논리가 들어간다는 사실을 알고 있고, 컴퓨터는 자신의 명령어 집합instruction set을 통해 논리를 프로그램에 노출하고 있다는 사실도 알 것이다. 그렇다면 논리를 하드웨어로 만드는 것과 소프트웨어로 만드는 것 사이에는 어떤 차이가 있을까? 사실 이런 구분은 모호하다. 상당 부분, 소프트웨어는 설계에 들어가는 시간이라는 비용을 제외한 어떤 추가 비용도 들지 않기 때문에 소프트웨어가 하드웨어보다 훨씬 더 만들기 쉽다는 점을 빼고는 차이가 거의 없다.

펌웨어firmware라는 말을 들어본 독자도 있을 것이다. 펌웨어는 ROM에 담긴 소프트웨어를 가리키는 용어였다. 하지만 요즘 대부분의 펌웨어는 플래시 메모리상에 존재하거나 심지어 RAM상에도 존재한다. 따라서 (펌웨어인 소프트웨어와 펌웨어가 아닌 소프트웨어 사이의) 차이가 아주 적어졌다. 둘 사이의 구분은 심지어 이보다 더 복잡하다. 큰 마일라Mylar 필름 위에 색이 다른 마스킹 테이프를 붙여가면서 칩을 설계하던 시절이 있었다. 하지만 1979년 미국의 과학자이자 엔지니어인 카버 미드Carver Mead와 린 콘웨이Lynn Conway가 『Introduction to VLSI Systems』라는 책을 내며 세상을 바꿔놓았다. 이 책에서 이들은 전자 설계 자동화EDA, electronic design automation를 시작했다. 이때부터 칩 설계는 소프트웨어 개발이 됐다. 최근의 칩 설계는 베리로그Verilog, VHDL, SystemC 등의 특별한 프로그래밍 언어를 사용해 이뤄진다.

대부분의 경우 컴퓨터 프로그래머들에게는 사용할 하드웨어가 주어져 왔다. 하지만 여러분이 하드웨어와 소프트웨어를 함께 설계해야 하는 프로젝트에 참여하는 기회를 얻을 수도 있다. 하드웨어와 소프트웨어 사이의 인터페이스 설계가 아주 중요하다. 사용할 수 없고, 프로그래밍할 수 없으며, 불필요한 기능을 갖는 칩의 예를 수없이 많이 들 수 있다.

집적 회로는 제작 비용이 많이 든다. 초반에 모든 칩 설계는 **완전한 커스텀**full custom(설계자가 직접 만든) 설계였다. 칩은 여러 계층으로 만들어지며, 맨 아래에 실제 구성요소가 들어가고 그 위에 각 구성요소를 이어주는 선들이 들어갔다. **게이트 배열**gate array(게이트 어레이라고도 함)은 몇몇 응용에서 칩 제작 비용을 줄이기 위한 노력이었다. 게이트 배열에는 미리 설계된 구성요소가 존재하고 오직 (구성요소들을 연결하는) 금속 계층만 커스텀화할 수 있다. 메모리와 마찬가지로 게이트 배열도 PROM에 해당하는 직접 프로그래밍할 수 있는 칩으로 변화했다. 그리고 지우고 다시 프로그래밍할 수 있는 EEPROM에 해당하는 칩도 존재한다.

현대적 FPGA field-programmable gate array(현장에서 프로그램 가능한 게이트 배열)는 플래시 메모리에 해당하는 논리 칩이다. FPGA를 사용하면 소프트웨어로 로직을 지우고 다시 프로그래밍할 수 있다. 대부분의 경우 FPGA를 사용하는 편이 다른 요소를 사용하는 것보다 저렴하다. 게다가 FPGA는 기능이 아주 다양하다. 예를 들어, ARM 프로세서 코어가 여러 개 들어 있는 큰 FPGA도 있다. 인텔은 2015년 알테라 Altera를 인수했고, 자사 CPU와 연동되는 것이나 암 ARM 프로세서를 포함하는 것 등 다양한 FPGA를 판매하고 있다. 여러분이 이런 장치를 포함하는 프로젝트에 참여하게 될 수도 있다. 따라서 소프트웨어를 하드웨어로 변환할 준비를 해두면 좋다.

정리

3장에서는 컴퓨터가 시간을 어떻게 인식하게 하는지 살펴봤다. 여기서 배운 순차 논리는 2장에서 배운 조합 논리와 더불어 기본적인 하드웨어 요소가 된다. 그리고 메모리를 만드는 방법도 살펴봤다. 4장에서는 이 모든 지식을 함께 조합해 컴퓨터를 만들어보자.

4장

컴퓨터 내부 구조 - 컴퓨터 하드웨어는 어떻게 구성되는가

비트의 특성과 이 특성을 활용하는 방법에 대해 1장에서 배웠다. 2장과 3장에서는 비트를 사용하는 이유와 이를 하드웨어로 구현하는 방법을 배웠다. 그리고 기본적인 전자 부품과 이를 조합하는 여러 가지 방법을 배웠다. 전자 부품을 다양하게 조합해 비트를 조작하는 회로를 만들 수 있는데, 이런 회로를 **컴퓨터**computer라고 부른다.

컴퓨터를 만드는 방법은 다양하다. 우리가 이번 장에서 선택한 설계는 설명을 쉽게 하기 위해 선택한 것이지 가장 나은 설계여서 선택한 것이 아니다. 간단한 컴퓨터도 잘 작동하지만 컴퓨터가 '잘' 작동하게 만들려면 더 많은 복잡한 구조를 추가해야 한다. 이번 장은 간단한 컴퓨터만 다룬다. 다음 두 장에서는 추가로 필요한 복잡한 구조에 대해 살펴본다.

현대적 컴퓨터는 크게 **메모리**memory(기억 장치), **입력과 출력**I/O, input and output, CPUcentral processing unit(중앙 처리 장치)라는 세 가지 부분으로 나눌 수 있다. 이번 절에서는 이 세 가지 부분이 서로 어떻게 연관되는지 살펴본다. 3장에서는 메모리를 소개하고, 5장에서는 컴퓨터와 메모리를 더 자세히 배운다. I/O는 6장에서 다룬다. CPU는 이번 장에서 내가 **도심**City Center이라고 부르는 곳에 위치한다.

메모리

컴퓨터에는 조작할 비트들을 저장할 장소가 필요하다. 이런 장소를 메모리라고 부르며, 3장에서 이에 대해 배웠다. 이제는 컴퓨터가 메모리를 어떻게 사용하는지 살펴보자.

메모리는 집이 빈틈없이 늘어선 거리와 같다. 모든 집은 크기가 똑같고 모든 집에는 정해진 개수만큼 비트를 저장할 수 있는 방이 있다. 컴퓨터를 만드는 규칙에는 각 집마다 1바이트를 저장한다고 되어 있다. 실제 거리와 마찬가지로 각 집에는 **주소**address가 부여된다. 주소는 그냥 숫자일 뿐이다. 여러분의 컴퓨터 메모리 크기가 64MiB라면, 전체는 64×1,024×1,024 = 67,108,864바이트(또는 536,870,912비트)다. 각 바이트에는 0부터 67,108,863까지 주소가 붙어 있다. (1부터 시작하고 기껏해야 몇천 번까지밖에 없는) 실제 거리와 달리 컴퓨터에서는 이런 주소가 의미가 있다.

'3 메모리 길'처럼 구체적인 주소에 있는 메모리를 가리킬 때 메모리 위치memory location라는 말을 자주 사용한다(그림 4-1 참조).

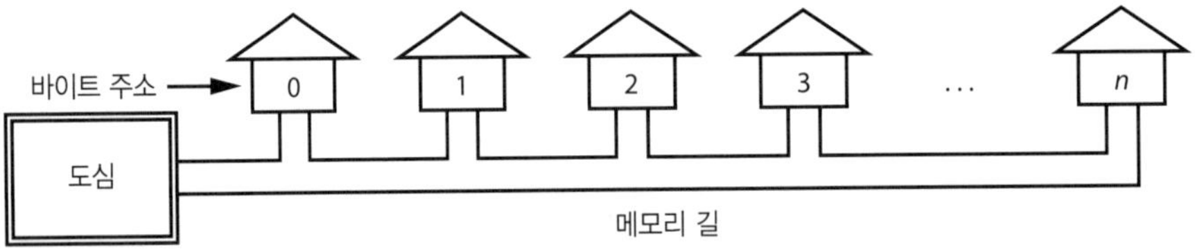

그림 4-1 메모리 길

메모리의 기본 단위가 바이트라는 것이 꼭 바이트 단위로만 데이터를 읽어야 한다는 뜻은 아니다. 예를 들어 32비트 컴퓨터는 보통 메모리를 4바이트 덩어리로, 64비트 컴퓨터는 메모리를 8바이트 덩어리로 구성한다. 왜 이런 구성이 중요할까? 이는 마치 1차선 도로 대신 4차선이나 8차선 고속도로를 사용하는 것과 비슷하다. 차선이 더 많으면 더 많은 데이터를 데이터 버스에 실을 수 있기 때문에 더 많은 양의 데이터를 처리할 수 있다. 메모리를 주소로 지정할 때는 어떤 대상(1바이트, 4바이트, 8바이트 등)을 원하는지 지정해야 한다. 32비트 컴퓨터에서는 4바이트를, 64비트 컴퓨터에서는 8바이트를 사용하기 때문에 롱 워드[1]의 주소를 지정하는 방법은 1바이트의 주소를 지정하는 방식과는 다르다. 그림 4-2를 보면 롱 워드 주소 1에는 바이트 주소 4, 5, 6, 7에 해당하는 데이터가 들어 있다.

또 다른 관점으로, 32비트 컴퓨터의 메모리 구조를 포플렉스fourplex(집이 4개 연달아 붙어 있는 땅콩집)가 늘어서 있는 길로 생각할 수도 있다. 각 포플렉스에는 다시 듀플렉스(집이 2개 붙어 있는 땅콩집)가 2개 들어 있고, 각 듀플렉스에는 유닛(한 세대)이 2개 들어 있다. 이 말은 우리가 각 유닛이나 듀플렉스 또는 건물 전체(포플렉스)의 주소를 지정할 수 있다는 뜻이다.

1 이 책의 앞부분에서 설명했지만 워드는 컴퓨터에 따라 다르다. 여기서는 16비트를 워드, 32비트를 롱 워드로 부른다. – 옮긴이

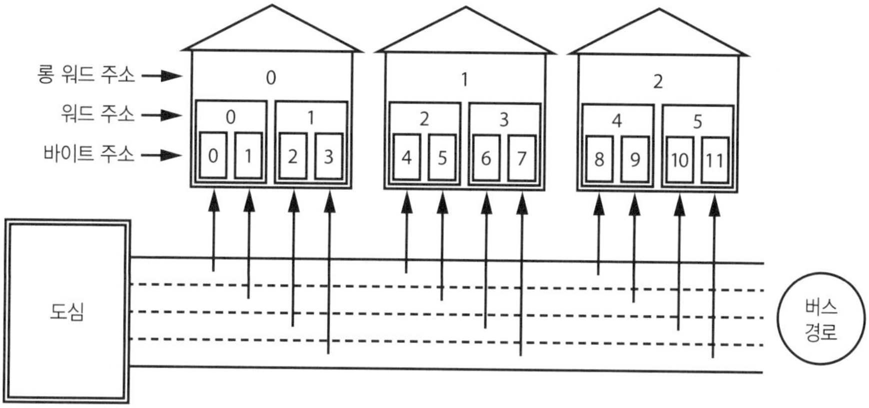

그림 4-2 메모리 고속도로

그림에서 각 건물과 고속도로가 연결될 때 바이트마다 각기 다른 차선을 배정받고, 롱 워드는 고속도로 전체를 사용한다는 사실을 확인하라. 도심을 오가는 비트들은 좌석이 4개인(네 차선에 걸친) 버스를 사용해 오가며, 버스 좌석은 차선마다 하나씩이다. 현대적 컴퓨터에서 이 버스는 오직 한 건물(포플렉스)에만 정차해 비트를 태워서 도심으로 돌아온다. 이 말은 주소가 5, 6, 7, 8인 바이트를 사용하는 롱 워드를 사용할 수는 없다는 뜻이다. 이런 경우, 한 번은 1번 주소에 있는 빌딩(5, 6, 7번 바이트를 읽음), 다음 한 번은 2번 주소에 있는 빌딩(8번 바이트를 읽음)에 들러야 해서 버스가 도심과 각 건물 사이를 두 번 왕복해야 한다.

오래된 컴퓨터에는 이런 식으로 데이터를 읽을 수 있게 도와주는 복잡한 장치가 있었지만, 곧 이런 장치가 그리 쓸모가 없다는 사실을 발견하고 최근의 컴퓨터에서는 이런 부분을 제외시켜 버렸다. 그림 4-3처럼 한 번에 두 건물에 걸쳐 있는 데이터를 읽는 경우를 **정렬이 맞지 않는 접근** nonaligned access이라고 부른다.

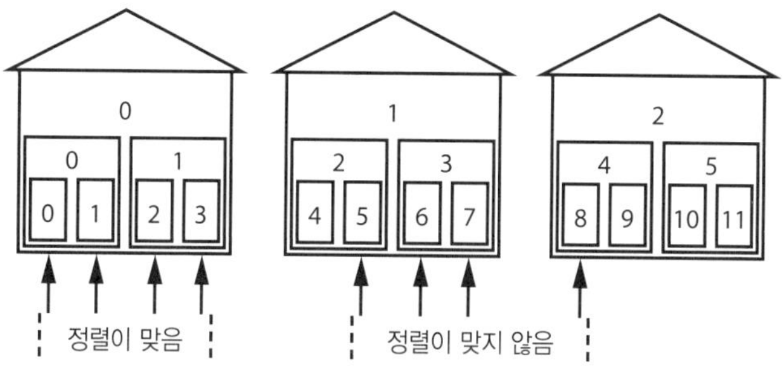

그림 4-3 정렬이 맞는 접근과 정렬이 맞지 않는 접근

앞 장에서 본 것처럼 다양한 메모리가 있다. 각 메모리는 서로 **가격/성능 비율**price/performance ratio(가성비)이 다르다. 예를 들어, SRAM은 고속도로 근처의 고급 부유층 마을처럼 빠르고 비싸다. 디스크는 저렴하지만 느려서 마치 메모리계의 비포장 도로 같다.

도심을 오가는 버스의 각 자리에는 누가 앉을까? 긴 단어의 경우 가장 왼쪽 자리에 0번 바이트가 들어갈까, 3번 바이트가 들어갈까? 사용하는 프로세서에 따라 답이 달라진다. 두 방식이 모두 사용되기 때문에, 어느 방식을 사용하느냐는 프로세서를 설계하는 사람의 마음에 달렸다. 실제로 **엔디안**endian(이 용어는 조너선 스위프트Jonathan Swift의 『걸리버 여행기』에 나온 릴리퍼트Lilliput와 블레퍼스큐Blefuscu에 대한 이야기에서 삶은 달걀 껍질을 깰 때 둥근 쪽과 뾰족한 쪽 중 어느 쪽을 깨야 하는가에 대한 황제 칙령으로부터 따온 용어다)이라는 용어가 이런 차이를 표현한다.

인텔 프로세서 같은 기계에서는 0번 바이트가 가장 오른쪽 자리에 간다. 모토로라Motorola 프로세서 같은 기계에서는 0번 바이트가 가장 왼쪽에 간다. 그림 4-4는 두 가지 배열을 비교해 보여준다.

바이트 3	바이트 2	바이트 1	바이트 0

리틀 엔디안

바이트 0	바이트 1	바이트 2	바이트 3

빅 엔디안

그림 4-4 빅 엔디안과 리틀 엔디안 배열

한 시스템에서 다른 시스템으로 데이터를 전송할 때는 엔디안을 염두에 둬야 한다. 엔디안을 무시하면 데이터 순서가 뒤섞일 수 있다. 유닉스 운영체제를 PDP-11에서 IBM 시리즈/1 컴퓨터로 포팅할 때 이런 일이 발생했다. 어떤 프로그램이 'Unix'를 출력해야 하는데 16비트 워드 내에서 바이트 순서가 뒤바뀌면서 'nUxi'를 출력했다. 이 사건으로 인해 바이트 순서와 관련된 문제를 **눅시 신드롬**nuxi syndrome이라고 우스꽝스럽게 부르기도 한다.

입력과 출력

외부 세계와 통신하지 않는 컴퓨터는 그리 쓸모가 없을 것이다. 컴퓨터에 정보를 전달하거나 컴퓨터에서 정보를 가져올 방법이 필요하다. 이런 방법을 **입력**input/**출력**output을 줄여서 I/O라고 부른다. I/O에 연결되는 장치를 **I/O 장치**I/O device라고 부른다. 이들은 컴퓨터의 주변부에 위치하기 때문에 **주변장치**peripheral device라고 부르며, 영어로는 **퍼리퍼럴**peripheral이라고 한다.

컴퓨터에는 그림 4-5처럼 I/O 처리를 위한 별도의 거리가 존재한다. I/O 거리도 메모리 거리와 비슷하다. 컴퓨터가 물리적으로 큰 과거에는 전기적 연결이 한정적인 작은 패키지에 모든 것을 욱여넣기 힘들었기 때문에 I/O 거리를 메모리 거리와 분리하는 것이 타당했다. 더구나 (컴퓨터가 아주 컸던) 과거에는 메모리 거리에 집이 많지 않았기 때문에, 제한된 주소를 I/O를 지원하느라고 낭비하는 일은 바람직하지 않았다.

그림 4-5 메모리와 I/O 버스를 분리함

32비트나 64비트 컴퓨터가 흔해진 요즘은 메모리 거리의 주소 수가 훨씬 많아졌다. 메모리 거리가 너무 길기 때문에 모든 주소에 집(메모리)이 있지는 않게 됐고, 그에 따라 빈 주소가 많아졌다. 다시 말해, 아무 메모리도 연관되지 않은 주소가 많아졌다. 따라서 이제는 메모리 거리 중 일부를 I/O 장치에 할당하는 것이 더 타당해졌다. 이는 마치 도시 한구석에 산업 지구를 두는 것과 비슷하다. 그리고 더 많은 부분을 연결이 한정적인 패키지에 구겨 넣어야 하기 때문에 I/O와 메모리가 같은 버스를 사용하는 것이 타당하다.

많은 컴퓨터에는 설계상 표준 입력/출력 **슬롯**slot이 있어서 일관된 방식으로 I/O 장치를 연결할 수 있다. 이는 마치 과거 서부시대에 땅을 분배하던 방법과 비슷하다. 그림 4-6처럼 아무도 사용하지 않는 (주소) 영역을 몇몇 사용 허가된 지역으로 나눈다. 각 슬롯을 차지한 장치는 자신에게 할당된 주소를 모두 사용할 수 있다. 각 슬롯에는 도심에서 각 슬롯에 어떤 장치가 연결됐는지 파악할 때 사용할 수 있는 인구 조사용 특별 주소가 있다.

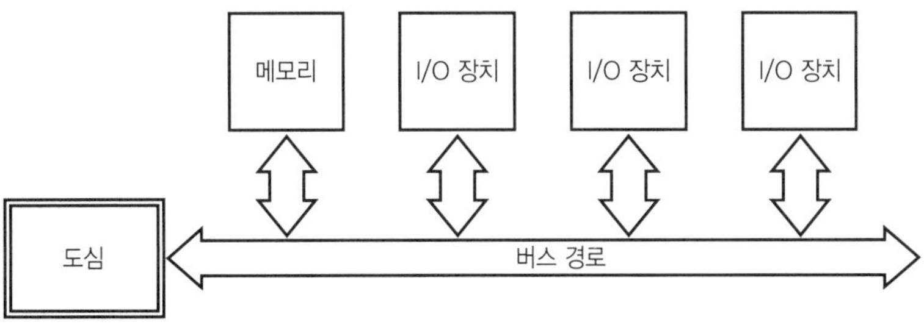

그림 4-6 메모리와 I/O에 공유된 버스

중앙 처리 장치

중앙 처리 장치CPU, central processing unit는 실제 계산을 처리하는 컴퓨터 부품이다. 우리가 사용하는 비유에서 CPU는 도심에 해당한다. 다른 모든 요소는 CPU를 지원하는 역할을 한다. CPU는 이번 절에서 배울 다양한 요소로 이뤄진다.

산술 논리 장치

산술 논리 장치ALU, arithmetic logic unit는 CPU의 핵심 부품이다. ALU는 산술 계산, 불리언 대수 및 기타 연산을 수행하는 방법을 알고 있는 장치다. 그림 4-7은 ALU를 간단히 그린 다이어그램이다.

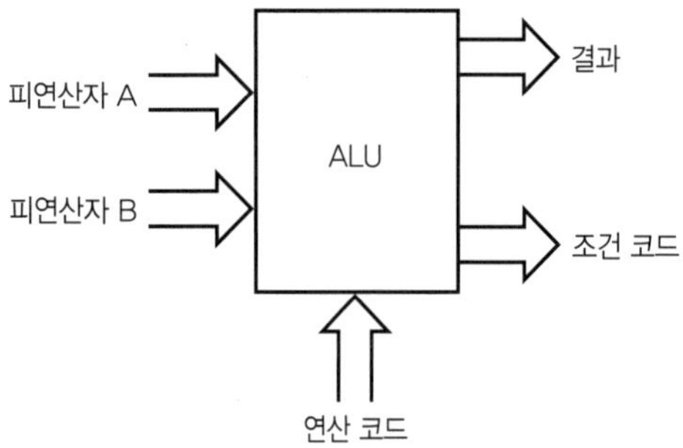

그림 4-7 ALU 예시

피연산자operand는 수를 표현하는 비트일 뿐이다. 연산 코드operation code, 즉 **명령코드**opcode는 피연산자에 대해 ALU가 어떤 **연산자**operator를 적용할지 지정한다. **결과**result는 물론 피연산자에 연산자들을 적용한 결과를 뜻한다.

조건 코드condition code에는 결과에 대한 추가 정보가 들어간다. 보통 **조건 코드 레지스터**condition code register라는 레지스터에 조건 코드가 저장된다. 3장에서 배운 대로 레지스터는 메모리 거리가 아닌 다른 곳에 존재하는 메모리일 뿐이다. 레지스터는 훨씬 더 비싼 특별한 집이라 할 수 있다. 전형적인 조건 코드 레지스터를 그림 4-8에서 볼 수 있다. 박스의 위에 그려진 숫자는 비트 번호다. 비트 번호를 사용해 각 비트를 편리하게 가리킬 수 있다. 비트 중 일부를 사용하지 않는다는 점에 유의하라(조건 코드 레지스터의 경우 이런 일이 드물지 않다).

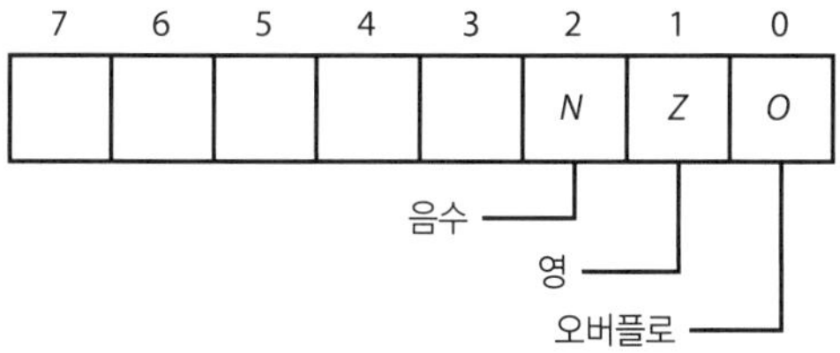

그림 4-8 조건 코드 레지스터

N 비트는 마지막으로 수행한 연산 결과가 음수인 경우 1로 설정된다. *Z* 비트는 마지막 연산 결과가 0인 경우 1이 된다. *O* 비트는 마지막 연산에서 오버플로overflow나 언더플로underflow가 생긴 경우 1이 된다.

표 4-1은 ALU가 할 수 있는 일의 예를 보여준다.

표 4-1 예제 ALU 명령코드

명령코드	니모닉(mnemonic)	설명
0000	clr	피연산자는 무시한다. 결과의 모든 비트를 0으로 만든다(지우기(clear)).
0001	set	피연산자는 무시한다. 결과의 모든 비트를 1로 만든다(설정하기(set)).
0010	not	B는 무시한다. A의 비트 중 0은 1로, 1은 0으로 만든 값이 결과다.
0011	neg	B는 무시한다. A의 2의 보수인 –A가 결과다.
0100	shl	A를 B의 하위 4비트값(범위는 0~15)만큼 왼쪽으로 시프트(shift)한다(다음 절을 참고하라).
0101	shr	A를 B의 하위 4비트값(범위는 0~15)만큼 오른쪽으로 시프트한다(다음 절을 참고하라).
0110		미사용
0111		미사용
1000	load	피연산자 B 값을 결과로 보낸다.
1001	and	A AND B가 결과다.
1010	or	A OR B가 결과다.
1011	xor	A XOR B가 결과다.
1100	add	A + B가 결과다.
1101	sub	A – B가 결과다.
1110	cmp	B – A를 계산해서 조건 코드를 설정한다.
1111		미사용

ALU가 신비해 보일지도 모르겠다. 하지만 실제로는 앞에서 배운 실렉터와 논리 게이트를 연결한 것일 뿐이다. 그림 4-9는 일반적인 ALU 설계를 보여준다. 물론 단순화를 위해 복잡한 기능은 생략했다.

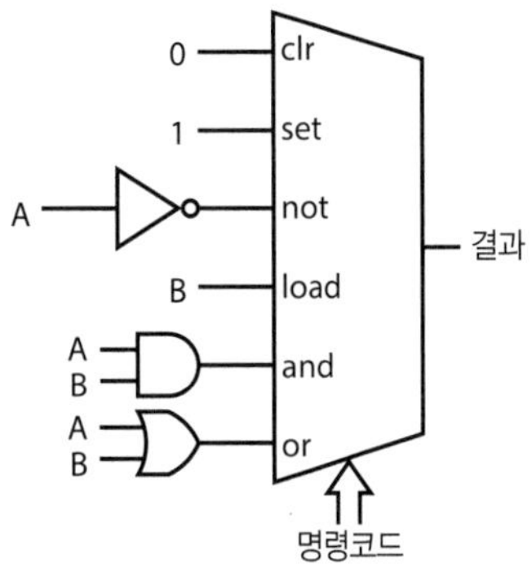

그림 4-9 ALU의 내부(일부분)

시프트

표 4-1에서 시프트 연산을 발견한 독자도 있을 것이다. 왼쪽 시프트는 어떤 숫자의 모든 비트를 왼쪽으로 1비트씩 옮기고, 맨 왼쪽 비트는 버리고, (비트들이 밀려남에 따라) 비게 되는 가장 오른쪽 비트에 0을 넣는다. 예를 들어, 01101001(105_{10})을 왼쪽으로 1비트 시프트하면 11010010(210_{10})을 얻는다. 어떤 수를 1비트 왼쪽으로 시프트하면 그 수에 2를 곱한 것과 같기 때문에 왼쪽 시프트는 아주 편리하다.

오른쪽 시프트는 어떤 숫자의 모든 비트를 오른쪽으로 1비트씩 옮기고, 맨 오른쪽 비트는 버리고, (비트들이 밀려남에 따라) 비게 되는 가장 왼쪽 비트에 0을 넣는다. 예를 들어, 01101001(105_{10})을 오른쪽으로 1비트 시프트하면 00110100(52_{10})을 얻는다. 이런 식으로 어떤 값을 오른쪽으로 1비트 시프트하면 그 수를 2로 나누면서 나머지를 버리는 것과 같다.

왼쪽 시프트를 할 때 사라지는 MSB(가장 왼쪽 비트) 값이나 오른쪽 시프트를 하면 사라지는 LSB(가장 오른쪽 비트) 값이 필요할 때가 종종 있다. 그래서 이 비트를 조건 레지스터에 저장한다. 우리 CPU에서는 이 비트를 *O* 비트에 저장한다고 가정하자.

여기서 설명 중인 시프트 명령어를 제외한 ALU의 모든 기능은 조합 논리로 구현할 수 있을 것 같다는 사실을 눈치챈 독자도 있을 것이다. 클록에 따라 내용을 1비트씩 시프트하는 **시프트 레지스터**shift register를 플립플롭을 사용해 만들 수 있다.

순차적인 시프트 레지스터(그림 4-10 참조)는 1비트를 시프트할 때 한 클록이 필요하기 때문에 (여러 비트를 시프트하는 경우) 느리다.

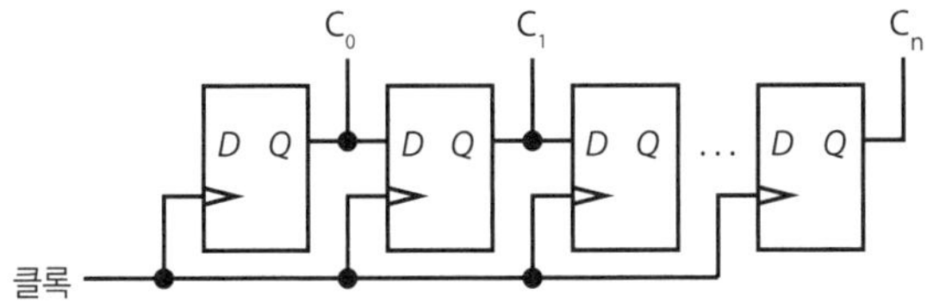

그림 4-10 순차적인 시프트 레지스터

우리가 배운 기본 빌딩 블록인 실렉터(그림 2-47 참조)와 조합 논리를 사용하는 **배럴 시프터**barrel shifter를 사용하면 이런 문제를 해결할 수 있다. 8비트 시프터를 만들려면 8:1 실렉터가 8개 필요하다.

그림 4-11처럼 한 비트당 하나씩 실렉터가 필요하다.

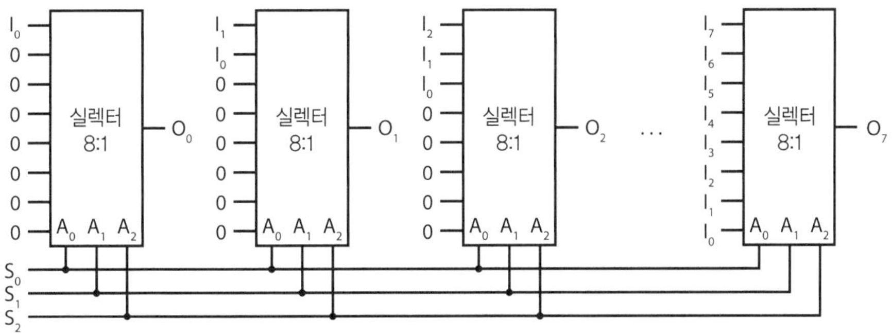

그림 4-11 조합적인 배럴 시프터

오른쪽 시프트할 비트 수는 S_{0-2}로 지정한다. 시프트를 하지 않는 경우(S가 000), 입력 비트 0(I_0)이 출력 비트 0(O_0)으로, I_1은 O_1 등으로 연결된다. S가 001이면 입력이 실렉터에 연결된 방식에 의해 출력이 오른쪽으로 1비트 시프트된다. S가 010이면 출력은 오른쪽으로 2비트 시프트되는 식이다. 다시 말해, 여덟 가지 가능한 모든 경우가 선으로 연결되어 있고 우리가 원하는 한 가지 경우를 선택할 수 있다.

예전에 7400 시리즈의 게이트 부품을 사용한 다이어그램을 보여줬던 것처럼 여기서도 실렉터 등을 사용하는 다이어그램을 보여주는 이유가 궁금한 독자도 있을 것이다. 게이트, 먹스, 디먹스, 가산기, 래치 등의 기능은 모두 IC 디자인 시스템에서 사용할 수 있는 기성 부품으로 존재한다.

따라서 2장에서 배운 회로 보드에 7400 시리즈 부품을 수없이 연결해서 만드는 방식을 사용하는 대신에, 이제는 칩 설계 소프트웨어를 사용해 단일 칩 안에 여러 기성 부품을 조립할 수 있다.

방금 본 간단한 ALU에 곱셈과 나눗셈 연산이 없다는 사실을 눈치챈 독자도 있을 것이다. 그 이유는 이런 연산이 더 복잡하고, 실제로 새로운 내용을 알려주지도 않기 때문이다. 곱셈은 덧셈을 반복하면 되고, 이 방식을 택하면 순차 논리로 곱셈을 구현할 수 있다. 또는 왼쪽 시프트는 어떤 수를 2로 곱하는 것과 같다는 점에 착안해, 배럴 시프터와 가산기를 조합하는 조합 논리 곱셈기를 만들 수도 있다.

시프터는 부동소수점 연산을 구현할 때도 핵심 부품이다. 두 피연산자의 가수를 지수에 따라 시프트함으로써 소수점을 정렬한 다음, 서로 더하거나 뺄 수 있다.

실행 장치

컴퓨터의 **실행 장치**execution unit는 **제어 장치**control unit라고도 알려져 있으며, 컴퓨터의 대장 역할을 한다. 결국 ALU는 그 자체로는 그리 유용하지 않다. 누군가는 ALU에게 할 일을 알려줘야 한다. 실행 장치는 메모리의 정해진 장소에서 명령코드와 피연산자들을 가져와서 ALU에게 어떤 연산을 수행할지 알려주고, 결과를 메모리에 돌려준다. 바라건대, 실행 장치는 어떤 유용성을 유지할 수 있는 방식으로 이 모든 단계를 수행해야 한다.

어떻게 실행 장치가 이런 일을 할 수 있을까? 우리는 실행 장치에게 명령어 목록을 제공한다. 이 명령어는 '위치(주소) 10에 있는 수를 위치 12에 있는 수와 더해서 결과를 위치 14에 넣어라'와 같은 내용이다. 실행 장치는 어디에서 이런 명령어를 찾을 수 있을까? 메모리에서 찾을 수 있다! 여기서 설명하는 방식으로 실행되는 컴퓨터를 **프로그램 저장 방식 컴퓨터**stored-program computer라고 부른다. 이 아이디어는 영국의 위대한 수학자 앨런 튜링Alan Turing(1912~1954)의 연구로부터 비롯된 것이다.[2]

이제 비트를 살펴보고 해석하는 방법이 하나 더 생겼다. **명령어**instruction는 컴퓨터에게 어떤 일을 할지 알려주는 비트 패턴이다. 명령어의 비트 패턴은 CPU마다 고유한 설계에 속한다. 숫자와 달리 명령어에는 공통 표준이 없다. 그래서 똑같은 `inc A` 명령어라고 해도 인텔 Core i7 CPU는 ARM Cortex-A CPU와 다른 비트 패턴을 사용할 가능성이 높다.

2 튜링의 범용 튜링 기계(universal turing machine) 연구가 프로그램을 메모리에 저장하는 방식을 사용한 컴퓨터의 시초라 할 수 있고, 이를 전자식 컴퓨터에 도입한 것은 미국의 존 폰 노이만(John von Neumann, 1903~1957)이다. 그래서 프로그램을 메모리에 내장하는 방식의 컴퓨터 구조를 폰 노이만 구조라고 부른다. – 옮긴이

실행 장치는 메모리에서 명령어를 가져와야 하는 위치를 어떻게 알 수 있을까? **프로그램 카운터** program counter를 사용한다(프로그램 카운터를 PC라고 줄여 쓰는 경우도 많다). PC는 우편배달부나 '현재 위치'를 알려주는 큰 화살표 같은 것이다. 그림 4-12처럼 프로그램 카운터도 레지스터의 일종이며, 메모리와 별도의 특별한 곳에 위치한다. 프로그램 카운터는 순수 레지스터(147페이지의 '레지스터' 절을 참고하라) 대신 카운터(145페이지의 '카운터' 절을 참고하라)로 이뤄진다. 카운터를 레지스터에 카운터 기능이 추가된 것으로 생각하면 된다.

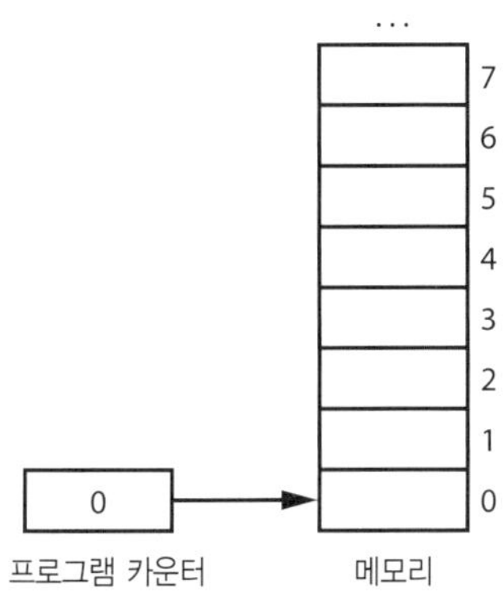

그림 4-12 프로그램 카운터

프로그램 카운터에는 메모리 주소가 들어 있다. 즉, 프로그램 카운터는 메모리 위치를 가리킨다(또는 **참조**reference한다). 실행 장치는 프로그램 카운터가 가리키는 주소에서 명령어를 읽어온다. 프로그램 카운터의 값을 바꾸는 특별한 명령어가 있다. 잠시 후 이에 대해 설명한다. 이런 명령어를 실행하는 경우가 아니라면 명령어를 수행한 뒤에는 다음 명령어를 메모리의 다음 위치에서 가져올 수 있도록 프로그램 카운터가 **증가**increment된다(이 말은 명령어 크기가 프로그램 카운터에 더해진다는 뜻이다). CPU마다 정해진 초기 프로그램 카운터 값이 있으며, CPU 전원이 들어오면 PC는 이 값으로 설정된다.[3] 그림 3-17에서 본 카운터에는 이 모든 기능을 지원하는 입력을 제공한다.

이 모든 기능은 마치 보물찾기처럼 작동한다. 컴퓨터는 메모리의 정해진 위치에서 쪽지를 찾는다. 이 쪽지에는 컴퓨터가 어떤 일을 해야 하는지가 들어 있다. 그 후 컴퓨터는 다른 장소로 이동해 다음 쪽지를 찾는다. 컴퓨터는 이런 과정을 반복하면서 프로그램을 실행한다.

3 이렇게 초기화되는 PC 값을 리셋 벡터(reset vector)라고 부르며, CPU마다 다르고 CPU가 리셋되는 원인에 따라 다른 리셋 벡터가 쓰일 수도 있다. – 옮긴이

명령어 집합

컴퓨터가 보물찾기를 하는 중에 메모리에서 찾는 쪽지를 **명령어**라고 부른다. 이번 절에서는 명령어의 내용을 살펴본다.

명령어

어떤 종류의 명령어를 CPU에서 찾을 수 있는지 살펴보고, 명령어에 어떤 비트 패턴을 선택해야 할지 알기 위해 16비트 크기의 명령어를 사용하는 컴퓨터를 가정한다.

명령어를 명령코드, 두 피연산자, 그리고 결과라는 네 가지 필드로 나누자. 그림 4-13과 같다.

15	14	13	12	11	10	9	8	7	6	5	4	3	2	1	0
명령코드				피연산자 B				피연산자 A				결과			

그림 4-13 3주소 명령어 구성

이렇게 필드를 나누는 게 좋은 아이디어인 것 같지만 실제로는 잘 작동하지 않는다. 왜 그럴까? 결과와 피연산자 주소에 4비트밖에 쓸 수 없기 때문이다. 사용할 수 있는 주소가 16개뿐이라면 쓸모있는 크기의 메모리를 가리킬 수 없을 것이다. 명령어를 더 크게 만들 수도 있지만 64비트 크기의 명령어를 사용해도 (피연산자와 결과) 주소로 쓸 수 있는 크기는 20비트뿐이다. 20비트로는 몇 메비바이트밖에 처리할 수 없는데, 최신 컴퓨터들은 기비바이트 이상 메모리를 쓸 수 있다.

또 다른 접근 방법은 그림 3-23에서 본 DRAM 주소 지정 기법을 활용하는 것이다. **주소 확장 레지스터**address extension register를 두고 별도의 명령어를 사용해 상위 주소(주소에서 MSB에 가까운 비트들)를 지정한다. 이 방법은 인텔에서 32비트 CPU를 사용해 4GiB 이상의 메모리에 접근할 때 사용했던 방법이다. 인텔은 이를 PAEphysical address extension(물리 주소 확장)라고 불렀다. 물론 주소 확장 레지스터에 값을 설정하려면 시간이 더 들고, 이런 접근 방식을 사용해 메모리 영역을 모두 지정하려면 여러 번 레지스터를 설정해야 한다는 단점이 있다.

하지만 3주소three-address 명령어가 잘 작동하지 않는 더 중요한 이유가 있다. 3주소 명령어는 세 가지 메모리 위치를 한꺼번에 지정하는 (물리적으로 존재하지 않는) 메모리 주소 접근을 사용한다. 그림 4-14에서 세 메모리 블록은 각기 다른 장치에 존재하며 주소 버스와 데이터 버스가 3개씩 따로 존재한다. 이런 경우 연산 결과를 다른 연산에 활용하려면 결과가 들어 있는 메모리 장치에 있는 데이터를 다른 피연산자 메모리 장치로 보내기 위한 별도의 명령어를 사용해야 한다. 그리고 CPU 패키지의 입출력 핀 수가 제한되어 있기 때문에 CPU 패키지를 늘리고 핀 개수를 늘리지 않으려면 세 버스가 같은 핀을 공유하고 다른 클록에 작동하는 수밖에 없다. 하지만 이런 식으로 처리한다면 버스를 3벌이나 둘 이유가 없다. 따라서 데이터 버스와 주소 버스를 하나만 두고 메모리 장치를 공유해야 한다.

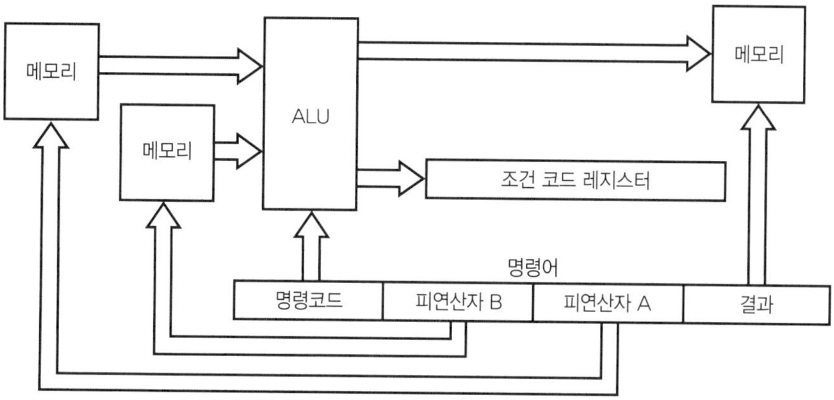

그림 4-14 작동할 수 없는 컴퓨터 구조

이 경우 피연산자 A의 내용과 피연산자 B의 내용을 저장하는 레지스터를 추가해 명령어를 처리할 수 있다. 하드웨어는 다음과 같은 절차를 거쳐 명령어를 처리한다.

1. 프로그램 카운터에 들어 있는 주소를 사용해 메모리에서 명령어를 읽어온다.
2. 명령어의 피연산자 A 부분에 있는 주소를 사용해 메모리에서 데이터를 읽어서 피연산자 A 레지스터에 저장한다.
3. 명령어의 피연산자 B 부분에 있는 주소를 사용해 메모리에서 데이터를 읽어서 피연산자 B 레지스터에 저장한다.
4. 연산을 수행한 결과를 명령어의 결과 부분에 있는 주소에 해당하는 메모리에 저장한다.

이런 명령을 수행하는 회로는 아주 복잡해진다. 각 단계를 한 클록에 수행한다면 명령어를 처리하기 위해 네 클록이 필요하다. 한 번에 한 메모리 위치에만 접근할 수 있다는 사실에 맞춰 명령어 집합을 적절히 설계해야 한다는 사실을 깨달아야 한다. 게다가 한 번에 한 주소에만 접근하면 좀 더 많은 비트를 주소에 활용할 수 있다.

레지스터 거리에 다른 집을 추가하면 이렇게 할 수 있다. 이 레지스터를 **누산기**accumulator라고 부른다. 누산기 레지스터를 A 레지스터라고 부르기도 한다. 누산기는 ALU가 계산한 결과를 저장한다. 우리는 두 메모리 위치에 있는 값 사이에 연산을 수행해서 결과를 다른 메모리에 넣는 대신, 한 메모리 위치에 있는 값과 누산기에 있는 값에 대해 연산을 수행하고 결과를 누산기에 넣는다. 물론 누산기에 있는 값을 메모리에 저장하기 위한 **저장**store 명령어를 추가해야 한다. 이렇게 하면 명령어 구성을 그림 4-15처럼 바꿀 수 있다.

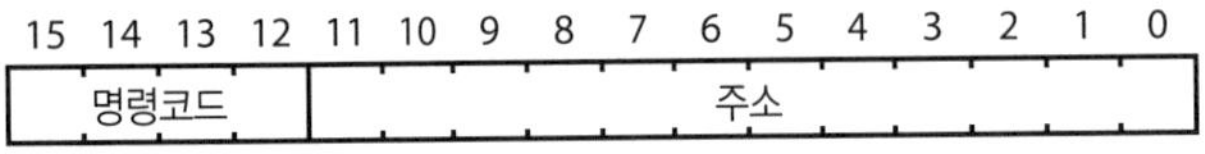

그림 4-15 1주소 명령어 구성

이렇게 하면 더 많은 주소 비트를 사용할 수 있지만, 같은 일을 할 때 더 많은 명령어가 필요하다. 예전에는 다음과 같은 일을 하는 명령어를 사용할 수 있었다.

$C = A + B$

하지만 이제는 명령어가 3개 필요하다.

누산기 $= A$
누산기 $=$ 누산기 $+ B$
$C =$ 누산기

한 명령어를 세 명령어로 바꿔서 결과적으로 명령어를 더 크게 만든 셈이라서, 명령어를 개선한다는 우리 목적에 어긋나 보인다. 간단한 경우에는 이 말이 옳다. 하지만 일반적으로는 이 말이 성립하지 않는다. 다음 식을 계산하는 경우를 보자.

$D = A + B + C$

네 가지 주소가 연관되기 때문에, 3주소 명령어를 사용해도 이 식을 한 명령어로 처리할 수 없다. 이 식을 3주소 명령어로 처리하려면 다음과 같은 과정이 필요하다.

중간 값 $= A + B$
$D =$ 중간 값 $+ C$

12비트 주소를 사용하면 세 가지 주소와 명령코드를 저장하기 위해 40비트 명령어를 써야 한다. 그리고 이런 명령어가 2개 필요하므로 *D*를 계산하기 위해 80비트의 명령어가 필요하다. 하지만 1주소 명령어를 사용하면 4개의 명령어를 사용하고 64비트가 필요하다.

누산기 = *A*
누산기 = 누산기 + *B*
누산기 = 누산기 + *C*
D = 누산기

주소 지정 모드

누산기를 사용하면 12비트를 주소 지정에 쓸 수 있고, 4,096가지 주소를 가리킬 수 있으면 16가지 주소를 가리킬 수 있는 것보다는 훨씬 낫지만, 여전히 사용 가능한 주소가 충분하지 않다. 이런 방식으로 주소를 가리키는 경우를 **직접 주소 지정**direct addressing이라고 부른다. 이 말은 사용할 주소가 명령어에 직접 들어가 있다는 뜻이다.

간접 주소 지정indirect addressing을 추가하면 더 많은 메모리를 사용할 수 있다. 간접 주소 지정 방식에서 CPU는 명령어에 들어 있는 값을 피연산자 주소로 해석하지 않고, 피연산자 주소를 얻을 수 있는 메모리 위치를 가리키는 주소로 사용한다. 예를 들어 메모리 주소 12에 4,321이라는 값이 들어 있고, 메모리 주소 4,321에 345가 들어 있다고 가정하자. 직접 주소 지정과 12라는 값을 피연산자로 하는 `load` 명령어는 4,321을 누산기에 넣는다. 하지만 간접 주소 지정과 피연산자로 12를 사용하는 `load` 명령어는 345를 누산기에 넣는데, 이 값은 (12번지에 들어 있는 값인) 4,321번 주소에 있는 내용이다.

이 두 가지 주소 지정 모드addressing mode만으로도 메모리를 다루기에는 충분하다. 하지만 때로는 상수를 지정해야 할 때도 있다. 예를 들어, 10까지 숫자를 세려면 10이라는 상수를 누산기에 넣을 방법이 필요하다. 이를 위해 **즉시 주소 지정 모드**immediate addressing mode라는 또 다른 주소 지정 모드를 추가할 수 있다.[4] 이 경우에는 주소에 해당하는 비트를 그냥 값으로 간주한다. 따라서 앞의 예의 경우 `load 12`를 즉시 주소 지정 모드로 실행하면 12가 누산기에 들어간다. 그림 4-16은 이 세 가지 주소 지정 모드를 비교해 보여준다.

4 이름은 '즉시 주소 지정 모드'이지만 주소를 지정하지는 않는다. '주소 지정 모드' 중에서 주소를 지정하지 않고 직접 값을 지정하는 '즉시 모드'가 있다고 생각하면 좀 더 혼동을 줄일 수 있다. – 옮긴이

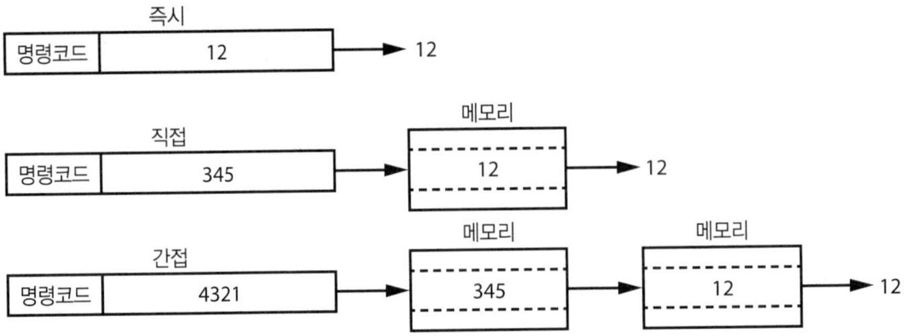

그림 4-16 주소 지정 모드

분명히 직접 주소 지정은 즉시 주소 지정보다 느리다. 메모리에 두 번 접근(한 번은 명령어, 한 번은 메모리에서 데이터를 읽음)해야 하기 때문이다. 간접 주소 지정은 메모리에 세 번 접근해야 하기 때문에 더더욱 느리다.

조건 코드 명령어

지금까지 설명한 CPU 명령어 중에 빠진 내용이 몇 가지 있다. 예를 들어, 조건 코드를 다루는 명령어에 대해 설명하지 않았다. 덧셈, 뺄셈, 비교 연산에서 조건 코드가 설정된다는 사실을 살펴봤다. 하지만 조건 코드를 원하는 값으로 설정하거나, 조건 코드의 값을 살펴볼 수 있는 방법이 필요하다. 조건 코드 레지스터의 값을 누산기로 복사하는 cca라는 명령어와 누산기의 값을 조건 코드 레지스터에 복사하는 acc라는 명령어를 추가할 수 있다.

분기 명령어

이제 다양한 일을 할 수 있는 명령어가 있지만, 지금은 명령어를 처음부터 끝까지 순서대로 수행할 수밖에 없다. 이는 그다지 유용하지 않다. 의사결정을 내리고 코드 중 일부를 선택적으로 실행할 수 있는 프로그램이 있으면 정말 좋을 것이다. 이를 위해서는 프로그램 카운터의 값을 변경할 수 있는 명령어가 필요하다. 이런 명령어를 **분기**branch 명령어라고 부른다. 분기 명령어만으로는 순서대로 일련의 명령어를 실행할 수 있는 것에 비해 그다지 더 유용하지는 않다. 하지만 모든 분기 명령어가 항상 무조건 다른 주소로 분기(프로그램 카운터의 값을 바꿔서 다른 곳의 프로그램을 실행함)하는 명령어인 것은 아니다. 조건 코드를 살펴보고 어떤 조건을 만족할 때만 분기하는 명령어도 있다. 조건을 만족하지 않으면 프로그램 카운터가 평소와 마찬가지로 증가해서 분기 명령어 다음에 위치한 명령어가 실행된다. 분기 명령어에는 조건을 저장하기 위한 비트가 필요한데, 표 4-2에서 볼 수 있다.

표 4-2 분기 명령어 조건

코드	니모닉	설명
000	bra	항상 분기한다.
001	bov	O(오버플로) 조건 비트가 1일 때 분기한다.
010	beq	Z(영) 조건 비트가 1일 때 분기한다.
011	bne	Z(영) 조건 비트가 0일 때 분기한다.
100	blt	N(음수) 조건 비트가 1이고 Z(영) 비트가 0일 때 분기한다.
101	ble	N(음수) 비트가 1이거나 Z(영) 비트가 1일 때 분기한다.
110	bgt	N(음수)과 Z(영) 비트 모두 0일 때 분기한다.
111	bge	N(음수) 비트가 0이거나 Z(영) 비트가 1일 때 분기한다.

때로는 프로그램 카운터의 내용을 명시적으로 바꿀 필요가 있다. 이를 위한 두 가지 특별한 명령어가 있다. pca는 현재 프로그램 카운터 값을 누산기에 복사하고, apc는 누산기의 값을 프로그램 카운터에 복사한다.

최종 명령어 집합 구성

이 모든 기능을 우리 명령어 집합에 넣으면 그림 4-17과 같다.

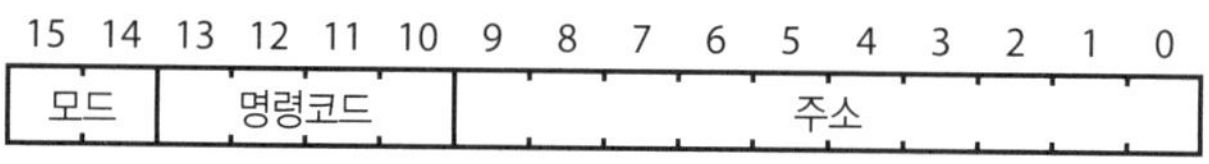

그림 4-17 최종 명령어 구성

주소 지정 모드가 세 가지 있다. 따라서 주소 지정 모드 선택을 위해 2비트가 필요하다. 앞에서 다룬 세 가지 주소 지정 모드 외의 네 번째 모드는 메모리와 관계없는 연산을 표현한다.

주소 지정 모드와 명령코드를 디코딩하면 표 4-3과 같이 명령어를 얻을 수 있다. 분기 명령어를 명령코드에 추가했다는 점에 유의하라. 주소 지정 모드 3의 명령코드는 누산기와만 관련된 명령어를 표현하기 위해 사용된다. 다만, 이렇게 만든 완전한 구현은 표 4-1에서 봤던 ALU의 내용과 정확히 일치하지는 않는다.

표 4-3 주소 지정 모드와 명령코드

명령코드	주소 지정 모드			
	직접(00)	간접(01)	즉시(10)	없음(11)
0000	load	load	load	
0001	and	and	and	set
0010	or	or	or	not
0011	xor	xor	xor	neg
0100	add	add	add	shl
0101	sub	sub	sub	shr
0110	cmp	cmp	cmp	acc
0111	store	store		cca
1000	bra	bra	bra	apc
1001	bov	bov	bov	pca
1010	beq	beq	beq	
1011	bne	bne	bne	
1100	blt	blt	blt	
1101	ble	ble	ble	
1110	bgt	bgt	bgt	
1111	bge	bge	bge	

왼쪽 시프트와 오른쪽 시프트는 다른 경우에 사용하지 않을 비트들을 사용해 시프트할 비트 수를 지정한다. 그림 4-18을 보라.

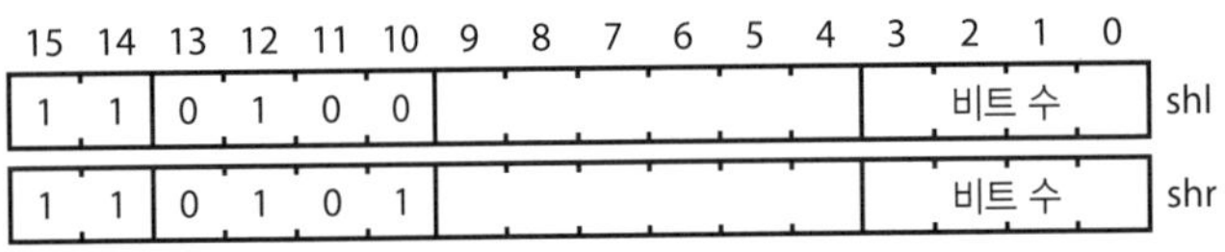

그림 4-18 시프트 명령어의 구성

이제는 **프로그램**program을 작성해 실제 컴퓨터에게 어떤 일을 하라고 지시할 수 있다. 프로그램은 어떤 목표를 달성하는 일련의 명령어를 말한다. 우리는 200보다 작은 모든 피보나치Fibonacci(1175~1250, 이탈리아의 수학자) 수를 계산할 것이다. 피보나치 수는 아주 멋지다. 예를 들어, 꽃잎의 개수는 피보나치 수다. 최초 2개의 피보나치 수는 0과 1이다. 세 번째부터는 자신의 바로 앞과 그 앞 피보나치 수를 더해서 계산할 수 있다. 따라서 결과는 0, 1, 1, 2, 3, 5, 8, 13 같이 수가 나열된 수열이 된다. 이 과정을 정리하면 그림 4-19와 같다.

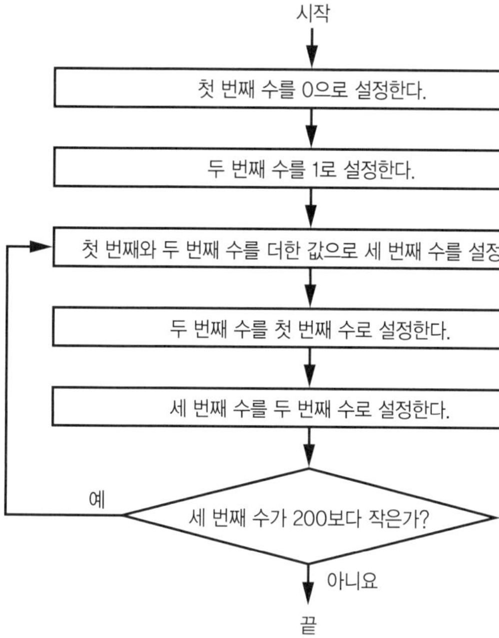

그림 4-19 피보나치 수열을 계산하는 프로그램의 순서도

표 4-4에 있는 짧은 기계어 프로그램은 이 과정을 구현한다. 그림 4-17에 따라 명령어를 세 필드로 구분했다. 설명에 있는 모든 주솟값은 10진수이고, 주소와 명령어에 있는 숫자는 모두 이진수다.

표 4-4 피보나치 수열을 계산하는 기계어[5] 프로그램

주소	명령어	설명
0000	10 0000 0000000000	누산기를 0으로 만든다(즉시 load 0).
0001	00 0111 0001100100	누산기에 들어 있는 값(0)을 메모리 위치 100에 저장한다.
0010	10 0000 0000000001	누산기에 1을 넣는다(즉시 load 1).
0011	00 0111 0001100101	누산기에 들어 있는 값(1)을 메모리 위치 101에 저장한다.
0100	00 0000 0001100100	메모리 위치 100에 들어 있는 값을 누산기로 가져온다.
0101	10 0100 0001100101	메모리 위치 101에 들어 있는 값을 누산기에 더한다(더한 값은 누산기에 남는다).
0110	00 0111 0001100110	누산기에 들어 있는 값을 메모리 위치 102에 저장한다.
0111	00 0000 0001100101	메모리 위치 101에 들어 있는 값을 누산기로 가져온다.
1000	00 0111 0001100100	누산기에 있는 값을 메모리 위치 100에 저장한다.

(이어짐)

5 이진 코드로 되어 있는 프로그램은 사람이 알아보기 어렵고 그 명령어 집합을 실행하는 컴퓨터만 알아볼 수 있기 때문에 기계어(machine language) 프로그램이라고 부른다. – 옮긴이

주소	명령어	설명
1001	00 0000 0001100110	메모리 위치 102에 들어 있는 값을 누산기로 가져온다.
1010	00 0111 0001100101	누산기에 있는 값을 메모리 위치 101에 저장한다.
1011	10 0110 0011001000	누산기의 값을 정수 200과 비교한다.
1100	00 0111 0000000100	바로 전에 비교한 결과가 참(누산기 값이 200보다 작음)이면 메모리 위치 4(2진수로 0100)로 분기한다.

마지막 설계

지금까지 살펴본 모든 부분을 하나로 모아서 실제 컴퓨터로 만들어보자. 여러 부분이 함께 작동하려면 일종의 '접착제'에 해당하는 요소가 필요하다.

명령어 레지스터

컴퓨터가 피보나치 프로그램을 한 번에 한 명령어씩 실행한다고 여러분이 착각할 수도 있다. 하지만 컴퓨터 내부에서는 더 많은 일이 벌어진다. 명령어를 실행하려면 어떤 일이 벌어져야 할까? 컴퓨터에서 벌어지는 일을 그림 4-20처럼 두 단계로 이뤄진 **상태 기계**state machine로 설명할 수 있다.

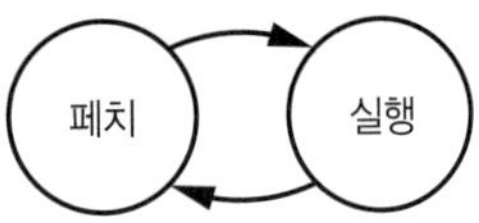

그림 4-20 페치-실행 사이클

처음에 컴퓨터가 해야 하는 일은 메모리에서 명령어를 가져오는 페치fetch다. 일단 명령어를 가져오고 나면 이 명령어를 어떻게 실행할지 고민해야 한다.

명령어를 실행하려면 메모리에 접근해야 할 경우가 많다. 이 말은 다른 목적으로 메모리를 사용할 때 페치한 명령어에 편하게 접근할 수 있도록 저장할 다른 위치가 필요하다는 뜻이다. 그림 4-21에서는 CPU에 **명령어 레지스터**instruction register를 추가해서 현재 실행 중인 명령어를 저장한다.

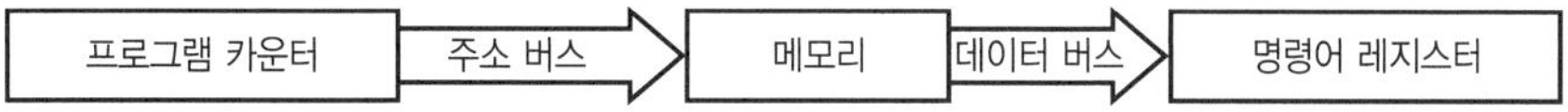

그림 4-21 명령어 레지스터 추가

데이터 경로와 제어 신호

이제 복잡한 부분이 나온다. 프로그램 카운터의 값을 메모리 주소 버스에 넣을 방법과 메모리에 있는 데이터를 명령어 레지스터로 넣을 방법이 필요하다. 이런 고민을 계속해서, 표 4-4에 있는 여러 명령어 집합을 구현하는 데 필요한 모든 연결을 결정해야 한다. 결과적으로 그림 4-22와 같은 연결이 생긴다. 이 그림을 보면 복잡해 보이겠지만, 실제로는 앞에서 우리가 살펴봤던 내용인 레지스터, 실렉터, ALU, 트라이스테이트 버퍼 등일 뿐이다.

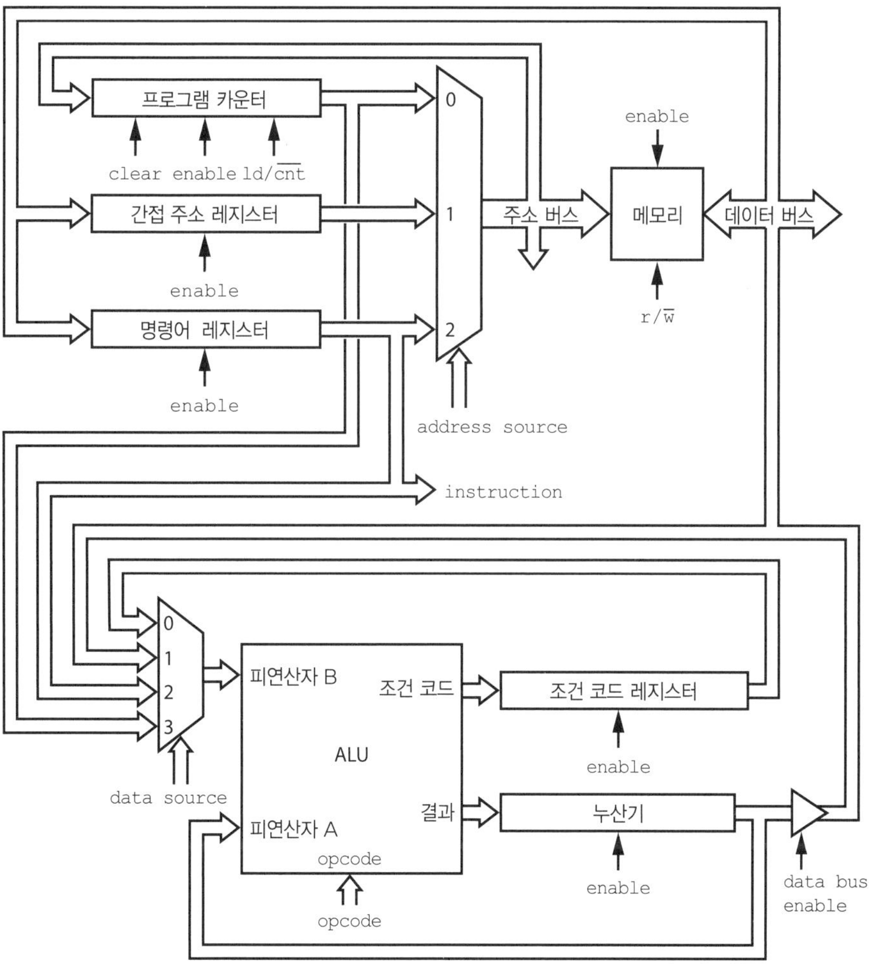

그림 4-22 데이터 경로와 제어 신호

이 그림은 꽤 복잡해 보이지만, 단지 대략적인 개념도일 뿐이다. 실제 우리가 사는 도시의 지도에 비하면 이 다이어그램은 훨씬 더 간단하다. 주소 실렉터는 단지 3방향 교차로일 뿐이고, 데이터 실렉터는 4방향 교차로다. 데이터 버스나 주소 버스의 한쪽에는 6장에서 설명할 I/O 장치 등이 연결된다.

여기서 새로운 부분은 **간접 주소 레지스터**indirect address register뿐이다. 이 레지스터가 필요한 이유는 간접 주소 지정을 사용할 때 메모리에서 읽어온 주소를 어딘가에 저장해야 하기 때문이다. 이는 명령어 레지스터에 메모리에서 읽어온 명령어를 저장하는 것과 비슷하다.

단순화를 위해 그림 4-22에서는 모든 레지스터에 전달되는 시스템 클록을 생략했다. 간단한 레지스터와 마찬가지로 이 그림에 있는 레지스터에도 다음 클록 틱에 데이터가 저장된다고 가정하라. 마찬가지로 프로그램 카운터와 메모리도 제어 신호가 지시하는 동작을 클록이 틱에 맞춰 수행한다. 실렉터 등의 다른 모든 구성요소는 순전히 조합 논리이기 때문에 클록이 필요하지 않다.

데이터 흐름 제어

입력과 출력에 대해 모두 알았으므로 이제 교통을 제어하는 장치를 만들 때다. 이 장치가 어떻게 작동해야 할지 예제를 살펴보면서 생각해보자.

어떤 명령어든 처리하려면 페치를 해야 한다. 페치를 하려면 다음과 같은 신호가 필요하다.[6]

- `address source`는 프로그램 카운터를 선택해야 한다.
- 메모리를 동작시켜야 한다(`enable`을 1로 함). 그리고 $r/\overline{w}$는 읽기(1)로 설정해야 한다.
- 명령어 레지스터를 동작시켜야 한다(`enable`을 1로 함).

다음 예제로는 누산기의 값을 명령어의 주소 부분이 가리키는 메모리에 있는 값에 해당하는 주소(따라서 간접 주소 지정)에 저장하는 경우를 생각해보자. 페치는 앞에서 설명한 방식대로 수행할 수 있다.

---

6 이 예제의 RAM은 클록을 사용하지 않는 램이라는 점에 유의하라(요즘은 대부분 동기화된 램을 사용하므로 클록 없이는 램이 작동하지 않는다). 비동기 램을 사용하고 본문에서 설명한 대로 신호가 공급되는 경우 실제 시스템에서 발생하는 일을 생각해보자. address source가 프로그램 카운터를 선택했으므로 프로그램 카운터에 있는 값이 주소 버스에 들어간다. 약간의 시간이 지나면 주소 버스에 들어 있는 주소에 해당하는 메모리에 저장된 값이 데이터 버스에 전달되고, 이 값은 데이터 버스에 연결된 장치 중 활성화된(enable이 1) 명령어 레지스터의 입력에 연결된다. 이제 클록 틱이 발생하면 명령어 레지스터는 입력받은 값을 저장한다. 한편 이 과정에서 시스템의 나머지 부분은 아무 일도 하지 못하도록 enable을 0으로 설정해야 한다는 점에 유의하라. – 옮긴이

간접적으로 주소를 메모리에서 가져오기 위해 다음과 같이 신호를 설정해야 한다.

- address source를 명령어 레지스터로 지정한다. 이 경우 명령어 레지스터의 주소 부분이 주소 버스에 연결된다.
- 메모리를 동작시켜야 한다(enable을 1로 함). 그리고 r/$\overline{\text{w}}$는 읽기(1)로 설정해야 한다.
- 간접 주소 레지스터를 동작시켜야 한다(enable을 1로 함).

클록 틱이 지나면 간접 주소 레지스터에 명령어의 주소 부분이 가리키던 주소에 있던 값이 들어간다. 이제 누산기에 있는 값을 이 주소에 저장해야 한다.

- address source를 간접 주소 레지스터로 설정해야 한다.
- data bus enable을 1로 설정해야 한다.
- 메모리를 동작시켜야 한다(enable을 1로 함). 그리고 r/$\overline{\text{w}}$는 쓰기(0)로 설정해야 한다.
- 프로그램 카운터를 증가시킨다(ld/$\overline{\text{cnt}}$를 0으로).

페치와 실행에 여러 단계가 필요하므로 각 단계를 추적할 카운터가 필요하다. 이 카운터의 내용과 명령어의 명령코드와 모드 부분이 제어 신호를 결정한다. 가장 복잡한 연산의 경우 3단계가 필요하기 때문에 카운터는 2비트 카운터여야 한다. 이를 그림 4-23에서 볼 수 있다.

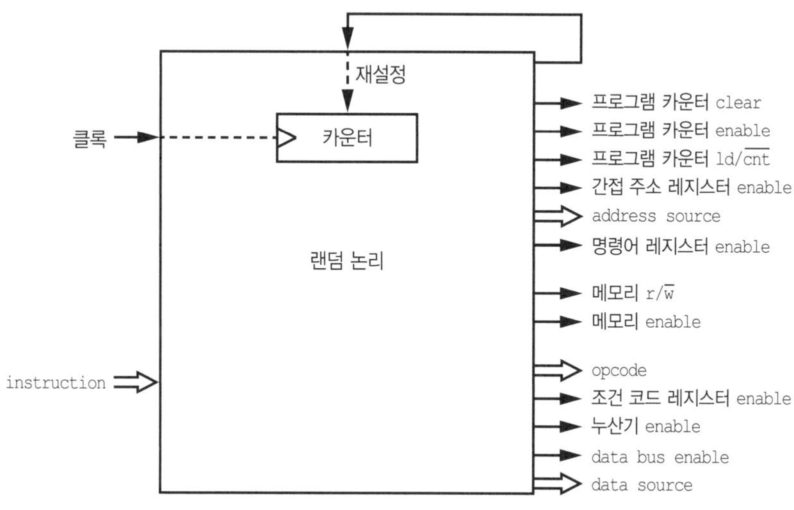

그림 4-23 랜덤 논리로 이뤄진 교통 제어 회로

그림의 큰 박스는 **랜덤 논리**random logic라는 것으로 가득 차 있다. 지금까지 살펴본 논리 다이어그램은 일반적인 패턴을 따른다. 실렉터나 레지스터 등의 기능 블록은 더 간단한 블록을 정해진

패턴으로 조합해 만들어진다. 여기서 구현하려는 교통 제어 장치처럼 복잡한 구조를 구현하는 경우, 정해진 개수의 입력이 있고 이 입력들을 정해진 개수의 출력에 연관시켜야 하는데 출력에 어떤 규칙성이 없을 때가 있다. 이런 경우 (게이트를 연결해 만든) 회로도가 마치 쥐 둥지가 얽히고설킨 것처럼 보인다. 여기서 '랜덤'이라는 말이 나왔다.

하지만 또 다른 방법으로 교통 제어 장치를 구현할 수도 있다. 랜덤 논리 대신 적당한 크기의 메모리를 사용할 수도 있다. 이때 그림 4-24처럼 카운터의 출력과 명령어의 명령코드와 주소 지정 모드 부분을 메모리 주소에 연결한다.

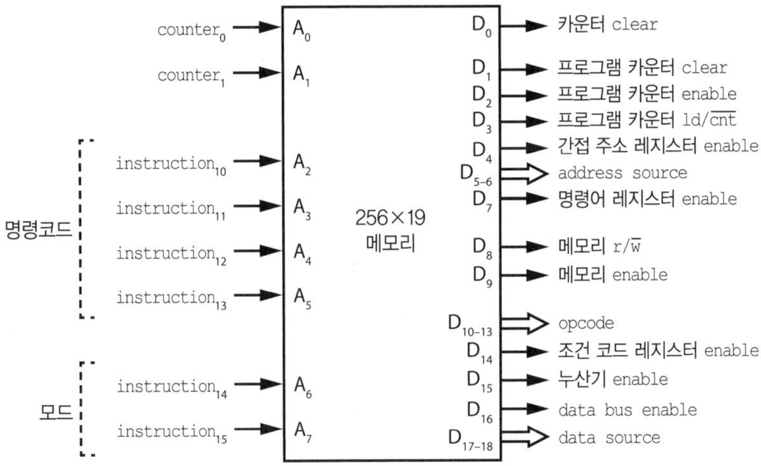

그림 4-24 메모리를 사용한 교통 제어

각각의 19비트 메모리 워드는 그림 4-25처럼 구성된다.

DS_1	DS_0	DBE	ARE	CCRE	OP_3	OP_2	OP_1	OP_0	ME	$R/\overline{W}$	IRE	LD/$\overline{CNT}$	AS_1	AS_0	IAE	PCE	PCC	CC
18	17	16	15	14	13	12	11	10	9	8	7	6	5	4	3	2	1	0

그림 4-25 마이크로코드 워드의 구성

이런 방법은 좀 이상해 보일 수도 있다. 반면 이 또한 랜덤 논리 대신 메모리를 사용해 구현한 또 다른 상태 기계일 뿐이다. 한편 이 자체로도 작은 컴퓨터 같아 보인다. 이 두 가지 해석은 모두 옳다. 컴퓨터는 상태 기계이기 때문에 이 회로도 상태 기계다. 프로그래밍이 가능하기 때문에 이 회로도 컴퓨터다.

이런 식으로 구현하는 방법을 **마이크로코드를 썼다**라고 한다. 이때 메모리 내의 내용이 **마이크로코드**microcode다. 그렇다. 우리는 큰 컴퓨터를 구현하기 위해 작은 컴퓨터를 사용 중이다.

이제 우리가 설명한 예제를 구현해주는 **마이크로명령어**microinstruction 부분을 살펴보자. 그림 4-26을 보라.

	DS1	DS0	DBE	ARE	CCRE	OP3	OP2	OP1	OP0	ME	R/$\overline{W}$	IRE	LD/$\overline{CNT}$	AS1	AS0	IAE	PCE	PCC	CC
저장	0	0	1	0	0	0	0	0	0	1	0	0	0	0	1	0	1	0	1
간접	0	0	0	0	0	0	0	0	0	1	1	0	0	0	1	1	0	0	0
페치	0	0	0	0	0	0	0	0	0	1	1	0	0	1	0	1	0	0	0
	18	17	16	15	14	13	12	11	10	9	8	7	6	5	4	3	2	1	0

그림 4-26 마이크로코드 예제

여러분도 예상하다시피 좋은 아이디어를 활용하지 않기란 어려운 법이다. 명령어 집합을 구현하는 '마이크로코드를 사용한' 블록을 구현하기 위해 '나노코드를 사용하는' 컴퓨터도 존재한다.

마이크로코드 메모리로 ROM을 쓰면 좋다. ROM을 쓰지 않는다면 어딘가에 마이크로코드를 저장했다가 필요할 때 마이크로코드를 불러오는 회로가 필요하다. 하지만 상황에 따라 RAM을 사용하거나 ROM과 RAM을 섞어서 사용하는 것을 정당화할 수도 있다. 일부 인텔 CPU는 버그를 수정하기 위해 패치patch(코드의 일부 또는 전부를 덮어씀)할 수 있는 쓰기 가능한 마이크로코드를 포함한다. HP-2100 같은 일부 컴퓨터에는 **쓰기 가능한 제어 저장소**writable control store가 있다. 이 저장소는 명령어 집합을 확장하기 위해 쓸 수 있는 마이크로코드를 저장하는 RAM이다.

오늘날 쓸 수 있는 마이크로코드를 제공하는 컴퓨터 중에 일반 사용자가 마이크로코드를 변경할 수 있도록 허용하는 경우는 드물다. 이유가 몇 가지 있다. 생산자는 사용자가 만든 마이크로코드를 사용한 명령어로 프로그램을 작성하도록 허용하는 것을 원치 않는다. 일단 사용자가 이런 명령어에 의존성이 생기고 나면 생산자가 하드웨어를 변경하기 어려워지기 때문이다. 그리고 마이크로코드에 버그가 있으면 컴퓨터에 해를 입힐 수도 있다. 예를 들어, 우리 CPU에서 메모리를 **활성화**enable하면서 동시에 데이터 버스를 활성화하면 토템-폴 출력이 서로 연결되면서 내부 트랜지스터가 타버린다.

RISC와 CISC 명령어 집합

설계자들은 유용한 컴퓨터 명령어를 만들어냈지만 (명령어가 복잡해지면서) 컴퓨터 제어 회로도 복잡해졌다. 1980년대 미국 컴퓨터과학자인 버클리의 데이비드 패터슨David Patterson과 존 헤네시John Hennessey가 여러 프로그램을 통계적으로 분석한 결과, 복잡한 명령어 중 상당수는 거의 쓰이지 않는다는 사실을 발견했다. 이들은 프로그램의 실행 시간을 대부분 차지하는 명령어만을 포함하는 기계를 설계하는 개념을 처음으로 탐구했다. 이런 기계에서는 복잡한 명령어를 단순한 명령어를 조합해 처리한다. 이런 기계를 RISCreduced instruction set computer 기계라고 부른다(여기서 RISC는 '리스크'라고 발음한다). 이와 대조적으로 기존 설계 방식으로 만든 컴퓨터를 CISCcomplicated instruction set computer 기계라고 부른다(CISC는 '시스크'라고 발음한다).

RISC 기계의 중요한 특징으로는 **적재**[7]**-저장 구조**load-store architecture를 사용한다는 점을 꼽을 수 있다. 이 아키텍처는 메모리와 레지스터를 오가는 명령어들과 레지스터 간 명령어로만 이뤄진 구조다.[8]

물론 시간이 지나면서 컴퓨터도 달라져 왔다. 패터슨과 헤네시의 통계는 컴퓨터가 비디오나 오디오 처리에 널리 쓰이기 전의 데이터를 분석한 결과다. 하지만 더 새로운 프로그램들을 분석한 결과, CPU 설계자들은 새로운 명령어를 RISC 기계에 추가하게 됐다. 이로 인해 최근의 RISC 기계는 오래전의 CISC 기계보다 훨씬 더 복잡하다.

큰 영향을 끼친 CISC 기계로는 디지털 이큅먼트DEC, Digital Equipment Corporation 사의 PDP-11을 들 수 있다. 이 기계에는 우리 예제의 ALU 역할을 할 수 있는 범용 레지스터가 8개 있었다. 게다가 **자동증가**autoincrement와 **자동감소**autodecrement 주소 지정 모드를 지원했다. 이 두 모드는 레지스터를 사용하기 전이나 후에 레지스터에 들어 있는 값을 감소시키거나 증가시켜주는 모드다. 이런 모드가 있으면 몇 가지 프로그램을 아주 효율적으로 작성할 수 있다. 예를 들어, 어떤 원본 주소source address로부터 다른 대상 주소destination address로 n바이트의 메모리를 복사하고 싶다고 하자. 우리는 0번 레지스터에 원본 주소를 넣고 1번 레지스터에 대상 주소를 넣은 다음, 2번

7 load 명령어를 '적재'라고 번역하기도 하고, '메모리에서 읽어오기' 등으로 좀 더 풀어서 번역하기도 한다. 이 책에서는 'load-store architecture'만 '적재-저장 구조'라고 번역하고 그 밖의 경우에는 '읽기' 등의 말로 번역했다. – 옮긴이

8 이 구조에서는 '메모리 주소 101에 있는 값과 ALU에 있는 값을 더해서 ALU에 넣어라'와 같은 명령어를 쓸 수 없다. 이런 명령어는 '메모리 주소 101에 있는 값을 R1 레지스터에 넣어라'와 'R1 레지스터를 ALU와 더해서 ALU에 넣어라'라는 두 명령어로 나누어 써야 한다. 이렇게 명령어를 단순화하면 설계도 간단해지고 각 명령어의 실행 속도를 아주 높일 수 있는데, 이런 점이 RISC의 장점이다. – 옮긴이

레지스터에 복사할 메모리 크기 n을 넣을 수 있다. 표 4-5는 이런 복사를 수행하는 프로그램을 보여준다. 여기서는 PDP-11 명령어 집합을 배우는 게 목적이 아니므로 자세한 비트 패턴까지 살펴보지는 않을 것이다.

표 4-5 PDP-11 메모리 복사 프로그램

주소	설명
0	0번 레지스터가 가리키는 메모리 위치에 있는 값을 2번 레지스터가 가리키는 메모리 위치로 복사한다. 그 후 두 레지스터에 1을 추가한다(자동증가 모드 사용).
1	2번 레지스터에 들어 있는 값에서 1을 빼고 이 값을 0과 비교한다(자동감소 모드 사용).
2	비교 결과가 0이 아니면 0번 주소로 분기한다.

왜 이런 기능에 신경을 쓸까? C 프로그래밍 언어는 B라는 프로그래밍 언어로부터 만들어진 언어인데(이 B 언어는 BCPL이라는 언어로부터 만들어졌다), C 언어가 바로 PDP-11에서 처음 만들어졌다. C에 있는 **포인터**pointer는 간접 주소 지정을 추상화한 것인데, B 언어에서 가져온 자동증가와 자동감소 기능이 포인터와 잘 어우러진다. 그리고 PDP-11 구조에서는 C의 포인터와 자동증가/자동감소를 아주 쉽게 기계어로 번역할 수 있다. C는 널리 쓰이게 됐고 C++, 자바, 자바스크립트 같은 많은 언어에 영향을 끼쳤다.

GPU

그래픽 처리 장치graphics processing unit, 일명 GPU라는 이름을 들어본 독자도 있을 것이다. GPU는 이 책의 범위를 훨씬 벗어나지만 짧게나마 언급할 만한 가치가 있다.

컴퓨터를 사용한 그래픽은 마치 번호에 맞춰 색을 칠하는 아주 커다란 컬러링 책과 같다. 칠해야 할 지점이 800만 개가 넘는 경우도 드물지 않고, 비디오를 매끄럽게 처리하려면 이런 그림을 초당 60회 이상 새로 그려야 한다. 이로 인해 매초 수억 번 이상 메모리에 접근해야 하는 경우도 많다.

그래픽 처리는 아주 특화된 작업이기 때문에 일반적인 용도에 사용할 CPU가 제공하는 모든 기능이 필요하지는 않다. 그리고 여러 점을 동시에 찍으면 성능이 향상될 수 있기 때문에, 그래픽은 병렬화parallelize하기 아주 좋은 작업이기도 하다.

GPU를 특징짓는 기능이 두 가지 있다. 첫째, GPU에는 간단한 처리 장치가 아주 많이 들어 있다. 둘째, GPU는 CPU보다 메모리 버스의 폭이 더 넓다. 이로 인해 메모리에 더 빠르게 접근할 수 있다. 이는 마치 원예 호스 대신 소방 호스로 물을 붓는 것과 같다.

시간이 지남에 따라 GPU도 더 일반적인 용도에 쓰일 수 있게 됐다. 여러 가지 표준 프로그래밍 언어로 GPU를 프로그래밍할 수 있게 하려는 노력이 진행됐다. 이제는 GPU 구조의 이점을 살릴 수 있는 여러 응용 분야(공학계산, 인공지능 등)에 GPU를 쓸 수 있다. 몇 년 전(2017~2019년)에는 비트코인 채굴에 GPU가 쓰이면서 GPU 품귀 현상이 벌어지기도 했다.

정리

4장에서는 앞에서 소개한 여러 요소들을 활용해 실제 컴퓨터를 만들었다. 간단하지만 여기서 우리가 설계한 기계는 실제로 (IC나 게이트를 사용해) 만들 수 있고 프로그래밍도 가능하다. 하지만 이 컴퓨터에는 실제 컴퓨터에 있는 스택이나 메모리 관리 하드웨어 등 몇 가지 요소가 빠져 있다. 5장에서는 이에 대해 배울 것이다.

5장

컴퓨터 아키텍처와 운영체제 - 컴퓨터는 어떻게 프로그램과 메모리를 조직적으로 관리할까

4장에서는 간단한 컴퓨터 시스템 설계를 설명하고, CPU가 데이터와 주소 버스를 통해 메모리나 I/O 장치와 어떻게 통신하는지 살펴봤다. 하지만 이것으로 이야기가 끝나지 않는다. 오랜 시간에 걸친 개선을 통해 컴퓨터는 점점 더 빨라지고, 더 적은 전력을 소모하고, 더 프로그래밍하기 편해졌다. 이런 개선을 위해 컴퓨터 설계가 아주 많이 복잡해졌다.

컴퓨터 아키텍처computer architecture라는 말은 컴퓨터의 여러 구성요소를 배치하는 방법을 뜻하지, 컴퓨터 케이스가 도리스식Doric이나 이오니아식Ionic으로 꾸며져 있거나, 미국 기업가 스티브 잡스Steve Jobs(1955~2011)가 최초의 매킨토시Macintosh 컴퓨터에 만들었던 것처럼 베이지색 음영을 넣는 등의 양식 구조를 뜻하지는 않는다. 오랫동안 다양한 아키텍처가 시도됐다. 어떤 아키텍처가 잘 작동했고 어떤 구조가 잘 작동하지 못했는지에 대해 읽어보면 흥미진진하며, 이런 주제를 다루는 책도 많이 출간됐다.

5장에서는 주로 메모리와 관련한 구조 개선을 다룬다. 최신 마이크로프로세서의 회로 확대 사진을 보면 칩에서 가장 큰 영역이 메모리 처리에 할당됐다는 점을 알 수 있다. 이 주제는 너무 중요하기 때문에 별도로 한 장을 할애할 만하다. 그리고 명령어 집합 설계, 다른 유형의 레지스터들, 전력 관리, 멋진 실행 장치 같은 구조도 간단히 살펴본다. **멀티태스킹**multitasking에 대해서도 설명할 텐데, 멀티태스킹은 여러 프로그램을 동시에 실행하는 기능이거나 최소한 겉으로 보기에는 여러 프로그램이 동시에 실행되는 것처럼 보이게 하는 기능을 뜻한다. 여러 프로그램을 실행한다는 말은 프로그램들의 실행을 제어하기 위한 감독 프로그램인 **운영체제**OS, operating system가 있어야 한다는 사실을 암시한다.

기본적인 구조 요소들

가장 흔한 두 가지 컴퓨터 구조는 **폰 노이만**von Neumann 구조와 **하버드**Harvard 구조다. 폰 노이만 구조는 헝가리계 미국인이며 위대한 과학자인 존 폰 노이만John von Neumann(1903~1957)의 이름을 본뜬 것이고, 하버드 구조는 하버드 마크 IHarvard Mark I 컴퓨터의 이름을 본뜬 것이다(물론 하버드 마크 I도 하버드 구조의 컴퓨터다). 컴퓨터를 이루는 각 부분에 대해서는 이미 살펴봤다. 그림 5-1을 보면 각 부분이 어떻게 조직화됐는지 알 수 있다.

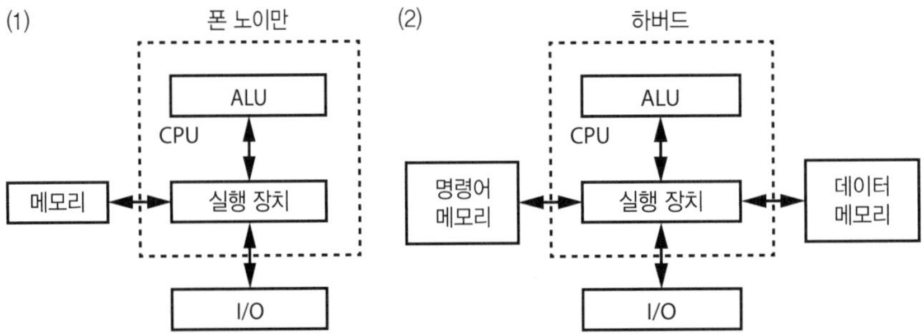

그림 5-1 폰 노이만 구조(1)와 하버드 구조(2)

이 두 구조의 유일한 차이는 메모리 배열뿐이다. 나머지가 모두 같다면 메모리에서 동시에 명령어와 데이터를 가져올 수 없기 때문에(데이터 버스와 주소 버스가 하나뿐이다) 폰 노이만 구조가 약간 더 느리다. 하버드 구조는 동시에 명령어와 데이터를 가져올 수 있어서 좀 더 빠르지만 두 번째 메모리를 처리하기 위한 버스가 더 필요하다.

프로세서 코어

그림 5-1의 두 구조는 모두 CPU가 하나뿐이다. 이 CPU는 4장에서 본 것처럼 ALU, 레지스터, 실행 장치의 조합이다. 1980년대에 처음 만들어진 **멀티프로세서**multiprocessor 시스템은 단일 CPU보다 훨씬 더 좋은 성능을 얻어내기 위한 방법이다. 하지만 성능을 더 높이는 게 그렇게 쉽지는 않음이 드러났다. 여러 CPU를 활용할 수 있도록 프로그램을 **병렬화**parallelized하는 문제는 아주 많은 수학 계산이 필요한 몇몇 경우에는 잘 작동하지만 일반적인 경우에는 풀 수 없는 문제다. 하지만 그래픽 사용자 인터페이스GUI를 제공하는 초기 워크스테이션workstation에서는 여러 프로그램을 동시에 실행할 수 있다는 점이 큰 이점이었다. 예를 들어, 초기 X 윈도우 시스템X Window System은 자원을 너무 많이 잡아먹어서 윈도우 시스템을 처리하는 별도의 프로세서가 있으면 훨씬 더 편리했다.

반도체 회로 크기가 줄어들면서 비용도 낮아졌다. 반도체 칩은 실리콘 웨이퍼 위에 만들어지므로 그 위에 얹는 모든 요소를 작게 만들면 한 웨이퍼로 더 많은 칩을 생산할 수 있기 때문이다. CPU를 더 빠르게 만듦으로써 더 나은 성능을 달성할 수 있었다. 하지만 기계가 더 빨라지면 전력을 더 많이 소모하고, 회로 크기는 줄어드는데 기계가 빨라져서 전력을 더 많이 소모하게 되면서 단위 면적당 열 발생은 더 많아졌다. 2000년경 프로세서는 **전력 장벽**power wall에 부딪힌다. 전력 장벽은 열로 인해 회로를 이루는 물질의 녹는점 이상으로 온도가 올라가는 것을 방지하면서 회로를 소형화 고성능화하기가 어려워졌다는 뜻이다.

사람들은 작아진 회로 크기를 활용한 새로운 해결책을 찾아냈다. CPU의 정의가 바뀌었다. 예전에 CPU라고 부르던 것을 요즘은 **프로세서 코어**processor core라고 부른다. 이런 코어가 여럿 들어가는 **멀티코어**multicore 프로세서가 이제는 일반적으로 쓰인다. 심지어 데이터 센터 등에는 멀티코어 프로세서가 많이 들어간 시스템도 있다.

마이크로프로세서와 마이크로컴퓨터

이와 별도로 물리적인 패키징에 따라 구조를 구분할 수도 있다. 그림 5-1은 메모리와 I/O에 연결된 CPU를 보여준다. 메모리와 I/O가 프로세서 코어와 같은 패키지에 들어 있지 않으면 이런 프로세서를 **마이크로프로세서**microprocessor라고 부른다. 반면 모든 요소를 한 칩 안에 패키징하면 **마이크로컴퓨터**microcomputer라고 부른다. 이들은 실제로 잘 정의된 용어는 아니며, 모호하게 쓰이는 경우도 자주 있다. 방금 말했던 마이크로컴퓨터가 가리키는 대상을 **마이크로컨트롤러**microcontroller라는 용어로 부르기도 하고, 마이크로컴퓨터를 마이크로프로세서를 중심으로 만들어진 컴퓨터 시스템을 뜻하는 말로 사용하는 사람도 있다.

칩 안에서 메모리가 차지하는 영역이 크기 때문에 일반적으로 마이크로프로세서보다 마이크로컴퓨터가 덜 강력하다. 마이크로컴퓨터는 메모리 문제가 그리 많지 않기 때문에, 여기서 마이크로컴퓨터에 대해 자세히 살펴보지는 않을 것이다. 하지만 여러분이 프로그램을 배우고 나면 아두이노Arduino 같은 것을 살펴볼 만한 가치가 있다. 아두이노는 아트멜Atmel AVR 마이크로컴퓨터 칩을 기반으로 만들어진 하버드 구조의 컴퓨터다. 아두이노는 갖가지 번쩍거리는 장난감을 만들 때 유용하다.

요약하면, 마이크로프로세서는 보통 큰 시스템에 들어가는 부품으로 쓰이고, 마이크로컴퓨터는 식기세척기 등에서 찾을 수 있는 (단일 칩으로 된) 작은 컴퓨터다.

추가로 **단일 칩 시스템**SoC, System on a Chip이라고 부르는 또 다른 변형도 존재한다. 여전히 모호하지만 통용될 만한 정의로, SoC는 더 복잡한 마이크로컴퓨터를 뜻한다. 상대적으로 간단한 온칩on-chip(칩 내부에 존재하는) I/O를 제공하는 대신, SoC에는 WiFi 회로 등의 더 복잡한 장치가 들어 있다. 핸드폰 등의 장치에서 SoC를 볼 수 있다. 심지어 원하는 대로 커스텀화customization가 가능한 FPGAfield programmable gate array를 제공하는 SoC도 있다.

프로시저, 서브루틴, 함수

엔지니어들은 게으름에서 비롯된 이상한 습성을 가진 경우가 있다. 정말 하기 싫은 일이 있으면 엔지니어들은 자신을 대신해 이 일을 해줄 무언가를 만든다. 심지어 이런 것을 만드는 데 걸리는 노력이 원래 하기 싫은 일을 하는 데 드는 노력보다 훨씬 많이 들어도 굳이 이런 짓을 하고는 한다. 프로그래머들이 피하고 싶어 하는 일 중 하나는 똑같은 코드를 두 번 이상 작성하는 것이다. 이렇게 코드 반복을 피하는 데는 게으름 외에도 여러 가지 충분한 이유가 있다. 예를 들어 중복된 코드를 줄이면 코드가 메모리를 덜 차지하고, 코드에 버그가 있는 경우 여러 군데를 반복해 고치지 않고 한 군데만 고치면 된다는 장점이 있다.

함수function(또는 **프로시저**procedure나 **서브루틴**subroutine)는 코드를 재사용reuse하는 주요 수단이다. 이 세 용어는 여러분이 관심을 갖는 범위 안에서는 모두 동일한 것을 의미하며, (프로그래밍) 언어에 따라 부르는 이름만 다를 뿐이다. 여기서는 수학 시간에 이미 배운 단어와 비슷하기 때문에 '함수'라는 이름을 사용할 것이다.

대부분의 프로그래밍 언어는 함수와 비슷한 기능을 제공한다. 예를 들어, 자바스크립트에서는 리스트 5-1과 같은 코드를 작성할 수 있다.

리스트 5-1 자바스크립트 함수 예제

```
function
cube(x)
{
    return (x * x * x);
}
```

이 코드는 cube라는 이름의 함수를 만들며, 이 함수는 x라는 이름으로 파라미터parameter값을 받고, 받은 값의 세제곱을 반환한다. 컴퓨터 키보드에는 곱하기 기호(×)가 없기 때문에 대부분의 프로그래밍 언어에서는 × 대신 *를 사용한다. (함수를 정의하고 나면) 이제 리스트 5-2 같은 프로그램을 작성할 수 있다.

리스트 5-2 자바스크립트 함수 호출 예제

```
y = cube(3);
```

여기서 멋진 부분은 cube를 여러 번 작성하지 않아도 이 함수를 여러 번 **호출**(영어로는 'invoke'나 'call'이라고 함)할 수 있다는 점이다. 세제곱하는 코드를 두 번 작성하지 않아도 cube(4) + cube(6)의 결과를 찾을 수 있다. 이 예제는 뻔하지만, 더 복잡한 코드에도 똑같은 일이 가능하면 얼마나 편리할지 생각해보라.

어떻게 이런 코드가 작동할까? 함수를 호출하는 부분에서 함수를 실행하고 다시 원래 자리로 돌아올 방법이 필요하다. 원래 자리로 돌아오기 위해서는 어디서 함수로 들어갔는지를 기억해야 한다. 이 (함수로 들어간) 위치는 바로 프로그램 카운터의 값이다(175페이지의 그림 4-12에서 이를 볼 수 있다). 표 5-1은 176페이지에서 본 '명령어 집합'을 활용해 함수를 호출하는 방법을 보여준다.

표 5-1 함수 호출하기

주소	명령어	피연산자	설명
100	pca		프로그램 카운터 → 누산기
101	add	5(즉시)	함수에서 돌아올 주소(100 + 5 = 105)
102	store	200(직접)	돌아올 주소를 메모리(200번지)에 저장
103	load	3(즉시)	세제곱할 값(함수의 파라미터값)을 누산기에 넣기
104	bra	300(직접)	cube 함수를 호출(분기)
105			함수에서 돌아온 뒤에 실행될 부분
...			
200			함수에서 돌아올 주소를 저장하기 위해 미리 확보해둔 메모리 위치
...			
300			cube 함수 시작 부분
...			cube 함수의 나머지 명령어들
310	bra	200(간접)	저장했던 주소로 돌아감(간접 주소 지정을 사용해 분기)

여기서 어떤 일이 벌어질까? 우선 cube 함수를 실행한 다음에 돌아와야 하는(함수에서 돌아오는 것을 반환return이라고 한다) 주소를 계산해야 한다. 반환 주소를 계산하기 위해 명령어를 몇 개 사용해야 하고, 세제곱을 계산할 숫자를 누산기에 넣는 코드와 cube 함수를 호출하는 코드가 차지하는 주소도 감안해야 한다. 따라서 반환 주소는 프로그램 시작(100번지)으로부터 5개의 명령어가 지난 다음이다. 이 값을 200번지에 넣는다. 함수를 호출하면 함수가 실행되고, 함수 안에 있는 모든 코드를 실행하고 나면 200번지에 있는 값을 사용해 간접 분기를 한다. 간접 분기를 한 결과는 (200번지에 105가 들어가 있기 때문에) 105번지다. 이 과정은 그림 5-2처럼 작동한다.

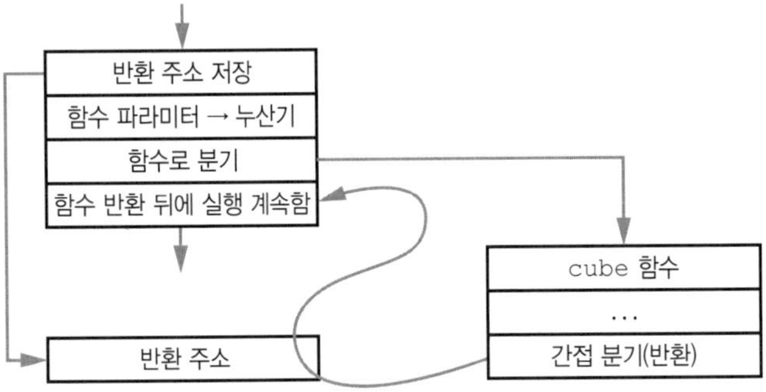

그림 5-2 함수 호출 흐름

이 과정은 상당히 많은 작업이 필요하다. 따라서 대부분의 기계는 이런 과정을 돕는 명령어를 제공한다. 예를 들어, ARM('암'이라고 읽음) 프로세서에는 **링크 레지스터를 사용해 분기**BL, Branch with Link 명령어가 있다. 이 명령어는 함수로 호출하는 명령어와 현재 명령어의 다음 위치를 저장하는 명령어를 하나로 합친 것이다.

스택

함수는 우리가 방금 본 것 같이 단순한 코드로만 이뤄지지 않는다. 함수가 다른 함수를 호출하거나 함수가 자기 자신을 호출하는 경우도 자주 있다.

잠깐, 뭐라고? 함수가 자기 자신을 호출한다고? 이런 경우를 **재귀**recursion라고 하며, 재귀는 아주 쓸모가 많다. 예제를 하나 살펴보자. 여러분의 핸드폰은 아마도 JPEGJoint Photographic Experts Group **압축**을 사용해 사진 크기를 감소시킬 것이다. 이미지 압축이 어떻게 작용하는지 보기 위해 그림 5-3의 정사각형 흑백 이미지를 살펴보자.

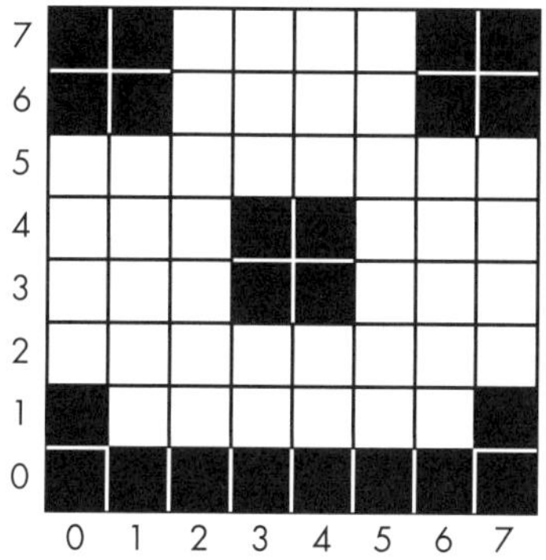

그림 5-3 대강 그린 웃는 얼굴

재귀적 분할recursive subdivision을 사용해 압축을 해보자. 이미지를 보면 모든 픽셀이 똑같은 색이 아니다. 이를 네 부분으로 나누고, 각 부분을 검사한다. 이 과정을 1픽셀짜리 조각이 생길 때까지 계속한다.

리스트 5-3은 이미지의 일부분을 처리하는 `subdivide` 함수를 보여준다. 이 코드는 의사코드pseudocode로 되어 있다. 의사코드는 우리말이나 영어 등의 언어로 간결하게 적은 코드를 뜻한다. `subdivide` 함수는 정사각형의 왼쪽 아래 꼭짓점의 x 및 y 좌표와 **크기**size를 파라미터로 취한다(이미지가 정사각형이므로 높이와 너비를 따로 받을 필요가 없다). '취한다'라는 말은 수학에서 '함수가 인자argument를 받는다'라는 말과 같은 말이다.

리스트 5-3 분할 함수

```
function
subdivide(x, y, size)
{
    IF (size ≠ 1 AND 정사각형 안의 픽셀이 모두 다 같은 색이 아님) {
        half = size ÷ 2
        subdivide(x, y, half)               // 왼쪽 아래 사분면을 분할
        subdivide(x, y + half, half)        // 왼쪽 위 사분면을 분할
        subdivide(x + half, y + half, half) // 오른쪽 위 사분면을 분할
        subdivide(x + half, y, half)        // 오른쪽 아래 사분면을 분할
    }
    ELSE {
        정사각형에 대한 정보를 저장
    }
}
```

subdivide 함수는 왼쪽 아래 사분면, 왼쪽 위, 오른쪽 위, 오른쪽 아래 순서로 이미지를 색이 똑같은 정사각형 덩어리로 나눈다. 그림 5-4는 앞에서 본 웃는 얼굴을 subdivide 함수를 사용해 그리는 방법을 표현한 그림이다. 분할이 필요한 경우는 회색, 모든 색이 같은 경우는 흰색이나 검은색으로 표시했다.

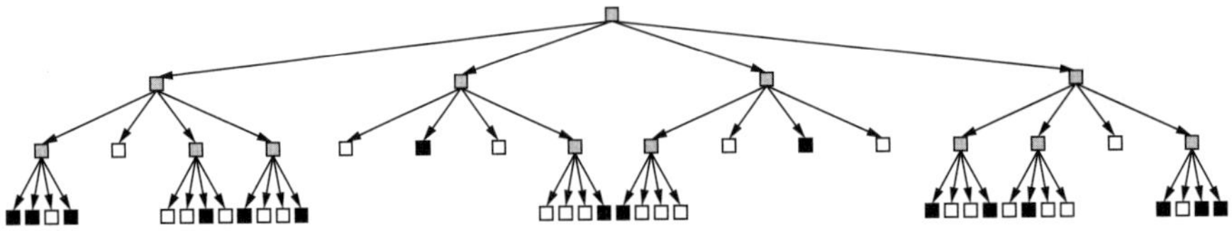

그림 5-4 이미지 분할하기

이 그림에 있는 (추상적) 구조는 컴퓨터 매니아들이 **트리**tree(나무)라고 부르고 수학에서 **유향 비순환 그래프**DAG, directed acyclic graph라고 부르는 구조다. 이 구조는 화살표를 따라가면서 읽는다. 이 구조에서 화살표는 더 위쪽을 가리킬 수 없기 때문에 순환(cycle 또는 loop)이 없다. 화살표가 뻗어나가지 않는 부분을 **잎 노드**leaf node[1]라고 부르며, 나뭇가지의 맨 끝에 잎이 달려 있는 것처럼 잎 노드도 트리의 맨 마지막에 달려 있다. 여러분이 눈에 힘을 주고 세어보면 그림 5-4에 회색이 아닌 사각형이 40개 있음을 알 수 있다. 이 수는 원래 이미지의 픽셀 수인 64개와 비교하면 훨씬 작은 수로, 이 말은 저장해야 할 정보가 줄어든다는 뜻이다. 이것이 바로 압축이다.

몇 가지 이유로 인해, 그리고 그리기 쉽다는 이유로 인해(또는 컴퓨터 매니아들이 밖에 나가 실제 나무를 본 적이 별로 없기 때문에) 컴퓨터 매니아들은 항상 트리의 **뿌리**root(루트)를 맨 위에 놓고 트리를 아래쪽으로 자라나게 그린다. 그림 5-4에 있는 트리는 각 노드에서 가지가 4개 뻗어나가기 때문에 **쿼드트리**quadtree라고 부른다. 쿼드트리는 **공간 데이터 구조**spatial data structure에 속한다. 하난 사멧Hanan Samet은 이 주제(쿼드트리와 공간 데이터 구조)를 평생 공부했으며, 이 주제를 다룬 멋진 책을 몇 권 썼다.

앞 절에서 본 방법으로 subdivide 함수를 구현하면 문제가 생긴다. 반환값을 저장할 위치가 한 군데뿐이기 때문에 subdivide 같이 재귀적인 함수는 이미 들어 있던 반환값을 덮어써서 되돌아갈 위치를 잃어버리기 때문에 자기 자신을 호출할 수가 없다.[2]

1 그림에서 가지가 뻗어나가는 사각형 부분을 노드(node)라고 부른다. – 옮긴이

2 굳이 재귀가 아니라, 프로그램이 어떤 함수를 호출하고 그 함수가 다른 함수를 호출하기만 해도 처음에 저장해둔 반환 위치가 사라지기 때문에 최초 함수를 호출했던 자리로 돌아갈 수 없게 된다. – 옮긴이

재귀 함수가 제대로 작동하려면 반환 주소를 여럿 저장할 수 있어야 한다. 그리고 함수에서 호출 지점으로 반환할 때 저장된 주소 중 어떤 주소를 사용할지 결정할 수 있어야 한다. 이미지를 분할하기 위해 `subdivide`를 호출할 때 어떤 패턴을 찾을 수 있는지 살펴보자. 트리 아래로 내려갈 수 있으면 항상 아래로 내려가고, 더 이상 아래로 내려갈 화살표가 없는 경우에만 옆에 있는 화살표로 넘어간다. 이런 방식을 **깊이 우선 순회**depth-first traversal라고 말한다. 한편 옆에 있는 화살표를 먼저 방문하고 그 후 아래쪽으로 가는 화살표를 방문하는 방식을 **너비 우선 순회**breadth-first traversal라고 말한다. 트리에서 한 수준을 내려갈 때마다 돌아올 위치를 기억해야 한다. 일단 원래 위치로 돌아오고 나면 저장했던 위치는 더 이상 필요하지 않다.

필요한 것은 식당에 쌓아둔 접시 더미 같은 역할을 할 수 있는 장치다. 함수를 호출할 때는 반환 주소를 접시에 넣어서 접시 더미 맨 위에 넣는다. 함수 호출에서 돌아올 때는 접시 더미 맨 위의 접시를 보고 반환 주소를 결정한 다음, 접시를 제거한다. 다른 말로 이런 구조를 물건을 쌓아 올린다는 뜻의 **스택**stack이라고 부른다. 좀 더 멋져 보이고 싶다면 **LIFO** 구조라고 불러도 된다. LIFO는 '나중에 들어온 것이 먼저 나간다last in, first out'라는 뜻이다. 스택에 물건을 **푸시**push해 넣고, 스택에서 물건을 **팝**pop해서 제거한다. 스택에 물건을 푸시하는데 더 이상 들어갈 공간이 없으면 이를 **스택 오버플로**stack overflow라고 말한다. 빈 스택에서 물건을 가져오려고 하는 경우를 **스택 언더플로**stack underflow라고 부른다.

이런 일을 소프트웨어에서도 할 수 있다. 표 5-1에서 본 함수 호출 예제에서 모든 함수는 자신이 (200번지를 통해) 전달받은 반환 주소를 나중에 사용하기 위해 스택에 넣을 수 있다. 다행히 스택이 아주 중요하기 때문에 대부분의 컴퓨터 하드웨어는 스택을 지원한다. 이런 지원에는 소프트웨어로 스택 오버플로를 항상 검사하지 않아도 되도록 돕는 **한계 레지스터**limit register도 포함된다. 다음 절에서는 소프트웨어가 이런 제한을 넘어서는 경우를 어떻게 처리하는지 보여주면서 **예외**exception에 대해 설명한다.

스택은 단지 반환 주소만 저장하기 위한 장소는 아니다. `subdivide` 함수는 프로그램의 속도를 빠르게 하기 위해 이미지의 절반 크기를 계산해 **지역 변수**local variable에 넣고 이 지역 변수에 들어 있는 값을 여덟 번 사용한다. 함수를 호출할 때 이 지역 변숫값을 그냥 덮어쓰면 안 된다. 대신, 지역 변수도 스택에 저장해야 한다. 이렇게 하면 각각의 함수 호출이 서로 독립적이게 된다. 이렇게 함수가 호출될 때마다 스택에 저장되는 데이터의 모음을 **스택 프레임**stack frame이라고 부른다. 그림 5-5는 리스트 5-3에 있는 함수로부터 만들어지는 스택 프레임의 예를 보여준다.

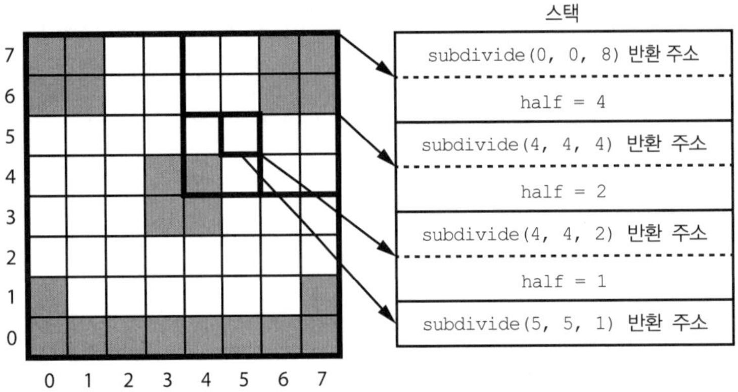

그림 5-5 스택 프레임

진한 검은 선으로 둘러싼 경로를 따라 들어간다. 각 함수 호출이 반환 주소와 지역 변수를 포함하는 새로운 스택 프레임을 만든다는 사실을 볼 수 있다.

포스forth**나 포스트스크립트**PostScript 같은 몇몇 언어와 옛날 HP 계산기 몇 가지는 스택 기반 언어다(글상자 '여러 가지 수식 표기법'을 참고하라). 스택은 컴퓨터 언어에만 한정되지 않는다. 한국어나 일본어는 스택 기반 언어다. 명사(목적어)를 스택에 넣고 그다음에 오는 동사는 스택에 있는 명사에 작용한다. 〈스타워즈〉에 나오는 요다의 언어 습관도 이와 같은 패턴을 따른다.

여러 가지 수식 표기법

연산자와 피연산자를 배열하는 방법은 여러 가지가 있다. 여러분은 이미 수학에서 사용하는 표현법에 익숙할 텐데, 이런 표기법을 **중위 표기법**(infix notation)이라고 부른다. 중위 표기법은 4 + 8처럼 연산자를 피연산자 사이에 넣는다. 중위 표기법에서는 (1 + 2)×(3 + 4)처럼 연산자와 피연산자를 묶어주기 위해 괄호를 써야 할 수도 있다.[3] 괄호가 없으면 계산 순서가 바뀌면서 결과가 달라진다.

폴란드 논리학자 얀 우스카시에비츠(Jan Łuskasiewicz)는 1924년 **전위 표기법**(prefix notation)을 발명했다. 폴란드 사람이 발명했기 때문에 이 표기법을 **폴란드 표기법**(Polish notation)이라고 부르기도 한다. 폴란드 표기법은 + 4 8처럼 연산자를 피연산자보다 앞에 쓴다. 폴란드 표기법의 장점은 괄호를 쓰지 않아도 된다는 데 있다. 앞에서 본 식을 폴란드 표기법으로 쓰면 × + 1 2 + 3 4처럼 쓸 수 있다.

미국 수학자 아서 버크스(Arthur Burks)는 1954년 **역 폴란드 표기법**(RPN, reverse Polish notation)을 제안했다. RPN은 4 8 +처럼 연산자를 피연산자 뒤에 넣는다. 따라서 앞의 예제는 1 2 + 3 4 + ×가 된다.

3 (1+2)×(3+4)는 21이지만, 괄호가 없는 1+2×3+4라는 식은 11이다. – 옮긴이

스택을 사용하면 RPN을 쉽게 구현할 수 있다. 피연산자는 스택에 푸시된다. 연산자는 피연산자를 스택에서 가져와서 계산을 수행하고 결과를 스택에 다시 넣는다.

HP RPN 계산기에는 계산 순서가 모호할 때 피연산자를 스택에 넣을 수 있는 ENTER 키가 있다. 이 키가 없으면 1과 2를 각기 다른 피연산자로 쓸지 12라는 한 수로 처리할지 모호해진다. 이런 계산기를 쓰는 경우 앞에서 본 계산식을 1 ENTER 2 + 3 ENTER 4 + ×로 계산할 수 있다. 중위 표기법으로 처리하려면 키를 더 많이 눌러야 한다.

포스트스크립트 언어에서 예제 식은 1 2 add 3 4 add mul이 된다. 공백이 피연산자를 구분해주기 때문에 ENTER가 별도로 필요하지 않다.

인터럽트

부엌에서 초콜릿 칩 쿠키를 많이 만들기 위해 반죽을 섞고 있다고 가정하자. 레시피를 따라 요리를 하는 중이다. 레시피는 단지 요리사를 위한 프로그램에 불과하다. 집에 혼자 있기 때문에 누군가 문 앞에 나타난 경우를 알 필요가 있다. 이런 활동을 **순서도**flowchart로 표현할 수 있다. 순서도는 작업이 이뤄지는 순서를 표현하는 다이어그램이다. 그림 5-6을 보라.

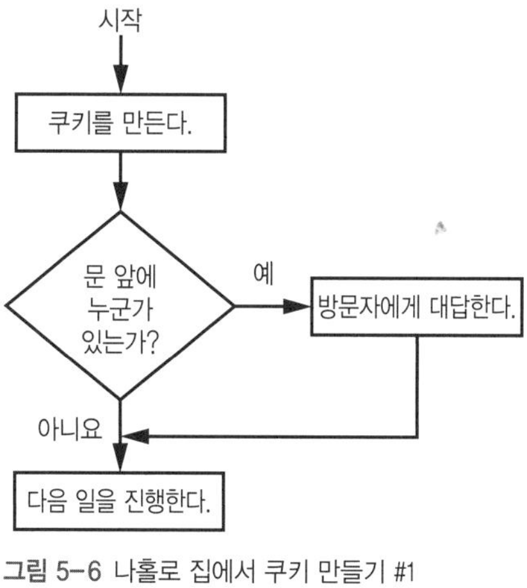

그림 5-6 나홀로 집에서 쿠키 만들기 #1

참을성 많은 사람이 집에 왔다면 이런 식으로 처리해도 문제가 없을 것이다. 하지만 서명해야 하는 중요한 소포가 배달됐다고 가정하자. 쿠키 냄새를 맡고 조금 얻어먹기 위해 기다리는 경우가 아니라면, 배달 기사가 45분씩 기다려주지는 않을 것이다. 그림 5-7처럼 다른 방식으로 처리해보자.

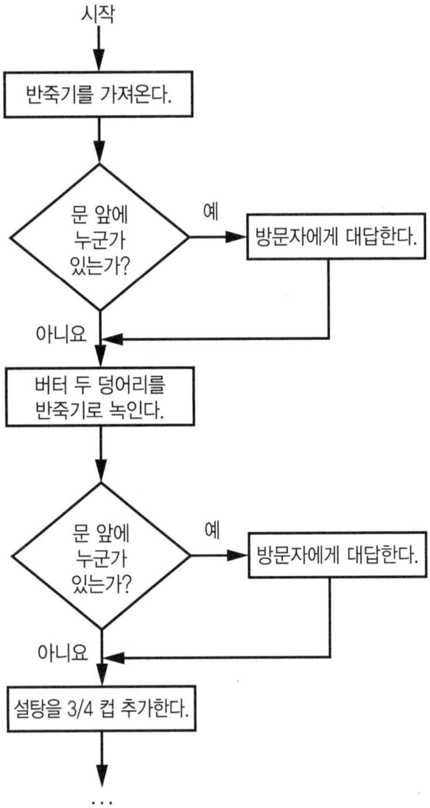

그림 5-7 나홀로 집에서 쿠키 만들기 #2

이런 방법을 **폴링**polling이라고 부른다. 폴링은 어느 정도 잘 작동하지만 아주 잘 작동하지는 않는다. 배달 온 소포를 못 받을 가능성은 적어지지만 문 앞에 누가 왔는지 검사하는 데 너무 많은 시간을 소모한다.

쿠키를 만드는 작업을 더 작은 하위 작업으로 나누고, 각 하위 작업 사이에 문을 검사하는 과정을 수행할 수 있다. 이렇게 하면 배달을 받을 확률은 더 높아지지만, 하다 보면 쿠키를 만드는 것보다 문을 검사하는 데 더 많은 시간을 소비하게 돼버린다.

이 문제는 일반적이며 아주 중요한 문제이지만 이런 문제를 소프트웨어적으로 해결할 수 있는 방법은 없다. 프로그램의 구조를 잘 재배치해서 이런 작업을 더 잘 처리하는 것은 불가능하다. 실행 중인 프로그램을 **잠깐 중단**interrupt시켜서 주의를 기울여야 하는 외부의 요소에 대응할 수 있게 만들 방법이 필요하다. 이제 실행 장치에 새로운 하드웨어 기능을 추가할 때다.

요즘 쓰이는 프로세서 대부분은 **인터럽트**interrupt 시스템이 들어간다. 인터럽트 시스템은 적절한 신호가 들어오면 CPU 실행을 잠깐 중단시킬 수 있는 핀이나 전기 연결을 포함한다. **핀**pin은 칩에 연결된 전기적 접점을 뜻하는 말이다. 칩에는 핀처럼 보이는 부품이 있는 경우가 많았지만, 장치 크기가 줄어듦에 따라 다른 방식도 쓰이기 시작했다. 많은 프로세서 칩(특히 마이크로컴퓨터)에는 **통합 주변장치**integrated peripheral가 들어 있고(이런 장치를 온칩on-chip I/O 장치라고도 한다), 이런 장치들은 내부적으로 인터럽트 시스템에 연결되어 있다.

이제 인터럽트 시스템이 작동되는 방식을 살펴보자. CPU가 주의를 기울여야 하는 주변장치는 **인터럽트 요청**interrupt request을 생성한다. 프로세서는 (보통은) 현재 실행 중인 명령어를 끝까지 실행한다. 그 후 프로세서는 현재 실행 중인 프로그램을 잠시 중단시키고 **인터럽트 핸들러**interrupt handler라는 전혀 다른 프로그램을 실행하기 시작한다. 인터럽트 핸들러가 필요한 작업을 다 마치고 나면 원래 실행 중이던 프로그램이 중단된 위치부터 다시 실행을 계속한다. 인터럽트 핸들러는 함수다.

쿠키 만들기 예제에서 인터럽트와 같은 역할을 하는 것은 초인종이다. 가끔 귀찮은 사람들이 초인종을 누르기도 하지만, 보통은 초인종이 울릴 때까지 기쁘게 쿠키를 만들 수 있다. 고려해야 할 요소가 몇 가지 있다. 첫째, 인터럽트에 대한 **응답 시간**response time이다. 배달 기사에게 시간을 너무 많이 소모하면 쿠키가 타버릴 것이다. 그래서 인터럽트 처리(인터럽트에 대응하는 것을 서비스한다고 말한다)를 정해진 시간 안에 끝내야 한다. 둘째, 인터럽트를 **서비스**service하고 나중에 다시 원래대로 돌아오기 위해서는 현재 **상태**state를 저장할 방법이 필요하다. 예를 들어 인터럽트가 걸린 시점에 실행 중이던 프로그램이 레지스터에 어떤 값을 저장하고 있었다면, 인터럽트 핸들러는 그 레지스터를 저장했다가 나중에 원래 프로그램으로 돌아오기 전에 레지스터값을 복구해줘야 한다.

인터럽트 시스템은 서비스 후 돌아올 프로그램 위치를 스택에 저장한다. 인터럽트 핸들러는 자신이 덮어쓸 레지스터를 모두 저장해야 할 책임이 있다. 이렇게 약속하면 인터럽트 핸들러가 저장해야 하는 요소를 최소화해서 가장 빨리 인터럽트를 서비스할 수 있다.

컴퓨터가 어떻게 인터럽트 핸들러 위치를 찾을 수 있을까? 보통은 인터럽트 핸들러 주소를 저장하기로 약속한 메모리 주소가 존재한다. 이 주소에는 여러 인터럽트 벡터가 들어 있고, 각 인터럽트 벡터는 CPU가 지원하는 각 인터럽트에 대한 핸들러 주소를 지정한다. **인터럽트 벡터**interrupt vector는 단지 메모리 위치를 가리키는 포인터일 뿐이다. 이는 물리나 수학의 벡터와 비슷하다. 말하자면 벡터는 '여기서 저리로 가세요'라고 말하는 화살표와 같다. 인터럽트가 일어나면 컴퓨터는 인터럽트 벡터에 저장된 주소를 살펴보고 제어를 그 주소로 옮긴다(즉 프로그램 카운터를 인터럽트 벡터에 저장된 값으로 설정한다).

많은 기계가 물리적인 주소를 벗어나는 주소를 사용하려고 시도하거나, 스택 오버플로가 일어나는 등의 예외 상황에 대한 인터럽트 벡터를 제공한다. 예외를 인터럽트 핸들러를 통해 처리하면 인터럽트 핸들러 안에서 문제를 해결함으로써 오류가 생긴 프로그램이 계속 실행될 수 있는 경우도 있다.

전형적인 경우 여러 가지 종류의 특별한 인터럽트 제어가 가능하다. 예를 들어 어떤 인터럽트를 켜거나 끌 수 있다. 마치 '문이 열려 있는 동안에는 나를 방해interrupt하지 마세요'라고 말하는 것처럼, 인터럽트를 중단시킬 수 있는 **마스크**mask가 있는 경우가 자주 있다. 인터럽트가 많이 있는 기계에는 종종 인터럽트 간의 **우선순위**priority가 있어서 더 중요한 인터럽트를 더 먼저 처리하게 해준다. 이 말은 우선순위가 낮은 인터럽트를 서비스하는 인터럽트 핸들러는 더 높은 인터럽트가 발생하면 일시 중단될 수도 있다는 뜻이다. 대부분의 기계에는 일정 시간이 지나면(또는 일정 시간 간격으로) 인터럽트를 발생시킬 수 있는 내장 **타이머**timer도 하나 이상 들어 있다.

나중에 설명할 운영체제는 다른 일반 프로그램들은 접근할 수 없는 **물리적**(하드웨어) 인터럽트에 접근할 수 있는 경우가 종종 있다. 운영체제는 일종의 **가상**virtual 인터럽트나 소프트웨어 인터럽트 시스템을 제공하기도 한다. 예를 들어, 유닉스 운영체제는 **시그널**signal 메커니즘을 제공한다. 최근 개발된 시스템들은 보통 이를 **이벤트**event라고 부른다.

상대 주소 지정

여러 프로그램을 동시에 실행하려면 어떻게 해야 할까? 우선, 각 프로그램을 서로 전환시켜 줄 수 있는 일종의 관리자 프로그램이 필요하다. 이런 프로그램을 운영체제 또는 운영체제 **커널**kernel('중심'이라는 뜻)이라고 부른다. 우리는 OS와 OS가 관리하는 프로그램을 구분하기 위해 OS를 **시스템** 프로그램이라고 부르고 다른 모든 프로그램을 **사용자**user 프로그램이나 **프로세스**process라고 부른다. 간단한 OS는 그림 5-8처럼 작동한다.

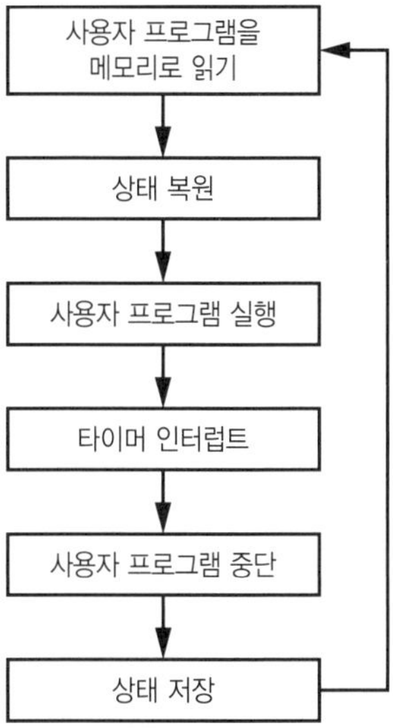

그림 5-8 간단한 운영체제

여기서 OS는 타이머를 사용해 사용자 프로그램을 전환시켜줄 때가 됐는지 판단한다. 이런 식으로 사용자 프로그램의 실행 시간을 조절하는 스케줄링scheduling 기법을 **시분할**time slicing이라고 부른다. 시분할 방식에서는 시간을 정해진 간격으로 나누고, 정해진 시간 간격 동안 사용자 프로그램을 실행한다. 사용자 프로그램 **상태**state 또는 **문맥**context(그냥 컨텍스트라고 부르는 경우도 자주 있음)은 레지스터의 상태와 프로그램이 사용 중인 메모리의 상태를 뜻한다. 이때 메모리에는 스택도 포함된다.

이런 방법은 잘 작동하지만 아주 느리다. 프로그램을 메모리로 불러들이려면 시간이 걸린다. 프로그램을 메모리로 불러오되 그림 5-9처럼 각 프로그램에게 각기 다른 공간을 허용할 수 있으면 훨씬 더 빠르게 시분할 실행이 가능하다.

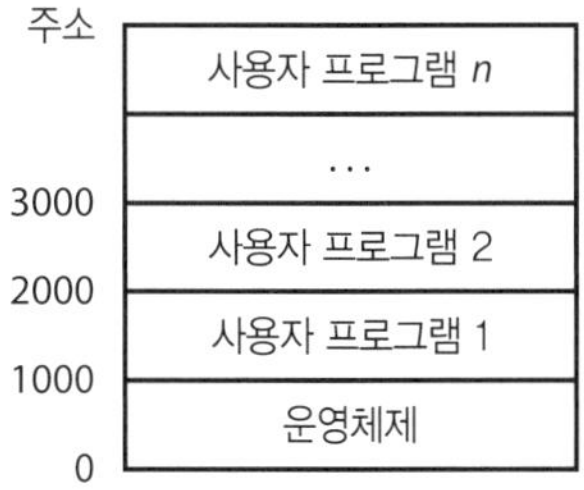

그림 5-9 여러 프로그램을 메모리에 넣기

이 예제에서 사용자 프로그램은 하나씩 차례로 메모리에 올라간다. 하지만 잠깐, 어떻게 이런 프로그램이 작동할 수 있을까? 179페이지에서 '주소 지정 모드'를 설명할 때, 우리가 예로 든 컴퓨터는 **절대 주소 지정**absolute addressing을 사용했다. 절대 주소 지정은 명령어 주소가 특정 메모리 주소를 가리킨다는 뜻이다. 따라서 1000번지에서 실행되도록 만들어진 프로그램을 2000번지에 읽어 들이면 제대로 실행되지 않을 것이다.

어떤 컴퓨터들은 이런 문제를 **인덱스 레지스터**index register를 추가해 해결한다(그림 5-10). 인덱스 레지스터를 사용하면 인덱스 레지스터의 값을 명령어에 들어 있는 주소와 더해서 **유효 주소**effective address를 계산한다. 사용자 프로그램이 1000번지에서 실행되도록 만들어졌다면, OS는 이 프로그램을 3000번지에서 실행하기 위해 인덱스 레지스터를 2000으로 설정할 수 있다.

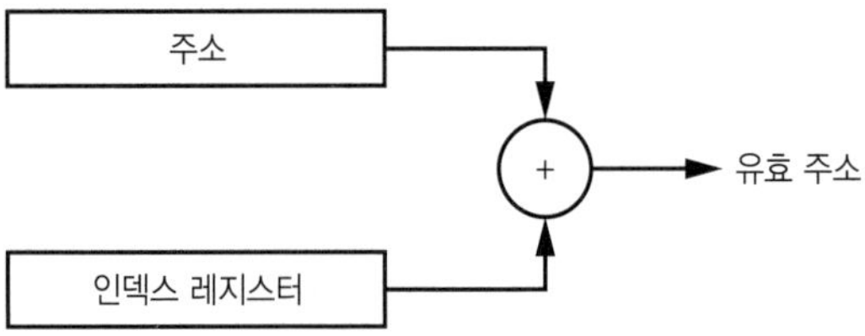

그림 5-10 인덱스 레지스터

이 문제를 해결하는 또 다른 방법은 **상대 주소 지정**relative addressing을 사용하는 것이다. 상대 주소 지정은 명령어에 들어 있는 주소를 0(대부분의 기계에서 메모리 시작 부분 주소가 0이다)부터 시작하는 위치로 해석하지 않고, 명령어의 주소를 기준으로 하는 상대적인 주소로 해석한다. 183페이지의 표 4-4를 다시 보자. 두 번째 명령어에 100(이진수로는 1100100)이라는 주소를 볼 수 있다. 상대 주소 지정을 사용해 같은 주소를 지정하려면 이 값이 99가 돼야 한다. 왜냐하면 명령어가 들어 있는 주소가 1이고 100이라는 주소는 1로부터 99만큼 떨어져 있기 때문이다. 마찬가지로 마지막 명령어는 주소 4로 분기하는 명령어인데, 이를 상대 주소로 표현하려면 -8이 들어가야 한다. 기계어에서 이를 직접 계산하는 것은 악몽에 가깝다. 하지만 요즘 프로그래밍 언어 도구들은 모두 이런 계산을 알아서 해준다. 상대 주소 지정을 사용하면 프로그램을 메모리의 원하는 위치로 자유롭게 **재배치**relocate할 수 있다.

메모리 관리 장치

멀티태스킹은 사치품에서 필수품으로 변해왔다. 이제는 모든 것이 인터넷에 연결되어 있고, 통신 작업은 계속해서 **백그라운드**background에서 실행(즉 사용자가 실행 중인 프로그램과 더불어 실행된다는 뜻이다)돼야 하기 때문에 멀티태스킹이 필수다. 인덱스 레지스터와 상대 주소 지정이 멀티태스킹에 도움이 될 수 있지만, 이들만으로 충분하지는 않다. 프로그램에 버그가 있으면 어떤 일이 벌어질까? 예를 들어 사용자 프로그램 2(그림 5-9)에 버그가 있어서 사용자 프로그램 1이 차지한 메모리를 덮어쓰거나, 심지어 OS의 메모리를 덮어쓴다면 어떤 일이 벌어질까? 누군가 의도적으로 시스템에 실행 중인 다른 사람의 프로그램을 들여다보거나 변경하는 프로그램을 작성한다면? 각 프로그램을 분리해서 이런 시나리오가 아예 불가능하게 할 수 있으면 정말 좋다. 이를 위해 오늘날 대부분의 마이크로프로세서에는 **메모리 관리 장치**MMU, memory management unit가 들어 있다. MMU는 아주 복잡한 하드웨어다.

MMU가 들어 있는 시스템은 **가상 주소**virtual address와 **물리 주소**physical address를 구분한다. 그림 5-11처럼 프로그램은 가상 주소를 사용해 작성되고, MMU는 가상 주소를 물리 주소로 변환해 준다.

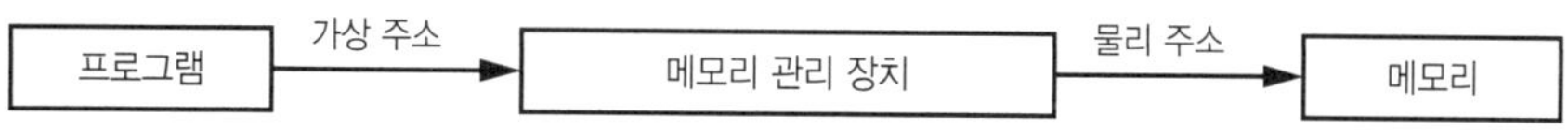

그림 5-11 MMU 주소 변환

MMU와 인덱스 레지스터는 어떤 차이가 있을까? 음, 차이가 여러 가지 있다. 그리고 MMU의 가상 주소 범위는 물리적 메모리 주소보다 큰 경우가 많다. 어떻게 그런 일이 가능할까? MMU는 가상 메모리 주소를 두 부분으로 나눈다. 주소의 하위(LSB 쪽) 부분은 물리적 주소 범위와 같다.[4] 상위(MSB 쪽) 부분은 **페이지 테이블**page table이라는 RAM 영역을 통해 주소를 **변환**translation한다. 이 과정을 그림 5-12에서 볼 수 있다.

4 MMU는 프로세서에 따라 달라진다. 본문에서 설명하는 MMU는 MMU 동작을 보여주기 위한 예시일 뿐이다. 각 프로세서의 MMU에 대해서는 프로세서 매뉴얼을 참조하라. – 옮긴이

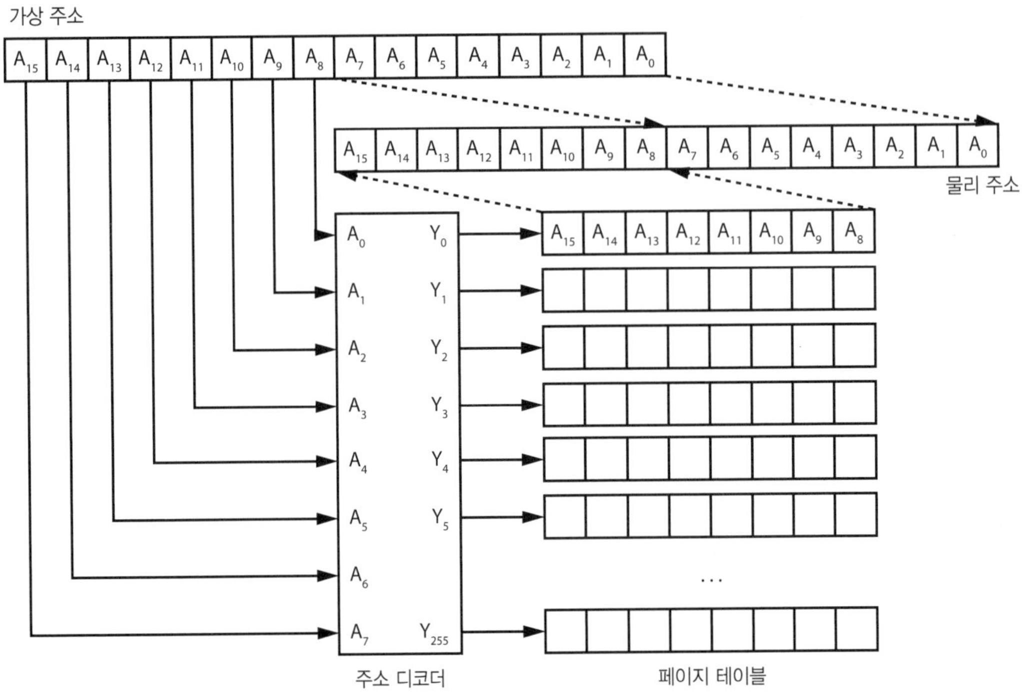

그림 5-12 16비트 기계에 대한 간단한 페이지 테이블

이 예제에서 메모리는 256바이트 크기의 **페이지**page로 분할된다. 페이지 테이블에는 각 페이지가 물리 메모리상에서 차지하는 실제 위치 정보가 들어 있다. 이를 통해 1000번지(가상 메모리)에서 시작하는 프로그램을 2000번지(물리 메모리)나 다른 곳에 넣을 수 있다. 물론 모든 내용이 **페이지 경계**page boundary 안에 들어 있어야 한다. 그리고 프로그램 입장에서는 가상 메모리가 연속적인 것처럼 보이지만, 실제 물리 메모리상의 위치는 굳이 연속적일 필요가 없다. 심지어 프로그램이 실행되는 도중에 프로그램이 위치한 물리적 메모리 주소가 바뀔 수도 있다. 그리고 프로그램들이 서로 협력하는 경우에는 여러 프로그램의 가상 메모리 중 일부가 같은 물리 메모리를 함께 사용하는 **공유 메모리**shared memory 기능을 제공할 수도 있다. 이제 페이지 테이블의 내용이 프로그램 문맥의 일부분이 된다는 사실에 유의하라.

지금까지 여러분이 주의를 기울여왔다면 아마도 페이지 테이블이 그냥 메모리의 일부분처럼 보인다는 점을 깨달았을 것이다. 여러분이 맞았다. 그리고 아마 내가 그게 그렇게 간단한 건 아니라고 말하리라 예상할 것이다. 이 예상 역시 맞았다.

우리 예제는 16비트 주소를 사용한다. 64비트 기계를 사용하는 최근 기계를 사용한다면 어떨까? 주소를 절반씩 두 부분으로 나누면 4GiB의 페이지 테이블이 필요하고, 페이지 크기도 4GiB가 될 것이다. 하지만 현재도 물리적 메모리가 4GiB 정도밖에 안 되는 시스템이 많이 있으므로 이런 페이지 구성은 그리 쓸모 있지 않다. 페이지 크기를 좀 더 작게 만들 수 있을 것이다. 하지만 페이지 크기를 줄이면 페이지 테이블 크기가 늘어난다. 이를 해결할 해법이 필요하다.

현대적 프로세서의 MMU는 페이지 테이블 크기가 정해져 있다. 전체 **페이지 테이블 항목**page table entry은 주 메모리에 저장되거나 주 메모리가 부족한 경우 디스크에 저장된다. MMU는 페이지 테이블 항목 중 일부를 필요할 때만 자신의 페이지 테이블로 읽어 들인다.

일부 MMU 설계는 페이지 테이블에 제어 비트를 추가 제공한다. 이런 제어 비트의 예로 **실행 불가 비트**no execute bit를 들 수 있다. 어떤 페이지에 대해 실행 불가 비트가 설정되어 있으면 CPU가 이 페이지에 있는 명령어를 실행할 수 없다. 따라서 프로그램이 실수로 자기 데이터를 실행하는 경우를 방지할 수 있다. 데이터 부분을 실행할 수 있으면(프로그램을 실행 시점에 마음대로 바꿔 쓸 수 있기 때문에) 보안 문제가 생길 수도 있다. 또 다른 일반적인 제어 비트로는 페이지를 **읽기 전용**read only으로 만드는 비트가 있다.

프로그램이 물리적 메모리에 연관되지 않은 주소에 접근하면 **페이지 폴트**page fault 예외가 발생한다. 이런 동작은 스택 오버플로 등이 일어날 때 유용하게 쓰일 수 있다. 스택 오버플로가 발생하면 스택 범위를 벗어나는 주소에 접근하므로 페이지 폴트가 발생하고, 이 예외가 발생하면 OS는 실행 중인 프로그램을 중단시키는 대신 MMU가 추가 메모리를 할당하게 해서 스택 공간을 늘리고 사용자 프로그램 실행을 계속할 수 있다.

MMU로 인해 폰 노이만 구조와 하버드 구조의 구분이 의미 없어졌다. 단일 메모리 버스만 사용하는 폰 노이만 구조의 시스템도 명령어 메모리와 데이터 메모리를 분리해 제공할 수 있다.

가상 메모리

운영체제OS는 희소한 하드웨어 자원을 사용하려고 경합하는 프로그램들 사이의 자원 분배를 관리한다. 예를 들어, OS가 CPU 자체에 대한 접근을 관리하는 방식을 그림 5-8에서 살펴봤다. 메모리도 역시 OS가 관리하는 자원이다. OS는 MMU를 사용해 사용자 프로그램에게 **가상 메모리**virtual memory를 제공한다.

앞에서 MMU가 프로그램의 가상 주소를 물리 메모리 주소로 변환해준다는 사실을 살펴봤다. 하지만 가상 메모리는 그 이상이다. 페이지 폴트 메커니즘으로 인해 프로그램은 필요한 만큼(가상 메모리 주소 범위 내에서) 많은 메모리가 있다고 생각할 수 있게 됐다. 요청받은 메모리가 사용 가능한 (물리적) 메모리의 크기보다 크면 어떻게 될까? OS는 현재 필요하지 않은 메모리 페이지를 더 느리지만 더 용량이 큰 대용량 저장장치인 디스크로 옮긴다(이를 **스왑 아웃** swap out이라고 부른다). 이런 스왑 아웃한 페이지에 프로그램이 접근하면 운영체제는 필요한 메모리 공간을 확보하고 요청받은 페이지를 다시 메모리로 불러들인다(이렇게 디스크에서 메모리로 페이지를 읽어오는 동작을 **스왑 인** swap in이라고 부른다). 이런 식으로 페이지를 처리하는 것을 **요구불 페이징** demand paging이라고 부른다. 그림 5-13은 한 페이지가 스왑 아웃된 가상 메모리 시스템을 보여준다.

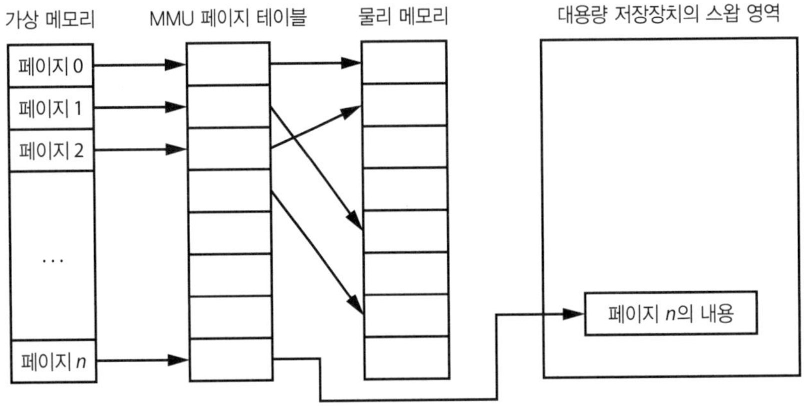

그림 5-13 가상 메모리

스와핑 swapping(스왑 인이나 스왑 아웃)이 일어나면 시스템 성능이 크게 저하된다. 하지만 메모리가 부족해서 프로그램을 실행도 못 하는 것보다는 느리더라도 스와핑을 통해 프로그램을 실행하는 편이 더 낫다. 가상 메모리 시스템은 성능 저하를 막기 위해 다양한 기법을 활용한다. 이런 기법 중 하나는 페이지 접근을 추적해서 스왑 아웃할 페이지를 결정하는 **최소 최근 사용** LRU, least recently used 알고리즘이다. 이 알고리즘을 사용하면 최근에 가장 자주 사용된 페이지는 물리 메모리에 그대로 남겨두고 최근에 가장 덜 사용한 페이지를 스왑 아웃한다.

시스템 공간과 사용자 공간

멀티태스킹 시스템은 모든 프로그램에게 자신이 컴퓨터 안에서 실행되는 유일한 프로그램이라는 환상을 심어준다. MMU는 각 프로세스에게 자신만의 메모리 주소 공간을 제공해서 이런 환상을 키워준다. 하지만 I/O 장치가 끼어들면 이런 환상을 유지하기가 힘들어진다. 예를 들어, 운영체제가 타이머 장치를 사용해서 그림 5-8처럼 실행 중인 프로그램을 다른 프로그램으로 전환할 시점을 알아낸다. 운영체제는 초당 발생할 인터럽트 횟수에 맞춰 타이머를 설정한다. 하지만 사용자 프로그램이 이 타이머 설정을 한 시간에 한 번만 인터럽트하도록 변경하면 모든 것이 예상과 다르게 작동한다. 마찬가지로 사용자 프로그램이 MMU의 설정을 마음대로 바꿀 수 있다면 MMU가 프로그램을 서로 격리시키지 못할 것이다.

여러 CPU는 이런 문제를 해결할 수 있는 추가 하드웨어를 제공한다. CPU에는 컴퓨터가 **시스템**system 모드에 있는지 **사용자**user 모드에 있는지 결정하는 비트가 어떤 레지스터 안에 들어 있다. I/O를 처리하는 명령어 등 일부 명령어는 **특권**privileged 명령어라서 오직 시스템 모드에서만 실행할 수 있다. **트랩**trap이나 **시스템 콜**system call이라고 부르는 특별한 명령어를 통해 사용자 모드에서 실행 중인 프로그램이 시스템 모드 프로그램(즉 운영체제)에게 요청을 보낼 수 있다.

이런 방식에는 몇 가지 장점이 있다. 첫째, 이 방식은 사용자 프로그램으로부터 운영체제를 보호하고, 사용자 프로그램을 다른 사용자 프로그램으로부터 보호한다. 둘째, 사용자 프로그램이 MMU 등의 몇몇 요소에 손을 댈 수 없기 때문에 운영체제가 프로그램에 대한 자원 할당을 전적으로 제어할 수 있다. 하드웨어 예외는 오직 시스템 공간에서만 처리된다.

여러분이 핸드폰, 노트북 컴퓨터, 데스크톱 컴퓨터에 쓰려고 작성한 프로그램은 사용자 공간에서 실행된다. 시스템 공간에서 실행되는 프로그램에 손을 대기 위해서는 아주 뛰어난 프로그래머가 될 필요가 있다.

메모리 계층과 성능

과거에는 CPU와 메모리가 같은 속도로 작업했고 컴퓨터 세계는 평온했다. 하지만 CPU가 더더욱 빨라졌지만 메모리는 그렇게까지 빨라지지는 못해서 CPU보다 속도가 뒤처지기 시작했다. 컴퓨터 구조를 설계하는 이들은 빠른 CPU가 느린 메모리를 기다리느라고 아무 일도 하지 않는 경우를 줄이기 위해 온갖 방법을 다 쓰기 시작했다.

가상 메모리와 스와핑은 **메모리 계층**memory hierarchy이라는 개념을 소개했다. 사용자 프로그램에게는 모든 메모리가 같아 보이지만 메모리 시스템 내부에서 일어나는 일은 시스템 성능에 큰 영향을 끼친다. 또는 조지 오웰(『1984』의 작가)의 말을 따라 하자면, 모든 메모리 접근은 평등하지만 그중 일부는 다른 메모리 접근보다 더 평등하다.

컴퓨터는 빠르다. 컴퓨터는 1초에 수십억 개의 명령어를 실행할 수 있다. 하지만 실행할 명령어가 도착하기를 CPU가 기다려야 하거나, 메모리에 데이터를 읽거나 쓸 때까지 CPU가 기다려야 한다면 그렇게 많은 일을 해낼 수는 없다.

프로세서에 레지스터라는 빠르고 비싼 메모리가 들어 있다는 사실을 살펴봤다. 초기 컴퓨터에는 레지스터가 몇 개 안 들어 있었다. 하지만 최근의 기계에는 수백 개가 들어 있다. 하지만 전반적으로 레지스터가 전체 메모리에서 차지하는 비율은 점점 작아져 왔다. 프로세서는 보통 RAM으로 이뤄진 **주 메모리**main memory와 통신하는데, 주 메모리는 프로세서보다 1/10 정도밖에 속도가 나지 않는다. 디스크 드라이브 등의 대량 저장장치는 프로세서보다 백만 배 느릴 수도 있다.

내 친구 클렘이 음식을 사용하는 좋은 비유를 알려줬다. 레지스터는 마치 냉장고 같다. 냉장고에는 공간이 많지는 않지만 그 내용물에 빨리 접근할 수 있다. 주 메모리는 가게와 같다. 물건이 들어갈 공간이 더 많지만 물건을 가져오려면 시간이 더 걸린다. 대용량 저장장치는 창고와 같다. 창고는 공간이 훨씬 더 많지만 집에서 훨씬 멀리 떨어져 있다.

이 비유를 좀 더 보충하자. 여러분은 자주 냉장고 문을 열고 물건을 하나만 가져온다. 하지만 가게를 방문할 때는 장바구니를 가져가서 물건을 좀 더 많이 채워서 가져온다. 창고에서 물건을 가져올 때는 트럭에 실어 가져온다. 컴퓨터에서 벌어지는 일도 이와 비슷하다. CPU와 주 메모리 사이에는 작은 덩어리가 오간다. 주 메모리와 디스크 사이에는 더 큰 덩어리가 오간다. 제프 베리맨Jeff Berryman이 쓴 '페이징 게임The Paging Game'[5]을 보면 이 모든 게 어떻게 작동하는지에 대한 흥미로운 설명을 볼 수 있다.

세부 사항을 상당 부분 생략하고, CPU가 주 메모리보다 10배 더 빠르게 작동한다고 하자. 이를 해석하면 CPU가 메모리를 기다리느라 많은 시간을 소비해야 한다는 뜻이다. 이를 해결하기 위해 집에 있는 식품저장고에 해당하는 **캐시**cache라는 하드웨어(아주 빠른 온칩 메모리)를 CPU에 추가한다. 이 식품저장고는 가게보다 훨씬 작지만 훨씬 빠르고 프로세서와 같은 속도로 작동한다.

가게에서 어떤 물건을 가져와 식품저장고를 채워야 할까? 151페이지의 '임의 접근 메모리' 절을 다시 살펴보면, 행을 고정하고 열을 변화시키면서 DRAM을 읽을 때 더 빠르다는 사실을 볼 수 있다. 여러분의 프로그램이 작동하는 방식을 관찰하면, 분기가 없는 경우 프로그램 메모리를 순서대로 읽어온다는 사실을 알 수 있고, 프로그램이 사용하는 데이터가 한데 모여 있는 경우가

5 페이징 게임에 대해서는 https://www.gnu.org/fun/jokes/paging.game.html 문서를 읽어보자. – 옮긴이

많다는 사실도 알 수 있다. 이런 현상을 활용해 시스템 성능을 높일 수 있다. CPU **메모리 컨트롤러**memory controller 하드웨어는 메모리에서 연속된 열에 있는 데이터를 한꺼번에 가져온다. 대부분은 연속된 위치에 있는 데이터가 필요하기 때문이다. 가게에서 시리얼을 한 박스만 가져오는 대신 우리는 보통 가방에 몇 가지 시리얼을 담아서 집으로 가져온다. 메모리에 접근하는 패턴이 순차적이 아니어서 **캐시 실패**cache miss가 일어나도 CPU는 고속 메모리 접근 모드가 가능하기 때문에 좀 더 유리하다. 캐시 실패는 CPU가 캐시에서 어떤 내용(어떤 주 메모리 주소에 들어 있는 내용)을 찾았는데 캐시에 그 데이터가 없어서 메모리를 읽어야 하는 경우를 뜻한다. 비슷하게 **캐시 적중**cache hit은 CPU가 원하는 내용을 캐시에서 찾은 경우를 뜻한다. 아무리 좋은 것이라 할지라도 100% 만족스럽지는 않은 법이다.

캐시 메모리에도 몇 가지 계층이 있다. 모든 캐시가 같은 칩 안에 존재하는 경우에도 CPU에서 멀어질수록 캐시는 더 느려지고 더 커진다. 이들을 L1, L2, L3 캐시라고 부른다('L'은 **단계**level를 뜻한다). 그렇다. 이는 음식 저장고와 차고에 여분의 냉장고가 더 있는 것과 비슷하다. 그리고 항공 관제사가 부끄러워할 만큼 복잡한 일을 하는 디스패처dispatcher가 들어 있다. 디스패처는 여러 가지 크기의 장바구니, 박스, 트럭에 내용물을 채워 넣거나 내용물을 꺼내는 일을 담당하는 아주 큰 논리 회로다. 실제로 CPU 칩의 부동산에서 이들이 차지하는 영역이 상당히 크다. 그림 5-14는 메모리 계층을 간략히 보여준다.

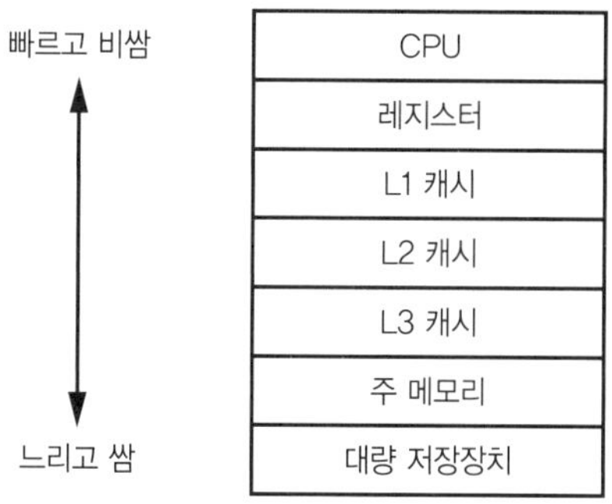

그림 5-14 메모리 계층

더 복잡한 수정을 가하면 성능을 더 향상할 수 있다. 기계에는 올바른 데이터를 메모리에서 **프리페치**prefetch(미리 페치해 가져옴)해서 캐시를 준비시키기 위해 조건 분기 명령어의 결과를 예측하는 **분기 예측**branch prediction 회로가 포함된다. 심지어 **순서를 벗어나는 실행**out-of-order execution을 처리하는 회로도 존재한다. 이 회로는 CPU가 프로그램에 명시된 명령어 순서를 벗어나서 가장 효율적으로 명령어를 수행하게 해준다.

캐시 일관성cache coherency을 유지하는 것은 아주 어려운 문제다. 프로세서 칩이 2개인 컴퓨터를 상상해보라. 각 칩에는 코어가 4개 있다. 코어 중 하나는 데이터를 어떤 메모리 위치에 기록한다. 물론 실제로는 캐시에 데이터가 먼저 기록되며, 결국에는 메모리에도 기록된다. 이 데이터를 사용해야 하는 다른 코어나 프로세서가 해당 메모리 위치의 데이터가 변경됐음을 어떻게 알 수 있을까? 가장 간단한 접근 방법은 **라이트 스루**write through다. 이 방법은 데이터를 캐시에 기록하는 동시에 메모리에도 기록한다. 하지만 이 방식은 캐시를 사용하는 장점 대부분을 없애버린다. 따라서 이런 문제를 해결하기 위해 다양한 추가 캐시 관리 하드웨어가 생겨났지만 이는 이 책의 범위를 벗어난다.

코프로세서

프로세서 코어는 아주 복잡한 회로로 이뤄졌다. 몇 가지 연산을 **코프로세서**coprocessor라는 더 단순한 회로에 위임하면 프로세서 코어가 일반적인 연산에 활용할 수 있는 공간을 더 확보할 수 있다. 과거에는 한 칩 안에 모든 연산 회로를 넣기 어려웠기 때문에 코프로세서가 쓰였다. 예를 들어 프로세서 자체에 부동소수점 수 연산을 처리할 회로를 만들 공간이 없어서 부동소수점 연산용 코프로세서를 사용하는 경우가 있었다. 요즘은 그래픽 처리 등 여러 가지 기능을 담당하는 코프로세서가 한 칩에 같이 들어가 있는 경우가 많다.

이번 장에서는 프로그램을 실행하기 위해 메모리에 읽어 들이는 방법을 살펴봤다. 이 말은 프로그램이 디스크 드라이브 등의 더 느리고 값싼 메모리에 들어 있고 이를 불러온다는 뜻이다. 그리고 가상 메모리 시스템이 스와핑을 하면서 디스크에 메모리 내용을 저장하거나 디스크에서 메모리로 데이터나 프로그램을 읽어온다는 사실도 살펴봤다. 그리고 156페이지의 '블록 장치' 절에서 디스크는 바이트 단위로 접근이 불가능하다는(512바이트나 4,096바이트 등의 블록으로 전송을 한다) 사실을 봤다. 이 말은 주 메모리와 디스크 사이에 단순한(값을 복사하면 되지 다른 연산을 할 필요가 없으므로) 데이터 복사가 자주 일어날 수 있다는 뜻이다. 일부 코프로세서는 다른 일은 처리하지 않고 데이터 복사만 담당한다. 이런 방식을 **직접 메모리 접근**DMA, direct memory access이라고 한다. '여기서 이만큼의 데이터를 저쪽으로 복사하고, 다 끝나면 나한테 알려줘'와 같은 방식으로 DMA를 설정할 수 있다. CPU는 DMA 장치에 귀찮은 일을 많이 떠맡기기 때문에 유용한 연산을 더 많이 처리할 수 있다.

메모리상의 데이터 배치

표 4-4를 통해 메모리에 명령어만 담는 게 아니라 데이터도 담는다는 사실을 알았다. 이 경우 데이터는 **정적**static 데이터다. '정적'이라는 말은 프로그램을 작성할 때 얼마나 많은 메모리가 필요한지 알고 있다는 뜻이다. 이번 장의 앞부분에서 프로그램을 실행할 때 스택을 위한 메모리가 필요하다는 사실도 배웠다. 따라서 이런 여러 데이터 영역을 서로 충돌하지 않게 배치할 수 있어야 한다.

그림 5-15는 MMU가 없을 때 폰 노이만 구조와 하버드 구조의 전형적인 메모리 배치를 보여준다. 유일한 차이는 하버드 구조에서는 명령어가 별도의 메모리에 존재한다는 점뿐이다.

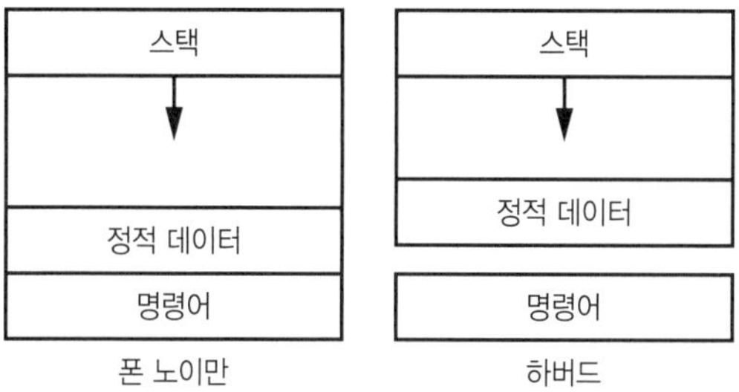

그림 5-15 메모리 배치

프로그램이 메모리를 사용하는 방법이 한 가지 더 있다. 대부분의 프로그램은 **동적**dynamic 데이터를 다뤄야 한다. 동적 데이터는 프로그램을 실행하기 전에는 크기를 알 수 없는 데이터를 말한다. 예를 들어, 메시징 시스템은 저장해야 할 메시지 개수나 각 메시지의 크기를 미리 알 수 없다. 그림 5-16처럼 동적 데이터는 주로 정적 데이터가 차지하는 영역의 바로 위 영역에 쌓이며, 이를 **힙**heap이라고 부른다. 더 많은 데이터를 저장해야 할 경우 스택은 아래로 자라나는 반면, 힙은 위로 자라난다. 힙과 스택이 서로 충돌하지 않게 하는 것이 중요하다. 메모리 배치에는 몇 가지 사소한 변형이 있다. 예를 들어, 일부 프로세서는 메모리의 시작 부분이나 끝부분에 인터럽트 벡터를 저장하는 영역이나 온칩 I/O 장치를 제어하기 위한 레지스터를 (메모리 주소를 사용해 접근할 수 있게) 확보해두기도 한다.

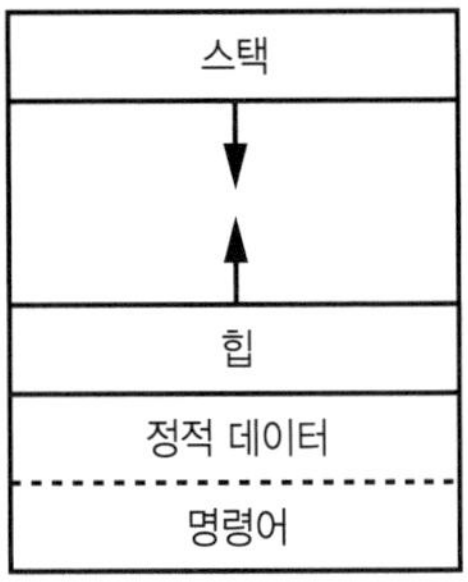

그림 5-16 힙이 있는 경우의 메모리 배치

마이크로컴퓨터에서는 MMU가 없는 경우가 많기 때문에 이런 메모리 배치를 자주 볼 수 있다. MMU가 쓰이는 경우에는 명령, 데이터, 스택이 각기 다른 물리적 메모리 페이지에 매핑되고, 필요에 따라 할당된 크기를 변경할 수 있다. 하지만 프로그램이 바라보는 메모리(가상 메모리)는 여전히 앞에서 설명한 것과 같은 메모리 배치를 사용한다.

프로그램 실행

컴퓨터 프로그램이 여러 부분으로 이뤄졌음을 살펴봤다. 여기서는 여러 부분이 어떻게 함께 사용되는지 살펴본다.

앞에서 프로그래머가 함수를 사용해 코드를 재사용한다고 설명했다. 이 설명이 전부가 아니다. 어떤 함수는 여러 프로그램에서 쓸 만큼 유용한 경우도 있다. 예를 들어, 두 문자열이 같은지 비교하는 함수가 필요한 프로그램은 아주 많다. 이럴 때 매번 새로 함수를 작성하는 대신 누군가 이미 작성한 함수를 활용할 수 있으면 편하다. 이런 편의를 달성하는 한 가지 방법은 관련 함수를 한데 모아서 **라이브러리**library로 만드는 것이다. 문자열 처리부터 복잡한 수학 계산이나 MP3 인코딩에 이르는 다양한 라이브러리가 존재한다.

본격적인 프로그램은 라이브러리뿐 아니라, 여러 조각으로 이뤄진다. 프로그램 전부를 한 파일에 저장할 수도 있지만, 이를 여러 파일로 나눠놓는 편이 더 좋은 이유가 있다. 가장 큰 장점은 여러 사람이 한 프로그램의 여러 부분을 동시에 개발할 수 있다는 점이다.

하지만 프로그램을 여러 조각으로 나누면 이 모든 조각을 하나로 엮거나 **연결**(이를 **링크**link라고 한다)할 방법이 필요하다. 각 프로그램을 링크하기 편한 형식의 매개 파일intermediate file로 나누고, **링커**linker라는 특별한 프로그램을 사용해 여러 조각을 하나로 연결해 실행한다. 과거 다양한 매개 파일 형식이 생겨났다. **실행과 링크가 가능한 형식**ELF, Executable and Linkable Format은 현재 가장 유명한 매개 파일 형식이다. 이 형식은 마치 교차로 광고와 비슷한 여러 섹션section으로 이뤄진다. '팝니다' 섹션에는 '나는 cube라는 함수를 제공합니다'라는 광고가 있다. 비슷하게 '삽니다' 섹션에는 '나는 date라는 변수를 찾습니다'라는 광고가 있다.

링커는 이런 모든 광고를 서로 **해소**resolve해서 실제로 실행할 수 있는 프로그램을 만들어내는 프로그램이다. 물론 성능을 높이기 위해 훨씬 더 복잡한 방식을 사용한다. 과거에는 라이브러리를 단지 여러분에게 필요한 함수가 들어 있는 파일로 간주해서 프로그램의 나머지 부분과 직접 연결해 실행 파일을 만들었다. 이런 방식을 **정적 링크**static linking라고 한다. 하지만 1960년대 멀틱스Multics 운영체제를 만든 프로그래머들은 여러 프로그램이 똑같은 라이브러리를 사용하는 경우가 많다는 사실을 발견했다. 라이브러리가 여러 프로그램에 쓰인다는 말은 이 라이브러리가 아주 쓸모 있다는 뜻이지만, 정적 링크를 사용하면 같은 라이브러리 코드가 여러 실행 파일에 반복적으로 들어가서 귀중한 메모리를 낭비한다. 그래서 멀틱스 프로그래머들은 **공유 라이브러리**shared library를 사용하는 **동적 링크**dynamic linking를 발명했다. 그림 5-17처럼 MMU가 여러 프로그램이 같은 라이브러리를 공유할 수 있게 해준다.

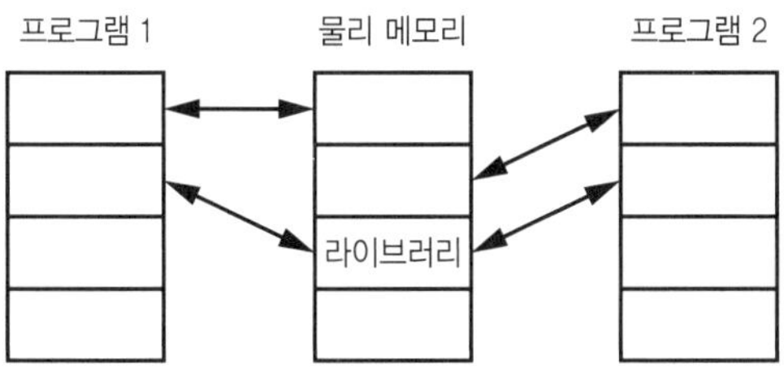

그림 5-17 공유 라이브러리

공유 라이브러리에서 가져온 명령어는 이 라이브러리를 사용하는 모든 프로그램에서 공통적이라는 사실에 유의하라. 이로 인해 라이브러리 함수를 작성할 때 호출하는 프로그램의 스택과 힙을 사용하도록 함수를 설계해야만 한다.

프로그램에는 **진입점**entry point이 있다. 진입점은 프로그램의 첫 번째 명령어가 위치한 주소를 뜻한다. 하지만 우리의 직관과 달리 실제 프로그램이 실행될 때 가장 먼저 실행되는 명령어는 진입점에 있는 명령어가 아니다. 프로그램을 이루는 모든 부분이 하나로 합쳐져서 실행파일executable을 이룰 때 **런타임 라이브러리**runtime library가 추가된다. 실제로는 이 런타임 라이브러리에 있는 명령어가 먼저 실행되고 나중에 진입점의 명령어가 실행된다.

런타임 라이브러리는 메모리 설정을 책임진다. 이 말은 런타임 라이브러리가 스택과 힙 영역을 설정한다는 뜻이다. 런타임 라이브러리는 정적 데이터에 위치한 데이터의 초깃값도 설정한다. 이런 값들은 실행 파일에 들어 있고 시스템에서 메모리를 할당받은 직후 실행 파일에서 메모리로 복사돼야 한다.

런타임 라이브러리는 더 많은 기능을 수행한다. 특히 언어가 복잡해지면 런타임 라이브러리의 기능도 더 복잡해진다. 다행히 현재로서는 이에 대해 알 필요가 없다.

메모리 전력 소비

지금까지는 성능 측면에서 메모리에 접근했다. 하지만 다른 점도 고려해야 한다. 데이터를 메모리에서 이리저리 옮기려면 **전력**power이 소비된다. 데스크톱 컴퓨터에서는 이런 전력 소비가 아주 중요한 일은 아니지만, 모바일 장치에서는 전력 소비가 중요하다. 게다가 대형 인터넷 회사의 데이터 센터에서는 배터리 수명 등이 문제가 되지는 않지만 컴퓨터가 아주 많기 때문에 적은 전력 소비량이 합쳐져서 아주 큰 값이 될 수 있다.

전력 소비와 성능 사이의 균형을 잡는 일은 아주 어렵다. 코드를 작성할 때도 이를 염두에 둬야 한다.

정리

4장에서 배운 것과 달리, 메모리를 다루는 것이 그다지 단순하지 않다는 사실을 살펴봤다. 간단한 프로세서라도 메모리 사용을 개선하는 일은 아주 복잡하다는 사실을 느꼈을 것이다. 이제 여러분은 현대적 컴퓨터를 거의 다 이해하게 됐다. 남은 것은 I/O뿐인데, 이 주제를 6장에서 다룬다.

6장

입출력과 네트워킹

- 컴퓨터는 외부와 어떻게 상호작용하는가

컴퓨터는 단지 재미로 계산을 수행하지 않는다. 컴퓨터는 여러 근원에서 입력을 받고, 계산을 수행한 다음, 다양한 장치를 통해 출력을 만들어낸다. 컴퓨터는 사람과 통신하거나, 다른 컴퓨터와 통신하거나, 공장을 돌릴 수도 있다. 이에 대해 좀 더 자세히 살펴보자.

입력과 출력I/O에 대해 168페이지 '입력과 출력' 절에서 프로세서 코어로 들어오고 나가는 데이터를 언급하면서 간략히 설명했다. 이런 입출력은 그리 어렵지 않다. 필요한 것은 출력을 위한 **래치**(138페이지 '래치' 절을 참고하라)와 입력을 위한 **트라이스테이트 버퍼**(그림 2-38 참조)뿐이다. I/O 장치의 모든 핀이 래치나 버퍼에 연결되고 컴퓨터 CPU가 이 모든 연결을 직접 조작하던 때도 있었다.

프로세서 가격이 줄어들면서 이런 상황이 달라졌다. 예전에 복잡했던 I/O 장치에는 이제 자체 마이크로프로세서가 들어 있다. 예를 들어, 몇천 원만 주면 멋진 디지털 출력이 붙은 3축 가속도 센서나 온도 센서를 구입할 수 있다. 이런 장치는 프로그래밍이라는 관점에서는 흥미롭지 않기 때문에, 이에 대해 굳이 이야기하지는 않을 것이다. 이런 장치의 인터페이스는 장치의 명세에 맞춰 바이트를 읽고 쓰는 것뿐이기 때문이다. 프로세서가 내장된 장치를 다루는 코드를 작성해본 독자도 있을 것이다. 다음에 어떤 장치를 만든다면, 아마도 그 장치의 모든 면을 자세히 제어할 수 있기 바랄 수도 있다.

6장에서는 프로그래밍 관점에서 여전히 흥미로운 I/O 장치와 상호작용하는 기술을 다룬다. 그리고 **샘플링**sampling에 대해 설명한다. 실제 세계의 아날로그 데이터를 컴퓨터가 쓸 수 있는 디지털 형태로 바꾸거나, 역방향으로 바꾸려면 샘플링을 해야 한다.

저수준 I/O

가장 단순한 I/O는 CPU가 읽거나 쓸 수 있는 비트에 물건을 연결한 형태의 I/O다. 이런 형태의 I/O가 널리 쓰이게 되면서 점점 더 복잡한 장치로 진화했다. 이번 절에서는 이런 I/O의 예를 살펴본다.

I/O 포트

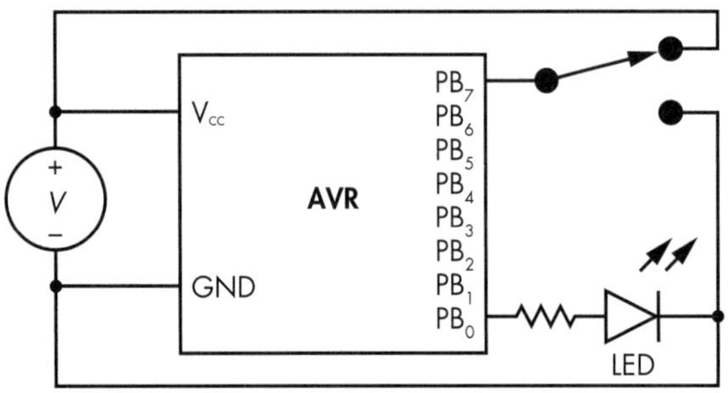

그림 6-1 포트 B에 전구와 스위치를 연결한 모습

그림 6-1의 스위치를 2장에서 봤다는 사실을 알 수 있어야 한다. LED는 발광 다이오드light emitting diode다. **다이오드**diode는 놀이동산 입구의 회전문 같은 역할을 하는 반도체 장치다. 즉, 다이오드는 전기를 회로도에 표시된 속이 빈 화살표 방향으로만 흐르도록 제한한다. LED는 다이오드 역할을 하면서 부수적으로 빛도 나는 장치다.

LED와 저항을 직렬로 연결했다는 점에 유의하라. 저항을 연결한 이유는 LED에 흐르는 전류를 제한해서 PB_0와 LED가 타버리는 일이 없도록 방지하기 위함이다. 이때 필요한 저항값은 2장에서 설명한 옴의 법칙을 따라 계산할 수 있다. 예를 들어 V가 5볼트라 하자. 113페이지의 '트랜지스터'에서 설명한 실리콘 샌드위치의 특성 중 하나는 각 층에 걸리는 전압이 0.7볼트라는 것이다. AVR 프로세서의 데이터시트를 보면 V가 5볼트일 때 논리 1에 대응하는 전압은 4.2볼트다. LED에 흐르는 최대 전류가(이 값은 LED의 데이터시트를 보면 알 수 있다) 10mA(0.01A)가 되기를 원하고, AVR이 버틸 수 있는 전류는 20mA다. 옴의 법칙을 보면 저항은 전압을 전류로 나눈 값이므로, $(4.2 - 0.7)/0.01 = 350\Omega$이 필요한 저항값이다. 그림을 보면 PB_7이 전압을 (논리) 0에서 1로 전환할 수 있음을 알 수 있다. 0으로 설정되어 있기 때문에 PB_0에는 아무 전류도 흐르지 않는다. 전기는 PB_0가 1일 때 LED를 통해 흐르고, LED를 빛나게 한다. 장치에 따라 전압 강하 등이 달라질 수 있기 때문에 사용하려는 LED나 다른 구성요소의 데이터시트를 꼭 읽어봐야 한다.

포트 B는 그림 6-2처럼 세 가지 레지스터에 의해 제어된다. DDRB는 데이터 방향 레지스터Data Direction Register B다. DDRB는 각 핀을 입력으로 쓸지 출력으로 쓸지 결정한다. PORTB는 출력 데이터를 저장하는 래치다. PINB는 핀의 값을 읽는다.

7	6	5	4	3	2	1	0	
DDB7	DDB6	DDB5	DDB4	DDB3	DDB2	DDB1	DDB0	DDRB
7	6	5	4	3	2	1	0	
PORTB7	PORTB6	PORTB5	PORTB4	PORTB3	PORTB2	PORTB1	PORTB0	PORTB
7	6	5	4	3	2	1	0	
PINB7	PINB6	PINB5	PINB4	PINB3	PINB2	PINB1	PINB0	PINB

그림 6-2 AVR PORTB 레지스터

이 그림이 아주 복잡해 보일지도 모르지만, 그림 6-3에서 보듯 실제로는 우리가 앞에서 살펴본 표준적인 구성요소인 디먹스, 플립플롭, 트라이스테이트 버퍼를 다른 방식으로 배치한 것에 지나지 않는다.

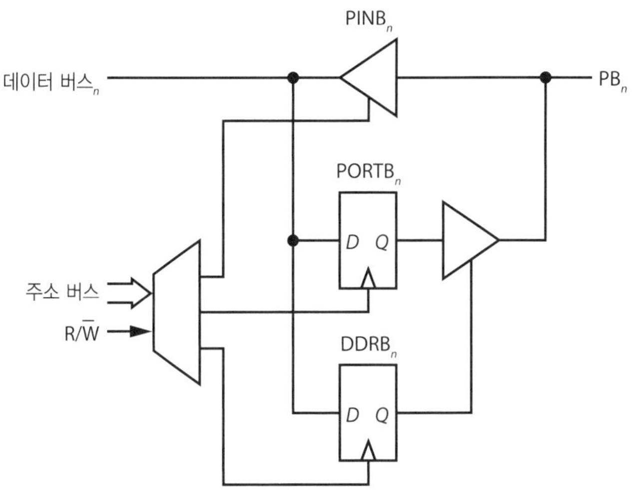

그림 6-3 AVR 포트 B의 구성

DDRB는 포트 B에 대한 데이터 방향 레지스터다. 이 레지스터의 어느 비트에 1을 넣으면 그 비트 번호에 해당하는 포트 B 비트가 출력에 쓰이게 된다. 0을 넣으면 입력이다. PORTB는 포트의 출력 부분이다. PORTB의 어느 비트에 0이나 1을 넣으면 (해당 비트가 출력 비트로 DDRB에 지정된 경우) 핀의 출력 전압이 0이나 1로 바뀐다. PINB를 읽으면 연관된 핀의 상태를 읽을 수 있다. 따라서 6번과 0번 핀을 하이로 끌어올리고 나머지를 로우로 끌어내리면 PINB의 값은 01000001, 즉 0x41이 된다.

여러분도 알 수 있듯이, 칩에서 데이터를 꺼내거나 데이터를 칩에 읽어 들이는 것은 상당히 쉽다. PINB 레지스터의 $PINB_7$을 살펴보면 스위치의 상태를 알 수 있다. PORTB 레지스터의 $PORTB_0$ 비트에 값을 넣으면 LED를 켜거나 끌 수 있다. LED를 깜빡거리는 간단한 프로그램을 작성해서 여러분과 친구들이 영원히 즐길 수도 있다.

버튼을 눌러라

다양한 장치에 어떤 종류든 버튼이나 스위치가 들어간다. 버튼이나 스위치가 설계된 방식으로 인해 컴퓨터가 이들의 값을 읽기는 쉽지 않다. 간단한 푸시 버튼push button은 두 접점과 버튼이 눌리면 두 접점을 연결해주는 금속 조각으로 이뤄져 있다. 그림 6-4의 회로를 살펴보라.

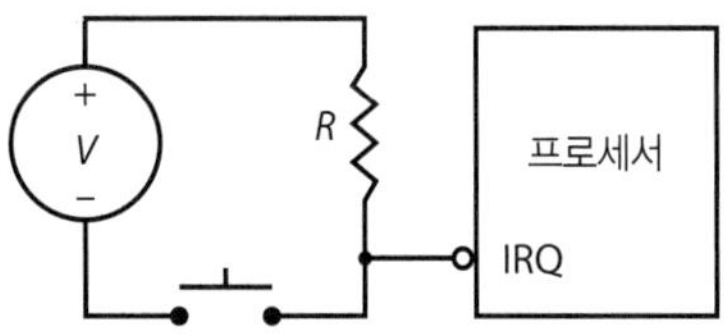

그림 6-4 간단한 푸시 버튼 회로

*R*은 **풀업**pull-up 저항이라고 부른다. 이 저항은 그림 2-37에서 본 것과 같은 역할을 한다. 버튼이 눌리지 않은 경우 이 저항이 프로세서의 **인터럽트 요청**IRQ, interrupt request 핀에 연결된 선의 전압을 공급 전압 *V*까지 올려서 논리 1을 만들어준다. 버튼이 눌리면 저항은 IRQ나 회로가 타지 않게 *V*에서 흘러오는 전류를 제한하면서 IRQ에 논리 0을 공급한다.

그림 6-5는 간단해 보이지만 실제로는 그렇지 않다. 버튼을 눌렀다 떼면 IRQ에 입력되는 신호가 그림 6-5의 왼쪽 그림과 같으리라 생각하기 쉽다. 하지만 실제로는 오른쪽 그림과 비슷한 신호가 들어간다.

그림 6-5 버튼 바운스

어떤 일이 벌어지는 걸까? 버튼에 연결된 금속 조각이 접점에 닿으면 금속 조각이 아주 잠깐 **되튕겨지면서**(**바운스**bounce) 접점에서 떨어진다. 접촉면이 안정될 때까지 이런 되튕김이 여러 번 발생할 수 있다. 버튼을 프로세서의 인터럽트 발생 핀에 연결했기 때문에 푸시 버튼을 한 번 눌렀는데 인터럽트가 여러 번 발생할 수 있다. 분명 이는 바람직한 현상이 아니다. 버튼을 **디바운스**debounce(되튕김을 없앰)할 필요가 있다(되튕김이 없는 버튼을 사용할 수도 있지만 그런 버튼은 비싸다).

디바운스하는 간단한 방법은 그림 6-6처럼 인터럽트 핸들러에 타이머를 설정하고 그 시간이 지나면 버튼 상태를 감지하는 것이다. 이런 접근 방식을 두 가지 방법으로 실현할 수 있다. 첫 번째는 최초 인터럽트 시 타이머를 설정하는 방법이고, 두 번째는 인터럽트가 발생할 때마다 기존 타이머를 새 타이머로 재설정하는 것이다.

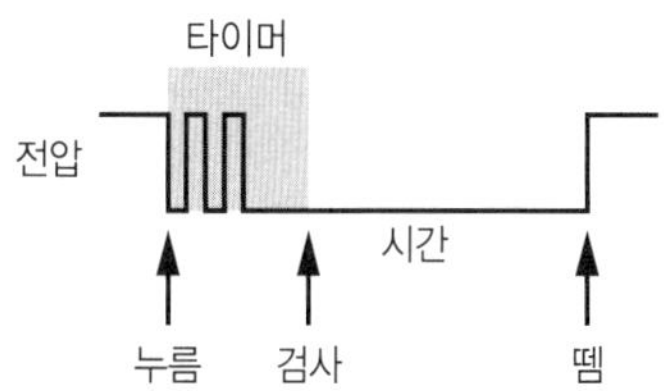

그림 6-6 버튼 디바운스 타이머

이런 접근 방법도 잘 작동하지만 최선은 아니다. 기계 부품이 낡음에 따라 버튼 바운스 시간이 달라지기 때문에 타이머값을 정하기 어렵다. 알람 시계의 버튼이 닳아서 시간을 설정하기 힘든 경우를 본 독자도 있을 것이다. 또한 대부분의 장치에는 버튼이 하나 이상 있지만 프로세서에 인터럽트 핀이 그만큼 많이 있을 것 같지는 않다. 인터럽트를 공유하는 회로를 만들 수도 있지만 소프트웨어로 구현하는 편이 더 싸게 먹힌다. 대부분의 시스템에는 주기적인 인터럽트를 만들어내는 일종의 타이머가 있다. 이 인터럽트에 살짝 더부살이를 하면서 버튼 디바운싱을 해결할 수 있다.

그림 6-1처럼 어떤 I/O 포트에 연결된 버튼이 8개 있다고 가정하자. 이 I/O 포트의 상태는 `INB`라는 8비트 `unsigned char` 변수를 통해 읽을 수 있다. 그림 6-7처럼 **유한 임펄스 응답**FIR, finite impulse response 필터를 만들 수 있다. FIR은 큐queue다. 타이머 틱이 발생할 때마다 가장 오래된 값을 버리고 새 값을 넣으면서 각 값을 하나씩 시프트한다. 그리고 배열 원소들을 OR 해서 상태를 만들어내고, 원소가 2개(`current`와 `previous`) 있는 큐의 `current` 입력으로 넣는다. `current`에 값을 넣기 직전에 기존 `current` 값은 `previous`로 옮긴다. 이제는 `current`와 `previous` 상태를 XOR 하기만 하면 어떤 버튼이 상태가 바뀌었는지 알 수 있다.

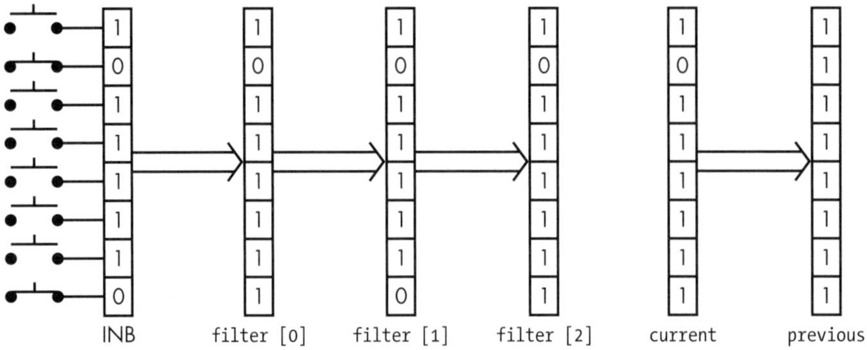

그림 6-7 FIR 필터 버튼 디바운서

이런 과정을 아주 단순한 코드로 수행할 수 있다. C 언어로 작성한 코드는 리스트 6-1과 같다.

리스트 6-1 FIR 버튼 디바운서

```
unsigned char filter[FILTER_SIZE];
unsigned char changed;
unsigned char current;
unsigned char previous;

previous = current;
current = 0;

for (int i = FILTER_SIZE - 1; i > 0; i--) {
    filter[i] = filter[i - 1];
    current |= filter[i];
}

filter[0] = INB;
current |= filter[0];
changed = current ^ previous;
```

FILTER_SIZE는 필터의 원소 개수다. 이 원소 개수는 버튼의 잡음(바운싱 정도)이 얼마나 많은지와 인터럽트가 얼마나 자주 걸리는지에 따라 정해야 한다.

빛이 있으라

어떤 종류든 디스플레이가 포함된 장치가 많이 있다. 여기서 디스플레이는 컴퓨터 화면을 말하지 않고, 알람 시계나 식기 세척기의 디스플레이 창을 말한다. 이런 디스플레이에는 표시등이 여럿 있거나 간단한 수치를 표시할 수 있는 경우가 많다.

가장 흔한 유형의 표시 장치는 그림 6-8과 같은 7세그먼트segment 디스플레이다. 이 디스플레이에는 7개의 LED가 숫자 8 형태로 나열되어 있고, 소수점을 표현하는 LED가 하나 더 붙어 있다.

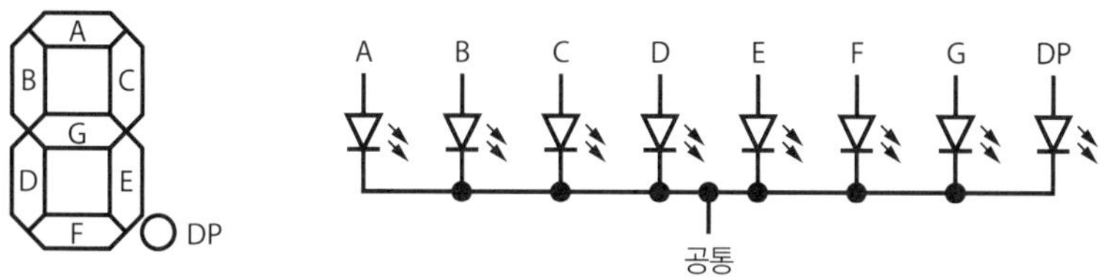

그림 6-8 7세그먼트 디스플레이

이 디스플레이에 있는 8개의 LED를 처리하려면 16가지 전기적 접점(핀)이 필요하다. 하지만 보통은 16개의 핀을 사용하지 않고, 각 LED마다 핀을 1개씩 연결하고, 핀 하나에는 모든 LED를 함께 연결한다. LED를 켜거나 끄려면 한쪽 끝만 제어하면 되기 때문에, 공통 연결핀을 사용하면 핀 개수를 줄이고 비용도 아낄 수 있다. 그림 6-8은 **공통 캐소드**common cathode 디스플레이를 보여준다. 그 이유는 모든 캐소드가 한꺼번에 연결되고, 각 애노드마다 별도의 핀이 배정되기 때문이다.

애노드를 프로세서의 출력 핀에 연결하고, 캐소드를 **그라운드**ground나 전원 또는 **파워 서플라이**power supply의 음극에 연결할 수도 있다. 핀에 높은(1) 전압이 걸리면 연결된 LED가 밝아진다. 실전에서는 대부분의 프로세서가 LED를 밝게 하기에 충분한 전류를 제공하지 못하기 때문에 추가로 드라이버 회로를 구성해야 한다. 이런 목적으로 종종 오픈 컬렉터(그림 2-36 참조)가 쓰인다.

이런 디스플레이를 제어하기 위한 소프트웨어는 아주 간단하다. 필요한 것은 숫자(또는 문자)와 그에 따라 세그먼트의 어느 LED를 켤지 연관시켜주는 표뿐이다. 여기에 약간 복잡한 부분이 남아 있다고 해도 놀라지 말아야 한다. 보통 디스플레이를 하나만 사용하는 경우는 드물다. 예를 들어, 알람 시계는 숫자가 4개 필요하다. 각 디스플레이를 별도의 I/O 포트에 연결할 수도 있지만, 프로세서가 충분한 수의 포트를 제공하지 못하는 경우가 흔하다. 해법은 디스플레이의 애노드를 포트 A에 연결하고 캐소드를 B에 연결해서 디스플레이를 **멀티플렉스**multiplex하는 것이다. 그림 6-9를 보라.

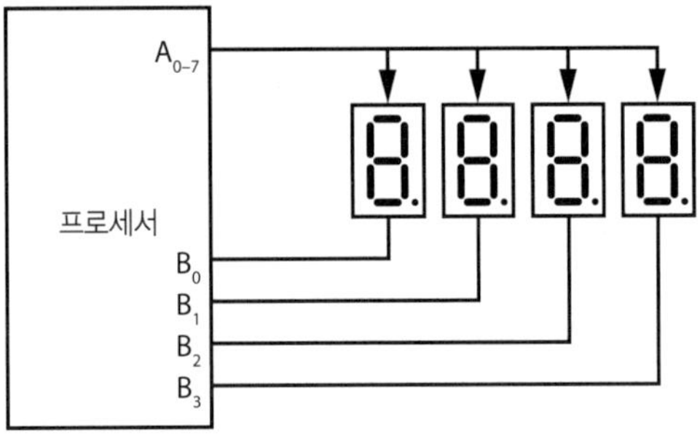

그림 6-9 멀티플렉스를 사용한 디스플레이

디스플레이 애노드는 병렬로 연결된다. 즉, 모든 A 세그먼트가 서로 연결되고, 모든 B 세그먼트가 서로 연결되는 식이다. 각 디스플레이의 캐소드는 자신만의 출력 핀에 연결된다. 어떤 디스플레이 세그먼트가 켜지려면 해당 디스플레이의 애노드가 1인 동시에 캐소드가 0이어야 한다. 'A 세그먼트가 1이고 B 세그먼트가 0이라면 이 두 세그먼트가 함께 켜지지 않나?' 같은 생각이 들었을지도 모르겠다. 그러나 LED의 'D'가 **다이오드**diode(전류를 한쪽으로만 흐르게 하는 소자)인 점을 기억한다면 그 생각이 틀렸음을 알 수 있다.

이 디스플레이가 작동하게 하기 위해 사람의 **시각의 잔상효과**persistence of vision를 활용한다. 사람들이 디스플레이가 켜져 있는 것으로 인식하게 하기 위해 디스플레이를 계속 켜둘 필요는 없다. 우리 눈과 두뇌는 1/24초보다 짧은 간격으로 깜빡거리는 경우, 빛이 켜져 있는 것으로 인식한다. 이는 영화나 비디오 같은 움직이는 영상이 작동하는 원리와 마찬가지다. 우리가 할 일은 켜져야 하는 디스플레이에 해당하는 캐소드를 0으로 하고 켜져야 하는 세그먼트의 애노드를 1로 설정하는 것이다. 앞의 푸시 버튼 예제에서 사용한 것과 비슷한 타이머 인터럽트 핸들러를 사용해 짧은 시간 간격으로 디스플레이를 계속 변경하면서 세그먼트를 짧게 켰다 껐다 하면 세그먼트가 계속 켜진 것처럼 보이게 할 수 있다.

빛, 동작, 그리고 상호 연동

어떤 장치에 버튼과 디스플레이가 함께 있는 경우도 종종 있다. 이런 경우 버튼과 디스플레이의 입력을 멀티플렉싱하면 핀을 덜 써도 된다. 그림 6-10처럼 버튼이 12개 있는 전화기 스타일의 키패드와 숫자 4개를 표시하는 디스플레이가 있다고 하자.

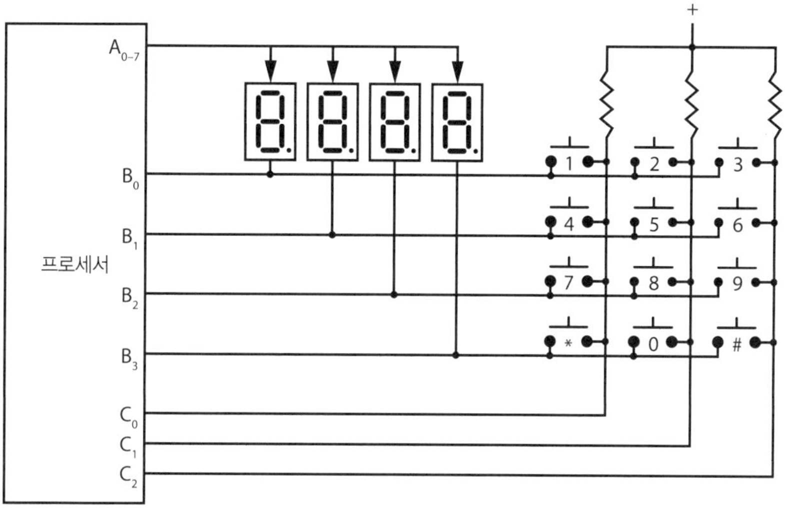

그림 6-10 멀티플렉스를 사용한 버튼과 디스플레이

이렇게 복잡한 구조로 어떤 일이 가능할까? 네 자리 디스플레이 회로와 비교할 때, 푸시 버튼을 12개 사용하기 위해 핀을 12개 추가하지 않고 단지 3개만 추가하면 된다. 모든 푸시 버튼은 풀업 저항에 의해 논리 1로 끌어 올려진다. 디스플레이가 선택되지 않은 경우 버튼을 눌러도 B 출력이 모두 1이기 때문에 아무 효과가 없다. 가장 왼쪽 디스플레이가 선택된 경우 B_0가 로우이고, 맨 윗줄의 버튼 중 어느 하나를 누르면 그와 연결된 C 입력이 로우가 된다. 디스플레이와 푸시 버튼이 똑같은 신호에 의해 선택되기 때문에, 상태를 스캔scan하는 코드를 타이머 인터럽트 핸들러에 함께 넣을 수 있다.

그림 6-10은 단순화한 그림임에 유의하라. 실전에서 B 핀은 오픈 컬렉터이거나 **오픈 드레인**open-drain일 수 있다(122페이지의 '출력 유형' 절을 참고하라). 오픈 컬렉터나 오픈 드레인을 사용하지 않았는데 각기 다른 줄에 있는 같은 열에 속한 버튼을 누르면 0과 1을 서로 연결하게 되어 부품이 손상될 수 있다. 하지만 앞서 언급한 디스플레이 드라이버 회로가 이런 경우를 처리해주기 때문에 보통은 이런 식으로(오픈 드레인이나 오픈 컬렉터를 사용해) 구현하지는 않는다.

그림 6-10처럼 여러 버튼을 동시에 누를 수 있고 디스플레이를 관찰할 수 있는 식으로 구성된 다른 회로를 여러분이 찾아낼 수도 있다. 디스플레이는 조금 이상해 보일 것이다. 그 이유를 생각해보라.

밝기 조절

알람 시계에는 디스플레이의 밝기를 조절하는 장치가 포함될 수도 있다. 어떻게 밝기를 조절할 수 있을까? 그림 6-11처럼 디스플레이의 **듀티 사이클**duty cycle을 조절함으로써 밝기를 조절할 수 있다.

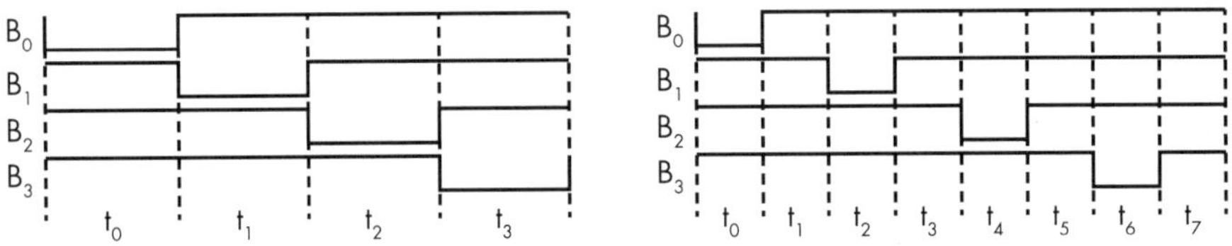

그림 6-11 듀티 사이클

그림 6-11의 왼쪽 부분에서 각 디스플레이는 전체 시간의 1/4 동안 켜져 있다. 하지만 오른쪽 부분의 각 디스플레이는 전체 시간의 1/8만 켜져 있고, 오른쪽의 디스플레이는 왼쪽 디스플레이가 켜져 있는 시간의 절반 동안은 꺼져 있다. 결과적으로 오른쪽의 디스플레이는 왼쪽의 디스플레이보다 절반 정도의 밝기로 보인다. '밝기'는 디스플레이가 켜져 있는 평균 시간과 관련이 있다. 하지만 듀티 사이클과 사람이 인지하는 밝기 사이의 관계는 선형이 아닐 것이다.

그레이의 2^n가지 그림자

센서를 읽어서 모터, 바퀴, 놉 같은 회전축의 위치를 알아내야 하는 경우가 종종 있다. 회전축에 스위치를 넣거나 광센서가 읽을 수 있는 검은색과 흰색 점을 사용해 위치를 알아낼 수 있다. 어떤 접근 방법을 택하든 축의 위치를 2진수로 인코딩해야 한다. 우리가 여덟 가지 위치에 관심이 있다면 인코더는 그림 6-12와 비슷한 형태일 것이다. 흰 부분은 0이고 검은 부분은 1이라면, 위칫값을 어떻게 읽을 수 있는지 그림을 보면 쉽게 알 수 있다. 방사상으로 뻗은 선은 인코더의 일부분이 아니다. 단지 그림을 좀 더 쉽게 이해할 수 있도록 추가한 것이다.

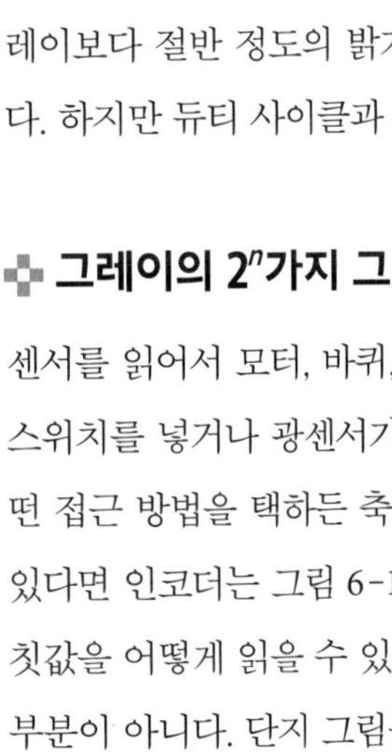

그림 6-12 2진 로터리 인코더

늘 그렇듯 이 인코더는 간단해 보인다. 하지만 그렇지 않다. 여기서 문제는 기계적인 내성tolerance에 있다. 제대로 그려진 인코더를 사용한다고 해도 여전히 회로가 각 비트를 읽으면서 발생하는 전파 지연으로 인한 문제가 생긴다. 그림 6-13처럼 인코더가 완벽하게 그려지지 않은 경우에는 어떨까?

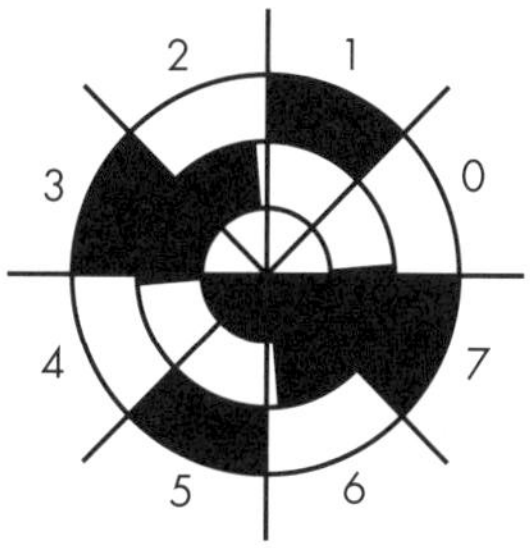

그림 6-13 배열 오류가 있는 2진 로터리 인코더

01234567이 읽히리라 예상했지만 실제로는 201023645467이 읽힌다. 벨 전화 연구소의 미국 물리학자 프랭크 그레이Frank Gray(1887~1969)는 이 문제를 살펴보다가 각도가 달라질 때 비트가 하나씩만 달라지는 다른 인코딩 방법을 발명했다. 우리가 살펴본 3비트 인코더에서 그레이의 이름을 딴 **그레이 코드**Gray code로 각도를 표현하면 000, 001, 011, 010, 110, 111, 101, 100이다. 작은 표를 사용하면 그레이 코드를 쉽게 2진 코드로 바꿀 수 있다. 그림 6-14는 인코더 바퀴를 그레이 코드로 만든 버전을 보여준다.

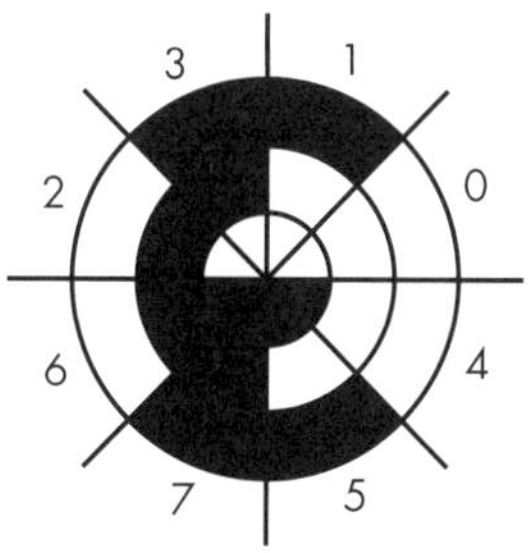

그림 6-14 그레이 코드 로터리 인코더

쿼드러처

2비트 그레이 코드를 약간 뒤틀면, 어떤 대상의 절대적 위치를 알 필요는 없지만 위치가 변했는지와 어떤 방향으로 변했는지를 알 필요가 있는 경우에 써먹을 수 있다. 자동차 대시보드에 있는 라디오 볼륨 조절 장치 등의 놉knob이 이런 방식으로 작동한다. 자동차 시동이 꺼져 있을 때 볼륨 놉을 돌려서 어떤 위치에 두더라도 라디오 볼륨이 달라지지 않는다는 사실이 이를 보여준다. 이런 변형에는 모두 네 가지 상태가 존재하기 때문에 이를 **쿼드러처 인코딩**quadrature encoding이라고 부른다. 쿼드러처에서는 2비트 그레이 코드 패턴이 여러 번 반복된다. 예를 들어 1/4,096 만큼 작은 변화도 잡아낼 수 있는 저렴한 쿼드러처 인코더가 있다. 쿼드러처에는 센서가 2개뿐이다. 두 센서는 각기 다른 비트를 표현한다. 4,096가지 위치를 알아낼 수 있는 절대적인 위치 인코더라면 센서가 12개 필요할 것이다.

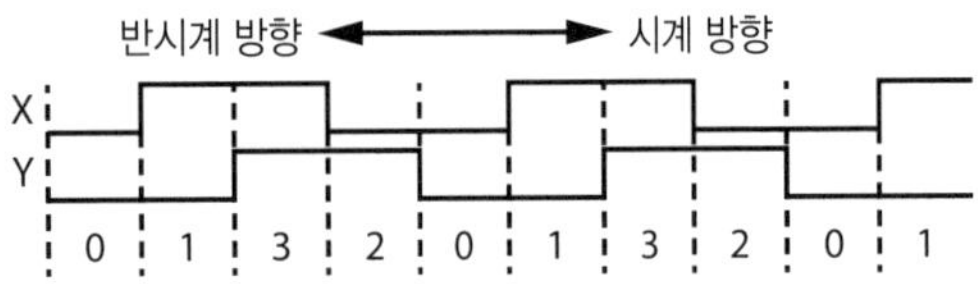

그림 6-15 쿼드러처 파형

여러분도 볼 수 있듯이, 회전축을 시계 방향으로 돌리면 0132 순서로 코드가 발생한다. 현재 위치와 이전 위치로부터 4비트 숫자를 만들어낼 수 있다. 이 숫자는 표 6-1처럼 회전축의 회전 방향을 알려준다.

표 6-1 쿼드러처 회전 감지

현재	이전	합성값	의미
00	00	0	비정상
00	01	1	시계 방향
00	10	2	반시계 방향
00	11	3	비정상
01	00	4	반시계 방향
01	01	5	비정상
01	10	6	비정상
01	11	7	시계 방향
10	00	8	시계 방향

(이어짐)

현재	이전	합성값	의미
10	01	9	비정상
10	10	a	비정상
10	11	b	반시계 방향
11	00	c	비정상
11	01	d	반시계 방향
11	10	e	시계 방향
11	11	f	비정상

이 표는 상태 기계다. 여기서는 합성한 값이 상태다.

쿼드러처 인코더를 서로 90도로 엇갈려 놓고 가운데 고무 공을 넣으면 무엇이 될까? 바로 컴퓨터 마우스다.

병렬 통신

병렬 통신은 앞에서 살펴본 LED를 켜는 회로를 확장한 것이다. 포트 B에 여덟 가지 LED를 연결하고 아스키ASCII 코드를 발광하게 할 수 있다. **병렬**parallel이라는 말은 LED 컴포넌트 하나하나마다 별도의 선이 있기 때문에 동시에 모든 컴포넌트를 제어할 수 있다는 뜻이다.

IEEE 1284 **병렬 포트**parallel port가 있는 예전 컴퓨터 모델을 가진 독자도 있을 수 있다. USB Universal Serial Bus(범용 직렬 버스)가 등장하기 전에는 프린터나 스캐너에 병렬 포트를 많이 사용했다. 그렇다. 여러분도 예상할 수 있는 것처럼 병렬 포트에는 아스키 문자 코드를 전송하기 위한 8개의 데이터 선이 존재한다.

하지만 데이터 선을 많이 쓰려고 해도 문제가 있다. 데이터 선에 올바른 데이터가 들어 있는 순간을 어떻게 알 수 있을까? 예를 들어, ABC를 보낸다고 하자. 다음 문자가 어떤 문자인지 어떻게 알 수 있을까? AABC 같은 데이터를 보낼 수도 있기 때문에 데이터의 변화만 관찰해서는 이를 알 수 없다. 이를 해결하는 한 가지 방법은 '지금이다'라고 알려주는 또 다른 신호를 추가하는 것이다. IEEE 1284에는 이런 목적의 **스트로브**strobe 신호가 있다. 그림 6-16을 보면 스트로브가 0 또는 로우인 경우 0번부터 7번 비트에 있는 데이터가 유효하다.

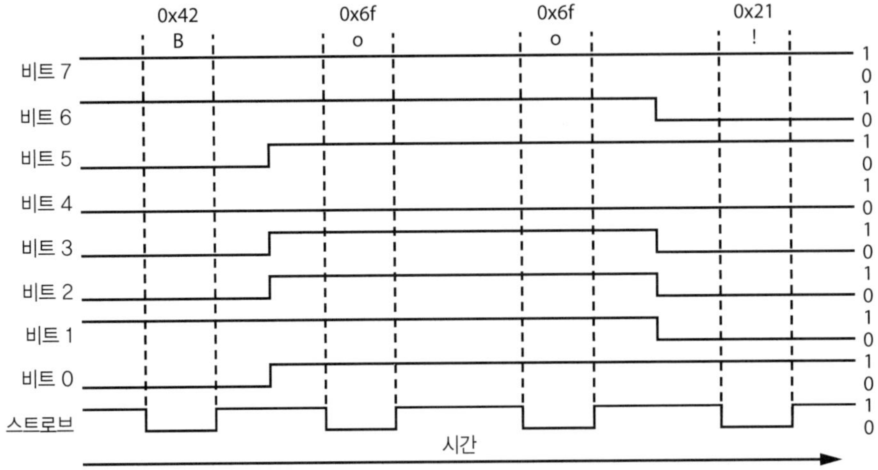

그림 6-16 병렬 데이터 스트로브 타이밍

한편 한물간 또 다른 병렬 인터페이스로 IDE를 들 수 있다. 예전에는 디스크 드라이브(또는 광학 드라이브)와 통신할 때 IDE를 썼다.

병렬 인터페이스는 I/O 핀, 커넥터 핀, 선이 많이 필요하기 때문에 가격이 비싸다. 병렬 포트의 커넥터는 핀이 25개이고 케이블도 아주 굵다. IDE는 40개의 선으로 이뤄진다. 한 선에 전달될 수 있는 신호의 속도에는 한계가 있다. 이런 한계를 넘기 위해서는 여러 선이 필요하다.

직렬 통신

통신에 사용하는 전선에는 비용이 들고, 특히 통신 거리가 멀어짐에 따라 전체 비용이 늘어나기 때문에 선을 덜 쓰고 통신할 수 있으면 더 좋다. 2장에서 배운 것처럼 전기 신호가 돌아올 경로가 필요하기 때문에 최소한 선이 2개는 필요하다. 다이어그램을 그릴 때는 단순화해서 돌아오는 경로는 따로 그리지 않는다.

한 선에 어떻게 신호를 8개 보낼 수 있을까? 그림 6-16의 타이밍 다이어그램을 보면 힌트를 얻을 수 있다. 각 비트는 서로 다른 선을 통해 전송되지만, 각 문자는 서로 다른 시간에 나뉘어 전송된다. 마찬가지로 비트도 서로 다른 시간에 나눠서 보낼 수 있다.

172페이지의 '시프트' 절에서 시프트 레지스터에 대해 설명했다. 송신하는 쪽에서는 스트로브(또는 **클록**) 신호가 각 비트를 한 위치씩 시프트시키면서 밀려 나가는 비트를 선을 통해 내보낸다. 수신하는 쪽에서는 클록이 비트를 한 위치씩 시프트시키면서 새로 생긴 빈 자리에 선을 통해 받은 비트를 채워 넣는다. 그림 6-17을 보라.

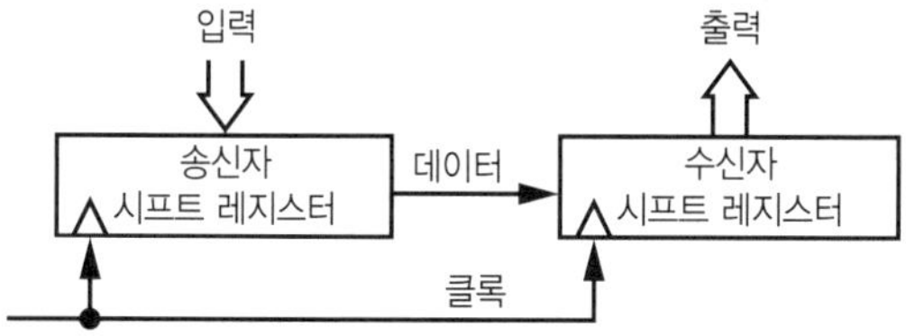

그림 6-17 시프트 레지스터를 사용한 직렬 통신

8비트를 세기 위해 카운터를 사용할 수 있고, 얻어낸 값으로 원하는 일을 하면 된다. 이런 접근 방식에는 선이 1가닥이 아니라 2가닥 필요하며 오류가 발생하기도 쉽다. 송신자와 수신자가 서로 **동기화**in sync돼야 한다. 클록을 한 번만 놓쳐도 모든 것이 뒤섞여버린다. 세 번째 선을 추가해서 새로운 문자가 시작한다는 사실을 알려주게 할 수도 있지만, 직렬 통신에서는 선을 최소로만 사용하는 게 목표다.

오래전(1900년대 초) 전신telegraph이 타자기typewriter와 결합하면서 **텔레타이프**teletype가 생겼다. 텔레타이프는 한 곳에서 타이핑한 내용을 멀리 있는 프린터에서 출력하는 기계를 말한다. 처음에는 주식 시세를 전신에 사용하던 전선을 통해 전달하기 위해 텔레타이프 기계가 쓰였다.

전송할 데이터는 직렬 **프로토콜**protocol(여러 규칙으로 이뤄진 통신 규약)을 통해 신호선 하나로 전달되며, 돌아오는 선이 하나 더 필요하다. 이 프로토콜에서 영리한 부분은 수영 경기와 비슷한 방식으로 작동한다는 점이다. 모든 사람은 총 소리가 나면 자신만의 타이머를 시작하고, 각 타이머 사이의 차이는 아주 적기 때문에 서로 잘 동기화되어 작동한다. 그림 6-18은 이 프로토콜을 보여준다.

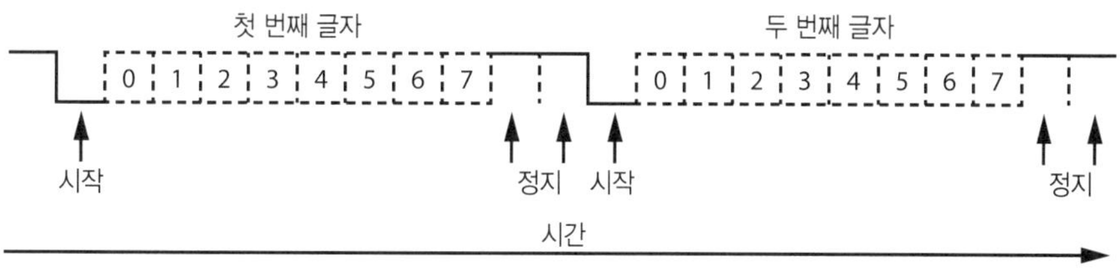

그림 6-18 마크-스페이스 신호

여기에 표현한 선은 아무 일도 일어나지 않을 때 1, 즉 하이 상태로 유지된다. 하이 상태를 **마크**mark라고 부르며, 로우 상태를 **스페이스**space라고 부른다. 이 두 이름은 초기 전신 장비가 종이 테이프에 표시(마크)나 빈 공간(스페이스)을 남겼기 때문에 붙여진 이름이다. 그림 6-18에서 선 상태가 로우로 내려가는 부분은 수영 경기에서 출발 신호용 총을 쏘는 것 같은 역할을 하며, 이로 인해 **시작 비트**start bit라고 불린다. 시작 비트 이후 8비트 데이터가 전달되고, 문자의 끝에는 하이 상태인 **정지 비트**stop bit가 2개 붙는다. 각 비트에는 똑같은 시간이 할당된다. 동기화 오류가 발생할 때 송신자가 해야 할 일은 정해진 **문자 시간**character time 동안 조용히 있으면서 수신자가 동기화를 다시 할 때까지 기다리는 것이다. 이때 시간을 나눈 슬롯을 만들고 슬롯마다 각기 다른 비트를 할당해서 데이터를 한 선에 멀티플렉싱한다. 이런 기법을 **시간 분할 멀티플렉싱**time division multiplexing이라고 하며, 시프트 레지스터 대신 실렉터(132페이지의 '실렉터' 절을 참고하라) 를 통해 구현할 수 있다. 한편, 초당 비트 수bits per second라는 속도를 프랑스 엔지니어 에밀 보도Émile Baudot(1845~1903)의 이름을 따서 **보 레이트**Baud rate라고 부른다.[1]

텔레타이프는 놀라운 기계였다. 텔레타이프 내부에는 아무런 전자 부품이 들어 있지 않고, 축을 회전시키는 모터에 의해 작동된다. 회전되는 동안 각 비트에 해당하는 위치에는 여러 캠cam과 레버, 누름막대 등이 붙어 있고, 이들에 의해 금속 활자가 잉크가 묻은 리본을 때리면 결국에는 종이에 글자가 표시된다. 그래서 선반 위에 있는 장치가 덜컥거리기 시작하면 메시지가 들어오고 있음을 알 수 있다. 키보드도 비슷한 방식으로 작동한다. 누른 키에 따라 각기 다른 전기 접점을 움직이도록 축이 돌아가고, 그에 따라 아스키 코드가 만들어진다.

또 다른 멋진 트릭은 **반이중**half-duplex 연결이다. 반이중 통신에서는 송신자와 수신자가 같은 선을 공유한다. 어느 한 순간에는 한쪽만 말할 수 있고, 둘이 동시에 말하면 의미가 통하지 않는 메시지가 생긴다. 그래서 무선 통신 기사들은 메시지를 송신하고 나면 '오버'라는 단어를 붙인다. 무전기를 사용해본 독자는 반이중 통신에 대해 이미 잘 알고 있다고 볼 수 있다. **충돌**collision은 동시에 둘 이상의 송신자가 메시지를 보내려고 시도해서 데이터가 혼신되는 경우를 뜻한다. **전이중**full-duplex 통신은 선이 2개여서 각기 다른 방향으로 동시에 통신이 가능한 경우를 뜻한다.

나중에는 이런 통신을 가능하게 해주는 회로가 한 IC로 만들어졌고, 이를 UART라고 부른다. UART는 **범용 비동기 수신기-송신기**Universal Asynchronous Receiver-Transmitter의 약자다. 소프트웨어로도 UART를 구현할 수 있는데, 이를 **비트 뱅잉**bit-banging이라고 부른다.

1 보 레이트를 초당 비트 수와 혼용하는 사람들도 많지만 실제로 이 둘은 같지 않다. 보 레이트는 실제로는 어떤 통신 수단을 통해 전달되는 초당 기호(심볼) 수를 뜻한다. 우연히 0/1을 로우와 하이 전압을 사용해 전송하는 경우라면 심볼이 0과 1만 나타낼 수 있기 때문에 보 레이트와 초당 비트 수가 같아서 보 레이트와 초당 비트 수가 같다고 혼동을 하게 된 것뿐이다. 예를 들어, 신호에 사용하는 전압을 네 가지 구간으로 나눠서 2진수 00, 01, 11, 10을 전송할 수 있는 시스템이라면 초당 비트 수는 보 레이트의 4배가 된다. – 옮긴이

RS-232라는 표준은 오래된 시리얼 포트의 마크와 스페이스에 사용할 전압 수준을 정의하며, 다른 여러 제어 신호도 정의한다. 이제 RS-232는 거의 다 USB로 바뀌었지만, 잡음 내성을 높이기 위해 차동 신호 방식을 사용하는(2장의 그림 2-32 참조) **RS-485**라는 변종이 산업 환경에서 쓰이고 있다. 병렬 IDE 인터페이스는 **SATA**라는 직렬 버전으로 변경됐다. 최근의 전자 장치들은 충분히 빠르기 때문에 과거 병렬로 처리해야만 했던 일을 충분히 직렬로 처리할 수 있다. 게다가 전선은 여전히 비싸다. 전선에는 구리를 사용하는데, 채굴 가능한 구리 매장량은 부족해서, 이제는 기존 구리 제품을 재활용하는 방식이 주된 구리 공급 방식이다. 칩은 대부분 규소(실리콘)로 만들어지며, 실리콘은 모래 등에서 얻을 수 있고 매장량도 아주 많다.

작은 마이크로컴퓨터에 이르기까지 여러 주변장치를 연결하기 위해 설계된 직렬 인터페이스가 많이 있다. 이런 직렬 인터페이스로는 **SPI**, **I2C**, **TWI**, **원와이어**OneWire 등이 있다.

파동에 올라타라

마크-스페이스 방식의 신호에는 큰 문제가 있는데, 이 문제로 인해 아주 장거리 통신에는 마크-스페이스 방식이 적합하지 않다. 마크-스페이스 방식은 전화선에서는 제대로 작동하지 않는데, 구체적 이유는 너무 어려워서 책의 범위에서 벗어난다. 하지만 과거 전신이 더 나은 기술로 대치된 시점에는 남아 있는 장거리 통신 기술이 전화와 전파(라디오)뿐이었기 때문에 이 문제가 아주 큰 문제였다. 이런 마크-스페이스 신호 문제는 라디오를 가능하게 한 트릭을 똑같이 적용해 해결할 수 있다.

우주에는 다양한 파장이 가득 차 있다. 바다에는 파도가 있고, 음파(소리)나 전자기파(빛, 라디오파, 전파, 초단파, 극초단파 등은 모두 전자기파의 일종이다) 등 다양한 파장들이 존재한다. 가장 근본적인 파장은 **사인파**sine wave다. 다른 모든 파형은 사인파를 조합해 만들 수 있다. 그림 6-19처럼 원주상의 한 점의 각도와 높이(원의 중심을 원점으로 볼 때 y 좌표)를 점으로 찍으면 사인파를 얻을 수 있다.

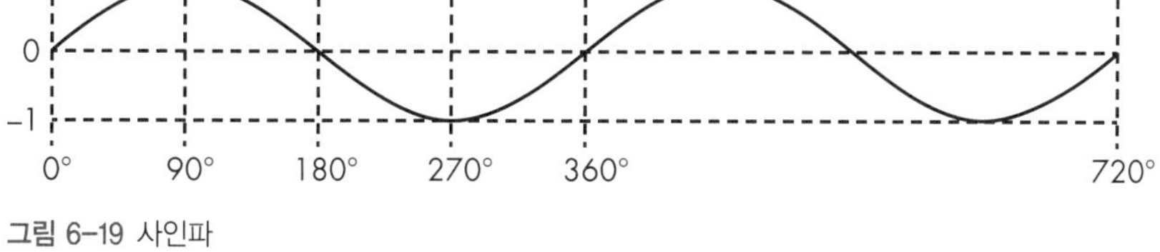

그림 6-19 사인파

사인파의 높이(0부터 파장의 가장 높은 지점까지의 폭)를 **진폭**amplitude이라고 한다. 매초 같은 방향으로 0을 지나치는 횟수를 **주파수**frequency라고 하며, 이를 독일 물리학자 하인리히 헤르츠Heinrich Hertz(1857~1894)의 이름을 따서 **헤르츠**Hertz라고 부른다. 헤르츠를 줄여서 Hz라고 쓰며, 이는 **초당 사이클**cycle per second과 같은 말이다. 같은 방향으로 0을 지나는 연속된 두 지점 사이의 거리를 **파장**wavelength이라고 부른다. 파장과 진폭은 다음과 같은 관계가 있다.

$$\lambda = \frac{v}{f}$$

이 식에서 λ는 파장을 미터로 표시한 값이고, f는 주파수를 Hz로 표시한 값이며, v는 매질medium(파장을 이동시켜주는 매개물)에서 파동의 속도를 뜻한다. 전자기파의 경우 속도는 빛의 속도다. 주파수가 높을수록 파장은 짧아진다. 참고로, 가온 다(피아노 중간의 C 음)는 요즘 261Hz다.

잠시 책을 덮고 여러 파장에 대해 생각해보면, 파장에 따라 특성이 다르다는 사실을 깨달을 수 있다. 음파는 아주 멀리 전해지지는 못하며 진공에서는 전달되지 못하지만 건물 구석을 돌아서 전파될 수 있다. 광파(빛)는 아주 멀리 갈 수 있지만 벽을 통과하지는 못한다. 어떤 라디오파는 벽을 지날 수 있지만 어떤 라디오파는 그럴 수 없다. 그 중간에는 다양한 변종이 존재한다.

파도를 타듯 파동에 올라타 볼 때다. 먼저 올라탈 파동을 찾아야 한다. 이런 파동을 **반송파**carrier(캐리어)라고 한다. 우리는 전달하려는 신호를 바탕으로 반송파를 마크-스페이스 **파형**waveform처럼 변화시키는 **변조**modulation를 하고 싶다.

AT&T는 1960년대 초반 Bell 103A 데이터 집합을 만들었다. Bell 103A는 네 가지 음향 주파수를 사용하며 전화선을 통해 전달되는 300보Baud의 전이중 통신을 제공했다. 연결의 양 끝단은 자신만의 마크-스페이스 음향을 사용했다. 이 마크-스페이스에 의해 주파수가 시프트되기 때문에 이 방식을 **주파수 편이 변조**FSK, frequency shift keying라고 부른다. 그림 6-20에서 이를 볼 수 있다.

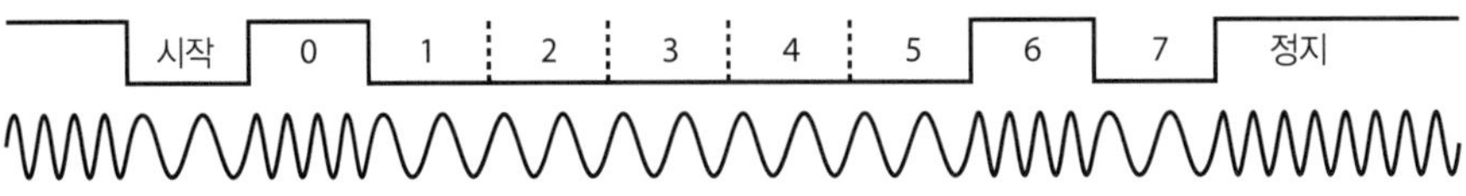

그림 6-20 주파수 편이 변조(아스키 문자 A)

받는 쪽에서는 음향을 다시 마크와 스페이스로 되돌려야 한다. 이를 **복조**demodulation라고 부른다. 변조와 복조를 수행하는 장치를 **모뎀**modem이라고 부른다. 과거를 배경으로 하는 영화에서 전화선으로 인터넷에 연결(다이얼 업 연결dial up connection)하거나 팩스를 보내기 시작할 때 들리는 이상한 잡음(전화를 누를 때 나는 톤이나 연결음이 아니라 연결이 이뤄진 직후 들리는 잡음을 말한다)은 바로 모뎀이 사용하는 주파수로 인해 생기는 소리다.

범용 직렬 버스

USBUniversal Serial Bus(범용 직렬 버스)는 그렇게 흥미롭지는 않지만 아주 흔히 쓰이기 때문에 언급해둘 만한 가치가 있다. USB는 좀 더 사용하기 어렵고 호환성이 떨어지는 커넥터를 사용하며, 데이터 전송보다는 어쩌다 보니 요즘에는 장치 충전에 더 중요한 역할을 한다.

USB는 1990년대 중반까지 종류가 점점 더 늘어나던 PS/2, RS-232, 병렬 포트 등 덩치 큰 커넥터들을 선이 단 4줄뿐인 단일 커넥터로 대부분 대치했다. 네 가지 선은 두 줄의 전력선과 여러 다른 데이터 신호에 사용하기 위한 연선twisted pair(두 선을 서로 꼬아서 만든 선)으로 이뤄진다. USB는 앞으로 보게 될 '이 정도 수준에서 멈출 수는 없어' 패턴을 따르며, 새로운 USB 타입 C는 선을 24개까지 사용하며 예전 병렬 포트와 선의 개수에서 별다른 차이가 없다.

USB는 멋대로 작동하는 버스가 아니다. USB로 연결되는 시스템은 모두 똑같은 지위가 아니며, 모든 **종단점**endpoint을 담당하는 **컨트롤러**controller가 존재한다. 데이터 전송은 구조화되어 있다. 따라서 그냥 비트를 해석하지 않고 여기서 저기로 옮기지는 않는다. USB는 일반적인 기법을 사용한다. 데이터는 **패킷**packet으로 나뉜다. 패킷은 우체국을 통해 전달되는 소포와 같다. 패킷에는 **헤더**header와 **페이로드**payload(탑재 화물)가 들어 있다. 헤더는 기본적으로 소포의 바깥에서 찾을 수 있는 정보(패킷이 어디에서 왔는지, 어디로 가야 하는지, 요금은 얼마인지 등)와 같다.

USB는 음향과 비디오를 **등시성 전송**isochronous transfer을 통해 처리할 수 있다. 종단점은 데이터 전송을 보장하기 위해 자신이 원하는 **대역폭**bandwidth(데이터 전송 비율)을 예약해달라고 요청할 수 있다. 충분한 대역폭이 없는 경우 컨트롤러는 이런 요청을 거부할 수 있다.

네트워킹

현대 네트워크의 근원을 알지 못하면 현대적 네트워킹 세계에 대해 명확한 그림을 얻기가 힘들다. 내 딸이 "와이파이가 안 돼요."라는 말과 "인터넷이 안 돼요."라는 말을 바꿔 쓸 때마다 나는 화가 난다. 이 둘은 전혀 같지 않기 때문이다. 이 사실에 대해 딸에게 설명하기 시작하면 딸은 10대 소녀들이 으레 그렇듯 눈을 굴리고 머리를 꼬며 딴전을 피운다.

네트워크는 일반적으로 두 가지로 구분한다. **근거리 네트워크**LAN, local area network는 집이나 사무실 같이 좁은 지리적 영역을 묶는다. **광역 네트워크**WAN, wide area network는 더 넓은 지리적 영역을 묶는다. '좁다'와 '넓다'라는 용어의 명확한 정의가 없으므로 이 두 용어의 경계는 약간 모호하다.

최초의 네트워크는 전신 네트워크였고, 전신 네트워크는 나중에 전화 네트워크로 발전했다. 당시에는 컴퓨터가 존재하지도 않았기 때문에 네트워크는 처음에 컴퓨터 네트워크가 아니었다. 원래의 전화 네트워크는 **회선 교환**circuit switch 방식의 네트워크였다. 회선 교환 방식에서 두 사람 사이에 통화가 이뤄지려면 두 사람의 전선이 실제로 연결되어 회로circuit를 만들어야만 한다. '교환 방식'이라는 말은 통화가 이뤄지는 동안만 회선이 만들어지고, 통화가 끝나면 필요에 따라 새로운 회로를 (전화국의 스위치를 변경해서) 만들 수 있다는 뜻이다.

남아 있는 기존 일반 전화 등의 몇 가지 예외를 제외하면 현재의 전화 시스템은 **패킷 교환**packet switch 방식을 사용한다. 앞 절에서 패킷에 대해서는 설명했다. 통신 내용은 수신자와 송신자 주소가 포함된 패킷으로 나뉜다. 시간 분할 멀티플렉싱(234페이지의 '직렬 통신' 절에서 설명했다)을 사용하면 같은 전선을 공유하면서 패킷을 보낼 수 있기 때문에 회로를 더 효율적으로 사용할 수 있다. 전선을 통해 보내는 정보가 단순한 음성 정보보다 더 많아지면서 이런 활용이 가능해졌다.

초기 컴퓨터 네트워크는 냉전 시대의 방어 시스템인 **반자동 지상 환경**SAGE, Semi-Automatic Ground Environment의 일부분이었다. SAGE는 전화 네트워크와 모뎀을 사용해 각 지점 사이의 통신을 수행했다.

많은 기관이 1960년대 말부터 LAN을 사용해 실험을 하기 시작했다. 예를 들어, 벨 연구소에서 내가 속했던 실험실은 **링**ring이라는 LAN을 통해 부서의 허니웰 DDP-516 컴퓨터에 연결되는 그래픽 터미널을 개발했다. 당시 테이프 드라이브나 프린터 등의 주변장치는 아주 비쌌기 때문에 대부분의 부서에는 이런 장비가 없고, 중앙 컴퓨터 센터에 있는 경우가 많았다. 우리 컴퓨터는 모뎀에 연결되어 있었고 직접 연결되어 있지 않은 주변장치가 필요할 때면 컴퓨터 센터를 모뎀으로 연결해야 했다. 실제 이는 WAN이었다. 우리는 출력하고 싶은 내용을 전송할 수 있을 뿐만 아니라 실행하고 싶은 프로그램을 전송할 수도 있었고, 컴퓨터 센터는 실행 결과를 가지고 다시 우리 컴퓨터를 호출했다.

비슷한 활동이 여러 연구소나 회사에서 벌어졌다. 여러 가지 LAN이 만들어졌다. 하지만 각 LAN은 자신만의 세상에 존재했고 각기 다른 LAN 사이에는 의사소통할 방법이 없었다. 모뎀과 전화선이 광역 통신의 기반이었다.

벨 연구소에서 개발된 UUCPUNIX-to-UNIX copy라는 일련의 컴퓨터 프로그램이 1979년 외부 세계로 배포됐다. UUCP를 사용하면 컴퓨터가 다른 컴퓨터에게 데이터를 전송하거나 원격에서 프로그램을 실행할 수 있었다. UUCP는 최초 전자우편 시스템과 유즈넷USENET 같은 뉴스 시스템의 근간이 됐다. 이런 시스템은 흥미로운 해킹의 결과였다. 데이터를 미국의 한끝에서 다른 끝으로 보내는 경우, 원하는 목적지에 도착할 때까지 한 기계에서 다른 기계로 넘기면서hop[2] 메시지를 전달할 수 있다. 이렇게 하는 이유는 장거리 전화 통화 비용을 피하기 위함이다.

한편, ARPAAdvanced Research Project Agency(고등 연구 계획국이라는 미국 국방부 산하 부서로, '아파'라고 읽음)는 패킷 스위치 방식의 WAN인 아파넷ARPANET의 연구 자금을 지원했다. 아파넷은 1990년대 인터넷으로 진화했다. 내 딸과 같은 대부분의 사람은 인터넷을 그냥 당연한 것처럼 생각하며, 네트워크와 같은 말인 것처럼 생각한다. 하지만 실제 인터넷의 특징은 그 이름에 나타나 있다. 인터넷은 '네트워크net'와 다른 네트워크의 '사이inter'라는 뜻이다. 인터넷은 네트워크들로 이뤄진 네트워크다. 즉, 인터넷은 여러 LAN을 하나로 연결해주는 WAN이다.

최근의 LAN들

요즘은 당연히 여기는 수많은 기술이 제록스 팔로 알토 연구소PARC, Xerox Palo Alto Research Center에서 1970년대에 발명됐다. 예를 들어 미국 전기 엔지니어인 밥 멧칼프Bob Metcalfe는 **이더넷**Ethernet을 발명했는데, 이더넷은 먼 거리를 연결할 수 있는 방식은 아니기 때문에 LAN이다.

> **참고** PARC의 역사에 대해 더 알고 싶은 독자는 아델 골드버그(Adele Goldberg)의 『A History of Personal Workstations』(애디슨 웨슬리(Addison Wesley), 1998)를 참고하라.

2 예를 들어 터미널이나 커맨드 창에서 traceroute www.naver.com(윈도우에서는 tracert라는 이름이며, 혹시 이 프로그램을 실행했는데 프로그램이 없다면서 실행이 안 되는 독자라면 제어판 › 프로그램 › 프로그램 및 기능에 가서 'Windows 기능 켜기/끄기'를 선택한 다음, 'Telnet Client'를 체크해야 한다)을 실행하면 앞부분에 나오는 'over a maximum of 30 hops'의 'hop'이 바로 이런 식으로 최대 30대의 기계를 거친다는 뜻이다. – 옮긴이

최초의 이더넷은 반이중 시스템이었다. 모든 장치(컴퓨터, 프린터, 카메라 등)가 같은 선에 연결됐다. 각 장치의 네트워크 인터페이스(장치에서 네트워크 연결을 담당하는 부분)에는 MAC Media Access Control(매체 접근 제어. '맥'이라고 읽음) 주소라는 유일한 48비트 주소가 부여됐고, 요즘도 여전히 MAC이 쓰인다. 데이터는 약 1,500바이트짜리 **프레임**frame이라는 이름의 패킷으로 구성된다. 프레임에는 송신 주소, 수신 주소, 오류 검증(예를 들어 159페이지의 '오류 감지와 정정' 절에서 다룬 CRC 등이 들어간다)이 포함된 헤더header가 페이로드와 함께 들어간다.

보통 어떤 장치가 이야기하면 (같은 선에 연결된) 그 밖의 장치들은 이것을 들을 수 있다. 하지만 프레임의 MAC 주소가 자신의 주소와 일치하지 않는 장치는 데이터를 무시한다. 모든 장치가 (선에서) 어떤 일이 벌어지고 있는지 들을 수 있기 때문에 다른 장치가 이야기하는 것을 들은 장치는 아무 말도 하지 않는다. 하지만 둘 이상의 장치가 동시에 말하려 시도하면 앞에서 본 반이중 통신의 경우와 마찬가지로 패킷이 서로 엉키면서 충돌이 발생한다. 멧칼프는 **랜덤 백오프 후 재시도**random back-off-and-retry를 사용했는데, 미국 하와이 대학에서 개발한 패킷 스위치 네트워크인 알로하넷ALOHAnet에 이 혁신이 처음 도입됐다. 말하고 싶은 장치는 충돌이 발생하면 임의의 시간을 잠깐 기다린 다음 다시 말하려 시도한다.

이더넷은 요즘도 여전히 쓰이고 있다. 다만 요즘 쓰이는 버전은 반이중 버전은 아니다. 요즘은 각 장치가 **라우터**router라는 장치에 연결되며, 라우터는 어떤 장치가 어떤 선에 연결되어 있는지를 기억하고 패킷을 정확히 배달해준다.[3]

인터넷

여러분도 알고 있듯이 인터넷은 물리적인 네트워크가 아니다. 인터넷은 여러 계층으로 이뤄진 프로토콜의 집합이다. 이 프로토콜 계층은 물리적 네트워크를 정의하는 아래쪽 계층을 변경해도 위쪽 계층에 영향을 끼치지 않도록 고안됐다. 이런 설계로 인해 인터넷이 선, 전파, 광섬유나 앞으로 등장할 새로운 기술 위에서 작동할 수 있다.

3 랜덤 백오프를 사용해 장비들이 통신선을 공유하게 해주는 장치를 허브(hub)라고 부른다. 허브에서는 동시 통신이 불가능하기 때문에 네트워크(대역폭)를 연결된 모든 장비가 서로 나눠서 사용한다. 반면 장비별로 독립적인 경로로 패킷을 전달해주는 장치를 보통 스위치(switch)라고 부른다. 라우터는 보통 여러 허브나 스위치, 라우터를 연결하면서 패킷의 주소에 따라 정확히 패킷이 전달돼야만 하는 다른 라우터나 스위치, 허브 등으로 패킷을 전달한다. 그래서 더 이상 충돌이 일어나지 않는다. – 옮긴이

TCP/IP

전송 제어 프로토콜/인터넷 프로토콜TCP/IP, Transmission Control Protocol/Internet Protocol은 인터넷이 사용하는 두 가지 프로토콜이다. IP는 패킷을 한 곳에서 다른 곳으로 옮겨주며, 이 패킷을 **데이터그램**datagram이라고 부른다. 이는 마치 컴퓨터를 위한 전신과 같다. 실제 전신과 마찬가지로 IP를 사용해 메시지를 보낸 송신자는 수신자가 메시지를 언제 받는지 알 수 없고, 심지어는 메시지를 제대로 받았는지 여부도 알 수 없다. TCP는 IP 위에 만들어졌고 패킷이 제대로 배달됐는지를 확실히 보장해준다. 여러 패킷이 각기 다른 경로로 전달됨으로 인해 시간이 아주 오래 지난 다음에야 순서가 뒤바뀐 패킷(이전에 송신했지만 수신이 늦어진 패킷)이 도착할 수도 있기 때문에 배달 보장은 아주 복잡한 작업이다. 이는 마치 수많은 박스를 배송하는 경우 한 택배사에 모든 박스를 배송할 수 없는 경우도 있고, 박스 중 일부는 상황에 따라 같은 날 도착하지 못할 수도 있다는 점과 비슷하다.

IP 주소

인터넷상의 각 컴퓨터(또는 장치)에는 **IP 주소**IP address라는 유일한 주소가 할당되어 있다. MAC 주소와 달리 IP 주소는 하드웨어에 묶여 있지 않아서 변경될 수도 있다. IP 주소 시스템은 계층적인 시스템으로, 주소 중 일부분(주소 블록)을 누군가에게 할당하면, 그 누군가는 다시 자신에게 할당된 주소 중 일부 블록을 다른 누군가에게 할당하는 식으로 이뤄진다. 이런 할당 과정은 누군가 여러분의 장치에 구체적인 주소를 할당해줄 때까지 반복된다.

인터넷은 대부분 IPv4, 즉 IP 버전 4에서 이뤄진다. IPv4는 32비트 주소를 사용한다. 주소는 *xxx.xxx.xxx.xxx*라는 식의 **옥텟**octet 표기를 사용해 (사람들에게) 표현된다. 여기서 각 *xxx*는 32비트 주소 중 8비트(0~255)를 나타낸다. 따라서 전체 40억 개 정도의 주소를 쓸 수 있지만 이는 충분하지 않다. 요즘은 누구나 데스크톱, 랩톱, 태블릿, 휴대폰, 기타 소품들에 대한 IP 주소를 사용하기 때문에, 할당할 수 있는 주소가 남아 있지 않다. 따라서 세계는 점점 128비트 주소를 사용하는 IPv6 쪽으로 나아가고 있는 중이다.

도메인 이름 시스템

장치의 IP 주소가 바뀔 수 있다면 어떻게 어떤 장치의 현재 실제 주소를 찾을 수 있을까? 이 과정을 **도메인 이름 시스템**DNS, Domain Name System이 수행한다. DNS는 전화번호부와 비슷하다. DNS는 이름을 주소로 바꿔준다. DNS는 whitehouse.gov라는 이름의 IP 주소가 지금 23.15.93.167이라는 사실을 기억한다.[4] DNS는 휴대폰의 주소록 같은 일을 한다. 단지 휴대폰 주소록은 여러분이 직접 최신 정보를 유지해야 하지만 DNS는 주소가 바뀌는 경우를 알아서 잘 처리해준다는 점이 다르다.

월드 와이드 웹

TCP/IP 위에 만들어진 여러 프로토콜이 있다. 예를 들어, SMTP^Simple Mail Transfer Protocol^(단순 우편 전달 프로토콜)는 전자우편 시스템이 작동하는 기반 프로토콜이다. 이런 여러 프로토콜 중에서 가장 많이 사용하는 프로토콜은 HTTP다. HTTP는 **하이퍼텍스트 전송 프로토콜**HyperText Transfer Protocol의 약자로, 보안이 강화되어 안전하다는 뜻의 형용사 'secure'의 첫 글자인 'S'가 추가된 HTTPS와 더불어 웹 페이지 전송을 책임진다.

하이퍼텍스트는 단순히 링크가 붙은 텍스트를 뜻한다. 미국 엔지니어인 배너바 부시Vannevar Bush(1890~1974)가 이 아이디어를 1945년 생각해냈다. 하지만 세른CERN(현재는 유럽의 핵물리 연구소이지만 처음에는 위원회로 설립됐기 때문에 유럽 핵물리 연구 위원회라는 뜻의 프랑스어 'conseil européen pour la recherche nucléaire'의 약자인 CERN을 사용)의 팀 버너스리 경이 물리학자들 간의 정보 교환을 위해 월드 와이드 웹을 발명할 때까지는 하이퍼텍스트가 그리 널리 쓰이지 않았다.

HTTP 표준은 **웹 브라우저**web browser가 **웹 서버**web server와 상호작용하는 방법을 정의한다. 웹 브라우저는 웹 페이지를 볼 때 사용하는 프로그램이다. 웹 서버는 여러분이 요청한 페이지를 제공한다. URLUniform Resource Locator(균일 자원 위치 지정자)이라는 웹 브라우저 주소창에 입력하는 웹사이트 주소에 따라 웹 페이지를 얻을 수 있다. URL에는 여러분이 원하는 정보를 얻을 수 있도록 인터넷상의 컴퓨터에 대한 도메인 이름과 이 컴퓨터 안의 어디에서 정보를 찾아야 할지에 대한 설명이 들어간다.

웹 페이지는 보통 HTMLHyperText Markup Language(하이퍼텍스트 마크업 언어)로서 존재한다. HTML은 웹에서 가장 많이 쓰이는 (콘텐츠 기술) 언어다. 시간이 지남에 따라 HTML에 여러 가지 다양한 기능이 들어가고, 상당히 복잡해졌다. 9장에서 HTML에 대해 더 자세히 다룬다.

4 2020년 11월 3일 기준 백악관의 IP 주소는 23.15.93.167이지만, 이 값은 언제든 (백악관 전산 부서에서 원한다면) 다른 값으로 바뀔 수도 있다. nslookup whitehouse.gov처럼 nslookup 명령어를 사용해 원하는 이름의 IP 주소를 DNS에 물어보면 물어본 시점의 IP 주소를 알 수 있다. – 옮긴이

아날로그 처리 방법

오디오부터 텔레비전에 이르기까지 수많은 엔터테인먼트 장치에 컴퓨터가 들어간다. 디지털 사진을 일정 수준 이상으로 확대하면 더 이상 사진 같아 보이지 않는다는 사실을 깨달았을 것이다. 우리가 실제로 겪는 소리나 빛은 연속적이지만 컴퓨터에는 연속적인 대상을 저장할 방법이 없다. 그래서 데이터의 **샘플**sample을 취해야 한다. 샘플을 취한다는 말(이를 샘플링이라고 한다)은 시간이나 공간상 일정한 간격으로 값을 읽어야 한다는 뜻이다. 저장한 데이터를 다시 영상이나 빛으로 보여주려면 샘플링 데이터로부터 아날로그(연속적인) 신호를 다시 만들어내야 한다.

> **참고** 샘플링에 대해 잘 알려주는 'Episode 1: A Digital Media Primer for Geeks'라는 좋은 비디오를 온라인에서 찾을 수 있다. 두 번째 에피소드도 좋지만, 아주 잘못된 생각을 심어줄 수 있다. 비디오에서 말하는 내용이 기술적으로는 모두 맞지만, 모노 오디오에만 들어맞고 스테레오 오디오에는 들어맞지 않는다. 발표자는 같은 방식을 스테레오에 사용해도 좋을 것이라고 말하지만 실제로는 그렇지 않다.

샘플링은 새롭지 않다. 무성 영화 시절에도 영화 화면은 1초당 16프레임을 샘플링해 만들어졌다. 샘플링을 다루는 **이산 수학**discrete mathematics이라는 분야가 있을 정도다. 물론 샘플링은 이성적으로[5] 이뤄져야 한다.

아날로그와 디지털의 차이는 2장에서 설명했다. 이 책은 디지털 컴퓨터에 대한 책이며, 일상에 필요한 실제 응용에서는 컴퓨터로 아날로그 신호를 만들어내거나, 아날로그 신호를 분석하거나, 둘 다 해야만 하는 경우가 자주 있다. 이제부터는 컴퓨터가 어떻게 이런 일을 할 수 있는지 살펴보자.

디지털을 아날로그로 변환

디지털 숫자를 사용해 어떻게 아날로그 전압을 만들어낼 수 있을까? 무신경하지만 올바른 답으로 DA 변환기digital-to-analog converter(디지털을 아날로그로 바꾸는 변환기)를 사용한다는 답이 있을 수 있다. 그렇다면 어떻게 DA 변환기를 만들 수 있을까?

LED를 I/O 포트에 연결하는 방법을 보여준 그림 6-1을 다시 살펴보자. 그림 6-21을 보면 포트 B의 여덟 핀 각각에 LED를 연결했다.

5 영어로 이산적이라는 뜻의 형용사(이산적이라는 한자말은 하나하나 셀 수 있다는 뜻이다)는 'discrete'이며, '신중하게'라는 뜻의 부사는 'discreetly'다. 발음을 이용한 말장난인데 우리말로 비슷하게 살리기 위해 '이성적으로'라고 번역했다. – 옮긴이

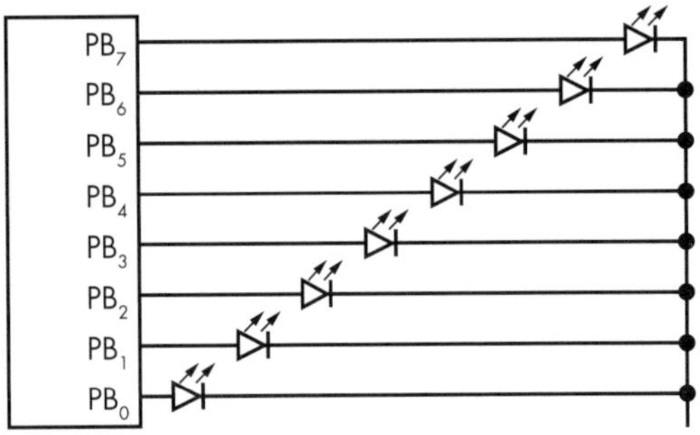

그림 6-21 LED를 사용해 만든 DA 변환기

이제 아홉 가지 세기(LED를 전혀 켜지 않은 경우부터 8개를 모두 켠 경우까지)의 빛을 낼 수 있다. 하지만 8비트로 9 수준을 만들어낸다면 비트를 잘 활용했다고 말하기 어렵다. 8비트를 사용하면 256 수준의 빛을 만들어낼 수 있어야 한다. 어떻게? 수를 다룰 때처럼 하면 된다. 그림 6-22는 비트 0에 LED를 1개, 비트 1에 2개, 비트 2에 4개 등의 순서로 연결한 회로를 보여준다.

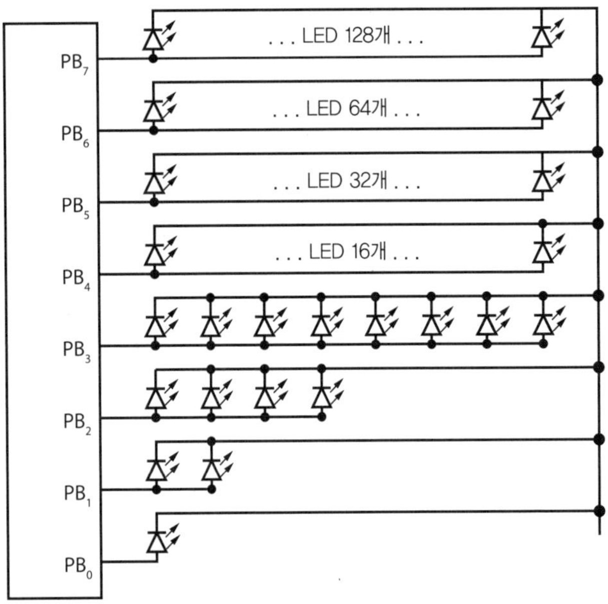

그림 6-22 LED를 사용해 만든 더 나은 DA 변환기

LED가 엄청나게 많이 든다. 이 회로를 풍선에 매달아서 LED 비행선을 만들 수도 있다. 이 회로를 계속 살펴보면 2진수 표현법을 그대로 본떴음을 알 수 있다. 비트 1은 비트 0보다 2배 더 밝은 빛을 내고, 비트 2는 비트 0보다 4배 더 밝은 빛을 내는 식이다.

이 예제에서는 DA 변환기의 동작을 명확히 보여주기 위해 LED를 사용했다. 실제 DA 변환기(D/A 또는 DAC라고 적기도 한다)는 빛이 아니라 전압을 만들어낸다. **해상도**resolution라는 용어는 DAC가 만들어내는 단계 수를 느슨히 표현할 때 쓰인다. '느슨히'라고 말한 이유는 DAC가 10비트 해상도라고 하면, 실제로는 $1/2^{10}$가지씩 수준을 변경할 수 있다는 뜻이기 때문이다. 제대로 말하자면, 해상도는 DAC가 만들어낼 수 있는 최대 전압을 단계 수로 나눈 값이어야 한다. 예를 들어, 10비트 DAC가 최대 5V를 만들어낼 수 있다면 해상도는 대략 0.005V다.

그림 6-23은 DAC 스키매틱 기호를 보여준다.

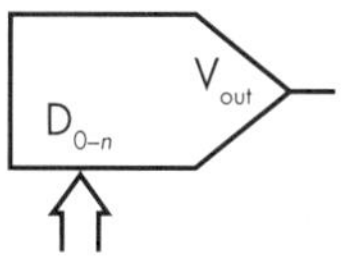

그림 6-23 DAC 스키매틱 기호

DAC를 사용해 아날로그 파형을 만들 수 있다. 오디오 플레이어나 음악 신디사이저가 이런 식으로 작동한다. DAC 입력을 일정한 비율로 변경하면 파형을 만들 수 있다. 예를 들어, 8비트 DAC를 포트 B에 연결하면 그림 6-24와 같은 톱니 파형을 만들 수 있다.

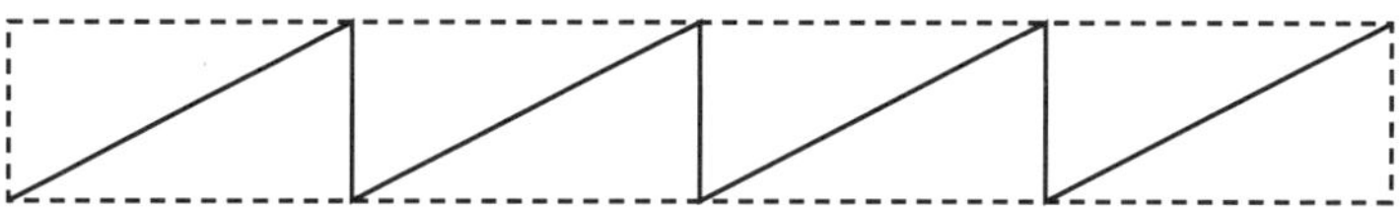

```
int i = 0;

while (true)
    PORTB = i++;
```

그림 6-24 톱니파 합성하기

더 복잡한 파형을 만들기 위한 장치에는 데이터를 써넣기 위한 메모리가 들어 있는 경우가 많다. 장치는 추가 회로를 통해 메모리에 있는 데이터를 읽는다. CPU가 수행하는 다른 작업과 무관하게 데이터를 일정한 비율로 읽어서 처리하기 위해 그림 6-25처럼 **FIFO**first in, first out(선입선출) 설정을 만들어서 이를 구현한다. FIFO는 소프트웨어 큐와 마찬가지라는 점에 유의하라.

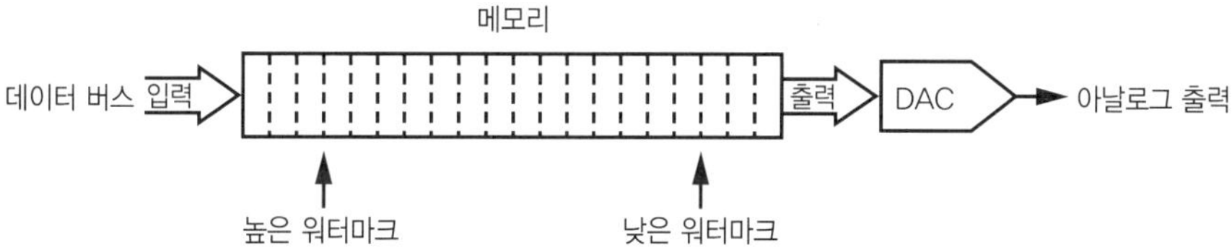

그림 6-25 높은 워터마크와 낮은 워터마크가 있는 FIFO

FIFO 메모리와 관련한 두 가지 트리거trigger(어떤 반응을 촉발하게 만드는 방아쇠 역할을 하는 장치)가 있다. **높은 워터마크**high-water mark와 **낮은 워터마크**low-water mark는 각각 최고수위선과 최저수위선에서 따온 용어다. 낮은 워터마크는 FIFO가 거의 빈 상태가 될 경우 인터럽트를 발생시킨다. 높은 워터마크는 FIFO가 거의 꽉 찼을 때 인터럽트를 발생시킨다. 이런 방법을 사용해 고수준의 소프트웨어에서는 일정한 비율로 연속적으로 출력이 일어나도록 메모리를 채울 수 있다. 이는 물탱크 동작과 비슷하다. 수위가 낮은 워터마크보다 낮아지면 펌프를 가동해 물을 탱크에 넣는다. 수위가 높은 워터마크에 이르면 펌프를 끈다. FIFO는 각기 다른 속도로 동작하는 여러 요소를 서로 결합할 때 아주 유용하다.

아날로그를 디지털로 변환

AD 변환기analog-to-digital converter는 A/D나 ADC라고도 쓰는데, DAC보다 더 복잡하다. 첫 번째 문제는 값을 측정할 수 있도록 아날로그 신호의 현재 값을 흔들리지 않게 안정적으로 잡아내는 것이다(어린아이의 체온을 재려고 시도해본 독자라면 이 문제를 알 수 있다). 그림 6-26에서 입력 파형의 **샘플**sample을 취할 필요가 있다. 디지털화한 파형이 아날로그 파형과 닮기 위해서는 여러 번 샘플을 얻어야 한다. **샘플 앤드 홀드**sample and hold라는 회로를 사용해 아날로그 파형의 값을 잡아낼 수 있다. 샘플 앤드 홀드는 디지털 래치(138페이지의 '래치' 절을 참고하라)의 아날로그 버전이라고 할 수 있다.

그림 6-26 샘플 앤드 홀드

스위치를 닫아서 샘플을 얻으면 아날로그 신호의 현재 값이 저장 탱크에 저장된다. 이제는 저장 탱크에 안정적인 값이 들어 있기 때문에 이를 측정해서 디지털값을 만들어낼 수 있다. 2장 그림 2-7의 오른쪽과 비슷하게 어떤 문턱값과 신호를 비교하는 장치가 필요하다. 다행히 두 전압 중 어느 쪽이 더 높은지를 알려주는 **비교기**comparator라는 회로가 있다. 비교기는 문턱값을 선택할 수 있는 논리 게이트와 비슷하다.

비교기의 스키매틱 기호는 그림 6-27과 같다.

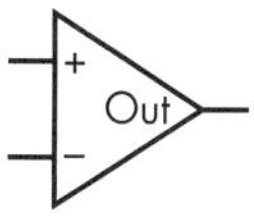

그림 6-27 아날로그 비교기

비교기의 + 입력 신호가 - 입력 신호보다 더 크거나 같으면 출력이 1이고, 그렇지 않으면 0이다.

그림 6-28처럼 비교기를 여러 **기준 전압**reference voltage과 연결해 쌓으면 **플래시 변환기**flash converter를 만들 수 있다.

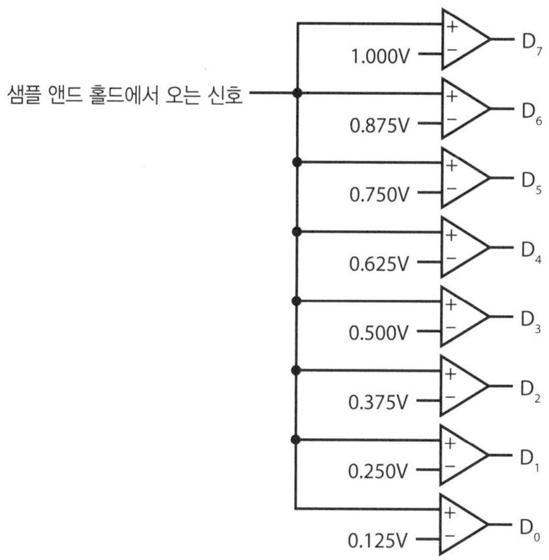

그림 6-28 플래시 변환기

결과를 번개같이 빠르게 만들어내기 때문에 플래시 변환기라고 불린다. 그림을 보면 알 수 있듯이 0.125V보다 낮은 전압의 경우 출력이 00000000이다. 0.125V부터 0.250V 사이라면 000000001이며, 0.250V부터 0.375V 사이라면 00000011이 되는 식이다. 이 방식도 그림 6-25의 DAC와 똑같이 비트를 효율적으로 사용하지 못한다는 문제가 있다. 그리고 비교기를 많이 사용해야 하기 때문에 상대적으로 플래시 변환기의 가격이 비싸다는 단점도 있다. 비트를 더 효율적으로 사용하는 더 싼 ADC를 어떻게 만들 수 있을까?

플래시 변환기는 비교기마다 다르게 고정된 몇 가지 기준 전압을 사용한다. 기준 전압을 변화시킬 수 있다면 비교기를 하나만 써도 될 것이다. 어디서 이런 기준 전압을 얻을 수 있을까? DAC에서 얻을 수 있다!

그림 6-29는 저장 탱크에서 나온 샘플값을 DAC의 값과 비교하기 위해 비교기를 사용하는 회로를 보여준다. Clear가 활성화되면 샘플값이 DAC 값과 같아질 때까지 카운터가 수를 센다. 샘플값과 DAC 값이 같아지면 비교기의 출력이 0이 되면서 카운터가 비활성화되므로 원하는 값을 얻고 끝난다. 카운터에는 샘플을 디지털로 변환한 값이 들어 있다.

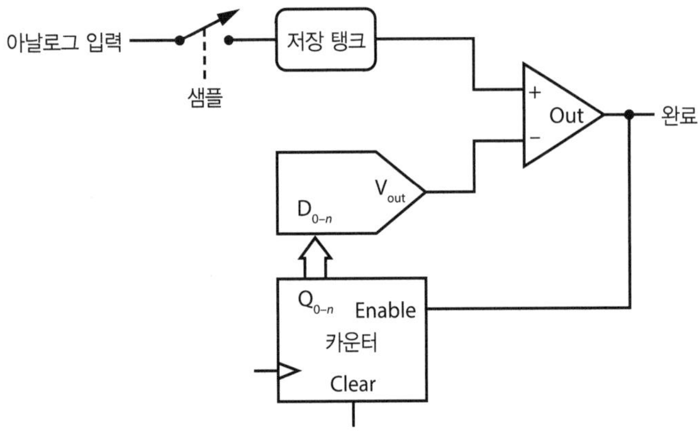

그림 6-29 AD 변환기

그림 6-30에서 이 회로의 동작을 볼 수 있다. 아날로그 신호는 왔다 갔다 하지만, 샘플을 취한 다음 저장 탱크의 출력은 안정적이다. 그 후 카운터를 0으로 설정하고 DAC의 출력과 샘플링된 값이 같을 때까지 수를 센다. 두 값이 같아지면 카운터가 멈추고 원하는 변환이 끝난다.

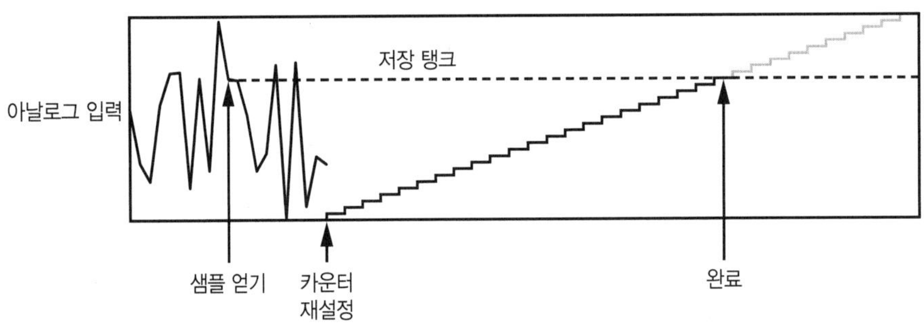

그림 6-30 ADC의 동작

DAC 출력이 마치 경사로를 올라가는 것처럼 변하기 때문에 이런 ADC를 **램프 변환기**ramp converter라고 부른다. 램프 변환기의 문제는 신호에서 얻은 샘플의 크기에 선형으로 비례하는 시간이 걸리기 때문에 변환에 오랜 시간이 걸린다는 데 있다. 샘플이 최댓값이고 ADC가 n비트라면 최대 2^n 클록이 걸려야 변환이 끝난다.

이를 우회하는 방법으로 **연속 추정 변환기**successive approximation converter가 있다. 이 변환기는 하드웨어로 **2진 검색**binary search을 진행한다. 그림 6-31을 보라.

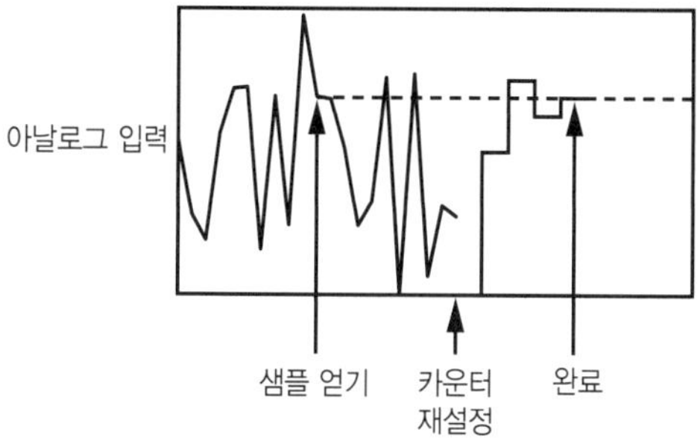

그림 6-31 연속 추정 ADC의 동작

첫 클록에 DAC를 전체 범위의 절반으로 설정한다. 이 값이 샘플값보다 작으면 DAC 값을 전체 범위의 1/4만큼 더 증가시킨다. 만약 이렇게 변경한 값이 샘플값보다 너무 크면 DAC 값을 전체 범위의 1/8만큼 더 감소시킨다. 이렇게 바꾼 값이 샘플값보다 더 낮으면 다시 전체 범위의 1/16만큼 DAC 값을 증가시킨다. 최악의 경우 $\log_2 n$ 클록이 걸리는데, 이 정도도 상당히 향상된 결과다.

DAC에 **해상도**resolution라는 말을 사용했던 것과 비슷하게 ADC에도 사용한다. ADC의 스키매틱 기호는 그림 6-32와 같다.

그림 6-32 ADC 스키매틱 기호

디지털 오디오

일차원으로 **샘플링**sampling을 하면 오디오를 디지털화할 수 있다. 이 말은 일정 시간 간격으로 신호의 **진폭**amplitude이나 높이를 측정한다는 뜻이다. 그림 6-33의 사인파를 보자. 일정한 샘플링 **주파수**sampling frequency로 **사각파**square wave를 얻을 수 있고, **상승 에지**rising edge마다 A/D를 사용해 신호의 높이를 기록할 수 있다.[6]

6 사인(sine)파를 정현파, 코사인(cosine)파를 여현파, 사각파를 구형파(矩形波)나 방형파(方形波)라고 부르기도 한다. 한자로 구형파의 '구'나 방형파의 '방'은 모두 사각형을 뜻한다. – 옮긴이

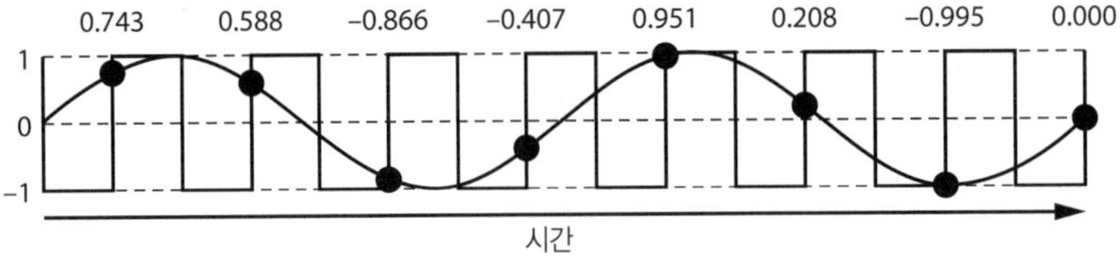

그림 6-33 사인파 샘플링하기

샘플이 있으면 이를 D/A에 공급해서 원래의 신호를 재구성할 수 있어야 한다. 시도해보면 그림 6-34와 같은 파를 만들 수 있다.

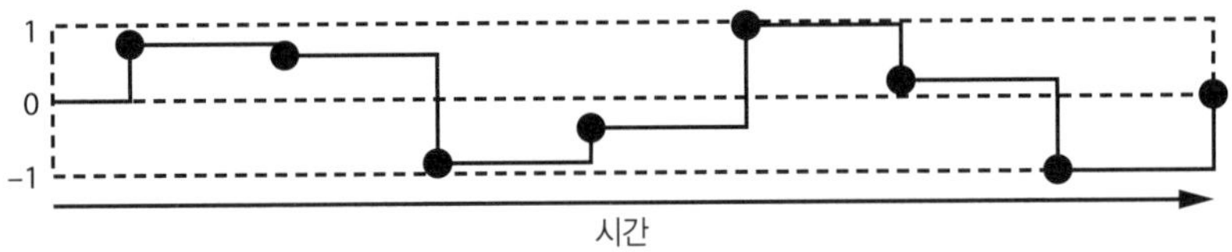

그림 6-34 샘플에서 재구성한 사인파

그런데 파형이 엄청나게 왜곡됐다. 샘플을 더 많이 만들어서 그림 6-35처럼 결과를 좀 더 개선해야 할 것 같다.

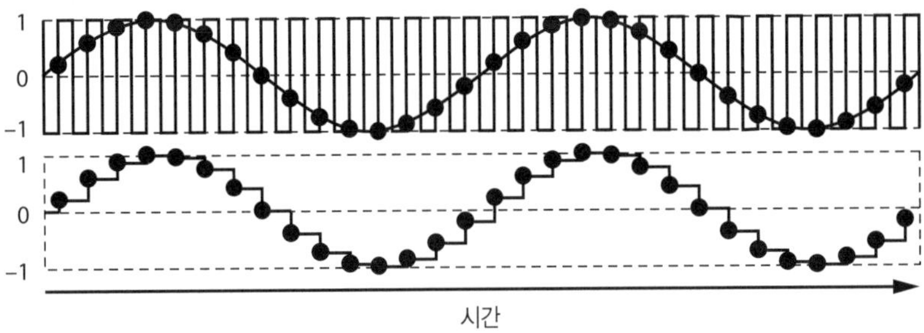

그림 6-35 고주파 샘플링과 이로부터 재구성한 신호

하지만 이럴 필요는 없다. 그림 6-33의 샘플링과 그림 6-34의 재구성도 실제로는 문제가 없다. 왜 그런지 이제 설명하겠지만, 좀 어려운 이론이 포함된다는 점을 경고한다.

237페이지의 '파동에 올라타라' 절에서 설명한 것처럼 실제 사인파는 표현하기가 더 쉽다. 하지만 그림 6-31처럼 더 복잡한 파형을 표현할 방법이 필요하다.

지금까지 살펴본 그래프들은 모두 시간에 따른 진폭을 표현했다. 하지만 이를 다른 방식으로 볼 수도 있다. 그림 6-36의 악보를 살펴보자.

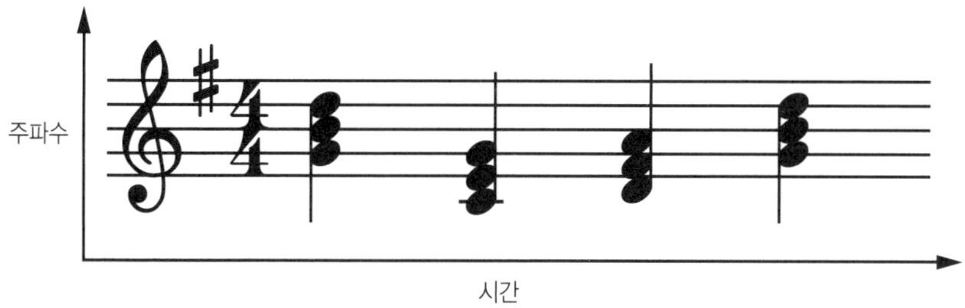

그림 6-36 음악 악보

악보를 시간에 따라 음표를 표시한 것으로 생각할 수도 있다. 하지만 악보에서는 더 많은 일이 벌어진다. 악보에서는 어느 시점에 오직 한 음표만 존재하지 않는다. 실제로는 여러 음이 모여서 이뤄진 **코드**chord가 존재한다. 그림 6-36의 첫 번째 코드는 G_4(400Hz), B_4(494Hz), D_5(587Hz) 세 음으로 이뤄진다. 각 음표에 대한 사인파를 만들어내는 신디사이저를 사용해 코드를 연주한다고 가정하자. 그림 6-37에서 각 음표는 사인파이지만 코드 자체는 더 복잡한 파형이며 세 음표가 만들어내는 파를 합친 것임을 알 수 있다. 어떤 파형이든지 일련의 사인파의 가중치 합(각 사인파에 가중치를 곱해서 더함)으로 표현할 수 있음이 알려져 있다. 예를 들어, 그림 6-33의 사각파 주파수가 f라면 이를 다음과 같은 사인파의 합으로 만들어낼 수 있다.

$$\frac{\sin(f)}{1}+\frac{\sin(3f)}{3}+\frac{\sin(5f)}{5}+\frac{\sin(7f)}{7}+\ldots$$

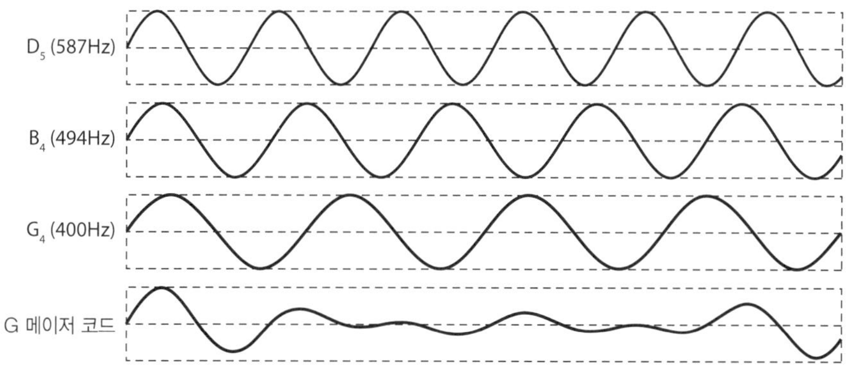

그림 6-37 G 메이저(사장조) 코드 파형

귀가 좋은 독자라면 이런 코드를 듣고 코드를 이루는 각 음을 골라낼 수 있다. 음을 제대로 들을 수 없는 독자들은 **푸리에 변환**Fourier transform이라는 수학적 묘기를 통해 코드의 각 부분을 구분할 수 있다. 온실 효과를 발견한 프랑스 수학자이자 물리학자인 장바티스트 조제프 푸리에Jean-

Baptiste Joseph Fourier(1768~1830)가 푸리에 변환을 발명했다. 지금까지 이번 절에서 살펴본 모든 그래프는 시간에 따른 진폭을 표현했다. 푸리에 변환을 수행하면 주파수에 따른 진폭을 그래프로 그릴 수 있다. 주파수와 진폭의 관계로 파형을 살펴보는 이러한 방식은 사물을 바라보는 전혀 새로운 관점이다. 앞의 G 메이저 코드를 푸리에 변환하면 그림 6-38과 같다.

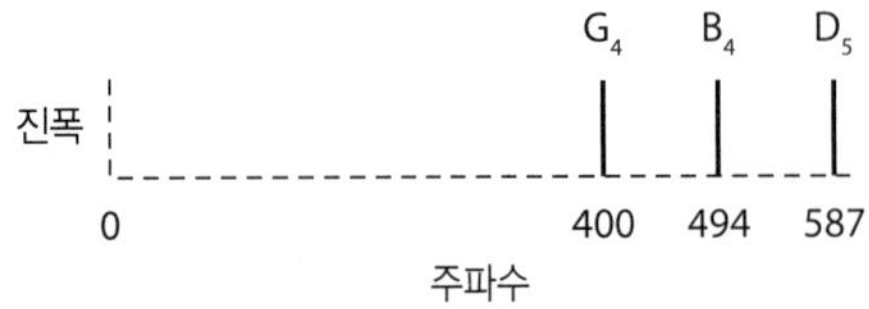

그림 6-38 G 메이저 코드의 푸리에 변환 그래프

여러분도 모르는 사이에 이런 그림을 본 적이 있을 것이다. 미디어 플레이어 중에는 시각 효과로 푸리에 변환을 통해 여러 주파수 음의 볼륨을 표시해주는 스펙트럼 분석기spectrum analyzer를 표시해주는 경우가 있다. 스펙트럼 분석기는 복잡한 전자 회로에서 비롯됐다. 하지만 이제 컴퓨터에서는 **빠른 푸리에 변환**FFT, Fast Fourier Transform 알고리즘을 통해 쉽게 이를 구현할 수 있다. 푸리에 분석의 응용 중 가장 멋진 것은 해먼드Hammond B-3 오르간이다.

해먼드 B-3 오르간

해먼드 B-3는 전자기학과 푸리에 변환을 아주 멋지게 응용한 장치다. 해먼드 오르간은 91개의 톤 휠(tone wheel)이 연결된 축을 돌리는 모터를 통해 작동한다. 각 톤 휠마다 정해진 픽업(pickup)이 있고(이 픽업은 전자기타 픽업과 비슷하다), 픽업은 톤 휠의 돌기에 따라 결정되는 특정 주파수의 음을 만들어낸다. 모든 톤 휠이 같은 축에 연결되어 있기 때문에 서로 조율이 어긋나는 경우는 없다.

B-3 키를 누르면 톤 휠에 의해 지정된 주파수만 연주되지는 않는다. 여덟 가지 위치가 가능한 드로바(drawbar)가 9개 있어서 '순음(fundamental tone, 현재 키에 의해 연주되는 기본 음)'이 만들어내는 소리와 다른 톤 휠이 만들어내는 소리가 혼합된다. 드로바는 한 옥타브 아래(sub-octave)와 5차, 기본 음(순음), 8차, 12차, 15차, 17차, 19차, 22차 배음(harmonics)의 크기를 지정한다.

해먼드 오르간에 의해 만들어지는 소리는 그림 6-37에서 G 메이저 코드를 만들 때와 비슷하게 드로바에 의해 정해진 아홉 가지 신호의 가중치 합이다.

미디어 플레이어의 기능으로 **그래픽 이퀄라이저**graphic equalizer도 있다. 그래픽 이퀄라이저를 사용하면 입맛대로 소리를 조정할 수 있다. 그래픽 이퀄라이저는 조절 가능한 **필터**filter의 집합이다. 여기서 필터는 정해진 주파수를 통과시키거나 막아버리는 장치를 뜻한다. 필터는 98페이지의 '아날로그 세계에서 디지털 만들기' 절에서 살펴본 전이 함수와 비슷하지만, 전압이나 빛 대신 주파수에 대한 함수라는 점이 다르다. 필터는 크게 어떤 주파수보다 낮은 주파수를 통과시키는 **로우패스**low pass와 어떤 주파수보다 높은 주파수를 통과시키는 **하이패스**high pass 필터가 있다. 이 둘을 조합하면 정해진 최저 주파수와 최고 주파수 사이의 주파수를 제외한 나머지 주파수를 모두 무시하는 **밴드패스**band pass 필터나 특정 주파수만 제외시키는 **노치**notch를 만들 수 있다. 그림 6-39에서 필터 에지가 날카롭지 않음을 알 수 있다. 이를 **롤오프**roll off라고 한다. 완벽한(그래프가 직사각형인) 필터는 없다. 그림 6-7의 버튼 디바운서는 실제로 로우패스 필터라는 점도 알 수 있다.

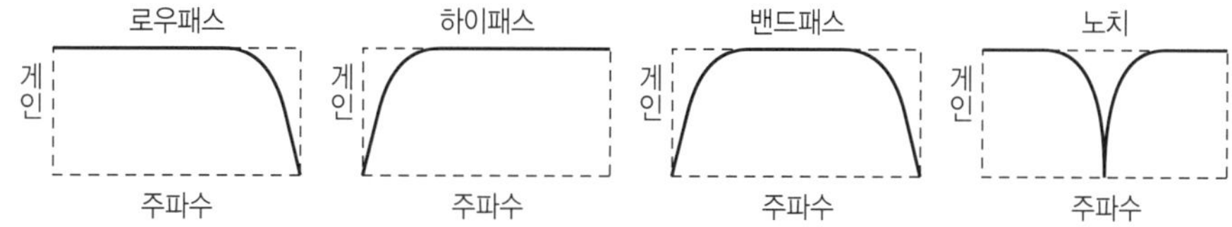

그림 6-39 필터

예를 들어, 그림 6-40처럼 로우패스 필터를 G 메이저 코드에 적용할 수 있다. 필터를 적용하는 것은 두 곡선(필터 곡선과 파형 곡선)을 곱하는 것과 같은 효과가 있다. 필터는 각기 다른 주파수의 소리 크기를 조정해준다.

그림 6-40 로우패스 필터로 걸러낸 G 메이저 코드의 푸리에 변환 그래프

예상대로 더 이상 소리가 같지 않다. B_4는 약간 줄어들었고 D_5는 거의 없어졌다.

이런 요소들이 왜 중요할까? 그림 6-41은 그림 6-34에서 재구성한 사인파의 푸리에 변환을 보여준다. 이 그림에 모든 내용을 다 넣지는 않았으므로, 이 그림을 3kHz로 샘플링한 400Hz 사인파라고 가정하자.

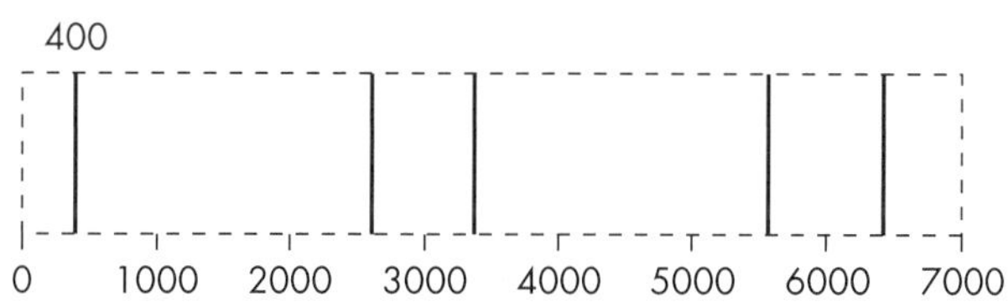

그림 6-41 재구성한 사인파 푸리에 변환 그래프

여기서 x축은 샘플링 주파수의 모든 배수에 샘플링한 신호의 주파수를 더하고 뺀 값으로, 무한대로 뻗어나갈 수 있다는 점을 기억하라.

그림 6-42처럼 사인파를 재구성하고 로우패스 필터를 적용하면 어떻게 될까?

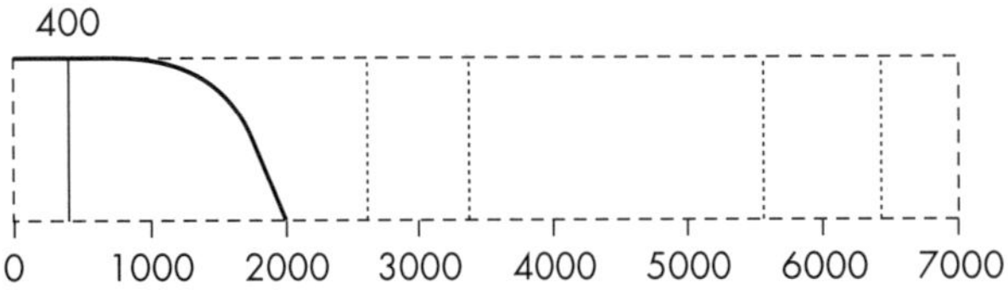

그림 6-42 재구성한 사인파에 로우패스 필터를 적용한 경우의 푸리에 변환 그래프

모든 왜곡이 사라진다. 남은 것은 400Hz 사인파뿐이다. 적절히 필터링을 적용하면 샘플링이 작동하는 것처럼 보인다. 하지만 어떻게 샘플링 주파수와 필터를 선택해야 할까?

스웨덴 전기 엔지니어인 해리 나이퀴스트Harry Nyquist(1889~1976)는 신호를 제대로 잡아내기 위해서는 적어도 최고 주파수의 2배의 샘플링 비율로 샘플을 얻어야 한다는 법칙을 발견했다. 이 이론은 멋진 이론이지만 전자 회로가 이상적인 수학을 따르지는 않기 때문에 결과 음질을 더 좋게 하기 위해서는 이론적인 비율보다는 더 자주 샘플링을 해야 한다. 사람의 가청 주파수는 20~2만 Hz 정도다.

이런 사실을 감안하면 40kHz 샘플링 비율로 사람이 들을 수 있는 모든 소리를 잡아낼 수 있다. 만약 21kHz의 음향이 있고 이를 40kHz로 샘플링하면(나이퀴스트 이론에 따라 이런 경우를 **언더샘플링**undersampling됐다고 한다) 어떻게 될까? 이런 경우 **폴딩**folding이나 **에일리어싱**aliasing이 일어난다. 샘플링 주파수를 거울이라고 생각하고 이 주파수보다 더 높은 주파수의 정보는 반사된다고 생각하라. 그림 6-41을 다시 보면 샘플링 주파수에서 샘플 대상 주파수를 더하거나 뺀 주파수에 해당하는 **아티팩트**artifact를 볼 수 있다. 샘플링 주파수가 샘플 대상 주파수보다 훨씬 더 높은 경우가 많기 때문에 이런 아티팩트는 서로 멀리 떨어져 있다. 예를 들어 40kHz로 샘플링된 21kHz 신호는 19kHz(40-21)에서 아티팩트를 만들어낸다. 이렇게 생긴 가짜 신호를 **에일리어스**alias라고 한다. 이 경우 출력으로 얻은 신호(에일리어스)는 입력으로 넣은 신호와 다른 신호다. 따라서 에일리어스를 피하기 위해 로우패스 필터를 적용해야 한다.

흔히 CD라고 부르는 콤팩트 디스크compact disc는 44,100Hz에 16비트로 샘플링을 한다(물론 스테레오이기 때문에 2를 곱해야 한다). 이는 175KB/s보다 약간 더 많은 시간당 데이터 비율이다. 이 비율은 그리 크지 않다. 일부 표준 오디오 샘플링 주파수는 44.1kHz, 48kHz, 96kHz, 192kHz

등이다. 더 높은 주파수를 쓰면 훨씬 더 많은 데이터가 발생하고 나이퀴스트 이론에 따르면 그럴 필요가 없는데 굳이 왜 더 높은 주파수를 써서 샘플링해야 할까?

나이퀴스트 비율에 근접해 샘플링한 신호로부터 원래의 주파수와 진폭을 재구성할 수는 있지만 **위상**phase은 재구성할 수 없다. 새로운 용어다! 위상은 시간축 위에서 약간씩 신호가 옮겨간 것처럼 생각하면 된다. 그림 6-43에서 굵은 선으로 표시한 신호가 가는 선으로 표시한 신호보다 45도 위상이 **뒤처짐**lag을 알 수 있다(뒤처짐의 반대는 **앞섬**lead이다).

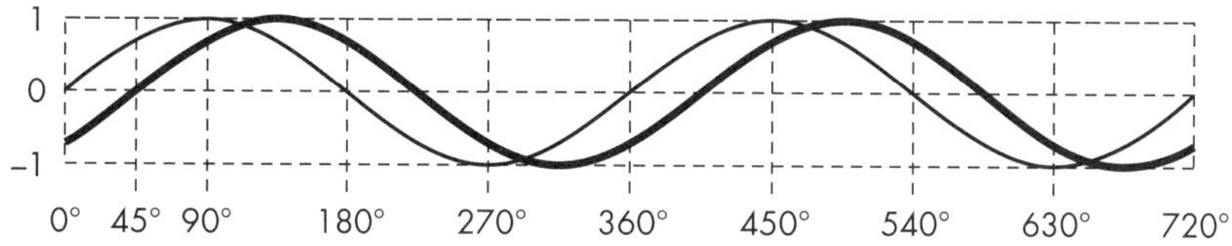

그림 6-43 신호의 위상차

위상이 왜 중요할까? 스테레오가 아니라면 위상이 그렇게 문제가 되지는 않는다. **위상차**phase difference는 왼쪽과 오른쪽 귀에 도달하는 신호 사이의 시간차로 인해 발생하며, 그림 6-44처럼 사람은 이를 통해 공간에서 소리가 발생한 위치를 인식한다.

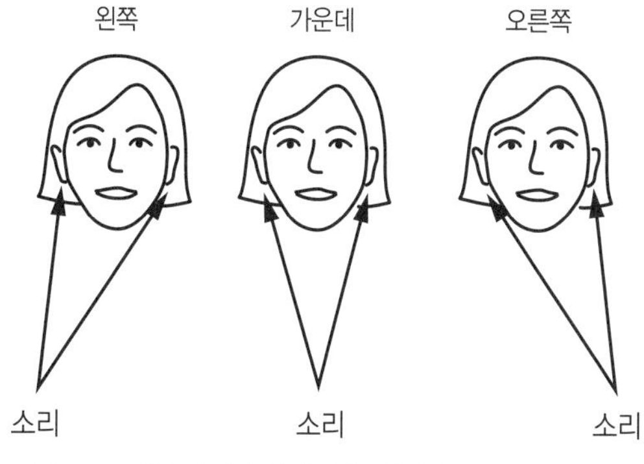

그림 6-44 실제 삶에서 알 수 있는 위상차

주파수가 높으면 귀 사이의 거리보다 파장이 더 짧기 때문에 위상차를 더 잘 알아챌 수 있다. 여러분의 머리 폭이 너무 짧아서 두 귀가 거의 같은 데 붙어 있다면 위상차가 발생하지 않는다. 따라서 머리가 큰 사람은 스테레오를 더 잘 느낀다! 그리고 이것이 바로 서브우퍼subwoofer가 하나만 있어도 되는 이유이기도 하다. 두 귀 사이의 거리보다 음파 파장이 너무 길기 때문에 위상차를 감지할 수 없어서 소리가 발생한 위치를 정확히 잡아낼 수가 없다.

스테레오 사운드를 듣는 경우, 스피커에서 나오는 두 음이 만들어내는 위상차를 **이미지**image라고 부르며, 이는 음악을 연주하는 사람이 공간상 어디에 위치하는지를 '볼 수(알아낼 수)' 있는 능력을 뜻한다. 위상이 정확하지 않으면 이미지가 '탁해진다'. 따라서 더 나은 위상과 스테레오 이미지를 얻기 위해서는 높은 샘플링 비율이 정당화될 수 있다. 싸구려 이어폰에 싼 휴대폰으로 음악을 듣는 경우에는 이런 경험을 할 수 없을 것이다.

FM 스테레오의 샘플링과 필터링

FM 스테레오는 샘플링과 필터링을 응용한 흥미로운 사례다. 그리고 FM 시스템은 새로운 기능이 하위 호환성을 고려해 만들어지지 않은 시스템을 비집고 들어갈 경우를 보여주는 훌륭한 예제다. 하위 호환성(backward-compatibility)은 새로운 시스템을 위해 만들어진 장치(예: 플레이스테이션 3, 윈도우 10, 인텔 64비트 칩)로도 오래된 시스템(플레이스테이션 2의 게임, 윈도우 Me용 소프트웨어, 인텔 32비트 칩에 맞춰 작성된 기계어 프로그램)을 문제없이 실행할 수 있는 경우를 뜻한다.

그림 6-20을 다시 보면 주파수를 변조하기 위해 비트를 사용하는 방법을 알 수 있다. FM은 **주파수 변조**(frequency modulation)의 약자다. FM 라디오는 반송파 주파수를 디지털이 아닌 아날로그 신호로 변조하는 방식으로 작동한다.

FM 라디오 방송국의 반송파 주파수는 100kHz마다 할당되어 있다. 그림 6-41에서 샘플링이 무한대까지 주파수를 추가로 만들어낼 수 있음을 봤다. 변조 시에도 마찬가지 일이 발생한다. 그 결과, 로우패스 필터를 변조한 신호에 적용해서 각 방송국 주파수 사이의 간섭이 생기지 않게 해야 한다. 그림 6-39에서 필터의 롤오프를 살펴봤다. 롤오프가 더 급격하면 급격할수록 필터가 위상을 더 많이 교란시키기 때문에 음질에는 악영향을 끼친다. 이를 그림 6-45의 라디오 스펙트럼에서 볼 수 있다.

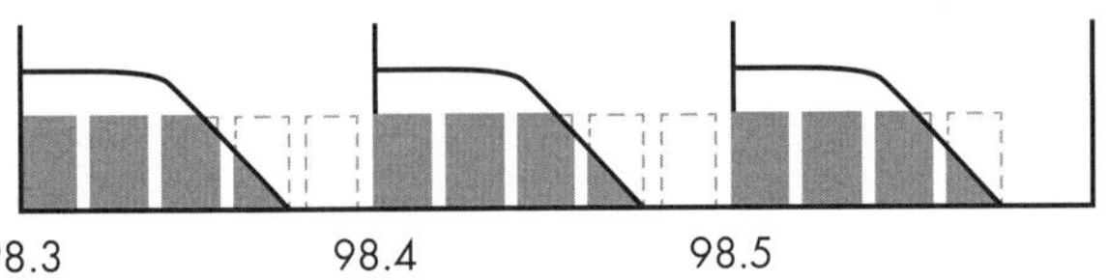

그림 6-45 라디오 스펙트럼

스테레오가 등장하기 전에는 변조한 FM 신호가 반송파보다 대략 15kHz 정도 더 높은 주파수까지 차지했다. 수신기는 반송파를 제거하고 원래의 소리를 재구성할 수 있었다. 스테레오로 바뀌면서도 이런 특성이 지속돼야만 했다. 그렇지 않다면 기존의 모든 라디오 수신기가 제대로 작동하지 않게 되기 때문이다.

그림 6-46은 FM 스테레오의 동작을 대강 보여준다. 38kHz 사각파를 사용해 왼쪽과 오른쪽 채널의 샘플을 교대로 수집한다. 샘플링 사각파와 동조된 19kHz 파일럿 음향을 만든다. 파일럿 음향은 아주 작은 소리로, 스테레오 음악과 믹스(mix)되기 때문에 음악에 가려서 거의 들리지 않는다. 파일럿 음향과 샘플링한 음향을 합성해서 방송에 사용할 신호를 생성한다.

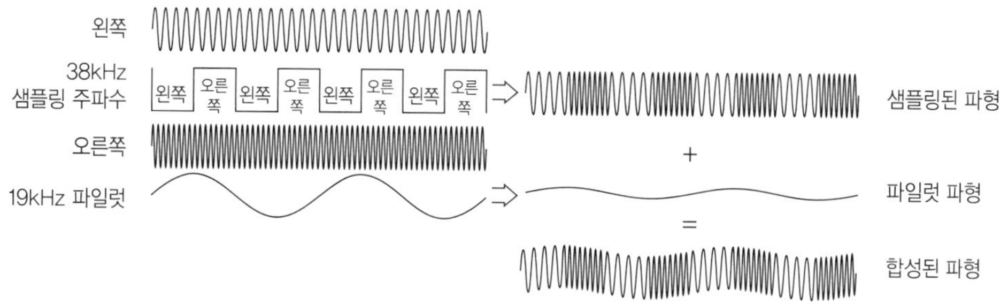

그림 6-46 FM 신호 생성

여기서 뛰어난 부분은 그림 6-47의 신호를 푸리에 분석해보면 왼쪽에 있는 첫 번째 주파수는 오른쪽과 왼쪽 채널 주파수의 합계이며 모노의 경우에는 이 신호만 있으면 된다는 점이다. 따라서 이전의 수신기도 아무 문제 없이 음을 낼 수 있다. 다음 주파수는 왼쪽 채널과 오른쪽 채널 주파수의 차이다. 구형 모노 수신기는 이 신호를 처리하지 않는다. 하지만 스테레오 수신기는 이 신호와 간단한 산수를 사용해 오른쪽과 왼쪽 음향을 분리해서 스테레오 음향을 만들어낼 수 있다.

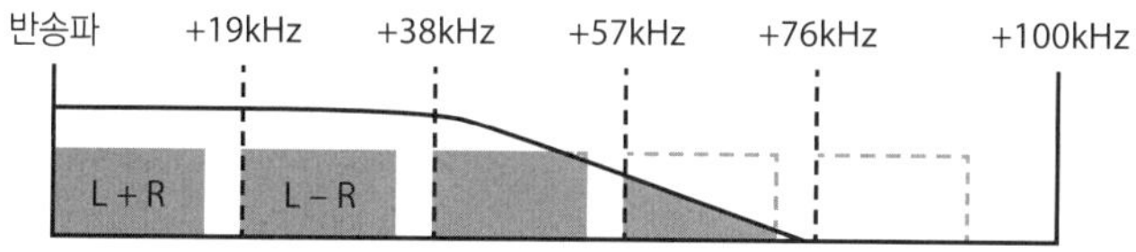

그림 6-47 FM 스테레오 스펙트럼

앞에서 오디오에는 많은 데이터가 들어 있다고 설명했다. 따라서 데이터를 압축해서 공간을 적게 차지하게 만들 수 있으면 좋을 것이다. 압축에는 **무손실 압축**lossless compression과 **손실 압축**lossy compression이 있다. 무손실 압축은 원래 데이터를 그대로 유지한다. 그에 따라 무손실 압축은 원래 데이터 크기의 절반 정도로밖에 크기를 줄여주지 못한다. 가장 유명한 무손실 압축은 FLAC으로 **무료 무손실 오디오 코덱**Free Lossless Audio Codec이라는 뜻이다. **코덱**codec은 코더-디코더coder-decoder를 줄인 말로, 모뎀과 비슷하게 어떤 대상을 한 코딩 시스템에서 다른 코딩 시스템으로 변환해주거나 반대 방향으로 변환해주는 장치(소프트웨어 또는 하드웨어)를 뜻한다.

MP3, AAC, Ogg 등은 (오디오) 손실 압축 코덱으로, 일부 세부 사항이 사라진다. 이들은 음향심리학psychoacoustic 원리를 사용해 작동한다. 인간의 귀와 두뇌를 연구한 연구자들은 사람이 들을 수 없는 소리가 있다는 사실을 알았다. 예를 들어, 큰 드럼 소리 다음에 작은 소리가 나도 사람은 이를 인식하지 못한다. 손실 압축 코덱은 이런 소리를 없애기 때문에 FLAC보다 더 높은 압축률을 제공한다. 하지만 모든이의 귀가 똑같지는 않다. 나는 MP3 소리가 형편없다고 생각한다.

디지털 이미지

시각 이미지는 2차원 공간을 샘플링해야 하기 때문에 오디오보다 더 복잡하다. 디지털 이미지는 그림 요소picture element 또는 **픽셀**pixel로 이뤄진 직사각형 배열로 표현된다. 컬러 이미지에서 각 픽셀은 세 가지 색(빨간색, 녹색, 파란색)의 조합으로 표현된다. 오늘날 일반적인 디스플레이는 빨간색, 녹색, 파란색 각각에 8비트를 사용한다. 일반적인 이미지 표현을 그림 1-20에서 이미 살펴봤다.

컴퓨터는 **가산**additive 혼합 색 시스템을 사용해 색을 표현한다. 이 말은 빨간색, 녹색, 파란색의 삼원색을 여러 비율로 혼합하면(또는 시스템의 이름대로 서로 더하면) 거의 모든 색을 만들 수 있다는 뜻이다. 이 시스템은 인쇄에 쓰이는 **감산**subtractive 색 시스템과는 다르다. 감산 색 시스템에서는 청록색(사이언cyan), 자홍색(마젠타magenta), 노란색을 원색으로 사용한다.

이미지를 샘플링하는 작업은 이미지 앞에 모눈이 달린 창을 놓고 각 네모칸의 색을 기록하는 것과 비슷하다. 이 작업은 실제로는 **포인트 샘플링**point sampling으로 인해 더 복잡하다. 포인트 샘플링은 정사각형 전체의 색을 기록하는 대신 각 정사각형의 중심 점의 색을 기록한다는 뜻이다. 그림 6-48은 각기 다른 세 가지 해상도 화면screen으로 이미지를 샘플링한 경우를 보여준다.

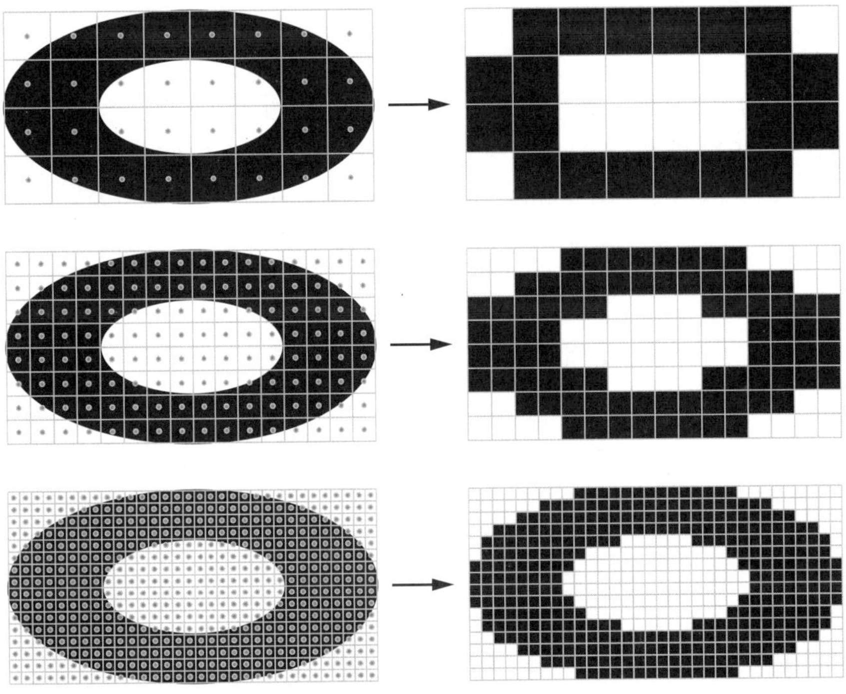

그림 6-48 같은 이미지를 여러 해상도로 샘플링하기

더 자세하고 높은 해상도를 사용하면 샘플링한 이미지가 더 보기 좋다는 사실을 알 수 있다. 하지만 해상도가 높아지면 데이터양도 크게 늘어난다. 그렇지만 고해상도 화면에서도 삐죽삐죽한 모서리를 볼 수 있다. 이는 나이퀴스트 이론에 따른 언더샘플링과 에일리어싱의 결과다(이에 대한 수학은 이 책의 범위를 벗어난다). 오디오에서와 마찬가지로 필터링이 도움이 될 수 있을 것이다. 필터링을 할 수 있는 방법으로는 **슈퍼샘플링**supersampling, 즉 한 정사각형 안에서 여러 지점의 색을 얻어서 평균을 내는 방법이 있다. 그림 6-49를 보라.

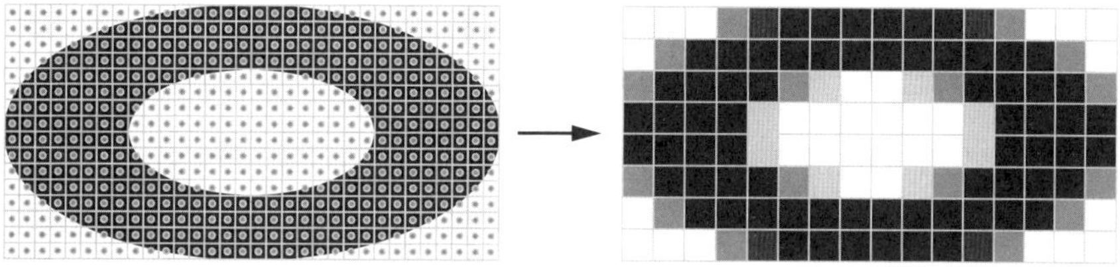

그림 6-49 슈퍼샘플링

이렇게 샘플링한 이미지는 부풀어 오른 것 같아 보이고 좋아 보이지 않는다. 하지만 이미지에서 멀리 떨어져서 보면 그렇게 나빠 보이지 않는다. 좀 더 생각해보면 슈퍼샘플링은 그림 6-35에서 오디오에 대해 본 것처럼 샘플링 비율을 높이는 것과 같은 효과임을 알 수 있다.

우리가 사용하는 이미지는 점점 커지고 있고(거기에 해상도도 좋아진다), 그에 따라 엄청난 공간을 차지한다. 전 세계의 고양이 사진과 비디오를 저장하기에 충분한 저장장치가 존재할 수 있는지(또는 존재했는지)는 확실하지 않다. 오디오와 마찬가지로 이미지도 같은 메모리에 더 많이 저장하고 네트워크를 통해 더 빨리 전송하고 싶기 때문에 공간을 덜 차지했으면 한다. 앞에서 이야기했던 것처럼 압축을 통해 이런 목적을 달성할 수 있다.

현재 가장 일반적인 이미지 압축 방법은 JPEG으로, 연합 사진 전문가 그룹Joint Photographic Experts Group의 표준 압축 방식이다. JPEG은 어려운 수학 변환을 통해 이뤄지기 때문에 이 책에서는 이에 대해 다루지 않는다. JPEG이 작동하는 방식은 이웃한 픽셀의 색이 서로 비슷할 가능성이 높기 때문에 개별적인 픽셀의 색을 저장하는 대신 이웃한 픽셀의 색에 대한 표현을 저장하는 방식으로 이뤄진다고 대강 이해할 수 있다. 카메라에서 저장하는 이미지의 품질을 설정하는 옵션을 본 적이 있을 것이다. 이런 설정에서는 '실물에 가깝다'라는 정의를 조절할 수 있다. 이는 198페이지의 '스택' 절에서 다룬 내용의 컬러 버전이다.

JPEG은 손실 오디오 압축과 비슷한 방식으로 사람의 인지 방법에 대한 지식을 활용한다. 예를 들어, 두뇌는 색 변화보다 밝기 변화에 더 민감하다는 사실을 활용한다.

비디오

다차원 공간을 한 차원 더 높인 것으로, 비디오는 2차원 이미지를 일정한 시간 간격으로 샘플링한 시퀀스다. 필요한 시간 간격은 사람의 시각 시스템의 기능에 따라 결정된다. 오래된 영화는 초당 24프레임fps, frame per second로 이미지를 샘플링했지만, 요즘 보통 사람은 48fps 정도가 되면 행복해한다.

비디오를 샘플링하는 것은 이미지를 샘플링하는 방식과 그리 다르지 않다. 다만 여러 아티팩트가 시각적으로 거슬리기 때문에 이를 최소화할 필요가 있다. 문제는 물체가 움직이기 때문에 그림 6-48에서 본 것 같은 샘플링 아티팩트가 제자리에 머물러 있지 않는다는 데 있다.

이를 더 잘 이해하기 위해 그림 6-50을 보자. 이 그림은 시간에 따라 왼쪽에서 오른쪽으로 이동하는 대각선을 보여준다. 대각선의 이동 속도는 프레임당 한 픽셀보다 조금 작기 때문에 샘플링할 때마다 각기 다른 이미지가 생긴다. 각 이미지는 여전히 한 선을 근사한 것이지만, 각 근사는 서로 다르다. 이런 이유로 인해 (도형의 윤곽을 나타내는 선분인) 모서리가 어리어리해지고 눈에 거슬려 보인다. 슈퍼샘플링을 활용한 필터링을 하면 이런 불쾌한 시각적 아티팩트를 줄일 수 있다.

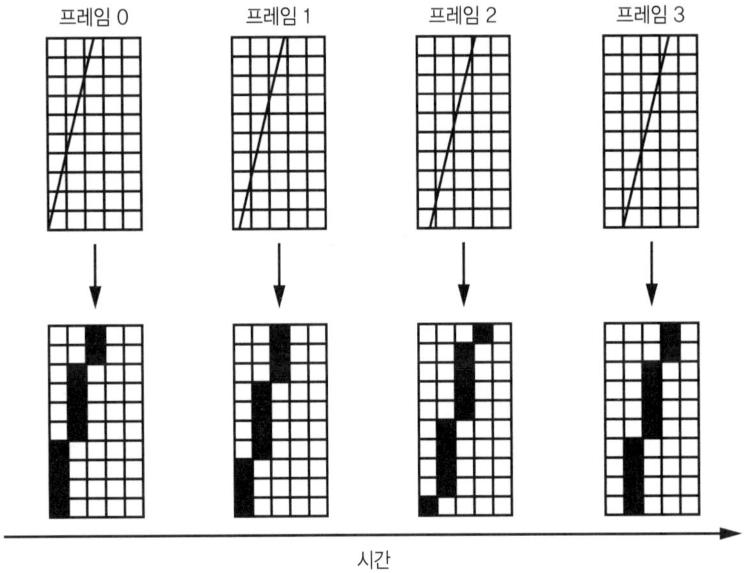

그림 6-50 어리어리한 모서리

비디오는 이미지나 오디오보다 훨씬 많은 정보를 만들어낸다. UHD 비디오의 해상도는 3,840×2,160픽셀이다. 이를 픽셀당 3바이트로 곱하고, 초당 60프레임을 곱하면 1,492,992,000바이트/초라는 어마어마한 데이터 비율을 얻는다! 분명히 압축이 아주 중요하다.

비디오 프레임과 프레임 사이에 이미지 중 아주 일부분만 변한다는 관찰이 비디오 압축의 핵심이다. 그림 6-51을 보라. 미스터 시그마가 택배를 받으러 가고 있다.

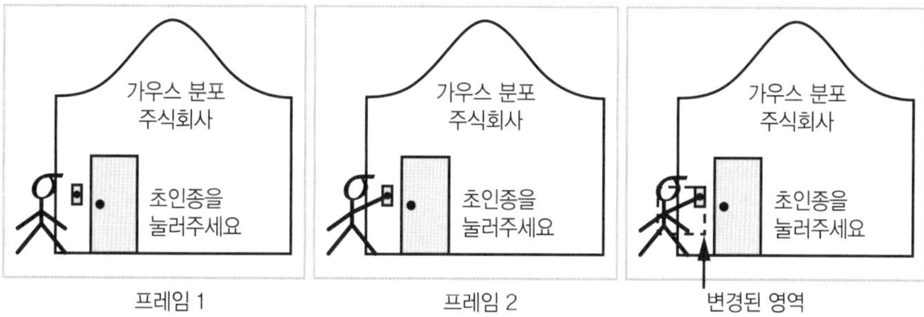

그림 6-51 프레임 간 움직임

그림을 보면 프레임이 변할 때 이미지 중 일부분만 변했음을 알 수 있다. 변경된 영역의 데이터만 필요하다면 더 적은 데이터를 저장하거나 송신할 수 있다. 이런 기법을 **움직임 보상**motion compensation이라고 한다.

비디오를 원본 이미지로부터 변화된 내용의 집합으로 표현하는 방식의 문제는 때로(원본 데이터가 깨졌거나, 원본 데이터를 전송받지 못한 경우) 데이터가 왜곡된다는 점이다. 디지털 TV를 보거나 고장 난 비디오 디스크를 플레이하다가 화면이 네모난 블록 단위로 깨지는 현상을 본 독자도 있을 것이다.

데이터를 복구할 방법이 필요하다. 정기적으로 데이터에 **키프레임**keyframe을 추가하는 방식으로 이를 해결한다. 키프레임은 완전한 이미지이므로, 오염된 데이터가 누적되면서 생긴 이미지가 손상된 경우라도 다음 키프레임에 전체 이미지를 복구할 수 있다.

프레임 사이의 차이를 감지하는 알고리즘은 복잡하며 계산이 아주 많이 필요하다. MPEG4 등의 새 압축 표준은 **레이어링**layering을 지원한다. 레이어링은 최근에는 컴퓨터로 생성된 비디오가 많다는 사실을 활용한다. 레이어링은 마치 1장에서 설명했던 손으로 그린 예전 방식의 셀 애니메이션과 비슷하다. 셀 애니메이션에서 배경 이미지는 변하지 않고 투명한 필름 위에 움직이는 물체를 그려서 움직이는 화면을 만들어냈던 것처럼, 레이어링도 레이어 간에 각기 다른 그림을 중첩시켜서 비디오 이미지를 만들어낼 수 있다.

휴먼 인터페이스 장치

컴퓨터는 휴대전화를 쓰는 10대 소년 소녀 같다. 컴퓨터는 대부분의 시간을 컴퓨터끼리 메시지를 주고받는 데 사용하고, 가끔 다른 사람에게 이야기한다. 이번 절에서는 컴퓨터가 사람과 상호작용하는 방법을 살펴본다.

터미널

얼마 되지 않은 과거에는 여러분이 현재 사용 중인 키보드, 마우스, 디스플레이나 터치 스크린은 상상하기 힘든 사치품이었다.

종이에 특별히 정해진 코딩 양식으로 데이터나 프로그램을 기록해야만 컴퓨터와 의사소통할 수 있었던 시절이 있었다. 이런 코딩 양식을 누군가에게 가져가면 이 사람은 키펀치keypunch를 사용해 양식을 펀치카드 뭉치로 만들어줬다(그림 3-25 참조). 이 카드를 떨어뜨려서 서로 뒤섞이지 않게 조심히 가져가서 컴퓨터 오퍼레이터operator에게 건네면 오퍼레이터는 카드 뭉치를 카드 리더에 넣어 컴퓨터가 읽게 해서 프로그램을 실행했다. 이런 접근 방법을 **배치 프로세싱**batch processing이라고 한다. 컴퓨터가 아주 비싸고 느렸고, 컴퓨터를 실행하는 시간이 정말로 귀했기 때문에, 여러분의 프로그램이 카드에 펀치되는 동안 다른 사람의 프로그램을 컴퓨터가 실행할 수 있게 하려고 이런 방식을 활용했다.

컴퓨터는 점점 빨라지고 저렴해졌다. 1960년대에는 회사나 부서마다 작은 컴퓨터를 가질 수 있었다. 얼마나 작았냐 하면 오늘날 자동차만큼 작았다! 컴퓨터 실행 시간은 이제 덜 희소해졌다. 눈에 띄는 일이 벌어졌다. 사람들이 컴퓨터를 **텔레타이프**teletype에 연결하기 시작했다. 텔레타이프는 선의 끝에 연결됐기 때문에 **터미널**terminal이라고 불렸다. 아주 유명한 터미널 모델인 ASR-33은 키보드, 프린터, 종이 테이프(그림 3-26) 펀치, 종이 테이프 리더로 이뤄졌다. 종이 테이프는 USB 메모리와 비슷한 역할을 했다. ASR-33은 놀랍게도 초당 10문자를 입력할 수 있었다. 오늘날에도 텔레타이프를 줄인 TTY라는 단어를 여전히 터미널을 가리키는 데 사용한다.

이런 작은 컴퓨터를 계속 바쁘게 돌리기 위해 **시분할**time sharing이 발명됐다. 그렇다. 컴퓨터는 정말로 휴가철의 휴양지 호텔 방처럼 운영됐다. 어떤 방을 빌리면 마치 방이 여러분의 것인 양 쓸 수 있고 실제로도 이 방은 여러분의 방이지만, 여러분이 쓸 차례가 아니라면 다른 사람의 방이다.

시분할 시스템에는 컴퓨터에서 실행되는 **운영체제**OS, operating system라는 프로그램이 있다. 운영체제 프로그램은 마치 호텔 예약 담당자 같은 일을 한다. 운영체제는 컴퓨터의 여러 자원을 각 사용자에게 배정해준다. 여러분이 컴퓨터를 쓸 순서라면 다른 사용자의 프로그램은 디스크로 스왑 아웃swap out되며, 여러분의 프로그램은 디스크에서 메모리로 옮겨져서(이를 스왑 인swap in이라고 함) 정해진 시간 동안 잠깐 실행된다. 이런 일이 충분히 빨리 일어나면 여러분만 컴퓨터를 사용하고 있는 것 같이 느껴진다. 물론 컴퓨터를 공유하는 사용자가 늘어나거나 프로그램이 실행하는 작업이 너무 복잡해서 컴퓨터나 자원이 바빠지면 문제점이 드러나기 시작한다. 어느 시점이 되면 운영체제가 프로그램을 스왑 인하고 스왑 아웃하는 데 소모하는 시간이 사용자 프로그램을 실행하는 시간보다 더 길어지는 **스레싱**thrashing 현상이 일어난다.

사용자가 많아서 스레싱이 발생하면 시분할 시스템이 아주 느려진다. 따라서 다른 사람들이 모두 집에 돌아간 뒤에 컴퓨터를 차지하기 위해 프로그래머들이 밤 늦게 일을 하기 시작했다.

시분할 시스템은 컴퓨터가 한 번에 하나 이상의 작업을 실행하는 것 같은 착각을 불러일으키기 때문에 **멀티태스킹**multitasking 시스템이다. 갑자기 많은 터미널이 같은 컴퓨터에 연결되기 시작했기 때문에, 컴퓨터가 어떤 작업이 어떤 사람에게 속했는지를 구분하기 위해 **사용자**user라는 개념이 생겨났다.

시간은 강물처럼 흐르고, 더 나은 텔레타이프와 비슷한 도구들이 생겨났다. 새로운 세대의 도구는 이전 세대 도구보다 더 조용하고 더 빨라졌다. 하지만 터미널은 여전히 종이에 내용을 출력(하드 카피hard copy)해왔다. 하드 카피는 상당 기간 동안 텍스트만 출력할 수 있었다. 텔레타이프 모델 37은 그리스 문자를 추가해서 과학자들이 수식을 출력할 수 있게 됐다. IBM 셀렉트릭Selectric 터미널은 사용자가 폰트font(글꼴)를 바꿀 수 있는 교환 가능한 **타입볼**typeball을 사용했다. 이런 타입볼 중에는 그래프를 그릴 수 있게 여러 위치에 점을 찍을 수 있는 폰트가 포함된 것도 있었다.

그래픽 터미널

하드 카피 터미널에서 멀어져야 할 이유가 많이 있었다. 특히 속도, 신뢰성, 소음 등이 주된 이유였다. 당시에도 레이더나 텔레비전 등에는 화면(스크린)이 존재했다. 이제 화면을 컴퓨터에 사용할 수 있게 해야 할 차례였다. 전자기기의 발전이 느려서 이런 변화도 느리게 일어났다. 당시 메모리는 너무 느리고 너무 비쌌다.

그래픽 터미널은 원래 흔히 CRT라고 부르는 **음극선관**cathode ray tube이라는 진공관(112페이지의 '진공관' 절을 참고하라)의 변형으로 만들어졌다. CRT 유리의 내부에는 화학적인 인광물질이 발라져 있다. 이 인광물질에 전자가 부딪히면 빛이 난다. 그리드(또는 **편향판**deflection plate)가 여럿 있으면 인광물질 위에 그림을 그릴 수 있다. 이는 마치 원하는 위치로 공을 보낼 수 있는 천재 타자와 같다.

이런 디스플레이가 작동하는 방법은 두 가지가 있다. 편향판 버전은 정전기 현상과 같은 원리인 **정전 편향**electrostatic deflection을 사용한다. 다른 방법은 전자기를 사용한 버전이며 **전자 편향** electromagnetic deflection이라고 불린다. 두 경우 모두 비트를 전압으로 변환해야 하기 때문에 디스플레이도 D/A 회로를 활용하는 또 다른 예라 할 수 있다.

오늘날 CRT는 대부분 **액정 디스플레이**LCD, liquid crystal display로 대치되고 유물로 남아 있다. 액정(액체 결정)은 전기를 가하면 빛을 통과시키는 성질이 바뀌는 물질이다. 전형적인 평판flat screen 디스플레이는 화면의 각 점마다 빨강, 초록, 파랑 필터와 필터 뒤에서 빛을 비춰주는 광원으로 구성된다는 점에서 CRT와 비슷하다. 우리는 여전히 LCD를 CRT 장치처럼 이야기하지만 이는 단지 역사적인 이유일 뿐이다. 이제는 LCD가 널리 쓰이고 CRT를 대부분 대치했다. LCD로 인해 핸드폰, 랩톱, 평면 TV 등이 가능해졌다.

초기 화면 기반 터미널은 텍스트만 표시할 수 있었기 때문에 **글래스 tty**glass tty(유리 tty)라고 불렸다. 이런 터미널은 보통 80문자로 이뤄진 텍스트를 24줄, 즉 1,920문자를 표시할 수 있었다. 한 문자가 1바이트였기 때문에 이는 2KiB보다 작은 메모리를 차지했고, (화면 기반 터미널이 처음 생긴) 당시에도 이 정도 메모리는 감당할 만했다. 시간이 지남에 따라 화면 편집이나 커서 움직임 등의 더 많은 기능이 추가됐고, 결국 이런 기능은 ANSI X3.64로 표준화됐다.

벡터 그래픽

CRT는 그래프를 그릴 수 있는 모눈종이처럼 작동한다. 전자 광선은 x축 전압과 y축 전압에 따라 어떤 지점으로 이동한다. 그리고 z축 전압으로 밝기를 결정할 수 있다. 원래 CRT는 색을 지원하지 않았기 때문에 흑백black and white이나 **그레이스케일**grayscale(회색조) 디스플레이였다. 인치당 표시할 수 있는 좌표 위치의 개수가 **해상도**resolution다.

벡터 그래픽vector graphics은 선 또는 **벡터**vector로 그림을 그리는 방식이다. 벡터 그래픽은 이리저리 선을 그려서 그림을 만들어낸다. 그림 6-52에서 가는 화살표는 밝기를 모두 낮춘(또는 끈) 상태에서 그림을 그린다는 뜻이다.

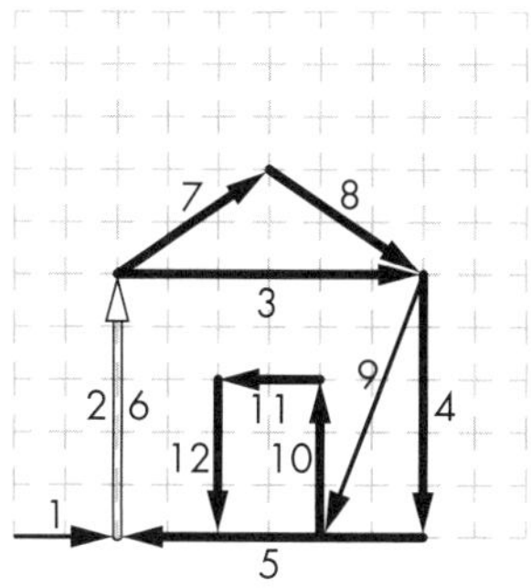

그림 6-52 벡터 그래픽으로 그린 집

검은 테두리로 그린 흰 화살표로 표현된 선은 두 번(한 번은 밝기를 켜고, 다른 한 번은 밝기를 끄고) 그려졌다. 밝기를 켜고 같은 줄을 두 번 그리면 밝기가 두 배로 밝아지므로 위치만 바꿀 때는 밝기를 켜지 말아야 한다.

그림 6-52의 집은 **디스플레이 목록**display list에 의해 그려진다. 이 목록은 그림을 그리는 명령어로 이뤄진 목록이며, 그림 6-53과 같다.

1. (2, 0)으로 이동
2. (2, 5)로 이동
3. (8, 5)로 이동
4. (8, 0)으로 이동
5. (2, 0)으로 이동
6. (2, 5)로 이동
7. (8, 7)로 이동
8. (8, 5)로 이동
9. (6, 0)으로 이동
10. (6, 3)까지 선 그림
11. (4, 3)까지 선 그림
12. (4, 0)까지 선 그림
13. 1단계부터 다시 시작

그림 6-53 디스플레이 목록

마지막 명령어에 유의하라. 화면상의 이미지가 아주 빠르게 사라지기 때문에 처음부터 그림을 다시 그려야 한다. 이런 방법으로 그림을 표현할 수 있는 이유는 CRT 인광물질의 **지속성**persistence 때문이다. 지속성은 전자 빔이 사라진 다음 얼마 동안 인광물질이 빛을 발생시키는가를 뜻하며, 사람의 눈은 응답 시간이 더 느리기 때문에 계속 그림을 반복해 그리면 화면에 이미지가 표시된 상태(잔상 현상으로 인해 집 그림이 그려진 것처럼 사람이 인지하는 상태)를 유지할 수 있다.

이 목록에는 다른 요소도 있다. 미국의 교류alternating current 전원 주파수가 60Hz이기 때문에(국가에 따라 50Hz인 곳도 있다) 우리 주변에는 60Hz의 방사파가 아주 많다. 방사파를 막기 위한 shielding 최선의 노력에도 불구하고 이런 방사파가 디스플레이에 영향을 끼쳐서 그림이 흔들릴 수 있다. 그래서 벨 연구소에서 개발된 **글랜스 G**GLANCE G 같은 그래픽 터미널에는 '전원 전압이 음에서 양의 방향으로 0볼트를 지나간 다음에 1단계를 다시 시작하라'와 같은 명령어가 있었다. 이런 명령어를 쓰면 그림이 방해전파와 동기화돼서 항상 똑같은 시점에 흔들리므로 흔들림을 덜 인식하게 된다.

이미지를 그리려면 시간이 걸린다. 이로 인한 부작용으로, 디스플레이 목록이 아주 길어지면 초당 60번 화면을 다시 그릴 수 없다는 단점이 있다. 화면을 다시 그리는 속도가 초당 열 몇 번 수준으로 떨어지면 화면이 아주 깜빡거린다(플리커flicker 현상).

텍트로닉스Tektronix라는 회사는 이런 깜빡거림에 대해 **스토리지 튜브**storage tube라는 흥미로운 해법을 내놨다. 스토리지 튜브는 전자화한 **에치 어 스케치**Etch-a-Sketch[7]라 할 수 있다. 스토리지 튜브에 아주 복잡한 이미지를 그릴 수 있지만 그림을 지우려면 화면을 흔들어야만 한다. 글랜스 G에서는 벡터 수가 많아짐에 따라 플리커가 발생하기 때문에 속이 꽉 찬 이미지를 그리기가 힘들었다. 스토리지 튜브에서는 벡터 개수 제한이 없기 때문에 원하는 이런 이미지를 그릴 수 있지만 중심부가 어두워지는 경향이 있다. 글랜스 G에서는 디스플레이 목록에서 선을 없애면 화면에서도 선이 사라지지만, 스토리지 튜브에서는 화면을 지우지 않고서는 불가능하다. 화면을 지울 때는 밝은 녹색으로 화면이 깜빡거리기 때문에 나이 많은 프로그래머의 눈을 따갑게 만들곤 했다.

래스터 그래픽

래스터 그래픽raster graphics(점으로 이뤄진 그래픽)은 벡터 그래픽과 완전히 다른 접근 방법이다. 원래 텔레비전이 작동하는 방식이 래스터 방식이다. 래스터는 그림 6-54처럼 연속적인 그림 패턴을 말한다.[8]

7 한국에서는 매직스크린 등의 이름으로 팔렸던, 아래쪽에 x축과 y축 방향으로 그림을 진행시키는 버튼이 둘 있고 하얀 스크린이 가운데 있는 장난감이다. 연결된 선으로만 그림을 그릴 수 있고, 그림을 지우려면 장난감을 뒤집은 다음 흔들어야만 한다. 애니메이션 〈토이스토리〉에서 작전을 짤 때 칠판처럼 쓰이던 장난감이 바로 에치 어 스케치다. – 옮긴이

8 영어 'raster'는 갈퀴(구부러진 살이 부챗살처럼 퍼져서 검불 등을 긁어내는 농업 기구)를 뜻하는 라틴어에서 나왔다. 래스터 그래픽의 어원이 된 TV 래스터 패턴은 화면을 주사하는 패턴이 갈퀴로 땅을 긁으면 땅에 남는 평행선을 닮아서 붙은 이름이다. – 옮긴이

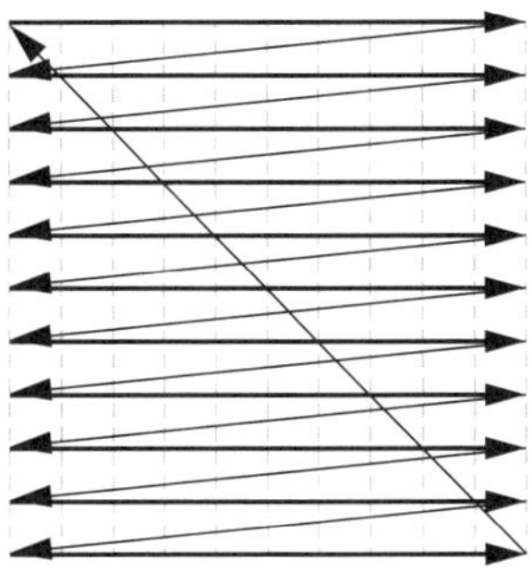

그림 6-54 래스터

래스터는 왼쪽 위에서 출발해 화면을 지난다. 그 후 **수평 리트레이스**horizontal retrace를 통해 다시 화면 왼쪽 다음 줄 위치로 이동한다. 마지막 줄을 그린 다음에는 **수직 리트레이스**vertical retrace를 통해 그리기를 시작했던 왼쪽 위로 다시 이동한다.

이는 앞에서 직렬 통신을 설명할 때 사용했던 출발 신호용 총 비유와 비슷하다. 래스터가 달리고 있는 동안에 우리가 해야 할 일은 원하는 이미지를 표시하기 위해 정확한 시간에 밝기를 정확히 변화시키는 것뿐이다. 그림 6-55를 보라.

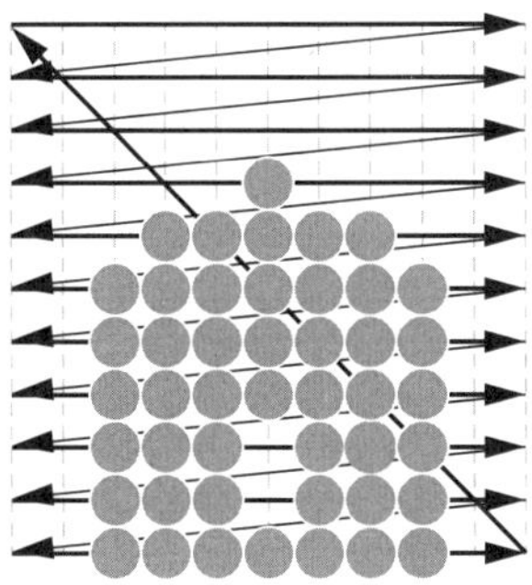

그림 6-55 래스터 그래픽으로 그린 집

260페이지의 '디지털 이미지' 절에서 창문으로 이미지를 비유하기도 했다. 래스터 디스플레이는 '실제' 화면이다. 이 말은 점과 점 사이에는 그림을 그릴 수 없다는 뜻이다. 이로 인해 집 지붕 사선이 이상해 보이는 등 불쾌한 시각적 아티팩트가 생긴다. 이는 전형적인 래스터 디스플레이의 해상도가 꽤 낮기 때문에(보통 인치당 100개 내외의 점이 있음[9]) 생기는 현상이다. 해상도가 낮아서 디지털 이미지에서 설명한 내용과 비슷하게 언더샘플링과 에일리어싱이 발생한다. 이

9 참고로 애플이 레티나 디스플레이라는 용어를 처음 쓴 아이폰 4의 화면이 960×640 해상도에 인치당 326픽셀이다. 맥북프로 15인치 레티나 화면(같은 크기의 일반 노트북 화면보다 2배 밀도라고 볼 수 있음)이 인치당 220픽셀 정도다. – 옮긴이

제는 컴퓨터 계산 능력이 충분하기 때문에 슈퍼샘플링 같은 기법을 활용한 **안티 에일리어싱**anti-aliasing을 흔히 적용한다.

래스터 스캔을 팩스fax, 레이저 프린터, 스캐너 등에도 사용한다. 스캐너 뚜껑을 열고 스캔이 어떻게 이뤄지는지 살펴보라. 다만 선글라스를 껴야 한다. 프린터에 움직이는 부품이 더 많았고 더 시끄러웠던 과거에는 출력할 내용을 주의 깊게 선택해서 **래스터 음악**raster music을 연주하는 방법을 알아내는 사람도 있었다.

래스터 디스플레이는 디스플레이 목록을 사용하지 않지만, 래스터 디스플레이 뒤에서는 여전히 디스플레이 목록이 쓰인다. 나중에 보겠지만 웹 페이지도 디스플레이 목록이다. 오픈GLOpenGL 그래픽 언어에도 디스플레이 목록이 들어가며, (그래픽) 하드웨어 중에는 이 그래픽 언어를 지원하는 경우가 종종 있다. 모노크롬monochrome 디스플레이는 래스터의 각 위치를 1비트로 표현하는 메모리를 사용한다. 과거에는 이 정도만 해도 아주 큰 메모리였다. 이젠 메모리는 큰 문제가 되지 않는다. 물론 래스터 디스플레이의 이미지를 표현하는 메모리는 아주 빨라야 한다. 회색의 밝기를 256단계로 표현할 수 있는 래스터 디스플레이라면 각 래스터 지점마다 8비트가 필요하다.

색깔은 오즈의 마법사 나라에서 발견됐고 빠르게 화면에 도입됐다. 모노크롬이나 그레이스케일 디스플레이는 만들기 쉽다. 화면 내부를 인광물질 층으로 덮기만 하면 된다. 색을 표현할 수 있는 컬러 디스플레이는 래스터의 각 지점마다 세 가지 색(빨강, 초록, 파랑)의 점을 표현할 수 있어야 하고, 3개의 전자 빔을 세 점에 정밀하게 맞출 수 있어야 한다. 따라서 전형적인 디스플레이의 경우 디스플레이 메모리도 3배가 필요하다.

키보드와 마우스

터미널은 데이터를 출력하는 역할을 할 뿐만 아니라 여러분이 입력하는 데이터를 받아들이는 역할도 한다. 키보드와 마우스, 랩톱의 터치패드, 폰이나 태블릿의 터치스크린이 데이터 입력을 담당한다는 사실을 이미 알고 있을 것이다.

키보드는 아주 쉽다. 키보드는 단지 여러 스위치와 논리 회로를 묶은 것뿐이다. 일반적으로 키보드를 만드는 방법은 키 스위치들을 격자상에 놓고 그림 6-10과 비슷한 방식으로 멀티플렉싱하는 것이다. 전원을 격자의 각 행에 순차적으로 인가하고, 각 열의 입력을 읽는다.

현재 사용하는 마우스는 스탠퍼드 연구소Stanford Research Institute에서 근무하던 미국 엔지니어 더글러스 엥겔바트Douglas Engelbart(1925~2013)에 의해 발명됐다. 231페이지의 '쿼드러처' 절에서 x와 y 좌표를 담당하는 2개의 쿼드러처 인코더를 사용하면 마우스를 만들 수 있다고 설명했다.

터치패드나 터치스크린 기술도 많이 있다. 가장 큰 차이는 터치스크린은 투명해야 화면을 볼 수 있지만 터치패드는 투명하지 않아도 된다는 점이다. 터치 장치는 키보드와 비슷하게 행 스캐닝과 열 스캐닝을 하되, 훨씬 더 미세한 단위로 스캔하는 장치다.

정리

6장에서는 프로세서가 I/O를 효율적으로 처리하게 해주는 인터럽트 시스템에 대해 배웠고, 여러 I/O 장치의 동작과 각 장치가 컴퓨터와 어떻게 상호작용하는지도 배웠다. 그리고 아날로그 데이터를 디지털 컴퓨터에서 처리하기 위해 샘플링하는 방법을 자세히 살펴봤다. 지금까지 여러분은 컴퓨터가 어떻게 작동하는지 충분히 배웠다. 따라서 다음 장부터는 하드웨어와 소프트웨어 사이의 관계를 살펴보면서 하드웨어상에서 잘 작동하는 소프트웨어를 작동하는 방법을 배운다.

7장

데이터 구조와 처리

- 어떻게 해야 프로그램에서 데이터를 잘 구성하고 처리할까

이 책을 주의 깊게 읽은 독자라면 메모리를 다룰 때마다 약간 강박증 같은 것이 있음을 느꼈을 것이다. 3장에서는 DRAM, 플래시 메모리, 디스크 드라이브 등의 메모리 장치를 읽고 쓰는 방식이 각 메모리 장치의 속도에 영향을 끼친다는 사실을 봤다. 5장에서는 데이터가 캐시 메모리에 있는지 여부에 따라 성능이 달라진다는 점도 살펴봤다. 이런 메모리 시스템의 특성을 염두에 두고 데이터를 조직적으로 잘 정리하면 더 나은 성능을 얻을 수 있다. 여러분이 데이터를 잘 정리하도록 돕기 위해 이번 장에서는 **데이터 구조**data structure, 즉 데이터를 조직화하는 표준적인 방법을 살펴본다. 데이터 구조 중 상당수는 여러 유형의 메모리를 더 효율적으로 사용하기 위해 존재한다. 어떤 연산을 더 빨리 작동하게 개선하려면 공간/시간 트레이드 오프가 발생하는 경우가 자주 있다(컴퓨터 하드웨어가 아니라 프로그래밍 언어가 고수준 데이터 구조를 지원한다는 사실을 알아두자).

참조 지역성locality of reference이라는 말은 이번 장이 다루는 내용 중 상당수를 버즈워드buzzword와 비슷하게 요약해준다. 참조 지역성을 다른 말로 하면 '필요한 데이터를 (메모리에서) 서로 근처에 유지하라. 금방 사용할 데이터라면 더 가까운 곳에 저장하라'이다.

기본 데이터 타입

프로그래밍 언어는 다양한 기본 데이터 타입primitive data type을 제공한다. 이런 타입에는 크기size(비트 수)와 해석interpretation(부호가 있는지, 부호가 없는지, 부동소수점 수인지, 문자를 나타내는지, 포인터를 나타내는지, 불리언을 나타내는지)이라는 두 가지 측면이 존재한다. 그림 7-1은 전형적인 현대적 컴퓨터에서 실행될 C 언어 프로그램에서 프로그래머가 사용할 수 있는 데이터 타입을 보여준다. 파스칼이나 자바 같은 언어는 물론이고, 같은 기계에서 실행되는 다른 C 구현의 경우에도 이런 데이터 타입을 다른 방식으로 표현할 수 있다. 일부 언어 환경은 사용자가 엔디안endianness(168페이지 그림 4-4 참조), 바이트당 비트 수 등의 정보를 알아낼 수 있는 도구를 제공하기도 한다.

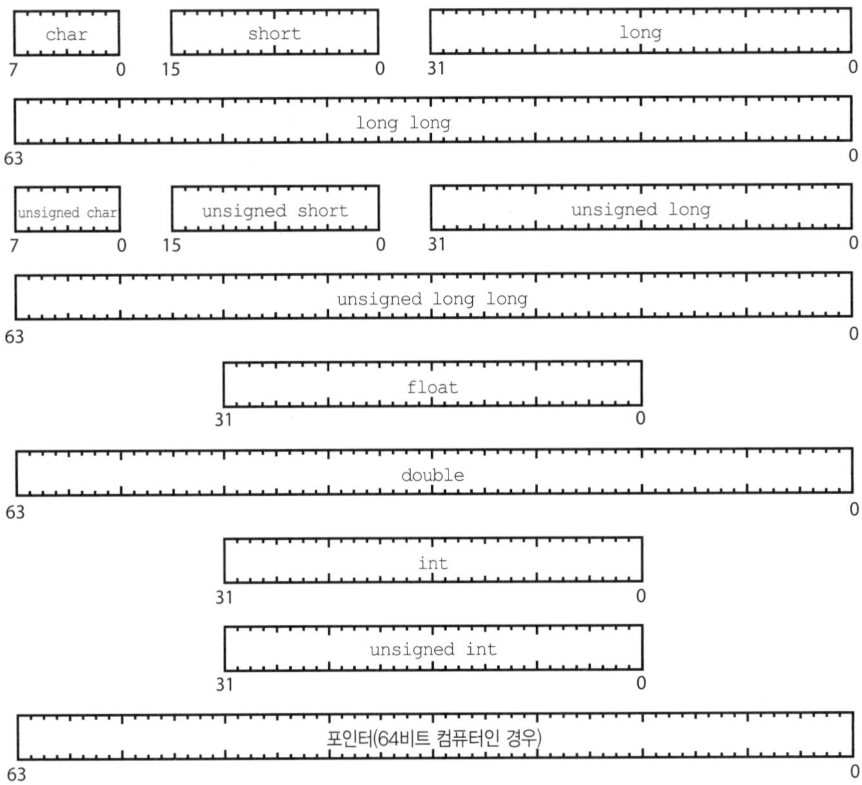

그림 7-1 전형적인 C 언어 기본 데이터 타입들

포인터를 제외한 나머지를 이미 1장에서 살펴봤다. 유일한 차이는 C 언어에서 각 타입을 부르는 이름을 그림에 표시했다는 점뿐이다.

미국 엔지니어인 해럴드 로슨Harold Lawson은 1964년 PL/IProgramming Language One에서 포인터를 발명했다. **포인터**pointer는 단지 컴퓨터 아키텍처에 따라 결정되는 크기의 부호가 없는 정수에 불과하며, 정숫값이 아니라 메모리 주소로 해석된다. 포인터는 집 주소와 비슷하다. 주소가 집 자체는 아니지만 집을 찾을 때 주소를 쓸 수 있는 것처럼 원하는 값이 있는 위치를 포인터로 알 수 있다. 포인터 동작에 대해서는 이미 배웠다. 179페이지의 '주소 지정 모드' 절에서 본 간접 주소 지정이 바로 포인터다. 값이 0인 포인트, 즉 NULL은 일반적으로 제대로 된 주소로 인정하지 않는다.

포인터는 C가 인기를 끌면서 유명세를 탔다. 일부 언어는 잘못된 포인터 사용으로 인한 오류를 막기 위해 **참조**reference(레퍼런스)라는 더 추상적인 개념을 구현하기도 한다. 참조에 대해서는 이번 장 뒷부분에서 다룬다. 포인터는 보통 한 사이클 안에 컴퓨터 내의 대상에 접근하기 위해 대상 컴퓨터에서 자연스러운 워드 크기와 같은 경우가 많다.

칩 기술의 발전으로 1980년대 새로운 기계(여기서는 CPU)가 많이 등장했고, 특히 16비트에서 32비트 컴퓨터로 전환이 이뤄졌다(물론 2020년 현재 범용 컴퓨터는 대부분 64비트로 전환이 끝난 상태다). 1970년대나 1980년대 초반 작성된 코드 중 상당수는 포인터를 무신경하게 사용했다. 예를 들어, 포인터와 정수가 같은 크기라고 가정하고 둘을 서로 바꿔 쓰는 경우가 많았다. 새로 등장한 아키텍처로 이런 코드를 포팅하면 프로그램이 깨지고 종종 디버깅하기 어려운 방식으로 잘못되는 경우도 있다. 이런 문제를 해결하기 위해 두 가지 독립적인 접근 방법이 생겨났다. 첫째로 사람들이 이식성portability에 더 관심을 기울이기 시작했다. 이 해법은 꽤 성공적이었다. 오늘날에는 포인터나 이식성이 문제가 되는 경우가 훨씬 적다. 둘째로, 자바처럼 포인터를 아예 없앤 언어가 생겨났다. 분야에 따라 이런 접근 방법은 도움이 될 수도 있지만, 그렇지 않을 수도 있다.

배열

앞에서 본 데이터 구조는 주소와 값을 연관시킨 형태로 아주 단순했다. 여러분은 이를 집처럼 생각할 수 있다. 프로그래밍 언어는 **배열**array을 지원한다. 배열은 마치 아파트와 같다. 아파트 한

동에는 주소가 있고, 한 아파트 동 안의 각 집에는 번호(호수)가 있다. 프로그래머는 호수를 **인덱스**index(첨자添字라고도 부른다)라고 부르고, 각각의 집을 **원소**element라고 부른다. 일반적인 컴퓨터 개발 규정(프로그래밍 언어의 문법)에서는 배열 원소의 타입이 모두 같아야 한다고 정해져 있다. 그림 7-2는 C에서 16비트 집이 10채 들어 있는 아파트 1동을 보여준다.

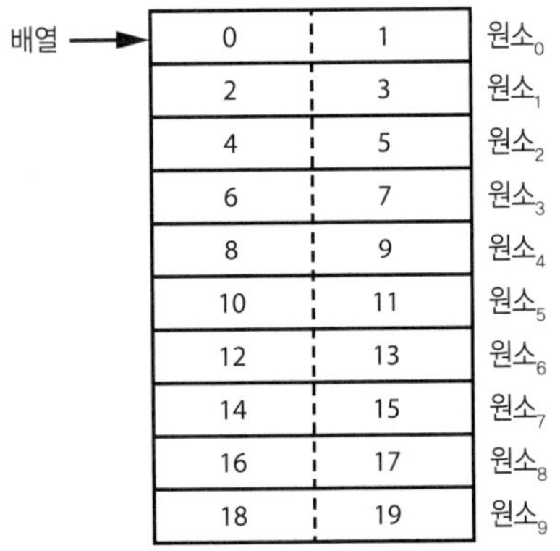

그림 7-2 10개의 16비트 수로 이뤄진 배열

그림 7-2에서 각 박스는 바이트다. 16비트 아이템이 모인 그림 7-2의 배열에서 각 원소는 8비트 바이트가 2개 들어 있다. 원소의 첨자는 배열 인덱스를 표현한다.

배열을 바라보는 다른 관점은 상대 주소 지정(206페이지의 '상대 주소 지정' 절을 참고하라)이라는 렌즈를 통하는 것이다. 각 원소는 0번째 원소의 주소인 **기저 주소**base address로부터 얼마나 멀리 떨어져 있는지를 나타내는 오프셋offset으로 지정할 수 있다. 따라서 원소$_1$은 원소$_0$으로부터 2바이트[1] 떨어져 있다.

그림 7-2의 배열은 **1차원**one-dimensional 배열이다. 1차원 배열은 층마다 집이 하나밖에 없는 못생긴 아파트다. 프로그래밍 언어는 **다차원**multidimensional 배열을 지원하기도 한다. 예를 들어, 바이트 크기의 집이 층마다 3개 있는 4층짜리 아파트 한 동은 2차원 배열이다. 동, 층, 호수로 인덱스를 만들면 3차원 배열을 만들 수 있고, 단지, 동, 층, 호수로 인덱스를 만들면 4차원이며, 비슷한 방식으로 더 차원을 높일 수 있다.

1 배열 원소의 종류(타입)에 따라 인덱스 1 차이에 따른 오프셋 차이가 달라짐에 유의하라. 예를 들어, 64비트 2배 정밀도 실수로 이뤄진 배열이라면 원소 1은 기저 주소로부터 8바이트(= 64비트) 떨어져 있다. – 옮긴이

다차원 배열이 메모리에 어떻게 저장되는지 잘 알아야 한다. 4×3 2차원 아파트 건물 집집마다 전단지를 돌린다고 하자. 두 가지 방법 중 하나를 사용할 수 있다. 한 방법으로, 0층 0호, 1층 0호, 2층 0호 ... 순으로 방문하고 다시 0층 1호, 1층 1호 ... 순으로 방문하면서 전단지를 돌릴 수 있다. 0층부터 0호, 1호 순으로 전단지를 돌린 후 위층으로 가서 다시 0호부터 전단지를 돌릴 수도 있다. 여기서 **참조 지역성**locality of reference이 문제가 된다. 두 번째 방식(한 층을 먼저 다 돌리고 다음 층으로 이동하는 방식)은 첫 번째 방법보다 지역성이 좋고 힘도 덜 든다. 그림 7-3에서 이를 볼 수 있다. 그림에서 괄호 안의 숫자는 배열 시작 지점을 기준으로 계산한 상대적인 주소다.

배열

원소$_0$	원소$_{0,0}$ (0)	원소$_{0,1}$ (1)	원소$_{0,2}$ (2)
원소$_1$	원소$_{1,0}$ (3)	원소$_{1,1}$ (4)	원소$_{1,2}$ (5)
원소$_2$	원소$_{2,0}$ (6)	원소$_{2,1}$ (7)	원소$_{2,2}$ (8)
원소$_3$	원소$_{3,0}$ (9)	원소$_{3,1}$ (10)	원소$_{3,2}$ (11)

그림 7-3 행 우선(row major)으로 저장된 배열의 원소 배치

열 인덱스가 1 바뀌면(예: (0, 0)에서 (0, 1)) 인접한 메모리 위치에 있는 원소로 이동하지만 행 인덱스가 1 바뀌면(예: (0, 0)에서 (1, 0)) 인접한 행으로 이동해야 하기 때문에 연속적인 메모리 공간상으로는 배열의 열 개수만큼 떨어져 있는 메모리 위치에 있는 원소로 이동해야 한다. 따라서 주소 공간상에서는 열 인덱스가 바뀔 때보다 행 인덱스가 바뀔 때 더 많은 이동이 일어난다.

이런 접근 방법을 더 높은 차원으로 확대 적용할 수 있다. 5동, 4층, 3호짜리 아파트가 있다면 그림 7-3을 동마다 한 번씩 다섯 번 반복해야 한다. 주소 공간에서 인접한 동은 인접한 층(행)보다 더 멀고, 인접한 호수(열)보다는 더더욱 멀다.

그림 7-2로 가서, 만약 원소$_{10}$에 접근하려 한다면 어떤 일이 벌어질까? 파스칼 같은 프로그래밍 언어에서는 배열 인덱스가 (배열 정의 시) 미리 정해둔 배열 인덱스 범위를 넘어서지 않는지 검사한다. 하지만 인덱스 검사를 하지 않는 언어도 많다(예: C, C++ 등). 인덱스 검사가 없는 언어에서 원소$_{10}$에 접근하면 배열 시작 주소를 기준으로 20번째와 21번째 바이트에 접근한다. 만약 이 주소에 아무 메모리가 없으면 프로그램이 망가지거나, 프로그래머의 의도와 다르게 배열 영역을 벗어나는 위치에 있는 데이터에 접근할 수 있어서 보안상 구멍이 생길 수도 있다. 언어가 인덱스를 검사해주지 않는다면 프로그래머인 여러분이 항상 인덱스 범위를 준수하도록 노력해야 한다.

비트맵

기본 데이터 타입을 사용해 배열을 만드는 방법을 살펴봤다. 하지만 여러분이 원하는 데이터를 표시하기에는 기본 데이터가 너무 클 때도 있다. 예를 들어, 산타클로스가 지구상의 착한 아이와 나쁜 아이를 구분하고 싶다고 하자. 한 아이를 표현할 값이 두 가지뿐이므로 1비트면 충분하다. 물론 바이트를 사용해 이런 값을 담을 수도 있지만 그리 효율적이지 못하다. 바이트를 쓰면 북극이 더 더워지기 때문에 슬프게도 눈사람 '올라프'는 더 이상 살아남을 수 없다. 여기서 정말 필요한 것은 바로 비트의 배열인 **비트맵**bitmap이다.

비트맵을 만들기는 쉽다. 예를 들어, 35비트를 추적하고 싶다고 하자. 그림 7-4처럼 8비트 바이트가 5개 있으면 35비트를 충분히 담을 수 있다.

비트들$_0$	7	6	5	4	3	2	1	0
비트들$_1$	15	14	13	12	11	10	9	8
비트들$_2$	23	22	21	20	19	18	17	16
비트들$_3$	31	30	29	28	27	26	25	24
비트들$_4$						34	33	32

그림 7-4 배열을 비트맵으로 생각하기

비트맵에 대해 수행할 수 있는 기본 연산은 비트 설정하기set(1로 만들기), 비트 지우기clear(0으로 만들기), 비트가 1인지 검사하기, 비트가 0인지 검사하기의 네 가지다.

정수 나눗셈을 통해 특정 비트가 들어 있는 바이트를 찾을 수 있다. 필요한 연산은 8로 나누는 것뿐이다. 배럴 시프터가 있으면 값을 3비트 오른쪽으로 시프트함으로써 빠르게 이를 계산할 수 있다(172페이지의 '시프트' 절을 참고하라). 예를 들어, 비트 번호가 17이라면 정수 나눗셈에서 17/8 = 2이므로 두 번째 바이트(즉 0번 바이트를 포함할 때 세 번째 바이트)에서 비트를 찾을 수 있다.

다음 단계로 비트 위치에 대한 마스크를 만들어야 한다. 물리적인 마스크와 마찬가지로 **마스크**mask는 '들여다볼 수 있는' 구멍이 있는 비트 패턴을 말한다. 먼저 비트 번호와 0x07을 AND 해서 하위 3비트를 얻는다. 예를 들어, 17이 비트 번호이면 00010001 AND 00000111 = 00000001을 얻는다. 그 후 앞에서 얻은 1만큼 1(앞에서 얻은 1과는 아무 관계가 없다)을 왼쪽으로 시프트하면 마스크를 얻는다. 여기서는 1을 1비트 왼쪽 시프트하면 00000010이 되고, 이 값이 17번 비트를 찾기 위해 세 번째(2번) 바이트에서 어디를 봐야 하는지 알려준다.

배열 인덱스와 비트 마스크를 사용하면 다음 연산을 쉽게 수행할 수 있다.

- **비트 설정하기**: 비트들$_{index}$ = 비트들$_{index}$ OR 마스크
- **비트 지우기**: 비트들$_{index}$ = 비트들$_{index}$ AND (NOT 마스크)
- **비트가 1인지 검사하기**: (비트들$_{index}$ AND 마스크) ≠ 0
- **비트가 0인지 검사하기**: (비트들$_{index}$ AND 마스크) = 0

자원이 사용 가능거나 사용 중인지 여부를 나타낼 때도 비트맵을 유용하게 사용할 수 있다. 사용 중인 자원을 비트로 표현하면 0이 하나라도 있는 바이트를 찾기 위해 배열을 검색할 수 있다. 일단 이런 바이트를 찾으면 한 번 더 1인 비트나 0인 비트를 찾아내야 하지만, 그렇더라도 각 비트를 하나씩 따로 검사하는 것보다는 훨씬 효율적이다. 이와 같은 경우에는 바이트 대신 C의 `unsigned long long`과 같이 가장 큰 기본 타입을 배열 원소로 사용하면 훨씬 더 효율적으로 작업을 수행할 수 있다.

문자열

78페이지의 '텍스트 표현' 절에서 여러 문자를 인코딩하는 방법을 살펴봤다. 이 문장 자체처럼 여러 문자로 이뤄진 시퀀스를 **문자열**string이라고 한다.

배열과 마찬가지로 문자열을 연산할 때도 그 길이를 알아야 한다. 보통 각 문자열을 위해 배열을 할당하는 것만으로는 충분하지 않다. 그 이유는 길이가 변할 수 있는 가변 문자열 데이터에 작용하는 프로그램이 많기 때문이다. 문자열 길이를 미리 알 수 없는 경우 큰 배열을 사용하는 경우가 많다. 하지만 배열 크기는 문자열 길이와 관계가 없기 때문에 문자열 길이를 추적할 방법이 필요하다. 가장 편한 방법은 문자열 데이터 안에 문자열 길이를 어찌어찌 넣는 것이다.

한 가지 접근 방법은 문자열 안에 길이를 저장하는 것이다. 예를 들어, 첫 번째 바이트에 문자열 길이를 넣을 수 있다. 이 방법은 잘 작동하지만 문자열 길이가 255자로 제한된다는 단점이 있다. 하지만 255자는 여러 애플리케이션에서 충분하지 않다. 더 긴 문자열을 지원하기 위해 길이에 바이트를 더 할당할 수 있지만 어느 순간이 되면 부가 비용(길이를 저장하기 위한 바이트 수)이 수많은 문자열 길이를 넘어서는 경우가 생긴다. 그리고 문자열은 바이트라서 메모리 정렬alignment이 그때그때 다를 수 있다. 하지만 길이를 저장하기 위해 몇 바이트를 할당하는 경우 길이 정보는 반드시 올바른 메모리 정렬 경계에 있어야 한다.

C는 PDP-11 어셈블리 언어의 `.ASCIZ` 의사명령어pseudo-instruction에서 빌려온 다른 접근 방법을 사용한다. C는 다른 언어와 달리 문자열을 위한 전용 데이터 타입을 제공하지 않는다. 대신 1차원 바이트 배열을 사용한다. 문자열이 문자 배열이기 때문에 C에서 1바이트를 나타내는 데이터 이름이 `char`가 됐다. 하지만 C 문자열은 길이를 저장하지 않는다는 점이 다르다. 대신에 문자 배열에 들어 있는 문자열 데이터의 끝에 바이트를 하나 추가하고, 여기에 문자열의 끝을 표시하는 문자로 NUL을 넣는다. C는 아스키ASCII NUL 문자(표 1-11 참조), 즉 0을 **문자열 터미네이터**string terminator(문자열 끝을 표시하는 문자)로 사용한다. 이 방법은 아스키와 UTF-8 문자열에서 모두 사용할 수 있다. 그림 7-5를 보라.

0	1	2	3	4	5	6
C	h	e	e	s	e	NUL

그림 7-5 C 언어의 문자열 저장 방식과 문자열 끝 표시 방식

그림을 보면 문자열 길이는 6이지만 실제로는 7바이트를 사용했음을 알 수 있다. 문자열 터미네이터에 1바이트가 더 쓰였기 때문이다.

대부분의 기계에는 주어진 값이 0인지 검사하는 명령어가 있기 때문에 NUL이 좋은 터미네이터 문자임이 드러났다. 다른 문자를 터미네이터로 쓰면 널 문자인지 검사하기 위해 그 값을 적재load해야 해서 비용이 더 들었을 것이다.

명시적으로 길이를 사용하지 않고 문자열 터미네이터를 사용하는 방식에는 장단점이 있다. 저장이 쉽다는 점은 아주 중요한 장점이고, 기본적으로 '문자열의 끝까지 각 문자를 출력하라'와 같은 일을 할 때 부가 비용이 들지 않는다는 점도 장점이다. 반면 문자열 길이를 알아내려면 문자열 터미네이터를 발견할 때까지 문자열을 스캔하면서 문자 수를 세야 한다는 단점이 있다. 그리고 문자열 중간에 NUL 문자를 넣고 싶을 때는 이 방법을 사용할 수 없다.

복합 데이터 타입

간단한 물건을 저장할 때는 단순한 공간으로 충분하지만, 시장에는 호텔 스위트룸처럼 더 멋진 공간에 대한 수요도 있기 마련이다. 현대적인 대부분의 언어는 여러분이 원하는 대로 데이터 타입, 즉 '스위트suite'를 만들 수 있는 방법을 제공한다. 이를 **구조체**structure라고 한다. 구조체 스위트 안에 있는 여러 방을 구조체의 **멤버**member라고 한다.

일정관리 프로그램을 작성한다고 하자. 이벤트의 시작 일시와 끝 일시가 들어 있는 리스트(배열)가 필요하다. 이 프로그램을 C로 작성한다면 월, 일, 시, 분, 초는 1바이트인 `unsigned char`로 충분하지만 연도를 저장하기 위해서는 2바이트인 `unsigned short`가 필요할 것이다. 그림 7-6은 일시를 표현하는 구조체를 보여준다(프로그램에서 변수나 멤버 이름은 관례적으로 영어 단어를 사용한다. 물론 한국에서만 쓰는 프로그램이고 언어가 지원한다면 한글로 된 변수, 멤버 이름 등을 써도 무관하다).

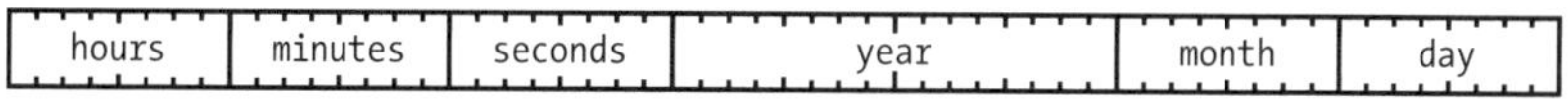

그림 7-6 일시를 표현하는 구조체

이런 구조가 꼭 필요한 것은 아니라는 점에 유의하라. 단지 시간의 배열, 분의 배열 등을 사용할 수도 있다. 하지만 일시를 표현하는 구조체의 배열이 있다면 분명 더 편하고 코드를 읽고 이해하기도 더 쉬울 것이다. 영국 컴퓨터과학자 피터 란딘Peter Landin은 1964년 이런 식으로 프로그램을 더 '달콤하게' 만들어주는 (비필수적) 요소에 대해 **편의 문법**syntactic sugar[2]이라는 단어를 만들어냈다. 물론 어떤 사람에게는 그냥 좀 편리하게 해주는 것에 불과한 요소가 다른 사람에게는 필수 기능일 수도 있다. 이로 인해 격렬한 철학적 논쟁이 발생하기도 한다. `a = a + 1`을 `a += 1`이나 `a++`로 대신하는 경우가 편의 문법이라고 주장하는 사람은 아주 많지만, 구조체의 배열을 배열의 집합에 대한 편의 문법이라고 주장하는 사람은 더 적다. 시점에 따라 편의 문법에 대한 모호한 정의가 달라지기 때문에 판단이 더 복잡해진다. 예를 들어, `a += 1`이나 `a++`가 처음 도입된 시점에는 컴파일러가 지금보다 나빴기 때문에 `+=`나 `++`가 더 좋은 기계어를 만들어냈다. 반면 구조체가 처음 도입된 시점의 코드들은 배열을 주로 사용했기 때문에, 구조체는 지금보다 더 편의 문법처럼 보였다. 하지만 오늘날에는 프로그래머가 구조체를 염두에 두고 프로그램을 작성하기 때문에 예전보다 구조체가 훨씬 더 근본적인 프로그래밍 언어 요소인 것처럼 여겨진다.

일시를 표현하는 데이터 구조처럼 복잡한 데이터 타입을 마치 프로그래밍 언어가 기본 제공하는 데이터 타입처럼 사용할 수 있다. 그림 7-7은 일시를 표현하는 구조체 한 쌍과 이름을 나타내는 문자열을 담기 위한 작은 배열을 함께 조합해 사용하는 모습을 보여준다.

2 문법적으로 더 읽기 쉽고 이해하기 편하도록 표현하는 것을 말한다. 편의 문법에 대한 좀 더 자세한 설명은 https://en.wikipedia.org/wiki/Syntactic_sugar를 참고하라. – 옮긴이

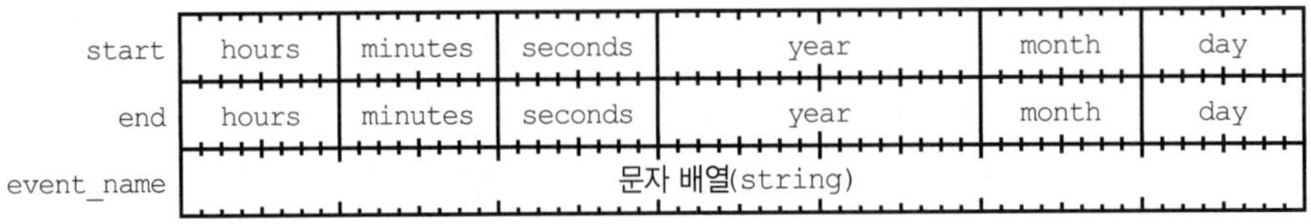

그림 7-7 달력 이벤트 엔트리를 저장하기 위한 구조체

구조체가 여러분의 예상보다 메모리를 더 많이 차지하는 경우가 종종 있다. 165페이지의 '메모리' 절에서 메모리 정렬에 대해 설명했다. 167페이지의 그림 4-2와 같이 32비트 컴퓨터에 맞춰 구획이 나눠진 영역에 일시를 표현하는 구조체를 만드는 경우라고 하자. 프로그래밍 언어는 멤버 순서가 바뀌면 문제가 될 수도 있기 때문에 프로그래머가 지정한 멤버 순서를 지킨다. 하지만 언어는 메모리 정렬도 지켜야 한다(167페이지의 그림 4-3). 따라서 연도를 4번째와 5번째 바이트에 위치시키면 경계에 걸치기 때문에 배치를 바꿔야 한다. 프로그래밍 언어 도구는 **패딩** padding을 필요한 만큼 추가해 이 문제를 해결한다. 일시 구조체의 실제 메모리 배치는 그림 7-8과 같다.

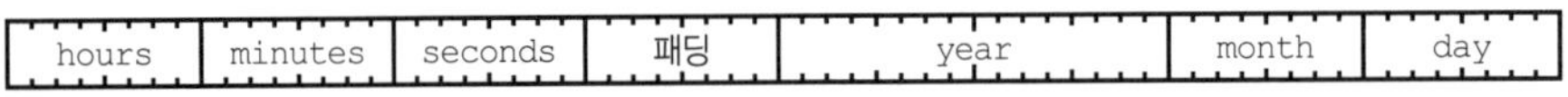

그림 7-8 일시를 표현하는 구조체의 패딩을 포함한 메모리 배치

패딩을 사용하는 대신 구조체 멤버 순서를 바꿔서 7바이트만 사용할 수도 있다. 물론 이런 구조체를 2개 이상 이벤트 구조체에 넣으면 언어는 다시 패딩을 넣어 각 구조체를 8바이트 경계에 위치시킨다.

이 예는 꾸며진 예이며, 실제로는 날짜와 시간을 이런 식으로 다뤄서는 안 된다. 많은 시스템에서 표준적인 방법은 유닉스UNIX에서 온 것으로, 1970년 1월 1일부터 시작하는 '유닉스 에포크 epoch'를 기준으로 몇 초가 지났는지를 표현하는 32비트 수를 사용한다. 이 방법은 2038년 모든 비트를 다 쓰게 되지만 대부분의 시스템은 이에 대비해 64비트로 확장했다.

그림 1-21에서 8비트값을 4개 사용해 투명색을 포함한 색을 표현하는 방법을 살펴봤다. 이런 색 표현을 구조체로 잘 표현할 수 있다. 하지만 항상 네 가지 컴포넌트로 나눠서 살펴보는 방식이 색 데이터를 살펴보는 가장 좋은 방법인 것은 아니다. 예를 들어, 색을 복사하고 싶다면 8비트씩 따로 복사하는 것보다 32비트를 한꺼번에 복사하는 편이 낫다. 이런 경우 다른 데이터 유형이 도움이 된다.

앞 절에서 본 스위트 같은 데이터 구조 이외에 움직일 수 있는 파티션으로 구분한 사무실 같은 데이터 구조를 사용할 수도 있다. 이런 데이터 구조를 C에서는 **공용체**union(또는 유니언)라고 부른다. 공용체를 사용하면 같은 메모리 공간이나 내용을 여러 가지 관점으로 바라볼 수 있다. 구조체와 공용체의 차이는 구조체 안의 모든 멤버는 각기 다른 메모리를 차지하지만 공용체의 멤버들은 메모리를 공유할 수 있다는 데 있다. 그림 7-9는 RGBα 구조체를 32비트 `unsigned long`과 공용체로 묶은 모습을 보여준다.

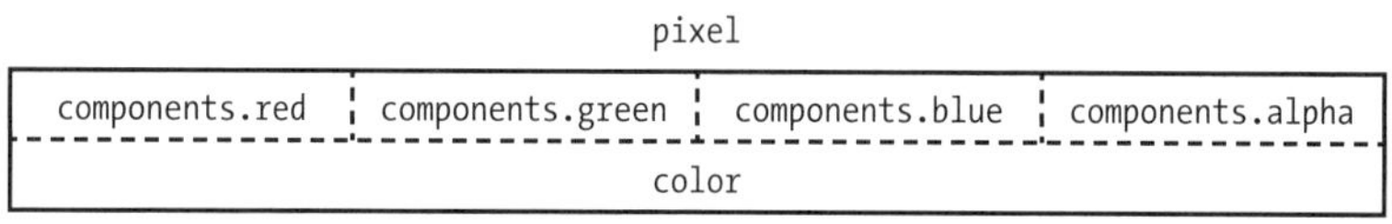

그림 7-9 픽셀 공용체

이 공용체를 C 문법으로 사용하면 `pixel.color`는 `0x12345678`, `pixel.components.red`는 `0x12`, `pixel.components.green`은 `0x34` 등이 된다.

단일 연결 리스트

배열은 물건 목록을 유지하는 가장 효율적인 방법이다. 배열은 실제 데이터만 저장하며 데이터 관리를 위한 부가 정보를 따로 요구하지 않는다. 하지만 데이터양이 정해져 있지 않은 경우에는 배열이 적합하지 않다. 배열을 충분히 크게 만들지 않으면 데이터가 늘어났을 때 새로 더 큰 배열을 만들고 기존 배열의 내용을 새 배열로 복사해야 하기 때문이다. 그렇다고 필요 이상으로 크게 배열을 잡아놓으면 메모리를 너무 낭비하게 된다. 비슷하게 목록의 중간에 원소를 추가하거나 목록 중간에 있는 원소를 삭제하려면 추가나 삭제하려는 원소 뒤의 모든 원소를 다시 복사해야 한다는 단점도 있다.

연결 리스트linked list는 목록에 들어갈 원소 개수를 모르는 경우 배열보다 더 잘 작동한다. 단일 연결 리스트는 그림 7-10처럼 구조체를 사용해 만들 수 있다.

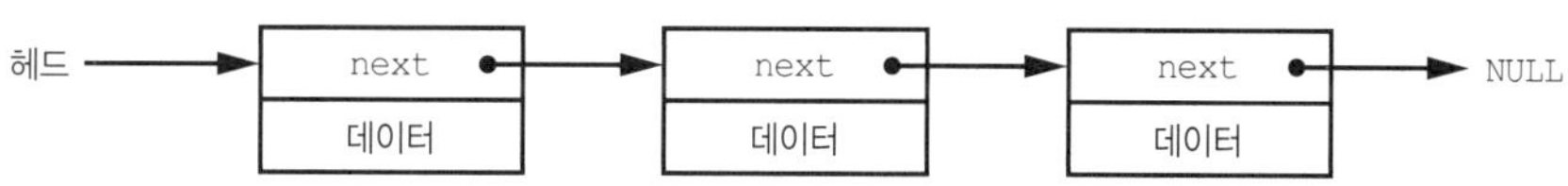

그림 7-10 단일 연결 리스트

next는 리스트의 다음 원소 주소를 저장하는 포인터다. 리스트에서 맨 앞은 **헤드**head(머리)라고 알려져 있다. 리스트의 마지막은 **테일**tail(꼬리)이다. 다음 원소가 정상적인 리스트 원소가 아니기 때문에 테일을 쉽게 알아볼 수 있다. 보통 NULL 포인터로 리스트 원소가 아님을 표현한다.

그림 7-10의 리스트와 배열의 가장 큰 차이는 배열의 각 원소는 메모리에서 연속적으로 위치하지만, 리스트 원소는 메모리에서 아무 위치에나 있을 수 있다는 점이다. 리스트 원소는 메모리에서 그림 7-11과 비슷하게 위치한다.

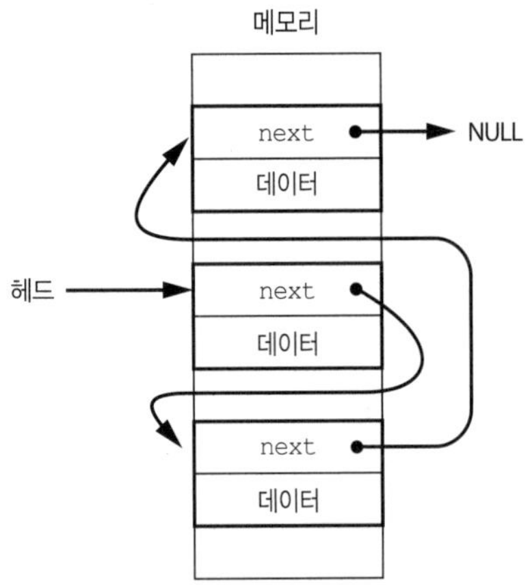

그림 7-11 메모리상의 단일 연결 리스트

리스트에는 원소를 쉽게 추가할 수 있다. 그림 7-12처럼 헤드 앞에 새 원소를 위치시키면 된다.

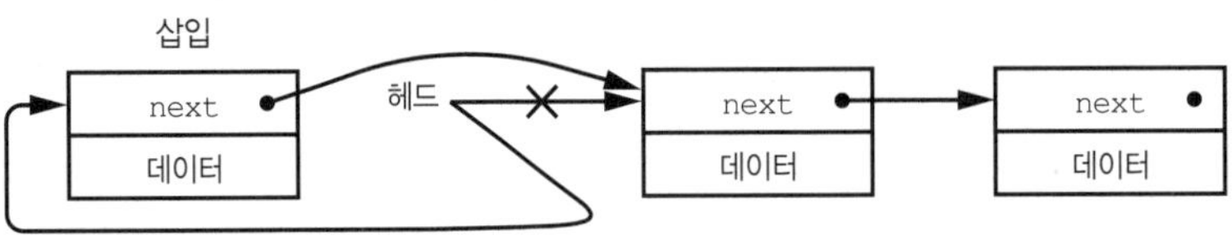

그림 7-12 단일 연결 리스트에 원소 추가하기

원소 삭제는 좀 더 복잡하다. 삭제할 리스트 원소의 바로 앞 원소의 next 포인터가 삭제할 원소의 next 포인터가 가리키는 원소를 가리키게 해야 하기 때문이다. 그림 7-13을 보라.

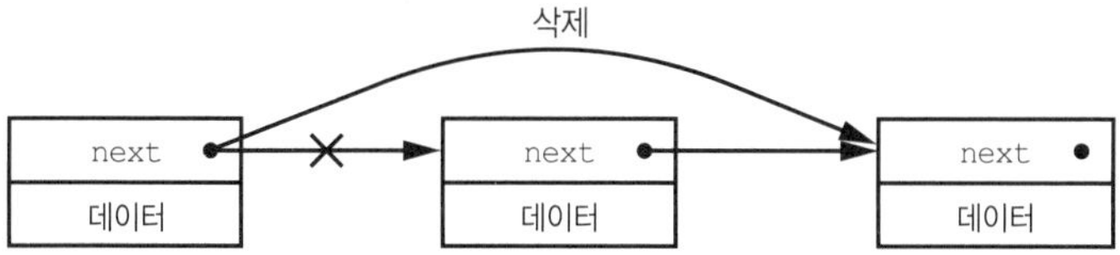

그림 7-13 단일 연결 리스트의 원소 삭제하기

이런 식으로 포인터를 조작하는 방법으로 포인터를 한 쌍 유지하는 방법을 들 수 있다. 그림 7-14와 같다.

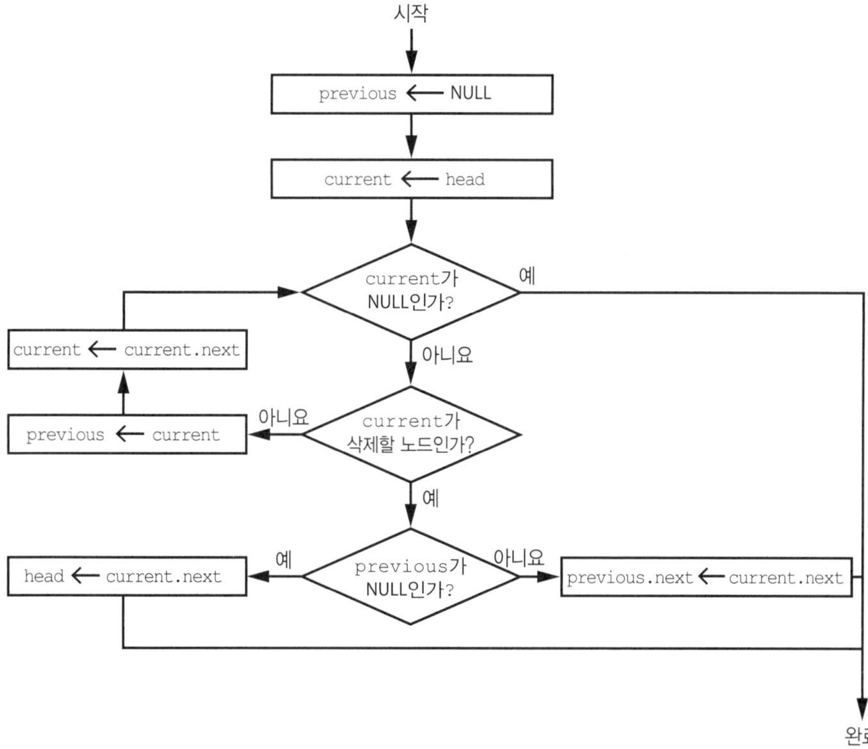

그림 7-14 한 쌍의 포인터를 사용해 단일 연결 리스트의 원소 삭제하기

current 포인터는 삭제할 노드를 검색하면서 리스트의 각 원소를 방문한다. previous 포인터를 통해 삭제할 노드 바로 앞 노드의 next 포인터를 조정할 수 있다. 점(.)을 사용해 구조체의 멤버를 가리킬 수 있다. 따라서 current.next는 현재 노드의 다음 노드(리스트의 다음 멤버)를 뜻한다.

> **참고** 그림 7-14는 좋은 예가 아니다. 하지만 공정성을 위해 이 장을 쓰는 동안 웹을 찾아봤는데 훨씬 더 나쁜 알고리즘도 있었다. 여기 보인 코드의 문제는 리스트의 헤드에 대해 특별한 검사를 수행해야 해서 코드가 복잡하다는 점에 있다.

그림 7-15의 알고리즘은 **이중 간접 주소 지정**double indirect addressing을 사용하면 이런 특별 취급을 없애서 더 간단한 코드를 만들어낼 수 있다는 사실을 통해 이중 간접 주소 지정의 강력함을 보여준다.

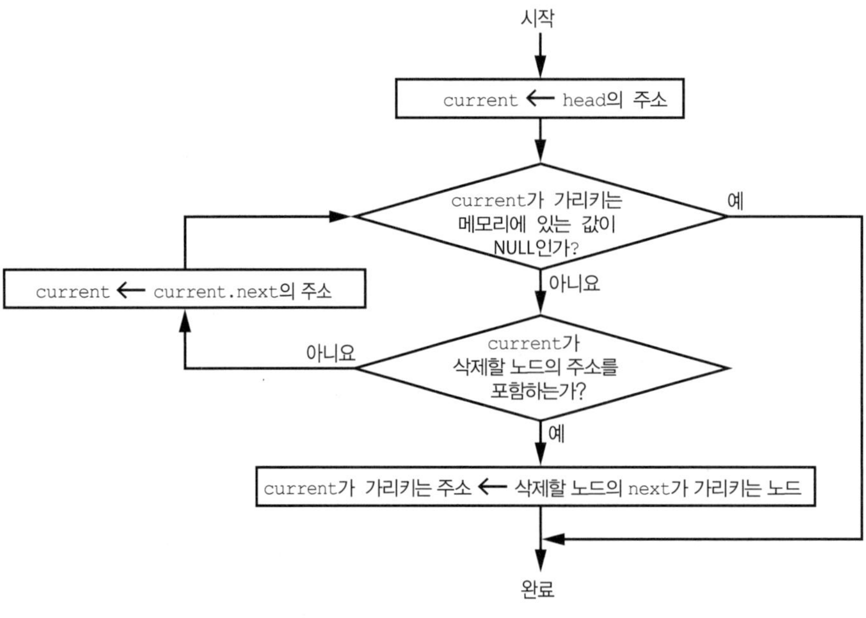

그림 7-15 간접 주소 지정을 활용한 단일 연결 리스트 원소 삭제

이 알고리즘의 동작을 좀 더 자세히 살펴보자. 그림 7-16을 살펴보라. current 뒤에 붙은 아래 첨자는 알고리즘이 진행되면서 current가 어떻게 변하는지를 보여준다.

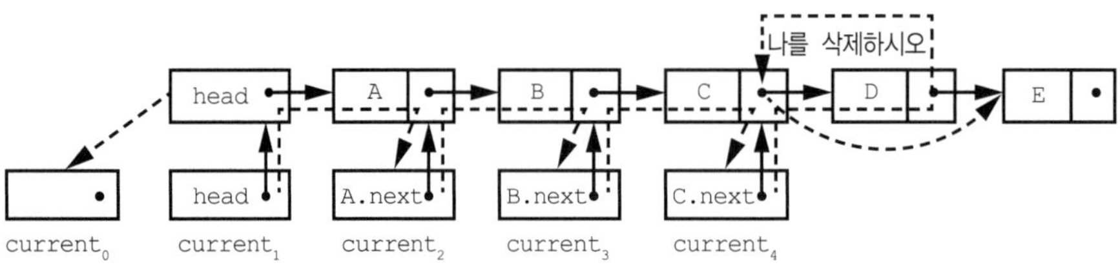

그림 7-16 단일 연결 리스트의 노드 삭제 동작

그림 7-16은 복잡하다. 하나하나 따라가 보자.

1. 먼저 current$_0$을 head의 주소로 설정한다. 그 결과 currnet$_1$은 head를 가리킨다. 이 말은 current$_1$은 head를 가리키고, head는 다시 리스트 원소 A를 표현하는 노드를 가리킨다는 뜻이다.
2. 찾는 원소가 A가 아니므로 다음으로 진행한다.
3. 점선 화살표가 표현하는 것처럼 current를 예전에 current가 가리키던 원소의 next 포인터의 주소를 가리키도록 설정한다. current$_1$이 head를 가리키고, head는 원소 A를 가리키기 때문에, current$_2$는 A.next를 가리킨다.[3]
4. current$_2$가 가리키는 포인터가 가리키는 원소가 여전히 D가 아니다. 따라서 이 알고리즘을 반복한다. current$_3$은 이제 B.next의 주소를 가리킨다.
5. current$_3$이 가리키는 포인터가 가리키는 원소가 여전히 D가 아니다. 따라서 이 알고리즘을 반복한다. current$_4$는 이제 C.next의 주소를 가리킨다.
6. current$_4$가 가리키는 주소에 있는 C.next 포인터는 우리가 찾는 원소인 D 노드를 가리킨다. 점선 화살표를 쫓아가면 current에서 C.next를, C.next에서 D를 찾을 수 있다. 이제 current$_4$가 가리키고 있는 C.next를 D.next의 값으로 덮어쓴다. D.next가 E를 가리키므로 이제 C.next는 굵은 점선 화살표처럼 E를 가리키게 된다. 따라서 리스트에서 D 노드가 삭제된다.

이 알고리즘을 바꾸면 리스트 중간에 노드를 삽입할 수도 있다. 예를 들어 리스트를 날짜, 이름 등의 판단 기준에 따라 정렬하고 싶다면 이런 기능이 유용하다.

앞에서 두 번째 알고리즘이 더 나은 코드를 만들어낸다고 말했다. 두 알고리즘을 C로 작성한 코드를 비교해보자. 코드를 이해하지 못해도 리스트 7-1과 리스트 7-2의 차이를 뻔히 알 수 있다.

리스트 7-1 두 포인터를 사용해 리스트 원소를 삭제하는 알고리즘을 C로 작성한 코드

```
struct node {
    struct node* next;
    // 데이터
};
```

3 A.next도 노드를 가리키는 포인터이고, head도 노드를 가리키는 포인터라서 간접 주소 지정이 한 번만 일어난다는 사실에 유의하라. 반면 current는 노드를 가리키는 포인터를 가리키는 포인터라서 간접 주소 지정을 두 번 사용한다. C++에서 보면 A.next나 head는 Node * 타입이고(*는 포인터를 뜻함) current는 Node ** 타입이다. 타입을 보면 간접 주소 지정의 횟수를 쉽게 알 수 있고, 이로부터 포인터 역참조를 몇 번 해야 할지를 쉽게 알 수 있다. – 옮긴이

```
struct node* head;
struct node* node_to_delete;
struct node* current;
struct node* previous;

previous = (struct node*)0;
current = head;

while (current != (struct node*)0) {
    if (current == node_to_delete) {
        if (previous == (struct node*)0)
            head = current->next;
        else
            previous->next = current->next;
        break;
    }
    else {
        previous = current;
        current = current->next;
    }
}
```

리스트 7-2 이중 간접 주소 지정을 사용해 리스트 원소를 삭제하는 알고리즘을 C로 작성한 코드

```
struct node {
    struct node* next;
    // 데이터
};

struct node* head;
struct node* node_to_delete;
struct node** current;

for (current = &head; *current != (struct node*)0; current = &((*current)->next))
    if (*current == node_to_delete) {
        *current = node_to_delete->next;
        break;
    }
}
```

코드를 보면 리스트 7-2에 있는 간접 주소 지정을 활용한 버전이 리스트 7-1에 있는 포인터를 2개 쓰는 버전보다 훨씬 더 간단함을 알 수 있다.

동적 메모리 할당

연결 리스트의 원소 삽입을 설명하면서 편의상 중요한 내용을 하나 빠뜨렸다. 새 노드를 삽입하는 방법은 설명했지만 어디서 새 노드를 위한 메모리를 얻을 수 있는지에 대해서는 설명하지 않았다.

그림 5-16에서 프로그램 데이터 공간의 구성을 설명할 때 정적으로 할당된 데이터 영역 다음에 프로그램 런타임 라이브러리가 설정해주는 힙 영역이 있다고 했다. 별도의 메모리 관리 장치 MMU, memory management unit가 없는 컴퓨터라면 이 힙 영역이 프로그램에 사용할 수 있는 모든 데이터 메모리다(스택과 인터럽트 벡터는 제외). MMU가 있는 시스템에서는 런타임 라이브러리가 프로그램에게 필요한 메모리 용량을 판단해 (운영체제에게) 요청한다. 모든 메모리를 할당받는 것은 불합리하기 때문이다. 프로그램의 **브레이크**break는 프로그램이 사용할 수 있는 메모리의 끝을 뜻하는 말이다. 일부 시스템에서는 프로그램이 사용하는 메모리를 늘리거나 줄이는 시스템 콜을 제공하는 경우도 있다.

배열 등의 변수가 사용하는 메모리는 정적static이다. 이런 변수에 할당된 주소는 바뀌지 않는다. 리스트 노드와 같은 존재는 동적이다. 이들은 필요에 따라 생기기도 하고 사라지기도 한다. 이런 동적인 대상에 사용할 메모리를 힙에서 얻는다.

프로그램은 힙을 관리할 수 있어야 한다. 프로그램은 사용 중인 메모리를 알아야 하고, 사용 가능한 메모리도 알아야 한다. 이런 목적에 사용하는 라이브러리 함수가 있으므로 여러분이 직접 이런 함수를 작성할 필요는 없다. C에는 `malloc`과 `free` 함수가 있다. 이 두 함수가 어떻게 구현됐는지 살펴보자.

`malloc` 구현 중에는 단일 연결 리스트 데이터 구조를 사용해 작동하는 구현이 있다. 힙은 여러 블록으로 나뉘고, 각 블록에는 크기와 다음 블록에 대한 포인터가 포함된다. 그림 7-17을 보라.

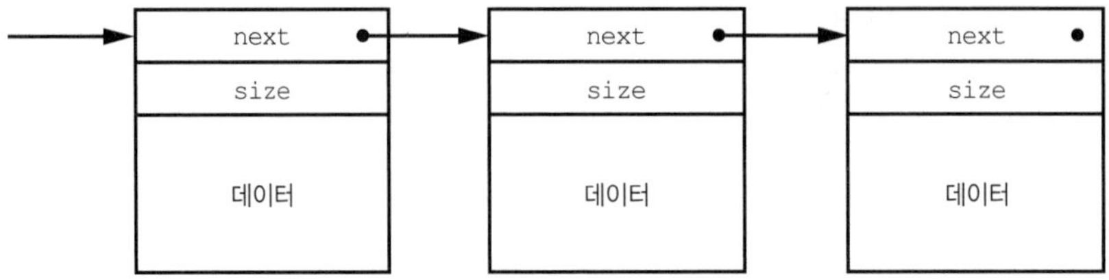

그림 7-17 힙 관리를 위한 malloc 구조

처음에는 전체 힙이 한 블록으로 존재한다. 프로그램이 메모리를 요청하면 malloc이 충분한 크기의 블록을 찾아서 요청받은 공간에 대한 포인터를 돌려주고, 프로그램에게 할당한 메모리를 반영해 블록의 크기와 링크를 조정한다. 프로그램이 free로 메모리를 해제하면 메모리가 다시 연결 리스트에 추가된다.

malloc은 종종 가용 블록 리스트를 스캔하면서 두 가용 블록이 서로 인접한 경우 둘을 합쳐서 더 큰 블록으로 만든다. 메모리를 할당하려면 어차피 가용 블록 리스트를 스캔해야 하기 때문에 malloc이 호출될 때 이런 작업을 수행하는 방법도 있다. 시간이 지남에 따라 메모리 공간은 **파편화**fragmentation된다. 이 말은 메모리를 모두 다 사용하지도 않았는데 너무 작은 가용 블록들만 남아서 malloc으로 요청받은 메모리를 돌려줄 수 없게 됐다는 뜻이다. MMU가 있는 시스템의 경우 필요할 때 더 큰 메모리를 얻기 위해 앞서(289페이지 참조) 설명한 브레이크를 조정할 수 있다.

이렇게 연결 리스트를 사용하는 방식에는 부가 비용이 든다는 사실을 발견한 독자도 있을 것이다. 64비트 컴퓨터라면 next와 size로 인해 블록당 16바이트가 소모된다.

경험이 적은 프로그래머는 할당하지 않은 메모리를 해제free하는 실수를 자주 저지른다. 반대로 이미 해제된 메모리를 계속 사용하는 실수도 종종 저지르곤 한다. 그림 7-17을 보면 알 수 있듯이, 할당받은 메모리 경계의 밖에 데이터를 쓰면 size와 next 필드를 오염시킬 수 있다. 이런 실수는 size와 next가 필요한 연산(메모리 할당이나 해제)이 실행되기 전까지는 문제가 드러나지 않기 때문에 특히나 발견하기 어렵다.

기술 발전으로 인한 부작용으로 아주 작은 기계도 여러분의 프로그램에게 필요한 양보다 훨씬 더 많은 RAM을 제공하는 경우가 종종 있다는 점을 들 수 있다. 이런 경우 부가 비용을 줄이고 메모리 할당 관련 버그를 없앨 수 있기 때문에 모든 메모리를 정적으로 할당해 사용하는 편이 더 낫다.

더 효율적인 메모리 할당

텍스트 문자열이 들어 있는 연결 리스트를 자주 볼 수 있다. 그림 7-18처럼 노드에 문자열을 가리키는 포인터가 포함된 연결 리스트가 있다고 하자.

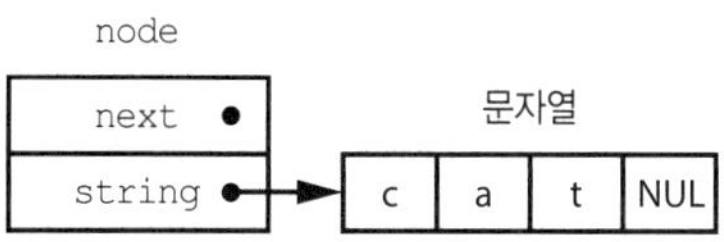

그림 7-18 문자열이 들어 있는 리스트 노드

이런 경우 노드에 사용할 메모리는 물론 문자열에 사용할 메모리도 할당해야 한다. `malloc`의 부가 비용이 상대적으로 커질 수 있다. 특히 그림 7-18과 같은 64비트 컴퓨터에서는 16바이트 노드를 처리하기 위해 16바이트 부가 비용이 필요하고, 4바이트인 cat 문자열을 처리하기 위해 16바이트 부가 비용이 더 필요하다.

노드와 문자열을 동시에 할당하면 이런 부가 비용을 줄일 수 있다. 노드를 할당한 후 문자열을 할당하는 대신에, 노드와 문자열의 크기를 합하고, 메모리 경계를 지키기 위해 필요한 패딩을 추가한 크기의 공간을 할당할 수 있다. 이 말은 노드를 할당한 메모리의 크기가 달라질 수 있다는 뜻이기도 하지만 그래도 괜찮다. 이 방법은 부가 비용을 절반으로 줄여준다. 문자열이 cat인 경우 결과는 그림 7-19와 같다.

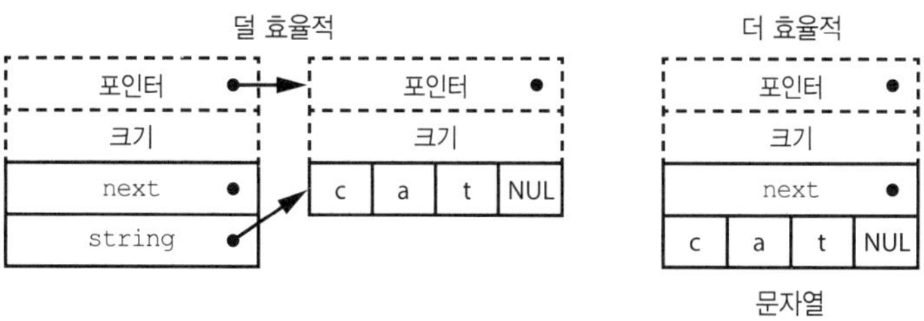

그림 7-19 더 효율적인 메모리 할당

이 접근 방법은 노드를 삭제할 때도 더 효율적이다. 덜 효율적인 경우 free를 두 번(한 번은 문자열, 한 번은 노드) 호출해야 하지만, 더 효율적인 경우에는 한 번만 free를 호출해도 된다.[4]

가비지 컬렉션

동적 메모리를 명시적으로 관리하면서 포인터를 잘못 쓰면 두 가지 문제가 생긴다. 포인터는 단지 메모리 주소를 나타내는 숫자에 지나지 않는다는 사실을 기억하라. 하지만 모든 숫자가 올바른 메모리 주소는 아니다. 포인터를 사용해 존재하지 않는 메모리에 접근하거나 프로세서의 메모리 경계에 맞지 않는 주소에 접근하면 예외가 발생하면서 프로그램이 중단된다.

자바나 자바스크립트 같은 언어에는 포인터가 없지만 직접 malloc이나 free를 하지 않으면서도 동적 메모리 할당을 지원한다. 이런 언어는 malloc과 free 대신에 **가비지 컬렉션**garbage collection을 구현한다. 가비지 컬렉션은 1959년 미국의 컴퓨터 및 인지 과학자인 존 매카시John McCarthy(1927~2011)가 LISP 프로그래밍 언어를 위해 발명한 방법이다. 부분적으로는 잘못된 포인터 사용에 대한 후회로 인해 최근 가비지 컬렉션이 다시 떠오르기 시작했다.

자바 같은 언어는 포인터 대신 참조를 사용한다. **참조**reference는 포인터를 추상화해서 거의 비슷한 기능을 제공하지만 실제 메모리 주소를 노출하지는 않는다.

가비지 컬렉션을 사용하는 언어에는 데이터 요소를 만들어내면서 이 요소가 사용할 메모리도 할당하는 new 연산자를 제공하는 경우가 자주 있다(C++처럼 가비지 컬렉션을 사용하지 않는 언어가 이 연산자를 제공하는 경우도 있다). 데이터 요소를 삭제하는 경우에 대응하는 연산자는 없다. 대신, 언어의 런타임 환경이 변수 사용을 추적해서 더 이상 사용하지 않는 메모리를 자동으로 해제해준다. 자동 해제를 구현하는 방법은 다양하다. 그중에는 각 메모리를 변수가 참조하는 횟수를 추적해서 더 이상 메모리를 참조하는 변수가 없을 때 메모리를 해제하는 방법도 있다.[5]

---

4 여기서 free 호출은 라이브러리 내부에서 해주는 메모리 해제를 뜻한다. 사용자는 노드를 삭제하라는 요청만 내리면 되고, 컴파일러와 라이브러리가 알아서 메모리를 두 번 해제할지 한 번 만에 해제할지 결정한다. 부가 비용을 줄이기 위해 일정 크기 이하의 객체들을 할당할 수 있는 특별한 힙 영역을 두는 방식이나, 할당해야 하는 데이터의 타입에 따라 각기 다른 영역에 메모리를 할당하는 방식 등 다양한 방법을 활용한다. 이런 방식을 사용하면 할당하는 메모리의 크기가 일정하기 때문에 크기를 저장하기 위한 메모리를 절약할 수 있고, 가용 메모리를 가리키는 포인터는 할당되지 않은 메모리 블록의 맨 앞에만 존재하고 할당이 될 때는 이 포인터를 덮어쓰는 방식으로 메모리를 더 아낄 수 있다. 자세한 내용은 이 책의 범위를 벗어나므로 생략한다. – 옮긴이

5 이런 방법을 참조 카운팅(reference counting)이라고 한다. 한편 본문에서는 변수가 참조하는 메모리라고만 했지만, 실제로는 변수가 참조하는 메모리나, 다른 구조체나 공용체 안에 있는 참조가 참조하는 메모리 등을 모두 고려해야 한다. 보통은 프로그램의 정적 변수, 스택 등을 포함하는 루트 집합(root set)이라는 변수들의 모임이 있고, 이 모임으로부터 참조되는 모든 메모리와 그 메모리들로부터 다시 참조되는 모든 메모리를 재귀적으로 구해서 전체 사용 중인 메모리를 파악한다. – 옮긴이

가비지 컬렉션도 트레이드 오프가 있다. 한 가지 문제는 프로그래머가 가비지 컬렉션 시스템을 제어할 수 없다는 점이다. 이는 LSI-11의 리프레시 문제(151페이지의 '임의 접근 메모리' 절을 참고하라)와 비슷하다. 이로 인해 프로그램이 아주 중요한 일을 하는 도중에 가비지 컬렉션 시스템이 작동돼서 문제가 생기는 경우도 있다. 그리고 불필요한 참조가 남는 경우가 자주 있기 때문에 프로그램이 메모리를 더 많이 사용하는 경향이 있다. 불필요한 참조는 메모리 재활용을 방해한다. 나쁜 포인터를 사용할 때처럼 프로그램이 오류로 중단되지는 않지만, 메모리 재활용이 늦어지면 프로그램이 느려진다. 포인터 사용 문제를 해결하려는 좋은 의도에서 가비지 컬렉션이 출발했지만, 불필요한 참조를 추적하는 작업 또한 실제로는 더 디버깅하기 어렵다는 사실이 드러났다.

이중 연결 리스트

단일 연결 리스트의 delete 함수에서는 포인터를 제대로 변경하기 위해 삭제하려는 원소의 바로 앞 원소를 찾아야만 한다. 이로 인해 단일 연결 리스트의 delete는 상당히 느리다. 경우에 따라 아주 긴 리스트를 순회해야 할 수도 있다. 다행히 메모리를 더 사용하면서 이런 문제를 해결해주는 다른 리스트 타입이 있다.

이중 연결 리스트doubly linked list는 노드에 다음 원소에 대한 포인터뿐만 아니라 이전 원소에 대한 포인터도 들어 있는 리스트다. 그림 7-20을 보라. 이로 인해 노드당 부가 비용은 2배가 되지만, delete 시 노드를 앞에서부터 방문할 필요가 없어진다. 따라서 이 또한 공간/시간의 트레이드 오프라 할 수 있다.

그림 7-20 이중 연결 리스트

이중 연결 리스트의 장점은 리스트 전체를 방문하지 않아도 원하는 위치에 노드를 추가하거나 삭제할 수 있다는 점이다. 그림 7-21은 A 원소 뒤에 새 노드를 추가하는 방법을 보여준다.

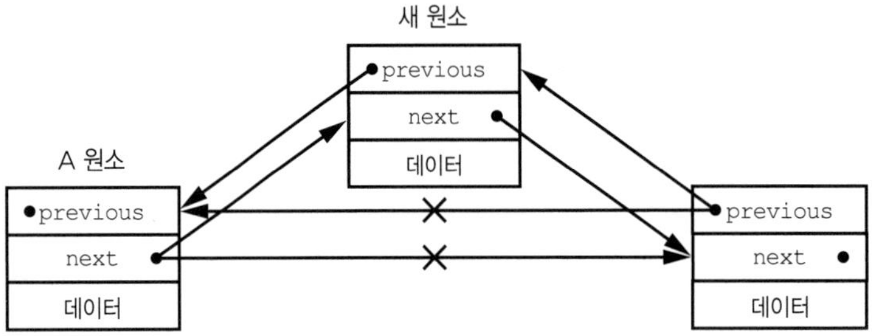

그림 7-21 이중 연결 리스트 원소 삽입

그림 7-22는 원소 삭제도 간단하다는 사실을 보여준다.

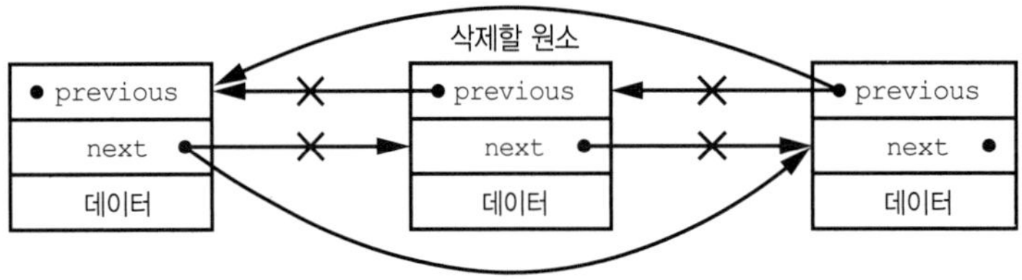

그림 7-22 이중 연결 리스트 원소 삭제

그림을 보면 이중 연결 리스트에서 노드 삭제나 삽입 연산을 할 때는 리스트를 순회할 필요가 없음을 알 수 있다.

계층적인 데이터 구조

지금까지는 **선형적인**linear 데이터 구조를 살펴봤다. 많은 애플리케이션의 경우 선형적인 데이터 구조로 충분하다. 하지만 선형성이 문제가 될 때가 있다. 왜냐하면 데이터 저장은 우리가 해야 하는 일의 절반에 불과하기 때문이다. 데이터를 효율적으로 가져오고 싶은 경우가 종종 있다. 예를 들어, 연결 리스트에 저장된 물건들이 있다고 하자. 어떤 물건을 찾으려면 리스트를 순회해야만 한다. 리스트 길이가 n이라면 최대 n번 노드를 순회하면서 원하는 노드인지 비교를 해야 한다. 물건 개수가 작다면 문제가 없지만 n이 커지면 실용적이지 않다.

앞에서 연결 리스트의 노드를 연결하기 위해 포인터를 썼다. 노드에 들어갈 수 있는 포인터 수에는 제한이 없기 때문에, 우리의 상상력과 메모리 공간이 허용하는 한 원하는 대로 데이터를 조직할 수 있다. 예를 들어, 그림 5-4와 같은 방식으로 노드를 계층적으로 조직할 수도 있다.

가장 간단한 계층적 데이터 구조는 **2진 트리**binary tree다. '2진'이라는 말은 2진수여서 붙은 말이 아니고 노드가 최대 2개의 다른 노드와 연결될 수 있기 때문에 붙은 말이다. 그림 7-23처럼 수를 배열한 노드들이 있다고 하자.

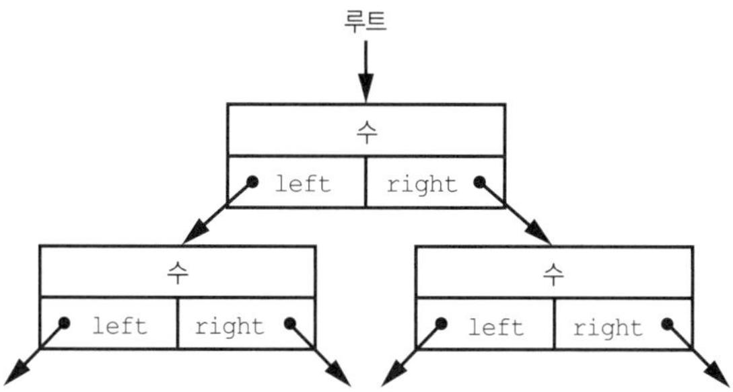

그림 7-23 수를 포함하는 2진 트리 노드들

트리의 **루트**root는 연결 리스트의 헤드에 해당한다.

빙고 게임장에 가서 불리는 숫자를 2진 트리로 저장하려 한다. 숫자를 트리에 저장해두면 숫자가 불릴 때마다 혹시 이미 불린 적이 있는지 살펴볼 수 있다. 그림 7-24는 수를 트리에 삽입하는 알고리즘을 보여준다. 이 알고리즘은 간접 주소 지정을 활용한다는 면에서 단일 연결 리스트의 삭제와 비슷하다.

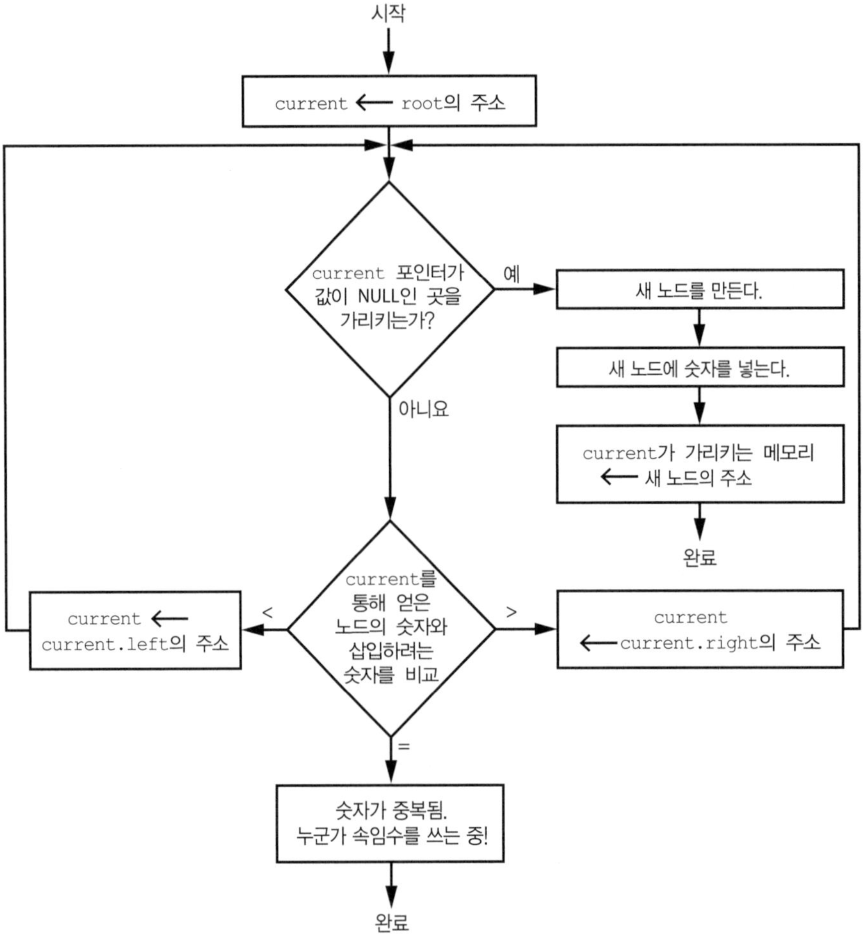

그림 7-24 2진 트리 원소 삽입 알고리즘

8, 6, 9, 4, 7을 삽입하면서 이 알고리즘의 동작을 살펴보자. 8을 삽입하는 시점에 루트는 아무 노드도 가리키지 않는다. 따라서 새 노드를 만들고 루트가 이 노드를 가리키게 한다. 6을 삽입할 때는 이미 루트에는 다른 노드가 있으므로 루트가 가리키는 노드의 숫자와 6을 비교한다. 그리고 6이 8보다 작기 때문에 노드의 왼쪽을 본다. 왼쪽 노드가 비어 있으므로 새 노드를 여기 넣는다. 9는 8(루트)의 오른쪽으로 가고, 아무 노드도 없으므로 거기 삽입된다. 4는 8(루트)과 비교하면 더 작기 때문에 왼쪽으로 가는데, 거기엔 이미 6이 있다. 다시 6과 4를 비교하면 4가 더 작으므로 6이 들어 있는 노드의 왼쪽을 살펴본다. 6 노드의 왼쪽은 비어 있기 때문에 4를 여기 넣는다. 7도 비슷한 방식으로 처리하고 나면 그림 7-25와 같은 트리가 생긴다.

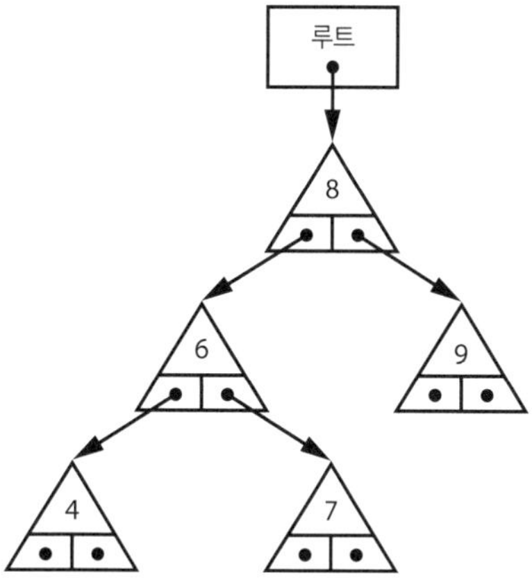

그림 7-25 2진 트리

이 데이터 구조 내부에는 숫자가 5개 들어 있지만 최악의 경우에도 세 번만 비교하면 원하는 숫자를 찾을 수 있고, 최악의 경우 다섯 번 비교를 해야 하는 연결 리스트보다 성능이 더 좋다. 그림 7-26처럼 2진 트리에서 어떤 값을 찾기는 쉽다. 이 알고리즘에서는 트리를 변경할 필요가 없으므로 노드를 가리키는 포인터를 가리키는 포인터를 만들 필요는 없다.

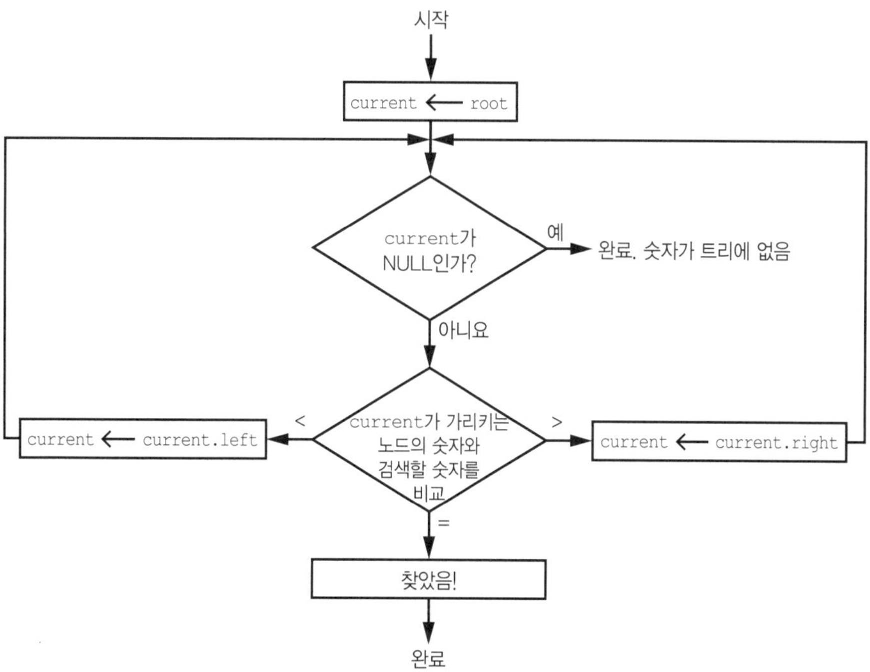

그림 7-26 2진 트리 검색 알고리즘

트리의 노드 구성이 원소 삽입 순서에 따라 달라진다는 사실을 깨달은 독자도 있을 것이다. 그림 7-27은 4, 5, 6, 8, 9 순서로 원소를 삽입한 경우 트리 모양을 보여준다.

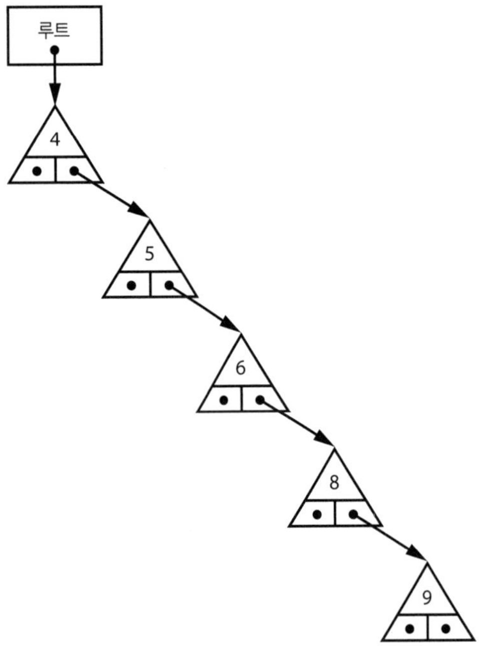

그림 7-27 균형이 잡히지 않은 2진 트리

이런 나쁜 경우는 단일 연결 리스트처럼 보인다. 2진 트리의 장점을 잃을 뿐만 아니라 사용하지 않는 왼쪽 트리 포인터로 인한 부가 비용까지 더 감당해야 한다. 따라서 트리가 그림 7-28의 오른쪽에 있는 트리처럼 더 균형 잡힌 모습을 유지하기를 바란다.

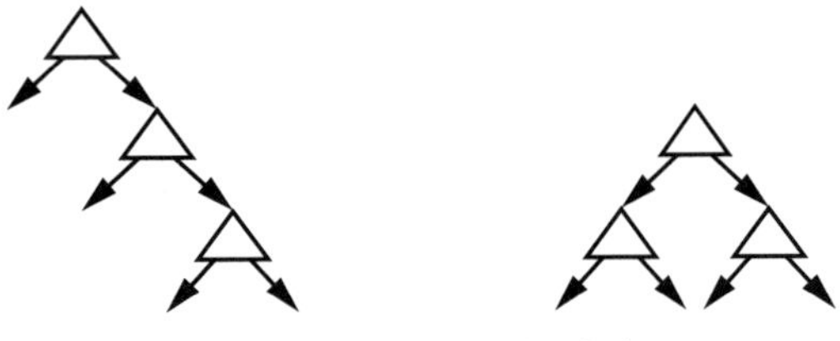

그림 7-28 비균형 2진 트리와 균형 2진 트리 비교

2진 트리에서 어떤 대상을 검색하는 연산은 트리 깊이depth에 의해 정의되는 함수다. 만약 트리가 n계층만큼 아래로 내려간다면 검색 시 n번만 원소를 비교하면 된다. 연결된 리스트에서는 n번 비교를 해야 하는 반면, 균형 잡힌 트리에서는 $\log_2 n$번만 비교하면 된다. 이런 관점에서 볼

때 연결 리스트에서 최악의 경우 노드를 1,024번 방문해야 하는 검색을 균형 트리에서는 노드를 10번 방문하면 끝낼 수 있다.

트리 균형을 회복하는 알고리즘은 아주 많다. 여기서는 이에 대해 자세히 다루지 않는다. 트리 균형을 다시 회복시키는 데는 시간이 걸리기 때문에 알고리즘 속도와 삽입/검색 시간, 재균형 시간 사이에 트레이드 오프 관계가 존재한다. 트리 균형 알고리즘은 계산 비용이 더 많이 들고 일부는 저장 공간도 더 사용한다. 하지만 n보다 $\log_2 n$이 훨씬 더 작기 때문에 트리 크기가 커질수록 이런 부가 비용을 빠르게 극복할 수 있다.

대용량 저장장치

156페이지의 '블록 장치' 절에서 디스크 드라이브에 대해 다뤘다. 이제 디스크 드라이브를 좀 더 자세히 살펴보면서 드라이브 데이터 구성의 특이한 점을 이해해보자. 경고: 여기서는 포인터를 아주 많이 다루게 된다!

디스크의 기본 단위는 **블록**block이고 연속적인 블록을 **클러스터**cluster라고 부른다고 언급했다. 클러스터는 한 트랙 안에 있는 연속적인 섹터로 이뤄지므로, 데이터를 한 클러스터에만 저장할 수 있다면 좋을 것이다. 아주 높은 성능이 필요한 이런 식으로 데이터를 저장하는 경우도 있지만, 일반적인 해법으로는 한 클러스터에 데이터를 저장하는 방식이 그리 바람직하지 않고, 한 클러스터에 들어가기에는 너무 큰 데이터도 있기 마련이다. 대신에 데이터는 사용 가능한 섹터가 있으면 위치와 관계없이 저장된다. 대신 운영체제의 장치 드라이버가 데이터가 연속적으로 저장된 것 같은 착각을 불러일으킨다. 이제 우리가 자주 봐왔던 문제와 비슷한 문제에 도달했다. 어떤 데이터를 저장하기 위한 저장소 블록을 찾는 대신, 어떤 데이터를 저장하기에 충분한 크기가 되도록 고정된 크기의 블록을 여럿 확보해서 데이터를 이런 블록에 나눠 담아야 한다.

연결 리스트는 순회에 시간이 너무 오래 걸리기 때문에 어떤 디스크 블록이 사용 가능하고 어떤 블록이 사용 중인지를 알아내기 위한 좋은 해법이 아니다. 예를 들어 8TiB 디스크에는 블록이 거의 20억 개가 있고, 최악의 경우 250개의 블록을 읽기 위해서는 1초가 걸린다. 따라서 전체 블록을 읽으려면 15년이 걸리며, 이는 전혀 실용적이지 않다. 성능이 아주 나빠 보이겠지만, 데이터를 초당 1MiB 정도 처리하는 속도임을 기억하라.[6]

6 이 속도는 최악의 경우다. 4KiB 크기의 디스크 임의 접근이 발생하는 경우(윈도우 부팅이나 프로그램이 데이터를 읽거나 쓰는 경우)가 보통 이런 유형의 데이터 접근에 속한다. – 옮긴이

데이터를 메모리상에서 관리할 때는 포인터를 통해 메모리를 참조하더라도 충분하다. 하지만 메모리에 있는 정보는 일시적transient이고 데이터를 장기적으로 저장할 때는 디스크를 사용하므로, 데이터를 디스크에 저장하기 위해서는 영구적인 어떤 존재가 필요하다. 여러분은 이에 대한 해답을 이미 알고 있다. 바로 **파일 이름**filename이 그 답이다. 이제 이런 파일 이름을 디스크에 저장할 방법과 파일 이름과 파일의 데이터가 저장된 디스크 블록을 연결해줄 방법이 필요하다.

이 모두를 처리할 방법이 (그렇다. 여러분이 이미 예상하고 있는 대로다) 유닉스UNIX에서 나왔다. 블록 중 일부를 **아이노드**inode로 따로 지정한다. 아이노드는 디스크 블록에 대한 **인덱스**index와 **노드**node를 합친 단어다. 따라서 아이노드는 인덱스 노드다. 아이노드에는 파일에 대한 여러 가지 정보가 들어간다. 이런 정보에는 파일 이름, 파일 소유자, 파일 크기, 파일에 대한 허가 내역 등이 포함된다. 그리고 아이노드에는 그림 7-29와 같이 파일의 데이터가 들어 있는 블록에 대한 인덱스도 포함된다.

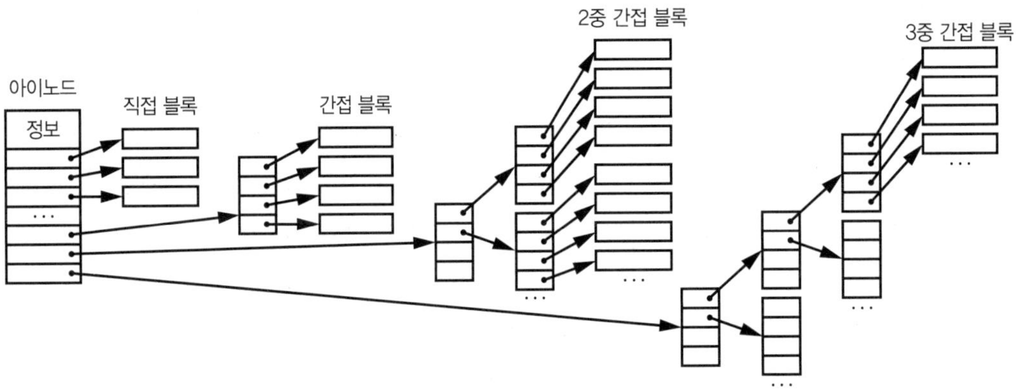

그림 7-29 파일 시스템의 데이터 구조

이 구조는 아주 복잡해 보이겠지만 실제로는 그렇지 않다. 아이노드에는 보통 **직접 블록**direct block 포인터(실제로는 포인터가 아니라 블록의 인덱스임)가 12개 있다. 따라서 직접 블록을 통해서는 최대 4,096×12 = 49,152바이트까지 데이터를 보관할 수 있다. 대부분의 파일은 이 정도로 충분하다. 파일이 더 커지면 **간접 블록**indirect block을 사용하기 시작한다. 32비트 인덱스(64비트 인덱스가 필요한 시점이 곧 올 것이다[7])를 사용하면 한 블록(4KiB)에는 4바이트짜리 인덱스가 1,024개 있으므로 간접 블록을 통해서는 최대 4MiB까지 지원할 수 있다. 만약 이보다 더 큰 파일을 저장

7 참고로 32비트 인덱스 4KiB 블록 크기이면 최대 8TiB까지 처리가 가능하다. 2021년 현재 하드 디스크 최대 크기는 20TB, SSD 최대 크기는 100TB 정도다. – 옮긴이

해야 하면 **2중 간접**double indirect 블록을 통해 4GiB까지, **3중 간접**triple indirect 블록을 통해 4PiB까지 지원할 수 있다.

아이노드 정보 중에는 블록에 데이터가 있는지 **디렉터리**directory 정보가 있는지를 표시하는 것도 있다. 디렉터리는 파일 이름과 파일 데이터를 가리키는 아이노드를 연결해준다. 유닉스가 파일을 처리하는 방식이 멋진 이유로 디렉터리가 단지 파일의 여러 유형 중 하나에 불과하다는 점을 들 수 있다. 이 말은 디렉터리가 다른 디렉터리를 참조할 수 있다는 뜻이고, 이로 인해 우리가 이미 익숙해진 트리 구조의 **계층적 파일 시스템**hierarchical filesystem이 생겨났다.

현 시점에서 보면 이 모든 구조가 임의의 트리처럼 생각될 것이다. 하지만 실제로는 그렇지 않다. 이런 구조에서 여러 아이노드가 같은 블록을 참조할 수 있다. 각 참조를 **링크**link라고 부른다. 링크로 인해 같은 파일(같은 블록에 담긴 데이터)이 여러 디렉터리에 나타날 수 있다. 그리고 디렉터리에 대해 링크를 할 수 있으면 편리하다는 사실도 알게 됐다. 이를 위해 **심볼릭 링크**symbolic link가 발명됐다. 하지만 심볼릭 링크를 허용하면 파일 시스템 그래프[8]에 루프가 생긴다. 이로 인해 무한 루프를 감지하기 위한 특별한 코드가 필요하다. 이제 사용 중인 블록에 대한 정보를 저장할 수 있는 복잡한 구조가 생겼다. 하지만 **가용 공간**free space을 추적하는 효율적인 방법이 아직 없다.

가용 공간을 추적하는 방법으로 각 블록을 1비트로 표현하는 비트맵을 사용한 방식을 들 수 있다(278페이지의 '비트맵' 절을 참고하라). 이 방법을 쓰면 비트맵이 아주 커질 수 있다. 8TB 디스크 드라이브를 다루기 위해서는 20억 비트가 필요한데, 이는 거의 256MiB의 공간이다. 물론 이 방법도 전체 디스크의 0.01%보다 더 적은 공간을 사용하고 모든 비트맵 데이터가 항상 메모리에 있어야 할 필요는 없으므로 충분히 채택할 만한 방법이다.

비트맵을 사용하면 간단하면서 효율적이다. 특히 64비트 워드를 다룰 수 있으면 더 쉽고 효율적이다. 1이 사용 중인 블록을 가리키고 0이 사용 가능한 블록을 가리킨다고 생각하면, 가용 블록을 찾기 위해 모든 비트가 1이 아닌 워드를 쉽게 찾을 수 있다.

하지만 이 접근 방법에는 파일 시스템 그래프와 가용 공간을 나타내는 비트맵 사이에 동기화가 깨질 수 있다는 문제가 있다. 예를 들어, 디스크에 데이터를 기록하는 도중에 전원이 나갈 수 있다. 컴퓨터 전면 패널에 깜빡이는 전구와 스위치가 있던 암흑기에는 직접 전면 패널 스위치를

8 그래프는 정해진 정점(vertex)과 정점과 정점을 잇는 간선(edge)으로 이뤄진 구조를 다루는 수학이다. 연결 리스트, 트리 등은 모두 그래프의 일종이다. – 옮긴이

조작해 아이노드 번호를 입력함으로써 파일 시스템을 수리해야만 했다. 파일 시스템 그래프를 뒤지면서 가용 블록 데이터와 비교해주는 fsck 등의 프로그램이 개발되면서 이런 힘든 일은 사라졌다. fsck는 더 나은 접근 방법이지만 디스크가 커짐에 따라 fsck에 걸리는 시간도 계속 늘어났다. 이제는 오류를 더 효율적으로 수정할 수 있도록 설계된 저널링journaling 파일 시스템이 만들어져 널리 쓰이고 있다.[9]

데이터베이스

2진 트리는 데이터를 메모리에 저장할 때는 훌륭한 방법이지만, 메모리 안에 들어갈 수 없을 정도로 커다란 데이터를 저장할 때는 그리 잘 작동하지 않는다. 트리 노드는 크기가 작은 경향이 있어서 디스크 섹터에 잘 들어맞지 않기 때문이다.

데이터베이스database는 정해진 방식으로 조직화된 데이터 모음이다. **데이터베이스 관리 시스템**DBMS, database management system은 데이터베이스에 정보를 저장하고 읽어올 수 있게 해주는 프로그램이다. DBMS는 보통 맨 아래의 데이터 저장 메커니즘을 감싼 여러 계층의 인터페이스로 구성된다.

데이터베이스는 독일 컴퓨터과학자 루돌프 바이어Rudolf Bayer와 미국 컴퓨터과학자 에드 맥크레이트Ed McCreight가 보잉Boeing사에서 1971년 개발한 B 트리라는 데이터 구조를 활용한 시스템이다. B 트리는 균형 트리이지만 2진 트리는 아니다. B 트리는 균형 2진 트리보다는 공간을 덜 효율적으로 사용하지만 성능이 더 낫고, 특히 디스크에 데이터를 저장할 때 균형 2진 트리보다 더 성능이 좋다. B 트리는 메모리 아키텍처에 대한 이해가 더 효율적인 코드를 작성하는 데 도움이 되는 또 다른 경우라 할 수 있다.

이름을 알파벳순으로 저장하는 균형 2진 트리가 있다고 하자. 이 트리는 그림 7-30과 비슷하다.

---

9 저널링 파일 시스템은 디스크에서 실제 가용 공간 비트맵과 아이노드, 디렉터리를 변경하기 전에 저널이라고 하는 특별한 디스크 영역에 어떤 연산을 수행할지에 대한 정보를 기록한다. 저널에 데이터가 기록되지 않은 상태에서 디스크의 다른 부분에 변경이 가해지는 일은 없다. 따라서 파일 시스템을 변경하다 문제가 생기면 저널 데이터를 보고 수행되지 않은 연산을 다시 수행(replay)해서 파일 시스템을 최신 상태로 복구할 수 있고, 저널에 데이터를 기록하다 문제가 생기면 해당 부분은 복구가 불가능하지만, 파일 시스템은 깨지지 않은 저널에 데이터를 기록하기 직전의 깨끗한 상태를 유지할 수 있다. 그리고 저널에 데이터를 기록하는 시간은 파일 시스템에 데이터를 기록하는 시간보다 훨씬 더 적게 걸리기 때문에, 전원 오류 등이 발생할 때 저널이 깨질 확률보다는 파일 시스템의 다른 부분이 깨질 확률이 더 높다. – 옮긴이

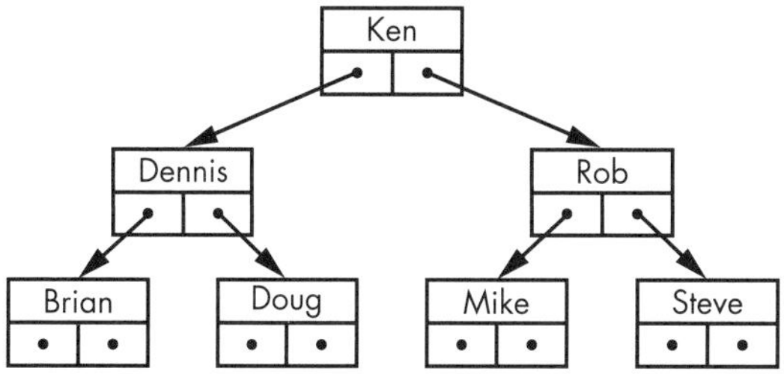

그림 7-30 균형 2진 트리

B 트리 노드에는 2진 트리 노드보다 더 많은 가지(자식들)가 있다. 가지의 수는 디스크 블록 하나를 정확히 꽉 채울 수 있는 숫자로 결정된다. 그림 7-31을 보라.

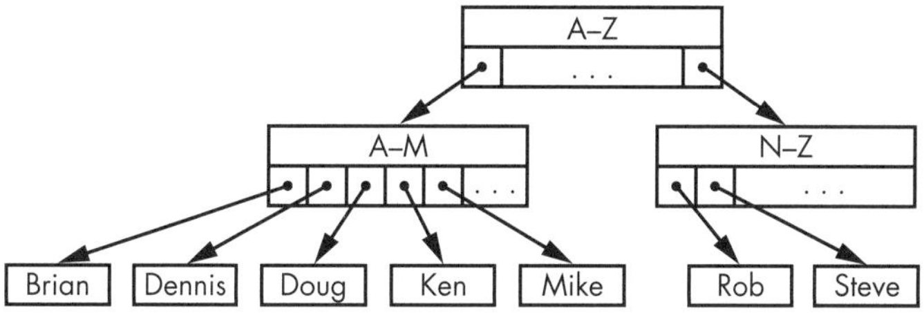

그림 7-31 B 트리

그림을 보면, 내부 노드는 균형이 잡혀 있고 이로 인해 검색 시간을 미리 예측할 수 있다. 그림 7-31을 보면 공간만 차지하는 사용하지 않는 자식 링크가 있다. 사용할 수 있는 자식 링크가 없으면 각 노드가 담당하는 범위를 조정하면서 쉽게 트리의 균형을 다시 잡을 수 있다. 예를 들어 A-M 노드의 자식을 모두 할당한 경우, 이를 A-G와 H-M 노드로 나눌 수 있다. 보통은 자식 숫자가 2의 지수인 경우에 노드를 나누는 경우가 더 흔한데, 여기서는 자식 숫자가 홀수이기 때문에 이 예제는 그렇게 좋은 예제는 아니다.

노드에 저장하는 키 수가 더 많으면 노드를 디스크에서 더 적게 읽어올 수 있다. 노드 크기가 커져도 디스크 블록에 들어맞기 때문에 아무 문제가 되지 않는다. 어차피 디스크에서 데이터를 읽어올 때는 한 블록을 한 덩어리로 읽어오기 때문이다. 사용하지 않은 자식 링크로 인해 낭비되는 공간이 있지만 이런 비효율성은 합리적인 트레이드 오프라 할 수 있다.

인덱스

정렬된 데이터에 접근하면 효율적이다. 하지만 저장된 데이터를 여러 가지 방법으로 접근해야 할 수도 있다. 예를 들어 이름과 성을 기준으로 데이터에 접근할 수도 있지만, 이름과 더 선호하는 가수를 기준으로 데이터에 접근할 수도 있다.

그림 7-31은 이름으로 조직화된 노드를 보여준다. 이렇게 구성된 노드를 보통 **주 인덱스**primary index라고 부른다. 하지만 그림 7-32처럼 인덱스가 둘 이상일 수도 있다. 인덱스가 여럿이면 다양한 방법으로 원하는 데이터를 효율적으로 검색할 수 있다.

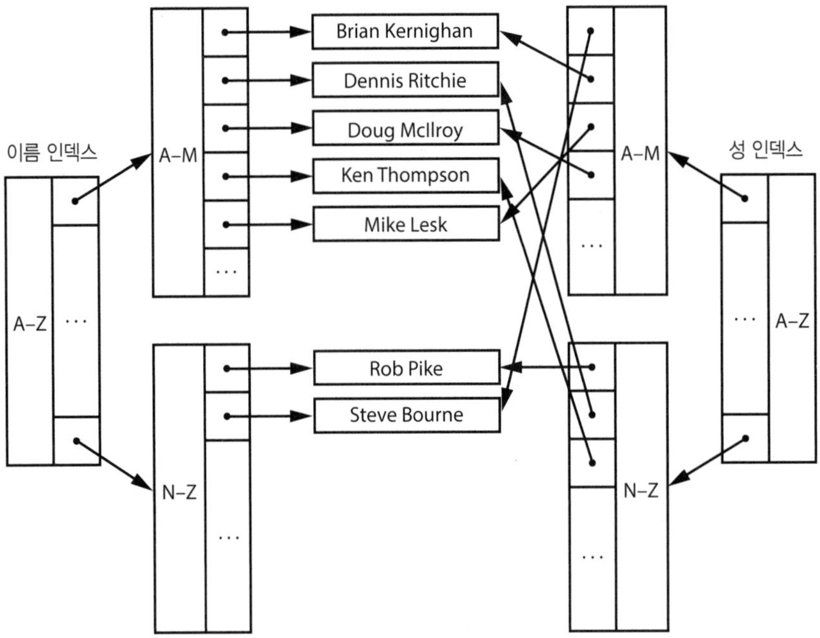

그림 7-32 다중 인덱스

인덱스의 경우 유지보수를 해야 한다는 트레이드 오프가 있다. 데이터가 바뀔 때마다 모든 인덱스를 갱신해야 한다. 하지만 데이터 변경보다 데이터 검색이 더 자주 벌어지기 때문에 이런 갱신 비용은 지불할 만한 비용이다.

데이터 이동

앞에서 연결 리스트 대신 배열을 사용하려면 배열 크기를 증가시킬 필요가 있을 때마다 데이터를 복사해야 한다고 말했다. 페이지 테이블을 MMU에 넣거나 꺼낼 때, 디스크 비트맵을 디스크에 저장하거나 디스크에서 읽어올 때와 같은 시점에 복사를 해야 한다. 프로그램은 한 지점에서 다른 지점으로 데이터를 이동시키기 위해 많은 시간을 소비한다. 따라서 이를 효율적으로 하는 게 중요하다.

더 간단한 문제의 해법으로부터 시작해보자. 그림 7-33은 `length` 바이트 수만큼의 메모리를 모두 0으로 설정한다.

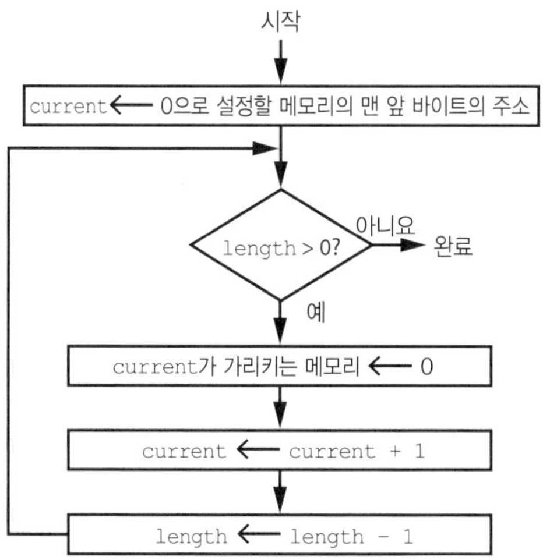

그림 7-33 메모리 블록을 0으로 설정하기

이 알고리즘은 잘 작동하지만 그리 효율적이지는 않다. 그림 7-33의 각 상자를 실행하는 데 똑같은 시간이 걸린다고 가정하면 메모리 위치를 0으로 설정하는 데 걸리는 시간보다 인덱스를 유지하고 길이를 갱신하기 위한 시간이 더 걸린다. **루프 언롤링**loop unrolling 기법을 사용하면 그림 7-34와 같이 이 코드를 더 효율적으로 만들 수 있다. 예를 들어, `length`가 짝수라면 루프를 펼쳐서 잡다한 관리에 시간을 쓰기보다 메모리를 0으로 만드는 데 더 많은 시간을 쓰게 할 수 있다.

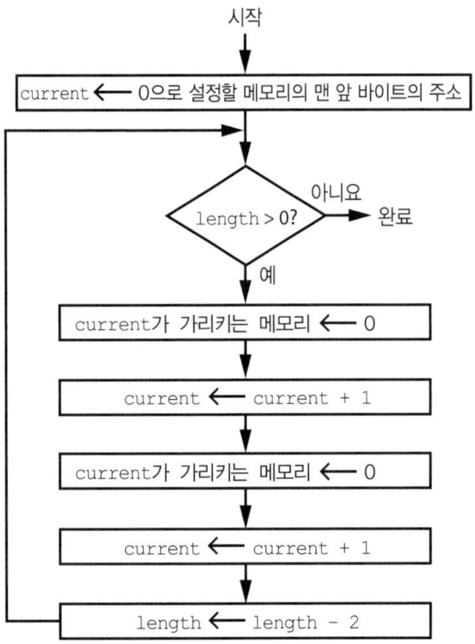

그림 7-34 루프 언롤링을 사용해 메모리 블록을 0으로 설정하기

더 일반적인 구현이 있으면 좋을 것 같다. 실제로 더 일반적인 구현이 있다. 캐나다 프로그래머인 톰 더프Tom Duff는 영화 제작사 루카스필름에서 일하는 동안 데이터 복사를 빠르게 해주는 **더프의 장치**Duff's Device를 발명했다. 그림 7-35는 메모리를 0으로 설정하기 위한 더프의 장치 변종을 보여준다. 이 접근 방법은 length가 0 이상일 때만 제대로 작동한다.

더프의 장치는 루프를 여덟 번 펼치고 남은 바이트 수에 따라 적당한 위치부터 펼친 루프의 단계를 시작한다. 루프를 더 펼치고 싶은 유혹을 받겠지만, 이런 접근 방식이 제대로 작동하려면 언롤한 코드가 명령어 캐시 안에 유지돼서 성능을 최대한 발휘할 수 있도록 적절히 균형을 잡아야만 한다.

이 그림의 루프 내부를 보면 메모리를 0으로 설정하는 시간과 다른 요소를 관리하는 데 걸리는 시간의 비율이 더 개선됐음을 알 수 있다. 초기 설정 단계와 펼친 루프 중간으로 들어가기 위한 절차는 좀 복잡해 보이지만, 실제로는 그렇게 복잡하지 않다. 이 알고리즘은 실제로는 조건 분기를 여럿 써서 구현될 필요가 없고, 다음과 같이 메모리 주소를 조작하는 방식으로 구현 가능하다.

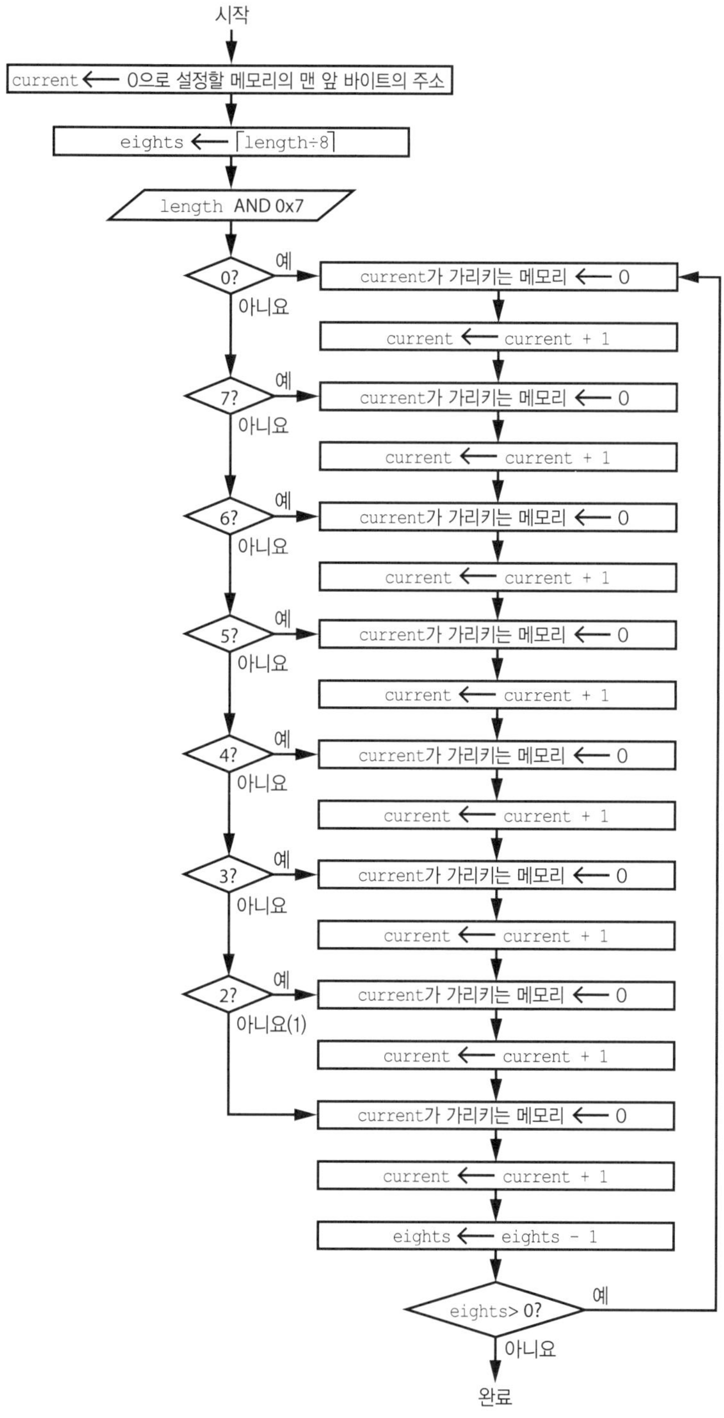

그림 7-35 더프의 장치를 변형한 알고리즘을 사용해 메모리 블록을 0으로 설정하기

① 마스크를 사용해 `length`의 하위 3비트만 남겨서 0x7과 AND 한다.

② 8에서 ①의 결과를 뺀다.

③ 마스크를 사용해 `length`의 하위 3비트만 남겨서 0x7과 AND 한다.

④ 0으로 설정하는 명령어(순서도의 '`current`가 가리키는 메모리 ← 0' 부분) 사이의 간격에 ③을 곱한다.

⑤ 0으로 설정하는 명령어 중 맨 앞에 있는 명령어의 주소를 ④의 결과에 더한다.

⑥ ⑤에서 얻은 주소로 점프한다.

효율성을 높이는 또 다른 방법으로는 64비트 기계라면 한꺼번에 8바이트를 0으로 설정할 수 있다는 사실을 활용하는 것이다. 물론 블록 맨 앞이나 뒤에 메모리 경계에서 벗어난 남는 바이트들을 처리하기 위한 코드를 추가해야 한다. 이를 위해 그림 7-36에 있는 알고리즘에서 `eights`에 대한 루프만 제거한 코드를 맨 앞과 뒤에 추가해야 한다. 중간 부분에서는 최대한 많은 8바이트 덩어리를 0으로 설정한다.

단지 메모리의 내용을 어떤 정해진 값으로 설정하지 않고 데이터 블록을 복사하려고 하면 이 모든 과정이 더 복잡해진다. 경우에 따라 원본과 복사본의 메모리 경계가 서로 같지 않을 수도 있기 때문이다. 하지만 워드 경계에 블록이 위치하는 경우가 더 많으므로 일단 원본과 복사본이 워드 경계에 위치하는지를 먼저 검사해볼 만한 가치가 있다.

복사를 구현할 때 생기는 복잡한 문제가 또 있다. 이 문제는 어떤 메모리 영역 안에서 데이터를 이동하기 위해 복사를 사용하는 경우가 흔하기 때문에 생기는 문제다. 예를 들어 공백으로 구분된 단어로 가득 찬 버퍼가 있는데, 버퍼 안에서 첫 번째 단어를 읽은 후, 메모리를 확보하기 위해 첫 번째 단어를 없애고 그 외의 모든 단어를 버퍼의 맨 앞으로 옮기고 싶다고 하자. 이런 식으로 영역이 겹치는 경우, 복사 시 조심해야 한다. 경우에 따라서는 데이터를 덮어쓰는 일을 방지하기 위해 복사를 역방향으로 진행해야 할 수도 있다.

흥미로운 역사적인 예로, 캐나다 프로그래머인 롭 파이크Rob Pike가 벨 연구소에서 1980년대 초 개발한 초기 래스터 그래픽 터미널(268페이지의 '래스터 그래픽' 절을 참고하라)인 **블릿**blit을 들 수 있다. 당시는 화면 처리를 위한 전용 IC를 만드는 게 그리 실용적이지 않은 시대였다. 원본과 대상 데이터가 겹칠 수도 있었고(예를 들어, 창을 드래그한 경우), 비트 데이터가 메모리상에서 어떤 경계에든 위치할 수 있었다. 당시에는 프로세서가 그리 빠르지 못했기 때문에 성능이 아주 중요했다. 블릿은 모토로라Motorola 68000을 썼다. 68000에는 MMU가 없었기 때문에 파이크는 원본과 복사본의 주소를 고려해 복사를 빠르게 할 수 있도록 최적의 코드를 그때그때 생성해내는 코드를 작성했다. 나도 비슷한 구현을 모토로라 68020에서 한 적이 있다. 68020에서는 더 성능이 좋았는데, 왜냐하면 68020에는 생성된 코드가 들어갈 수 있는 명령어 캐시가 있었기 때문이다. 이런 방식은 자바 등 여러 언어의 가상 머신에서 사용 중인 기술인 JIT[just-in-time](즉시 컴파일)의 선조라 할 수 있다.

벡터를 사용한 I/O

시스템 성능에 있어 데이터를 효율적으로 복사하는 것이 중요하다. 하지만 복사를 아예 피할 수 있으면 성능을 더 높일 수 있다. 운영체제와 사용자 공간 프로그램 사이에는 데이터가 아주 많이 오고 간다. 그리고 이런 데이터가 연속적인 메모리에 위치하지 않는 경우도 자주 있다.

예를 들어, mp3 형식의 오디오 데이터를 생성해 오디오 장치에 보내고 싶다고 하자. 다른 파일 형식과 마찬가지로 mp3 파일은 여러 **프레임**[frame]으로 구성되며, 각 프레임은 **헤더**[header]와 데이터로 구성된다. 그림 7-36처럼 전형적인 오디오 파일에는 헤더가 똑같은 프레임이 다수 존재한다.

헤더
CRC
사이드 정보
주 데이터
부수 데이터

그림 7-36 mp3 프레임 배치

모든 데이터를 한 버퍼로 복사해서 프레임을 만들 수도 있다. 하지만 그 후 이 데이터를 오디오 장치에 써야 하기 때문에 또 한 번 데이터를 복사해야 한다. 대신에 프레임을 이루는 각 부분을 별도로 기록할 수도 있지만 이런 방법을 쓰면 문맥 전환[context switching] 비용이 늘어나고, 프레임 중 일부만 오디오 장치에 기록된 경우 오디오 장치가 문제를 일으킬 수도 있다.

이럴 때 시스템에게 프레임의 각 부분을 가리키는 포인터의 집합을 전달하고, 시스템이 오디오 장치에 데이터를 쓸 때 각 부분을 하나로 합쳐주면 더 효율적이다. 그림 7-37을 보라. 이 방식은 충분히 가치가 있기 때문에 이런 방식을 지원하는 시스템 콜(readv, writev)도 있다.

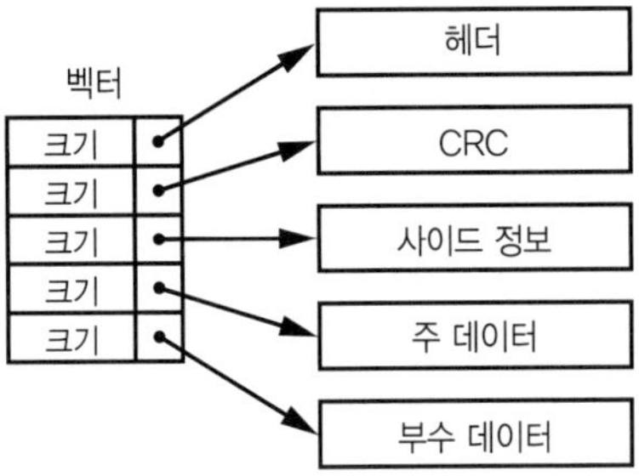

그림 7-37 데이터 수집

아이디어는 크기와 데이터에 대한 포인터로 이뤄진 벡터[10]를 운영체제에 넘기는 것이다. 운영체제는 이 벡터에 저장된 데이터를 사용해 순서대로 오디오 프레임을 조합한다. 데이터를 쓸 때와 읽을 때 모두 벡터를 사용할 수 있다. 벡터를 활용해 데이터를 쓰는 행위는 여러 위치에서 데이터를 모아서 쓰므로 **수집**gathering이라고 부르고, 벡터를 사용해 데이터를 읽는 행위는 여러 위치로 데이터를 분산시키므로 **분산**scattering이라고 부르며, 둘을 아울러 **분산/수집**이라고 부른다.

분산/수집은 인터넷의 근간이 된 버클리Berkeley 네트워크 코드의 주류가 됐다. 243페이지의 'TCP/IP' 절에서 IP 데이터가 패킷으로 전달되고, TCP는 패킷이 올바른 순서로 전달되게 할 책임이 있다고 설명했다. 통신 종단점endpoint(여러분이 볼 때는 통신 종단점일지 몰라도 내가 볼 때는 소켓이다)으로부터 도착하는 패킷은 사용자 프로그램에게 전달되기 전에 연속적인 스트림으로 수집된다.

객체 지향의 함정

코드를 배우고 있는 독자 중에 자바, C++, 파이썬, 자바스크립트 등의 **객체 지향**object-oriented 언어를 배우는 독자가 있을 것이다. 객체 지향 프로그래밍은 훌륭한 방법론이지만, 주의 깊게 사용하지 않으면 성능 문제가 발생할 수도 있다.

객체 지향 프로그래밍은 C++를 통해 본격적으로 널리 사용되기 시작했다. C++는 처음에 C 위에서 만들어졌기 때문에, 내부 동작이 어떻게 되는지를 살펴볼 수 있는 기회를 제공한다는 점에서 흥미롭다.

객체object에는 함수에 해당하는 **메서드**method와 데이터에 해당하는 **프로퍼티**property가 들어 있다.

10 여기서 벡터(vector)는 같은 데이터가 연속적으로 모여 있는 고정된 크기의 데이터 구조를 뜻한다. – 옮긴이

어떤 객체에 필요한 모든 데이터와 함수는 한 데이터 구조 안에 모여 있다. C는 타입 캐스팅type casting과 포인터, 특히 함수를 가리키는 포인터를 지원하기 때문에 이런 데이터 구조에서 큰 이점을 제공한다. 객체를 표현하는 C 구조체는 아마 그림 7-38과 비슷할 것이다.

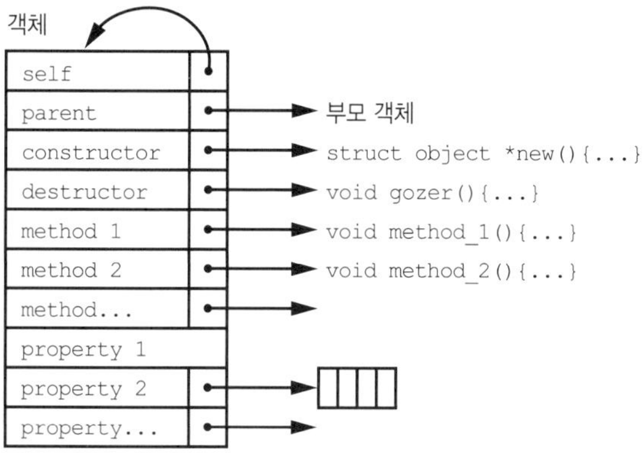

그림 7-38 객체를 표현하기 위한 C 구조체

`property 1` 처럼 정숫값 등 크기가 작은 데이터를 저장하는 프로퍼티는 객체 구조체 안에 들어간다. 반면 메모리 할당이 더 필요한 프로퍼티는(예: `property 2`) 객체 구조체 안에 있는 포인터를 통해 참조된다.

메서드가 아주 많거나 하면 이 구조체가 아주 커질 수도 있다. 그림 7-39처럼 메서드를 별도의 데이터 구조에 나눠 담으면 이런 문제를 해결할 수 있다. 이 또한 시간/공간 트레이드 오프의 예라 할 수 있다.

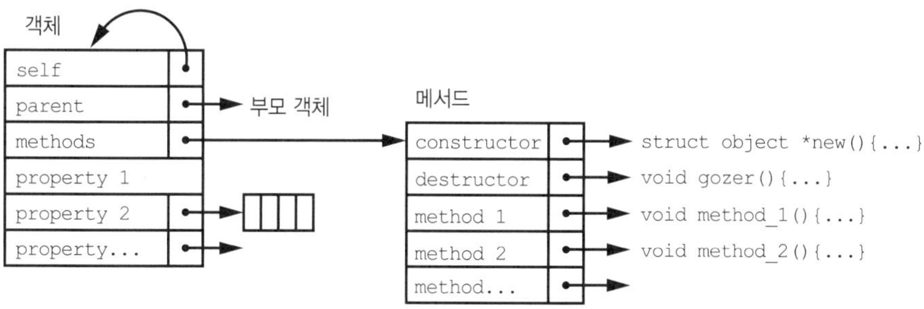

그림 7-39 메서드 구조체를 별도로 두기

덴마크 프로그래머인 비야네 스트롭스트룹Bjarne Stroustrup이 C++를 만들기 훨씬 전부터 프로그래머들은 이런 접근 방법을 사용해왔다. 최초의 C++는 C로 변환되는 언어였으며 이런 접근 방법을 통해 객체를 표현했다.

왜 이런 구조가 문제가 될까? 객체 지향 사상가ideologue들은 객체가 모든 문제를 해결할 수 있는 해답이라고 생각한다. 하지만 앞의 그림을 통해 알 수 있는 것처럼 객체와 관련된 부가 비용이 어느 정도 존재한다. 객체는 전역적으로 알려진 함수 대신에 자신이 사용할 메서드에 대한 포인터를 가지고 다녀야 한다. 따라서 객체 내의 데이터가 데이터만 저장하는 데이터 구조처럼 꽉 짜여 있지 않다. 성능이 결정적으로 중요할 때는 전통적인 배열을 활용하라.

정렬

데이터를 정렬해야 할 이유가 많이 있다. 사람을 더 쉽게 찾기 위해 이름을 가나다순으로 정렬한 목록을 원할 때처럼 정렬된 결과가 필요할 때도 있다. 그리고 정렬된 형태로 데이터를 저장하고 싶은 경우도 자주 있는데, 데이터를 정렬해서 저장하면 메모리 접근 횟수를 줄임으로써 검색을 빨리 끝낼 수 있기 때문이다.

정렬은 오래된 주제이며, 이를 제대로 다루는 책도 많이 있으므로 여기서 정렬 알고리즘을 깊이 다루지는 않는다. 그리고 잘 만들어진 정렬 함수가 많이 있으므로 과제로 작성하지 않는 한 정렬 알고리즘을 직접 만들 가능성은 드물다. 하지만 몇 가지를 꼭 염두에 둬야 한다.

우선, 정렬 대상이 포인터 크기보다 크다면 데이터를 직접 정렬하는 대신 데이터를 가리키는 포인터를 재배열하는 방식으로 정렬해서 데이터 자체가 여기저기로 움직이지 않게 해야 한다.

또, 정렬을 위한 관례가 어떻게 변해왔는지 기억하라. 빙고 게임장 트리 예제에서는 산술적인 비교를 통해 결정을 내릴 수 있었다. 즉, 어떤 수가 다른 수보다 큰지, 같은지, 작은지에 따라 결정을 내렸다. 이런 의사결정 방법은 1956년 생긴 포트란FORTRAN 프로그래밍 언어에서 비롯됐다. 포트란에서는 다음과 같은 문장을 쓸 수 있다.

리스트 7-3 포트란 산술 IF 문

```
IF (식) 분기1, 분기2, 분기3
```

이 IF 문은 식을 계산한 후, 그 결과가 0보다 작으면 분기 1, 0과 같으면 분기 2, 0보다 크면 분기 3을 실행한다. 이런 분기는 180페이지의 '분기 명령어' 절에서 본 내용과 비슷하다.

수 정렬은 단순하다. 그래서 수 정렬에 사용한 원칙을 그대로 다른 대상을 정렬할 때도 적용할 수 있으면 좋을 것이다. 그림 7-10에서 리스트 노드에 임의의 정보를 포함시킬 수 있다고 했다. 트리나 그 밖의 데이터 구조도 마찬가지다.

유닉스 버전 III부터 전통적인 **퀵정렬**quicksort 알고리즘을 구현한 `qsort`라는 라이브러리 함수가 도입됐다. 이 `qsort` 구현에서 흥미로운 부분은 이 함수가 데이터를 정렬하는 방법은 알고 있지만 데이터를 비교하는 방법은 알지 못한다는 점이다. 그래서 `qsort`는 C 언어의 함수 포인터(함수를 가리키는 포인터)를 활용한다. `qsort`로 리스트를 정렬하려면 포트란 `IF` 문처럼 두 원소 a와 b가 있을 때 이 둘을 비교해서 a가 b보다 크면 0보다 큰 값, a가 b와 같으면 0, a가 b보다 작으면 0보다 작은 값을 돌려주는 함수를 가리키는 포인터를 함께 전달해야 한다. 예를 들어, 이름과 나이로 이뤄진 노드가 있다면 `qsort`에 넘긴 비교 함수에 따라 다른 정렬 결과가 나온다. 예를 들어, 먼저 나이를 비교하고 그 후 이름을 비교하는 함수를 넘기면 나이순으로 정렬하고 나이가 같은 경우에만 이름순으로 정렬된 리스트를 얻을 수 있다. 이런 접근 방법은 아주 잘 작동하기 때문에 그 후 여러 시스템에 도입됐다.

표준 C 라이브러리의 문자열 비교 함수인 `strcmp`는 `qsort`의 비교 함수를 염두에 두고 작성됐다. 그래서 두 문자열을 비교하면 0보다 작은 정수, 0, 또는 0보다 큰 정수를 반환한다. 그리고 곧 이런 비교 방식이 사실상 표준이 됐다.

처음 만들어진 아스키ASCII 코드를 바탕으로 하는 `strcmp`는 그냥 두 문자열을 첫 번째 글자부터 차례로 방문하면서 한 문자에서 다른 문자를 빼는 방식으로 구현됐다. 뺄셈 결과가 0이면 다음 문자로 진행하고, 0이 아니면 바로 뺄셈 결과를 반환하며, 이 과정을 반복하다가 문자열의 끝에 동시에 도달하면 0을 반환한다.[11]

숫자가 저장된 두 리스트를 서로 비교한다면 이런 방법이 잘 작동하지만, 문자열을 알파벳순으로 정렬해야 한다면 어떨까? 아스키로 표현한 문자열만 정렬한다면 이 알고리즘이 잘 작동한다. 표 1-10을 보면 알파벳 순서와 아스키 코드 순서가 일치한다는 사실을 알 수 있다. 하지만 다른 **로케일**locale(지역)을 지원해야 하면 문제가 있다. 다른 언어(자연어)를 지원하게 되면서, 아스키 문자만 제대로 수치적인 **비교 순서**collating order를 제공하거나, 언어에 따라 정렬 규칙이 달라진다는 부작용이 생겼다.

11 두 문자열의 길이가 다른 경우에 대한 설명이 본문에 없다. 어떻게 하면 될지 잠시 생각해보라. 그렇다. 두 문자열의 길이가 다른데, 둘 중 한 문자열의 끝에 도달했다면 끝에 도달한 문자열이 더 작다. 예를 들어, "abc"와 "abcd"를 생각해보라. – 옮긴이

예를 들어, 독일어 ß('에스체트' 또는 '샤페스 에스')에는 어떤 값을 부여해야 할까? 유니코드에서는 0x00DF가 ß의 값이다. 이로 인해 평범한 문자열 비교를 수행하면 Straße('거리'라는 뜻의 독일어 단어)는 Strasse 다음에 위치하지만, 실제로 이 둘은 한 단어에 대한 다른 표현일 뿐이다.[12] ß는 ss와 같다. 로케일을 제대로 지원하는 문자열 비교라면 이 두 단어를 같은 단어로 인식해야 한다.

해시

지금까지 살펴본 검색 메서드는 모두 데이터 구조를 순회하면서 비교를 여러 번 수행해야 했다. 하지만 경우에 따라 더 성능이 좋은 또 다른 접근 방법이 있는데, 바로 **해싱**hashing이다. 해싱을 다양하게 응용할 수 있다. 여기서는 대용량 저장장치가 아니라 메모리에 데이터를 저장하고 읽는 연산을 다룬다. 일반적인 개념은 검색에 사용할 키key(검색 시 동일성을 판정하는 기준)에 대해, 이들을 균일하게 벽에 흩뿌려주는 **해시 함수**hash function를 적용하는 것이다. 해시 함수가 계산하기 쉽고 각 키를 벽에서 유일한 위치에 뿌려준다면, 검색을 아주 빠르게 할 수 있다. 물론 실제로는 실용성을 위해 고려해야 할 부분이 많다.

해시 함수의 결괏값을 사용해 키에 대응하는 데이터를 메모리에 저장할 수 있다. 따라서 해시 함수는 메모리 크기보다 작은 범위의 값을 만들어내야 한다. 해시 함숫값의 범위가 너무 크면 데이터를 너무 많이 사용하거나, 데이터가 너무 여기저기 흩어져서 메모리 접근 성능이 떨어질 수 있다. 키에 대한 사전 정보가 없기 때문에 완벽한 해시 함수를 만드는 것은 불가능하다.

저장장치에 데이터를 저장하는 방법 중에는 해시 함수의 결과를 배열 인덱스로 활용하는 방법이 있다. 이런 배열을 **해시 테이블**hash table이라고 말한다. 그림 7-40을 보라. 이때 배열의 각 원소를 버킷bucket(바구니)이라고 한다.

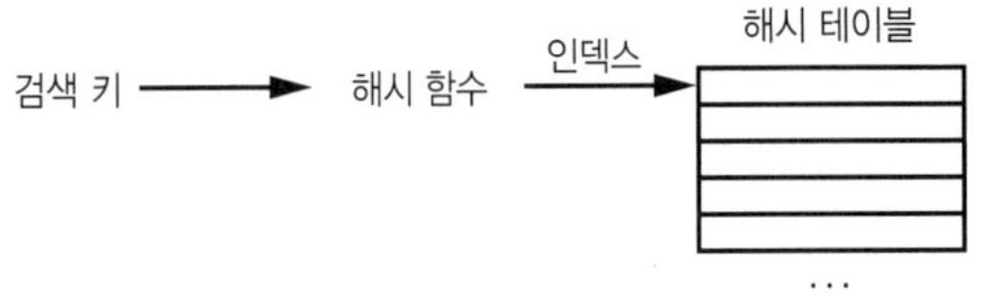

그림 7-40 해싱

12 ß를 쓸 수 없으면 ss를 사용해왔으며, 스위스, 리히텐슈타인에서는 1930년부터 ß를 없애고 ss를 써왔다. 2006년부터 독일에서도 단모음 뒤의 ß는 모두 ss를 쓴다. – 옮긴이

어떤 특성을 지닌 함수가 좋은 해시 함수일까? 좋은 해시 함수는 계산하기 쉬워야 하고, 키를 골고루 버킷에 뿌려줘야 한다. 텍스트에 대해 꽤 잘 동작하는 해시 함수로는 문잣값을 모두 더하는 함수가 있다. 이런 함수는 합계가 해시 테이블 인덱스 최댓값보다 커질 수 있다는 문제가 있지만, 합계를 해시 테이블 크기로 나눈 나머지를 사용하면 쉽게 이 문제를 해결할 수 있다. 실제 이런 함수가 어떻게 작동하는지 살펴보자. 해시 테이블 크기는 11이다. 문잣값을 모두 더한 값이 골고루 분포하기 위해서는 해시 테이블 크기를 소수prime number로 만들면 좋다.

좋아하는 잼 밴드Jam band 콘서트에서 연주된 노래를 추적하는 애플리케이션이 있다고 하자. 각 노래가 가장 마지막에 연주된 날짜를 저장한다. 다만 노래 제목의 첫 번째 단어만 사용하기로 하자.

그림 7-41을 보면, 먼저 'Hell'을 버킷에 넣는다. 이 경우 버킷 인덱스는 4다. 다음 노래인 'Touch'는 버킷 9에 들어가며, 'Scarlet'이 버킷 3에 들어간다. 하지만 'Alligator'의 경우 해시 함수의 값이 Scarlet과 같다. 이런 경우를 **충돌**collision이라고 부른다.

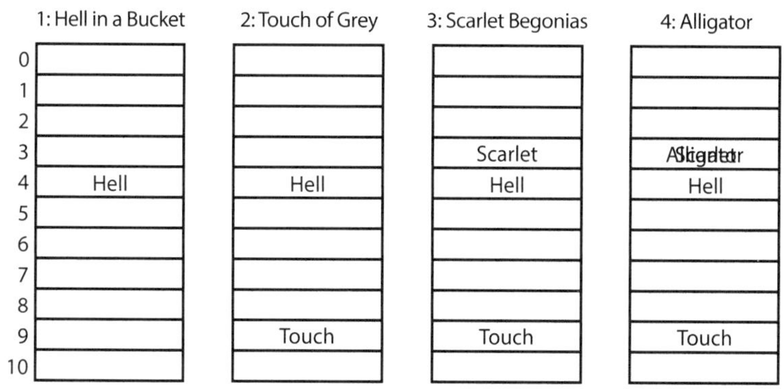

그림 7-41 해시 충돌

해시 체인hash chain을 사용해 이런 문제를 해결할 수 있다. 가장 간단한 형태의 해시 체인은 그림 7-42처럼 단일 연결 리스트를 사용한다.

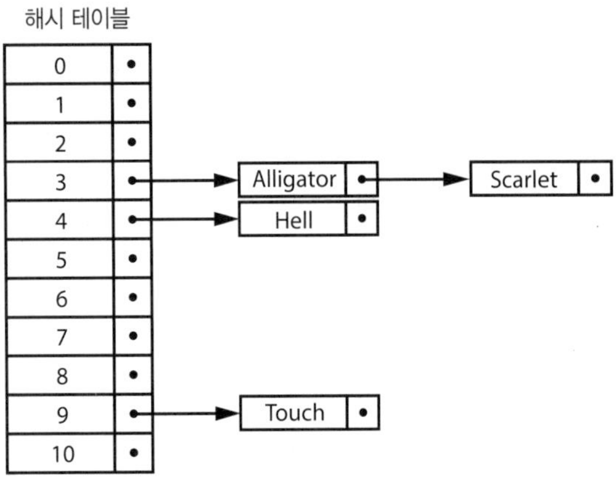

그림 7-42 해시 체인

해시 체인을 관리하는 경우 몇 가지 선택지가 있다. 그림 7-42처럼 충돌이 일어나면 삽입을 빠르게 하기 위해 체인의 맨 앞에 원소를 추가할 수도 있다. 하지만 체인이 길어질수록 검색 시간이 느려진다. 따라서 삽입 정렬insertion sort로 해시 체인에 원소를 넣을 수도 있다. 이 경우 삽입에 시간이 더 걸리지만 어떤 원소가 체인에 들어 있는지 여부를 결정하기 위해 체인을 다 뒤질 필요는 없어진다. 해시 충돌을 처리하는 다른 방법도 많다. 예를 들어, 해시 테이블에서 빈 슬롯slot을 어떤 식으로든 찾는 알고리즘을 써서 해시 체인을 없앨 수도 있다.

저장할 데이터 개수를 미리 알지 못하면 해시 테이블 크기를 잘 고르기는 어렵다. 체인 길이를 추적하다가 체인이 너무 길어지기 전에 해시 테이블을 확장할 수도 있다. 해시 테이블 확장은 비용이 많이 드는 연산이지만 검색에 비해 자주 발생하는 연산은 아니므로 결국에는 테이블 확장으로부터 이익을 얻을 수 있다.

해시 함수에도 변형이 많다. 해시 함수에서 성배holy grail는 **완전 해시**perfect hash다. 완전 해시는 각 키를 유일한 버킷에 연결해준다. 모든 키를 미리 알고 있지 않다면 완전한 해시 함수를 만들기는 거의 불가능하다. 하지만 수학자들은 여기서 예제로 보여준 해시 함수보다 훨씬 더 좋은 함수를 만들어왔다.

효율성과 성능

컴퓨터과학자들은 효율적인 검색 알고리즘을 만들기 위해 수많은 노력을 기울여왔다. 이런 노력 중 대부분은 컴퓨터가 비싼 시절에 이뤄졌다. 당시에는 성능과 효율성이 서로 연결되어 있었다.

전자 장치의 값이 극적으로 줄어든 지금은 쓸데없이 파란 LED가 붙어 있지 않은 전자 제품을 사는 게 불가능할 지경이다. 그로 인해 성능과 효율성이 서로 분리됐다. 덜 효율적인 알고리즘을 돌려도 더 많은 프로세서를 사용하면 더 효율적인 알고리즘을 더 적은 프로세서에서 실행할 때보다 더 나은 성능을 얻을 수도 있다.

성능과 효율이 분리된 상황을 응용하는 방법으로 데이터베이스 **샤딩**sharding이 있다. 샤딩은 다른 말로 **수평 파티셔닝**horizontal partitioning이라고도 부른다. 샤딩은 그림 7-43처럼 데이터베이스를 각각 다른 기계에서 실행되는 여러 샤드로 나누는 방식을 말한다.

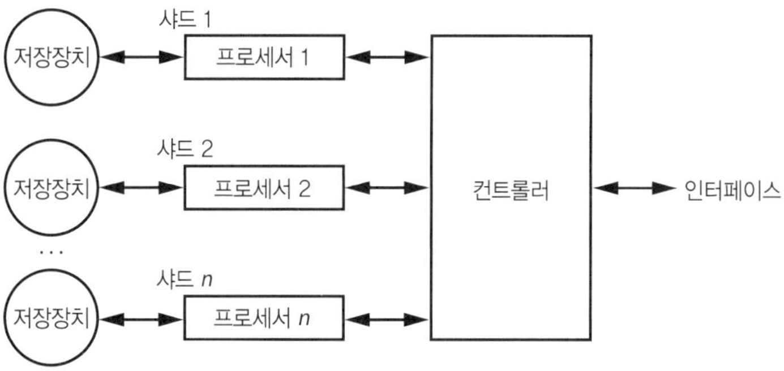

그림 7-43 데이터베이스 샤딩

인터페이스를 통해 요청이 들어온 데이터베이스 연산을 모든 샤드에 전달한다. 그리고 컨트롤러가 결과를 하나로 모은다. 이 기법을 사용하면 작업을 여러 작업자로 나눠 (동시에 병렬적으로) 수행할 수 있기 때문에 성능이 향상된다.

샤딩의 변종으로 **맵리듀스**MapReduce가 있다. 맵리듀스는 근본적으로 컨트롤러가 중간 결과를 모으는 방법을 코드로 직접 작성할 수 있게 해준다. 이를 활용하면 '모든 수학 강의의 학생 수를 세라'와 같은 연산을 모든 학생의 목록을 읽어와서 세어보지 않고도 처리할 수 있다.

이런 다중 프로세서를 사용하는 방식을 응용할 수 있는 분야는 데이터베이스뿐만이 아니다. 역사적으로 재미있었던 응용으로는 1998년 전자 프론티어 재단Electronic Frontier Foundation이 만들었던 DESData Encryption Standard 암호 해독 프로그램이 있다. 오라일리O'Reilly에서 1998년 출간한 『Cracking DES』에서 이야기 전반을 볼 수 있다. 1,856개의 전용 프로세서 칩을 사용하는 기계를 만들었고, 각 칩은 정해진 범위에 속하는 모든 키를 가지고 암호화된 데이터를 풀려고 시도했다. 그리고 '흥미로운' 결과가 나오면 컨트롤러에게 보내서 더 자세히 분석하게 했다. 이 기계는 키를 1초에 900억 개 분석할 수 있었다.

정리

7장은 지금까지 배운 컴퓨터 하드웨어에 대한 내용을 응용해 데이터를 더 잘 조직화하는 여러 방법을 소개했다. 8장에서는 여러분이 작성한 프로그램을 어떻게 컴퓨터 하드웨어가 이해할 수 있는 형태로 변환할 수 있는지 살펴본다.

8장

프로그래밍 언어 처리

- 컴퓨터는 프로그램을 어떻게 해석하고 변환하는가

괴팍한 사람만 컴퓨터 프로그램을 작성할 수 있다는 사실은 아주 확실하다. 언제나 그래왔다. 하지만 **프로그래밍 언어**programming language로 인해 적어도 프로그램 작성이 훨씬 더 쉬워지기는 했다.

이번 장에서는 프로그래밍 언어가 어떻게 구현되는지 살펴본다. 이번 장의 목표는 코드를 작성하면 무슨 일이 벌어지는지 이해하는 것이다. 그리고 작성한 코드가 **기계어**machine language라는 실행 가능한 형태로 어떻게 변환되는지 배우게 된다.

어셈블리 언어

183페이지의 표 4-4에서 피보나치 수를 계산하는 프로그램을 기계어로 구현한 모습을 봤다. 여러분도 상상할 수 있겠지만, 프로그램의 각 명령어에 대한 비트 조합을 하나하나 알아내려면 아주 고통스럽다. 초기 컴퓨터 프로그래머들은 이런 작업에 신물이 나서 프로그램을 작성하는 더 나은 방법을 고안해냈다. 이 방법이 바로 **어셈블리 언어**assembly language다.

어셈블리 언어는 다음과 같은 놀라운 일을 해준다. 어셈블리 언어를 쓰면 프로그래머가 모든 비트 조합을 외우지 않고 이해하기 쉬운 **니모닉**mnemonics을 통해 명령어를 쓸 수 있다. 어셈블리 언어에서는 주소에 이름, 즉 **레이블**label을 붙일 수 있다. 그리고 코드에 **주석**comment을 달아서 다른 사람들이 프로그램을 더 쉽게 읽고 이해하도록 도와줄 수 있다.

어셈블리 언어로 작성된 코드를 읽어서 동등한 **기계어 코드**machine code를 생성해주는 프로그램을 **어셈블러**assembler라고 부른다. 이런 변환 과정에서 어셈블러는 레이블이나 **심볼**symbol의 값을 결정해 채워 넣어준다. 코드에서 명령어 위치가 바뀌면 생길 수 있는 바보 같은 오류를 예방해주기 때문에 심볼의 값을 결정해 넣어주는 기능은 아주 유용하다. 리스트 8-1은 4장의 표 4-4에 있는 피보나치 프로그램을 가상의 어셈블리 언어로 작성한 코드다.

리스트 8-1 피보나치 수열을 계산하는 어셈블리 언어 프로그램

```
        load   #0       ; first를 0으로 설정
        store  first
        load   #1       ; second를 1로 설정
        store  second
again:  load   first    ; first와 second를 더해서
        add    second   ; next를 계산
        store  next
                        ; 계산한 수를 가지고 뭔가 흥미로운 일을 함
        load   second   ; second를 first로 옮김
        store  first
        load   next     ; next를 second로 옮김
        store  second
        cmp    #200     ; 다 끝났는가?
        ble    again    ; 끝나지 않았다면 again으로 가서 계속 진행
first:  bss    1        ; first가 저장될 위치
second: bss    1        ; second가 저장될 위치
next:   bss    1        ; next가 저장될 위치
```

bssblock started by symbol라는 **의사명령어**pseudo-instruction는 메모리 덩어리(여기서는 1워드)를 예약하되 메모리 안에는 아무 값도 넣지 않는다. 의사명령어는 기계어와 직접 대응되지는 않지만, 어셈블러에게 지시를 내린다. 이 예제를 보면 기계어보다 어셈블리 언어가 다루기 훨씬 더 쉽다는 사실을 알 수 있다. 하지만 어셈블리어도 여전히 꽤 지루하다.

초창기 프로그래머들은 불가능한 일을 해야만 했다. 맨 처음 컴퓨터가 만들어졌을 때는 어셈블러도 없었다. 그래서 개발자들은 어려운 방식, 즉 직접 손으로 모든 비트를 알아내는 방법으로 최초의 어셈블러를 작성해야 했다. 첫 번째 어셈블러는 아주 원시적이었지만 제대로 작동하는 어셈블러가 생겼기 때문에 이 어셈블러에서 작동하는 어셈블리 언어를 사용해 더 나은(더 많은 의사명령어와 기능을 제공하는) 어셈블러를 어셈블리 언어로 작성할 수 있었고, 개선된 의사명령어와 기능을 활용하는 어셈블리 언어로 다시 더 많은 기능을 제공하는 어셈블러를 만들 수 있었으며, 이런 식의 개선을 계속할 수 있었다.

부트스트랩bootstrap이라는 말이 그래서 생겨났다. 종종 이 말을 **부트**boot라고 줄여서 부르기도 한다. 컴퓨터를 부팅하는 과정은 롬 등에 들어 있는 작은 프로그램을 메모리로 읽어오는 것부터 시작한다. 이 프로그램은 필요한 초기화를 진행한 후 더 큰 프로그램을 (보통은 하드 디스크, USB 등 대용량 저장장치에서) 읽어오고, 이 프로그램은 더 큰 운영체제 등을 불러올 수 있다. 초기 컴퓨터에서는 사람이 직접 전면 패널의 스위치를 사용해 최초 부트스트랩 프로그램을 입력해야만 했다.

고수준 언어

어셈블리 언어는 큰 도움이 됐지만 여러분도 알 수 있듯이 간단한 일을 할 때도 많은 작업이 필요하다. 좀 더 복잡한 작업을 묘사하기 위해 더 적은 단어를 사용할 수 있으면 정말 좋을 것이다. 프레드 브룩스Fred Brooks는 1975년 애디슨 웨슬리Addison-Wesley에서 펴낸 『The Mythical Man-Month: Essays on Software Engineering』이라는 책(『맨먼스 미신』, 인사이트, 2015)에서 평균적으로 하루에 3~10줄의 문서화되고 디버깅이 이뤄진 코드를 작성한다고 주장했다. 따라서 코드 한 줄로 더 많은 일을 할 수 있다면 훨씬 더 많은 일을 완수할 수 있다.

고수준 언어high-level language로 들어가자. 고수준 언어는 어셈블리 언어보다 더 높은 추상화 단계에서 작동한다. 고수준 언어의 소스 코드는 **컴파일러**compiler라는 프로그램에 의해 실행된다. 컴파일러는 소스 코드를 기계어로 번역, 즉 **컴파일**compile해준다. 기계어 코드를 다른 말로 **목적 코드**object code라고도 한다.

수천 가지 고수준 언어가 만들어졌다. 일부는 아주 일반적인 언어이고, 일부는 아주 구체적인 작업을 위한 언어다. 처음 생긴 고수준 언어 중에는 포트란FORTRAN이라는 언어가 있다. 포트란이라는 이름은 '식 변환기formula translator'를 줄인 말이다. 포트란을 사용하면 $y = m \times x + b$ 같은 수식을 계산할 수 있는 프로그램을 쉽게 작성할 수 있다. 리스트 8-2는 앞에서 본 피보나치 수열 프로그램을 포트란으로 작성한 모습이다.

리스트 8-2 포트란으로 작성한 피보나치 수열 프로그램

```
C       편의상 주석을 한글로 번역했지만 컴파일러나 포트란 버전에 따라 한글 주석을 지원하지 않을 수도 있음
C       초기 수열의 두 수 I와 J를 0과 1로 설정
        I=0
        J=1
C       수열의 다음 수를 구함
```

```
5       K=I+J
C       구한 수를 사용해 흥미로운 일을 함
C       수열의 값들을 I와 J로 하나씩 이동시킴
        I=J
        J=K
C       마지막 수가 200보다 작으면 루프를 반복 수행
        IF (J .LT. 200) GOTO 5
C       완료됨
```

어셈블리어보다 훨씬 단순하다. 그렇지 않은가? C로 시작하는 줄은 주석이다. 레이블이 있는데 모두 숫자여야 한다. 또한 명시적으로 사용하려는 메모리를 선언할 필요는 없다. I나 J 같은 **변수** variable를 사용하면 마법처럼 메모리가 할당된다. 포트란은 몇 가지 흥미로운(또는 여러분의 관점에 따라서는 보기 흉한) 시도를 했는데, 오늘날까지 잔재가 남아 있다. 이름이 I, J, K, L, M, N으로 시작하는 변수는 정수다. 이런 표현은 수학자들이 증명을 할 때 변수 이름을 짓는 관례에서 따왔다. 다른 글자로 시작하는 변수는 부동소수점 수 또는 포트란 용어로 REAL이다. 예전에 포트란을 배웠던 프로그래머들은 여전히 정수 변수 이름으로 대문자만 소문자로 바꾼 i, j, k, l, m, n을 사용한다.

포트란은 당시 큰 기계에서만 실행되던 꽤 당황스러운 언어였다. 더 작고 값싼 기계(이 말은 더 작은 방에도 들어갈 수 있다는 뜻이다)가 등장하면서 다른 언어가 만들어졌다. 새로운 언어 중 **베이직** BASIC, Beginner's All-purpose Symbolic Instruction Code(초보자를 위한 범용 기호적 명령어 코드)을 비롯한 상당수는 포트란의 아이디어를 받아들여 변형한 언어였다. 이런(포트란을 이어받은) 언어에는 똑같은 문제가 있었다. 프로그램이 복잡해지면서 줄 번호와 GOTO로 이뤄진 연결이 관리할 수 없을 정도로 너무 복잡해졌다. 프로그램을 작성할 때 처음에는 레이블 번호를 순서대로 작성했지만, 코드를 변경하다 보면 금방 순서가 뒤섞이고 레이블의 위치를 찾기가 어려워졌다. 나중에 레이블을 끼워 넣을 수 있게 레이블 번호를 10이나 100 정도 떨어뜨리면서 여유를 두는 프로그래머도 많았다. 하지만 이런 방법이 항상 잘 통하는 것은 아니었다.

구조적 프로그래밍

포트란이나 베이직 언어는 **비구조적** unstructured 언어라고 불린다. GOTO와 레이블을 조합할 때 아무런 구조를 강요하지 않기 때문이다. 실제 생활에서는 땅에 목재를 던져서 (벽, 들보, 지붕 등의

부품을 만들지 않고) 집을 지을 수 없지만, 포트란에서는 원하는 대로 GOTO와 레이블을 사용해 프로그램을 작성할 수 있었다. 여기서 말하는 포트란은 맨 처음 나온 포트란을 뜻한다. 포트란도 계속 진화해왔고, 진화 과정에서 구조적 프로그래밍 개념을 포함시켜왔다. 포트란은 여전히 유명한 과학기술 언어 중 하나다.

구조적structured 프로그래밍은 이런 잘못된 GOTO 사용으로 인해 발생할 수 있는 **스파게티 코드** spaghetti code 문제를 해결하기 위해 개발됐다. 몇몇 언어는 구조적 프로그래밍 개념을 극단까지 수용했다. 예를 들어 파스칼은 GOTO를 완전히 없앴고, 이로 인해 기초적인 구조적 프로그래밍을 가르칠 때만 유용한 프로그래밍 언어가 됐다.[1] 공정하게 말하자면 어차피 파스칼은 교육용으로 설계된 언어였으므로 자신의 목적에 맞는 역할을 한 것이다. C는 켄 톰슨Ken Thompson이 만든 B 언어를 계승한 언어인데, 원래 벨 전화 연구소의 데니스 리치Dennis Ritchie에 의해 만들어졌다. C는 아주 실용적인 언어이며 가장 널리 쓰이는 프로그래밍 언어 중 하나가 됐다. 나중에 나온 언어 중 상당수가 C의 요소를 그대로 가져다 썼으며, 그와 유사한 언어로는 C++, 자바, PHP, 파이썬, 자바스크립트 등이 있다.

리스트 8-3은 자바스크립트로 작성한 피보나치 프로그램이다. 명시적인 분기(GOTO)가 없다는 점을 알 수 있다.

리스트 8-3 피보나치 수열을 계산하는 자바스크립트 프로그램

```
var first;      // 첫 번째 수
var second;     // 두 번째 수
var next;       // 수열의 다음 수

first = 0;
second = 1;

while ((next = first + second) < 200) {
    // 수를 가지고 뭔가 재미있는 일을 여기서 한다.
    first = second;
    second = next;
}
```

1 1980년대 당시 열악한 컴퓨팅 환경 속에서 상대적으로 더 시스템에 밀접히 연관된 코딩을 쉽게 할 수 있는 C나 C++보다는 사용할 수 있는 곳이 적었지만, 그래도 파스칼은 빠르게 일정 수준 이상의 데스크톱 애플리케이션을 개발할 수 있는 언어로 (특히 델파이 등의 도구로 인해) 꽤 각광을 받았다. – 옮긴이

while 뒤에 있는 괄호 속의 조건식이 참인 한 중괄호({}) 사이에 있는 문장이 반복 실행된다. 조건이 거짓이 되면 } 뒤에 있는 문장부터 실행이 계속된다. 제어 흐름이 깔끔하기 때문에 프로그램을 더 쉽게 이해할 수 있다.

어휘 분석

이제 언어를 어떤 식으로 처리하는지 살펴보자. 먼저 **어휘 분석**lexical analysis부터 살펴보자. 어휘 분석은 코드를 **기호**(문자들)로부터 단어와 같은 성격의 **토큰**token으로 변환하는 과정이다.

어휘 분석을 간단히 살펴보기 위해, 단어와 구분자separator라는 두 가지 유형의 토큰만 존재하는 언어를 가정하자. 이런 규칙의 언어에서 'lex luthor'(모든 나쁜 프로그래밍 언어를 만든 사람)[2]는 2개의 토큰('lex'와 'luthor')과 1개의 구분자(공백)로 이뤄진다. 그림 8-1은 입력을 토큰들로 분리하는 간단한 알고리즘을 보여준다.

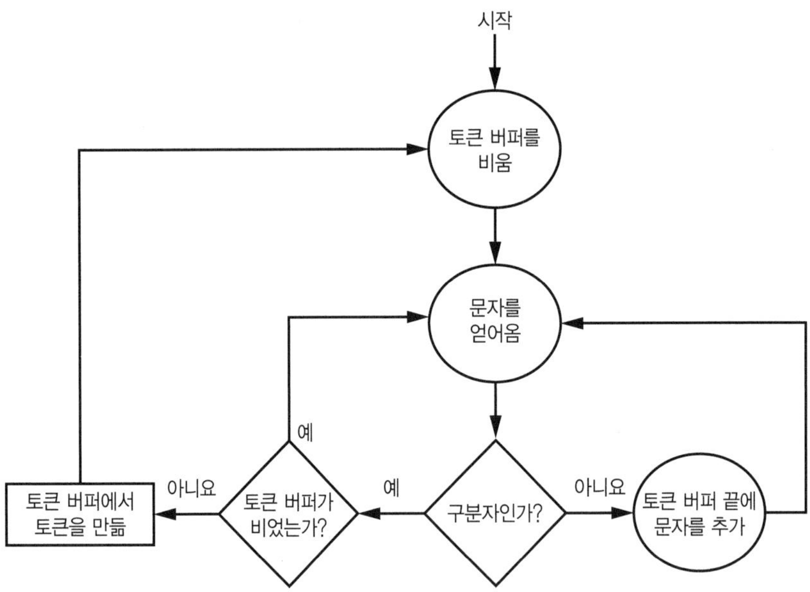

그림 8-1 간단한 어휘 분석

토큰을 추출하는 것만으로는 충분하지 않다. 실용적인 언어라면 이름, 숫자, 연산자 등 토큰 유형도 많기 때문에 토큰을 구분해야 한다. 언어에는 수학에서와 마찬가지로 보통 연산자와 피연

2 렉스 루터는 〈슈퍼맨〉에 나오는 악역이다. 이런 프로그래머가 실제 있지는 않다. – 옮긴이

산자가 있고, 피연산자로는 변수와 상수(숫자)가 있을 수 있다. 여러 언어가 제공하는 자유로운 형식으로 인해 좀 더 문제가 복잡해진다. 예를 들어, A+B와 A + B처럼(공백 차이를 보라) 구분자가 없지만 암시적으로 있는 것처럼 처리하려면 문제가 더 복잡해진다. 두 형태 모두 해석은 같지만 첫 번째 형태에는 명시적인 구분자가 없다.

수를 표현하는 상수도 제대로 구분하려면 놀라울 정도로 어렵다. 8진수, 16진수, 정수, 부동소수점 수의 구분을 무시하더라도 그렇다. 정상적인 부동소수점 수를 이루는 요소를 한번 도해로 나타내보자. 그림 8-2처럼 부동소수점 수를 나타내는 방법은 1., .1, 1.2, +1.2, -.1, 1e5, 1e+5, 1e-5, 1.2E5 등으로 다양하다.

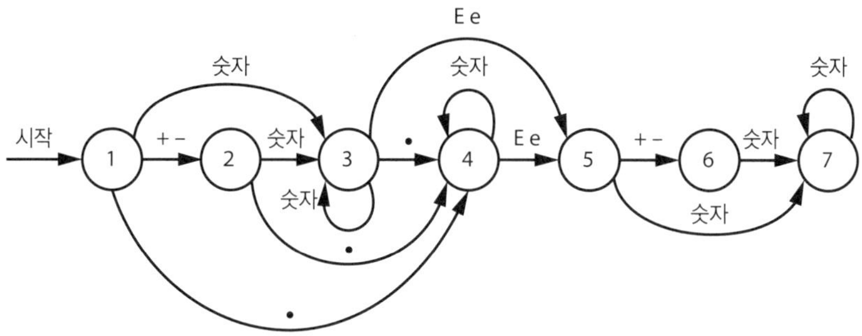

그림 8-2 부동소수점 수에 대한 도해

처음에 1번 동그라미에서 시작한다. +나 - 문자가 있으면 2번 동그라미로 가지만, .이 있으면 4번 동그라미로 가고, 숫자가 있으면 3번 동그라미로 간다. 2번 동그라미에서는 .을 받으면 4번 동그라미로, 숫자를 받으면 3번 동그라미로 간다. 3번 동그라미와 4번 동그라미는 받은 숫자를 계속 모은다. 더 이상 따라갈 수 있는 화살표(여기서 동그라미를 상태state라고 부르고, 상태에서 상태로 움직이는 화살표를 전이transition(천이라고도 함)라고 부른다)가 없으면 부동소수점 수가 끝난다. 예를 들어, 어떤 동그라미에서든 공백을 받으면 처리가 끝난다. 물론 2번 동그라미에서 아무 숫자나 소수점도 받지 않고 끝나거나, 6번 동그라미에서 아무 숫자도 받지 않고 끝나거나, 5번 동그라미에서 부호나 숫자를 받지 않고 끝나는 경우에는 완전한 부동소수점 수를 얻을 수 없기 때문에 오류다. 도해를 단순화하기 위해 이런 오류 경로는 빠져 있다.

이 과정은 마치 해적선장의 보물지도를 사용해 보물을 찾는 과정과 비슷하다. 지시를 따르는 동안에는 한 위치에서 다른 위치로 오갈 수 있다. 지시를 따르지 않으면(예를 들어, 1번 동그라미에서 Z 문자가 있다면) 지도에서 벗어나서 길을 잃게 된다.

그림 8-2를 부동소수점 수에 대한 명세specification로 볼 수 있고, 이를 구현하기 위한 소프트웨어를 작성할 수 있다. 하지만 배커스-나우르 표기법BNF, Backus-Naur form처럼 더 형식적으로formal[3] 정의된 방법[4]도 있다.

배커스-나우르 표기법

배커스-나우르 표기법(BNF)은 인도 산스크리트 철학자 파니니(Pāṇini, 기원전 5세기)의 작업에서 뿌리를 찾아볼 수 있다. BNF라는 이름은 포트란을 만든 미국 컴퓨터과학자인 존 배커스(John Backus, 1924~2007)와 덴마크 컴퓨터과학자 페테르 나우르(Peter Naur, 1928~2016)의 이름에서 비롯됐다. BNF는 언어를 정의하는 형식적인 방법이다. 여기서 BNF를 자세히 다루지는 않는다. 하지만 여러 문서(예: 인터넷 프로토콜을 정의하는 RFC(request for comments)) 등에서 BNF가 쓰이기 때문에 여러분은 BNF에 익숙해져야만 한다. 다음은 부동소수점 수를 정의하는 BNF다.

```
<digit>              ::= "0" | "1" | "2" | "3" | "4" | "5" | "6" | "7" | "8" | "9"
<digits>             ::= <digit> | <digits> <digit>

<e>                  ::= "e" | "E"
<sign>               ::= "+" | "-"
<optional-sign>      ::= <sign> | ""

<exponent>           ::= <e> <optional-sign> <digits>
<optional-exponent> ::= <exponent> | ""

<mantissa>           ::= <digits> | <digits> "." | "." <digits> | <digits> "." <digits>
<floating-point>     ::= <optional-sign> <mantissa> <optional-exponent>
```

::=의 왼쪽에 있는 요소를 오른쪽에 있는 요소로 대치할 수 있다. |는 선택(|로 연결된 여러 가지 중 어느 하나가 가능함)을 뜻하며, 큰따옴표 안에 있는 요소는 리터럴(literal)이다. 리터럴이라는 말은 쓰여 있는 그대로 나타나야 한다는 뜻이다.

3 일상생활에서 '형식적'이라는 말에는 겉으로만 제대로 하는 척하고 속은 그렇지 않다는 부정적인 의미가 있지만, 수학 용어로 '형식적'이라는 말은 수학적인 규칙에 따라 엄격하게 잘 정의됐다는 뜻이다. – 옮긴이

4 그림 8-2는 시작 상태와 끝 상태가 명시되어 있지 않고, 어떤 문자들을 받아들일지가 명확히 정의되어 있지 않아서 수학적으로 명확하다고 말하긴 어렵다. 하지만 그림 8-2의 그림에서 시작 상태와 종료 상태(어떤 상태일 때 토큰을 받아들이고 어떤 상태이면 오류인지)를 명확히 정하고 어떤 문자들을 받아들일지 문자 집합(이를 알파벳이라고 부른다)을 정의하면 받아들일 수 있는 토큰을 BNF로 정의한 것과 똑같은 표현법이 되는데, 이런 표기법을 수학에서는 유한 상태 오토마타(FSA, finite state automata)라고 부른다. 유한 상태 오토마타로 표시할 수 있는 언어의 집합은 BNF로 표시할 수 있는 언어 집합의 부분집합이지만, 두 방식 모두 오래된 형식적인 표기법이다. – 옮긴이

상태 기계

수의 복잡성만 살펴봐도 입력에서 언어 토큰을 추출하는 특별한 코드의 분량이 얼마나 많을지 상상할 수 있다. 그림 8-2는 또 다른 접근 방법의 힌트를 보여준다. 우리는 상태로 이뤄진 집합과 한 상태에서 다른 상태로 전이되는 원인의 목록(이 목록은 그림 8-2에서 본 천이들과 똑같다)으로 이뤄진 **상태 기계**state machine를 만들 수 있다. 이 정보를 표 8-1처럼 배열할 수 있다.

표 8-1 부동소수점 수에 대한 상태 테이블

입력	상태						
	1	2	3	4	5	6	7
0	3	3	3	4	7	7	7
1	3	3	3	4	7	7	7
2	3	3	3	4	7	7	7
3	3	3	3	4	7	7	7
4	3	3	3	4	7	7	7
5	3	3	3	4	7	7	7
6	3	3	3	4	7	7	7
7	3	3	3	4	7	7	7
8	3	3	3	4	7	7	7
9	3	3	3	4	7	7	7
0	3	3	3	4	7	7	7
e	오류	오류	5	5	오류	오류	완료
E	오류	오류	5	5	오류	오류	완료
+	2	오류	완료	완료	6	오류	완료
–	2	오류	완료	완료	6	오류	완료
.	4	4	4	완료	오류	오류	완료
기타 문자	오류	오류	오류	오류	오류	오류	오류

이 표를 보면 상태 1에 있을 때 숫자가 오면 상태 3으로 가고, e나 E가 오면 상태 5로 가며, +, -가 오면 상태 2, .이 오면 상태 4로 간다는 사실을 알 수 있다. 그리고 그 외의 문자가 오면 모두 오류다.

상태 기계를 사용하면 리스트 8-4처럼 간단한 코드를 사용해 입력을 분류할 수 있다. 표 8-1을 사용하되 완료는 0으로, 오류는 -1로 바꾸자. 단순화를 위해 다른 모든 문자를 표에서는 '기타 문자' 줄로 표현한다.

리스트 8-4 상태 기계 사용하기

```
state = 1;
while (state > 0)
    state = state_table[state][next_character];
```

다른 유형의 토큰에 대해서도 이 접근 방법을 쉽게 확장할 수 있다. 완료라는 한 가지 값만 부여하는 대신, 각 토큰 유형에 따라 각기 다른 완료 상탯값을 부여하면 된다.

정규식

그림 8-2와 같은 도해에서 표 8-1 같은 테이블을 만드는 과정은 아주 지루하고, 언어가 복잡하면 실수를 저지르기도 쉽다. 해법은 언어를 지정하기 위한 언어를 정의하는 것이다. 미국 수학자 스티븐 콜 클레이니Stephen Cole Kleene(1909~1994)는 1956년 이미 이런 접근 방법에 대한 수학적 기초를 놓았다. 켄 톰슨은 1968년 텍스트 편집기의 일부분으로 이런 기능을 최초로 소프트웨어로 변환했고, 그 후 유닉스 grep 유틸리티 명령을 만들었다(grep은 '정규식을 전역으로 찾아서 출력하라'라는 뜻의 영어 'globally search a regular expression and print'의 약자다). 이 명령으로 인해 **정규식**regular expression이라는 말이 널리 알려졌고, 이제는 정규식을 거의 대부분의 프로그래밍 언어에서 사용한다. 정규식 자체도 언어이기 때문에, 현재는 서로 호환이 되지 않는 몇 가지 정규식 언어가 존재한다. 정규식은 **패턴 매칭**pattern matching에서 중추적 역할을 한다. 그림 8-3은 부동소수점 수 패턴과 매치되는 정규식을 보여준다.

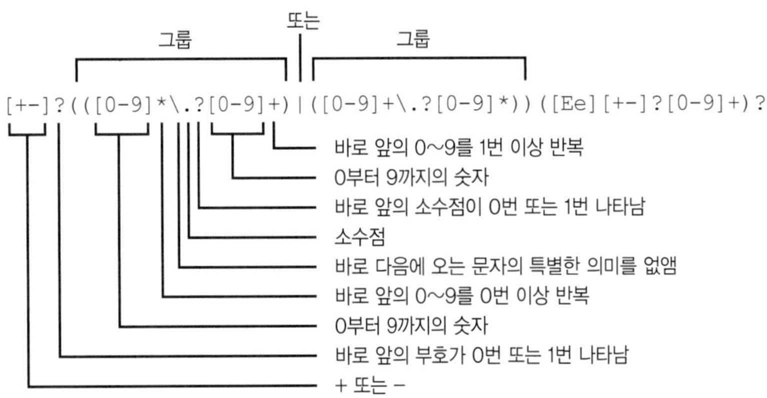

그림 8-3 부동소수점 수를 표현하는 정규식

정규식은 횡설수설처럼 보이겠지만 실제로는 몇 가지 간단한 규칙에만 의존한다. 정규식은 왼쪽에서 오른쪽으로 처리된다. 이 말은 abc라는 식은 (문자 순서가 같은) "abc"라는 문자열과 매치된다는 뜻이다. 어떤 패턴 뒤에 오는 ?는 패턴이 0번 또는 1번 나타난다는 뜻이고, *는 패턴이 0번 이상, +는 1번 이상 나타난다는 뜻이다. 각괄호로 둘러싸인 문자 집합은 그 집합 안에 있는 어느 한 문자와 매치된다는 뜻이다. 따라서 [abc]는 a나 b나 c 중 하나와 매치될 수 있다. .은 아무 글자든 한 글자와 매치될 수 있다. 따라서 .이라는 글자 자체(리터럴이라는 영어가 바로 글자 그대로라는 뜻이다)와 매치하려면 백슬래시(\)를 통해 .의 특별한 기능을 **이스케이프**escape(탈출이라는 뜻)해야 한다. |는 이 기호의 왼쪽이나 오른쪽에 있는 패턴 중 어느 하나와 매치되면 된다는 뜻이고, 괄호 ()는 수학과 마찬가지로 정규식을 그룹으로 묶을 때 쓰인다.

앞의 부동소수점 정규식을 왼쪽에서 오른쪽으로 읽으면 처음에 선택적인 양수나 음수 부호를 만난다. 그 뒤에 괄호로 묶은 그룹이 온다. 그룹 안에는 두 가지 패턴이 |로 연결되어 있다. 첫 번째 패턴은 0 글자 이상의 숫자가 오고, 선택적인 소수점이 오며, 그 뒤에 1개 이상의 숫자가 오는 패턴이다(이 패턴은 1.2 등 정수 부분과 소수 부분이 모두 있는 경우나 .2 등 정수 부분이 없이 소수 부분만 있는 경우와 매치된다). 두 번째 패턴은 1글자 이상의 숫자가 오고, 선택적인 소수점이 오며, 0 글자 이상의 숫자가 오는 패턴이다(이 패턴은 1.2 등 정수와 소수 부분이 모두 있는 경우나 123 등의 일반적인 정수나 정수 뒤에 소수점만 있는 경우와 매치된다). 그 뒤에 선택적으로 지수 부분이 온다. 지수 부분은 E나 e 중 하나가 오고 그 뒤에 부호(+나 - 중 하나)가 오며, 숫자가 1개 이상 들어 있어야 한다. 보기보다 그렇게 엄청나게 어렵지는 않다. 그렇지 않은가?

입력을 토큰으로 처리할 수 있는 정규식 언어가 있고, 이로부터 자동으로 상태 테이블을 만들어낼 수 있으면 훨씬 더 유용할 것이다. 그리고 벨 전화 연구소 덕에 그런 도구가 이미 있다. 1975년 미국 물리학자 마이크 레스크Mike Lesk는 인턴이던 에릭 슈미트Eric Schmidt(과거 구글Google의 지주회사인 알파벳Alphabet의 CEO였음)와 함께 lex라는 프로그램을 작성했다('렉스'라고 부른다). lex는 '어휘 분석기lexical analyzer'를 줄인 말이다. 비틀즈(전설적인 록 밴드)가 「페니 레인Penny Lane」에서 노래한 것처럼 '그건 클린 머신[5]'이다. 나중에 GNU 프로젝트에서는 오픈소스 버전인 flex를 만들었다. 이런 도구들이 정확히 우리가 원하는 일을 해준다. 이들은 입력이 정규식과 매치될 때 사용자가 제공한 프로그램 조각을 실행해주는 상태 테이블 기반의 프로그램을 생성

5 「페니 레인」에 나오는 'It's a clean machine'이라는 가사의 clean machine과 Kleene machine의 발음이 비슷하다고 생각해 넣은 농담이다. – 옮긴이

해준다. 예를 들어 리스트 8-5에 있는 간단한 lex 프로그램은 입력에서 ar이나 er을 만날 때마다 ah를 출력하고, 단어가 a로 끝날 때마다 er을 출력해준다.

리스트 8-5 보스턴 사투리를 말하는 lex 프로그램 조각

```
[ae]r      printf("ah");
a/[ .,;!?] printf("er");
```

두 번째 패턴에서 /는, /의 왼쪽에 있는 패턴에 매치시키되 /의 오른쪽에 있는 패턴이 뒤에 올 때만 매치시키라는 뜻이다.[6] 이 프로그램을 쓰면 일반 영어를 보스턴 사투리로 바꿀 수 있다. 예를 들어, 'Park the car in Harvard yard and sit on the sofa'라는 입력은 'Pahk the cah in Hahvahd yahd and sit on the sofer'로 바뀐다.

토큰을 분류하는 작업은 lex가 있으면 식은 죽 먹기다. 예를 들어 리스트 8-6은 모든 형태의 수와 변수 이름, 몇 가지 연산자와 매치되는 lex 프로그램이다. 발견한 토큰을 출력하는 대신, 코드의 다른 부분에서 토큰의 유형을 나타내도록 정의된 값을 반환한다. lex에서도 몇 가지 문자는 특별한 의미가 있기 때문에 리터럴로 이런 문자를 다루려면 백슬래시로 이스케이프해야 한다는 점에 유의하라.

리스트 8-6 lex를 활용해 토큰 분류하기

```
0[0-7]*                                                  return (INTEGER);
[+-]?[0-9]+                                              return (INTEGER);
[+-]?(([0-9]*\.?[0-9]+)|([0-9]+\.?[0-9]*))([Ee][+-]?[0-9]+)?  return (FLOAT);
0x[0-9a-fA-F]+                                           return (INTEGER);
[A-Za-z][A-Za-z0-9]*                                     return (VARIABLE);
\+                                                       return (PLUS);
-                                                        return (MINUS);
\*                                                       return (TIMES);
\/                                                       return (DIVIDE);
=                                                        return (EQUALS);
```

6 이런 경우를 양의 룩어헤드(positive lookahead, 또는 긍정 전방 탐색)라고 한다. 이 정규식에서 실제 매치되는 대상은 / 왼쪽의 a뿐이고 뒤에 오는 [.,;!?]는 그냥 매치를 받아들일지 참고하기 위한 정보로만 활용되지만, a[.,;!?] 정규식은 a와 [.,;!?]에 있는 문자 중 어느 하나가 매치된다는 점이 다르다. '양의(positive)'와 '음의(negative)'라는 꾸밈말은 룩어헤드 패턴이 매치될 때(이 때문에 긍정을 뜻하는 '양'이라는 한자어가 쓰인다) 앞부분의 매치를 허용하느냐, 매치되지 않을 때(이 때문에 부정을 뜻하는 '음'이라는 한자어가 쓰인다) 앞부분의 매치를 허용하느냐 여부에 따른 것이다. 반대로 매치될지를 결정하는 패턴이 매치시킬 패턴보다 앞에 있는 경우도 있는데, 이런 경우를 룩비하인드(lookbehind, 또는 후방 탐색)라고 부른다. 룩비하인드도 역시 양과 음 두 가지가 있다. – 옮긴이

이 목록에서는 lex가 토큰의 실젯값을 어떻게 돌려줘야 하는지에 관련된 부분을 생략했다. 토큰 유형이 수라는 사실을 알아냈다면 그 수의 값이 얼마인지를 알 필요가 있다. 마찬가지로, 변수 토큰을 찾았다면 변수 이름이 무엇인지 알아야 한다.

lex를 사용한 어휘 분석이 모든 언어에 대해 작동하지는 않는다는 점에 유의하라. 곧 소개할 예정인 컴퓨터과학자 스티븐 C 존슨Stephen C. Johnson은 "lex를 사용하면 아주 복잡한 어휘 분석기도 쉽게 만들 수 있지만, 포트란처럼 어떤 이론적인 프레임워크에 (어휘 체계가) 들어맞지 않는 언어가 몇 가지 있고, 이런 언어의 어휘 분석기는 어쩔 수 없이 손으로 작성하는 수밖에 없다."라고 설명했다.

단어에서 문장으로

지금까지는 문자 시퀀스를 단어로 분류하는 방법(어휘 분석)을 살펴봤다. 하지만 언어를 처리하려면 어휘 분석만으로 충분하지 않다. 여러 단어를 모아서 어떤 **문법**grammar에 맞는 문장으로 분석할 필요가 있다.

리스트 8-6에서 본 토큰을 사용해 간단한 사칙연산 계산기를 만들어보자. 1 + 2나 a = 5는 문법에 맞지만 1 + + + 2는 문법에 맞지 않는다. 여기서도 패턴 매칭이 필요하다는 사실을 알 수 있다. 하지만 이번에는 문자 시퀀스에 대한 패턴 매칭이 아니고 토큰으로 이뤄진 시퀀스에 대한 패턴 매칭이 필요하다. 아마 누군가는 이에 대해 이미 고민을 해봤을 것이다.

그 누군가가 바로 스티븐 C 존슨이다. 스티븐도 (놀랍지 않게도) 벨 연구소에서 일했다. 그는 1970년대 초반 yacc이라는 프로그램을 작성했다(yacc은 'yet another compiler compiler(또 다른 컴파일러 컴파일러)'의 약자다). 이름을 보면 당시 얼마나 많은 사람이 이런 종류의 문제로 고민했는지 알 수 있다. 오늘날에도 여전히 yacc이 쓰인다. 그리고 GNU에서 만든 오픈소스 버전인 bison도 있다. lex와 마찬가지로 yacc이나 bison은 상태 테이블을 만들고 이 테이블을 사용해 작동하는 코드를 생성해준다.

yacc이 만들어내는 프로그램은 스택(198페이지의 '스택' 절을 참고하라)을 사용하는 **시프트-리듀스**shift-reduce 파서parser다. 여기서 **시프트**는 토큰을 스택에 넣는다는 뜻이고, **리듀스**는 스택의 맨 위부터 (어떤 문법 패턴에) 매치된 토큰들을 다른 어떤 것으로 대치한다는 뜻이다. 리스트 8-7에서 계산기의 BNF를 볼 수 있다. 이 BNF는 리스트 8-6에서 lex를 통해 만든 토큰값을 활용한다.

리스트 8-7 간단한 계산기의 BNF

```
<operator>   ::= PLUS | MINUS | TIMES | DIVIDE
<operand>    ::= INTEGER | FLOAT | VARIABLE
<expression> ::= <operand> | <expression> PLUS <operand>
                           | <expression> MINUS <operand>
                           | <expression> TIMES <operand>
                           | <expression> DIVIDE <operand>
<assignment> ::= <variable> EQUALS <expression>
<statement>  ::= <expression> | <assignment>
<statements> ::= "" | <statements> <statement>
<calculator> ::= <statements>
```

실제 동작을 보면 시프트-리듀스를 쉽게 이해할 수 있다. 그림 8-4를 구현한 파서가 `4 + 5 - 3`이라는 입력을 만나면 어떤 일이 벌어질까? 202페이지의 '여러 가지 수식 표기법' 글상자에서 중위 표기법을 처리하려면 괄호 등 더 많은 토큰을 스택에 넣어야 하기 때문에 후위 표기법(RPN)보다 더 깊은 스택이 필요하다고 했다.

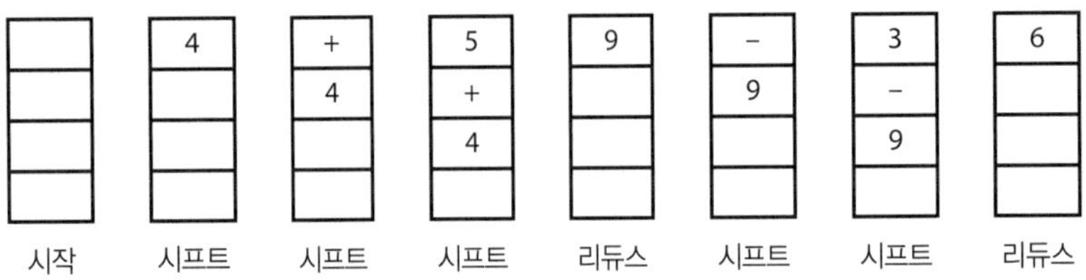

그림 8-4 시프트-리듀스의 동작

리스트 8-8은 이 계산기를 yacc으로 코딩한 예다. BNF와 코드가 비슷하다는 점에 유의하라. 이 코드는 단지 설명을 위한 코드이며, 여러분의 시선을 분산시킬 수 있는 세부 사항을 생략했기 때문에 제대로 작동하는 계산기 구현은 아니다.

리트스 8-8 간단한 계산기의 부분적인 yacc 코드

```
calculator : statements
           ;

statements : /* 비어 있음 */
           | statement statements
           ;

operand    : INTEGER
           | FLOAT
```

```
            | VARIABLE
            ;

expression : expression PLUS operand
            | expression MINUS operand
            | expression TIMES operand
            | expression DIVIDE operand
            | operand
            ;

assignment : VARIABLE EQUALS expression
            ;

statement  : expression
            | assignment
            ;
```


누구나 프로그래밍 언어를 만들 수 있는 시대

과거에는 프로그래밍 언어를 만들기가 어려웠다. 1977년 벨 연구소에서 근무하던 캐나다 컴퓨터과학자인 알프레드 아호Alfred Aho와 미국 컴퓨터과학자인 **제프리 울만**Jeffrey Ullman이 『Principles of Compiler Design』이라는 책을 펴냈다. 이 책은 troff라는 전자 조판typesetting 언어를 사용해 처음 출판된 책 중 하나다. 이 책은 '언어는 어렵고, 그래서 여러분은 고급 수학, 집합론 등을 공부하는 편이 낫다'라고 정리할 수 있다. 1986년 인도 컴퓨터과학자인 라비 세티Ravi Sethi가 추가로 참여해 출간된 개정판은 완전히 다른 느낌이다. 개정판의 자세는 '언어는 이미 (구현법이) 모두 알려진 분야다. 이 책은 어떻게 언어를 구현할 수 있는지 보여준다'에 더 가깝다.

2판으로 인해 lex와 yacc이 유명해졌다. 갑자기 모든 분야에 대한 언어가 생겨났다. 심지어 프로그래밍 언어가 아닌 언어도 만들어지기 시작했다. 내가 좋아하는 작은 언어로 벨 연구소의 브라이언 커니핸Brian Kernighan이 만든 화학식 출력용 언어인 chem을 들 수 있다. 이 언어는 'C double bond O'와 같은 입력으로부터 예쁜 화학 구조 그림을 그려준다. 여러분이 읽고 있는 이 책의 도해도 브라이언 커니핸이 만든 pic이라는 그림 생성 언어로 만든 그림이다.

새 언어를 만드는 일은 재미있다. 물론 언어의 역사를 잘 이해하지 못하고 새로운 언어를 만들면서 과거에 저질렀던 실수를 또 저지르는 경우도 있다. 예를 들어 루비Ruby 언어의 **화이트스페이스**whitespace(단어 사이의 공백들) 처리는 오래전 고쳐진 C 언어 초기 버전의 실수를 되풀이한 것으로 여겨진다(실수를 대하는 가장 고전적인 방법은 이를 특성이라고 부르는 것이다).

이 모든 역사의 결과, 이제는 수많은 언어가 존재한다. 대부분은 그다지 많은 가치를 더하지 않고 언어를 설계한 사람의 취향을 보여줄 뿐이다. 언어를 어떻게 구체적으로 응용할지 이해하려면 **도메인 특화 언어**DSL, domain-specific language, 특히 pic이나 chem 같이 **작은 언어**little language를 살펴보라. 미국 컴퓨터과학자인 존 벤틀리Jon Bentley는 1986년 ACM 회보Communications of the ACM에 '프로그래밍 펄즈Programming Pearls'라는 제목으로 작은 언어에 대한 훌륭한 칼럼을 게재했다. 1999년 벤틀리는 자신의 칼럼을 모으고 보완해서 『Programming Pearls』라는 책(『생각하는 프로그래밍』, 인사이트, 2003)으로 출간했다.

파스 트리

앞에서 고수준 언어 컴파일에 대해 설명했지만, 고수준 언어를 실행하는 방법이 컴파일만 있지는 않다. 고수준 언어를 컴파일할 수도 있지만 **인터프리트**interpret할 수도 있다. 인터프리트냐 컴파일이냐의 선택은 언어 설계 자체보다는 구현에 의해 이뤄진다.

컴파일 언어는 183페이지의 표 4-4에서 본 것과 비슷한 기계 코드를 만들어낸다. 컴파일러는 소스 코드를 구체적인 기계에 맞는 기계어로 변환한다. 같은 프로그램에 대해 다른 컴파일러를 사용하면 다른 대상 기계를 위한 프로그램을 만들어낼 수 있다. 프로그램을 컴파일하고 나면 실행할 준비가 된 것이다.

인터프리터 언어는 실제 기계(하드웨어로 된 '실제로 만져지는' 기계)에 사용할 기계어를 만들어내지는 않는다. 대신 인터프리터 언어는 **가상 머신**virtual machine(가상 기계라고도 함)에서 실행된다. 가상 머신은 소프트웨어로 작성된 기계다. 가상 머신도 자신만 실행할 수 있는 기계어를 제공하기도 하지만, 이 기계어는 실제 하드웨어로 구현된 컴퓨터 명령어 집합은 아니다. 최근에는 '가상 머신'이라는 용어가 추상적인 계산 기계를 뜻할 수도 있다는 점에 유의하라. 일부 인터프리터 언어는 **인터프리터**interpreter에 의해 직접 실행되기도 한다. 또 어떤 인터프리터 언어들은 나중에 해석될 수 있도록 **중간 언어**intermediate language로 컴파일되기도 한다.

일반적으로 컴파일이 된 코드는 기계어이기 때문에 더 빠르게 실행된다. 이는 마치 영어 책을 우리말로 번역하는 것과 같다. 번역이 끝나면 한글과 우리말을 아는 누구든 책을 읽을 수 있다. 인터프리터에 의해 실행되는 코드는 마치 누군가가 영어로 된 책을 보면서 우리말로 즉시 번역해 읽어주는 것처럼 수명이 짧다. 나중에 (영어나 우리말이 아닌) 다른 언어를 아는 사람이 같은 책을 읽고 싶다면 그 사람이 읽을 수 있는 언어로 다시 책을 번역해야 한다. 하지만 인터프리터로 실행되는 코드는 하드웨어로 구현하기에 너무 힘든 기능을 제공할 수 있다. 컴퓨터는 아주 빠르기 때문에 종종 인터프리터로 인해 느려진 속도를 감수해도 좋을 때가 있다.

그림 8-4는 계산기가 직접 입력을 실행하는 과정을 보여준다. 계산기 같은 경우 이런 식으로 실행해도 충분하지만, 이런 방식은 컴파일러나 인터프리터가 수행하는 중요한 단계를 건너뛴 것이다. 일반적으로 컴파일러나 인터프리터는 **파스 트리**parse tree를 구성한다. 파스 트리는 언어(여기서는 계산기 언어) 문법으로부터 만들어낸 DAGdirected acyclic graph(유향 비순환 그래프) 데이터 구조다. 이 트리를 6장에서 배운 노드 구조로부터 만들어낼 수 있다. 그림 8-5를 보라.

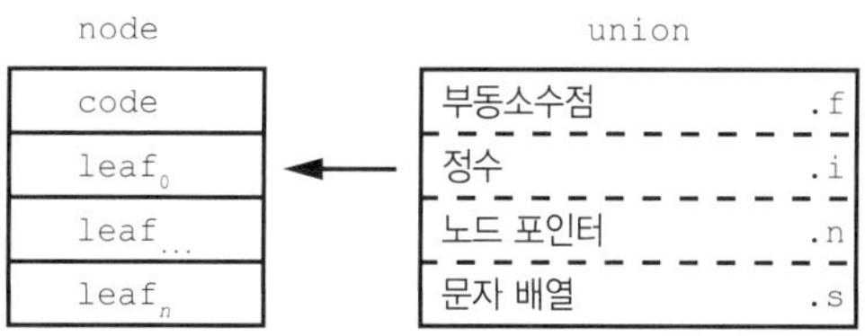

그림 8-5 파스 트리의 노드 구조

각 노드에는 노드 유형을 표시하는 code와 잎leaf의 배열이 있다. 각 leaf의 해석은 code에 따라 달라진다. leaf는 여러 타입의 정보를 담을 수 있어야 하기 때문에 공용체다. 멤버 이름에는 C 언어의 문법을 사용한다. 따라서 .i는 leaf가 정수인 경우를 표현한다.

그리고 새로운 노드를 만드는 makenode라는 함수가 있다고 가정한다. 이 함수는 leaf의 개수를 첫 번째 인자argument로 받고, code를 두 번째 인자로 받으며, 세 번째 인자부터 필요한 만큼 leaf를 받는다.

리스트 8-8의 코드에서 쓸데없는 세부 사항은 무시하되 살을 약간 더 붙여보자. 코드를 단순화하기 위해 여기서는 정수만 처리한다. 리스트 8-8에서는 문법 규칙을 만족할 때 어떤 일이 벌어져야 할지에 대한 코드가 빠져 있었다. yacc에서 : 오른쪽의 각 문법 요소의 값은 왼쪽부터 오른쪽 순서로 $1, $2 등의 변수로 사용할 수 있고, 문법 규칙이 반환할 값은 $$로 표현한다. 리스트 8-9는 yacc으로 만든 더 완전한 계산기다.

리스트 8-9 yacc을 사용해 간단하게 파스 트리 구성하기

```
calculator : statements                     { do_something_with($1); }
           ;

statements : /* 비어있음 */
           | statement statements           { $$.n = makenode(2, LIST, $1, $2); }
           ;

operand    : INTEGER                        { $$ = makenode(1, INTEGER, $1); }
           | VARIABLE                       { $$ = makenode(1, VARIABLE, $1); }
           ;

expression : expression PLUS operand        { $$.n = makenode(2, PLUS, $1, $3); }
           | expression MINUS operand       { $$.n = makenode(2, MINUS, $1, $3); }
           | expression TIMES operand       { $$.n = makenode(2, TIMES, $1, $3); }
           | expression DIVIDE operand      { $$.n = makenode(2, DIVIDE, $1, $3); }
           | operand                        { $$ = $1; }
           ;

assignment : VARIABLE EQUALS expression     { $$.n = makenode(2, EQUALS, $1, $3); }
           ;

statement  : expression                     { $$ = $1; }
           | assignment                     { $$ = $1; }
           ;
```

이 코드에서 간단한 규칙은 자신의 값을 반환하기만 한다. statements, expression, assignment 등 더 복잡한 규칙은 노드를 만들고 자식을 연결한 다음에 노드를 반환한다. 그림 8-6은 예제 입력에 대해 어떤 파스 트리 노드가 만들어지는지를 보여준다.

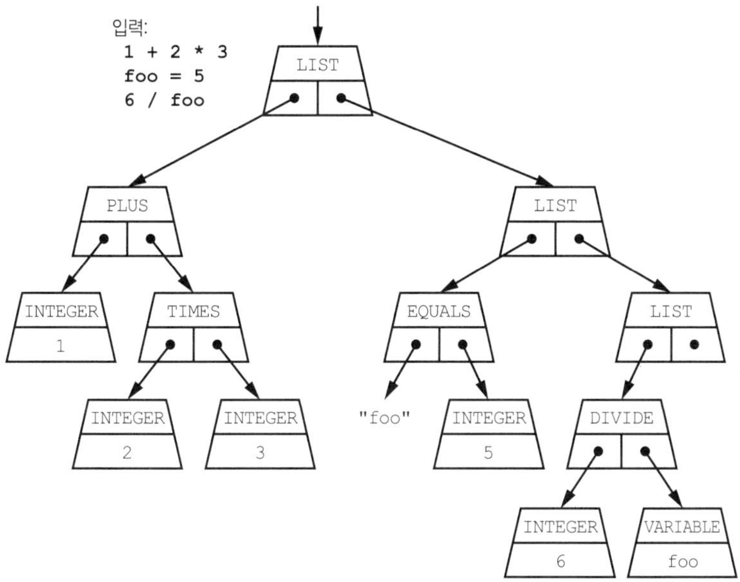

그림 8-6 간단한 계산기 파스 트리

그림과 같이 앞에서 본 코드는 트리를 만든다. 최상위에는 calculator 규칙에서 만들어진 트리 노드로 이뤄진 문장의 연결 리스트가 있다. 트리의 나머지 부분은 opearator와 operand로 이뤄진 statement 노드다.

인터프리터

리스트 8-9에는 파스 트리의 루트를 인자로 받는 신비한 do_something_with 함수 호출이 들어 있다. 이 함수는 인터프리터가 파스 트리를 '실행'하게 한다. 이 실행의 첫 번째 부분은 그림 8-7처럼 연결 리스트를 순회하는 것이다.

두 번째 부분은 계산이다. 깊이 우선 순회를 통해 재귀적으로 계산을 한다. 이 함수를 순서도로 표시하면 그림 8-8과 같다.

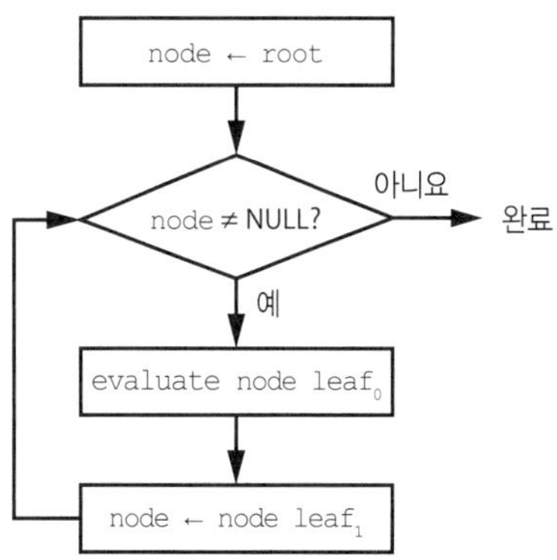

그림 8-7 파스 트리의 연결 리스트 순회하기

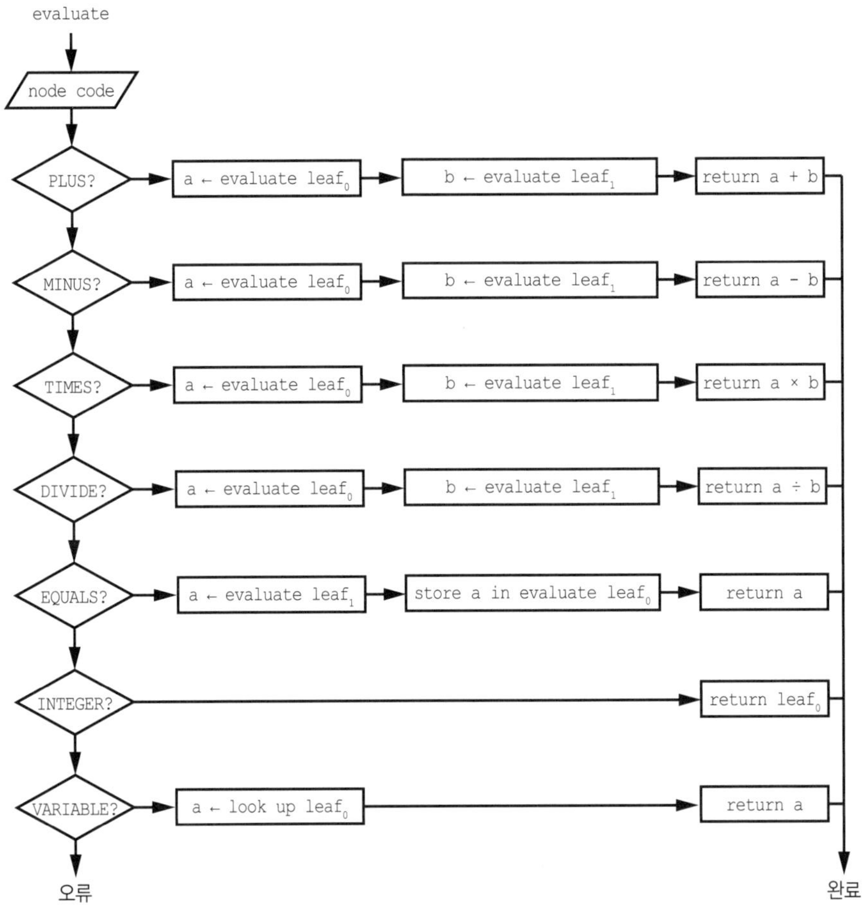

그림 8-8 파스 트리 계산

그림을 보면 node에 있는 code를 사용해 쉽게 어떤 일을 할지 결정할 수 있음을 알 수 있다. 자세히 보면 변수(심볼)와 변수의 값을 **심볼 테이블**symbol table에 저장하는 함수와 변수에 연관된 값을 검색look up하는 함수가 추가로 필요하다는 사실을 알 수 있다. 이런 함수는 보통 해시 테이블(314페이지의 '해시' 절을 참고하라)을 사용한다.

리스트 순회와 계산 코드를 yacc에 붙여넣으면 파스 트리를 즉시 실행할 수 있다. 또 다른 방법으로, 파스 트리를 파일에 저장했다가 나중에 읽어서 실행하는 방법도 있다. 자바나 파이썬 같은 언어가 이런 식으로 작동한다. 이런 언어에서 파일에 저장되는 내용은 기계어 명령어들인데, 하드웨어로 구현된 기계가 아니라 소프트웨어로 구현된 기계의 명령어를 저장한다. 그리고 모든 대상 기계마다 저장된 파스 트리를 실행하는 프로그램이 있어야만 한다. 똑같은 인터프리터 소스 코드를 여러 대상 기계에 대해 컴파일해 사용하는 경우도 자주 있다.

그림 8-9는 인터프리터를 요약해 보여준다.

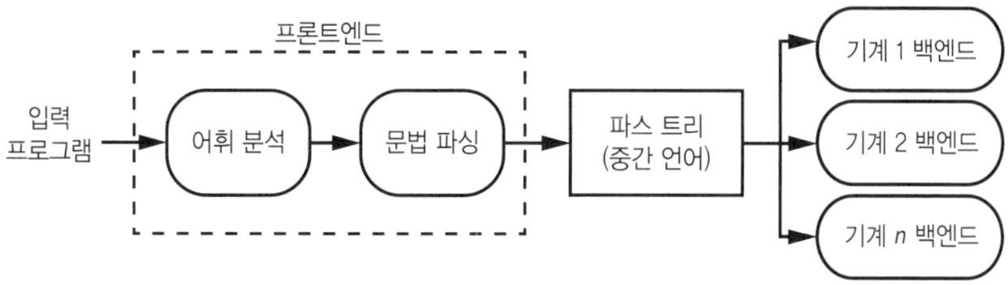

그림 8-9 인터프리터 구조

프론트엔드front-end는 파스 트리를 만든다. 파스 트리는 어떤 **중간 언어**intermediate language로 표현된다. 백엔드back-end는 이 언어를 실행할 대상 환경마다 하나씩 존재한다.

컴파일러

컴파일러도 인터프리터와 꽤 비슷해 보인다. 다만 그림 8-10처럼 백엔드 실행 코드 대신 코드 생성기가 들어간다.

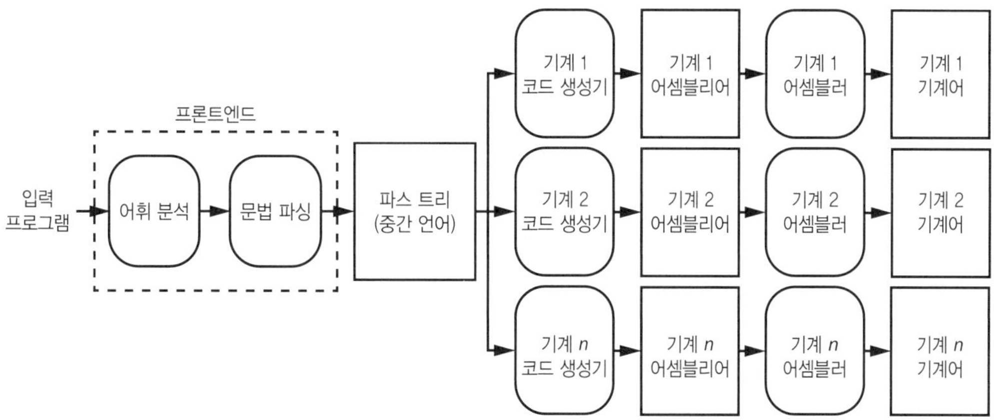

그림 8-10 컴파일러 구조

코드 생성기code generator는 특정 대상 기계에 대한 기계어 코드를 만들어낸다. C 같은 일부 언어의 코드 생성기는 실제로 대상 기계의 어셈블리 언어(319페이지의 '어셈블리 언어' 절을 참고하라) 코드를 만들어내고, 대상 기계의 에셈블러를 사용해 이 어셈블리 언어 코드를 대상 기계의 기계어로 번역한다.

코드 생성기는 그림 8-7 및 그림 8-8과 똑같은 파스 트리 순회와 계산을 수행한다. 다만 그림 8-8의 사각형 부분이 계산을 수행하는 대신 계산을 수행하는 어셈블리 코드를 만들어내도록 변경됐다는 점이 다르다. 단순화한 코드 생성기를 그림 8-11에 표시했다. **add tmp**처럼 굵은 글꼴로 표시한 명령은 4장에서 만든 기계를 위해 토해내는 기계어 명령을 뜻한다. 4장에서 만든 기계에는 곱셈과 나눗셈 연산 명령어가 없지만 이 예제에서는 있는 것처럼 가정했다는 점에 유의하라.

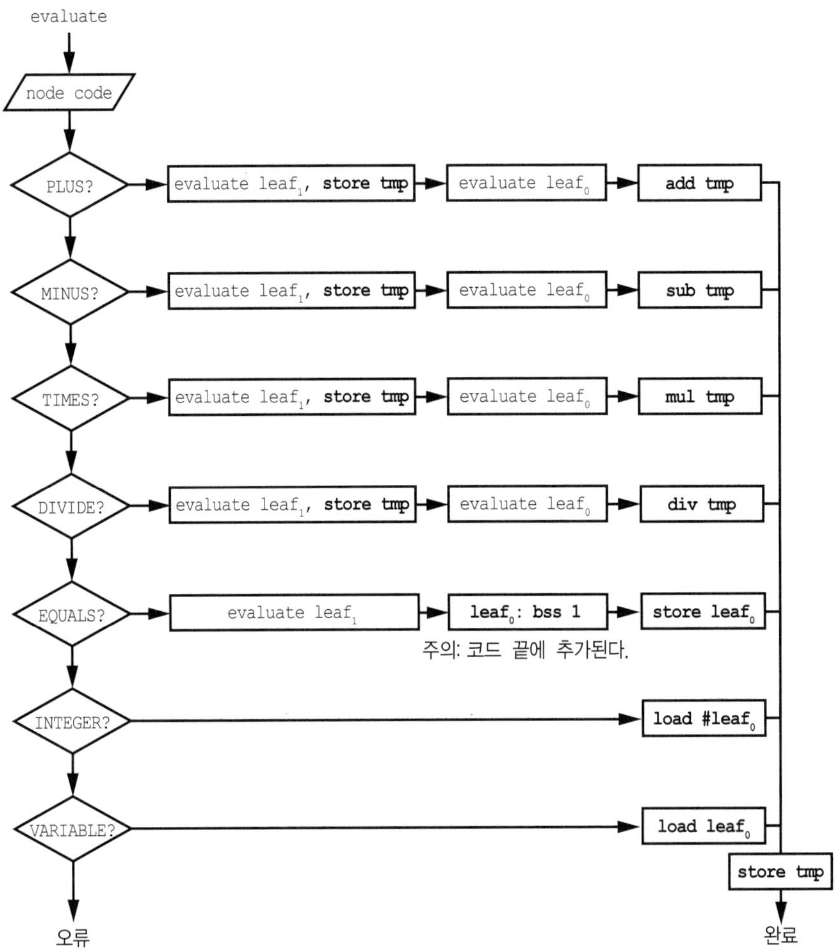

그림 8-11 파스 트리에서 어셈블리어 코드 만들어내기

그림 8-11을 그림 8-6의 파스 트리에 적용하면 리스트 8-10 같은 어셈블리 언어 프로그램을 얻는다.

리스트 8-10 코드 생성기가 생성한 기계 언어 출력

```
                                ; 리스트의 첫 번째 원소
          load      #3          ; 정수 3을 얻음
          store     tmp         ; 얻은 정수를 저장
          load      #2          ; 정수 2를 얻음
          mul       tmp         ; 저장한 값과 정수 2를 곱함
          store     tmp         ; 계산 결과를 저장
          load      #1          ; 정수 1을 얻음
          add       tmp         ; 2와 3을 곱한 결과에 1을 더함
          store     tmp         ; 계산 결과를 저장
                                ; 리스트의 두 번째 원소
          load      #5          ; 정수 5를 얻음
          store     foo         ; foo 변수에 정수 5를 저장
          store     tmp         ; 정수 5를 저장
                                ; 리스트의 세 번째 원소
          load      foo         ; foo 변수의 값을 얻음
          store     tmp         ; 얻은 값을 저장
          load      #6          ; 정수 6을 얻음
          div       tmp         ; 저장된 값을 6으로 나눔
          store     tmp         ; 계산 결과를 저장
    tmp:  bss       1           ; 임시 변수 저장 장소
    foo:  bss       1           ; foo 변수 저장 장소
```

코드 생성기는 보기에 별로 안 좋아 보이는 코드를 만들어낸다. 불필요한 load와 store가 많다. 하지만 일부러 만든 예제에서 뭘 바라겠는가? 최적화를 통해 이 코드를 더 개선할 수 있다. 다음 절에서 최적화를 다룬다.

이 코드를 어셈블러를 사용해 기계어로 번역하면 컴퓨터에서 실행할 수 있다. 컴파일된 기계어로 실행하면 코드가 더 작고 효율적이기 때문에 인터프리터로 실행할 때보다 훨씬 더 빠르게 실행된다.

최적화

대부분의 언어 도구에는 **최적화기**optimizer라는 추가 단계가 파스 트리와 코드 생성기 사이에 들어간다. 최적화기는 파스 트리를 분석하고 이 결과를 활용해 더 효율적인 코드를 생성해내도록 파스 트리를 변환한다. 예를 들어, 최적화기가 그림 8-12의 모든 피연산자가 상수라는 사실을

분석해낼 수 있다. 이런 경우 최적화기는 컴파일 시점에 식을 미리 계산해서 실행 시점에 따로 계산을 수행할 필요가 없게 만들 수 있다.

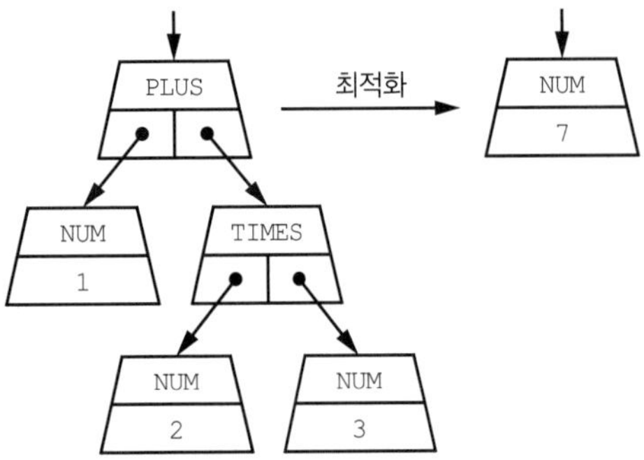

그림 8-12 파스 트리 최적화하기

우리가 만든 계산기는 조건 분기를 할 방법이 없었기 때문에 앞에서 다뤘던 예제도 뻔한 예제였다. 최적화기에는 다양한 트릭이 쓰인다. 예를 들어, 리스트 8-11에 있는 코드(C 언어로 작성된 코드다)를 보라.

리스트 8-11 루프 안에 대입문이 있는 C 코드

```
for (i = 0; i < 10; i++) {
    x = a + b;
    result[i] = 4 * i + x * x;
}
```

리스트 8-12는 최적화기가 재구성할 때 생길 법한 코드를 보여준다.

리스트 8-12 루프 불변 요소를 최적화한 루프 코드

```
x = a + b;
optimizer_created_temporary_variable = x * x;
for (i = 0; i < 10; i++) {
    result[i] = 4 * i + optimizer_created_temporary_variable;
}
```

이 예제는 리스트 8-11의 코드와 똑같은 결과를 내지만 더 효율적이다. 최적화기는 `a + b`가 **루프 불변 요소**loop invariant라는 사실을 알아낸다. 루프 불변 요소라는 말은 루프를 반복해도 값이 바뀌지 않는다는 뜻이다. 최적화기는 루프 밖으로 이 식을 보내서 10번 계산을 반복하지 않고

단 한 번만 계산하게 만든다. 최적화기는 x * x가 루프 안에서 상수라는 사실도 알아내서 루프 밖으로 이를 끄집어낸다.

리스트 8-13은 **강도 절감**strength reduction이라는 또 다른 최적화 트릭을 보여준다. 강도 절감은 비용이 많이 드는 연산을 비용이 더 적게 드는 연산으로 대신하는 방법이다. 여기서는 곱셈을 덧셈으로 바꿨다.

리스트 8-13 루프 불변 요소 최적화와 강도 절감을 거친 C 루프 코드

```
x = a + b;
optimizer_created_temporary_variable = x * x;
optimizer_created_4_times_i = 0;
for (i = 0; i < 10; i++) {
    result[i] = optimizer_created_4_times_i + optimizer_created_temporary_variable;
    optimizer_created_4_times_i = optimizer_created_4_times_i + 4;
}
```

강도 절감 시 상대 주소 지정의 장점을 활용해 result[i]를 더 효율적으로 계산하게 할 수도 있다. 그림 7-2를 다시 보면 result[i]는 result의 주소에 배열 원소 크기와 i를 곱한 값을 더한 위치를 가리킨다. optimizer_created_4_times_i와 비슷한 방식으로, 연산 비용이 큰 곱셈 연산[7]을 한 후 인덱싱을 하는 대신 result의 주소로부터 시작해서 루프를 반복할 때마다 배열 원소 크기만큼 주소를 증가시킬 수도 있다.

하드웨어를 다룰 때 주의하라

최적화기는 멋지지만 하드웨어를 조작하는 코드를 최적화하면 예기치 못한 문제가 발생할 수도 있다. 리스트 8-14는 비트 0이 설정되면 전등을 켜는(그림 6-1에서 이런 경우를 봤다) 하드웨어 레지스터를 변수로 조작하는 코드를 보여준다.

리스트 8-14 최적화하지 않아야 하는 코드를 보여주는 예제

```
void
lights_on()
```

7 리스트 8-13에서 루프의 첫 번째 문장인 result[i] = optimizer_created_4_times_i + optimizer_created_temporary_variable;의 result[i]는 실제로는 result 배열의_첫_원소의_주소 + i * 배열_원소_크기라는 점을 떠올려라. - 옮긴이

```
{
    PORTB = 0x01;
    return;
}
```

이 코드는 문제가 없다. 하지만 최적화기가 이 코드에 대해 어떤 조작을 가할까? 최적화기는 '어? PORTB에는 값을 쓰기만 하고 읽는 코드는 없네. 그냥 이 코드를 제거해야지'라고 결정한다. 비슷하게 리스트 8-15는 전등을 켜고 전등이 켜진 상태인지를 검사한다. 최적화기는 그냥 PORTB에 값을 저장하지 않고 0x01을 반환하도록 이 함수를 다시 작성할 수 있다.

리스트 8-15 최적화하지 않아야 하는 또 다른 코드를 보여주는 예제

```
unsigned int
lights_on()
{
    PORTB = 0x01;
    return (PORTB);
}
```

이 두 예제는 경우에 따라 최적화를 꺼야 할 수도 있음을 보여준다. 전통적으로는 소프트웨어를 일반적인 파일과 하드웨어에 따라 달라지는 파일로 나누고, 일반적인 파일에 대해서만 최적화를 적용하는 식으로 이런 문제를 해결한다. 하지만 일부 언어는 최적화기에게 손대지 말아야 할 부분을 알려주는 메커니즘을 제공하기도 한다. 예를 들어, C 언어에서 volatile 키워드는 변수에 대한 접근을 최적화하지 말라고 지정한다.

정리

지금까지 이 책에서는 컴퓨터가 어떻게 작동하고 어떻게 프로그램을 실행하는지 배웠다. 8장에서는 프로그램을 기계에서 실행하기 위해 어떻게 변환하는지 설명하고, 프로그램을 컴파일하거나 인터프리트하는 방법을 배웠다.

9장에서는 **웹 브라우저**web browser라는 괴물 인터프리터를 살펴보고, 웹 브라우저가 인터프리트하는 언어에 대해 알아본다.

9장

웹 브라우저
- 추상적인 컴퓨터를 이해하기 위한 가상 머신

아마 이렇게 생각해본 적이 없겠지만, 여러분이 매일 보는 웹 브라우저는 그 자체가 **가상 머신**virtual machine다. 즉 웹 브라우저는 아주 복잡한 명령어 집합을 완전히 소프트웨어로만 구현한 추상적인 컴퓨터다. 다시 말해, 웹 브라우저는 8장에서 배운 인터프리터에 속한다.

이번 장에서는 이 가상 머신의 기능을 살펴본다. 웹 브라우저의 입력 언어와 이 입력 언어를 어떻게 웹 브라우저가 실행하는지 배운다. 하지만 브라우저는 아주 복잡한 괴물이기 때문에 모든 기능을 다룰 수는 없다.

브라우저를 배울 때 흥미로운 점은 브라우저가 크고 복잡한 애플리케이션인 동시에 소프트웨어로 구현된 프로그래밍할 수 있는 컴퓨터이기도 하다는 점이다. 브라우저에는 **개발자 콘솔**developer console이 있다. 이를 통해 이번 장에서 보여주는 여러 예제를 돌려볼 수 있고, 그 과정에서 브라우저가 어떻게 작동하는지 실시간으로 살펴볼 수 있다.

웹 브라우저를 이해하면 시스템 설계에 대해서도 어느 정도 이해할 수 있다. 그리고 시스템 설계는 분명 프로그래밍보다 더 중요하다(15장에서 시스템 설계에 대해 더 자세히 다룬다). 웹이 유명해지면서 자석에 쇠가 붙는 것처럼 웹 브라우저에 다양한 기능이 추가됐다. 이렇게 추가된 기능 중 상당수는 원래 브라우저가 제공하던 명령어 집합과 호환이 되는 방식으로 브라우저 기능을 확장시켰다. 하지만 일부 기능은 기존 방식과 호환되지 않는 방식으로 기존 기능과 중복되는 기능을 제공한다. 그 결과 이제는 브라우저마다 각기 다른 명령어 집합을 제공하며, 어느 브라우저도 완전한 명령어 집합을 제공하지는 못하는 상황이 됐다. 이번 장을 읽으면 내가 후자(호환되지 않는 기능들)에 속하는 기능을 그리 좋아하지 않음을 분명히 알 수 있을 것이다. 이들은 브라우저에 가치를 더하지 못하고 그냥 이전과 다른 기능을 제공할 뿐이다.

우선, 원하는 목표를 달성하는 방법이 여럿 있다는 말이 프로그래머에게 의미하는 바는 더 많은 내용을 배워야 한다는 것인데, 가치를 더하지 못하는 기능에 시간을 투자하는 것은 그리 현명한 시간 사용법이 아니다. 그리고 코드에서 어떤 방법을 사용해야 할지 결정하기 위해 에너지를 소비해야 한다. 여러 접근 방법을 추가하면 프로그램의 복잡도도 커진다. 업계 통계를 보면 프로그램의 코드양과 버그 수 사이에는 직접적인 관계가 있다. 브라우저는 자주 문제가 생기면서 실행이 중단된다. 그리고 13장에서 더 자세히 다루겠지만, 코드가 더 복잡하면 보안 문제가 있을 가능성도 더 높다.

같은 일을 하는데 서로 호환이 되지 않는 방법이 많으면 프로그래머들이 오류를 저지르기도 더 쉽다. 이는 마치 뉴질랜드에서 미국 차를 모는 경우와 같다. 뉴질랜드에서는 차가 도로에서 좌측 통행을 하기 때문에 차량을 제어하는 버튼이나 손잡이 중 일부는 다른 위치에 있다. 우측 통행을 하는 나라에서 온 운전자를 뉴질랜드 거리에서 식별하기는 아주 쉽다. 좌회전이나 우회전을 할 때 와이퍼를 움직이기 때문이다. 이런 식의 피할 수 있는 오류를 발생시키는 환경에서 굳이 프로그램을 작성하고 싶은 독자는 없을 것이다.

내 생각에, 여러 웹 표준이 **살아 있는 문서**living document가 됐다는 사실은 분명 문제가 있음을 보여주는 표시다. 이 용어에 익숙하지 않은 독자를 위해 말하자면, 살아 있는 문서는 끊임없이 갱신되는 온라인 문서라는 뜻이다. 표준은 안정성stability과 상호 운용성interoperability을 제공하기 위해 존재한다. 살아 있는 문서는 그렇지 않다. 기껏해야 어느 한 시점의 상태를 잡아둘 수 있을 뿐이다. 명세가 끊임없이 바뀌면 프로그램을 작성하기 어렵다. 이런 맥락에서 보면 살아 있는 문서는 (이런 문서와 문서의 참조 구현 소프트웨어가 결코 '완료'되는 일이 없기 때문에) 소수의 문서 생산자들의 삶만 편하게 해주며, 숫자가 훨씬 더 많은 문서의 고객들 삶을 어렵게 만든다.

마크업 언어

이 책이 15년 전에 쓰였다면 이번 장은 HTML을 소개하는 절로 시작했을 것이다. HTML은 하이퍼텍스트 마크업 언어HyperText Markup Language를 줄인 말이다. 하지만 내가 앞에서 말한 것처럼 브라우저는 태평양 거대 쓰레기 지대Great Pacific Garbage Patch와 아주 비슷하다. 즉 새로운 기능을 계속 끌어모아 점점 커지고 있다. 이런 식으로 늘어난 기능 중에는 여러 마크업 언어도 있다. 그래서 여기서는 먼저 마크업 언어에 대해 다룬다.

마크업markup은 본문(텍스트)과 구분할 수 있는 마크mark를 추가할 수 있는(이를 애노테이션annotation이라고도 부른다) 시스템이다. 이를 선생님이 여러분의 숙제에 대해 이러쿵저러쿵 빨간 펜으로 토를 다는 것에 비유할 수 있다.

마크업 언어는 새로운 개념이 아니다. 컴퓨터가 생기기 전부터 마크업 언어가 있어왔다. 인쇄술의 부작용으로, 작가와 편집자들은 조판typesetting을 담당하는 '인쇄공'에게 자신이 원하는 사항을 묘사해 전달할 필요가 생겨났다. 이럴 때 사용하는 유용한 표기법이 컴퓨터를 이용해 자동화된 조판 시스템에도 전해 내려왔다. 요즘의 마크업 언어는 단지 오래된 아이디어를 최근에 되살린 것뿐이다.

많은 마크업 언어가 있다. 예를 들어, 이 책은 처음에 troff라는 조판용 마크업 언어를 사용해 작성됐다. 이 단락의 영어 원문에 대한 소스 코드는 리스트 9-1과 같다.

리스트 9-1 원문 한 문단에 대한 troff 마크업

```
.PP
There are a large number of markup languages.
For example, I originally wrote this book in a markup language for typesetting
called \fCtroff\fP.
The source for this paragraph is shown in Listing 9-1.
```

대부분은 그냥 텍스트이고 세 가지 마크업이 사용됐다는 사실을 이 리스트를 통해 알 수 있다. .PP는 troff에게 문단paragraph을 시작하라고 지시한다. \fC는 troff에게 현재 글꼴을 스택에 넣고 C 글꼴(쿠리어Courier)로 바꾸라고 지시한다. \fP는 troff에게 글꼴을 스택에서 꺼내라고(198 페이지의 '스택' 절을 참고하라) 지시한다. 그 결과 텍스트를 표시하는 글꼴이 이전의 글꼴로 원상 복귀된다.

웹 페이지는 이 troff 예제처럼 그냥 텍스트 파일에 지나지 않는다. 웹 페이지를 만들기 위해 특별히 멋진 프로그램을 쓸 필요는 없다. 그냥 아무 텍스트 편집기text editor나 쓰면 된다. 사실은 멋진 웹 페이지 생성 프로그램이 너무 쓸데없는 마크업까지 붙은 큰 파일을 만들어낸다. 직접 손으로 웹 페이지를 만들면 이런 페이지보다 더 간결한 마크업으로 같은 페이지를 만들 수도 있다.

사용할 수 있는 도구가 텍스트뿐인데 어떻게 일반 텍스트 파일을 마크업할 수 있을까? 마치 선량한 기자에게 힘이 부여돼서 슈퍼맨이 된 것처럼, 일부 문자에 특별한 힘을 부여하면 된다. 예를 들어, troff는 줄이 .이나 '로 시작하는 경우나 \로 시작하는 문자열에 특별한 힘을 부여한다.

IBM은 **GML**이라는 자신만의 마크업 언어를 만들었다(GML은 **일반화한 마크업 언어** Generalized Markup Language의 약자인데, 실제로는 이 언어를 개발한 골드파브Goldfarb, 모셔Mosher, 로리Lorie의 이름을 땄다). GML은 IBM의 ISIL 출판 도구에 쓰였다. 이들의 작업을 확장해 **표준 GML** SGML, Standard Generalized Markup Language이 만들어졌고, 국제 표준화 기구ISO, International Standards Organization는 1980년대에 이를 표준으로 채택했다. SGML은 아주 '일반화'됐기 때문에 지금까지 이 표준을 제대로 완전히 구현한 사람이 아무도 없을 정도다.

확장 가능한 마크업 언어 XML, eXtensible Markup Language는 좀 더 실용적인 SGML의 하위 집합이다. 브라우저들은 나중에 XML을 지원하게 됐다.

HTML과 XML은 모두 SGML을 뿌리로 한 언어다. 이들은 똑같은 SGML 언어로부터 문법을 일부 빌려왔지만 SGML 표준을 준수하지는 않는다.[1]

XHTML은 HTML을 변형한 형태로, XML 규칙을 준수하도록 만들어진 언어다.

URL

최초의 웹 브라우저(WorldWideWeb이라고 불렸음)는 영국 엔지니어이자 컴퓨터과학자인 팀 버너스리 경에 의해 1990년 만들어졌다. 이 브라우저는 그림 9-1처럼 동작이 간단했다. 브라우저는 URL Uniform Resource Locator(균일 자원 위치 지정자)을 사용해 244페이지의 '월드 와이드 웹' 절에서 설명한 HTTP 프로토콜을 통해 서버에게 문서를 요청한다. 서버는 문서를 브라우저에게 보내고, 브라우저는 문서를 표시한다. 이때 사용되는 문서는 HTML을 사용해 작성됐지만, 이제는 다양한 언어로 작성된 문서를 사용할 수 있다.

1 HTML2부터는 SGML을 준수하기 위해 노력했고, HTML3와 HTML4는 SGML을 준수한다고 표준에 명시되어 있다. XML도 SGML을 준수한다고 표준에 명시되어 있다. 하지만 HTML5부터는 아예 SGML을 준수하려는 노력 자체를 하지 않기로 결정했다. 다만 HTML 5.0을 XHTML 형식으로 저장할 경우에는 XML을 준수하기 때문에 SGML을 준수한다. – 옮긴이

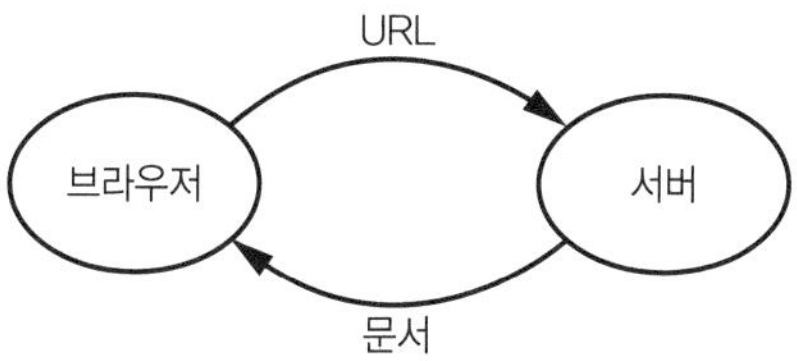

그림 9-1 웹 브라우저와 웹 서버의 상호작용

URL은 일정한 구조를 따르는 텍스트 문자열이다. 지금은 그림 9-2처럼 이 구조 중 세 가지 부분만 신경을 쓰면 된다.

그림 9-2 URL 해부

스킴scheme은 통신 메커니즘을 표시한다. 예를 들어, `https`는 안전한(암호화를 사용하는) 하이퍼텍스트 전송 프로토콜을 뜻한다. 통신하려는 서버가 **호스트**host다. 호스트 주소는 숫자로 된 인터넷 주소(243페이지의 'IP 주소' 절을 참고하라)일 수도 있지만 보통은 도메인 이름(243페이지의 '도메인 이름 시스템' 절을 참고하라)을 사용한다. 문서는 **경로**path가 가리키는 위치에서 추출된다. 경로는 일반 파일 시스템 경로와 비슷해 보인다.

스킴 중에는 `file`이 있다. `file`을 스킴으로 사용하면 URL의 호스트와 경로가 로컬 파일 경로(브라우저가 실행되는 중인 컴퓨터에 있는 파일의 경로와 이름)로 된다. 다시 말해, `file` 스킴을 사용하면 여러분 컴퓨터에 있는 파일을 가리킬 수 있다.

스킴은 계속 늘어나고 있다. 예를 들어 `bitcoin`은 비트코인 암호화폐를 가리키며, `tv`는 텔레비전 방송을 가리킨다. 스킴은 대부분 우리가 '월드 와이드 웹'에서 살펴봤던 프로토콜과 비슷하거나 동일하다.

HTML 문서

이미 말한 것처럼 최초의 웹 페이지는 HTML로 작성됐다. HTML은 **하이퍼텍스트**hypertext를 활용한다. 하이퍼텍스트는 웹 페이지 등 다른 대상에 대한 링크가 들어 있는 텍스트를 말한다. SF 애호가라면 이를 하이퍼공간hyperspace과 텍스트를 결합한 것처럼 생각해도 된다. 링크를 누르면

'징'하고 다른 장소로 옮겨갈 수 있다. 하이퍼텍스트는 오래된 아이디어이지만, 웹이 가장 흥미로운 응용이었다.

리스트 9-2에 있는 간단한 HTML 문서를 살펴보자.

리스트 9-2 첫 번째 웹 페이지 예제

```
<html>
    <head>
        <title>
            My First Web Page
        </title>
    </head>
    <body>
        This is my first web page.
        <b>
            <big>
                Cool!
            </big>
        </b>
    </body>
</html>
```

리스트 9-2의 HTML을 파일에 저장하고 브라우저에서 열어보라. 그림 9-3과 비슷한 모습을 볼 수 있어야 한다.

그림 9-3 첫 번째 웹 페이지 예제를 브라우저에 표시한 모습

그림 9-3의 표시가 리스트 9-2의 텍스트와 별로 비슷하지 않다는 사실을 알 수 있다. 그 이유는 HTML에서 부등호(<)라는 문자가 특별한 힘을 갖기 때문이다. 여기서 <는 마크업 **엘리먼트** element를 시작한다. 예제를 보고 엘리먼트가 서로 쌍으로 등장한다는 사실을 눈치챈 독자도 있을 것이다. 시작하는 <tag>가 있으면 끝나는 </tag>도 들어 있다.

태그는 브라우저가 마크업 엘리먼트를 어떻게 해석할지를 결정한다. 예를 들어, <title> 태그는 태그 안의 내용(여는 태그와 닫는 태그 사이에 들어 있는 내용)을 브라우저의 제목 막대에 표시한다. <b>와 <big> 엘리먼트는 "Cool!"이라는 문자열을 굵은bold 글꼴과 큰big 글꼴로 표시한다. 이 두 엘리먼트는 이 웹 페이지의 <body> 엘리먼트의 일부분이다.

<에 특별한 능력을 부여했기 때문에 이런 능력이 필요 없을 때는 어떻게 표시할 수 있을지 궁금할 것이다. 예를 들어, '이 페이지는 <가 들어 있는 첫 번째 페이지입니다'라고 표시하고 싶다고 하자. HTML에는 <의 특별한 능력을 빼앗을 수 있는 비책이 있다. 바로 **엔티티 참조**entity reference다. 엔티티 참조는 문자를 다른 문자열로 표현하는 방법이다. HTML에서는 <라는 문자 시퀀스를 사용해 특별한 능력 없이 <를 표현할 수 있다(물론 이로 인해 새로운 특별한 능력을 지닌 & 문자가 생겼다. 이 & 문자도 &라는 엔티티 참조로 표현할 수 있다). 엔티티 참조를 사용하면 '이 페이지는 <가 들어 있는 첫 번째 페이지입니다'라고 쓸 수 있고 이 문장은 브라우저에서 제대로 표시된다.

HTML 엘리먼트는 단순하지만은 않다. 끝나는 태그를 쓰지 않아도 되는 경우도 있는데 이런 예외가 규칙적이지는 않다. 그리고 엘리먼트 안에 아무 내용이 없으면 <tag/>처럼 여는 태그와 닫는 태그를 하나로 묶어서 쓰는 형태도 있다. XHTML은 이런 예외를 없앴다. 그리고 **애트리뷰트**attribute라는 다른 요소에도 신경을 써야 한다. 태그에는 애트리뷰트가 포함될 수 있는데(물론 없어도 된다) 애트리뷰트는 리스트 9-3처럼 이름과 값을 =로 연결한 쌍이다.

리스트 9-3 애트리뷰트가 있는 HTML 엘리먼트

```
<tag name1="value1" name2="value2" ...>
    엘리먼트 내용
</tag>
```

애트리뷰트 이름에 따라 미리 정의된 동작이 있는 경우도 있다. 이런 동작이 미리 정의되지 않은 이름이라면 아무 이름이나 애트리뷰트에 사용할 수 있다. class 애트리뷰트를 제외하면 모든 애트리뷰트값은 똑같이 (문자열처럼) 취급된다. class 애트리뷰트의 값은 공백으로 서로 분리된 값의 리스트로 취급된다.

DOM: 문서 객체 모델

웹 브라우저는 문서를 **문서 객체 모델**DOM, Document Object Model에 따라 처리한다. 리스트 9-2에서 들여쓰기를 통해 보여주듯이 일련의 엘리먼트들이 다른 엘리먼트를 둘러싸고 있는 것으로 웹 페이지를 생각할 수 있다. 마치 마트료시카 인형(인형 안에 인형이 계속 들어가 있는 러시아 인형)의 등고선을 그린 것처럼 보이는 그림 9-4는 리스트 9-2 코드의 엘리먼트 구조를 보여준다.

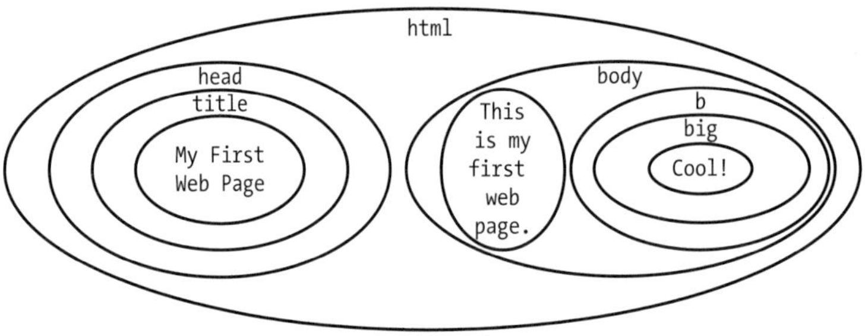

그림 9-4 HTML 문서에 있는 엘리먼트 사이의 내포 관계

이 그림에서 HTML을 표현하는 타원의 가장자리를 손에 쥐고 약간 기울이면 내부에 들어 있는 모든 요소가 밖으로 쏟아져 나오면서 그림 9-5처럼 된다.

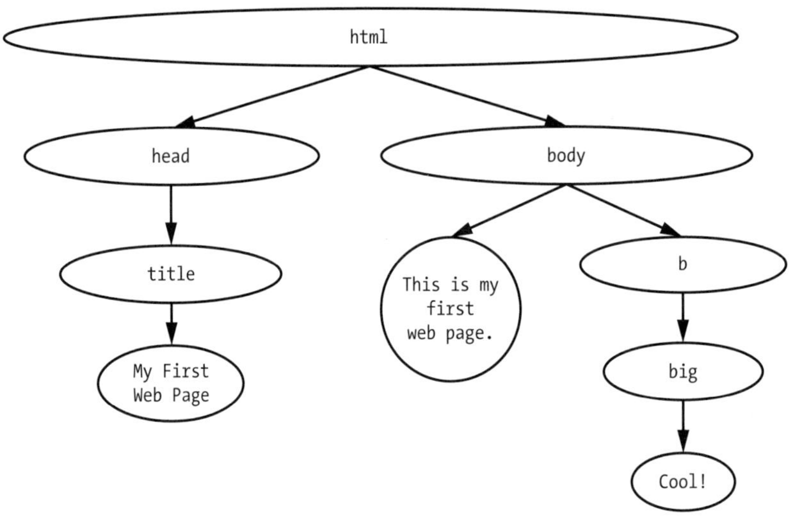

그림 9-5 HTML 문서를 트리 구조로 생각한 모습

어디서 본 것 같지 않은가? 오랜 친구인 DAG(유향 비순환 그래프, 198페이지의 '스택' 절을 참고하라)이기도 하고, 트리 구조이기도 하다(294페이지의 '계층적인 데이터 구조' 절을 참고하라). 그뿐이 아니다. HTML을 8장에서 다룬 기법을 사용해 처리하면 그림 9-5와 같은 파스 트리를 얻을 수 있다(334페이지의 '파스 트리' 절을 참고하라).

트리 관련 용어

DOM과 같은 트리 구조가 아주 흔하기 때문에 이런 구조를 설명할 때 편하도록 여러 가지 용어가 만들어졌다. 표 9-1과 그림 9-5를 함께 보면서 이런 용어를 이해하자.

표 9-1 트리 관련 용어

용어	의미	예제
노드(node)	트리를 이루는 엘리먼트들	html, head, body
내부(interior) 노드	자신에게서 나가는 화살표가 존재하는 노드	title
종단(terminal) 노드	자신에게서 나가는 화살표가 없는 노드(잎이라고도 부름)	Cool!
루트(root)	트리의 최상위 노드	html
부모(parent)	두 노드를 연결하는 화살표가 있는 경우 화살표의 출발점에 있는 노드	html은 head와 body의 부모임
자식(child)	두 노드를 연결하는 화살표가 있는 경우 화살표의 머리(촉 부분)에 있는 노드	head와 body는 html의 자식임
후손 또는 자손(descendant)	직간접적으로 다른 노드의 자식이거나 자식의 자식, 자식의 자식의 자식 등의 관계가 있는 노드	title은 html의 자손 노드임
선조 또는 조상(ancestor)	직간접적으로 다른 노드의 부모이거나 부모의 부모, 부모의 부모의 부모 등의 관계가 있는 노드	body는 big의 선조임
형제 또는 자매(sibling)	한 부모의 자식인 노드 간의 관계	head는 body의 자매임

트리에 있는 노드는 순서가 정해져 있다. 예를 들어 `head`는 `html`의 첫 번째 자식이고, `body`는 `html`의 두 번째이자 마지막 자식이다.

DOM 처리

브라우저가 문서 트리로 어떤 일을 할까? 물론 HTML 엘리먼트와 대응하는 명령어를 사용하는 컴퓨터를 만들 수도 있겠지만 실제로 그런 일을 한 사람은 없다. 따라서 DOM 파스 트리를 기계어로 컴파일할 일은 없다. 그 외에 문서 트리로 할 수 있는 일은 그림 9-6처럼 **깊이 우선 순회** depth-first traversal를 하면서 트리를 해석하는 일이다.

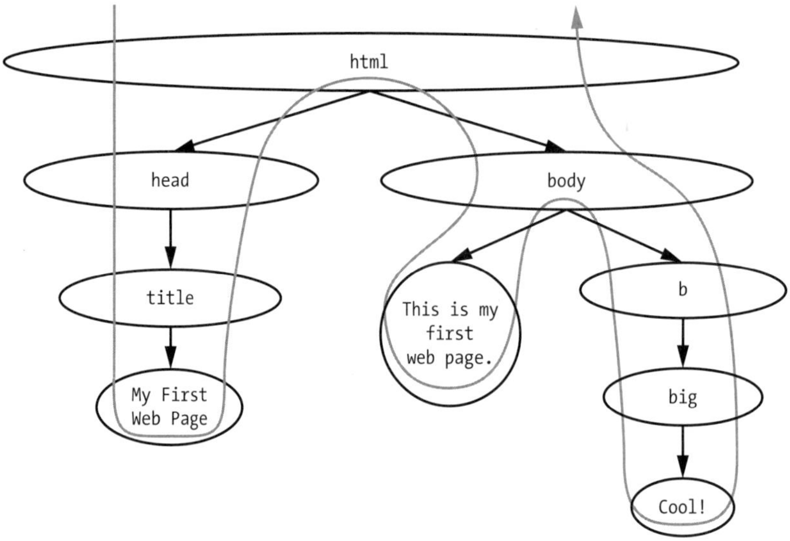

그림 9-6 HTML 문서 순회 순서

그림을 보면 브라우저는 루트에서 시작해서 첫 번째 자식으로 내려가고, 그 자식의 첫 번째 자식으로 내려간다. 이런 식으로 종단 노드에 도달할 때까지(더 이상 자식이 없는 노드에 도달할 때까지) 순회를 계속한다. 그 후 이 종단 노드의 부모로 돌아가 방문한 적이 없는 다음 자식을 찾는다. 방문한 적이 없는 자식이 있으면 모든 자식에 대해 깊이 우선 순회를 순서대로 수행하고, 방문한 적이 없는 자식이 없으면 다시 부모로 올라가 똑같이 방문한 적이 없는 자식에 대한 깊이 우선 순회를 계속한다. 이런 과정을 모든 노드를 방문할 때까지 반복한다. 여기서 방문하는 순서가 HTML을 작성한 순서를 따른다는 사실을 확인하라. 깊이 우선 순회는 스택을 사용하는 또 다른 응용 예이기도 하다.

CSS

원래 HTML을 뒷받침하던 아이디어는 웹 페이지를 작성한 사람이 HTML로 페이지를 작성하면 브라우저가 웹 페이지를 표시해줄 방법을 스스로 알아내는 것이었다. 브라우저의 창 크기, 화면 해상도, 사용할 수 있는 색이나 글꼴 종류 등을 알 방법이 없기 때문에 이런 아이디어가 정당했다.

웹이 유명해지면서 마케터들이 웹에 관여하기 시작했다. 화면의 시각적 효과가 중요해졌다. HTML을 작성하는 사람이 페이지가 표시되는 모습을 더 세밀하게 조정할 수 있도록 갖가지 기능이 (주로 새로운 CSS 명세를 통해) 추가됐다. 물론 이는 원래 웹을 만든 의도와 정반대되는 일이다. 그 결과 웹이 너무 지저분해졌다.

원래 HTML 웹 페이지에는 스타일 정보가 들어 있었다. 예를 들어 `font` 엘리먼트는 `face` 애트리뷰트로 글꼴, `size`로 크기, `color`로 색을 지정할 수 있었다. 웹 페이지가 핸드폰에서 데스크톱에 이르는 광범위한 장치에 표시될 수 있기 때문에 이런 접근 방법은 제대로 작동하지 않았다. **캐스케이딩 스타일 시트**Cascading Style Sheets, 즉 CSS는 HTML에서 스타일 정보를 분리해서 HTML을 한 번만 작성해도 대상 장치에 따라 여러 스타일을 적용할 수 있게 했다.

그림 9-7은 메모리에서 HTML 엘리먼트를 표현할 때 쓰일 법한 데이터 구조를 보여준다.

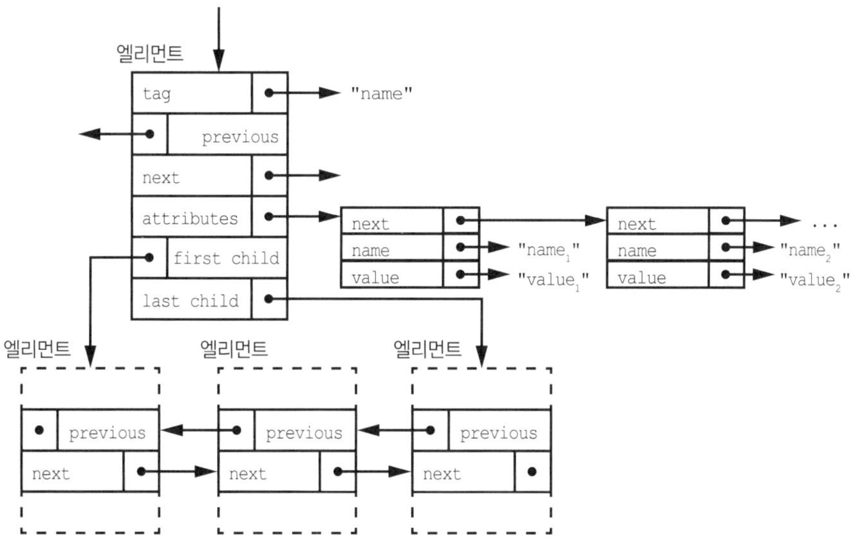

그림 9-7 HTML 엘리먼트 데이터 구조

이 도해는 아주 복잡해 보이지만 지금까지 배운 내용을 서로 이어붙인 것에 지나지 않는다. 엘리먼트와 애트리뷰트를 표현하는 복합 데이터 타입(280페이지의 '복합 데이터 타입' 절을 참고하라)이 있다. 애트리뷰트는 단일 연결 리스트(283페이지의 '단일 연결 리스트' 절을 참고하라)로 구성된다. 엘리먼트들은 트리로 배열된다(294페이지의 '계층적인 데이터 구조' 절을 참고하라). 자식이 얼마든지 있을 수 있고 순서가 중요하므로 자식들은 이중 연결 리스트(293페이지의 '이중 연결 리스트' 절을 참고하라)로 다뤄진다.

CSS가 **실렉터**selector라고 하는 정규식(328페이지의 '정규식' 절을 참고하라)의 변형을 사용해 DOM의 엘리먼트 위치를 지정하므로 구성요소를 어떻게 구성하느냐가 중요하다. 실렉터를 통해 엘리먼트를 매치시키는 것은 yacc이 스택에서 토큰을 매치하는 것과 비슷하다. CSS는 선택된 엘리먼트와 애트리뷰트를 연결해준다. 이를 통해 웹 페이지 디자이너는 대상 장치에 따라 텍스트 크기를 조정하거나 화면이 작은 장치에 대해 사이드 메뉴를 드롭다운 메뉴로 줄여주는 등의 일을 할 수 있다.

CSS는 여러 용어의 범벅이다. CSS는 색, 글꼴 크기 등의 많은 프로퍼티property를 정의한다. DOM 엘리먼트와 결합된 프로퍼티를 **애트리뷰트**라 부른다.

표 9-2는 CSS 실렉터 중 일부를 보여준다. 원래는 몇 가지 실렉터만 있었지만 아주 놀라운 속도로 새로운 실렉터가 추가돼왔다.

표 9-2 CSS 실렉터

패턴	의미
*	아무 엘리먼트나 매치된다.
E	아무 E 엘리먼트와 매치된다(아무 〈E〉...〈/E〉와 매치된다).
F	아무 F 엘리먼트와 매치된다(아무 〈F〉...〈/F〉와 매치된다).
E F	E 엘리먼트의 후손인 F 엘리먼트와 매치된다.
E > F	E 엘리먼트의 자식인 F 엘리먼트와 매치된다.
E + F	E 엘리먼트 바로 뒤에 형제자매로 있는 F 엘리먼트와 매치된다.
E ~ F	E 엘리먼트 바로 앞에 형제자매로 있는 F 엘리먼트와 매치된다.
E[이름]	'이름'에 해당하는 애트리뷰트가 있는 E 엘리먼트와 매치된다.
E[이름=값]	'이름'에 해당하는 애트리뷰트값이 '값'인 E 엘리먼트와 매치된다.
E[이름~=값]	'이름'에 해당하는 애트리뷰트값이 콤마(,)로 분리된 값들로 이뤄져 있으며, 그 값 중 하나가 '값'인 E 엘리먼트와 매치된다.
E#아이디	id 애트리뷰트값이 '아이디'인 E 엘리먼트와 매치된다.
E.클래스	class 애트리뷰트값이 '클래스'인 E 엘리먼트와 매치된다.
E:first-child	E가 형제자매 중 첫 번째 엘리먼트인 경우에만 매치된다.
E:last-child	E가 형제자매 중 마지막 엘리먼트인 경우에만 매치된다.
E:*n*th-child(*n*)	E가 형제자매 중 *n*번째 엘리먼트인 경우에만 매치된다.
E:empty	자식이 없는 E 엘리먼트와 매치된다.
E:link	아직 방문한 적이 없는 E 엘리먼트(〈a〉 등 하이퍼링크가 있는 엘리먼트여야 함)와 매치된다.
E:visited	방문한 적이 있는 E 엘리먼트(〈a〉 등 하이퍼링크가 있는 엘리먼트여야 함)와 매치된다.
E:hover	사용자가 마우스 포인터를 E 엘리먼트 위로 이동했을 때, E와 매치된다.
E:active	사용자가 E 엘리먼트를 마우스 등으로 활성화하는 경우에 E와 매치된다.
E:focus	입력 포커스가 있는(이 말은 해당 엘리먼트가 키보드 입력을 받는다는 뜻이다) E 엘리먼트와 매치된다.

리스트 9-1의 웹 페이지를 변경해서 간단한 스타일을 추가하자. 그림 9-4에서 추가한 스타일을 굵은 글꼴로 표시했다.

리스트 9-4 CSS를 내장한 웹 페이지

```
<html>
    <head>
        <title>
            My First Web Page
        </title>
        <style>
            body {
                color: blue;
            }
            big {
                color: yellow;
                font-size: 200%;
            }
        </style>
    </head>
    <body>
        This is my first web page.
        <b>
            <big>
                Cool!
            </big>
        </b>
    </body>
</html>
```

리스트 9-4에서 body와 big이라는 두 엘리먼트를 선택했음을 알 수 있다. 각 실렉터 뒤에는 프로퍼티 이름과 값의 목록이 들어 있다. 이름과 값은 콜론(:)으로 구분하고, 값 뒤에는 세미콜론(;)이 들어가며, 실렉터에 대한 프로퍼티 목록은 중괄호({}) 안에 들어 있다. 먼저 body 엘리먼트의 color를 blue(파랑)로 설정한다. 다음으로 big 엘리먼트의 color를 yellow(노랑)로 지정하고, font-size를 보통 크기의 200%로 설정한다. 이제 브라우저에서 이 파일을 한번 열어보라!

CSS는 나중에 나온 아이디어다. HTML을 개발할 때는 아무도 이를 생각하지 못했다. 그 결과 꽤 이상한 요소가 있다. HTML 안에는 미리 정의된 의미가 있는 다양한 엘리먼트가 있다. 예를 들어 <b> 엘리먼트는 텍스트를 굵은 글꼴bold로 만들고, <i> 엘리먼트는 텍스트를 기울인 글꼴

italics로 만든다. 하지만 리스트 9-5의 CSS를 쓰면 의미(화면에 표시되는 방식)를 반대로 바꿀 수 있다.

리스트 9-5 CSS를 사용해 ⟨i⟩와 ⟨b⟩ 의미 뒤바꾸기

```
b {
    font-style: italic;
    font-weight: normal;
}
i {
    font-style: normal;
    font-weight: bold;
}
```

CSS는 여러 HTML 원소들 사이의 구분을 각 원소의 의도 및 목적과 관계없이 없애버렸다. HTML 엘리먼트들이 정해진 디폴트default 스타일이 있다고 생각하는 독자도 있겠지만, CSS를 통해 이런 스타일이 바뀌고 나면 원소 이름은 원래 목적과 아무 관계가 없게 된다.

CSS는 원래 애트리뷰트를 엘리먼트와 연관시키는 더 유연한 메커니즘을 제공하기 위해 고안됐다. 이를 통해, 원래 HTML에는 없던 애트리뷰트가 엘리먼트에 추가됐다. 이로 인해 HTML과 CSS에서 일부 애트리뷰트를 동시에 설정할 수 있고, 나머지는 CSS에서만 설정할 수 있다. 프로그래머 사회에서는 예전 방식의 애트리뷰트 설정을 아예 더 이상 사용하지 말아야 한다는 입장이 꽤 강하지만, 이런 주장은 기존 코드를 유지보수하는 문제를 고려하지 않은 주장이다.

XML 등의 마크업 언어

XML은 HTML과 꽤 비슷해 보인다. 하지만 SGML과 마찬가지로 XML도 **잘 만들어진**well-formed 엘리먼트를 요구한다. 이 말은 <tag>로 연 엘리먼트는 반드시 </tag>로 닫아야 한다는 뜻이다. 암시적인 닫는 태그는 사용할 수 없다. HTML과 XML의 큰 차이는 HTML은 웹 페이지라는 구체적인 응용을 위해 만들어진다는 점이다. XML은 더 일반적인 용도의 마크업 언어로 다양한 응용 분야가 있다.

대부분의 XML 태그는 미리 정해진 의미가 없다. 여러분은 원하는 대로 태그에 의미를 부여할 수 있다. XML은 여러분의 응용 분야에 따라 원하는 대로 마크업 언어를 정의할 수 있는 구조

를 제공한다. 예를 들어, 마당 정원의 채소를 관리하고 싶다고 하자. 이를 위해 채소 마크업 언어 VML, Vegetable Markup Language를 만들 수 있다. 리스트 9-6을 보라.

리스트 9-6 XML을 바탕으로 만든 마크업 언어 예제

```
<xml>
    <garden>
        <vegetable>
            <name>tomato</name>
            <variety>Cherokee Purple</variety>
            <days-until-maturity>80</days-until-maturity>
        </vegetable>
        <vegetable>
            <name>rutabaga</name>
            <variety>American Purple Top</variety>
            <days-until-maturity>90</days-until-maturity>
        </vegetable>
        <vegetable>
            <name>rutabaga</name>
            <variety>Helenor</variety>
            <days-until-maturity>100</days-until-maturity>
        </vegetable>
        <vegetable>
            <name>rutabaga</name>
            <variety>White Ball</variety>
            <days-until-maturity>75</days-until-maturity>
        </vegetable>
        <vegetable>
            <name>rutabaga</name>
            <variety>Purple Top White Globe</variety>
            <days-until-maturity>45</days-until-maturity>
        </vegetable>
    </garden>
</xml>
```

하지만 누구나 원하는 대로 마크업 언어를 만들 수 있으므로 충돌이 발생할 수 있다. 예를 들어, 누군가 VML을 확장한 레시피 마크업 언어RML, Recipe Markup Language를 만들면서 요리 이름을 표시하는 <name> 엘리먼트를 추가했다고 하자. 리스트 9-7을 보라.

리스트 9-7 이름 충돌이 발생한 XML을 바탕으로 만든 마크업 언어 예제

```
<xml>
    <garden>
        <vegetable>
            <name>tomato</name>
            <variety>Cherokee Purple</variety>
            <days-until-maturity>80</days-until-maturity>
            <name>Purple Tomato Salad</name>
        </vegetable>
    </garden>
</xml>
```

여기서 <name> 엘리먼트가 VML의 채소 이름인지 RML의 요리 이름인지 구분할 방법이 없다. 그래서 VML과 RML을 함께 사용해도 <name> 엘리먼트가 어느 쪽에 속하는지 구분할 수 있게 해주는 메커니즘이 필요하다. 엘리먼트 태그 앞에 접두사를 붙이는 방법이 바로 이 메커니즘인데, 이 방법을 **이름 공간**namespace이라고 부른다.

이름 공간을 지정하는 방법은 다양하지만 여기서는 한 가지만 살펴보자. 각 이름 공간에는 URL이 연결된다. 이 URL이 올바른 URL이어야 한다는 요구사항은 없다. 단지 다른 이름 공간과 구별할 수 있기만 하면 된다. <xml> 엘리먼트의 xmlns 애트리뷰트는 이름 공간 접두사와 URL을 연결해준다. 리스트 9-8은 각기 다른 이름 공간을 써서 정원과 레시피 마크업 언어를 조합한 모습을 보여준다.

리스트 9-8 XML을 바탕으로 만든 이름 공간을 사용하는 마크업 언어 예제

```
<xml xmlns:vml="http://www.garden.org" xmlns:rml="http://www.recipe.org">
    <vml:garden>
        <vml:vegetable>
            <vml:name>tomato</vml:name>
            <vml:variety>Cherokee Purple</vml:variety>
            <vml:days-until-maturity>80</vml:days-until-maturity>
            <rml:name>Purple Tomato Salad</rml:name>
        </vml:vegetable>
    </vml:garden>
</xml>
```

리스트 9-8을 보면 설명을 위해 만든 두 마크업 언어의 엘리먼트를 함께 사용하고 접두사를 보고 두 언어의 태그를 구분할 수 있음을 알 수 있다. 이름 공간 접두사를 임의로 정할 수 있고, 함

께 엮어서 사용해야 하는 각기 다른 모든 마크업 언어에 대해 지정할 수 있다. rml이 레시피 마크업 언어에 대한 접두사여야 한다는 규칙은 없다. 따라서 레시피 마크업 언어를 웃기는 마크업 언어Ridiculous Markup Language 등 다른 RML과 합쳐야 한다면 recipe 같은 접두사를 사용할 수도 있다.

방금 설명한 마크업 언어 같은 커스텀 마크업 언어를 더 잘 이해할 수 있게 해주는 도구가 많이 있다. 그리고 다양한 프로그래밍 언어로 구현된 XML 문서로부터 파스 트리를 만들어주는 라이브러리도 많다.

한 가지 도구로 **문서 타입 정의**DTD, Document Type Definition를 들 수 있다. 이를 메타 마크업 언어로 생각할 수 있다. DTD는 XML처럼 보이는 문서(몇 가지 이유로 닫는 태그는 없다)이며, 마크업 언어 문법에 맞는 엘리먼트가 어떻게 생겼는지 정의할 수 있다. XML에는 XML 문서가 DTD를 가리킬 수 있게 허용하는 메커니즘이 있다. 예를 들어 <garden> 엘리먼트 안에는 <vegetable> 엘리먼트가 1개 이상 있어야 하고, <vegetable> 엘리먼트 안에는 <name>, <variety>, <days-until-maturity> 태그만 허용된다는 사실을 DTD로 기술할 수 있다. XML 파서는 XML 문서가 DTD를 준수하는지 검사할 수 있다. 이런 도구들도 유용하지만 이들이 가장 중요한 부분을 처리하는 것은 아니다. 예를 들어 DTD를 통해 필수적인 엘리먼트인 <variety>가 XML 문서에 있는지 검사할 수는 있지만, 다른 다양한 유형의 검증을 수행할 수는 없다.

XML 경로 언어XPath, XML Path Language는 XML 문서에 대한 실렉터를 제공한다. XPath는 또 다른 호환 불가능한 문법을 사용한다. XPath는 기본적으로 CSS 실렉터와 같은 기능을 하지만, 문법이 완전히 다르기 때문에 XPath를 따로 배워야 한다. XPath 자체는 그다지 유용하지 않지만, XPath는 **확장 가능한 스타일시트 언어 변환**XSLT, eXtensible Stylesheet Language Transformations의 중요한 일부분이다.

XSLT는 XML에 바탕을 둔 또 다른 언어다. XPath와 XSLT를 결합하면 XML 문서를 표현한 파스 트리를 검색하고 변형시킴으로써 XML 문서의 일부분을 다른 형태로 변환하는 XML 문서 조각을 작성할 수 있다. 리스트 9-9는 XPath 식을 사용해 정원에 있는 모든 채소를 매치시킨 다음에 이름과 각각의 품종을 공백으로 구분해 출력하는 간단한 예제다.

리스트 9-9 XSLT와 XPath를 사용해 모든 채소를 호출하기

```
<xsl:stylesheet xmlns:xsl="http://www.w3.org/1999/XSL/Transform" version="1.0">
    <xsl:template match="/garden/vegetable">
        <xsl:value-of select="variety"/>
```

```
        <xsl:text> </xsl:text>
        <xsl:value-of select="name"/>
    </xsl:template>
</xsl:stylesheet>
```

리스트 9-9의 XSLT를 리스트 9-6의 XML에 적용하면 리스트 9-10과 같은 결과를 얻는다.

리스트 9-10 모든 채소에 대해 XSLT를 호출한 결과

```
Cherokee Purple tomato
American Purple Top rutabaga
Helenor rutabaga
White Ball rutabaga
Purple Top White Globe rutabaga
```

리스트 9-11에 또 다른 예제가 있다. 이 예제는 이름이 rutabaga인 채소만 선택해 처리한다.

리스트 9-11 이름을 사용하는 XSLT 호출

```
<xsl:stylesheet xmlns:xsl="http://www.w3.org/1999/XSL/Transform" version="1.0">
    <xsl:template match="/garden/vegetable[name/text( )='rutabaga']">
        <xsl:value-of select="name"/>
        <xsl:text> </xsl:text>
    </xsl:template>
    <xsl:template match="text( )"/>
</xsl:stylesheet>
```

리스트 9-11의 XSLT를 리스트 9-6의 XML에 적용하면 리스트 9-12와 같은 결과를 얻는다.

리스트 9-12 이름을 사용하는 XSLT 호출 결과

```
rutabaga rutabaga rutabaga rutabaga
```

XSLT는 임의의 데이터가 들어 있는 마크업을 브라우저에 표현하기 위해 HTML로 변환하고 싶을 때 유용하다.

자바스크립트

우리가 본 웹 페이지 예제는 정적static이었다. 그래서 미리 어떻게 표시될지 정해진 텍스트를 그대로 표시만 했다. 그림 9-1로 돌아가 보면 웹 브라우저가 표시 중인 내용을 변경하는 유일한 방법은 새로운 URL을 웹 서버에 요청해서 새 문서를 받아오는 방법뿐이다. 이 과정은 아주 느릴 뿐만 아니라, 자원도 낭비한다. 여러분이 전화번호를 폼form에 입력하면 데이터를 서버에 보내서 전화번호에 입력한 모든 문자가 숫자인지를 확인한 다음, 그렇지 않은 경우 서버가 오류 메시지가 들어 있는 페이지를 돌려보낼 것이다.

1993년 마크 앤드리슨Marc Andreesen은 GUI를 제공하는 모자익Mosaic 웹 브라우저를 만들었고, 이 브라우저는 일반 소비자를 대상으로 하는 인터넷의 증가에 기름을 부었다. 그는 넷스케이프Netscape라는 회사를 창립하고 1994년 넷스케이프 내비게이터 브라우저를 출시했다. 더 대화형의 웹 페이지가 필요하다는 사실을 인식하고 넷스케이프에서는 1995년 자바스크립트JavaScript라는 프로그래밍 언어를 소개했다. 자바스크립트는 그 후 에크마 인터내셔널Ecma International이라는 표준 위원회(에크마는 예전에는 유럽 컴퓨터 생산자 협회European Computer Manufacturers Association로 알려져 있었고, 1994년에 현재 이름으로 변경됐다)에 의해 ECMA-262로 표준화됐다. 그래서 자바스크립트가 에크마스크립트ECMAScript라고도 알려져 있고, 줄여서 EC라고도 부른다. 에크마는 피부 상태('ecma'와 비슷한 'acne'라는 단어는 여드름을 뜻한다)처럼 들리고, 그 이유로 브라우저가 더 신뢰할 수 없게 됐다. 자바스크립트는 C 프로그래밍 언어와 자바에서 특성을 빌려왔고, 자바는 다시 C에서 특성을 빌려왔다.

자바스크립트를 사용하면 서버가 아니라 (브라우저가 실행 중인) 여러분의 컴퓨터에서 실행될 수 있는 실제 프로그램을 웹 페이지에 포함시킬 수 있다. 이 프로그램은 DOM을 변경하고 직접 웹 서버와 통신할 수 있다. 그림 9-8을 보라.

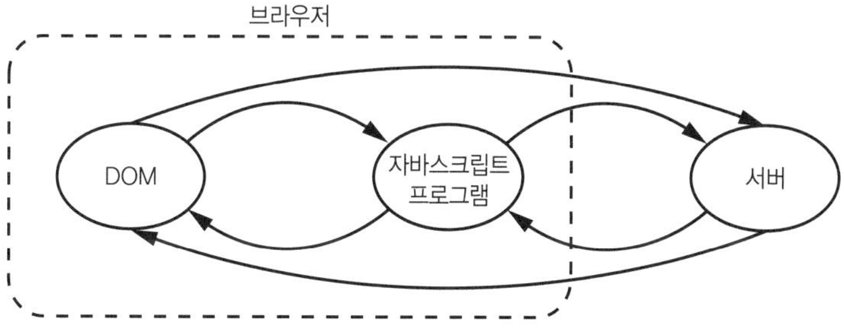

그림 9-8 자바스크립트가 포함된 웹 브라우저와 웹 서버의 상호작용

9
웹 브라우저

자바스크립트 프로그램과 서버의 상호작용은 그림 9-1에서 본 브라우저-서버 통신과 같지 않다. 자바스크립트와 서버의 상호작용은 **비동기 자바스크립트와 XML**Asynchronous JavaScript and XML, 즉 AJAX(에이잭스)를 통해 이뤄진다. 이 이름을 분석해보자. '비동기'라는 말은 145페이지 '카운터' 절의 리플 카운터에서 봤던 내용과 관련이 있다. 여기서는 브라우저가 서버의 응답이 언제 일어날지에 대해(그리고 응답이 돌아올지 돌아오지 않을지에 대해서도) 아무 제어를 하지 않는다는 뜻이다. '자바스크립트'라는 말은 이 상호작용이 자바스크립트의 제어하에 이뤄진다는 뜻이다. 마지막으로, 서버와 자바스크립트 프로그램 사이를 오가는 데이터 형식으로 처음에는 'XML'(HTML이 아님)을 사용했다.

자바스크립트를 <script> 엘리먼트 안에 넣어서 HTML 문서에 포함시킬 수 있다. 리스트 9-4의 문서에 자바스크립트 코드를 추가하자. 리스트 9-13에서 굵은 글꼴로 표시된 부분이 자바스크립트 부분이다.

리스트 9-13 자바스크립트를 내장한 웹 페이지

```
<html>
    <head>
        <title>
            My First Web Page
        </title>
        <style>
            body {
                color: blue;
            }
            big {
                color:     yellow;
                font-size: 200%;
            }
        </style>
        <script>
            window.onload = function() {
                var big = document.getElementsByTagName('big');
                big[0].style.background = "green";
            }
        </script>
    </head>
    <body>
        This is my first web page.
        <b>
            <big>
```

```
                Cool!
            </big>
        </b>
    </body>
</html>
```

불필요한 세부 사항은 생략하고 이 코드가 하는 일을 살펴보자. 브라우저 명세에는 window.onload라는 변수를 제공해야 한다는 규칙이 있다. 이 변수를 어떤 함수로 설정하면 브라우저가 페이지 문서를 읽어 들인 다음에 이 변수에 설정된 함수를 호출해준다. 브라우저 명세에는 DOM에서 태그 이름이 일치하는 모든 엘리먼트의 리스트를 돌려주는 getElementsByTagName이라는 함수가 document라는 객체 안에 있어야 한다고 명시되어 있다. 그래서 document.getElementsByTagName('big')을 호출하면 <big> 엘리먼트를 모두 얻을 수 있다. 마지막으로, 자바스크립트를 통해 엘리먼트의 프로퍼티를 변경할 수 있다. 여기서는 배경색background color을 녹색으로 바꾼다.

DOM을 조작하는 함수가 많이 정의되어 있다. 이런 함수를 사용하면 단지 프로그램을 통해 CSS 스타일을 변경하는 작업 이상의 일을 할 수 있다. 그리고 DOM 트리 안의 노드를 재배치하는 함수들도 있다. 이런 함수 중에는 엘리먼트를 추가하거나 제거하는 등의 일을 할 수 있는 함수도 있다.

jQuery

앞 절에서 본 DOM 함수는 두 가지 문제가 있다. 첫째, DOM 함수 동작이 브라우저마다 다를 수 있다. 둘째, DOM 함수를 사용하기가 상당히 불편하다. DOM 함수는 그다지 사용자 친화적인user-friendly 인터페이스를 제공하지 않는다.

jQuery('제이쿼리'라고 읽는다)를 사용하라. jQuery는 미국 소프트웨어 엔지니어인 존 레식John Resig이 2006년 만든 라이브러리다. jQuery는 앞에서 언급한 두 가지 문제를 해결해준다. jQuery는 브라우저 사이의 불일치를 부드럽게 메꿔주기 때문에 jQuery를 사용하는 프로그래머가 직접 브라우저 간의 차이를 다룰 필요가 없다. 그리고 훨씬 더 사용하기 쉬운 DOM 조작 인터페이스를 제공한다.

jQuery 라이브러리는 실렉터와 **액션**action을 조합한다. 리스트 9-14의 코드는 리스트 9-13과 똑같은 일을 하지만 더 프로그래밍하기 편한 방식을 쓴다.

리스트 9-14 자바스크립트와 jQuery를 내장한 웹 페이지

```
<html>
    <head>
        <title>
            My First Web Page
        </title>
        <style>
            body {
                color: blue;
            }
            big {
                color: yellow;
                font-size: 200%;
            }
        </style>
        <script type="text/javascript" src="https://code.jquery.com/jquery-3.2.1.min.js">
        </script>
        <script>
            $(function() {
                $('big').css('background', 'green');
            });
        </script>
    </head>
    <body>
        This is my first web page.
        <b>
            <big>
                Cool!
            </big>
        </b>
    </body>
</html>
```

첫 번째 `<script>` 엘리먼트는 jQuery 라이브러리를 임포트한다. 두 번째 `<script>` 엘리먼트에 실제 코드가 들어 있다. 브라우저가 호출하는 '문서 준비됨' 함수에는 jQuery 문이 하나 들어 있다.[2] 이 문장의 첫 번째 부분 `$('big')`은 실렉터다. 이 코드는 표 9-2에서 본 CSS 실렉터와 비슷하다. 문장의 나머지 부분 `.css('background', 'green')`은 실렉터로 선택한 원소에 대해 수행

할 액션이다. 이 액션은 CSS background 프로퍼티를 green으로 바꿔주는 css 함수다.

리스트 9-15의 jQuery 코드를 '문서 준비됨' 함수에 추가해서 약간의 상호작용을 덧붙이자.

리스트 9-15 jQuery 이벤트 핸들러

```
$('big').click(function() {
    $('big').before('<i>Very</i>');
    $('big').css('font-size', '500%');
});
```

이 간단한 코드는 <big> 엘리먼트에 대해 마우스 클릭이 이뤄지면 실행될 **이벤트 핸들러**event handler를 연결한다. 핸들러는 두 가지 일을 한다. 첫 번째로 <big> 엘리먼트 바로 앞에 <i> 엘리먼트를 추가하고, 두 번째로 <big> 엘리먼트의 글꼴 크기를 키운다.

예제를 보면 jQuery를 사용할 경우 자바스크립트를 통해 DOM을 더 쉽게 변경할 수 있음을 알 수 있다. 브라우저 화면을 열고 엘리먼트를 클릭하면 어떤 변화가 일어나는지 살펴보라.

jQuery는 새로운 길을 개척했고 그 분야에서 아주 유명해졌다. 이 라이브러리는 아주 널리 사용됐다. 하지만 웹 커뮤니티에서 널리 퍼진 병처럼 다른 프로그래머들도 jQuery와 같은 일을 하지만 서로 호환은 안 되는 경로를 개척하기 시작했다. 이제 같은 일을 하지만 서로 상이한 자바스크립트 라이브러리가 아주 많다.

SVG

크기 변경이 가능한 벡터 그래픽스SVG, Scalable Vector Graphics는 브라우저가 지원하는 마크업 언어 중에 미운 오리 새끼 격인 존재다. SVG는 여러분이 멋진 그래픽과 텍스트를 만들 수 있도록 지원하지만, 브라우저에서 사용 가능한 그 밖의 마크업 언어와는 완전히 다른 언어다.

존 워녹John Warnock과 척 게스케Chuck Geschke는 1982년 어도비 시스템즈Adobe Systems를 설립했고 포스트스크립트PostScript 언어를 만들었다. 워녹은 포스트크스립트의 개념을 더 복잡하게 만든 버전을 만들기 위해 수년간 작업했고, SGML이 너무 복잡해서 더 단순화한 HTML이 생긴

2 여기서 `$(...)`를 호출한 부분과 리스트 9-13에서 `window.onload`로 함수를 지정한 부분은 결과는 비슷하지만 실제로는 각기 다른 식으로 작동한다. 관심 있는 독자는 영문 자료이지만 https://api.jquery.com/load-event/와 https://api.jquery.com/ready/를 읽어보라. - 옮긴이

것 같이 포스트스크립트의 개발도 돌아가기 시작했다. 스티브 잡스가 포스트스크립트를 애플 레이저 프린터에 사용하기 위한 드라이버를 개발해달라는 요청을 해서 존과 척 듀오는 잠깐 쉴 수 있었다. 포스트스크립트 기반의 애플 레이저라이터Apple LaserWriter는 데스크톱 퍼블리싱DTP, desktop publishing 산업 형성의 주 요인이었고, 어도비의 성공도 이에 힘입었다.

포스트스크립트는 **이식성**portability, 즉 어디서나 같은 결과를 얻는다는 면에서 문제가 있었다. 이런 문제를 해결하기 위해 포스트스크립트에 기반한 **이식 가능한 문서 형식**PDF, Portable Document Format이 만들어졌다. SVG는 어느 정도 브라우저에 PDF를 욱여넣은 것과 비슷하다. 뭔가 아주 타당한 이유가 있어서인지 SVG와 PDF는 전혀 호환성이 없다.

일반적으로 SVG는 최근 추가된 캔버스canvas(다음 절에서 다룸)보다 더 자동이다. SVG로 무엇을 그릴지 지시하면 그대로 그림이 그려지지만, 캔버스를 사용할 때는 캔버스를 조작하는 프로그램을 작성해야 한다. 리스트 9-16의 내용을 웹 페이지 body 안에 추가하고 돌아가는 모습을 살펴보라. 무릇 웹 페이지라면 맥박처럼 뛰는 빨간 원이 필요하기 마련 아닌가.

리스트 9-16 SVG로 만든 원 애니메이션

```
<br>
<svg xmlns="http://www.w3.org/2000/svg" width="400" height="400">
    <circle id="c" r="10" cx="200" cy="200" fill="red"/>
    <animate xlink:href="#c" attributeName="r" from="10" to="200" dur="5s"
repeatCount="indefinite"/>
</svg>
```

HTML5

이번 장 맨 앞에서 말했지만 브라우저 세계에서는 무언가를 한 번만 구현해야 한다는 개념이 없다. HTML5는 HTML의 최신 구현이다. 다른 기능들과 더불어 HTML5에는 <header>, <footer>, <section> 등 여러 **시맨틱**semantic(의미론적) 엘리먼트가 추가됐다. 이런 엘리먼트는 (이들이 만들어진 목적에 맞게 사용하기만 하면) 문서의 구조에 일관성을 더해준다.

HTML5에는 **캔버스**canvas가 추가됐다. 캔버스는 SVG와 거의 비슷한 기능을 제공하지만 완전히 다른 방식으로 제공한다. 가장 중요한 차이는 SVG는 기존 DOM 함수를 사용해 조작하는 반면 캔버스는 캔버스를 위해 만들어진 새로운 자바스크립트 함수를 통해 조작해야만 한다는 점이다. 리스트 9-16의 원 애니메이션을 캔버스에 그대로 만들려면 자바스크립트 프로그램을 작성해야 한다는 말이다.

HTML5에는 <audio>와 <video> 엘리먼트도 추가됐다. 이들은 오디오와 비디오를 다루는 표준적인 메커니즘을 제공한다.

JSON

363페이지의 '자바스크립트' 절에서 AJAX를 간단히 다뤘다. 이때 브라우저 자바스크립트 프로그램이 서버에게 비동기로 XML 형식의 데이터를 보낸다고 했다. 하지만 이 말은 방금 전까지만 맞는 말이다. AJAX의 'X'는 이제 JSON의 'J'로 바뀌어야 한다. 따라서 AJAJ라는 약어를 쓰는 사람도 가끔 있지만 여전히 이 기술을 AJAX라고 부르는 경우가 더 많다.

JSON은 자바스크립트 객체 표기법JavaScript Object Notation을 줄인 말이다. JSON은 근본적으로 자바스크립트 **객체**object를 사람이 읽기 쉬운 방식으로 표현한 것이다. 이론적으로는 JSON 형식의 데이터는 서로 상호 운용이 가능해야 하지만, 실제로는 JSON 명세에 문제가 좀 있어서 몇몇 문자를 안 쓴다든지 하는 표준에 없는 몇 가지 규칙을 지켜야만 데이터 교환이 가능하다. 그리고 JSON이 모든 자바스크립트 데이터 타입을 지원하지는 않기 때문에 프로그래머가 가끔 이를 우회해야 할 때가 있다.

리스트 9-17은 자바스크립트 객체를 만들고 JSON 형식으로 변환한다. 그 후 JSON으로 변환한 결과를 the_quest에 넣고, 이 결과를 굵은 글꼴로 보여준다.

리스트 9-17 제이슨(JSON)과 아르고호 선원들

```
var argonauts = {};
argonauts.goal = "황금 양털";
argonauts.sailors = [];
argonauts.sailors[0] = { name: "아카스토스", father: "펠리아스" };
argonauts.sailors[1] = { name: "악토르", father: "히파소스" };
argonauts.sailors[2] = { name: "아드메토스", father: "페레스" };
argonauts.sailors[3] = { name: "암피아라우스", father: "오이클레스" };
argonauts.sailors[4] = { name: "안카이오스", father: "포세이돈" };

var the_quest = JSON.stringify(argonauts);
```

```
"{
    "goal": "황금 양털",
    "sailors": [
        { "name": "아카스토스", "father": "펠리아스" },
        { "name": "악토르", "father": "히파소스" },
        { "name": "아드메토스", "father": "페레스" },
        { "name": "암피아라우스", "father": "오이클레스" },
        { "name": "안카이오스", "father": "포세이돈" }
    ]
}"
```

리스트 9-17처럼 자바스크립트 객체를 JSON 형식으로 손쉽게 바꿀 수 있다는 점 외에도, 자바스크립트를 사용할 때 JSON이 XML보다 더 편리한 점이 있다. 자바스크립트의 eval 함수는 데이터인 JSON을 마치 자바스크립트 프로그램인 것처럼 직접 실행할 수 있다. JSON을 사용하면 자바스크립트에서 데이터를 내보내고 들여올 때 추가로 코드를 작성할 필요가 없기 때문에 유명해졌다.

하지만 JSON을 쉽게 쓸 수 있다는 사실이 여러분이 JSON을 다룰 때 아무 신경도 쓰지 않아도 된다는 뜻은 아니다. 분별없이 JSON 데이터를 eval로 임포트하면 공격자가 원하는 코드를 브라우저에서 실행하도록 허용할 수도 있다. 최근에는 JSON을 안전하게 자바스크립트 객체로 되돌릴 수 있는 JSON.parse라는 함수가 추가됐다.

정리

9장에서는 웹 브라우저가 작동하게 해주는 여러 요소들을 살펴봤다. 그림 9-9는 우리가 설명한 요소들을 보여준다. 물론 브라우저에는 북마크나 방문 기록 등 그다지 관심을 끌지 못하는 기능들도 많다.

이 구성도는 아주 복잡해 보인다. 하지만 여러분이 이미 살펴본 여러 요소들을 하나로 조합한 것뿐이다. 이런 요소로는 언어 파서, 파스 트리, 정규식, 인터프리터, 네트워크, 입력, 출력 등이 있다.

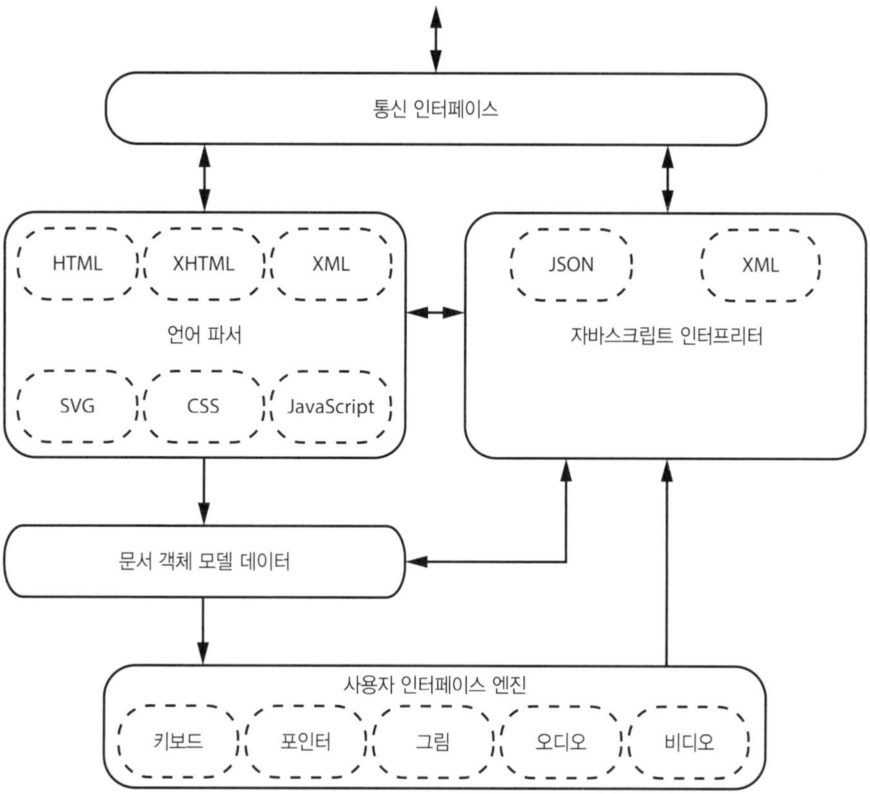

그림 9-9 브라우저 블록도

이 구성도는 또 하드웨어와 소프트웨어 설계의 차이를 보여준다. 하드웨어 설계는 소프트웨어 설계보다 비용이 더 많이 든다. 하드웨어 설계자가 아침식사 전에 서로 호환되지 않는 방식으로 똑같은 일을 하는 여섯 가지 모듈로 이뤄진 시스템을 구성할 가능성은 거의 없다. 하지만 소프트웨어에서 미리 지불해야 하는 비용은 하드웨어와 다르기 때문에, 소프트웨어 설계자들은 덜 조심하는 경우가 자주 있다. 그 결과 처음에는 비용이 덜 들어서 더 크고 복잡한 시스템을 설계했는데, 나중에는 꼭 유지보수해야 하는 복잡하게 서로 상호 운용되는 부품 수가 늘어남에 따라 더 많은 비용이 들 수 있다.

이런 복잡한 인터프리터의 동작에 대해 배웠으므로, 이제는 이 인터프리터에서 작동하는 프로그램을 작성해볼 때다. 자바스크립트로 작성된 브라우저에서 실행되는 프로그램을 살펴보고, C로 작성된 같은 프로그램을 살펴본다. 이를 통해 몇 가지 중요한 시스템 수준의 고려사항을 보여줄 것이다. 이런 사항은 웹 프로그래머에게는 감춰져 있지만 시스템 수준에서 프로그래밍을 하는 프로그래머에게는 중요하다.

10장

애플리케이션 프로그래밍과 시스템 프로그래밍

- 고수준 언어와 저수준 언어 프로그래밍 방식 비교

9장에서 웹 브라우저가 어떻게 작동하는지 살펴봤다. 브라우저는 복잡한 애플리케이션 프로그램으로 아주 고차원의 '명령어'를 제공하는 '컴퓨터'를 구현한다고 설명했다. 이번 장에서는 브라우저를 실행하는 프로그램을 작성한 다음에, 비슷한 프로그램을 브라우저를 사용하지 않고 작성한다. 두 프로그램의 구조는 그림 10-1과 같다.

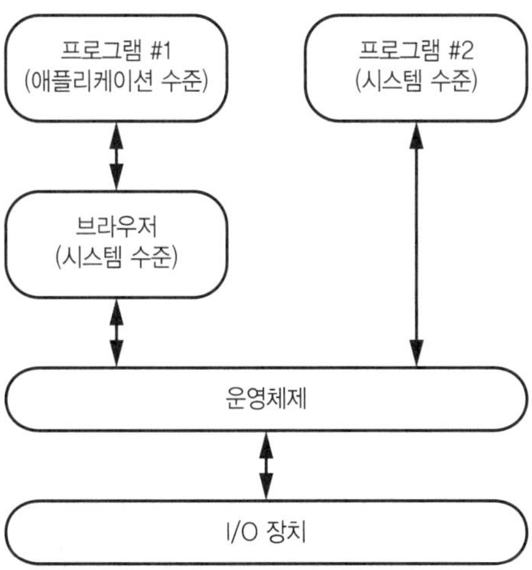

그림 10-1 두 프로그램 시나리오

운영체제는 사용자 프로그램이 I/O 장치의 복잡도를 상당 부분 볼 수 없게 가려준다. 비슷한 방식으로, 브라우저 같은 복잡한 사용자 프로그램은 그 프로그램 위에 만들어진 다른 애플리케이션 프로그램들이 운영체제를 다루는 복잡도를 볼 수 없게 가려준다. 여러분이 고수준 애플리케이션만 작성할 생각이라면 이런 방식으로도 충분하다. 하지만 시스템 프로그래머가 되고 싶다면 더 많은 내용을 알 필요가 있다.

이번 장에서는 앞에서 본 예제들보다 더 긴 자바스크립트와 C 코드 예제를 살펴본다. 이 두 언어를 잘 구사하지 못하더라도 걱정하지 마라. 이번 장을 읽기 위해 모든 세부 사항을 알 필요는 없다.

컴퓨터가 사용자에게 몇 가지 질문을 던지면서 동물을 맞히는 게임을 살펴보자. 필요에 따라 새 동물과 질문을 프로그램에 추가할 수 있다. 이 프로그램은 지식을 2진 트리로 구축함으로써 새로운 동물에 대한 지식을 '배울' 수 있다.

컴퓨터와 사용자(굵은 글꼴) 사이의 상호작용은 다음과 같은 식으로 일어난다.

동물을 생각해보세요.
동물이 짖습니까?
예
개입니까?
예
그럴 줄 알았습니다!
다시 한번 시도해보시죠.
동물을 생각해보세요.
동물이 짖습니까?
예
개입니까?
아니요
졌습니다. 무슨 동물입니까?
케르베로스
케르베로스와(과) 개를(을) 구분하기 위해 던질 수 있는 질문이 무엇입니까? 답은 "예"여야 합니다.
머리가 3개입니까?
고맙습니다. 기억하겠습니다.
다시 한번 시도해보시죠.
동물을 생각해보세요.
동물이 짖습니까?
예
머리가 3개입니까?
예
케르베로스입니까?

예
그럴 줄 알았습니다!
다시 한번 시도해보시죠.

그림 10-2는 이를 구현할 방법을 계획한 순서도다.

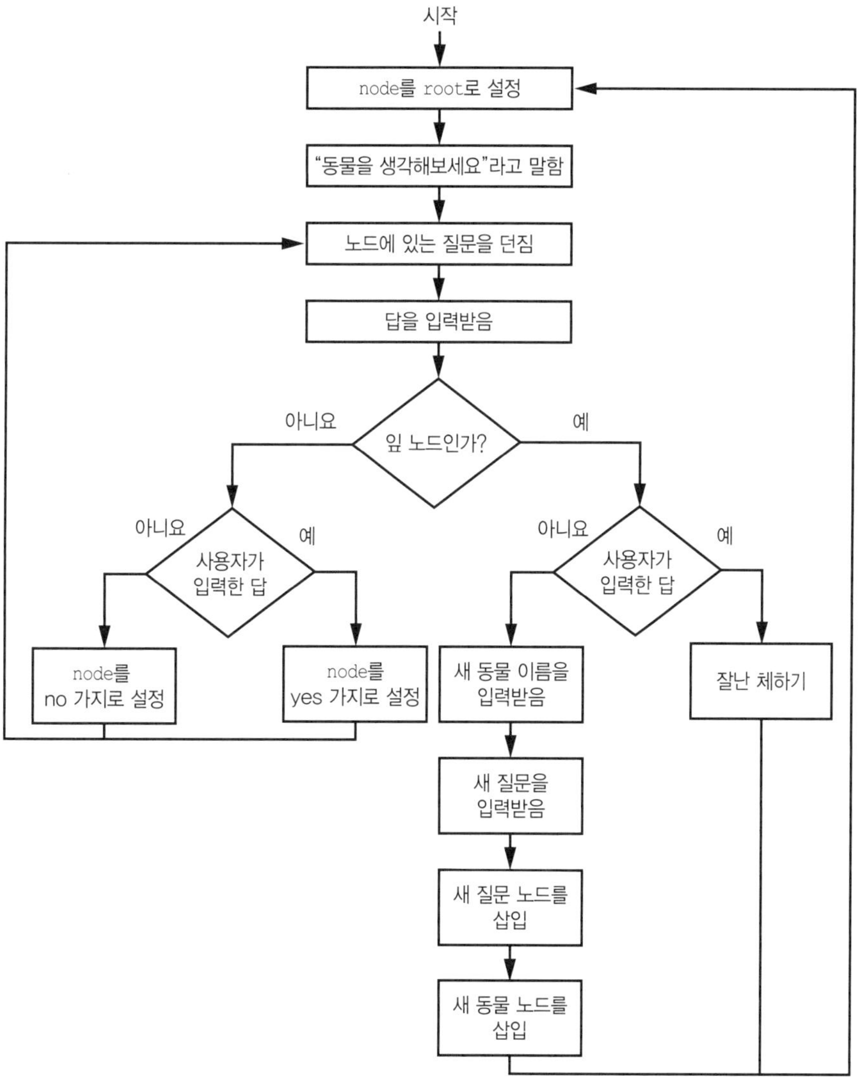

그림 10-2 동물 추측 프로그램 순서도

그림을 보면 동물에 대한 지식으로 이뤄진 트리를 따라 내려가되, 질문을 던지면서 어느 경로로 내려갈지를 결정한다. 제대로 동물을 추측하면 기뻐한다. 동물을 맞히지 못하면 사용자에게 정답을 물어본 후 해당 동물을 마지막에 확인한 동물과 구분하는 데 필요한 질문을 요청해서, 그 정보를 트리에 추가하고 처음부터 다시 시작한다.

이 프로그램은 (순서도의 왼쪽에서) 지식 트리를 따라 내려가면서 질문을 던지고 답을 얻는다. 오른쪽에서 경로의 끝에 도달하면 답을 맞혔는지 여부에 따라 잘난 체를 하거나 동물에 대한 지식을 지식 기반knowledge base에 추가한다.

동물 추측 프로그램 버전 1: HTML과 자바스크립트 프로그램

프로그램을 살펴보자. 설명하기는 편하지만 내 동료들을 성나게 할 방법을 사용할 것이다. 이 방법은 잘 작동하지만 약간 편법적이고 보기에도 좋지 않다. 9장에서 살펴본 것처럼 DOM은 2진 트리와 마찬가지로 DAG(유향 비순환 그래프)의 하위 집합인 트리다. 그래서 지식을 저장하는 2진 트리를 눈에 보이지 않는 <div>를 사용해 DOM으로 구성할 것이다. 자바스크립트에서 데이터 구조를 만들 수도 있지만, 브라우저에는 잘 작동하고 편하게 사용할 수 있는 기능이 이미 들어 있다. 그림 10-3이 보여주는 것처럼, 프로그램은 최초의 질문으로부터 시작하고 지식 트리는 그 질문의 두 가지 응답으로 구성된다.

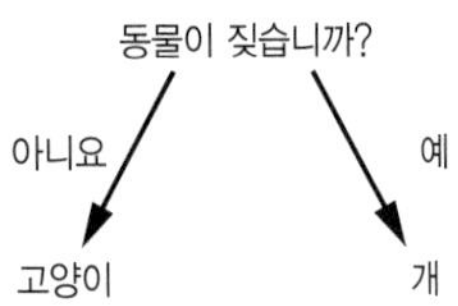


```
<div string="동물이 짖습니까?">
  <div string="개"></div>
  <div string="고양이"></div>
</div>
```

그림 10-3 초기 지식 트리

게임을 진행해보자. "동물이 짖습니까?"에 대한 답으로 "예"를 택하면 프로그램이 "개입니까?"라고 물어보고 답으로 "아니요"를 한다. 프로그램은 "졌습니다. 무슨 동물입니까?"라고 물어보고 "케르베로스"라고 응답을 한다. 프로그램은 이제 케르베로스와 개를 구분할 수 있는 질문이 뭔지 물어보고, 이에 대한 답으로 "머리가 3개입니까?"를 입력하면 지식 트리가 그림 10-4처럼 변경된다.

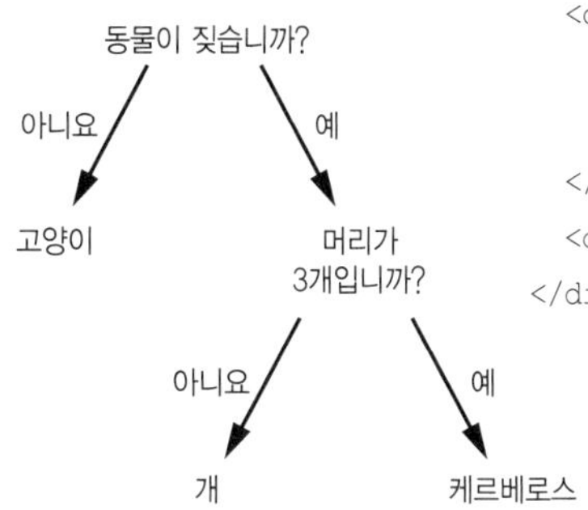


```
<div string="동물이 짖습니까?">
  <div string="머리가 3개입니까?">
    <div string="케르베로스"></div>
    <div string="개"></div>
  </div>
  <div string="고양이"></div>
</div>
```

그림 10-4 변경된 지식 트리

애플리케이션 수준의 뼈대

리스트 10-1은 우리가 코드를 추가할 웹 페이지의 뼈대를 보여준다. 순수주의자는 HTML, CSS, 자바스크립트를 한 파일에 섞어놓은 이 파일로 인해 화가 많이 날 수도 있다. 하지만 우리가 원하는 건 복잡한 웹사이트가 아니라 간단한 프로그램이기 때문에 모든 요소를 한곳에 모으는 편이 더 편리하다.

리스트 10-1 웹 페이지 뼈대[1]

```
<html lang="ko">
    <head>
      <!-- jQuery 포함시키기 -->
      <script type="text/javascript" src="https://code.jquery.com/jquery-3.1.1.min.js">
</script>

      <title>웹 페이지 뼈대</title>

      <style>
          <!-- CSS를 여기 넣는다. -->
      </style>

      <script type="text/javascript">

      <!-- 자바스크립트를 여기 넣는다. -->
```

1 원서는 영어 html 파일이었지만 여기서는 한글로 바꿨다. <html> 엘리먼트의 lang="ko"라는 애트리뷰트는 언어를 한국어로 지정한다. HTML5부터는 디폴트 인코딩이 utf-8이어서 저장할 때 utf-8로 인코딩해 저장하면 별문제 없이 작동하겠지만, <head> 바로 다음에 <meta charset="UTF-8">이라고 utf-8 인코딩을 명시해도 좋다. – 옮긴이

```
15
16       $(function() {
17            <!-- 문서가 준비되면 실행될 자바스크립트 코드 -->
18       });
19
20       </script>
21     </head>
22
23     <body>
24       <!-- HTML을 여기 넣는다. -->
25     </body>
26 </html>
```

title을 '동물 추측 게임'으로 직접 바꿔보자.

웹 브라우저를 이루는 구성요소에 대해서는 9장에서 배웠다(그림 9-9 참조). 이제 배운 내용을 실제로 적용해보자.

웹 페이지 본문

먼저 리스트 10-2에 있는 프로그램 <body>를 살펴보면서 시작하자. 이 코드는 리스트 10-1의 24번째 줄에 있는 <!-- HTML을 여기 넣는다. -->를 대신한다.

리스트 10-2 동물 추측 게임 HTML

```
<!-- 이 부분은 지식 트리이며 결코 표시되지 않는다. -->

<div id="root" class="invisible">
    <div string="동물이 짖습니까?">
        <div string="개"></div>
        <div string="고양이"></div>
    </div>
</div>

<div id="dialog">
    <!-- 대화가 여기 들어간다. -->
</div>

<!-- 새로운 동물 이름을 얻는 대화 -->

<div id="what-is-it" class="start-hidden">
    <input id="what" type="text"/>
```

```
18      <button id="done-what">이름 입력 완료</button>
19 </div>
20
21 <!-- 새로운 동물에 대한 질문을 얻는 대화 -->
22
23 <div id="new-question" class="start-hidden">
24      <span id="new"></span>와(과) <span id="old"></span>를(을) 구분하기 위해
25      던질 수 있는 질문이 무엇입니까? 답은 "예"여야 합니다.
26      <input id="question" type="text"/>
27      <button id="done-question">답 입력 완료</button>
28 </div>
29
30 <!-'예'와 '아니요' 버튼 -->
31
32 <div id="yesno" class="start-hidden">
33    <button id="yes">예</button>
34    <button id="no">아니요</button>
35 </div>
```


3번째 줄부터 8번째 줄까지 초기 질문과 함께 지식 트리를 미리 읽어온다는 사실을 알 수 있다. string 애트리뷰트는 질문이지만, 노드가 잎 노드인 경우에는 동물 이름이다. 질문 안에는 두 가지 <div>가 들어 있다. 첫 번째 <div>는 '예'라는 답에 대응하고, 두 번째 <div>는 '아니요'라는 답에 대응한다. 지식 트리는 절대로 표시가 되지 않도록 스타일이 지정된 <div>로 감싸져 있다.

10번째부터 12번째 줄의 dialog는 컴퓨터와 사용자 사이의 대화를 저장한다. what-is-it(16~19번째 줄)에는 새 동물의 이름을 입력하는 필드와 플레이어가 입력이 끝났을 때 누를 버튼이 들어 있다. 그 뒤에 있는 new-question(23~28번째 줄)에는 새 동물에 해당하는 질문을 입력하는 필드와 입력이 끝났을 때 누를 버튼이 들어 있다. '예'와 '아니요' 버튼은 yesno 안에 들어 있다(32~35번째 줄). 이 세 사용자 입력 <div>(16, 23, 32번째 줄)에는 게임이 시작되면 보이지 않게 만들기 위해 start-hidden 클래스로 지정되어 있다.

자바스크립트

이제 실제 자바스크립트를 살펴보자. 첫 번째 부분을 리스트 10-3에 표시했다.

리스트 10-1의 뼈대에서 <!-- 자바스크립트를 여기 넣는다. --> 부분에 들어갈 자바스크립트 코드에서 처음 해야 할 일은 node 변수를 선언하는 것이다. 이 변수를 문서가 준비되면 실행될 함수 안에

정의할 수도 있지만, 함수 밖에 이 변수를 정의하면 브라우저 개발자 콘솔에서 더 쉽게 이 변수에 접근할 수 있다. 그리고 브라우저가 페이지를 읽어왔는지와 관계없는 두 가지 함수를 문서가 준비되면 실행될 함수 밖에 정의한다.

리스트 10-3 동물 추측 게임 자바스크립트 변수와 함수들

```
var node; // 지식 트리상의 현재 위치

// 제공받은 html을 대화에 추가한다. 새 노드에 자식이 없다면
// 더 이상 질문할 내용이 없으므로 끝난다. 새 노드에 자식이 있다면,
// 새 노드를 현재 노드의 자식으로 만들고 노드의 string 애트리뷰트를 사용해
// 질문을 던진다. 노드가 잎 노드이면 질문으로 동물 이름을 던진다.
// 새 노드가 잎 노드이면 true를 반환한다.

function
question(new_node, html)
{
    $('#dialog').append(html);      // html을 대화에 추가함

    if ($(new_node).length == 0) { // 자식이 없으면 질문도 없음
        return (true);
    }
    else {
        node = new_node;            // 새 노드로 내려가기

        if ($(node).children().length == 0)
            $('#dialog').append($(node).attr('string') + '입니까?');
        else
            $('#dialog').append($(node).attr('string') + '?');

        return (false);
    }
}

// 게임을 다시 시작한다. 모든 버튼과 텍스트 필드를 감추고, 텍스트 필드를
// 지우고, 초기 노드와 인삿말을 설정한 다음, 첫 번째 질문을 던지고,
// 예/아니요 버튼을 표시한다.

function
restart()
{
    $('.start-hidden').hide();
    $('#question,#what').val('');
```

```
    question($('#root>div'), '<div><b>동물을 생각해보세요.</b></div>');
    $('#yesno').show();
}
```

다음으로 리스트 10-1의 17번째 줄에 있는 <!-- 문서가 준비되면 실행될 자바스크립트 코드 --> 부분을 리스트 10-4에 있는 다섯 가지 요소로 바꾼다.

리스트 10-4 동물 추측 게임에서 문서가 준비되면 실행될 자바스크립트 함수

```
restart(); // 처음에 모든 설정을 다시 한다.

// 플레이어가 새 질문을 입력했다. 이 질문이 들어 있는 노드를 만들고
// 예전의 '아니요'에 해당하는 노드를 새 노드 안에 넣는다. 그 후
// 새 동물이 들어 있는 노드를 만들고 이 노드를 '아니요'에 해당하는 노드 바로 앞에
// 넣어서 '예'에 해당하는 노드가 되게 만든다. 그 후 다시 처음부터 시작한다.

$('#done-question').click(function() {
    $(node).wrap('<div string="' + $('#question').val() + '"></div>');
    $(node).parent().prepend('<div string="' + $(what).val() + '"></div>');
    $('#dialog').append("<div>고맙습니다. 기억하겠습니다.</div><p>");
    restart();
});

// 플레이어가 새 동물 이름을 입력하고 '이름 입력 완료'를 클릭했다. 입력에
// 관련된 엘리먼트들을 없애고 'new-question' 텍스트 필드와 '답 입력 완료'
// 버튼이 보이게 만든다. 이전 동물과 새 동물 이름을 질문에 끼워 넣는다.

$('#done-what').click(function() {
    $('#what-is-it').hide();
    $('#new').text($('#what').val());
    $('#old').text($(node).attr('string'));
    $('#new-question').show();
    $('#dialog div:last').append(' <i>' + $('#what').val() + '</i>');
});

// 플레이어가 질문에 대해 '예'를 클릭했다. 현재 노드가 잎 노드가 아니면
// 트리를 한 단계 내려가고, 잎 노드이면 잘난 체하고 처음부터 다시 시작한다.

$('#yes').click(function() {
    if (question($(node).children(':first-child'), '<i>예</i><br>')) {
        $('#dialog').append("<div>그럴 줄 알았습니다!</div><p>");
        restart();
    }
```

```
35 });
36
37 // 플레이어가 질문에 대해 '예'를 클릭했다. 현재 노드가 잎 노드가 아니면
38 // 트리를 한 단계 내려가고, 잎 노드이면 예/아니요 버튼을 감추고
39 // what-is-it 텍스트 필드와 '이름 입력 완료' 버튼을 표시한다.
40
41 $('#no').click(function() {
42     if (question($(node).children(':last-child'), '<i>아니요</i><br>')) {
43         $('#yesno').hide();
44         $('#dialog').append('<div>졌습니다. 무슨 동물입니까?</div>');
45         $('#what-is-it').show();
46     }
47 });
```

게임을 시작하기 위해 restart 함수를 호출(1번째 줄)한다. 그 밖의 네 가지 요소는 **이벤트 핸들러** event handler다. 이벤트 핸들러는 5장에서 배운 인터럽트 핸들러에 해당하는 자바스크립트 기능이라고 볼 수 있다. 네 가지 button 엘리먼트마다 이벤트 핸들러가 하나씩 연결된다. 버튼이 눌리면 각 핸들러는 익명 함수anonymous function(이름이 없는 함수)를 호출한다.

이 프로그램을 타이핑하면서 텍스트 편집 기술을 연습하라. 편집한 결과를 gta.html 같은 이름의 파일로 저장하고, 브라우저에서 연다. 게임을 플레이해보라. 브라우저에서 개발자 도구를 열고 HTML 인스펙터inspector(크롬이나 마이크로소프트 에지에서는 Elements, 사파리에서는 웹 인스펙터)를 찾아라. 이 기능을 통하면 웹 페이지를 구성하는 HTML을 살펴볼 수 있다. 게임을 플레이하면서 지식 트리가 늘어나는 모습을 살펴보라.

CSS

9장에서 간단히 설명한 것처럼, 클래스를 사용하면 엘리먼트에 레이블을 붙여서 쉽게 선택할 수 있다. CSS는 정적인 프로퍼티 선언에 주로 쓰이지만, 주로 프로그램을 통해 CSS를 변경하는 방식으로 변화를 줄 수 있다. 리스트 10-2의 HTML에는 start-hidden과 invisible이라는 두 가지 CSS 클래스가 있다.

리스트 10-5의 엘리먼트 중 일부 HTML 엘리먼트를 start-hidden으로 지정하기 위해 class 애트리뷰트를 사용한다. 이렇게 하는 이유는 단지 코드의 품격만을 위한 것이 아니고, 간단한 실렉터를 사용해 이들 엘리먼트를 한꺼번에 선택하기 위함이다. 프로그램은 시작 혹은 재시작 시

이런 엘리먼트들이 표시되지 않게 한다. 프로그램이 진행되면서 각 엘리먼트들이 다시 표시되지만, start-hidden 클래스를 통해 간단히 모든 엘리먼트를 다시 재설정할 수 있다.

invisible 클래스인 엘리먼트들은 항상 표시되지 않고, 지식 트리 역할을 한다. 따라서 리스트 10-5에 있는 CSS로 리스트 10-1의 <!-- CSS를 여기 넣는다. --> 부분을 대신하면 된다.

리스트 10-5 동물 추측 게임 CSS

```
invisible {
    display: none; /* 이 클래스에 속하는 엘리먼트는 표시되지 않는다. */
}
```

브라우저에서는 똑같은 일을 할 수 있는 방법이 두 가지 이상 있기 때문에 간단한 CSS에는 이 방법 대신 **인라인 스타일**inline style을 사용할 수도 있다. 리스트 10-2의 세 번째 줄을 <div id="root" style="display: none">이라고 써도 똑같은 효과를 얻는다.

동물 추측 게임 버전 2: C 프로그램

앞에서 언급한 것처럼 브라우저는 고수준 가상 머신이다. 이 가상 머신의 모든 기능은 소프트웨어로 구현됐다. 이로 인해 중요한 하부 구조를 감추면서 빠르고 쉽게 프로그램을 작성할 수 있다. 이제 이 프로그램을 C로 작성하면서 브라우저가 숨겨주는 더 기초적인 동작이 드러나게 해보자. 여기서 논의하는 부분은 유닉스에서 파생된 운영체제에 해당된다.

터미널과 명령줄

우리가 작성할 C 프로그램은 너무 복고풍이어서 멋진 버튼이나 그래픽이 들어가지 않는다. 고대 게임인 〈어드벤처〉('Colossal Cave Adventure'인데 'Adventure'라고도 부름)[2]와 비슷하게 명령줄command line을 사용한다. 이런 작업은 브라우저가 제공하는 멋진 위젯widget에 의존하지 않고 입력과 출력이 어떻게 이뤄지는지 더 배울 수 있는 좋은 기회다.

2 〈어드벤처〉는 1975~1978년 개발된 텍스트 기반 게임으로, 대화형 소설이나 네트워크 기반의 텍스트 다중 사용자 게임인 〈MUD(multi user dungeon)〉 등의 시조 격인 게임이다. MUD는 나중에 그래픽이 덧붙여지면서 MMORPG로 발전했다. – 옮긴이

여기서 '복고풍'이나 '명령줄'이 어떤 뜻일까? 1장에서 언급한 것처럼 자연어는 소리나 몸짓으로부터 시작했고, 문자는 훨씬 더 늦게 생겨났다. 컴퓨터 언어는 정반대다. 컴퓨터 전면에 패널이 있던 시절에는 버튼을 누르거나 스위치를 젖히는 방식으로 상호작용이 이뤄졌고, 그 후 빠르게 문자 언어로 진화했으며, 나중에서야 제스처나 음성 인식이 등장했다. 사람들은 키보드로 명령을 타이핑해 입력하고, 컴퓨터는 터미널에 '타이핑해 돌려줬다'(264페이지의 '터미널' 절을 참고하라).

여러분은 **그래픽 사용자 인터페이스**GUI, graphical user interface를 사용해 컴퓨터와 서로 통신할 것이다. 하지만 생각해보면 GUI는 상당히 석기시대적이다. "어! 저거봐! 버튼! 눌러! 친구! 고양이 비디오! 좋아요! 트윗 트윗 트윗!" GUI는 주로 제스처 언어를 사용하는데, 사용자가 명령을 일일이 기억할 필요가 없기 때문에 이런 언어는 주로 일상적인 컴퓨터 사용자에게 잘 어울린다. 또는 적어도 아이콘 모양을 누구나 알아볼 수 있게 되기 전까지 GUI는 일상적인 목적을 위한 것이 아니었다.

대부분의 컴퓨터 시스템은 화려한 그래픽 뒤에 여전히 문자를 통한 명령줄 인터페이스CLI, command line interface를 제공한다. 예전에는 터미널이 컴퓨터 밖에 있는 하드웨어였지만, 이제는 소프트웨어로 구현된다. 여러분이 컴퓨터에서 터미널 애플리케이션을 열면 **명령 프롬프트**command prompt를 볼 수 있다. 명령 프롬프트 다음에 여러분이 원하는 문자를 타이핑하면 터미널이 응답한다.

버튼을 사용해 '예'와 '아니요'를 선택하는 대신, 동물 추측 프로그램의 C 버전에서는 플레이어가 터미널 프로그램에서 y나 n을 입력하고 (키보드에 따라) 엔터ENTER나 리턴RETURN이나 ↵ 키를 누르리라 기대한다. 비슷하게 새로운 동물 이름과 질문도 플레이어가 타이핑해야 한다. 프로그램이 q를 입력으로 받으면 종료된다.

프로그램 빌드

C는 컴파일 언어이기 때문에 자바스크립트를 인터프리터로 실행했던 것처럼 그냥 소스 코드를 '실행'할 수는 없다. 소스 코드를 먼저 기계어로 변환해야 한다. 명령줄에서 쉽게 이런 변환을 할 수 있다. 소스 파일의 이름이 gta.c라면, 그림 10-5에 있는 명령을 터미널에 타이핑해서 gta라는 기계어 파일을 생성할 수 있다(이를 빌드한다고 부른다).

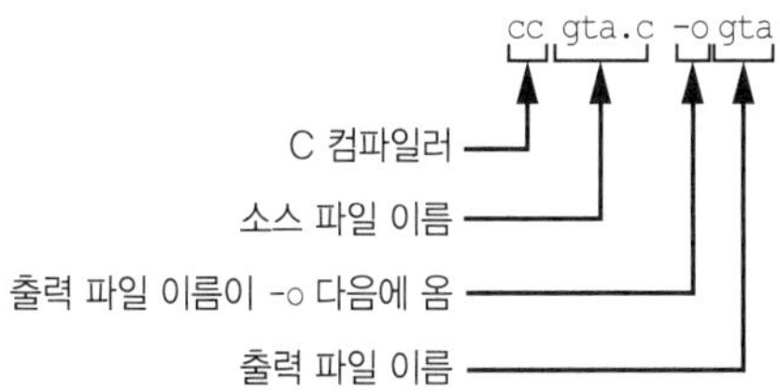

그림 10-5 프로그램 빌드하기

출력 파일이 있으면 보통은 터미널에 이 출력 파일의 이름을 타이핑하면 파일을 실행할 수 있다.

터미널과 장치 드라이버

터미널은 (212페이지의 '시스템 공간과 사용자 공간' 절에서 설명한 것처럼) I/O 장치이며, 사용자 프로그램은 직접 I/O 장치와 통신하지 않는다. 그림 10-6처럼 운영체제가 중간에서 통신을 중재한다.

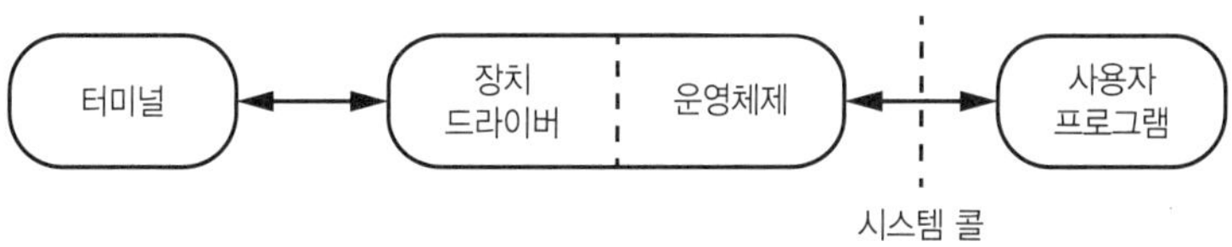

그림 10-6 I/O 장치 중재

터미널이 별도의 장치였을 때로 돌아가면, 컴퓨터와 터미널은 RS-232 직렬 연결(234페이지의 '직렬 통신' 절을 참고하라)로 연결됐었다. 터미널과 컴퓨터를 연결하는 선이 물리적으로 존재했다. 오늘날 운영체제는 마치 이런 연결이 진짜 존재하는 것처럼 소프트웨어로 흉내 내어 동작한다. 그래서 레거시legacy 프로그램을 변경하지 않고 그대로 요즘에도 사용할 수 있다.

문맥 전환

장치 드라이버는 보기보다 복잡하다. 복잡한 주된 이유는 운영체제가 한 번에 사용자 프로그램을 하나 이상 실행할 수 있기 때문이다. 컴퓨터는 레지스터 집합이 하나뿐이므로 운영체제는 한 사용자 프로그램을 다른 사용자 프로그램으로 바꿀 때마다 레지스터들을 저장하고 복구해야 한다. CPU 레지스터 외에도 저장하고 복구해야 할 내용이 많다. 예를 들어, MMU 레지스터나 I/O 상태 등도 저장하고 복구해야 한다. 이때 저장하고 복구해야 하는 모든 내용을 **프로세스 문맥**process context이라고 부르고, 그냥 **문맥**이라고도 한다. 문맥의 크기가 커서 **문맥 전환**context switching 비용이 비싸기 때문에, 문맥 전환을 경솔히 자주 하고 싶지는 않다. 시스템 콜이 이뤄지는 과정을 그림 10-7에 표시했다.

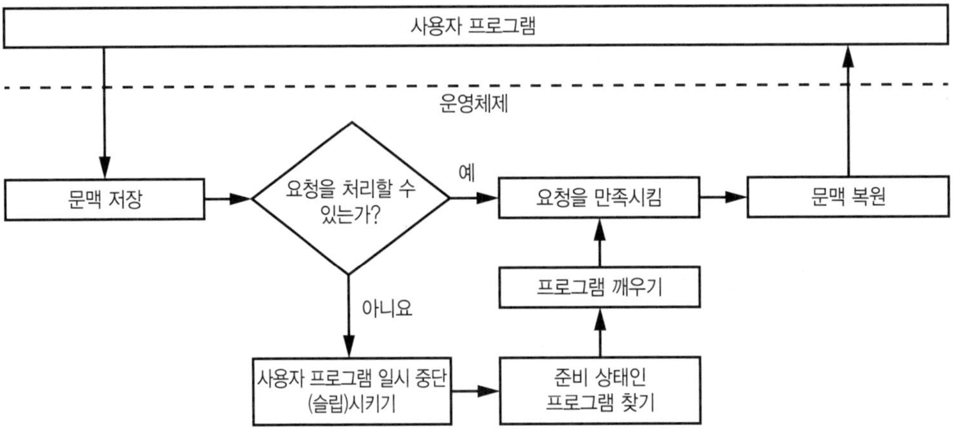

그림 10-7 문맥 전환

그림을 보면 시스템 콜이 이뤄지면 내부에서 많은 일이 벌어짐을 알 수 있다. 그리고 206페이지의 '상대 주소 지정' 절에서 본 것처럼 때로 OS는 사용자 프로그램을 **슬립**sleep시킨다. 심지어 요청을 만족시킬 수 있는 경우에도 때로 다른 사용자 프로그램이 실행될 기회를 주기 위해 현재 실행 중인 사용자 프로그램을 슬립시킬 수도 있다.

사용자가 키를 누를 때마다 문맥 전환이 일어나기를 바라지는 않는다. 이런 경우 문맥 전환 횟수를 최소화하기 위해서는 사용자가 ENTER를 누를 때까지는 사용자가 무엇을 타이핑하든 상관없다는 점을 알아야 한다. 사용자 프로그램은 시스템 콜을 사용해 터미널에서 입력을 '읽고' 싶다는 의사를 표시한다. (키 입력이 없기 때문에) 대기하는 것 외에는 할 일이 없어서, 사용자 프로그램은 슬립 상태가 된다. 그 결과 OS는 또 다른 프로그램을 실행하는 등의 다른 동작을 수행할 수 있다. 물리적 장치와 관련한 처리를 담당하는 **장치 드라이버**device driver는 터미널에서 들어오는 문자를 **버퍼**buffer에 저장하고, 사용자가 키를 누를 때가 아니라 ENTER를 누를 때에만 사용자 프로그램을 '깨운다'.

버퍼란 무엇인가? 그림 6-25에서 이를 봤다. 소프트웨어 영역에서 버퍼는 **선입선출**FIFO, first-in, first-out 데이터 구조다(하드웨어 영역의 버퍼는 연약한 구성요소를 보호하기 위해 사용하는 회로를 뜻하는 경우가 더 많다). 그림 10-8은 FIFO(다른 말로 **큐**queue(대기열)라고도 함)를 보여준다. FIFO

는 슈퍼마켓 계산대 앞의 줄과 비슷하다. 스택과 마찬가지로 FIFO도 공간을 다 쓰면 오버플로가 일어나고, 빈 큐에서 원소를 꺼내려고 시도하면 언더플로가 일어난다.

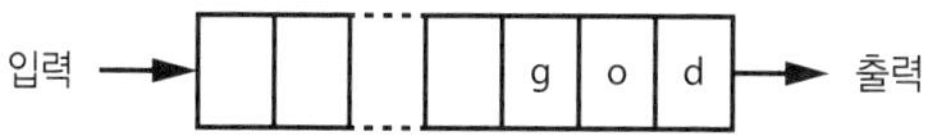

그림 10-8 dog라는 문자 시퀀스를 큐에 넣은 모습

터미널에서 키보드와 디스플레이 사이에는 직접적인 연결이 없다. 키보드는 컴퓨터에 데이터를 보내고, 디스플레이는 컴퓨터에서 데이터를 받는다. 원래는 앞에서 설명한 것처럼 키보드와 디스플레이를 위한 선이 따로 있었지만, 전이중(234페이지의 '직렬 통신' 절을 참고하라) 모드를 사용하면 선 하나로 양방향 통신을 동시에 진행할 수 있다. 사용자가 누른 키가 무엇인지 혼동할 수도 있으므로 키 입력에 대한 버퍼를 사용하는 것만으로는 충분하지 않고, 사용자 입력을 즉시 화면에 표시하는 **에코**echo(메아리)가 필요하다. 그리고 사용자 키 입력은 프로그램이 디스플레이에 보내는 출력보다 느리기 때문에 **입력 버퍼**input buffer 외에도 **출력 버퍼**output buffer가 필요하다. 출력 버퍼가 꽉 찼는데도 프로그램이 터미널에 출력을 시도하면 프로그램을 슬립 상태로 전환한다. 입력 버퍼가 꽉 찬 경우에는 드라이버가 사용자에게 화면을 깜빡이거나 삐 소리를 울리는 등의 피드백을 제공할 수도 있다. 지금까지 설명한 드라이버 부분은 그림 10-9와 같다.

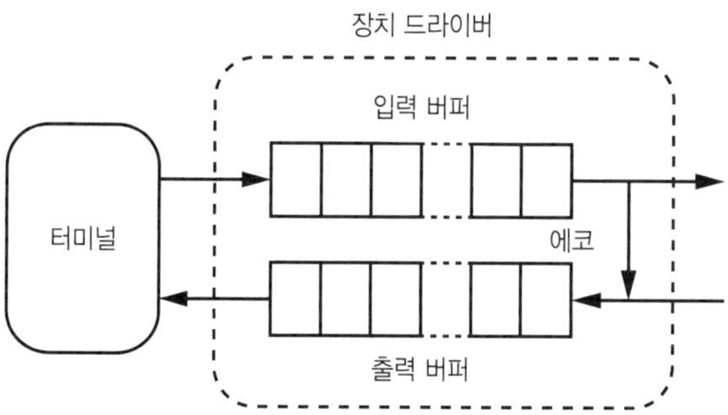

그림 10-9 터미널 장치 드라이버의 버퍼링과 메아리

실제 장치 드라이버는 더 복잡하다. 드라이버 설정을 변경하기 위해 추가된 시스템 콜도 있다. 에코를 끄거나 켤 수 있고, 버퍼링을 끄거나 켤 수 있으며, 버퍼링이 꺼져 있는 경우를 **로 모드**raw mode라고 부르고, 버퍼링이 켜져 있는 경우를 **쿡드 모드**cooked mode라고 부른다. 사용자 프로그램을 깨우는 프로그램이나 문자를 지우는 키(보통은 BACKSPACE나 DELETE 키)를 지정할 수도 있다.

표준 I/O

장치 드라이버 내의 버퍼링은 문제 중 일부만 해결해준다. 사용자 프로그램에도 비슷한 문제가 있다. 장치 드라이버가 입력을 버퍼링해도 사용자 프로그램이 사용자가 문자를 입력할 때마다 시스템 콜을 호출하면 장치 드라이버 쪽 입력 버퍼가 아무 쓸모가 없다. 마찬가지로 사용자 프로그램이 문자를 기록하기 위해 매번 시스템 콜을 호출하면 장치 드라이버에 출력 버퍼가 아무 역할도 못한다. 이런 상황이 자주 있기 때문에 **표준 입력/출력**standard input/output 라이브러리(stdio)가 만들어졌다. 표준 입출력 라이브러리에는 사용자 프로그램이 쓸 수 있는 버퍼 I/O 함수가 들어 있다.

stdio 라이브러리는 버퍼 입력을 지원한다. 버퍼 입력을 사용하면 시스템 콜을 한 번만 사용해 장치 드라이버에서 읽은 데이터를 버퍼에 넣을 수 있다. 사용자 프로그램은 버퍼가 빌 때까지 버퍼에서 입력 문자를 얻는다. 버퍼가 소진되면 다시 시스템 콜을 통해 입력을 더 가져온다. 출력하는 경우에는 버퍼가 꽉 차거나 중요한 문자(예: 새 줄 문자newline)가 출력될 때까지 문자가 버퍼에 들어간다. 이들을 합하면 그림 10-10과 같다.

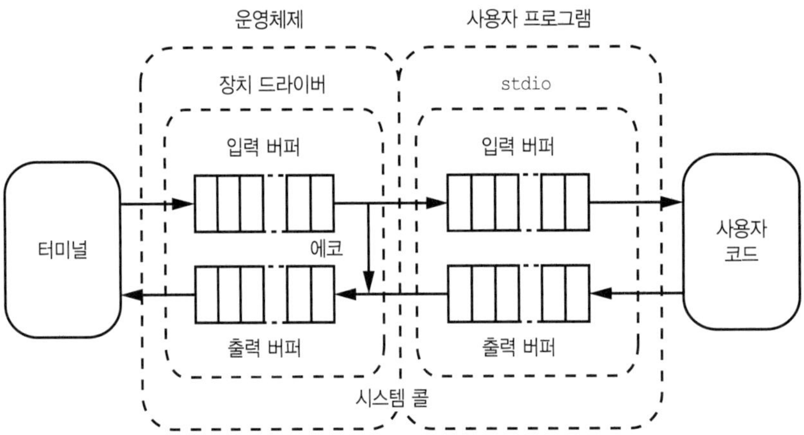

그림 10-10 stdio 버퍼를 사용하는 사용자 프로그램

입출력을 효율적으로 하기 위해 아주 많은 일을 하는 것 같아 보인다! 하지만 이게 끝이 아니다. 어떻게 사용자 프로그램을 터미널 장치 드라이버와 연결할 수 있을까?

누군가를 가리킬 때는 그 대상의 모든 특성을 완전히 기술하는 것보다 이름을 사용해 가리키면 편하다. 운영체제도 비슷한 접근 방식을 사용한다. open 시스템 콜은 파일 이름을 파일을 참조할 수 있는 **핸들**handle이나 **파일 디스크립터**file descriptor로 바꿔준다. 이 핸들을 close 시스템 콜로 닫으면 더 이상 핸들을 사용할 수 없다. 핸들은 마치 공연이나 박물관에 들어가면서 가방을 맡기고 받는 보관증과 비슷하다. stdio 라이브러리는 open 및 close와 대응되는 fopen과 fclose라는 함수를 제공한다. 이 두 함수는 open과 close 시스템 콜을 사용하되, 파일을 열어서 핸들을 얻을 때 버퍼를 설정하고 파일 핸들을 닫을 때 버퍼를 해제해준다. 유닉스는 장치를 파일처럼 추상화해주므로 /dev/tty 등의 특별한 파일을 열면 터미널 장치에 접근할 수 있다.

원형 버퍼

앞에서 큐가 슈퍼마켓 계산대 줄과 비슷하다고 했다. 하지만 그림 10-10에 있는 stdio의 버퍼는 겉모습은 계산대 줄과 비슷해 보이지만 실제 구현은 그렇지 않다.

계산대 줄에서 어떤 일이 벌어지는지 살펴보자. 맨 앞 사람의 계산이 끝나면 그 줄의 나머지 사람은 앞으로 한 칸씩 나와야 한다. 그림 10-11처럼 frog를 이 큐에 넣자. 그림을 보면 새로 값을 추가할 위치를 알기 위해 줄의 맨 끝을 추적해야 한다.

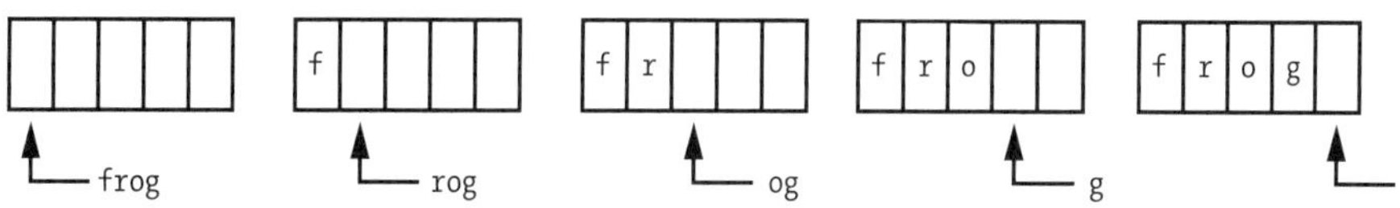

그림 10-11 큐에 원소 넣기

이제 그림 10-12에서 frog를 큐에서 빼면 어떤 일이 벌어지는지 살펴보자.

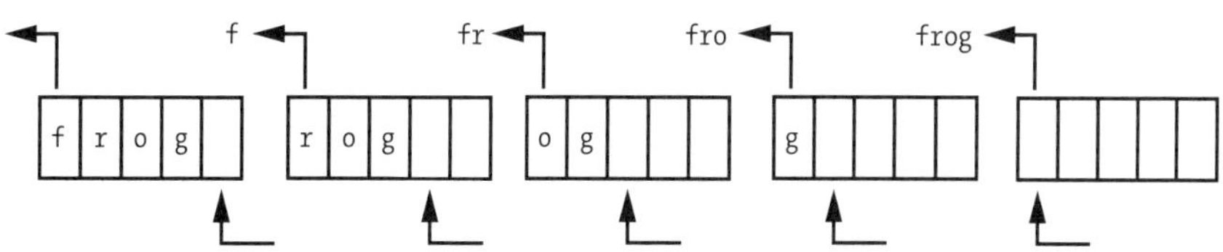

그림 10-12 큐에서 원소 빼기

그림을 보면 많은 일이 벌어짐을 알 수 있다. f가 제거될 때 r은 f가 있던 자리로 복사되고, o는 r이 있던 자리로 복사되며, 이런 일이 큐에 있는 모든 원소에 대해 발생한다. 좀 다른 접근 방법을 택해보자. 줄에 있는 모든 사람이 앞으로 한 칸씩 이동하는 대신, 계산원의 건강을 위해 계산원이 계산대를 직접 밀어서 다음 사람 쪽으로 이동하게 하자.

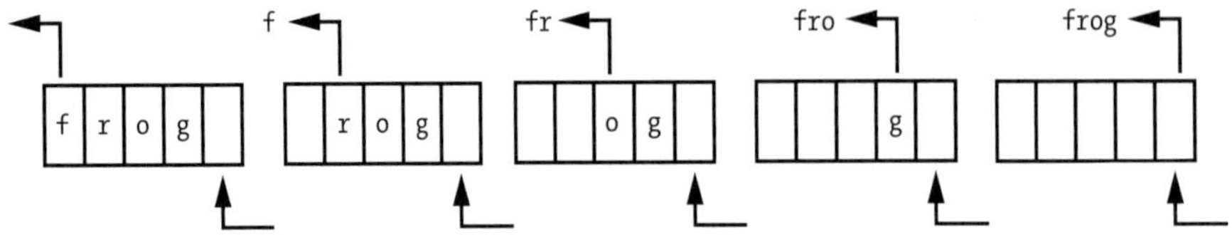

그림 10-13 큐의 앞부분을 가리키는 포인터를 움직여서 원소 제거하기

이 방법이 훨씬 더 일을 적게 해도 된다. 하지만 새로운 문제가 생겼다. 어느 시점이 되면 앞에 충분히 빈 공간이 있는데도 큐 시작점이 맨 뒤에 위치하게 된다. 이렇게 되면 아무도 큐에 들어올 수 없다.

새로 들어오는 사람을 맨 앞에 있는 빈 공간으로 유도할 수 있는 방법이 필요하다. 그림 10-14처럼 줄을 구부려서 동그랗게 만들면 이렇게 할 수 있다.

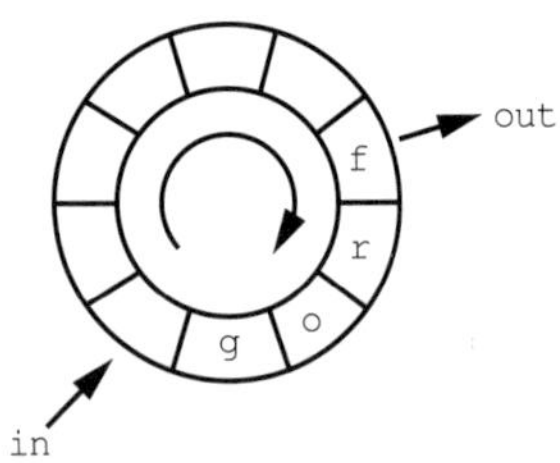

그림 10-14 원형 버퍼

그림을 보면 in 화살표가 시계 방향으로 out 화살표를 따라잡기 전까지는 큐에 원소를 추가할 수 있다. 비슷하게, out 화살표가 시계 방향으로 in 화살표를 따라잡기 전까지는 큐에 있는 원소를 제거할 수 있다. 배열 인덱스로 이런 식의 버퍼를 만들려면 버퍼의 끝에서 다시 맨 앞으로 인덱스를 되돌려야 하기 때문에 약간의 산수가 필요하다. 화살표의 다음 위치는 현재 위치에 1을 더한 다음 버퍼 크기로 나눈 나머지다.

이런 식의 구조에는 **원형 버퍼**circular buffer, **원형 큐**circular queue, **링 버퍼**ring buffer 등 여러 가지 이름이 붙어 있다(환형 버퍼나 환형 큐 등으로 부르기도 한다). 이런 접근 방법은 stdio나 장치 드라이버에만 쓰이지 않고 여기저기 표준적으로 많이 쓰이는 방법이다.

추상화를 활용한 코드 개선

동물 추측 게임을 할 때마다 고양이와 개밖에 모르는 프로그램으로부터 다시 시작한다. 하지만 마지막 게임 상태를 저장했다가 그 상태에서 계속 게임을 수행할 수 있다면 더 좋을 것이다.

C 프로그램에서는 이런 코드를 작성하기가 더 쉽다. 이는 파일 추상화의 결과로 생기는 부수적인 이익이라 할 수 있다.

이런 기능을 자바스크립트에 추가하기는 더 어렵다. 그림 10-15에서 그 이유를 볼 수 있다.

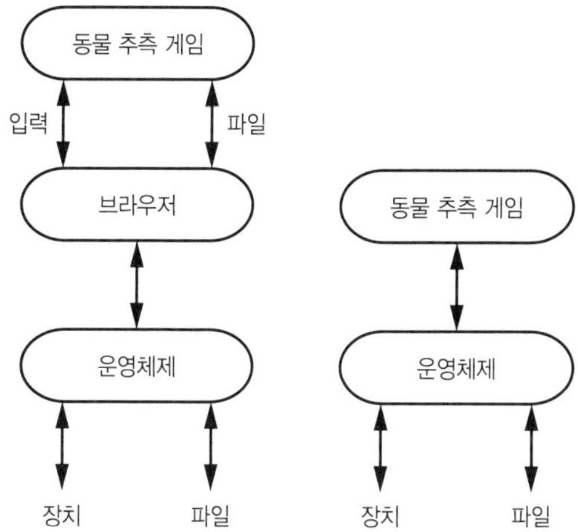

그림 10-15 브라우저와 운영체제의 인터페이스

운영체제는 파일과 장치에 대해 똑같은 인터페이스를 제공한다는 사실을 알 수 있다. 이 인터페이스를 왼쪽의 브라우저나 오른쪽의 C 버전이 모두 사용한다. 이 말은 C 프로그램은 브라우저처럼 파일에서 입력을 받는 코드를 장치에서 입력을 받는 부분에 쓸 수 있다는 뜻이다. 하지만 브라우저는 추상화를 자바스크립트를 통해 프로그래머에게 넘기지 않는다. 대신에, 완전히 다른 인터페이스의 완전히 다른 코드를 사용해 새 기능을 추가해야 한다. 인터페이스 선택은 프로그래밍의 편의와 결과의 명확성에 큰 영향을 끼친다.

런타임 라이브러리와 표준 입출력

C 프로그램으로 돌아가자. C 프로그램을 실행하려면 우리가 작성한 코드를 컴파일한 다음, 컴파일된 코드와 이 코드가 사용하는 `stdio` 라이브러리 등의 다른 코드를 **링크**link해야 한다. 218페이지의 '프로그램 실행' 절에서 런타임 라이브러리도 포함시켜야 한다고 설명했다. C에서 런타임 라이브러리는 `crt0` 등의 이름으로 불린다. 런타임 라이브러리는 스택과 힙을 설정해서 사용할 수 있도록 준비하는 등의 설정을 담당한다. 런타임 라이브러리는 추가로 터미널 장치 드라이버와 연관된 파일을 하나는 입력을 위해, 다른 하나는 출력을 위해 연다.

stdio 라이브러리는 (런타임 라이브러리가 연) 시스템 파일 디스크립터를 **파일 포인터**file pointer와 연관시킨다. 파일 포인터는 버퍼링이나 파일 관리에 필요한 데이터 구조를 가리킨다. stdio는 기본적으로 세 가지 파일 포인터를 제공한다. stdin은 표준 입력, stdout은 표준 출력, stderr는 표준 오류 출력 파일 포인터다. (프로그램 실행 중에 생긴 오류 등으로 인해) 중요한 정보를 출력해야 하면 stdout 대신 stderr에 내용을 출력해야 한다. stdout과 stderr는 똑같은 대상으로 데이터를 보내지만, stderr는 버퍼를 사용하지 않고 stdout은 버퍼를 사용한다. 오류 메시지를 stdout으로 보내면 메시지가 버퍼에 들어가기 때문에 프로그램이 중단될 때 표시되지 않을 수도 있다. 특별히 변경하지 않았다면 stdout과 stderr는 그림 10-16처럼 똑같은 파일 디스크립터를 공유한다.

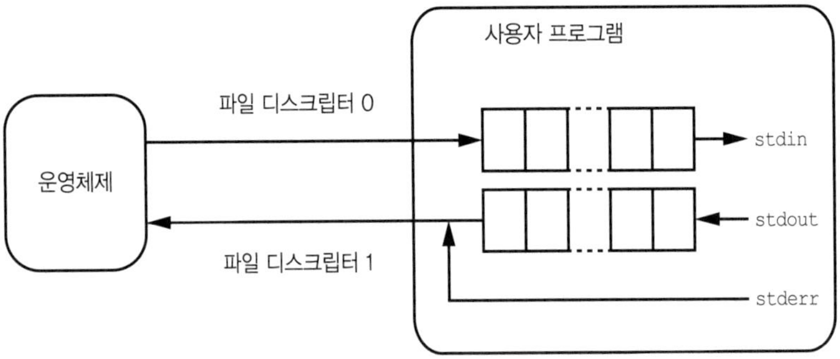

그림 10-16 stdin, stdout, stderr 파일 포인터

이상한 계기로 발명이 촉발되는 경우가 있다. 스티브 존슨Steve Johnson에 따르면 stderr는 원래 stdio 라이브러리에 들어 있지 않았다. C/A/T 사진조판장치를 위한 최초의 컴퓨터 조판 소프트웨어(조셉 오산나Joseph Ossanna(1928~1977)가 만든 troff) 개발 과정에서 부산물로 stderr가 추가됐다. 지금은 레이저나 잉크젯 프린터가 당연한 것으로 여겨지지만, C/A/T라는 괴물은 사진을 은 인화지에 전사하고 나중에 현상을 해야만 했다. 그래서 헌트Hunt 형제가 은 시장을 조작했을 때는 사진조판 사용을 줄여달라는 요청을 받은 적도 있다.[3] 사진조판장치로 작업을 보냈는데 아름답게 조판된 cannot open file(파일을 열 수 없음)이라는 오류 메시지가 찍힌 페이지를 얻는 경우도 드물지 않았다. 그래서 오류 메시지를 사진조판장치로 보내지 않고 터미널로 보내서 돈을 아끼기 위해 stderr가 만들어졌다.

3 석유왕 아버지를 둔 헌트 형제(Nelson Bunker Hunt, William Herbert Hunt, Lamar Hunt)는 70년대 말에 은 선물을 매점해 은 가격을 조작했다. 은값은 단시간에 폭등했지만 여러 가지 이유로 결국은 다시 폭락해 원래 가격 수준으로 돌아옴에 따라 헌트 형제는 오히려 손해를 봤다. – 옮긴이

버퍼 오버플로

stdio를 다루는 중이므로, **버퍼 오버플로**buffer overflow라는 아주 심각한 시스템 프로그래밍 오류에 대해 살펴보자. stdio가 원래 만들어졌을 때는 stdin에서 사용자가 새줄 문자를 입력할 때까지 받은 입력을 사용자가 제공한 버퍼로 전송하는 gets라는 함수가 있었다. 리스트 10-6처럼 y, n, q 등의 응답을 받기 위해 이 함수를 사용할 수 있다. buffer에는 한 글자와 문자열 끝을 표현하는 NUL 문자(이런 NUL을 NUL 터미네이터terminator라고 부른다)가 들어갈 공간이 있다.

리스트 10-6 gets로 입력 읽기

```
char buffer[2];

gets(buffer);
```

이 코드가 왜 문제일까? gets는 입력이 버퍼 끝을 벗어나지 않는지 검사하지 않기 때문에 문제다. 더 심각한 프로그램이 있고, 그 안에 launch_missiles라는 변수가 있다고 하자. 우연히 메모리상에서 launch_missiles가 buffer 바로 뒤에 할당됐다(그림 10-17).

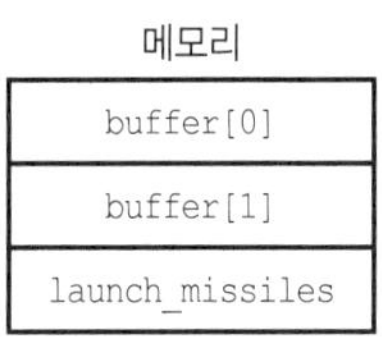

그림 10-17 메모리 버퍼 오버플로

악의적인 사용자가 yyy를 입력하면 launch_missiles 변수에 y를 넣을 수 있다는 사실을 알아낼 수도 있다. 사실상 launch_missiles는 존재하지 않는 buffer[2]와 같다. 이로 인해 나쁜 일이 발생할 수 있다. 사실은 정말로 그래왔다. 발견된 보안 문제 중 상당수는 이런 종류의 오버플로 버그로 인한 문제다. 이 문제는 stdio에 버퍼 경계를 검사하는 fgets를 추가해 수정됐다.[4] 하지만 조심하라. 버퍼 오버플로 버그가 일어날 수 있는 상황이 아주 많다. 결코 버퍼 크기가 충분히 크다고 가정하지 마라! 버퍼 오버플로에 대해서는 13장에서 더 자세히 다룬다.

4 실제로 C99에서는 gets가 사용금지지정(deprecated)됐고, C11에서는 삭제됐다. – 옮긴이

C 프로그램

stdio 외에도 많은 C 라이브러리가 있다. 예를 들어 string 라이브러리는 문자열 비교와 복사를 위한 함수를 제공하며, stdlib에는 메모리 관리 등을 위한 함수가 들어 있다.[5]

리스트 10-7에는 우리가 만들 게임의 앞부분이 들어 있다. 첫 번째 부분은 필요한 라이브러리 정보(헤더 파일)를 가져온다(1~3번째 줄). 다음으로 노드 구조체struct node를 선언한다(5~9번째 줄). 노드 안에는 잎을 가리키는 포인터가 2개 들어 있고 질문이나 동물 이름 문자열을 넣기 위한 위치가 잡혀 있다. 자바스크립트 버전에서는 <div>를 활용했지만 이제는 그와 같은 작업을 할 필요가 없다. 자바스크립트에서 <div>를 쓰지 않는다면 여기서 정의한 노드 구조체와 비슷한 데이터 구조를 만들어야 한다. 노드 구조는 291페이지 '더 효율적인 메모리 할당' 절에서 설명한 것처럼 노드와 문자열을 동시에 할당할 수 있게 정의됐다.

리스트 10-7 동물 추측 게임 C 버전: 시작 부분

```
1 #include <stdio.h>  // 표준 I/O
2 #include <stdlib.h> // exit와 malloc을 제공함
3 #include <string.h> // 문자열 처리
4
5 struct node {
6     struct node *no;  // '아니요'에 대응하는 노드를 참조
7     struct node *yes; // '예'에 대응하는 노드를 참조
8     char string[1];   // 질문이나 동물 이름
9 };
```

다음으로는 메모리 할당을 돕는 함수를 정의한다(리스트 10-8). 메모리 할당은 그리 어려운 일은 아니지만, 여러 군데에서 이뤄져야 하고 매번 오류를 확인하려면 귀찮다. 최근 생긴 언어들은 이런 오류 처리를 쉽게 할 수 있도록 예외 처리exception handling 기능을 제공한다.

메모리를 할당할 필요가 있는 유일한 시점은 새 node를 만들 때뿐이다. 그래서 node 내부에 넣을 문자열을 string이라는 이름으로 받는 함수를 사용한다. 이 함수는 메모리를 할당한 다음에 node로 string을 복사하고, yes와 no 포인터를 초기화한다.

5 저자는 stdio, string, stdlib 등을 별도의 라이브러리라고 설명했지만, 일반적으로는 이 모두를 묶어서 C 표준 라이브러리라고 말하지 각각을 따로 stdio 라이브러리, string 라이브러리 등으로 부르지는 않는다(보통은 헤더 파일 이름을 사용해 stdio.h, string.h, stdlib.h에 있는 함수나 매크로라고 부른다). 링크를 할 때도 (역사적인 이유로 분리된) 수학(math) 함수를 제외한 나머지 표준 라이브러리 함수들은 단 하나의 라이브러리 함수와 링크하는 경우가 많다. 예를 들어, 유닉스 계열에서 많이 쓰는 오픈소스 컴파일러인 gcc는 libc라는 이름의 라이브러리에 저자가 '라이브러리'라고 부르는 모든 헤더 파일에 정의된 함수나 자료 구조가 들어 있다. - 옮긴이

리스트 10-8 동물 추측 게임 C 버전[6]: 메모리 할당 함수

```
10 struct node *
11 make_node(char *string)
12 {
13     struct node *memory; // 새로 할당한 메모리를 가리킬 포인터
14
15     if ((memory = (struct node *)malloc(sizeof (struct node) + strlen(string))) ==
(struct node *)0) {
16         (void)fprintf(stderr, "gta: out of memory.\n");
17         exit(-1);
18     }
19
20     (void)strcpy(memory->string, string);
21     memory->yes = memory->no = (struct node *)0;
22
23     return (memory);
24 }
```

stdio의 fprintf 함수를 사용해 오류 메시지를 출력한다. 앞에서 설명한 것처럼 stderr에 보내지는 데이터는 버퍼를 사용하지 않고 출력되기 때문에 프로그램이 예기치 못하게 실패하는 경우에도 메시지가 표시될 가능성이 더 높다.

16번째 줄의 강제 타입 변환cast(영어 발음대로 '캐스트'라고 말하는 경우도 많음) 연산자는 fprintf의 결과를 void 타입으로 변환한다. 코드에서 fprintf가 반환하는 값을 무시하기 때문에 이렇게 강제로 void 타입으로 변환해서 컴파일러에게 우리가 깜빡하고 반환값을 처리하지 않은 것이 아니고 일부러 반환값을 무시하고 있음을 알려줘서, 컴파일러가 경고를 표시하지 않게 해야 한다. 일부 컴파일러는 이런 경우(함수 반환값을 무시하는 경우)를 명시적으로 경고하라고 지정하지 않으면 경고 없이 넘어가기도 한다.

17번째 줄의 exit 호출은 프로그램을 끝낸다. 프로그램 실행을 계속하기 위한 메모리가 부족할 때 할 수 있는 유일하게 합리적인 일은 프로그램을 끝내는 것뿐이다.

6 유니코드가 만들어지기도 훨씬 전에 C 언어가 생겼기 때문에 C 언어는 한글 지원이 부족한 편이다. 물론 C11 표준을 잘 구현한 컴파일러를 사용하면 유니코드를 자유자재로 쓸 수 있고, strcpy 등 구식 함수를 사용해도 인코딩에 신경을 쓰면 어느 정도는 유니코드 사용이 가능하지만, 두 가지 방식 모두 이 책의 범위를 벗어나기 때문에 우리말로 다시 구성했던 자바스크립트 버전과 달리 C 버전은 원저자의 영어 코드를 그대로 사용한다. - 옮긴이

printf(print formatted, 출력을 하되 형식을 지정해서 출력한다는 뜻) 함수는 stdio의 일부분으로 다른 언어에도 채택됐다. 이 함수의 첫 번째 인자는 **형식 문자열**format string로, 이 형식 문자열을 바탕으로 printf에 전해지는 나머지 인자를 해석한다. 형식 문자열에서 % 뒤에 코드가 따라오면 '인자를 코드에 맞춰 적절한 형식으로 변환해 여기 넣어라'라는 뜻이다. 예를 들어, %s는 '다음 인자를 문자열로 취급하라'는 뜻이다.

프로그램의 나머지 부분은 리스트 10-9와 같다.

리스트 10-9 동물 추측 게임 C 버전: 주요 코드

```
int
main(int argc, char *argv[])
{
    char            animal[50];     // 새 동물 이름이 들어갈 버퍼
    char            buffer[3];      // 사용자 입력(y나 n)이 들어갈 버퍼
    int             c;              // 버퍼의 현재 문자
    struct node     **current;      // 현재 순회 중인 트리 노드
    FILE            *in;            // 훈련 데이터나 타이핑 입력 파일
    struct node     *new;           // 새로 만든 노드
    FILE            *out;           // 훈련 데이터를 저장할 출력 파일
    char            *p;             // 새줄 문자를 지우기 위한 포인터
    char            question[100];  // 새로운 질문이 들어갈 버퍼
    struct node     *root;          // 지식 트리의 루트

    // 명령줄 인자를 처리한다.

    in = out = (FILE *)0;

    for (argc--, argv++; argc > 1 && argc % 2 == 0; argc -= 2, argv += 2) {
        if (strcmp(argv[0], "-i") == 0 && in == (FILE *)0) {
            if ((in = fopen(argv[1], "r")) == (FILE *)0) {
                (void)fprintf(stderr, "gta: can't open input file `%s'.\n", argv[1]);
                exit(-1);
            }
        }

        else if (strcmp(argv[0], "-o") == 0 && out == (FILE *)0) {
            if ((out = fopen(argv[1], "w")) == (FILE *)0) {
                (void)fprintf(stderr, "gta: can't open output file `%s'.\n", argv[1]);
                exit(-1);
            }
```

```
        }

        else
            break;
    }

    if (argc > 0) {
        (void)fprintf(stderr, "usage: gta [-i input-file-name] [-o output-file-name]\n");
        exit(-1);
    }

    // 명령줄에서 입력 파일을 지정하지 않으면 표준 입력에서 입력을 읽는다.

    if (in == (FILE *)0)
        in = stdin;

    // 초기 지식 트리를 만든다.

    root = make_node("Does it bark?");  // 동물이 짖습니까?
    root->yes = make_node("dog");       // 개
    root->no = make_node("cat");        // 고양이

    for (;;) {  // 사용자가 끝낼 때까지 게임을 계속한다.

        if (in == stdin)
            (void)printf("Think of an animal.\n");  // 동물을 생각해보세요.

        current = &root;  // 루트 노드부터 트리를 순회

        for (;;) {  // 게임을 플레이한다.

            for (;;) {  // 올바른 사용자 입력을 받는다.
                if (in == stdin) {
                    if ((*current)->yes == (struct node *)0)
                        (void)printf("Is it a ");  // ~입니까

                    (void)printf("%s?[ynq] ", (*current)->string);
                }

                if (fgets(buffer, sizeof (buffer), in) == (char *)0 || strcmp(buffer, "q\n") == 0) {
                    if (in != stdin) {
```

```
                (void)fclose(in);
                in = stdin;
            }
            else {
                if (in == stdin)
                    (void)printf("\nThanks for playing. Bye.\n");  // 감사합니다. 안녕히.
                exit(0);
            }
        }
        else if (strcmp(buffer, "y\n") == 0) {
            if (out != (FILE *)0)
                fputs("y\n", out);

            current = &((*current)->yes);

            if (*current == (struct node *)0) {
                (void)printf("I knew it!\n");  // 그럴 줄 알았습니다.
                break;
            }
        }
        else if (strcmp(buffer, "n\n") == 0) {
            if (out != (FILE *)0)
                fputs("n\n", out);

            if ((*current)->no == (struct node *)0) {
                if (in == stdin)
                    (void)printf("I give up. What is it? ");  // 졌습니다. 어떤 동물입니까?

                fgets(animal, sizeof (animal), in);

                if (out != (FILE *)0)
                    fputs(animal, out);

                if ((p = strchr(animal, '\n')) != (char *)0)
                    *p = '\0';

                if (in == stdin)
                    (void)printf(
                        "What's a good question that I could use to tell a %s from a %s? ",
                        animal, (*current)->string);
                fgets(question, sizeof (question), in);  // 새로운 질문을 입력

```

```
                        if (out != (FILE *)0)
                            fputs(question, out);

                        if ((p = strchr(question, '\n')) != (char *)0)
                            *p = '\0';

                        new = make_node(question);
                        new->yes = make_node(animal);
                        new->no = *current;
                        *current = new;

                        if (in == stdin)
                            (void)printf("Thanks! I'll remember that.\n");  // 기억하겠습니다.

                        break;
                    }

                    else
                        current = &((*current)->no);
                }
                else {
                    if (in == stdin)  // y, n, q 중 하나만 받아들이기
                        (void)printf("Huh? Please answer y for yes, n for no, or q for quit.\n");

                    while ((c = getc(in)) != '\n' && c != EOF)
                        ;
                }
            }

            break;
        }

        if (in == stdin)
            (void)printf("Let's play again.\n\n");
    }
}
```

메모리 관리를 제외하면 자바스크립트와 거의 같은 일을 하기 때문에 코드에서 딱히 흥미로운 부분은 없다. 28번째 줄부터 37번째 줄까지는 변수를 선언한다. 74번째 줄부터 76번째 줄은 그림 10-18 같은 구조의 초기 노드를 생성한다. 여기서 모든 문자열이 NUL(\0)로 끝난다는 점에 유의하라.

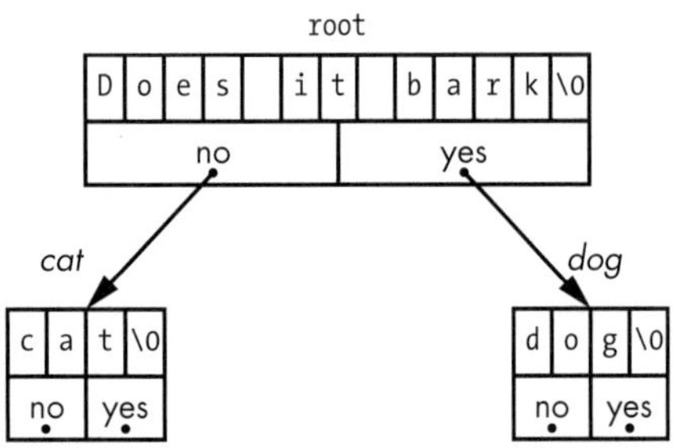

그림 10-18 동물 추측 게임 C 버전: 초기 노드

376페이지의 '동물 추측 프로그램 버전 1: HTML과 자바스크립트 프로그램' 절에서 했던 것처럼 게임을 플레이해보자. 플레이어가 새로운 질문을 제공하면, 이 질문을 담을 새 노드를 생성한다. 여기서 흥미로운 점이 몇 가지 있다. 문자열 길이를 strlen^string length^(문자열 길이)을 사용해 얻을 때 조심하라. 이 함수는 문자열의 실제 길이를 반환하지, 사용한 메모리를 반환하지 않는다. 실제 사용한 메모리는 NUL 터미네이터 때문에 1바이트 더 많다. 하지만 리스트 10-8의 make_node 함수에서 노드에 사용할 메모리를 할당하는 방식에 의해 항상 문자열 길이보다 1바이트가 더 할당되기 때문에 굳이 문자열 길이에 1을 더할 필요는 없다.

'예'나 '아니요' 응답에 따라 트리를 따라 내려갈 때는 current 포인터를 사용해 현재 노드를 저장한다. 이를 통해 새로운 질문 노드를 더 쉽게 삽입할 수 있다. 새 노드를 삽입하려면 현재 노드의 yes나 no 자식 노드 중 하나를 떼어내야 하는데, 이를 위해 항상 current가 대치 대상인 노드 포인터를 가리키도록 갱신한다. current는 노드의 포인터를 가리키기 때문에 포인터의 포인터다. 여기서 *current = new;라고 쓴 코드는 포인터를 역참조하면서 'current 포인터가 가리키는 곳에 있는 정보가 무엇이든 이 값을 new 포인터의 값으로 갱신하라'라고 명령한다. 그림 10-19에서 new 노드의 no 포인터는 current로 설정되는데, 이 current는 예전의 답변이다. 그리고 current는 root 노드의 yes 포인터를 가리키는데, 이 포인터(yes) 값은 new 노드를 가리키도록 변경된다.

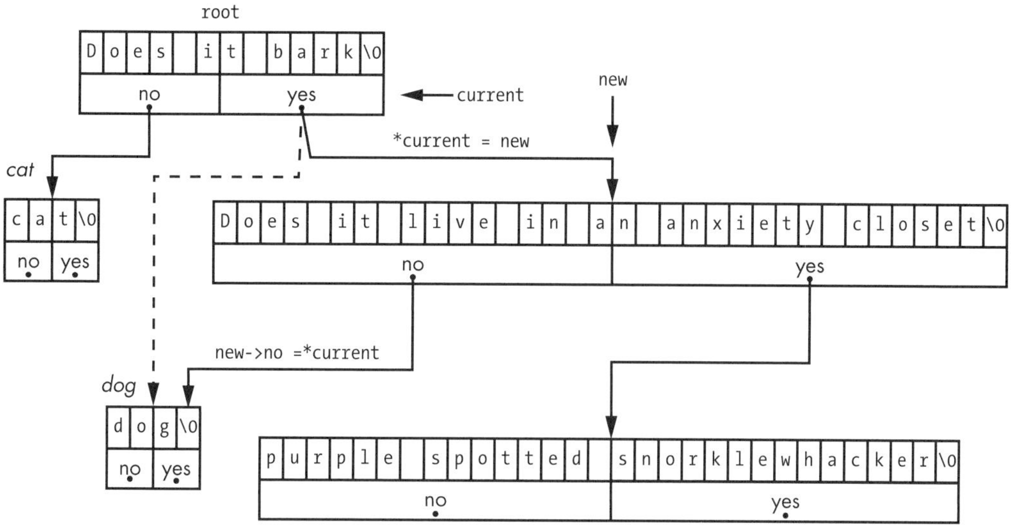

그림 10-19 동물 추측 게임 C 버전: 새 노드 추가하기

훈련

우리가 작성한 C 프로그램은 훈련 데이터를 파일에 읽고 쓸 수 있는 기능을 옵션option(선택적인 기능)으로 제공한다. 프로그램을 다음과 같이 실행할 수 있다.[7]

```
prompt> gta -o training
Think of an animal.
Does it bark?
n
Is it a dog?
n
I give up. What is it?
Kerberos
What's a good question that I could use to tell a Kerberos from a dog?
Does it have three heads?
Thanks. I'll remember that.
Let's play again.
Think of an animal.
Does it bark?
q
Thanks for playing. Bye.
```

7 코드부 첫머리의 prompt> 부분은 터미널에서 사용자 입력을 기다린다는 사실을 알려주기 위해 명령줄 셸(shell)이 표시해주는 특별한 글자인 프롬프트(prompt)를 말한다. 보통 $나 # 등이 표시되거나 현재 경로 뒤에 $나 #이 표시된다. – 옮긴이

이제 training 파일을 살펴보라. 여러분이 타이핑한 내용이 그대로 들어 있음을 알 수 있다.

```
n
n
Kerberos
Does it have three heads?
```

만약 프로그램을 다음과 같이 실행하면,

```
prompt> gta -i training
```

프로그램이 training 파일의 내용을 읽고 마지막에 실행을 끝낸 시점부터 게임을 이어서 진행한다.

39페이지의 '컴퓨터 프로그래밍이란 무엇인가' 절에서 좋은 프로그래머가 되려면 여러 분야를 많이 알아야 한다고 말했다. 여기서 예로 보여준 프로그램은 문법적으로는 그리 좋지 못하다. 동물이 개인 경우에는 `Is it a dog?`라고 묻기 때문에 영문법상 문제가 없지만, 코끼리라면 `Is it a elephant?`는 올바른 문법이 아니다(Is it an elephant?가 문법적으로 맞음). 이런 문법이 맞게 하는 규칙은 무엇일까? 여러분은 이 C 코드를 바꿔서 영어 문법을 더 잘 지키게 만들 수 있는가?

정리

10장에서는 두 가지 방식으로 작성한 프로그램을 살펴봤다. 한 번은 고수준 애플리케이션으로, 또 한 번은 저수준 시스템 프로그램으로 작성했다.[8] 한편으로는 고수준 애플리케이션 프로그램을 작성하기가 더 쉬운데, 여러 가지 소소한 세부 사항을 중간의 소프트웨어가 자동으로 처리해 주기 때문이다. 반면에 게임 진행을 계속 기록하거나 다시 플레이하는 등의 기능은 일관성 있는 인터페이스를 제공하지 않는 환경에서는 더 구현하기 힘들다.

8 보통 시스템 프로그램은 운영체제에 딸려오는 편집기, 압축 프로그램 등의 가벼운 유틸리티나 프로그램 개발에 도움이 되는 컴파일러, 링커, 어셈블러, 라이브러리 관리 프로그램 등을 가리킨다. 이런 프로그램을 개발할 때는 시스템의 기능을 최대한 활용해야 하기 때문에 좀 더 기계에 가까운 C나 C++ 등의 언어를 사용하고, 명령줄(콘솔) 인터페이스를 사용하는 경우가 많다. – 옮긴이

더 나아가, 간단한 애플리케이션을 작성하기 위해 아주 복잡한 애플리케이션 환경을 사용하면 버그가 발생할 확률이 높아진다.[9] 버그 확률은 여러분이 작성한 애플리케이션 코드와 그 코드가 실행될 환경을 합한 크기가 커짐에 따라 더 높아진다. 브라우저가 점점 느리게 작동하거나 브라우저를 다시 시작해야만 했던 경험이 얼마나 많은가? 그냥 브라우저가 갑자기 멈춰버린 경우는?

시스템 프로그래밍 쪽이 문자열 관리, 메모리 관리, 버퍼 관리 등 훨씬 더 신경 써야 할 세부 사항이 많다는 사실을 알았을 것이다. 하지만 간결하고 안전한 코드를 작성하는 것이 목표라면 이런 세부 사항이 중요하다. 11장에서는 다른 유형의 세부 사항으로, 어떻게 문제를 풀기 더 쉽게 프로그램 구조를 만들 수 있는지 살펴본다.

9 환경의 복잡도도 물론 프로그램의 버그 확률에 영향을 끼치지만, 그래도 가장 중요한 것은 원하는 과업을 제대로 수행하는 올바른 코드를 작성하는 것이다. 이를 위해 여러가지 기법을 배우고 훈련할 필요가 있다. – 옮긴이

11장

성능 향상을 위한 알고리즘 기법

- 계산을 간소화하는 프로그래밍 트릭

지금까지는 계산을 효율적으로 하는 방법을 살펴보면서 많은 시간을 보냈다. 특히 메모리 사용과 관련한 내용을 많이 살펴봤다. 하지만 계산을 효율적으로 하는 것보다 더 나은 것이 있으니, 바로 계산을 전혀 하지 않는 것이다. 이번 장에서는 계산을 피하는 두 가지 방법을 살펴본다. 그 두 방법은 지름길shortcut과 근삿값 계산approximating이다.

우리는 컴퓨터가 아주 정확하고 정밀하다고 생각한다.[1] 하지만 68페이지의 '실수를 표현하는 방법' 절에서 본 것처럼 실제로는 그렇지 않다. 우리는 원하는 만큼 정확하게 코드를 작성할 수 있다. 예를 들어, 유닉스의 bc라는 유틸리티는 임의의 정밀도를 제공하는 계산기이기 때문에 아주 정확한 계산이 필요한 경우에 딱 알맞은 도구다. 하지만 컴퓨터 하드웨어가 무제한 정밀도를 허용하지는 않기 때문에 그리 효율적인 접근 방법은 못 된다. 이로 인해 '어떤 응용 분야에 대해 어느 정도 정밀도로 충분한가?'라는 의문이 생기기 마련이다. 컴퓨터의 계산 자원을 효율적으로 사용한다는 말은 필요보다 더 많은 계산을 수행하지 않는 것을 뜻한다. π의 모든 자리를 다른 계산에 사용하기 위해 미리 계산해두는 것은 합리적이지 않다!

1 공학/과학을 배우는 사람은 화학이나 물리 첫 시간에 보통 듣게 되는 이야기이지만, 정확성(accuracy)과 정밀성(precision)은 서로 다른 개념이다. 정확성은 도구로 잰 값이나 계산한 값이 얼마나 참값(또는 이론적인 값)에 가까운가를 뜻하고, 정밀성은 여러 번 계산하거나 측정한 값이 얼마나 서로 차이가 적은가를 뜻한다. 물론 과학 기술이 발달하면서 정밀도와 정확도가 같이 높아지는 경우가 일반적이다. – 옮긴이

표 찾기

직접 계산하는 것보다 표에서 무언가를 찾는 게 훨씬 더 빠른 경우가 종종 있다. 이런 접근 방법의 예를 이제부터 살펴본다. 표 찾기는 어떤 계산을 많이 하는 경우 그 결과를 미리 계산해서 반복 사용하는 편이 합리적이라는 측면에서 8장에서 설명한 루프 불변값 최적화와 비슷하다.

변환

온도 센서가 있고 결과를 섭씨(°C) 0.1도 단위로 표시하고 싶다. 똑똑한 하드웨어 설계자가 A/D 변환기(248페이지의 '아날로그를 디지털로 변환' 절을 참고하라)를 사용해 읽을 수 있는 전압을 온도에 따라 다르게 내는 회로를 줬다. 전압과 온도 사이의 관계는 그림 11-1과 같다.

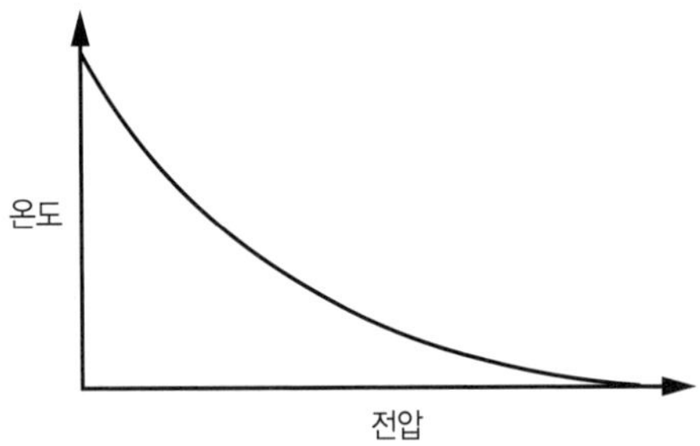

그림 11-1 온도 센서의 전압 곡선

곡선이 계산하기 편한 직선이 아니라는 점을 알 수 있다. 다음 공식을 사용해 전압(v)으로부터 온도(t)를 얻을 수 있다. 여기서 A, B, C는 센서 모델에 따라 달라지는 값이다.

$$t = \frac{1}{A + B \times \log_e v + \left(C \times \log_e v\right)^2}$$

공식을 보면 계산 비용이 비싼 자연로그 등이 포함된 부동소수점 계산이 많이 필요하다. 따라서 이 모든 계산을 생략하자. 대신, 전압과 온도의 관계를 연결해주는 표를 만들 수 있다. A/D 변환기가 10비트값을 생성하고 온도는 8비트로 충분하다고 가정하자. 이 말은 모든 계산을 없애기 위해 1,024바이트짜리 표가 있으면 된다는 뜻이다. 그림 11-2를 보라.

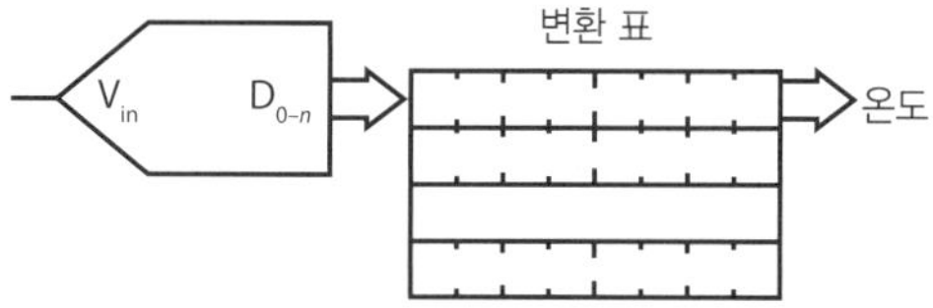

그림 11-2 표를 찾아서 값 변환하기

텍스처 매핑

비디오 게임이나 영화 등에서 진짜처럼 보이는 이미지를 만들기 위해 사용하는 **텍스처 매핑** texture mapping에서 표 찾기 기법이 중요한 역할을 한다. 텍스처 매핑은 벽 등 3차원 물체의 표면을 표현하기 위해 직접 표면의 질감을 계산해 생성하는 것보다 이미지를 벽을 표현하는 물체(3차원 모델)의 표면에 그리는 편이 훨씬 더 적은 계산이 필요하다는 데 착안한 것이다. 텍스처 매핑은 잘 작동하고 효과도 좋지만 텍스처 매핑으로 인해 생기는 문제도 있다. 그림 11-3과 같은 벽돌을 표현하는 텍스처가 있다고 하자.

그림 11-3 벽돌 벽 텍스처

꽤 괜찮아 보인다. 하지만 비디오 게임의 벽은 그냥 가만히 있는 벽이 아니다. 좀비가 플레이어를 쫓아와서 벽돌 벽에서 빠르게 멀어질 수도 있다. 벽돌 모양은 벽에서 플레이어가 얼마나 멀리 떨어져 있느냐에 따라 바뀔 필요가 있다. 그림 11-4는 먼 거리(왼쪽)부터 가까운 거리(오른쪽)로 이동함에 따라 벽의 벽돌 모양이 어떻게 바뀌는지 보여준다.

그림 11-4 거리에 따라 달라지는 벽돌 벽 텍스처

여러분도 예상할 수 있는 것처럼 거리에 따라 텍스처를 조정하는 일은 복잡하다. **뷰포인트** viewpoint(시점)가 텍스처에서 멀어지면 인접한 픽셀을 서로 합쳐서 평균을 내야 한다. 벽 이미지가 갑자기 바뀌지 않으려면 이 계산을 아주 빠르게 수행해야 한다.

뉴욕 공과대학NYIT, New York Institute of Technology 그래픽 언어 실험실의 랜스 윌리엄스Lance Williams(1949~2017)는 MIP **매핑**이라는 똑똑한 접근 방법을 고안했다(MIP라는 이름은 라틴어 'multum in parvo'의 약자로, '많은 것을 작은 공간에 넣음'이라는 뜻이다). 랜스는 '피라미드형 파라미터 사전 필터링Pyramidal Parametrics'이라는 논문을 1983년 7월 SIGGRAPH 학회지[2]에 발표했다. 랜스가 고안한 방법은 오늘날에도 사용되며, 소프트웨어뿐만 아니라 하드웨어에서도 쓰이고 있다.

86페이지의 '색을 표현하는 방법' 절에서 본 것처럼 픽셀은 세 가지 8비트값으로 이뤄진다. 각각은 빨강, 초록, 파랑을 표현한다. 윌리엄스는 그림 11-5처럼 32비트 시스템에서 이를 정사각형으로 나열하면 공간 중 1/4을 낭비한다는 사실에 주목했다.

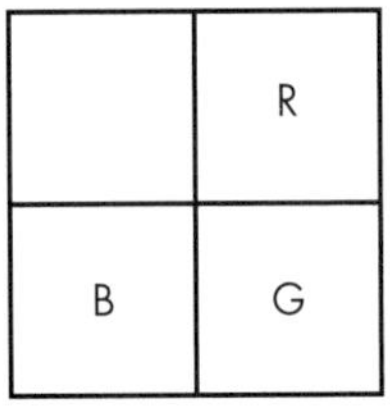

그림 11-5 미사용 공간을 포함해 색 요소를 배열한 모습

2 SIGGRAPH는 전산 전문가들의 학회인 ACM에 소속된 그래픽 관련 분과인 SIGGRAPH에서 1974년부터 매년 열고 있는 세계 최대 규모 컴퓨터 그래픽 학술회의다. 존 래시터(John Lasseter)가 럭소 주니어(Luxo Jr., 불 켜진 전등)를 처음 발표한 학회가 바로 SIGGRAPH 1986년 학회였다. 럭소 주니어는 픽사의 첫 번째 컴퓨터 애니메이션으로 간주되며, 〈토이스토리 1〉 뒤에 쿠키 영상으로 나왔고, 그 후 픽사의 마스코트 격이 되어 픽사 영화 인트로에 등장하고 있다. – 옮긴이

윌리엄스는 이 미사용 공간을 그냥 낭비하게 둘 수 없었다. 그래서 톰 더프Tom Duff와 토머스 포터Thomas Porter의 방법(88페이지의 '투명도 추가' 절을 참고하라)과는 다르게 이 공간을 활용하는 방법을 생각해냈다. 이 부분이 전체 공간의 1/4이기 때문에 여기에 이미지의 1/4 크기 복사본을 넣는다. 그러면 복사본이 차지하는 공간의 1/4은 사용하지 않는 공간이므로, 1/4 크기 복사본의 1/4 크기의 복사본을 이 공간에 넣을 수 있다. 이런 식으로 하면 그림 11-6처럼 진행할 수 있다. 윌리엄스는 이런 방식의 이미지를 MIP 맵이라고 불렀다.

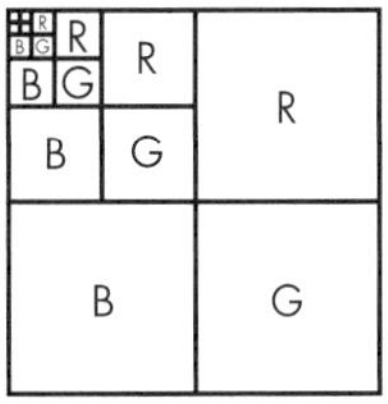

그림 11-6 다중 이미지 배치

벽돌 텍스처로부터 MIP 맵을 만들면 그림 11-7과 같은 이미지를 얻는다(이 흑백 그림의 각 부분이 서로 다른 색이라는 사실을 상상할 수 있어야 한다).

그림 11-7 MIP 매핑된 텍스처

그림을 보면 클로즈업close up된 이미지가 더 자세한데, 이 사실이 중요하다. 이 점은 흥미롭지만 저장을 좀 더 똑똑하게 한다는 점 외에 어떤 쓸모가 있을까? MIP 맵의 어느 한 색상 요소를 피라미드처럼 나열한 그림 11-8을 보라.

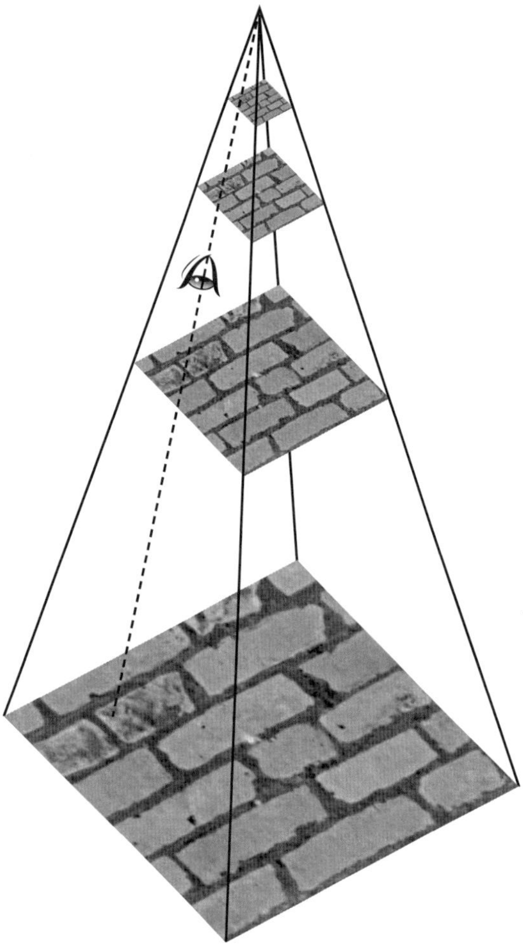

그림 11-8 MIP 맵 피라미드

피라미드의 맨 위 꼭짓점에 있는 이미지는 아주 먼 거리에서 살펴본 모양이다. 피라미드 바닥으로 내려갈수록 더 자세한 이미지를 볼 수 있다. 그림 11-8에서 시점에 따라 적용할 실제 텍스처 이미지를 계산해야 하는 경우, 더 이상 맨 밑의 이미지(제일 자세한 이미지)로부터 평균을 취할 필요가 없다. 대신 MIP 맵에서 가장 가까운 계층에 있는 이미지를 사용해 계산하면(또는 그 이미지를 그냥 사용하면) 된다. 이렇게 하면 시간을 상당히 절약할 수 있다. 특히 시점이 멀수록 더 절약되는 시간이 커진다.

자주 사용할 정보를 미리 계산해두는 것(여기서는 저해상도 텍스처)은 루프 불변값 최적화와 비슷하다.

문자 종류 판별

표 찾기 방식은 프로그래밍 언어의 라이브러리 추가에도 큰 영향을 끼쳤다. 8장에서 어떤 글자가 숫자, 문자 등 어떤 분류에 속하는지 판별하는 문제인 **문자 종류 판별**character classification이 어휘 분석에서 중요한 부분이라는 사실을 설명했다. 표 1-10의 아스키 코드 표를 보면 리스트 11-1처럼 문자 종류 판별 코드를 작성할 수 있다.

리스트 11-1 문자 종류 판별 코드

```
int
isdigit(int c)
{
    return (c >= '0' && c <= '9');
}

int
ishexdigit(int c)
{
    return (c >= '0' && c <= '9' || c >= 'A' && c <= 'F' || c >= 'a' && c <= 'f');
}

int
isalpha(int c)
{
    return (c >= 'A' && c <= 'Z' || c >= 'a' && c <= 'z');
}

int
isupper(int c)
{
    return (c >= 'A' && c <= 'Z');
}
```

벨 연구소의 누군가가 리스트 11-1에 있는 것 같이 유용한 공통 함수를 **라이브러리**에 넣자고 제안했다. 데니스 리치Dennis Ritchie(1941~2011)는 사람들이 쉽게 그런 코드를 작성할 수 있다고 주장했다. 하지만 컴퓨터 센터에 있던 닐스 피터 넬슨Nils-Peter Nelson은 `if` 문 대신 표를 써서 이런 루틴routine(함수나 프로시저를 부르는 다른 말)을 구현했다. 표는 문잣값을 인덱스로 사용하고, 표의 각 원소의 비트는 대문자, 소문자, 숫자 등 문자의 여러 가지 특성을 표현한다. 그림 11-9를 보라.

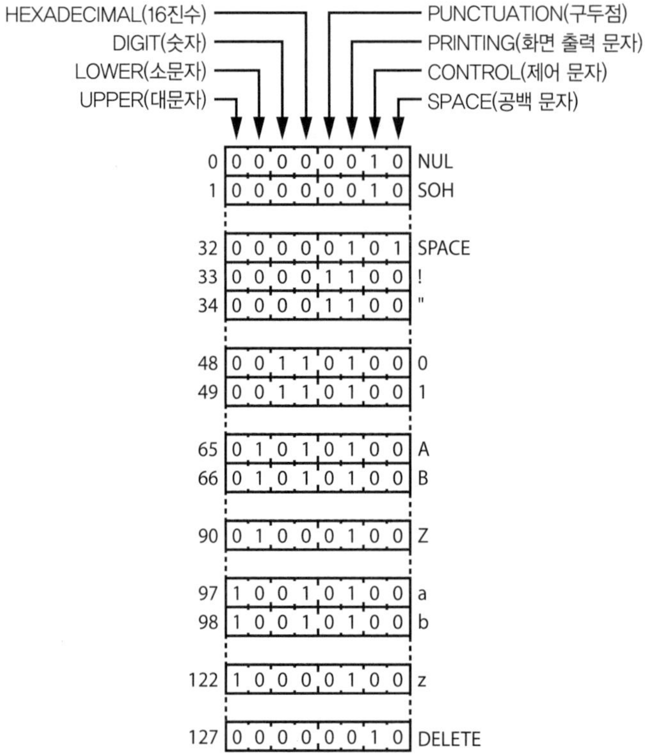

그림 11-9 문자 종류 판별 표

이 경우 문자 종류 판별은 리스트 11-2처럼 표를 검색해 비트를 살펴보는 과정으로 이뤄진다.

리스트 11-2 표를 사용하는 문자 종류 판별 코드

```
unsigned char table[128] = [ ... ];

#define isdigit(c)    (table[(c) & 0x7f] & DIGIT)
#define ishexdigit(c) (table[(c) & 0x7f] & HEXADECIMAL)
#define isalpha(c)    (table[(c) & 0x7f] & (UPPER | LOWER))
#define isupper(c)    (table[(c) & 0x7f] & UPPER)
```

코드를 보면 리스트 11-2가 리스트 11-1보다 더 간단함을 알 수 있다. 그리고 이 모든 코드는 근본적으로 똑같은 코드이고 유일한 차이는 표의 내용과 비트 AND 연산(C의 경우 &)을 할 때 사용하는 상숫값뿐이라는 또 다른 좋은 점이 있다. 이 접근 방식은 모든 구현 코드보다 20배 더 빨랐기 때문에 리치는 이 코드를 채택해 라이브러리에 추가했고, 이 코드를 바탕으로 다른 라이브러리 코드가 구현되게 했다.

참고 리스트 11-2에서는 **매크로**(macro)를 사용했고 리스트 11-1에서는 **함수**(function)를 사용했다는 사실을 눈치챈 독자도 있을 것이다. 매크로를 모르는 독자를 위해 설명하자면, 매크로는 왼쪽의 코드를 오른쪽의 코드로 바꿔치기해주는 프로그램 언어 구성요소다. 따라서 소스 코드에 `isupper('a')`라고 매크로를 쓰면 언어의 **전처리기**(preprocessor)가 이 코드를 `table[('a') & 0x7f] & UPPER`로 바꿔준다. 코드가 작을 때는 함수를 쓰지 않고 매크로를 쓰면 함수 호출과 반환에 따른 부가 비용을 줄일 수 있기 때문에 유용하다. 하지만 리스트 11-1의 코드는 실제로는 누군가 `isupper(*p++)`처럼 쓰는 경우를 처리할 수 있어야 해서 매크로로 구현하는 게 현명하지 못하다. 리스트 11-1의 코드를 매크로로 구현하면, 예를 들어 `ishexdigit`에서는 p가 6번 증가되는데 이는 `ishexdigit`를 호출한 사람은 예상할 수 없는 결과다. 리스트 11-2에 있는 매크로 버전에서는 인자를 단 한 번만 참조하기 때문에 이런 일이 발생하지 않는다.

정수를 사용한 계산 방법

앞에서 하드웨어에 대해 논의한 사실을 생각해보면 일부 연산이 다른 연산보다 속도나 전력 소모 측면에서 더 비용이 적게 든다는 사실을 분명히 알 수 있다. 정수 덧셈이나 뺄셈은 비용이 싸다. 시프트 연산으로 대신할 수 있는 2의 거듭제곱으로 나누거나 곱하는 경우를 제외하면 곱셈이나 나눗셈은 비용이 더 많이 든다. 부동소수점 연산은 더더욱 비싸다고 여겨진다. 삼각함수나 로그(대수)함수 계산 등의 복잡한 부동소수점 계산은 훨씬 더 비싸다. 이번 장의 주제에 맞춰, 더 비싼 연산을 피할 수 있는 방법을 찾아내면 바람직할 것이다.

눈으로 확인할 수 있는 예제를 살펴보자. 리스트 11-3은 리스트 10-1의 웹 페이지 골격에서 `style`, `script`, `body`를 변경한 코드다.

리스트 11-3 기본 캔버스

```
<style>
    canvas {
        border: 5px solid black;
    }
</style>
...
<script>
    $(function() {
        var canvas = $('canvas')[0].getContext('2d');

        // 캔버스의 높이와 너비를 얻는다. 자바스크립트에서 문자열을
```

```
        // 숫자 대신 사용하면 예기치 못한 결과를 얻을 수도 있는데
        // 이를 방지하기 위해서 얻은 값을 강제로 Number로 변환한다.

        var height = Number($('canvas').attr('height'));
        var width = Number($('canvas').attr('width'));

        canvas.translate(0, height);
        canvas.scale(1, -1);
    });
</script>
...
<body>
    <canvas width="500" height="500"></canvas>
</body>
```

368페이지의 'HTML5' 절에서 캔버스를 간단히 소개했다. **캔버스**canvas는 자유롭게 그림을 그릴 수 있는 엘리먼트로, 모눈종이처럼 생각하면 된다.

캔버스 '모눈종이'는 기본적으로 표준적인 직교 좌표계Cartesian coordinate system를 사용하지 않기 때문에 여러분이 그래프를 그릴 때 쓰던 방식과는 다르다. 이렇게 된 이유는 텔레비전에 래스터로 화면을 그리던 방향의 영향을 받았기 때문이다(268페이지의 '래스터 그래픽' 절을 참고하라). 래스터는 왼쪽 위에서 시작해 x축으로는 왼쪽에서 오른쪽, y축으로는 위에서 아래 방향으로 이동한다. 그래서 x 좌표는 일반적인 x 좌표와 마찬가지로 왼쪽이 작고 오른쪽이 크다. 반면 y 좌표는 맨 위에서 시작해 아래로 갈수록 커진다. 텔레비전 모니터를 컴퓨터 그래픽용 모니터로 목적을 바꿔 사용하기 시작하면서 이런 좌표계가 그대로 유지됐다.

현대적인 컴퓨터 그래픽 시스템들은 임의로 좌표계를 변환하도록 지원하고, 이런 변환을 그래픽 하드웨어가 지원하는 경우도 많다. 모든 (x, y) 좌표에 대해 다음 식과 같은 **변환**transformation을 적용해 여러분이 지정한 좌표를 화면 좌표 (x', y')로 변환해준다.[3]

$$x' = Ax + By + C$$
$$y' = Dx + Ey + F$$

3 수학 용어로 이런 변환을 아핀(affine, 영어 발음은 '어파인') 변환이라고도 한다. 예를 들어, 2차원 아핀 변환은 3×3 정사각 행렬로 표현할 수 있다. – 옮긴이

C와 F는 **평행이동**translation에 쓰인다. 이 말은 물체의 각 점을 축 방향으로 나란히 움직인다는 뜻이다. A와 E는 **크기 변환**scaling에 기여한다. 이 말은 물체의 크기를 확대하거나 축소한다는 뜻이다. B와 D는 **회전**rotation에 기여한다. 이 말은 물체를 돌린다는 뜻이다. 이들을 행렬 형태로 표현하는 경우가 많다.

이제 캔버스 좌표계를 우리에게 익숙한 좌표계로 바꾸기 위해 평행이동과 크기 변환에만 집중하자. 먼저 18번째 줄에서 캔버스 높이만큼 물체를 평행이동하고, 19번째 줄에서 y축의 방향을 뒤집는다. 이때 변환을 적용하는 순서가 중요하다. 변환을 역순으로 진행하면 원점이 캔버스보다 위에 위치해버린다.

그래픽은 근본적으로 3원색들로 이뤄진 이진 데이터를 모눈종이 각 눈금에 표시한 것부터 시작한다(86페이지의 '색을 표현하는 방법' 절을 참고하라). 하지만 대체 얼마나 세밀한 모눈종이가 필요할까? 그리고 색을 표현하는 이진 데이터를 어떻게 제어할 수 있을까?

24번째 줄의 `width`와 `height` 애트리뷰트는 `canvas`의 크기를 픽셀(260페이지의 '디지털 이미지' 절을 참고하라) 단위로 지정한다. 디스플레이 **해상도**resolution는 인치당(또는 센티미터당) 픽셀 수를 뜻한다. 화면에 표시할 캔버스의 크기는 사용하는 화면의 해상도에 따라 달라진다. 아주 오래된 골동품이 아니라면 아마 실제 픽셀을 눈으로 구분하지는 못할 것이다(하지만 사람 눈의 해상도가 가시 범위 내에서 항상 상수는 아니다. SIGGRAPH 2005에 발표한 마이클 디어링Michael Deering의 논문 '광자 수준에서 정확한 인체 눈 모델A Photon Accurate Model of the Human Eye'을 참고하라). 현재의 UHD(4K 또는 8K) 모니터는 아주 훌륭하지만, 이미지가 정말 더 좋아 보이게 하려고 슈퍼샘플링(그림 6-49) 등의 기법을 여전히 사용해야 한다.

먼저 아주 낮은 해상도로 물체를 그려서 이미지의 픽셀을 볼 수 있게 하자. 리스트 11-4처럼 캔버스를 지우고 격자를 그리는 자바스크립트 함수를 추가해서 모눈종이를 만들자. 그리고 크기 변환을 사용해 격자 교차점을 정숫값으로 가리킬 수 있게 하자. 크기 변환은 캔버스에 그려지는 모든 대상에 적용되기 때문에, 격자를 그릴 때는 줄 두께를 더 작게 잡아야 한다.

리스트 11-4 격자 그리기

```
var grid = 25;                                    // 격자 간격은 25픽셀

canvas.scale(grid, grid);
width = width / grid;
height = height / grid;
canvas.lineWidth = canvas.lineWidth / grid;
```

```
canvas.strokeStyle = "rgb(0, 0, 0)";                // 검은색

function
clear_and_draw_grid()
{
    canvas.clearRect(0, 0, width, height);          // 캔버스 지움
    canvas.save();                                  // 캔버스 설정 저장
    canvas.setLineDash([0.1, 0.1]);                 // 파선
    canvas.strokeStyle = "rgb(128, 128, 128)";      // 회색
    canvas.beginPath();

    for (var i = 1; i < height; i++) {              // 수평선들
        canvas.moveTo(0, i);
        canvas.lineTo(height, i);
    }

    for (var i = 1; i < width; i++) {               // 수직선들
        canvas.moveTo(i, 0);
        canvas.lineTo(i, width);
    }

    canvas.stroke();
    canvas.restore();                               // 캔버스 설정 복원
}

clear_and_draw_grid();                              // 시작 시 호출됨
```

직선

이제 리스트 11-5처럼 격자의 교차점에 원을 위치시키는 방식으로 몇 가지 직선을 그려보자. 한 선은 수평선이고 다른 선은 45도 각도의 대각선이다. 대각선 점을 좀 더 크게 해서 두 선이 교차하는 지점에서 두 선에 속한 원을 모두 알아볼 수 있게 한다.

리스트 11-5 수평선과 대각선

```
for (var i = 0; i <= width; i++) {
    canvas.beginPath();
    canvas.fillStyle = "rgb(255, 255, 0)";      // 노랑
    canvas.arc(i, i, 0.25, 0, 2 * Math.PI, 0);
    canvas.fill();

```

```
    canvas.beginPath();
    canvas.fillStyle = "rgb(255, 0, 0)";        // 빨강
    canvas.arc(i, 10, 0.2, 0, 2 * Math.PI, 0);
    canvas.fill();
}
```

프로그램을 실행한 결과나 그림 11-10을 보면 알 수 있듯이, 수평선보다 대각선에서 원(이 원이 실제로는 스크린상의 픽셀을 표현한다는 점에 유의하라) 사이의 거리가 더 멀다(피타고라스 정리에 따르면 $\sqrt{2}$ - 1만큼 거리가 더 멀다). 왜 이게 문제가 될까? 두 선 모두 빛을 내놓는 픽셀의 수는 같은데, 대각선 쪽의 픽셀이 서로 더 멀리 떨어져 있으므로 빛의 밀도도 줄어들기 때문에 수평선보다 대각선이 덜 밝아 보인다. 여러분(프로그래머)이 할 수 있는 일은 많지 않다. 대신 디스플레이 설계자들은 이런 효과를 최소화하기 위해 픽셀 모양을 조정한다. 데스크톱 모니터나 전화보다는 값싼 디스플레이에서 이런 현상이 더 문제가 된다.

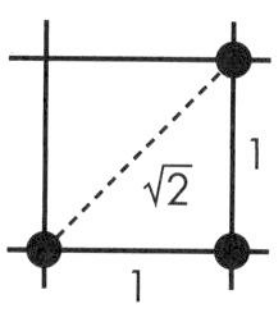

그림 11-10 픽셀 간격

수평, 수직, 대각선은 쉬운 경우다. 다른 형태의 직선이라면 어떻게 어떤 픽셀을 켜야 할지 결정할 수 있을까? 선을 그리는 프로그램을 만들자. 우선 리스트 11-6처럼 body의 canvas 엘리먼트에 몇 가지 제어를 추가한 다음 시작하자.

리스트 11-6 기본 선 그리기 프로그램의 본문

```
<div>
    <label for="y">Y Coordinate: </label>
    <input type="text" size="3" id="y"/>
    <button id="draw">Draw</button>
    <button id="erase">Erase</button>
</div>
```

그 후, draw와 erase 버튼에 대한 이벤트 핸들러를 사용해 리스트 11-5의 코드를 리스트 11-7처럼 수정한다. draw 함수는 중학교 때 무서워했던 $y = mx + b$라는 방정식을 사용한다. 다만 우리의 경우 b는 항상 0이다. 놀랍지 않은가! 수학 시간에 배운 내용을 실제로 써먹는 일도 생긴다.

리스트 11-7 부동소수점을 사용해 직선을 그리고 지우는 함수

```
$('#draw').click(function() {
    if ($('#y').val() < 0 || $('#y').val() > height) {
        alert('y value must be between 0 and ' + height);
    }
    else if (parseInt($('#y').val()) != $('#y').val()) {
        alert('y value must be an integer');
    }
    else {
        canvas.beginPath();                          // 이상적인 선 그림
        canvas.moveTo(0, 0);
        canvas.setLineDash([0.2, 0.2]);              // 파선
        canvas.lineTo(width, $('#y').val());
        canvas.stroke();

        var m = $('#y').val() / width;               // 기울기

        canvas.fillStyle = "rgb(0, 0, 0)";

        for (var x = 0; x <= width; x++) {            // 격자에 점 그리기
            canvas.beginPath();
            canvas.arc(x, Math.round(x * m), 0.15, 0, 2 * Math.PI, 0);
            canvas.fill();
        }

        $('#y').val('');                              // y 필드 지우기
    }
});

$('#erase').click(function() {
    clear_and_draw_grid();
});
```

y 좌표를 15로 주고 이 코드를 시험해보자. 결과는 그림 11-11과 같다.

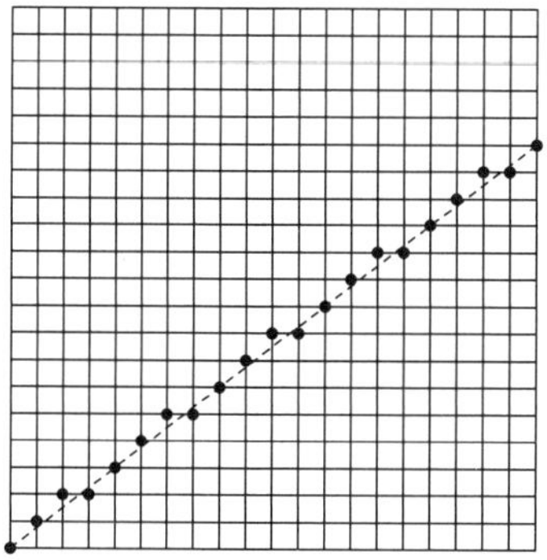

그림 11-11 부동소수점 계산을 사용해 그린 선

아주 나빠 보인다. 하지만 좀 물러나서 보면 선 같아 보인다. 이 그림은 우리가 얻을 수 있는 가장 직선에 근접한 그림이다. 이런 문제가 컴퓨터 그래픽에서만 발생하는 건 아니다. 십자수를 하는 사람에게 물어보면 바로 문제를 알려줄 것이다.

방금 작성한 프로그램은 잘 작동하지만 그리 효율적이지는 않다. 이 코드는 점마다 부동소수점 곱셈을 수행하고 반올림을 한다. 부동소수점 연산은 현대적인 기계에서도 정수 계산보다 훨씬 더 느리다. 기울기를 미리 계산하면(15번째 줄) 성능을 조금 개선할 수 있다. 기울기는 루프와 무관한 값이므로 최적화기가 여러분 대신 자동으로 이런 개선을 수행할 가능성이 높다(341페이지의 '최적화' 절을 참고하라).

부동소수점 계산이 너무 비싸서 금지됐던 1962년으로 돌아가자. IBM에서 일하던 잭 브레슨햄 Jack Bresenham은 부동소수점 계산을 쓰지 않고 선을 그리는 똑똑한 방법을 생각해냈다. 브레슨햄은 자신의 혁신을 IBM 발명 사무소에 가져갔고, 이 알고리즘의 가치를 몰랐던 발명 사무소는 특허 출원을 거부했다. 잘된 일이었다. 이 알고리즘은 컴퓨터 그래픽 알고리즘의 토대인데, 특허가 걸려 있지 않아서 누구든 이 알고리즘을 쓸 수 있다는 뜻이기 때문이다. 브레슨햄은 선 그리기 문제를 점진적으로 접근할 수 있다는 사실을 깨달았다. x가 변할 때마다 y를 계산하기 때문에 기울기(리스트 11-8의 9번째 줄)를 매번 더하기만 하면 곱셈을 없앨 수 있다. 이런 특성을 최적화기가 발견하기는 어렵다. 근본적으로 이는 복잡한 강도 절감이라 할 수 있다.

리스트 11-8 점진적으로 y 계산하기

```
1 var y = 0;
2
3 canvas.fillStyle = "rgb(0, 0, 0)";
4
```

```
for (var x = 0; x <= width; x++) {             // 격자에 점을 그린다.
    canvas.beginPath();
    canvas.arc(x, Math.round(y), 0.15, 0, 2 * Math.PI, 0);
    canvas.fill();
    y = y + m;
}
```

기울기 $\frac{\Delta y}{\Delta x}$가 분수이기 때문에 부동소수점 연산이 필요하다. 하지만 나눗셈을 덧셈과 뺄셈으로 대신할 수 있다. **결정 변수**decision variable로 d를 만들고, 매 반복 시 Δy를 더한다. d $\geq \Delta x$인 동안 y 값을 증가시킨다. 그리고 Δx를 d에서 뺀다.

마지막으로 반올림 문제가 남았다. 점을 찍을 때는 선이 지나가는 픽셀 중 (현재 반복에서 그려야 하는 구간에서) 맨 아래 있는 픽셀이 아니라 중간에 있는 픽셀에 점을 찍고 싶다. d의 초깃값을 0 대신 $\frac{1}{2}m$으로 하면 이 문제를 해결할 수 있다. 하지만 분수를 원하지는 않는다. 그냥 이 값에 2를 곱해 분수를 없애고, 나머지 모든 값에도 2를 곱해서 $2\Delta y$와 $2\Delta x$를 사용하면 아무 문제도 없다.

격자에 점을 그리는 코드를 리스트 11-9의 '정수만 사용하는' 버전으로 바꾸자(C 언어 등과 달리 자바스크립트에서는 내부적으로 정수를 쓰는지를 제어하지는 못한다). 이 코드는 기울기가 0과 1 사이의 값인 경우에만 제대로 작동한다. 모든 기울기에 대해 제대로 작동하는 코드를 만드는 일은 여러분의 몫으로 남겨둔다.

리스트 11-9 정수 선 그리기

```
var dx = width;
var dy = $('#y').val();
var d = 2 * dy - dx;
var y = 0;

dx *= 2;
dy *= 2;

canvas.fillStyle = "rgb(255, 255, 0)";
canvas.setLineDash([0,0]);

for (var x = 0; x <= width; x++) {
    canvas.beginPath();
    canvas.arc(x, y, 0.4, 0, 2 * Math.PI, 0);
    canvas.stroke();
```

```

    if (d >= 0) {
        y++;
        d -= dx;
    }
    d += dy;
}
```

리스트 11-9에서 떠오르는 흥미로운 질문이 있다. 왜 d와 관련한 판단 로직을 리스트 11-9처럼 작성했을까? 리스트 11-10처럼 작성해도 되지 않을까?

리스트 11-10 다른 방식으로 작성한 판단 코드

```
var dy_minus_dx = dy - dx;

if (d >= 0) {
    y++;
    d -= dy_minus_dx;
}
else {
    d += dy;
}
```

처음 보면, 반복을 한 번 할 때마다 판단 변수에 값을 한 번만 더하므로 이 접근 방법이 더 나아 보인다. 리스트 11-11은 4장에서 살펴본 것 같은 가상의 어셈블리 언어로 이 코드를 작성한 경우 어떤 모습일지를 보여준다.

리스트 11-11 리스트 11-10의 로직을 어셈블리 언어로 작성한 코드

```
        load    d                   load    d
        cmp     #0                  cmp     #0
        blt     a                   blt     a
        load    y                   load    y
        add     #1                  add     #1
        store   y                   store   y
        load    d                   load    d
        sub     dx_plus_dy          sub     dx
        bra     b
a:      add     dy          a:      add     dy
        store   d                   store   d
b:      ...                         ...
```

다른 버전이 원래 버전보다 명령어 하나만큼 더 길다. 대부분의 기계에서 정수 덧셈은 분기와 똑같은 시간이 걸린다. 따라서 우리가 더 낫다고 생각하는 코드는 실제로는 y를 증가시킬 때마다 원래의 코드보다 한 명령어에 걸리는 시간만큼 더 오랜 시간이 걸린다.

브레슨햄의 선 그리기 알고리즘에 사용한 기법을 다른 여러 가지 문제에도 적용할 수 있다. 예를 들어, y 값을 색을 표현하는 값으로 대신하면 그림 11-12와 같이 색이 부드럽게 변하는 **그레이디언트**gradient를 그릴 수 있다.

그림 11-12 색 그레이디언트

HTML 문서 준비 함수를 리스트 11-12의 코드로 바꾸면 그림 11-12의 그레이디언트를 그릴 수 있다.

리스트 11-12 색 그레이디언트 코드

```
var canvas = $('canvas')[0].getContext('2d');
var width = $('canvas').attr('width');
var height = $('canvas').attr('height');

canvas.translate(0, height);
canvas.scale(1, -1);

var m = $('#y').val() / width;

var dx = width;
var dc = 255;
var d = 2 * dc - dx;
var color = 0;

for (var x = 0; x <= width; x++) {
```

```
    canvas.beginPath();
    canvas.strokeStyle = "rgb(" + color + "," + color + "," + color + ")";
    canvas.moveTo(x, 0)
    canvas.lineTo(x, height);
    canvas.stroke();

    if (d >= 0) {
        color++;
        d -= 2 * dx;
    }
    d += 2 * dc;
}
```


곡선 다루기

정수를 사용하는 계산 방법 적용이 직선에만 한정되어 있지는 않다. 타원을 그려보자. 타원의 축이 좌표축과 나란하고 중심이 원점인 가장 간단한 경우만 살펴보자. 이런 타원은 다음과 같은 식으로 표시할 수 있다. 여기서 a는 타원 너비의 절반이고, b는 높이의 절반이다.

$$\frac{x^2}{a^2} + \frac{y^2}{b^2} = 1$$

그림 11-13처럼 현재 까만 점에 있다고 가정하자. 이제 주변의 이동 가능한 세 점 중 어느 점이 이상적인 타원에 가까운지 결정해야 한다.

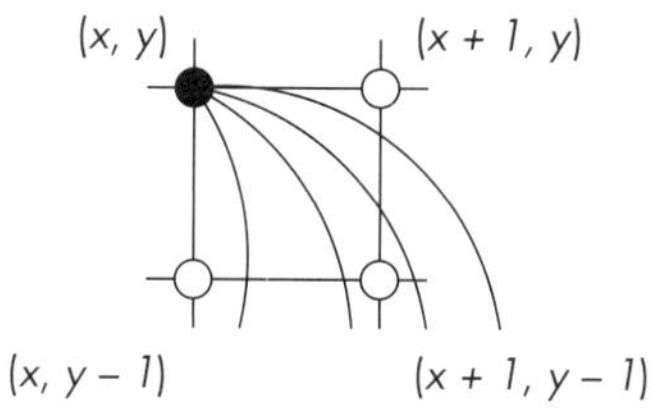

그림 11-13 타원 결정 지점

$A = b^2$, $B = a^2$으로 정의하면 이 타원의 식을 $Ax^2 + By^2 - AB = 0$으로 바꿀 수 있다. 이상적인 타원상을 그릴 때 표시해야 하는 점과 정수 격자상에 그려야 하는 점이 같지 않을 것이기 때문에 대부분의 점은 이 식을 만족하지는 못할 것이다. 우리가 (x, y)에 있다면 다음 점은 $Ax^2 + By^2 - AB$를 0에 더 가깝게 만드는 x, y여야 한다. 그리고 이 식에 있는 7번의 곱셈을 수행하지 않고도 다음 점을 선택할 수 있으면 더 좋다.

우리가 택한 접근 방법은 세 가지 가능한 위치에서 식의 값을 계산하고, 그중 0에 가장 가까운 점을 택하는 것이다. 다시 말해, 세 점에 대해 $d = Ax^2 + By^2 - AB$라는 공식을 사용해 거리를 계산한다.

먼저 곱셈을 하지 않고 $(x + 1, y)$ 지점에서 거리를 어떻게 계산할 수 있을지 살펴보자. $(x + 1)$을 d 식의 x에 넣으면 다음과 같다.

$$d_{x+1} = A(x+1)^2 + By^2 - AB$$

이 식은 다음과 같다.

$$d_{x+1} = A(x+1)(x+1) + By^2 - AB$$

곱셈을 펼치면 다음 식을 얻는다.

$$d_{x+1} = Ax^2 + 2Ax + A + By^2 - AB$$

이제 이 값에서 원래의 식을 빼면 x와 $x + 1$일 때 (d 공식으로 계산한) 거리의 차이를 구할 수 있다. 이를 dx라고 이름 붙이자.

$$dx = 2Ax + A$$

d에 dx를 더하면 d_{x+1}이 된다. 하지만 여전히 곱셈이 남아 있으므로 우리 목표에 도달하지는 못했다. 이제 $x + 1$ 지점에서 dx를 계산해보자.

$$dx_{x+1} = 2A(x+1) + A$$

$$dx_{x+1} = 2Ax + 2A + A$$

앞에서와 마찬가지로 dx_{x+1}에서 dx를 빼서 둘의 차이를 구할 수 있다. 이 값을 $d2x$라고 이름 붙이자.

$$d2x = 2A$$

$d2x$는 상수다. 따라서 중간 dx와 $d2x$를 사용하면 곱셈을 쓰지 않아도 $(x + 1, y)$에서 d를 쉽게 계산할 수 있다.

$$2A_{x+1} = 2Ax + d2x$$

이렇게 계산하면 수평 방향의 좌표를 얻는다. 수직 방향도 거의 똑같다. 다만 이동하는 방향이 $-y$ 방향이라는 점만 다르다.

$$dy = -2By + B$$

$$d2y = 2B$$

이제 모든 항term(수학 식에서 더하고 빼는 항목)이 있으므로 세 점 중 어떤 점이 이상적인 곡선에 가까운지 찾기는 쉽다. $(x + 1, y)$에 대한 수평 방향 차이 *dh*를 계산하고, $(x, y - 1)$에 대한 수직 방향 차이 *dv*를 계산하며, $(x + 1, y - 1)$에 대한 대각선상의 차이 *dd*를 계산한 다음, 가장 차이가 적은 쪽을 택한다. *dh*는 항상 양수이지만 *dv*나 *dd*는 음수일 수도 있으므로, 그림 11-14처럼 비교하기 전에 절댓값을 취해야 한다.

타원 그리기 알고리즘은 타원을 첫 번째 사분면quadrant에만 그린다. 이렇게 해도 또 다른 트릭을 사용할 수 있기 때문에 아무 문제가 없다. 이 트릭은 바로 대칭성symmetry이다. 이 타원의 각 사분면상의 모양이 1사분면에 그려진 모양과 똑같다는 사실을 알 수 있다. 따라서 1사분면에 있는 모양을 수평, 수직, 수평 수직 방향으로 대칭해 그리면 된다. (x, y)에 점을 찍을 때 $(-x, y)$, $(-x, -y)$, $(x, -y)$에도 점을 찍으면 전체 타원을 그릴 수 있다. 원을 그린다면 8방향의 대칭성을 쓸 수 있다는 점도 기억하라.

이 알고리즘에는 타원의 4분의 1만 그린다는 사실을 이용해 단순화할 수 있는 몇 가지 비교가 들어 있다. 4분의 1 타원은 접선 기울기가 1인 점을 기준으로 두 가지 부분으로 나눌 수 있다. 이렇게 구분하면 수평 방향과 대각선 방향 중 하나를 선택해야 하는 부분의 코드와, 수직 방향과 대각선 방향 중 하나를 선택해야 하는 부분의 코드로 나눌 수 있다. 두 부분 중 어느 부분을 먼저 실행해야 하는지는 a와 b 값에 따라 달라진다. 하지만 루프 안에서 이런 선택을 하느라 시간을 소비하는 것보다는 초기 설정 시 a와 b를 비교해서 실행 순서를 정하는 편이 더 나으므로, 이런 트레이드 오프는 바람직하다.

앞의 알고리즘에는 심각한 문제가 한 가지 있다. 이 알고리즘은 높이와 너비가 $2a + 1$, $2b + 1$인 타원을 그리기 때문에 항상 높이와 너비가 홀수 픽셀인 타원밖에 그릴 수 없다.

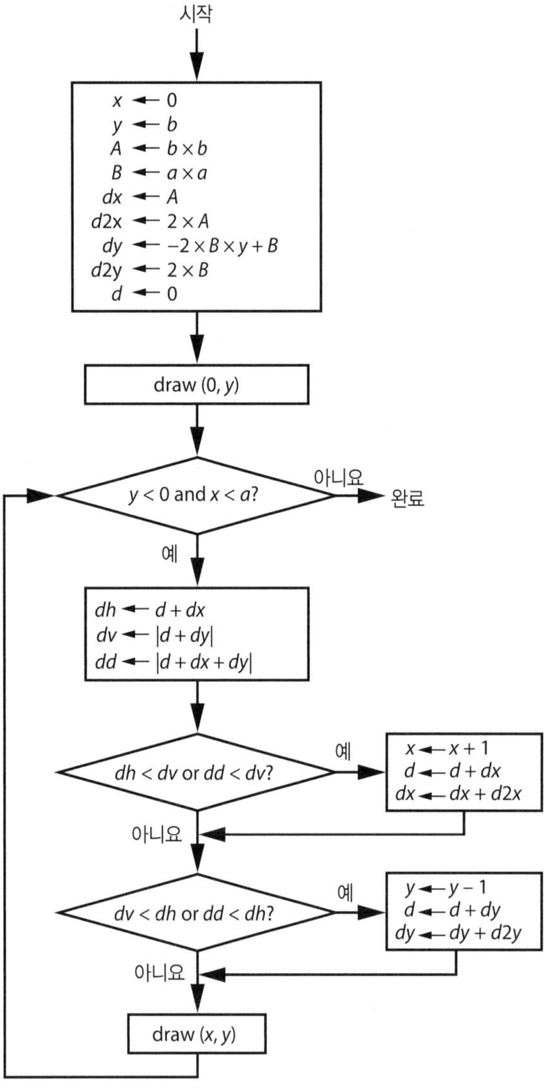

그림 11-14 타원을 그리는 알고리즘

다항식

차이를 점진적으로 계산해 타원을 그리는 방법은 원추 곡선conic section(2차 함수로 표현할 수 있는 곡선)보다 더 복잡한 곡선에는 적용하기 어렵다. 차수가 더 높은 식에서는 한 픽셀에 속하는 공간 안에서 여러 번 방향이 바뀌는 등 다양한 일이 발생할 수 있어서 방향 전환을 효율적으로 테스트하기가 힘들기 때문이다.

하지만 점진적으로 차이를 계산하는 방식을 $y = Ax^0 + Bx^1 + Cx^2 + ... Dx^n$ 형태의 임의의 다항식으로 확장할 수 있다. 우리에게 필요한 것은 상수로부터 차례로 더하면서 변화를 누적시킬 수 있는 n가지 차이로 이뤄진 집합을 만드는 것이다. 이 방법이 잘 작동하는 이유는 타원과 달리 다항식에서는 독립 변수가 하나뿐이기 때문이다. 92페이지의 '디지털 컴퓨터의 사례'에서 본 찰스 배비지의 차분 기관을 기억하는가? 차분 기관은 단지 점진적으로 차이를 계산해 누적시킴으로써 다항식을 계산하기 위해 설계됐다.

재귀적 분할

198페이지의 '스택' 절에서 **재귀적 분할**recursive subdivision에 대해 간략히 다뤘다. 재귀적 분할은 쓸모가 많은 기법이다. 이번 절에서는 재귀적 분할을 사용해 최소한의 작업으로 원하는 목적을 달성하는 방법을 살펴본다.

나선

우리가 만든 선 그리기 코드를 활용해 더 복잡한 곡선을 그릴 수 있다. 원하는 점들을 계산한 다음 이 점들을 선으로 이으면 된다.

수학 시간에 각도를 도degree 단위로 측정하는 법을 배웠을 것이다. 따라서 360도가 한 바퀴라는 사실은 모두 잘 알 것이다. 하지만 각도를 재는 다른 방법이 있다는 사실을 모르는 독자도 있을 것이다. 가장 일반적으로 사용하는 방법은 **라디안**radian이다. 원은 2π라디안이 들어 있다. 따라서 360도는 2π라디안이고, 180도는 π라디안이며, 90도는 $\pi/2$, 45도는 $\pi/4$라디안이다. 자바스크립트 등에서 제공하는 수학 라이브러리에 있는 삼각함수는 도가 아니라 라디안 단위로 각도를 입력받는다.

극좌표polar coordinate로 그린 아름다운 곡선을 예제로 사용해보자. 배운 적이 없는 독자를 위해 설명하자면, 극좌표는 x와 y 대신에 반지름radius r과 각도 θ를 사용하는 좌표계다. $x = r\cos\theta$, $y = r\sin\theta$라는 공식을 쓰면 극좌표를 직교 좌표로 쉽게 변환할 수 있다. 여기서 살펴볼 첫 번째 예제는 $r = \theta \times 10$이라는 공식으로 나선을 그린다. 이런 나선에서는 각도가 커질수록 점이 원점에서 멀어진다. 사람들이 라디안을 기준으로 생각하는 데 익숙하지 않은 경우가 많으므로 입력을 도 단위로 받는다. 리스트 11-13은 제어를 위한 본문을 보여준다.

리스트 11-13 나선을 그리기 위한 본문

```
<canvas width="500" height="500"></canvas>
<div>
    <label for="degrees">Degrees: </label>
    <input type="text" size="3" id="degrees"/>
    <button id="draw">Draw</button>
    <button id="erase">Erase</button>
</div>
```

그림을 더 자세히 그려야 하기 때문에 격자를 그리지는 않는다. 극좌표를 사용하기 때문에 리스트 11-14는 중심점을 (0, 0)으로 한다.

리스트 11-14 점으로 나선을 그리는 자바스크립트 코드

```
canvas.scale(1, -1);
canvas.translate(width / 2, -height / 2);

$('#erase').click(function() {
    canvas.clearRect(-width, -height, width * 2, height * 2);
});

$('#draw').click(function() {
    if (parseFloat($('#degrees').val()) == 0)
        alert('Degrees must be greater than 0');
    else {
        for (var angle = 0; angle < 4 * 360; angle += parseFloat($('#degrees').val())) {
            var theta = 2 * Math.PI * angle / 360;
            var r = theta * 10;
            canvas.beginPath();
            canvas.arc(r * Math.cos(theta), r * Math.sin(theta), 3, 0, 2 * Math.PI, 0);
            canvas.fill();
        }
    }
});
```

각도에 10을 입력하고 'Draw'를 클릭하라. 그림 11-15와 비슷한 그림이 표시돼야 한다.

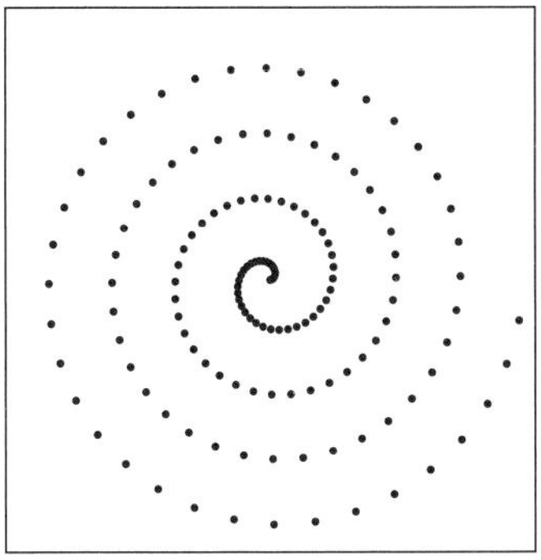

그림 11-15 점으로 그린 나선

원점 근처에서는 점이 서로 겹치지만, 원점에서 더 멀어짐에 따라 점 사이 거리가 멀어진다는 점에 유의하라. 각도를 작게 하면 더 그럴듯해 보이는 곡선을 만들 수 있겠지만, 이렇게 하면 겹치는 점이 많아져서 그림을 그리는 속도가 더 느려진다는 뜻이다. 게다가 함수를 다른 함수로 바꾸면 어떤 각도로 곡선을 그려야 할지 알아내기가 어렵다.

점과 점 사이에 선분을 그려보자. 리스트 11-15의 코드를 앞에서 본 그림 그리기 코드 대신 넣자.

리스트 11-15 자바스크립트로 선분을 활용해 그린 나선

```
canvas.beginPath( );
canvas.moveTo(0, 0);

for (var angle = 0; angle < 4 * 360; angle += parseFloat($('#degrees').val( ))) {
    var theta = 2 * Math.PI * angle / 360;
    var r = theta * 10;
    canvas.lineTo(r * Math.cos(theta), r * Math.sin(theta));
}

canvas.stroke( );
```

각도로 20을 입력하고 'Draw'를 클릭하라. 그림 11-16은 여러분이 보게 될 그림을 보여준다.

그림 11-16 나선

아주 예쁘지는 않다. 여기서도 중심 근처에서는 그림이 좋아 보이지만 밖으로 나감에 따라 상태가 점점 더 나빠진다. 필요에 따라 더 많은 점을 계산할 방법이 필요하다. 여기서 우리가 배웠던 재귀적 분할이 제 역할을 할 수 있다. 두 각도 θ_1과 θ_2 사이에 선을 그리고 있다. 이때 필요한 것은 '충분히 가까운가'를 판별하는 기준이다. 만약 두 점이 충분히 가깝지 않다면 각도 차이를 반으로 줄여서 재시도하는 과정을 두 점이 충분히 가까워질 때까지 재귀적으로 수행한다. 여기서는 리스트 11-16처럼 **거리 공식**distance formula $d = \sqrt{(x_2 - x_1)^2 + (y_2 - y_1)^2}$ 을 사용한다.

리스트 11-16 자바스크립트로 작성한 재귀적 분할을 이용한 나선

```
var close_enough = 10;

function
plot(theta_1, theta_2)
{
    var r;

    r = theta_1 * 10;
    var x1 = r * Math.cos(theta_1);
    var y1 = r * Math.sin(theta_1);

    r = theta_2 * 10;
    var x2 = r * Math.cos(theta_2);
    var y2 = r * Math.sin(theta_2);

    if (Math.sqrt(((x2 - x1) * (x2 - x1) + (y2 - y1) * (y2 - y1))) < close_enough) {
        canvas.moveTo(x1, y1);
        canvas.lineTo(x2, y2);
    }
    else {
```

```
            plot(theta_1, theta_1 + (theta_2 - theta_1) / 2);
            plot(theta_1 + (theta_2 - theta_1) / 2, theta_2);
        }
    }

    $('#draw').click(function() {
        if (parseFloat($('#degrees').val()) == 0)
            alert('Degrees must be greater than 0');
        else {
            canvas.beginPath();

            for (var angle = 0; angle < 4 * 360; angle += parseFloat($('#degrees').val())) {
                var old_theta;
                var theta = 2 * Math.PI * angle / 360;

                if (angle > 0)
                    plot(old_theta, theta);
                old_theta = theta;
            }
        }
        canvas.stroke();
    });
```

코드가 자동으로 필요한 중간 각도를 만들어내기 때문에 close_enough를 충분히 작게 지정하기만 하면 각도를 증가시키는 값이 무엇이든 큰 문제가 없다는 사실을 알 수 있다. close_enough를 여러 가지로 바꿔보면서 놀아보라. 입력 필드를 추가해서 값을 입력받게 하면 편할 것이다.

어떤 애플리케이션에서는 충분히 가까운지 판정하는 기준이 아주 중요하다. 이런 기준을 정하는 방법을 설명하는 것은 이 책의 범위를 벗어나지만, 영화에 나오는 곡면으로 이뤄진 물체를 생각해보라. 이런 물체 표면이 반사광으로 빛나면 더 실감이 날 것이다. 이제 나선을 여러 선분으로 구분해 근사치로 그린 것처럼 물체의 곡면을 몇 개의 평면으로 근사한다고 해보자. 만약 이런 평면이 충분히 작지 않다면 평면은 디스크 볼(구를 몇 개의 평면 표면으로 근사한 물체)처럼 돼서, 광선을 완전히 다른 방식으로 반사할 것이다.

구성적인 기하

5장에서 쿼드트리를 설명하면서 쿼드트리로 모양을 표현하는 방법을 보였다. 공간을 분할하는 계층적인 메커니즘이기 때문에 쿼드트리는 분명히 재귀를 활용한 데이터 구조다.

쿼드트리에 대해 불리언 연산을 수행할 수 있다. 그림 11-17처럼 엔진 개스킷gasket처럼 생긴 무언가를 설계하고 싶다고 하자.

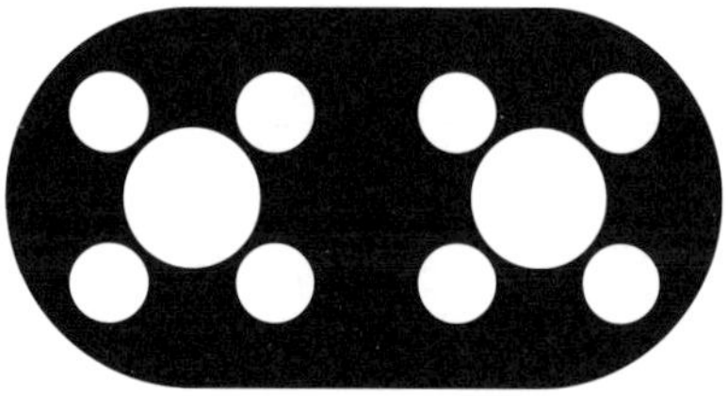

그림 11-17 엔진 개스킷

쿼드트리 노드를 표현할 수 있고, 두 가지 특별한 잎(0은 흰색, 1은 검은색을 표현하는 잎 노드다)을 갖는 데이터 구조가 필요하다. 그림 11-18은 구조체와 이 구조체가 표현하는 데이터를 보여준다. 각 노드는 다른 네 가지 노드를 가리킬 수 있는데, C 같은 언어에서는 포인터를 사용하면 이런 구조를 잘 만들 수 있다.

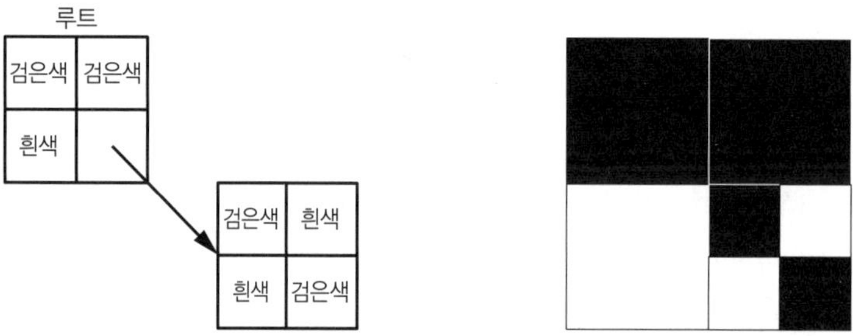

그림 11-18 쿼드트리 노드

노드 크기를 추적할 필요는 없다. 모든 연산은 루트 노드에서부터 시작하며, 루트 노드의 크기는 몰라도 각 자식 노드는 루트 노드의 1/4이라는 사실은 안다. 그림 11-19는 트리에서 어떤 위치에 해당하는 값을 얻는 방법을 보여준다.

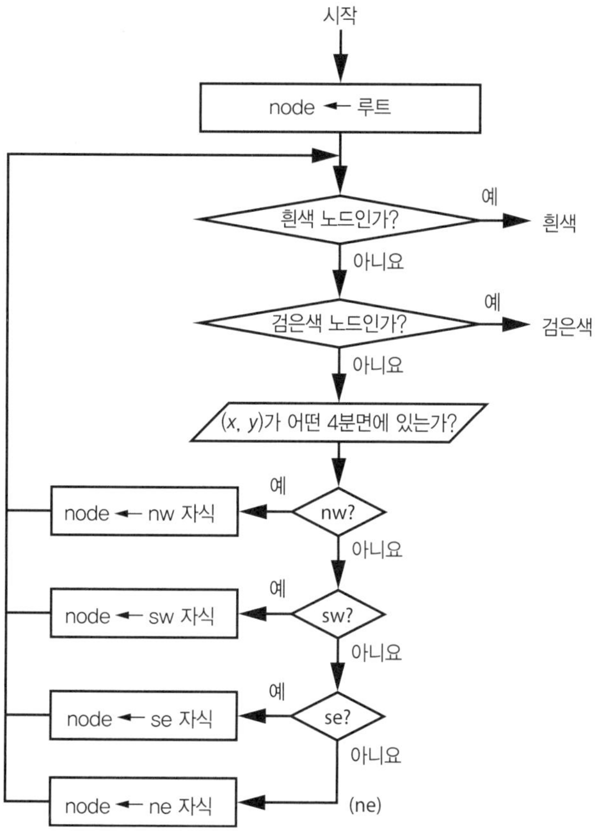

그림 11-19 쿼드트리의 (x, y) 좌표에 있는 값 얻기

그림 11-20은 어떻게 쿼드트리의 (x, y) 위치를 설정(이 말은 검은색으로 만든다는 뜻이다)하는지 보여준다. 함수가 재귀적이므로, 여기서 '완료'라는 말은 '현재 재귀 단계에서 반환'이라는 뜻이다.

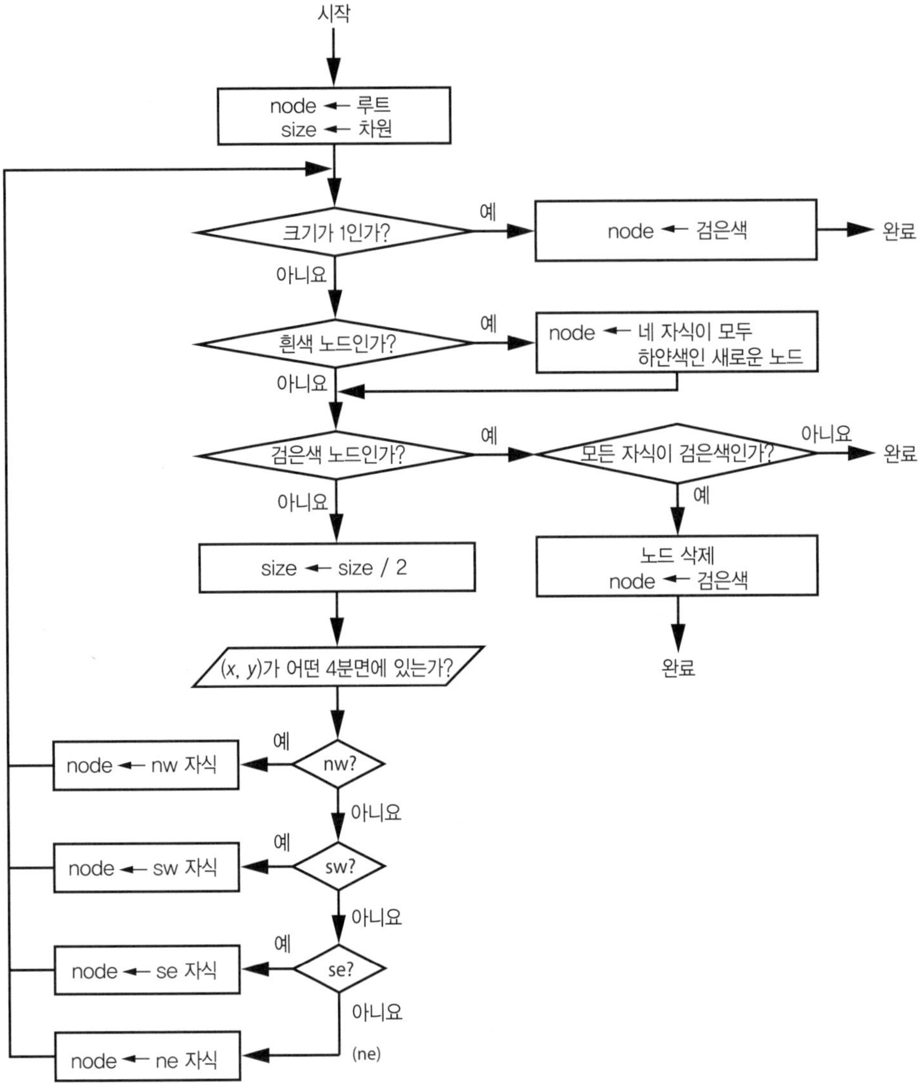

그림 11-20 쿼드트리의 (x, y) 좌표 설정하기

이 순서도는 그림 11-19의 값을 얻는 순서도와 비슷하다. 대략적인 수준에서 바라보면 이 흐름도는 트리를 따라 내려가면서 공간을 네 부분으로 분할하는 과정을 (x, y) 좌표에 해당하는 1×1짜리 정사각형에 도달할 때까지 계속한 다음, 이렇게 찾은 정사각형을 검은색으로 설정한다. 중간에 흰색 노드를 만나면 이 노드를 네 자식이 모두 흰색 자식인 새로운 노드로 치환해서 재귀 분할을 더 진행할 수 있게 한다. 반대로 네 가지 자식이 모두 검은색인 경우에는 상위 노드를 검은색 노드로 치환한다. 그림 11-21처럼 자식 중 3개가 검은색이고 마지막 자식이 검은색으로 변하는 경우 이런 일이 벌어진다.

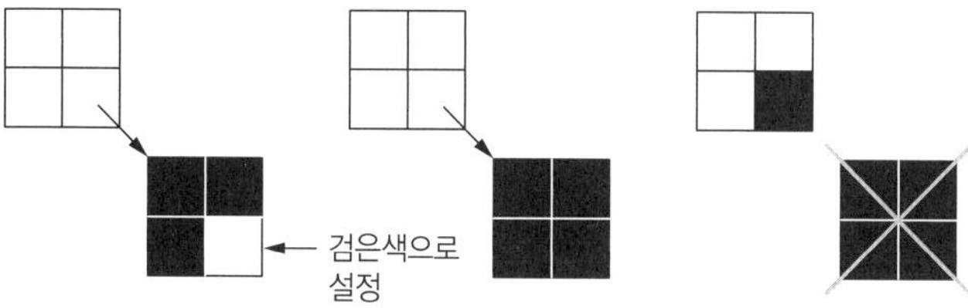

그림 11-21 노드 병합하기

노드를 병합하면 트리가 메모리를 더 적게 사용할 뿐만 아니라 트리 깊이가 낮아지면서 트리에 대해 수행하는 여러 연산도 빨라진다.

쿼드트리의 (x, y) 좌표를 해제할(즉 하얗게 만들) 방법도 필요하다. 해답은 좌표를 설정하는 알고리즘과 상당히 비슷하다. 차이는 흰색 노드 대신 검은색 노드를 4개의 검은색 자식 노드로 분할하고, 검은색 노드 대신 흰색 노드를 병합한다는 점뿐이다.

우리가 만든 값 설정/해제 함수를 바탕으로 더 복잡한 그리기 함수를 만들 수 있다. 각 좌표에 대해 설정 함수를 호출하면 쉽게 직사각형을 그릴 수 있다. 423페이지 '곡선 다루기' 절에서 보였던 타원 그리기 알고리즘과 대칭성을 사용하면 설정 함수로 타원도 그릴 수 있다.

이제부터 재미있는 부분이다. 쿼드트리에 대해 1장에서 본 불리언 논리 함수를 구현해보자. NOT 함수는 간단하다. 트리를 내려가면서 검은색 노드는 흰색 노드로, 흰색 노드는 검은색 노드로 바꾼다. 그림 11-22의 AND와 OR 함수는 더 흥미롭다. 이 두 알고리즘은 $C = a$ AND b나 $C = a$ OR b와 동등한 연산을 사용해 만들어지지 않았다. 대신 여러 언어가 제공하는 대입 연산자인 *dst* &= *src*와 *dst* |= *src*로 구현됐다. *dst* 피연산자는 변경 대상인 쿼드트리를 말한다.

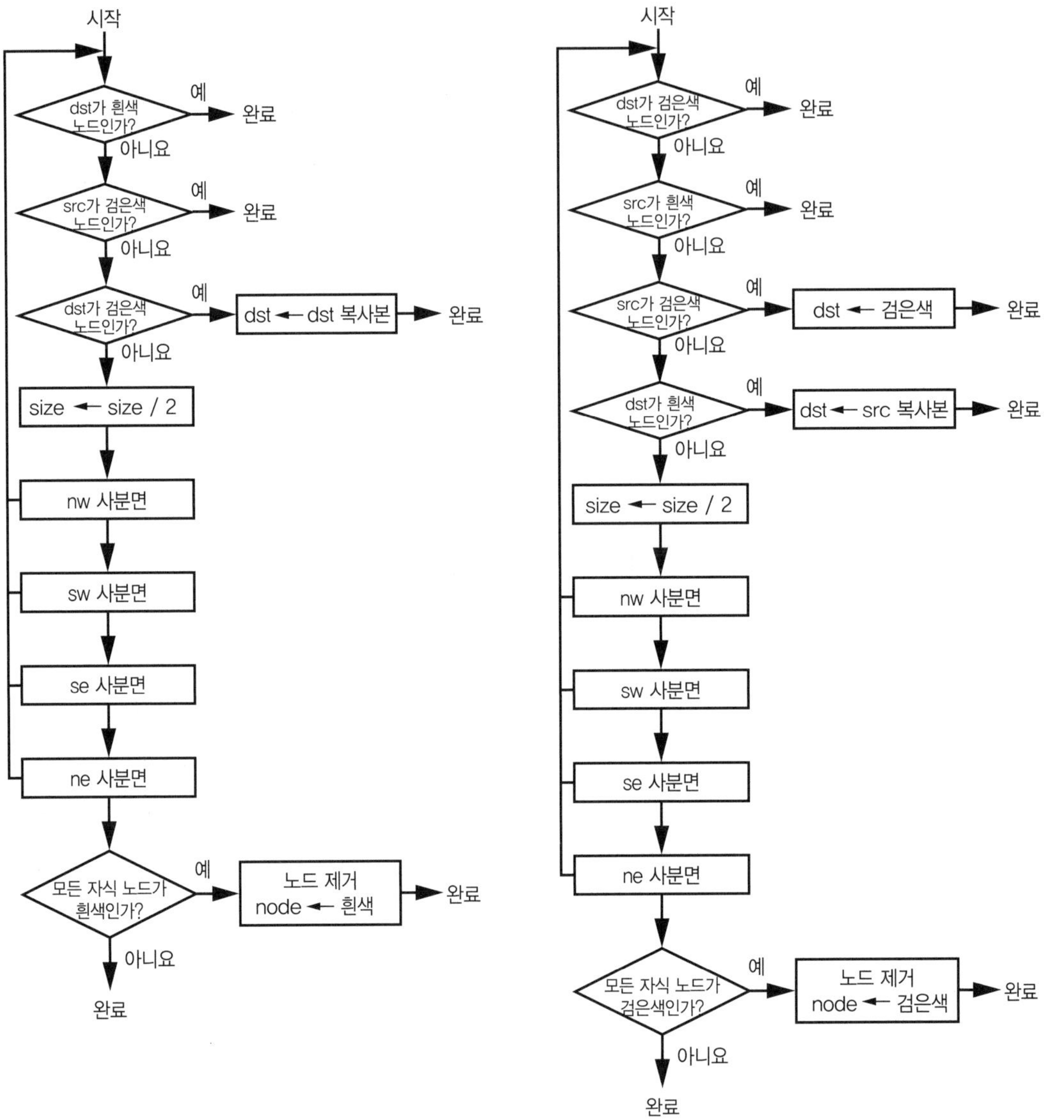

그림 11-22 쿼드트리 AND와 OR 함수

이제 모든 도구를 갖췄으므로 개스킷을 만들어보자. 자세한 부분을 볼 수 있도록 저해상도로 개스킷을 그린다. 왼쪽의 빈 개스킷 쿼드트리와 가운데 있는 원이 그려져 있는 스크래치 쿼드트리로부터 시작한다. 스크래치 쿼드트리를 개스킷 쿼드트리와 OR 하면 그림 11-23의 오른쪽과 같은 결과를 얻는다. 이 과정에서 병합이 하위 분할을 어떻게 최소화하는지 살펴보라.

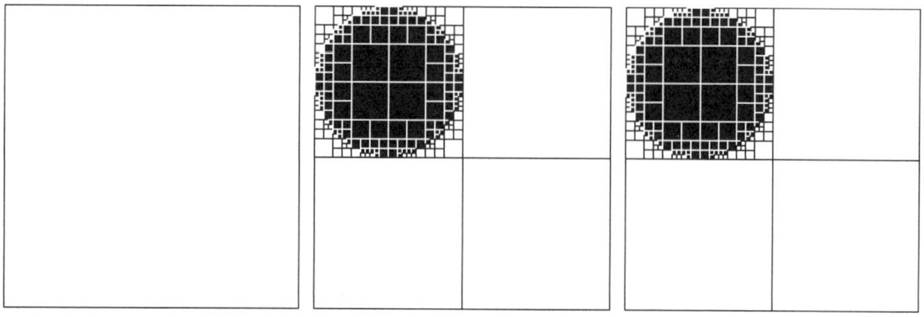

그림 11-23 개스킷, 원, 개스킷 OR 원

다음으로 그림 11-24처럼 다른 위치에 원을 그리고 이를 부분적으로 마무리된 개스킷과 조합한다.

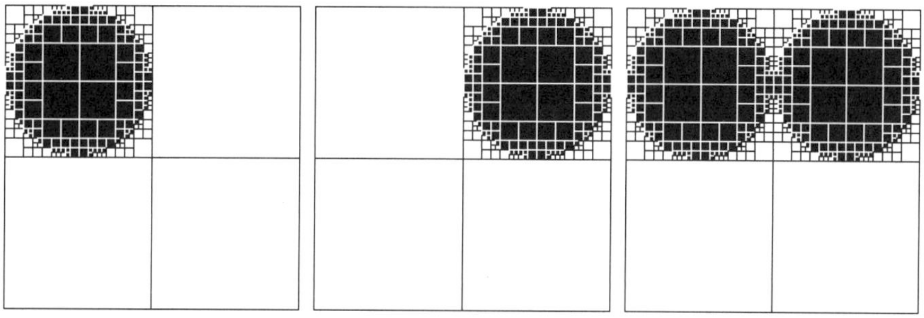

그림 11-24 개스킷에 원 추가하기

계속 진행하자. 그림 11-25처럼 검은 직사각형을 만들고 이를 개스킷과 조합한다.

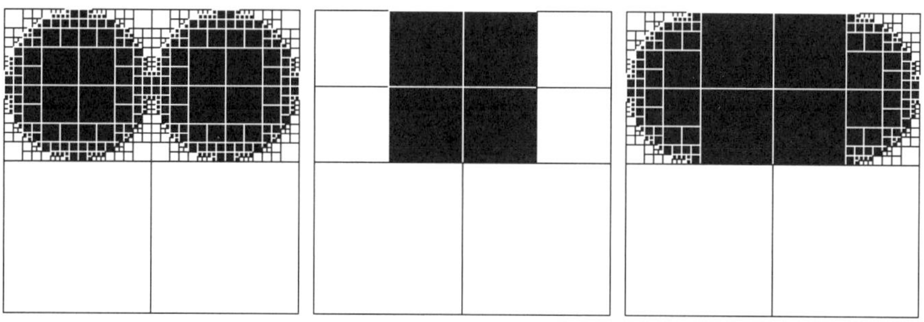

그림 11-25 직사각형 추가하기

다음 단계는 구멍을 만드는 것이다. 검은 원을 그리고 NOT 연산으로 이미지를 반전시켜서 흰 원을 만든다. 이 결과를 부분적으로 완료된 개스킷과 AND 하면 그림 11-26과 같이 된다.

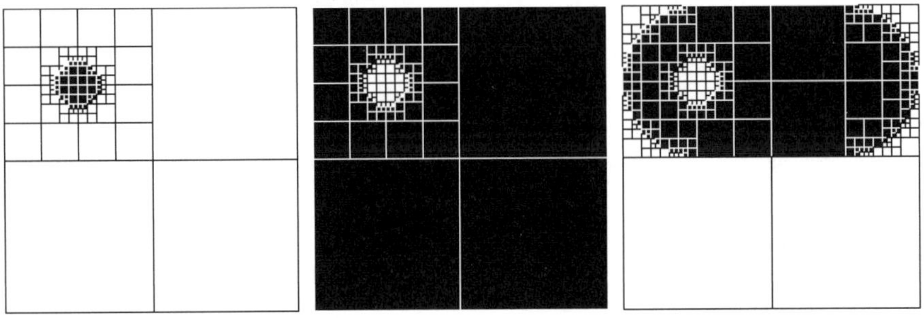

그림 11-26 NOT-구멍을 AND 하기

이쯤부터는 지루해지기 시작한다. 그림 11-26과 같은 방식으로 또 다른 구멍을 합쳐야 한다. 그리고 비슷하게 8개의 더 작은 구멍을 합친다. 결과는 그림 11-27과 같다.

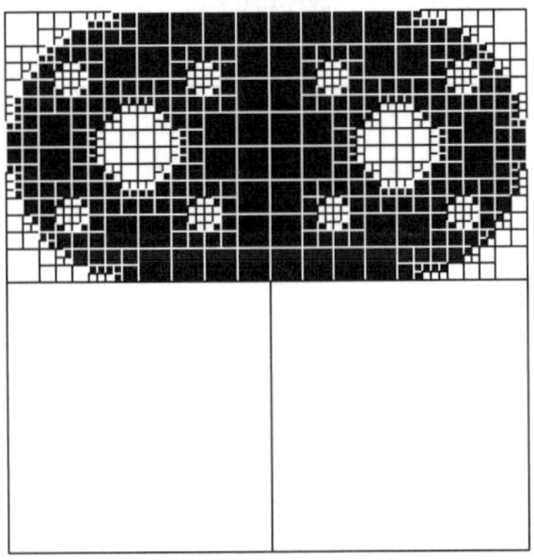

그림 11-27 완료된 개스킷

이를 통해 쿼드트리에 불리언 함수를 적용하면 간단한 기하학적 요소로부터 복잡한 모양을 만들 수 있음을 알 수 있다. 이 예제에서는 2차원 개스킷을 사용했지만 더 일반적으로 3차원에서도 이런 작업이 가능하다. 3차원에서는 2차원보다 노드가 2배 더 필요하므로 쿼드트리를 **옥트리** octree로 확장한다. 옥트리 예제를 그림 11-28에서 볼 수 있다.

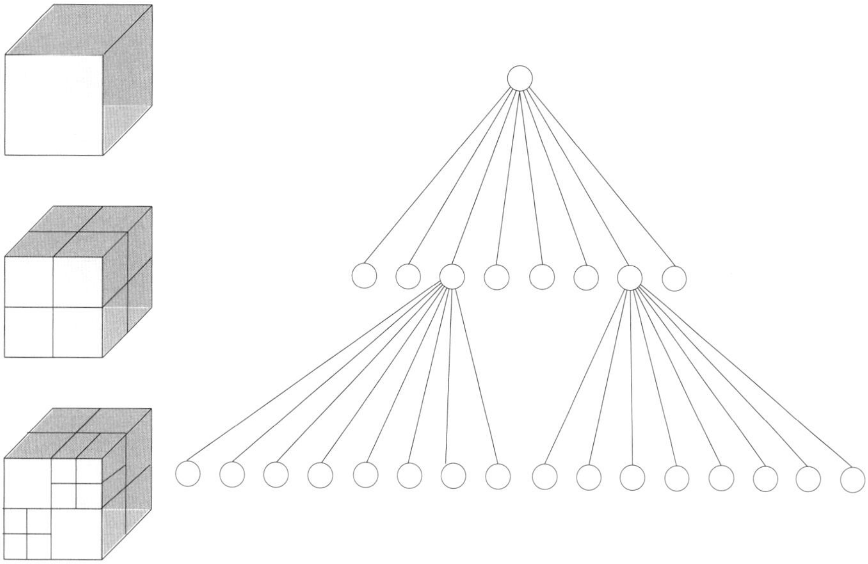

그림 11-28 옥트리

방금 설명한 방식으로 복잡한 3차원 물체를 만드는 기법을 **구조적 입체 기하**constructive solid geometry라고 부른다. 2차원 픽셀에 대응하는 3차원 요소는 **복셀**voxel이라고 부른다. 복셀은 '부피가 있는 픽셀volume pixel'이라는 뜻이다.

옥트리는 CAT(컴퓨터 단층 촬영, CT라고도 부름)나 MRI 데이터를 저장할 때 흔히 사용하는 방법이다. 이런 진단기들은 2D 단면의 스택을 만든다. 필요한 내부 단면을 살펴보기 위해 바깥 계층을 벗겨내는 일은 아주 쉽다.

시프트와 마스크

쿼드트리의 단점으로는 데이터가 메모리에서 분산된다는 점을 들 수 있다. 쿼드트리의 참조 지역성은 형편없다. 트리에서 두 정사각형 영역이 서로 인접해 있다고 해도 메모리에서 이 둘을 표현하는 노드가 가까이 있으리라는 법은 없다. 한 메모리 구조에서 다른 구조로 데이터를 변환할 때 이런 사실이 문제가 될 수 있다. 한 번에 데이터를 1비트만 옮길 수도 있지만 그런 식으로 처리하면 메모리 접근 횟수가 너무 많아진다. 이렇게 되면 너무 느리기 때문에 메모리 접근 횟수를 줄이고 싶다.

이런 상황이 발생하는 작업으로 데이터를 화면에 표시하는 경우를 들 수 있다. 디스플레이 메모리의 구조는 하드웨어에 의해 결정된다. 268페이지의 '래스터 그래픽' 절에서 설명한 것처럼, 래스터의 각 줄은 한 번에 하나씩 정해진 순서대로 화면에 표시된다. 래스터의 한 줄을 **스캔 라인**scan line이라고 부르고, (화면에 표시할) 스캔 라인을 모아둔 데이터를 **프레임 버퍼**frame buffer라고 부른다.

그림 11-27에 있는 개스킷을 디스플레이에 그리고 싶다. 단순화를 위해 모노크롬을 사용할 것이다. 디스플레이의 각 픽셀은 1비트이고 16비트 너비의 메모리를 사용한다. 이 말은 디스플레이 메모리에서 왼쪽 위 16픽셀이 첫 번째 워드, 그다음 16픽셀이 그다음 워드 등의 순서로 메모리를 차지한다는 뜻이다.

그림 11-27의 왼쪽 위 사각형은 크기가 4×4픽셀이며 흰색이다. 따라서 프레임 버퍼에서 이 영역의 비트를 해제(0으로 만듦)해야 한다. 그림 11-29처럼 좌표와 쿼드트리 사각형의 크기를 사용해 마스크를 만든다.

0	0	0	0	1	1	1	1	1	1	1	1	1	1	1	1

그림 11-29 AND 마스크

이 마스크를 영향받는 모든 줄에 AND 할 수 있다. 비용은 한 줄당 두 번 메모리 접근(한 번은 읽기, 한 번은 쓰기)만으로 가능하다. 프레임 버퍼의 비트를 설정(1로 만듦)할 때도 비슷한 작업을 할 수 있다. 설정할 부분을 1로 하는 마스크를 만들고 이 마스크를 AND 하는 대신 OR 하면 된다.

마스크가 유용한 다른 작업으로 문자를 표시하는 경우가 있다. 대부분의 텍스트 문자는 그림 11-30처럼 2차원 비트 배열인 **비트맵**bitmap으로 저장한다. 메모리 사용을 최소화하기 위해 여러 문자의 비트맵을 하나로 모아둔다. 예전에는 글꼴font을 이런 식의 비트맵 형태로 제공했지만, 요즘은 기하학적인 표현(이를 벡터 폰트라고 부른다)을 사용한다. 그래도 성능상의 문제로 글꼴을 표시하기 전에 기하학적 표현을 비트맵으로 변환하는 경우가 많다. 그리고 변환된 비트맵을 재사용을 위해 캐시에 저장하곤 한다.

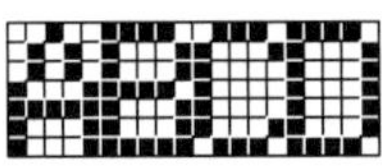

그림 11-30 비트맵 텍스트 문자

이제 그림 11-31처럼 디스플레이에 표시된 글자 중에서 B를 C로 바꾸자.

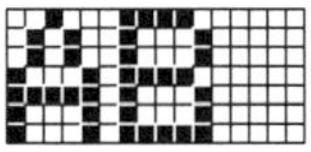

그림 11-31 디스플레이에 표시된 비트맵 텍스트 문자

C는 원본 비트맵의 10번 비트로부터 14번 비트까지 위치하고, 디스플레이의 6번 비트부터 10번 비트로 전달돼야 한다. 각 줄에 대해 워드에서 C에 해당하는 비트는 남기고 다른 모든 비트는 마스크 오프mask off해 없애야 한다. 그 후 목적지(디스플레이할 위치)에 맞춰 비트를 시프트한다. 그런 다음 목적지의 값을 읽어서 C를 덮어쓸 부분만 마스크해 지우고 나머지 부분은 남겨둔다. 그리고 시프트한 C 비트 패턴과 마스크한 목적지 비트 패턴을 합친다. 그림 11-32를 보라.

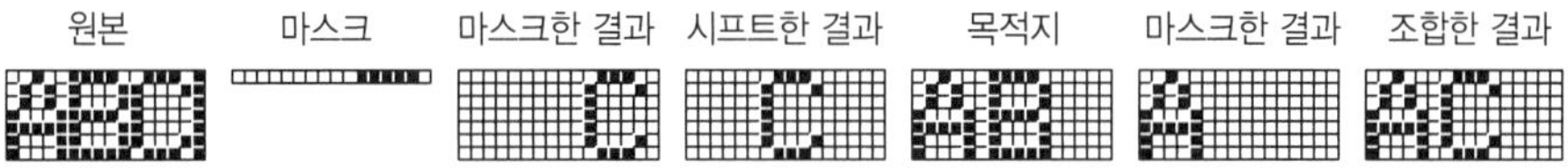

그림 11-32 화면에 문자 출력하기

이 예제는 한 줄당 세 번 메모리에 접근한다. 한 번은 원본을 읽고, 한 번은 목적지를 읽고, 한 번은 목적지에 조합한 결과를 써넣는다. 만약 비트 단위로 이런 처리를 한다면 메모리 접근이 5배 더 늘어날 것이다.

원본이나 목적지 주소가 워드 경계에 걸쳐 있는 경우에는 좀 더 복잡한 처리가 필요하다는 점에 유의하라.

계산을 회피하는 그 밖의 수학적 기법들

413페이지의 '정수를 사용한 계산 방법' 절을 통해 연산 비용이 많이 드는 수학 연산을 피하는 간단한 방법을 살펴봤다. 이제 배경지식을 갖췄으므로 더 복잡한 계산 회피 기법을 살펴보자.

멱급수 근삿값 계산

충분히 가까움이라는 개념을 써먹는 또 다른 예를 살펴보자. 사인 함수를 계산해야 하는데 이 함수를 계산해주는 하드웨어가 없다고 하자. 사인 함수를 계산하는 다른 방법으로 **테일러 급수** Taylor series가 있다.

$$\sin(x) = x - \frac{x^3}{3!} + \frac{x^5}{5!} - \frac{x^7}{7!} + \frac{x^9}{9!}$$

그림 11-33은 사인 함수의 근삿값을 테일러 급수로 계산한 결과가 항의 개수에 따라 어떻게 변하는지 보여준다. 이 결과를 보면 항의 수를 늘리면 테일러 급수가 이상적인 사인 함수에 더 가까워짐을 알 수 있다.

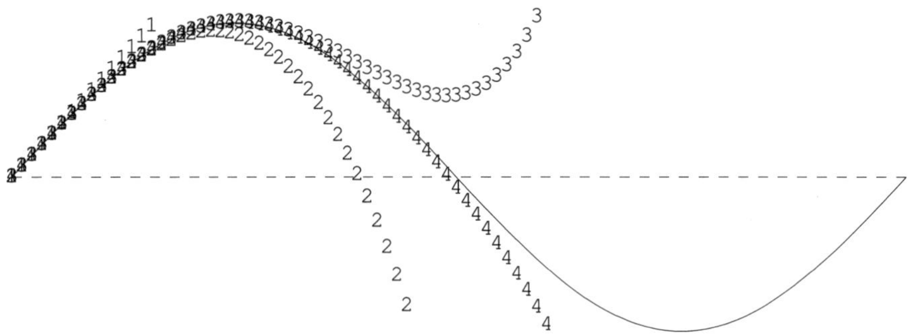

그림 11-33 테일러 급수로 근사한 사인 함수

원하는 정확도를 얻을 때까지 급수에 항을 추가하기는 쉽다. 그리고 90도보다 작은 각도에서는 항을 더 적게 써도 된다는 사실을 알아둘 만하다. 다른 각도에 대해서는 대칭성과 주기성을 이용하면 된다.

*product*라는 변수의 값을 x의 값으로 초기화하고, $-x^2$을 미리 계산해두면, 매번 다음 항을 구할 때는 *product*에 $-x^2$을 곱해서 *product*에 저장하면 곱셈 횟수를 줄일 수 있다. 그리고 모든 분모(3!, 5!, ...)는 상수이므로 미리 표에 저장하고 지수를 인덱스로 사용하면 된다. 그리고 모든 항을 다 계산할 필요가 없다. 예를 들어 정확도가 소수점 이하 두 자리만 필요하다면, 항을 추가했는데 소수점 이하 두 자리가 변하지 않을 경우 계산을 멈추면 된다.

CORDIC 알고리즘

컨베어Convair의 잭 볼더Jack Volder는 1956년 **좌표 회전 디지털 컴퓨터**CORDIC, Coordinate Rotation Digital Computer 알고리즘을 개발했다. CORDIC은 B-58 폭격기 항법 시스템navigation system의 아날로그 부품을 좀 더 정확한 것으로 대신하기 위해 만들어졌다. CORDIC을 사용하면 정수 산술 연산을 사용해 삼각함수와 로그함수를 계산할 수 있다. CORDIC은 1972년 발매된 최초의 포터블 과학 계산기인 HP-35에 채택됐다. 그리고 인텔 80x87 계열 부동소수점 연산 코프로세서에도 사용됐다.

CORDIC의 기본 아이디어를 그림 11-34에 표시했다. 단위 원unit circle(반지름이 1인 원)의 화살표 머리가 가리키는 지점의 x와 y 좌표는 해당 각의 사인값과 코사인값이다. 우리가 원하는 것은 원래의 위치로부터 x축을 기준으로 화살표를 조금씩 회전시켜서 원하는 각이 되면 좌표를 얻는 것이다.

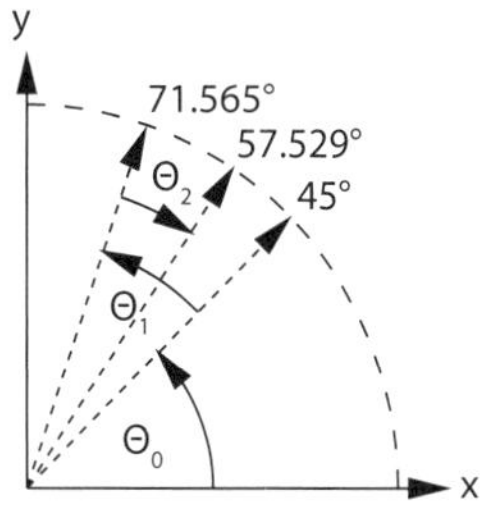

그림 11-34 CORDIC 알고리즘 개요

예를 들어, sin(57.529°)를 계산하고 싶다고 하자. 그림을 보면 처음에 45°에서 시작한다. 아직 원하는 각도보다 부족하기 때문에 26.565° 더 화살표를 회전시킨다. 이번에는 너무 각이 크다. 따라서 다시 14.036° 반대 방향으로 회전시킨다. 이제 원하는 57.529°를 얻는다. 분명 여기서도 일종의 재귀적 분할을 수행하는 것 같다. 다만 분할 시 사용하는 각도의 값이 좀 이상할 뿐이다.

'정수를 사용한 계산 방법' 절에서 변환을 살펴볼 때는 평행이동과 크기 변환만 고려했다. CORDIC 알고리즘은 회전을 바탕으로 한다. 여러분이 이미 살펴본 일반식인 다음 식은 (x, y)를 θ만큼 회전해 얻은 (x', y')를 보여준다.

$$x' = x \times \cos(\theta) - y \times \sin(\theta)$$

$$y' = x \times \sin(\theta) + y \times \cos(\theta)$$

수학적으로 이 식이 맞지만, 이미 사인과 코사인을 계산할 수 있다면 사인과 코사인을 얻는 알고리즘을 굳이 이야기할 필요가 없으므로 이 식은 소용이 없다.

이 식을 다음과 같은 삼각함수의 기본 공식을 활용해 탄젠트를 바탕으로 다시 써서, 식을 더 어렵게 만들어보자.

$$\tan(\theta) = \frac{\sin(\theta)}{\cos(\theta)}$$

탄젠트를 얻으려면 sin(θ)를 cos(θ)로 나눠야 하므로, 결과에 cos(θ)를 곱하면 원래 값이 된다.

$$x' = \cos(\theta) \times \left[x \frac{\cos(\theta)}{\cos(\theta)} - y \frac{\sin(\theta)}{\cos(\theta)} \right] = \cos(\theta) \times [x - y \times \tan(\theta)]$$

$$y' = \cos(\theta) \times \left[x \frac{\sin(\theta)}{\cos(\theta)} + y \frac{\cos(\theta)}{\cos(\theta)} \right] = \cos(\theta) \times [x \times \tan(\theta) + y]$$

식이 상당히 안 좋아 보인다. 안 좋은 상황을 더 안 좋게 만든 것 같다. 하지만 여기서 진짜 트릭에 대해 이야기하지 않았기 때문에 상황이 더 안 좋아진 것 같아 보일 뿐이다. 앞에서 본 이상한 각도를 기억하는가? 실제로는 tan(45°) = 1, tan(26.565°) = 1/2, tan(14.036°) = 1/4에서 앞에서 사용한 각도가 나왔다. 이제는 뭔가 2로 나누는 간단한 정수 나눗셈이 생길 것처럼 보인다. 또는 맥스웰 스마트Maxwell Smart가 말했던 것처럼 '고전적인 오른쪽 시프트 트릭'이 가능하다. 따라서 우리가 앞에서 수행한 것은 각의 탄젠트값을 이진 검색으로 찾은 것이다.

그림 11-34에서 본 예제에서 어떻게 이런 기법을 사용할 수 있는지 살펴보자. 이 예제에서는 원래의 좌표에서 최종 좌표에 도달하기까지 세 번 회전을 시켜야 한다. 그림 11-34에 따르면 처음에 $x_0 = 1, y_0 = 0$이라는 사실을 염두에 두자.

$$x_1 = \cos(45°) \times [x_0 - y_0 \times \tan(45°)] = \cos(45°) \times \left[x_0 - \frac{y_0}{1} \right]$$

$$y_1 = \cos(45°) \times [x_0 \times \tan(45°) + y_0] = \cos(45°) \times \left[\frac{x_0}{1} + y_0 \right]$$

$$x_2 = \cos(26.565°) \times [x_1 - y_1 \times \tan(26.565°)] = \cos(26.565°) \times \left[x_1 - \frac{y_1}{2} \right]$$

$$y_2 = \cos(26.565°) \times [x_1 \times \tan(26.565°) + y_1] = \cos(26.565°) \times \left[\frac{x_1}{2} + y_1 \right]$$

$$x_3 = \cos(-14.036°) \times [x_2 - y_2 \times \tan(-14.036°)] = \cos(-14.036°) \times \left[x_2 + \frac{y_2}{4} \right]$$

$$y_3 = \cos(-14.036°) \times [x_2 \times \tan(-14.036°) + y_2] = \cos(-14.036°) \times \left[-\frac{x_2}{4} + y_2 \right]$$

마지막 (x_3, y_3)에서 부호가 바뀐 이유는 회전 방향이 반대(시계 방향)이기 때문이다. 시계 방향으로 회전할 때는 탄젠트값이 음수다. (x_1, y_1)을 (x_2, y_2) 식에 대입하고, 이 결과를 다시 (x_3, y_3) 식에 대입한 다음, 코사인을 빼내면(그리고 1을 곱한 부분은 생략하면) 다음 공식을 얻는다.

$$x_3 = \cos(45°) \times \cos(26.565°) \times \cos(-14.036°) \times \left\{ (x_0 - y_0) - \frac{x_0 - y_0}{2} + \frac{\frac{x_0 - y_0}{2} + (x_0 + y_0)}{4} \right\}$$

$$y_3 = \cos(45°) \times \cos(26.565°) \times \cos(-14.036°) \times \left\{ \frac{-(x_0 - y_0) - \frac{(x_0 + y_0)}{2}}{4} + \frac{(x_0 - y_0)}{2} + (x_0 + y_0) \right\}$$

그렇다면 여기서 코사인은 어떻게 처리할 수 있을까? 수학적으로는 각 항을 곱하면 다음과 같다는 사실이 증명되어 있다. 수학적 증명은 생략한다.

$$\cos(45°) \times \cos(26.565°) \times \cos(-14.036°) \times ... = 0.607252935008881$$

이 값은 상수다. 우리는 상수를 좋아한다. 이 값을 C라고 부르자. 이제 마지막의 곱셈은 다음과 같이 바뀐다.

$$x_3 = C \times \left\{ [x_0 - y_0] - \frac{x_0 - y_0}{2} + \frac{\frac{x_0 - y_0}{2} + [x_0 + y_0]}{4} \right\}$$

$$y_3 = C \times \left\{ -\frac{[x_0 - y_0] - \frac{(x_0 + y_0)}{2}}{4} + \frac{(x_0 - y_0)}{2} + [x_0 + y_0] \right\}$$

하지만 여기서 x_0는 1이고 y_0는 0이므로 y_0는 없애고, x_0는 C로 바꾸면 곱셈을 안 해도 된다. 이렇게 바꾸고 나면 전체 식은 다음과 같이 바뀐다.

$$x_3 = C - \frac{C}{2} + \frac{\frac{C}{2} + C}{4} = 0.531$$

$$y_3 = -\frac{C - \frac{C}{2}}{4} + \frac{C}{2} + C = 0.834$$

계산기로 코사인을 계산해보면 이 x_3와 y_3의 값이 각각 57.529° 의 코사인값 및 사인값과 아주 비슷하다는 사실을 알 수 있다. 그리고 단 세 가지 항만 가지고 사인값과 코사인값을 계산했다. 더 많은 항을 사용하면 더 가까운 값을 얻을 수 있다. 이 모든 계산이 덧셈, 뺄셈, 2로 나누기만 가지고 된다는 사실을 기억하라.

이제 이 알고리즘을 프로그램으로 바꾸면서 몇 가지 트릭을 더 알아보자. 먼저, 여기서는 **벡터링 모드**vectoring mode라는 다른 버전의 CORDIC 알고리즘을 사용한다. 조금 전에 설명한 방법은 **회전 모드**rotation mode였는데, 회전 모드가 좀 더 이해하기 쉽다. 회전 모드에서는 x축으로 뻗은 벡터(화살표)를 우리가 원하는 각이 될 때까지 회전시켰다. 벡터링 모드는 반대로 이를 수행한다. 즉, 원하는 각도의 벡터에서 시작해서 x축으로 뻗은 벡터(각도가 0)에 도달할 때까지 회전을 시킨다. 이런 식으로 처리한다는 건 각의 부호만 검사하면 회전 방향을 결정할 수 있다는 뜻이다. 따라서 두 수를 비교할 필요가 없어진다.

두 번째로 표 검색을 사용한다. 탄젠트값이 1, 1/2, 1/4 등인 각도를 미리 표로 계산해둔다. 이런 계산은 미리 단 한 번만 하면 된다. 최종 알고리즘은 그림 11-35와 같다.

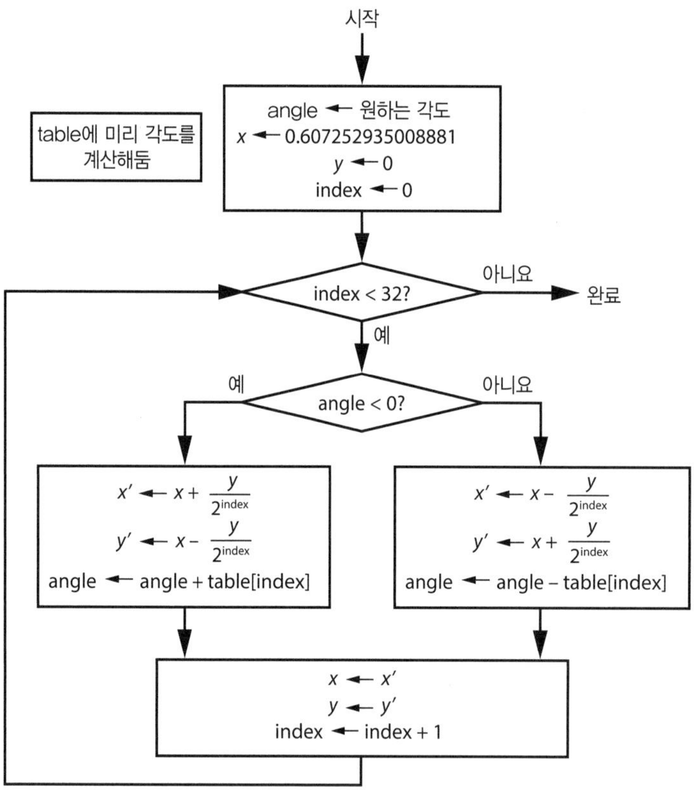

그림 11-35 CORDIC 순서도

이제 이 알고리즘을 구현하면서 더 많은 트릭을 사용하는 C 프로그램을 작성해보자. 먼저, 각도를 도 대신 라디안으로 표현할 것이다.

두 번째 트릭은 첫 번째 트릭과 관계가 있다. 앞의 설명에서 1보다 큰 수가 나타나지 않았음을 눈치챈 독자도 있을 것이다. 우리는 1사분면(0도부터 90도까지)에서 작동하는 프로그램을 설계하고, 대칭성을 활용해 다른 각도에 해당하는 값을 계산할 것이다. 90도는 π/2로 약 1.57이다. 사용하는 수의 범위가 넓지 않기 때문에 부동소수점 대신 고정소수점의 정수 체계를 사용할 수 있다.

예제 구현은 32비트 정수를 기반으로 한다. ±1.6 정도의 범위가 필요하므로 30번 비트(31번째 비트)를 1로 사용하고, 29번 비트를 0.5로, 28번 비트를 0.25로 하는 식으로 소수를 계산한다. MSB(31번 비트)는 부호 비트로 사용한다. 부동소수점 수(범위 안에 들어 있어야 한다)를 우리가 만든 고정소수점 수 표기로 바꾸려면 우리 체계에서 1인 0x40000000에 부동소수점 수를 곱하고 그 값을 정수로 만들면 된다. 마찬가지로 우리 체계의 수를 부동소수점 수로 바꾸려면 부동소수점 수로 바꾼 후 0x40000000으로 나누면 된다.

리스트 11-17은 구현 코드를 보여준다. 코드는 아주 간단하다.

리스트 11-17 CORDIC 알고리즘의 C 구현

```
const int angles[] = {
    0x3243f6a8, 0x1dac6705, 0x0fadbafc, 0x07f56ea6, 0x03feab76, 0x01ffd55b, 0x00fffaaa, 0x007fff55,
    0x003fffea, 0x001ffffd, 0x000fffff, 0x0007ffff, 0x0003ffff, 0x0001ffff, 0x0000ffff, 0x00007fff,
    0x00003fff, 0x00001fff, 0x00000fff, 0x000007ff, 0x000003ff, 0x000001ff, 0x000000ff, 0x0000007f,
    0x0000003f, 0x0000001f, 0x0000000f, 0x00000008, 0x00000004, 0x00000002, 0x00000001, 0x00000000
};

int angle = (desired_angle_in_degrees / 360 * 2 * 3.14159265358979323846) * 0x40000000;

int x = (int)(0.6072529350088812561694 * 0x40000000);
int y = 0;

for (int index = 0; index < 32; index++) {
    int x_prime;
    int y_prime;

```

```
  if (angle < 0) {
      x_prime = x + (y >> index);
      y_prime = y - (x >> index);
      angle += angles[index];
  }
  else {
      x_prime = x - (y >> index);
      y_prime = y + (x >> index);
      angle -= angles[index];
  }

  x = x_prime;
  y = y_prime;
}
```

CORDIC 구현은 재귀적 분할, 미리 계산하기, 표 검색, 2의 거듭제곱 나눗셈을 시프트로 하기, 정수 고정소수점 연산, 대칭성 등 우리가 이 책을 통해 계속 배우는 중인 여러 가지 트릭을 활용한다.

무작위성과 관련 있는 예제들

컴퓨터에서 완전한 난수(임의의 수)를 계산하기는 아주 어렵다. 난수를 만들려면 어떤 공식을 기반으로 생성해야 하는데, 정해진 공식으로 생성한 난수는 반복적일 수밖에 없다.[4] 하지만 크립토그래피cryptography를 제외한 대부분의 계산 작업에는 이런 유형의 '난수'로 충분하다. 크립토그래피에 대해서는 13장에서 다룬다. 이번 절에서는 **의사 난수성**pseudorandomness을 활용한 몇 가지 근삿값 계산 방법을 다룬다. 흥미롭기도 하고 정적인 지면에 보여줄 수도 있으므로 여기서는 시각적인 예제를 다룬다.

4 어떤 정해진 크기의 수와 미리 정해진 공식을 사용한다면 언젠가는 비트 패턴이 과거에 생성했던 비트 패턴과 일치하게 나올 수밖에 없다. 공식이 정해졌는데 같은 비트 패턴에서 다른 결괏값이 나올 수는 없고(컴퓨터 계산의 결정성), n비트를 사용한다면 최대 2^n가지 패턴이 가능하므로, 아무리 잘 만든 공식이라도 n비트 정수에서 반복 주기는 2^n 이하일 수밖에 없다(비둘기집 원리). – 옮긴이

공간을 채우는 곡선

이탈리아 수학자인 주세페 페아노Giuseppe Peano(1858~1932)는 1890년 최초로 **공간을 채우는 곡선**space-filling curve의 예제를 제시했다. 이 곡선을 세 번 반복한 형태를 그림 11-36에서 볼 수 있다.

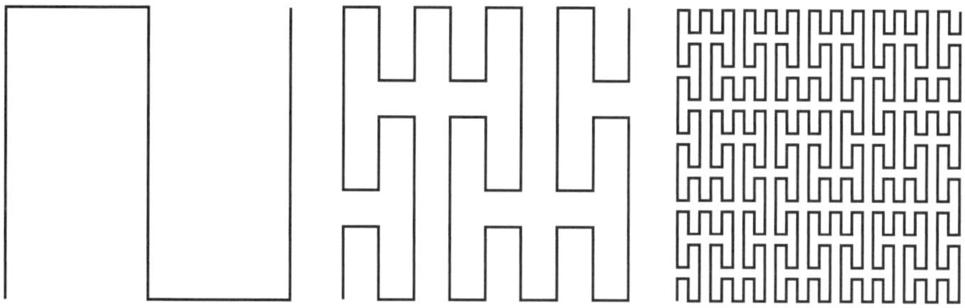

그림 11-36 페아노 곡선

그림에서 알 수 있듯이, 이 곡선은 여러 방향으로 줄어들고 반복될 수 있는 간단한 모양이다. 반복이 계속될 때마다 이 곡선은 더 많은 공간을 채운다.

공간을 채우는 곡선은 **자기 유사성**self-similarity을 보여준다. 자기 유사성이란 멀리서 보나 가까이 다가가서 보나 곡선이 비슷해 보인다는 뜻이다. 이런 곡선은 **프랙탈**fractals이라는 집합의 부분집합이다. 프랙탈은 『The Fractal Geometry of Nature』(W. H. Freeman and Company, 1983)를 집필한 브누아 망델브로Benoit Mandelbrot(1924~2010)에 의해 유명해졌다.[5] 여러 자연 현상에는 자기 유사성이 있다. 예를 들어, 해안선을 인공위성에서 관찰해도 들쭉날쭉하지만 현미경으로 봐도 들쭉날쭉하다.

프랙탈fractal이라는 용어는 **프랙션**fraction(분수)이라는 말에서 나왔다. 기하에는 여러 가지 정수비가 존재한다. 예를 들어, 어떤 정사각형의 각 변을 2배 늘리면 넓이는 4배가 된다. 하지만 프랙탈에서는 길이를 정수 배 늘리면 넓이가 분수 배 늘어난다. 이에 착안해 망델브로는 이런 성질에 프랙탈이라는 이름을 붙였다.

코흐 눈송이Koch snowflake는 1904년 스웨덴 수학자 헬게 폰 코흐Helge von Koch(1870~1924)가 처음 설명한, 쉽게 생성할 수 있는 곡선이다. 코흐 눈송이는 처음에 정삼각형으로 시작한다. 각 변을 3등분하고 그중 중앙에 있는 조각에 정삼각형(원래 정삼각형의 1/3배)으로 대신하되, 원래 삼각형의 변과 겹치는 부분의 변을 지운다. 코흐 눈송이는 그림 11-37과 같다.

5 1983년 책은 1977년 나온 『Fractals: Form, Chance and Dimension』이라는 책을 더 확장한 책이다. 한편 1977년 책은 1975년 프랑스어로 출간된 『Les Objects Fractals: Forme, Hasard et Dimension』을 번역한 책이다. 1983년 책이 더 유명한 이유는 IBM 연구소에서 망델브로와 일하던 동료들이 다양한 프랙탈 예제를 컴퓨터로 그려서 책에 실었기 때문이다. – 옮긴이

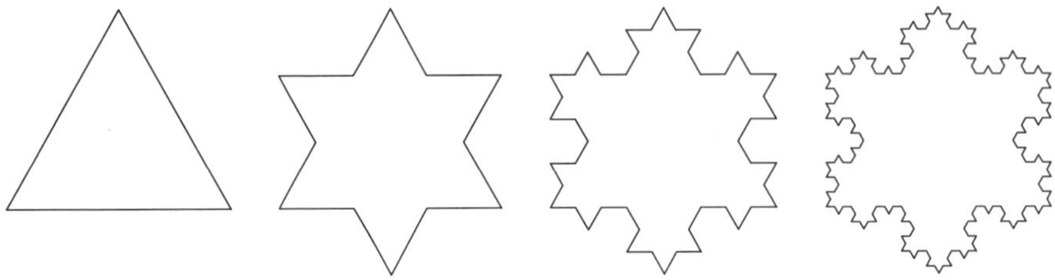

그림 11-37 네 번 반복해 만든 코흐 눈송이

아주 적은 양의 코드와 재귀를 사용해 아주 복잡하고 흥미로운 모양을 만들 수 있음을 알 수 있다. 좀 더 복잡한 예인 힐베르트 곡선을 살펴보자. 힐베르트 곡선은 1891년 독일 수학자인 다비트 힐베르트David Hilbert(1862~1943)가 묘사했다. 그림 11-38을 보라.

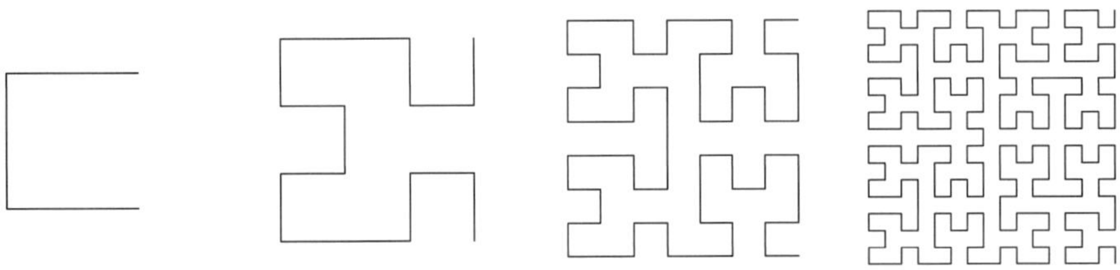

그림 11-38 네 번 반복한 힐베르트 곡선

힐베르트 곡선에서는 모든 위치에서 똑같은 규칙을 적용할 수 없기 때문에, 다음 반복으로 가는 규칙은 코흐 눈송이보다 좀 더 복잡하다. 그림 11-39처럼 네 가지 방향으로 된 '컵' 모양을 더 작은 네 가지 컵 모양으로 대신한다. 이 규칙을 그래픽으로 기술할 수도 있고 오른쪽(R), 위(U), 왼쪽(L), 아래(D)를 표현하는 글자를 사용해 기술할 수도 있다. 각 반복 시마다 화살표 왼쪽에 해당하는 모양을 오른쪽의 네 가지 모양으로 대신하는데, 크기는 원래 크기의 1/4로 만들고 직선으로 이들을 연결한다.

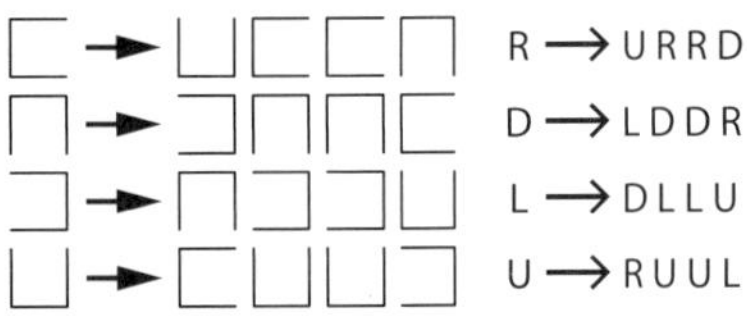

그림 11-39 힐베르트 곡선 규칙

L 시스템

그림 11-39의 규칙은 328페이지의 '정규식' 절에서 본 정규식과 비슷하지만 순서가 반대다. 매치될 패턴을 기술하는 대신, 힐베르트 곡선 규칙에 사용한 규칙은 어떤 패턴을 만들어 낼지 기술한다. 이런 규칙을 1968년에 만든 헝가리 생물학자인 아리스티드 린덴마이어Aristid Lindenmayer(1925~1989)의 이름을 따서 **L 시스템**L-systems 또는 **린덴마이어 시스템**Lindenmayer systems이라고 부른다. 이 규칙이 어떤 것이 생성될지를 기술하기 때문에 **생성 문법**production grammar이라고 부르기도 한다.

그림 11-39에서 R을 U R R U라는 시퀀스로 대신하는 규칙을 적용하면 맨 왼쪽 그림이 왼쪽에서 두 번째 그림으로 바뀐다는 사실을 알 수 있다.

생성 문법의 멋진 점은 생성 규칙을 기술하거나 구현하기가 간결하면서도 쉽다는 점이다. 여러 현상을 모델링할 때 생성 문법을 쓸 수 있다. 알비 레이 스미스Alvy Ray Smith와 루카스필름이 「식물, 프랙탈, 형식 언어Plants, Fractals, and Formal Languages」라는 제목의 발표를 했을 때(SIGGRAPH, 1984) 생성 문법이 대 유행했다. 당시 L 시스템이 만든 나무 모양을 어디서나 볼 수 있었다. 린덴마이어의 업적은 현재 영화에서 볼 수 있는 여러 컴퓨터 그래픽의 기반이 됐다.

나무를 몇 개 만들어서 이 책에 한번 심어보자. 리스트 11-18처럼 우리 문법에는 네 가지 기호를 사용한다.

리스트 11-18 나무 문법의 기호들

```
E: 잎 부분에 선을 그린다.
B: 가지 선을 그린다.
L: 위치와 각도를 저장한다. 왼쪽으로 45° 회전한다.
R: 위치와 각도를 회복시킨다. 오른쪽으로 45° 회전한다.
```

리스트 11-19는 두 가지 규칙이 들어 있는 문법을 보여준다.

리스트 11-19 나무 문법 규칙

```
B → B B
E → B L E R E
```

기호와 규칙을 유전자 코드처럼 생각할 수 있다. 그림 11-40은 E에서 시작해 이 문법을 따라 몇 번 반복한 결과를 보여준다. 가지 맨 끝에 잎을 그리지 않았음에 유의하라. 그리고 길이가 너무 길어지기 때문에 맨 왼쪽 세 가지 나무를 제외한 나머지 나무에 대해서는 나무를 정의하는 기호를 표시하지 않았다.

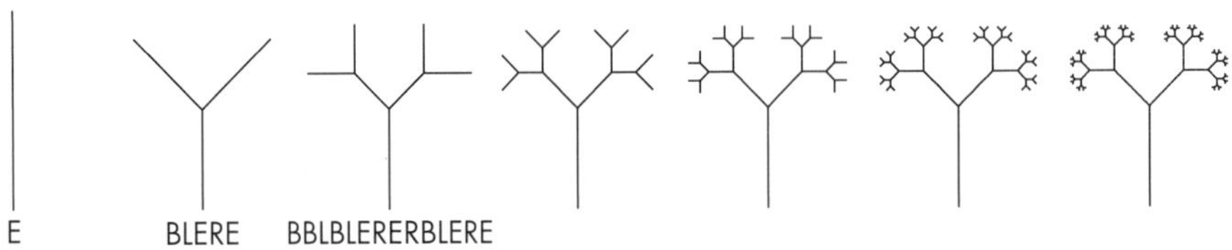

그림 11-40 간단한 L 시스템 나무

그림을 보면 그다지 많은 작업을 하지 않고도 꽤 멋진 나무를 얻을 수 있다. L 시스템은 자연스러워 보이는 물체를 생성하기 좋은 방법이다.

생성 문법은 컴퓨터가 등장하기 훨씬 전부터 물체를 만들기 위해 쓰였다. 뜨개질 규칙은 생성 문법이다. 예를 들어 리스트 11-20을 보자.

리스트 11-20 그림 11-41의 털실 목도리를 뜨기 위한 생성 문법

```
k = 겉뜨기
p = 안뜨기
s = 1코 안뜨기로 걸러뜨기
row1 → s   p  k k p p k k p p  k  p p k k p p k k   p   k k p p k k p p  k  p p k k p
p k k   p  k
row2 → s   k  p p k k p p k k  p  k k p p k k p p   k   p p k k p p k k  p  k k p p k
k p p   k  k
row5 → s   p p k k p p k k   p p p k k p p k k   p p p k k p p k k   p p p k k p p k k
p p k
row6 → s   k k p p k k p p   k k k p p k k p p   k k k p p k k p p   k k k p p k k p p
k k k
section → row1 row2 row1 row2 row5 row6 row5 row6 row2 row2 row2 row2 row6 row5 row6 row5
scarf → section ...
```

리스트 11-20의 문법을 대바늘 I/O 장치에서 실행해서 몇 가지 섹션section을 만들어내면 털실 목도리를 얻을 수 있다. 이 뜨개 목도리는 그림 11-41처럼 생겼다.

그림 11-41 생성 문법을 사용해 만든 털실 뜨개 목도리

스토캐스틱 기법

스토캐스틱stochastic이라는 말은 뭔가 복잡하게 들릴 말을 하고 싶은데 **랜덤**random(난수의, 임의적인)이라는 말로는 충분치 않을 때 쓸 수 있는 말이다. 댈러스에 있는 텍사스 대학교의 앨런 푸르니에Alan Fournier와 돈 퍼셀Don Fussell은 컴퓨터 그래픽에 임의성을 추가하는 방법을 1980년에 소개했다. 약간의 임의성을 추가하면 다양성이 늘어난다. 예를 들어, 그림 11-42는 앞 절에서 만든 L 시스템 나무를 스토캐스틱하게 변경한 그림이다.

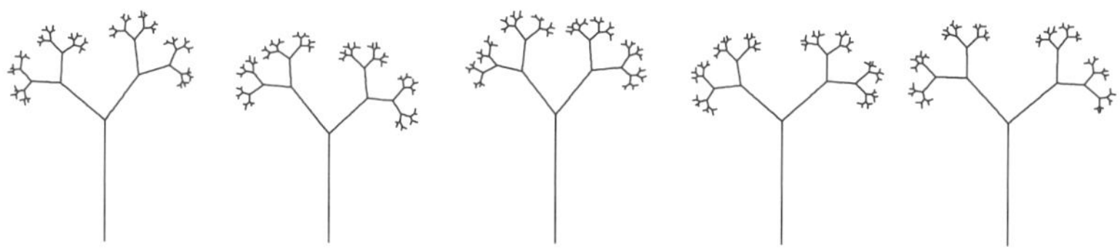

그림 11-42 스토캐스틱 L 시스템 나무

그림을 보면 비슷해 보이는 여러 가지 나무가 생겼다. 모든 나무가 똑같지 않아야 숲이 더 그럴듯해 보이기 마련이다.

보잉Boeing의 로렌 카펜터Loren Carpenter는 프랙탈을 생성하는 간단한 방법을 탐구한「프랙탈 곡선과 표면의 컴퓨터 렌더링Computer Rendering of Fractal Curves and Surfaces」이라는 제목의 논문을 1980년 SIGGRAPH에서 발표했다. 카펜터와 망델브로는 1983년 SIGGRAPH에서 카펜터가 만들어낸 결과가 실제 프랙탈이 맞는지에 대해 꽤 격렬한 토론을 했다.

카펜터는 보잉을 떠나서 루카스필름에서 계속 연구했다. 〈스타 트렉 2: 칸의 분노〉에 나온 행성은 카펜터가 만든 프랙탈 산으로 이뤄졌다. 흥미로운 사실은 당시 그 행성을 생성하기 위한 컴퓨터 계산 시간을 6개월이나 사용했다는 점이다. 프랙탈 산이 난수로부터 생성됐기 때문에, 스팍 관이 여러 프레임에 걸쳐 산을 뚫고 지나갔고, 화가들이 이 문제를 수정하기 위해 산골짜기를 손으로 수정해야 했다.

카펜터의 기법은 간단하다. 그는 선분의 한 점을 임의로 선택해서 임의의 거리만큼 이동시킨다. 이렇게 나뉜 두 선분 조각에 대해 각 점이 충분히 가까워질 때까지 재귀적으로 같은 기법을 적용한다. 이는 코흐 곡선 생성기에 임의성을 추가한 것과 약간 비슷하다. 그림 11-43은 몇 가지 난수로 만든 산봉우리를 보여준다.

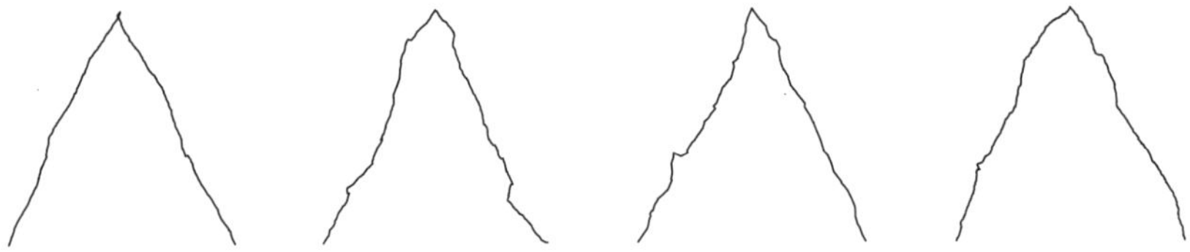

그림 11-43 프랙탈 산

다시 말하지만, 그렇게 많은 계산을 하지 않고도 꽤 좋은 결과를 얻었다.

양자화

때로는 근삿값을 구하지 못하고 최선을 다해야만 하는 경우가 있다. 예를 들어, 흑백 신문에 컬러 사진을 실어야 할 수도 있다. 이런 변환을 어떻게 할 수 있는지 살펴보자. 이 책이 컬러로 인쇄된 책이 아니기 때문에 그림 11-44와 같은 회색조 이미지를 사용한다. 이 이미지는 회색조 이미지이기 때문에 세 가지 색 성분의 값은 모두 같고 0부터 255 사이의 값이다.

그림 11-44 고양이 토니

양자화quantization라는 처리를 수행해야 한다. 양자화라는 말은 원래 이미지에 있는 색에 대해 변환될 이미지에서 쓸 수 있는 색을 할당해야 한다는 뜻이다. 우리가 아날로그(또는 이 경우에는 '좀 더 아날로그적인') 신호를 가지고 미리 정해진 몇 가지 값을 할당해야 하기 때문에, 이 문제는 또 다른 샘플링 문제라 할 수 있다. 어떻게 하면 256가지 값을 두 가지 값에 매핑할 수 있을까?

먼저 **임계화**thresholding라는 간단한 접근 방법을 살펴보자. 이름을 보면 알 수 있지만(영어 'threshold'는 문지방이라는 뜻이고, '임계'라는 한자어는 사물이나 현상이 어떤 기준에 의해 분리되는 경계라는 뜻이다) 이 방법은 미리 어떤 한곗값을 정하고 그보다 더 밝은 값을 흰색으로, 그보다 더 어두운 값을 검은색으로 지정하는 방식이다. 리스트 11-21은 127보다 큰 값은 흰색으로, 그보다 작은 값은 검은색으로 설정한다.

리스트 11-21 임계화 의사코드

```
for (y = 0; y < height; y++)
    for (x = 0; x < width; x++)
        if (value_of_pixel_at(x, y) > 127)
            draw_white_pixel_at(x, y);
        else
            draw_black_pixel_at(x, y);
```

그림 11-44의 이미지에 대해 이 의사코드를 실행하면 그림 11-45와 같은 이미지를 얻는다.

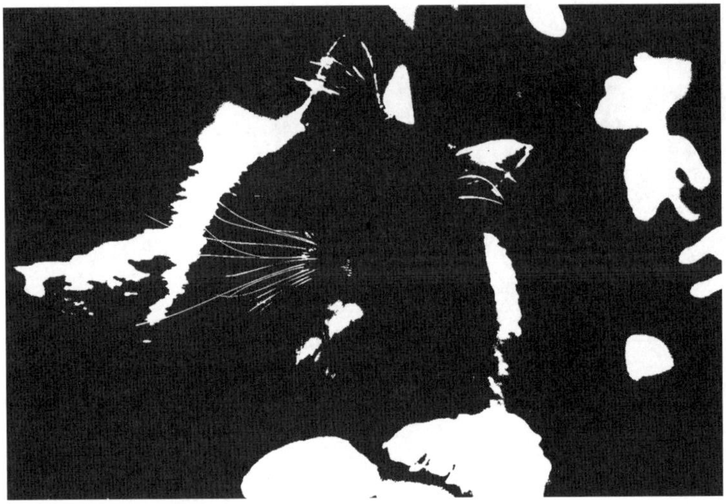

그림 11-45 임계화 알고리즘

그렇게 좋아 보이지 않는다. 하지만 우리가 할 수 있는 일이 많지 않다. 임곗값을 이런저런 값으로 바꿀 수는 있겠지만 그래 봐야 결국 다른 나쁜 결과를 얻을 뿐이다. 우리는 광학적인 착각을 사용해 더 나은 결과를 얻어내려 시도할 것이다.

영국 과학자 헨리 탤벗Henry Talbot(1800~1877)은 바로 이런 이유로 1850년대에 **망점 인쇄**halftone printing를 발명했다. 당시 사진은 회색조였고, 인쇄는 흑백 인쇄였다. 망점 인쇄는 이미지를 여러 크기의 점으로 분해한다. 그림 11-46의 오른쪽 이미지를 확대하면 왼쪽 이미지와 같다. 오른쪽 그림을 보면 여러분의 눈은 이 이미지를 여러 가지 회색 음영으로 해석한다.

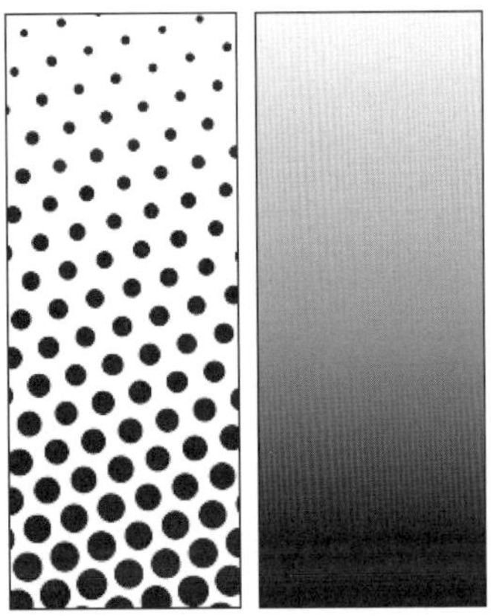

그림 11-46 망점 패턴

컴퓨터 화면에서는 점 크기를 변화시킬 수는 없지만, 같은 효과를 얻고 싶다. 이런 효과를 달성하는 여러 가지 방법을 살펴보자. 어떤 점이 흰색이거나 검은색일 수밖에 없다는 특징을 바꿀 수는 없다. 따라서 주변의 점을 어떻게든 변화시켜서 여러분의 눈이 여러 회색조로 판단하게 해야 한다. 기본적으로 이런 일은 해상도를 희생해 색이나 명암을 인식할 수 있게 하는 트레이드오프다.

이런 처리 과정을 **디더링**dithering이라고 부른다. 디더링은 2차 세계대전의 아날로그 컴퓨터로부터 비롯됐으며 그 시작은 흥미롭다. 누군가가 컴퓨터가 지면보다 날아다니는 비행기에서 더 잘 작동한다는 사실을 발견했다. 그 이유는 비행기 엔진이 만들어내는 임의의 진동이 기어, 바퀴, 톱니 등의 컴퓨터 부품이 서로 빡빡하게 물리는 일을 막았기 때문이었다. 진동하는 모터를 지상에 있는 컴퓨터에 추가해서 컴퓨터가 흔들리게 하자 실제로 컴퓨터가 더 잘 작동하게 됐다. 이런 임의의 진동을 떤다는 뜻의 중세 영어 **디더런**didderen을 본따서 **디더**dither라고 불렀다. 디더링 알고리즘도 아주 많지만 여기서는 몇 가지만 살펴본다.

기본적인 아이디어는 여러 픽셀에 각기 다른 임계치 패턴을 적용하는 것이다. 1970년대 중반에 이스트먼 코닥Eastman Kodak에서 일하던 미국 과학자 브라이스 바이어Bryce Bayer(1929~2012)는 디지털 카메라의 핵심 기술로 유명한 **바이어 필터**Bayer filter를 발명했다. **바이어 행렬**Bayer matrix은 바이어 필터를 변형한 것으로, 디더링을 위해 우리가 사용할 행렬이다. 몇 가지 예를 그림 11-47에서 볼 수 있다.

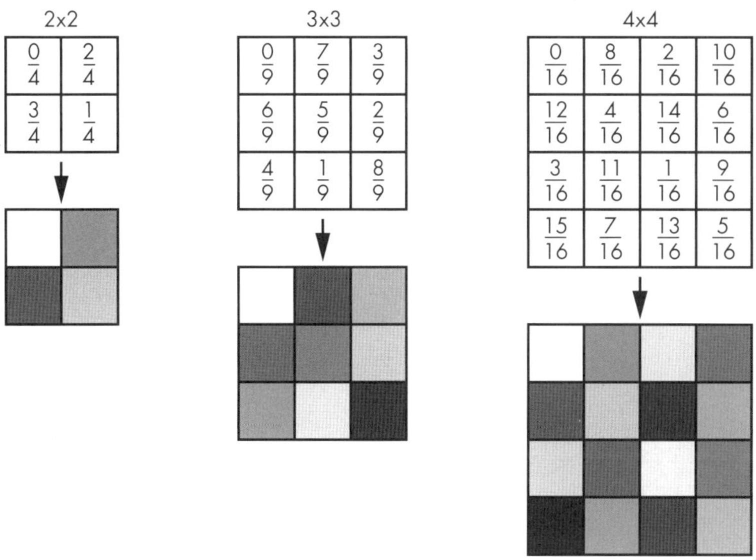

그림 11-47 바이어 행렬

이런 행렬을 이미지 위에 **타일링**tiling한다. 타일링이라는 말은 그림 11-48처럼 x와 y축 방향으로 같은 패턴을 반복한다는 뜻이다. 타일링 패턴을 사용한 디더링은 이미지상의 위치에 따라 패턴을 예측할 수 있기 때문에 **배열 디더링**ordered dithering이라고 부른다.

그림 11-48 2×2 바이어 행렬 타일링 패턴

리스트 11-22는 그림 11-47에서 가져온 바이어 행렬의 의사코드다.

리스트 11-22 바이어 배열 디더링 의사코드

```
for (y = 0; y < height; y++)
    for (x = 0; x < width; x++)
        if (value_of_pixel_at(x, y) > bayer_matrix[y % matrix_size][x % matrix_size])
            draw_white_pixel_at(x, y);
        else
            draw_black_pixel_at(x, y);
```

한 가지 중요한 의문이 생긴다. 고양이 토니는 이 기법을 어떻게 생각할까? 그림 11-49부터 그림 11-51은 방금 보여준 세 가지 행렬을 사용해 디더링한 결과다.

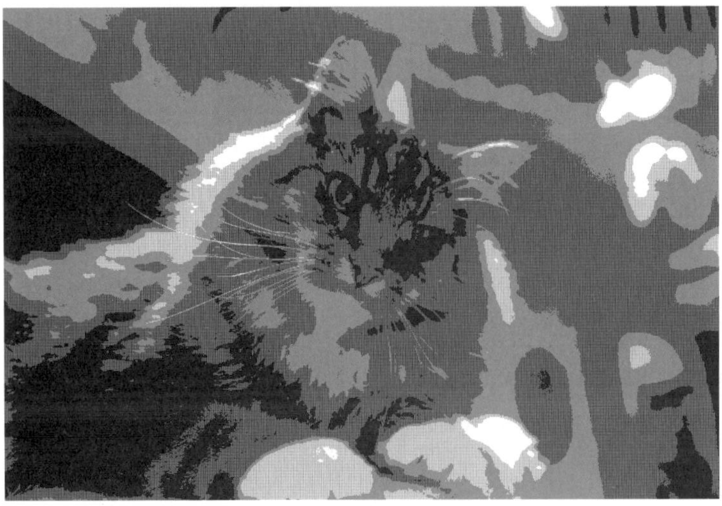

그림 11-49 2×2 바이어 행렬로 디더링한 토니 사진

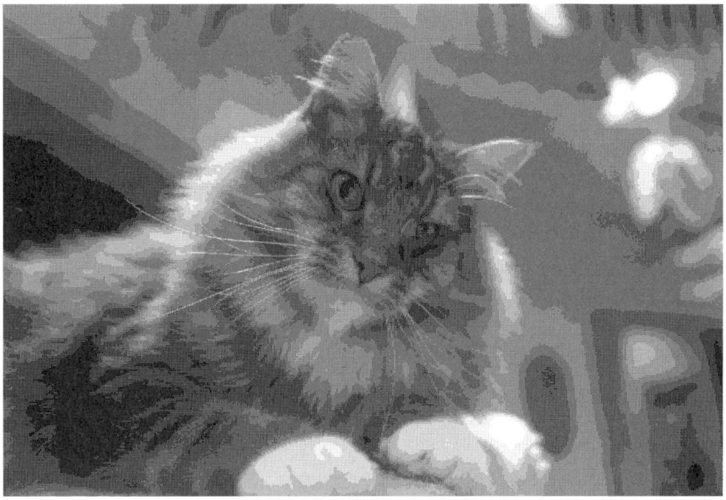

그림 11-50 3×3 바이어 행렬로 디더링한 토니 사진

그림 11-51 4×4 바이어 행렬로 디더링한 토니 사진

눈을 가늘게 뜨고 그림을 보면 꽤 받아들일 만하다. 그리고 사용한 행렬이 크면 결과도 더 낫다. 고양이의 미모를 정확히 담지는 못하지만 임계화보다는 훨씬 결과가 좋다. 더 큰 행렬을 사용해 작업을 더 하면 더 나은 결과를 얻을 수 있다. 하지만 그럴 경우 타일링 패턴을 이미지에서 눈치챌 수 있다. 게다가 일부 이미지에서는 **무아레**moiré 패턴이라는 비현실적인 아티팩트를 볼 수 있다. 방충망을 여러 장 겹쳐본 사람이라면 무아레 패턴을 본 적이 있을 것이다.

이런 아티팩트를 어떻게 제거할 수 있을까? 패턴을 사용하는 대신, 리스트 11-23처럼 각 픽셀을 난수와 비교하자. 결과를 그림 11-52에서 볼 수 있다.

리스트 11-23 난수를 사용한 디더링 의사코드

```
for (y = 0; y < height; y++)
    for (x = 0; x < width; x++)
        if (value_of_pixel_at(x, y) > random_number_between_0_and_255())
            draw_white_pixel_at(x, y);
        else
            draw_black_pixel_at(x, y);
```

그림 11-52 난수를 사용해 디더링한 토니 사진

이 방법은 패턴에 따른 아티팩트를 없애주지만 너무 흐릿하다. 고양이는 주관이 분명하기 때문에 이런 사진은 어울리지 않는다. 게다가 결과가 배열 디더링만큼 좋지 못하다.

이 모든 접근 방법의 근본적인 문제는 픽셀 단위로만 결정을 내렸다는 데 있다. 원래의 픽셀값과 처리한 뒤의 픽셀값 차이를 생각해보라. 원래 픽셀이 검거나 희지 않다면 어느 정도의 **오류** error가 존재한다. 지금까지는 이런 오류를 그냥 무시했지만 이제부터는 주변의 다른 픽셀로 오류를 퍼뜨려보자.

뭔가 정말 간단한 방법부터 시도해보자. 현재 픽셀의 오류를 계산해서 수평 방향으로 다음 위치에 있는 픽셀에게 전가하자. 의사코드는 리스트 11-24에 있고, 결과는 그림 11-53에서 볼 수 있다.

리스트 11-24 1차원 오류 전파 의사코드

```
for (y = 0; y < height; y++)
    for (error = x = 0; x < width; x++)
        if (value_of_pixel_at(x, y) + error > 127)
            draw_white_pixel_at(x, y);
            error = -(value_of_pixel_at(x, y) + error);
        else
            draw_black_pixel_at(x, y);
            error = value_of_pixel_at(x, y) + error;
```

그림 11-53 1차원 오류 전파를 사용해 디더링한 토니 사진

훌륭하지는 않지만 끔찍하지도 않다. 임계화나 난수 디더링은 쉽게 이길 수 있고, 2×2 바이어 행렬과 비슷한 수준이다. 2×2 바이어 행렬과 1차원 오류 전파는 서로 아티팩트 유형이 다르다. 이에 대해 생각해보면 오류 전파도 앞에서 우리가 직선이나 곡선을 그릴 때와 마찬가지인 결정 변수 트릭이라는 사실을 깨달을 수 있다.

미국 컴퓨터과학자인 로버트 플로이드Robert Floyd(1936~2001)와 루이스 스타인버그Louis Steinberg는 1970년대 중반 오류 전파와 바이어 행렬을 혼합한 방법으로 생각할 수 있는 접근 방법을 생각해냈다. 이들의 아이디어는 그림 11-54처럼 어떤 픽셀의 오류를 가중치를 사용해 주변에 나눠주자는 것이었다.

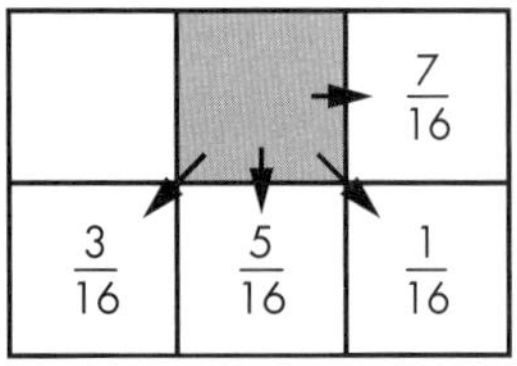

그림 11-54 플로이드-스타인버그 오류 분포 가중치

리스트 11-25는 플로이드-스타인버그 의사코드다. 여기서 두 줄에 대한 오륫값을 보관해야 한다는 점에 유의하라. 이 두 줄을 필요한 길이보다 2픽셀 더 길게 만들고 픽셀 인덱스를 1만큼 더하면 첫 번째 열이나 마지막 열을 어떻게 처리할지 걱정할 필요가 없다.

리스트 11-25 플로이드-스타인버그 오류 전파 코드

```
for (y = 0; y < height; y++)
    errors_a = errors_b;
    errors_b = 0;
    this_error = 0;

    for (x = 0; x < width; x++)
        if (value_of_pixel_at(x, y) > bayer_matrix[y % matrix_size][x % matrix_size])
            draw_white_pixel_at(x, y);
            this_error = -(value_of_pixel_at(x, y) + this_error + errors_a[x + 1]);
        else
            draw_black_pixel_at(x, y);
            this_error = value_of_pixel_at(x, y) + this_error + errors_a[x + 1];

    this_error = this_error * 7 / 16;

    errors_b[x] += this_error * 3 / 16;
    errors_b[x + 1] += this_error * 5 / 16;
    errors_b[x + 2] += this_error * 1 / 16;
```

이 방법은 계산량이 훨씬 많지만 결과는 (그림 11-55에서 볼 수 있는 것처럼) 꽤 좋아 보인다.

그림 11-55 플로이드-스타인버그 알고리즘으로 디더링한 토니 사진

플로이드-스타인버그 이후 수없이 많은 오류 분배 방식이 제시됐지만 대부분은 더 많은 계산을 수행하면서 오류를 더 많은 이웃 픽셀에게 전가하는 방식이다.

한 가지 접근 방법을 더 시도해보자. 이 방법은 네덜란드 소프트웨어 엔지니어인 티아메 리머스마Thiadmer Riemersma가 1998년 제안한 방법이다. 우선 이 방법은 바로 옆에 있는 픽셀 중 단 하나에만 영향을 끼치는 방법으로 돌아간다. 하지만 이 방법에서는 16픽셀에 대한 오류를 추적한다. 이 알고리즘은 가중치를 사용한 평균weighted average을 통해 가장 최근에 처리한 픽셀이 오래 전에 처리한 픽셀보다 더 큰 영향을 끼치게 만든다. 그림 11-56은 가중치 곡선을 보여준다.

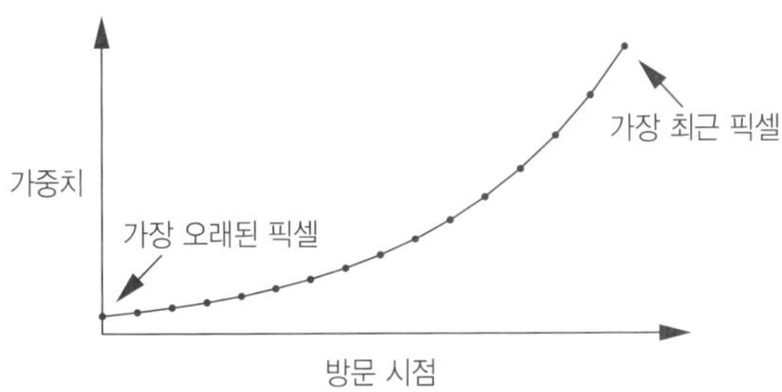

그림 11-56 리머스마 픽셀 가중치

리머스마 알고리즘은 앞에서 봤던 전형적인 인접 픽셀 격자를 사용하지 않는(리스트 11-26 참조) 대신에, 그림 11-38에서 봤던 힐베르트 곡선의 경로를 따른다.

리스트 11-26 리머스마 오류 전파 의사코드

```
for (힐베르트 곡선의 모든 픽셀)
    error = 마지막 16픽셀에 대해 가중치를 적용한 평균

    if (value_of_pixel_at(x, y) + error > 127)
        draw_white_pixel_at(x, y);
    else
        draw_black_pixel_at(x, y);

    가장 오래된 가중치가 곱해진 오류값을 제거한다.
    현재 픽셀에 오류값을 더한다.
```

결과를 그림 11-57에서 볼 수 있다. 여전히 아주 완벽하지는 않지만, 이제는 고양이의 아름다움을 충분히 느낄 수 있다. 예제 코드를 그림 11-12에서 본 색 그레이디언트에 적용해보라. 여러분은 실제 삶에서 필요한 여러 가지 근삿값 계산을 처리하는 다양한 방법을 배웠다.

그림 11-57 리머스마 알고리즘을 사용해 디더링한 토니 사진

정리

11장에서는 계산을 피하거나 최소화해서 성능과 효율을 향상하는 방법을 살펴봤다. 컴퓨터 그래픽스 분야의 거장인 짐 블린Jim Blinn이 말한 것처럼 "기법이란 단지 여러분이 한 번 이상 사용하는 트릭을 말한다." 그리고 여러분이 하드웨어 구성요소를 다룬 장에서 본 것처럼 이런 트릭을 조합하면 복잡한 문제를 해결할 수 있다.

12장

병렬성과 비동기성

- 컴퓨터는 어떻게 한 번에 많은 일을 하는가

앞서 **멀티태스킹**multitasking 또는 컴퓨터가 한 번에 둘 이상의 작업을 수행하는 것에 대해 이야기했다. 원래는 작업을 수행할 수 있는 컴퓨터(또는 CPU)가 하나뿐이어서 그냥 여러 작업을 동시에 수행할 수 있는 척만 했다. 하지만 이제는 멀티코어 프로세서가 대세이고, 컴퓨터는 실제로 한 번에 둘 이상의 일을 하고 있다. 멀티프로세싱은 특별히 새로운 개념은 아니다. 오랜 시간 동안 더 높은 성능을 얻기 위해 단일 코어 프로세서를 서로 연결하곤 했다. 단지 요즘은 여러 프로세서를 연결하기가 훨씬 더 쉽고 멀티프로세서를(멀티코어 포함) 더 일반적으로 사용한다는 것뿐이다. 이제 더 이상 멀티프로세서 시스템이 값비싼 특별한 용도의 기계가 아니다. 여러분이 손에 들고있는 핸드폰도 멀티프로세서 시스템이다.

때로 처리 순서가 중요한 경우가 있다. 예를 들어 여러분이 배우자와 함께 공동 계좌(두 사람 이상의 명의로 공유해 사용하는 금융 계좌)를 쓰고 있고, 잔고가 100만 원이라고 하자. 배우자가 현금 자동 입출금기ATM에 가서 75만 원을 인출하고 있는데, 같은 시점에 여러분도 은행 창구에서 50만 원을 찾으려고 한다. 이런 경우를 **경합 조건**race condition이라고 부른다. 은행 소프트웨어는 공동 계좌를 **잠가서**lock 둘 중 한 사람에게만 돈을 지급해야 초과 인출overdraw을 막을 수 있다. 이 말은 일부 연산에 대해서는 근본적으로 멀티태스킹을 막아야 한다는 뜻이다. 하지만 이번 장에서 앞으로 설명하는 것처럼, 멀티태스킹의 이점을 잃지 않고 경합 조건을 해결하고 락을 사용하기는 어렵다.

경합 조건이란 무엇인가

경합 조건은 2개(또는 그 이상)의 프로그램이 같은 자원에 동시에 접근하고, 자원 사용 순서에 따라 결과가 달라지는 경우를 뜻한다. 두 프로그램이 은행 계좌에 돈을 입금하는 경우를 보여주는 그림 12-1을 살펴보자.

프로그램 1	프로그램 2	잔고
		100만 원
100만 원 읽음		100만 원
읽은 값에 10만 원 더함		100만 원
110만 원 씀		110만 원
	110만 원 읽음	110만 원
	읽은 값에 50만 원 더함	110만 원
	160만 원 씀	160만 원

올바른 결과

프로그램 1	프로그램 2	잔고
		100만 원
100만 원 읽음		100만 원
읽은 값에 10만 원 더함		100만 원
	100만 원 읽음	100만 원
	읽은 값에 50만 원 더함	100만 원
110만 원 씀		110만 원
	150만 원 씀	150만 원

잘못된 결과

그림 12-1 경합 조건 예제

이 예제에서 **공유 자원**shared resource은 계좌 잔고다. 그림을 보면 결과가 두 프로그램이 이 공유 자원에 접근하는 타이밍이 따라 달라진다는 사실을 알 수 있다.

이런 현상을 바라보는 또 다른 방법을 그림 12-2에 있는 티셔츠가 잘 보여준다.

그림 12-2 경합 조건 티셔츠[1]

1 영어권 아이들이 좋아하는 knock-knock(노크 노크) 농담의 전형적인 예를 하나 살펴보자.

A: Knock, knock
B: Who's there?
A: Annie
B: Annie who?
A: Annie thing you can do I can better! (annie가 any와 발음이 같음을 이용한 농담)

보통은 위 예제처럼 노크-질문(누구세요?)-답변(이름)-반문(이름이 누구야?)-이름을 사용한 말장난으로 구성되는데, 이 티셔츠에서는 경합 조건이 발생하면서 "누구세요?"라는 질문이 나오기도 전에 바로 "race condition"이라고 이름을 답해버린 상황이다. - 옮긴이

공유 자원

어떤 자원이 공유될 수 있을까? 거의 대부분이 공유될 수 있다. 앞 절에서는 메모리를 공유하는 모습을 살펴봤다. 메모리는 항상 공유 문제와 연관이 되는데, 심지어는 공유 대상이 메모리가 아닌 경우에도 메모리가 관련된 경우가 많다. 공유 자원이 사용 중인지를 표현할 방법이 필요하기 때문이다. 이런 메모리는 우리가 메모리라고 생각하는 전형적인 메모리가 아닐 수도 있다. 예를 들어, 어떤 입출력(I/O) 장치 하드웨어에 들어 있는 어떤 비트일 수 있다.

I/O 장치를 공유하는 경우는 아주 흔하다. 예를 들어, 프린터를 생각해보라. 물론 여러 문서가 서로 뒤섞인다면 공유 프린터가 제대로 작동하지 않을 것이다. 212페이지의 '시스템 공간과 사용자 공간' 절에서 운영체제가 사용자 프로그램 대신 I/O를 처리한다고 설명했다. 이런 설명은 USB 컨트롤러처럼 운영체제가 실행 중인 기계에 속한 I/O 장치의 경우에만 성립한다. 운영체제는 USB에 연결된 장치와 사용자 프로그램이 제대로 통신하는 것을 보장하는 반면, 어떤 장치에 대한 제어는 그냥 사용자 프로그램에게 넘겨버리는 경우도 자주 있다.

162페이지의 '하드웨어와 소프트웨어 비교' 절에서 본 FPGA가 새로운 공유 대상 자원으로 떠오르고 있다. FPGA를 프로그래밍해서 소프트웨어의 특정 부분을 빨리 실행하는 하드웨어 기능을 제공하고 싶을 수 있다. 이런 경우 소프트웨어가 사용할 FPGA 프로그램을 다른 사람이 변경하는 것을 원하지는 않을 것이다. 다른 컴퓨터상에서 실행되는 프로그램이 서로 통신하는 경우에도 공유 자원을 가질 수 있다는 점은 약간 덜 분명해 보이겠지만, 이런 경우도 공유 자원이 있을 수 있다.

프로세스와 스레드

어떻게 여러 프로그램이 같은 데이터에 접근할 수 있을까? 206페이지의 '상대 주소 지정' 절에서 운영체제를 간단히 다뤘다. 운영체제의 기능 중 하나는 여러 작업을 관리하는 것이다.

운영체제는 **프로세스**process를 관리한다. 프로세스는 **사용자 공간**user space에서 실행되는 프로그램이다(212페이지의 '시스템 공간과 사용자 공간' 절을 참고하라). 멀티코어 시스템에서는 여러 프로그램이 병렬[2]로 실행될 수 있다. 하지만 여러 프로그램이 병렬로 실행된다는 것만으로는 경합

2 5장에서도 설명했지만, 동시성은 겉보기에 여러 프로그램(또는 프로세스나 작업)이 실행되는 것처럼 보이는 것이고, 병렬성은 실제로도 여러 프로그램이 동시에 실행되는 것이다. 따라서 동시성 프로그램이 다 병렬적인 것은 아니지만 병렬성 프로그램은 모두 동시성 프로그램이다. – 옮긴이

조건이 발생하지 않는다. 병렬로 실행되는 프로그램이 자원을 공유해야 경합 조건이 발생할 수 있다.

최소한 토르가 테서랙트를 아스가르드 왕국으로 가져간 이후로는 프로세스가 자원을 공유할 수 있는 마법은 없다. 프로세스가 자원을 공유하려면 미리 어떤 준비를 해야 한다. 이 말은 자원을 공유하는 프로세스들은 어떤 방식으로든 서로 통신을 해야 한다는 뜻이다. 이 통신은 여러 가지 형태로 일어날 수 있다. 통신 방식은 프로그램에 코드 형태로 들어가거나, 어떤 설정 정보를 통해 정해져야 한다.

때로 프로세스가 여러 가지 일에 신경을 써야 할 수도 있다. **프린트 서버**print server가 좋은 예다. 프린트 서버는 프린터 문서 출력을 처리하는 동시에 다른 프로그램이 자신에게 통신하는 것도 신경을 써야 한다. 네트워크가 생기기 전에는 여러분이 출력할 프린터가 I/O 포트에 연결된 기계가 아닌 경우 프린터를 사용하기 어려웠다. 1980년대 버클리 캘리포니아 주립 대학교에서 몇 가지 시스템 콜을 추가함으로써 더 쉽게 컴퓨터끼리 통신이 가능하게 해주는 네트워크 관련 코드가 개발됐다. 핵심은 프로그램이 여러 곳에서 들어오는 액티비티activity(활동이나 동작)를 기다리며 대기하다가, 들어온 액티비티에 따라 적절한 핸들러를 호출할 수 있게 됐다는 점이다. 이런 접근 방법은 아주 잘 작동했다. 잘 작동한 주된 이유는 핸들러 코드가 꽤 간단해서 다음 액티비티가 들어오기 전에 처리를 끝낼 수 있었기 때문이다. 프린트 서버는 다음 문서 도착을 걱정할 필요 없이 전체 문서를 출력할 수 있었다.

GUI를 통한 대화식 프로그램으로 인해 이 모든 상황이 달라졌다. 액티비티 핸들러는 더 이상 처음부터 끝까지 한 번에 실행이 끝나는 간단한 작업이 아니게 됐다. 액티비티 핸들러가 중간에 사용자 입력을 기다리느라 대기해야 하는 경우가 많이 생겼다. 서로 협력하는 프로세스들의 집단으로 프로그램을 작성할 수도 있지만, 여러 프로세스가 상당히 많은 데이터를 서로 공유해야 하기 때문에 이런 식의 코딩은 꽤 성가시다.

필요한 것은 핸들러를 인터럽트할 수 있게 만드는 것이다. 이 말은 핸들러가 실행하는 중간에 잠시 실행을 중단하면서 상태를 저장하고, 나중에 그 위치로 돌아와 실행을 재개할 수 있다는 뜻이다. 음, 이런 개념은 전혀 새로운 개념이 아니다. 저장할 상태는 어디 있을까? 스택에 있다. 문제는 프로세스마다 스택이 하나뿐이라는 점이다. 하지만 이 경우에는 프로세스에 속한 모든 핸들러가 각각 따로 스택을 가져야 하는 것처럼 보인다. 실행 스레드를 생각해보자. 217페이지의 '메모리상의 데이터 배치' 절에서 운영체제가 프로세스 메모리를 어떻게 배치하는지 살펴봤다. **스레드**thread는 정적인 데이터와 힙을 공유하지만 자체적으로 스택을 갖는 프로그램의 일부분을 말한다. 그림 12-3을 보라. 각 스레드는 자신이 CPU 레지스터를 완전히 소유한다고 가정한다. 따라서 한 스레드에서 다른 스레드로 실행이 넘어갈 때는 **스레드 스케줄러**thread scheduler가 CPU 레지스터를 저장해야 한다. 이는 마치 운영체제가 프로세스에서 다른 프로세스로 문맥을 전환할 때 일어나는 일과 비슷하다. 스레드는 일반 프로세스보다 저장할 컨텍스트 크기가 훨씬 작기 때문에 프로세스 문맥 전환보다 스레드 문맥 전환이 더 빠르다. 그래서 스레드를 다른 말로 **경량 프로세스**lightweight process라고 부르기도 한다.

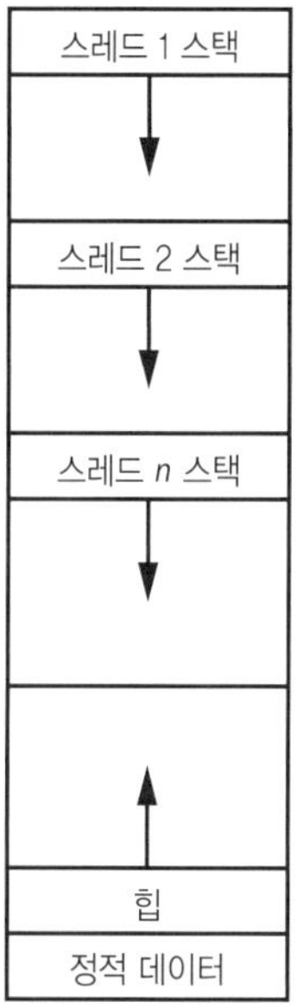

그림 12-3 스레드를 사용하는 경우의 메모리 배치

초기의 스레드 구현은 기계에 따라 다르게 정의된 어셈블리 언어 코드를 포함했다. 스레드가 충분히 유용하다는 사실이 입증된 다음부터는 기계와 독립적인 API가 표준화됐다. 스레드를 사용하면 한 프로세스 안에서 경합 조건을 만들 수 있기 때문에 흥미롭다. 스레드를 사용하면 경합 조건이 생길 수 있다는 문제는 저수준 C 프로그램만의 문제는 아니다. 자바스크립트 이벤트 핸들러도 스레드다.[3]

하지만 스레드가 존재한다고 해서 어떤 경우든 스레드가 올바른 해법이라는 뜻은 아니다. 스레드를 남용하면 여러 가지 나쁜 사용자 경험을 야기할 수 있다. 마이크로소프트가 처음 윈도우를

3 자바스크립트 이벤트 핸들러도 물론 스레드로 돌아가지만, 자바스크립트의 경우에는 특별한 경우를 제외하면 윈도우당 하나의 자바스크립트 스레드만 실행된다는 점이 C에서 스레드 API를 사용해 스레드를 만들었을 때와 다르다. 차이점을 테스트해보고 싶다면 자바스크립트 핸들러 안에서 무한 루프를 실행해보라. – 옮긴이

출시했을 때(윈도우 1.0) 윈도우는 MS-DOS상에서 돌아가는 일반 프로그램이었다. MS-DOS는 멀티태스킹을 지원하는 최신 운영체제가 아니었다. 그 결과 마이크로소프트는 운영체제의 일부분을 애플리케이션에 넣어서, 예를 들어 사용자가 동시에 여러 문서를 여는 등의 작업이 가능하게 했다.[4] 불행히도 사람들이 이 접근 방법을 제대로 된 (선점형) 운영체제에서 실행되는 프로그램에도 도입했다. 그래서 이런 방식이 탭을 사용하는 애플리케이션(예: 리브레 오피스LibreOffice나 파이어폭스Firefox)이나 사용자 인터페이스(예: 그놈GNOME)에도 나타났다.

왜 이런 아이디어가 나쁜 생각일까? 무엇보다 스레드는 데이터를 공유한다. 따라서 보안 문제가 생긴다. 둘째로 여러분도 경험해본 적이 있겠지만, 한 탭에서 문제가 생기거나 버그가 발생하면 전체 프로세스가 멈춰버린다. 그래서 문제가 생긴 부분과 무관한 탭에서 작업했던 내용을 잃어버릴 수 있다. 세 번째도 여러분이 경험해봤겠지만, 어떤 스레드가 작업을 완료하는 데 너무 오랜 시간이 걸리면 다른 모든 스레드가 실행되지 못해서 문제가 생길 수 있다. 예를 들어, 웹 페이지 로딩이 느려지면 여러 브라우저 탭이 멈춰버릴 수 있다.

이 이야기의 교훈은 코드를 똑똑하게 작성해야 한다는 것이다. 운영체제를 활용하라. 운영체제는 바로 이럴 때 사용자를 돕기 위해 존재하는 것이다. 운영체제가 제대로 작동하지 않거나 필수적인 기능을 제공하지 않는다면 그 문제를 수정하라. 다른 나머지를 망치지 마라.

락

우리가 처리해야 할 문제는 실제로는 공유 자원이 아니다. 실제로 처리해야 할 문제는 여러 작은 연산으로 이뤄진 작업을 어떻게 **원자적**atomic으로 만들 수 있을까 하는 문제다('원자적'이라는 말은 나눌 수 없고 인터럽트할 수 없다는 뜻이다).

컴퓨터에 '은행 잔고를 조정하라' 같은 명령어가 있다면 이런 논의를 할 필요도 없을 것이다. 하지만 물론 그런 명령어는 없다. 그런 명령어를 만든다면 필요에 따라 무한히 많은 명령어가 생겨나야 한다. 대신에 코드에서 중요한 부분을 **상호 배제**mutual exclusion 메커니즘을 통해 원자적으

4 초기 윈도우나 MS-DOS는 실행 중인 프로세스(실행 중인 프로그램)를 운영체제가 마음대로 일시 중단시키고 다른 프로세스로 전환할 수 없는 비선점형(non-preemptive) 운영체제였다. 따라서 한 프로세스에서 여러 문서에 대한 뷰를 지원할 수 있어야 여러 문서를 편집할 수 있었다. 혹시 여러 프로세스를 자유자재로 전환할 수 있는 선점형 운영체제를 썼다 해도, 당시 PC 성능이 좋지 못했기 때문에 프로세스 전환이나 동기화, 프로세스 간 데이터 전송 등의 문제로 인해 여러 프로세스가 각각 서로 다른 문서를 편집하는 경우보다 한 프로세스에서 여러 문서를 편집하는 기능을 제공하는 편이 더 원활한 작업이 가능했다. – 옮긴이

로 처리하게 만들어야 한다. 이런 목표를 프로그램이 충돌을 피하기 위해 따르는 **어드바이저리 락** advisory lock을 만들어서 달성한다(그림 12-4 참조).

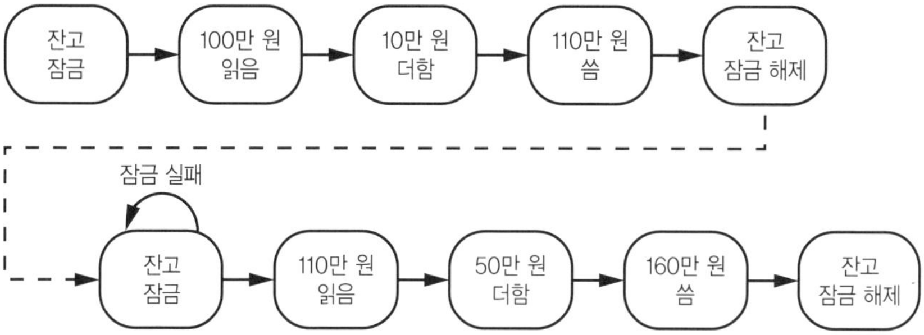

그림 12-4 어드바이저리 락

그림 12-4에서 보듯 위쪽 프로그램이 락을 먼저 얻었다. 따라서 아래쪽 프로그램은 락이 해제될 때까지 기다려야 한다. 락이 '어드바이저리(조언을 해주는 사람이라는 뜻)'인 이유는 락을 지킬지 안 지킬지를 프로그램이 결정하기 때문이다. 강제로 락을 지키게 하는 장치는 없다. 강제성이 없으면 은행털이를 막을 수 없으므로 쓸모가 없어 보인다. 하지만 이는 락이 어디에 위치하느냐에 따라 달라진다. 그림 12-5에서 알 수 있듯이 락이 은행을 지킨다면 강제로 은행을 잠글 수 있고 제대로 작동하게 된다.[5]

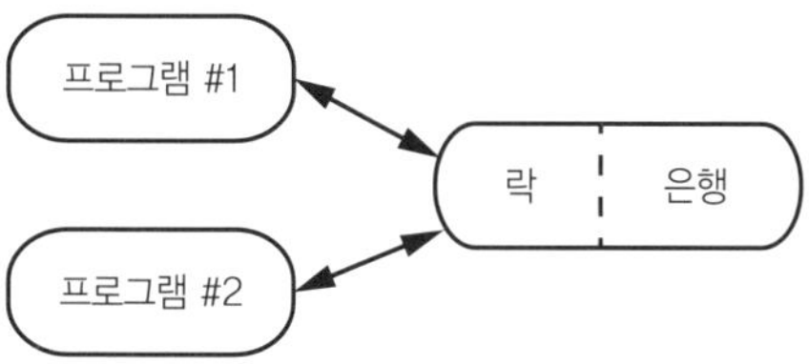

그림 12-5 락 위치

이렇게 하면 한 가지 문제는 해결되지만 다른 문제가 생긴다. 프로그램 #1과 은행 사이의 통신이 느리다면 어떤 일이 벌어질까? 분명 프로그램 #2가 잠시 기다려야겠지만 이는 멀티태스킹의 장점을 일부 잃어버린다는 뜻이다. 게다가 프로그램 #1이 죽어버리거나 악의적으로 동작해서 락을 결코 반환하지 않으면 어떻게 될까? 프로그램 #2는 대기하는 동안 어떤 일을 해야 할까?

이런 문제를 이제부터 살펴보자.

5 잔고를 갱신하는 부분을 별도의 함수로 분리하고, 그 함수 안에서 락을 사용하며 함수 외부에서 잔고 메모리에 대한 접근을 하지 못하게 막는 경우가 그림 12-5와 비슷하다. – 옮긴이

트랜잭션과 작업 크기

그림 12-5의 프로그램 #1이 수행하는 모든 연산에서 은행과 통신할 필요가 있다. 다음 연산을 수행하기 전에 앞의 연산이 성공했는지 알아야 하기 때문에 각 연산은 실제로는 양방향 통신이어야 한다. 성능을 향상할 가장 좋은 방법은 여러 연산을 한 **트랜잭션**transaction에 넣는 것이다. 트랜잭션에 들어 있는 모든 연산은 모두 다 성공하거나 모두 다 실패한다(그림 12-6 참조). **트랜잭션**이라는 말은 데이터베이스에서 왔다. 각 연산을 독립적으로 수행하는 대신 (원자적으로 실행돼야 하는 일련의 연산을) 한꺼번에 묶어서 처리한다.

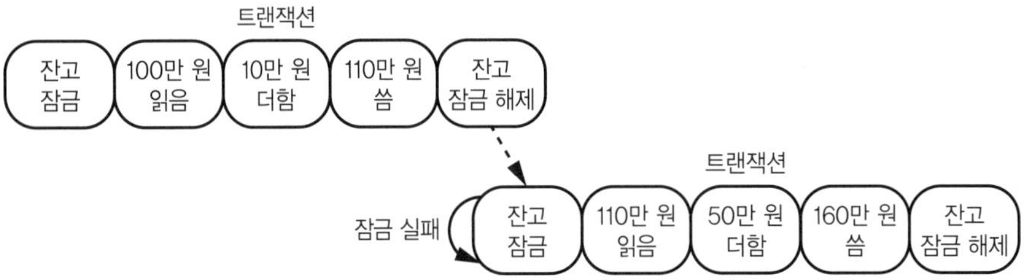

그림 12-6 트랜잭션

분명한 가이드라인은 어떤 대상을 잠그는 시간을 최소화하라는 것이다. 락이 걸려 있는 시간이 길면 동시성이 줄어들기 때문이다. 그리 분명해 보이지 않는 가이드라인으로는 락이 걸린 **작업의 크기**granularity를 최소화하라는 것이다. 작업 크기라는 말은 락이 잠그고 있는 영역의 크기를 뜻한다. 우리 예제에서는 잔고를 잠그는데, 여기서는 한 계좌의 잔고만 잠근다는 사실을 암시적으로 알 수 있다. 고객이 잔고를 변경할 때마다 전체 은행을 잠근다면 좋은 해법이 아닐 것이다. 엑스 윈도우 시스템X Window System은 잘못 설계된 락의 예다. 엑스 윈도우에는 다양한 유형의 락이 있지만, 모든 락을 잠그는 것이 유일한 선택지인 경우가 가끔 있어서 동시성을 해쳤다.

시스템에서 아주 작은 부분만 잠그는 락을 **세밀하다**fine-grained고 한다. 더 큰 범위를 잠그는 락을 **성기다**coarse-grained라고 한다.

> **참고** 프로세스 인터럽트 처리도 락 메커니즘을 제공한다. 인터럽트가 발생하면 CPU는 마스크를 설정해서 (명시적으로 허용하지 않는 한) 핸들러 처리가 끝나기 전에 프로세서가 똑같은 유형(우선순위가 더 낮은 인터럽트까지 포함)의 인터럽트를 더 받지 못하게 막는다.

락 대기

프로그램이 락을 기다리는 동안 그 어떤 유용한 일도 할 수 없다면 락을 세밀하게 만들어도 아무 이득이 없다. 결국에는 '다중성'이라는 말을 멀티태스킹 전체 측면에서 살펴봐야 한다.

때로는 락을 기다리는 동안 수행할 유용한 작업이 없는 경우도 있다. 그래서 여러분은 ATM의 응답을 기다리며 빗속에 서 있어야 한다. 하지만 아무 일도 하지 않는 데도 두 가지 방법이 있다. 우리는 **스핀**spin(회전/뺑뺑이)을 돌 수 있다. 이 말은 락을 성공적으로 얻을 때까지 락 획득을 반복 시도한다는 뜻이다. 스핀을 사용할 때는 시도 간격을 조정하기 위해 타이머를 사용하는 경우도 자주 있다. 기계에서 전속력으로 스핀을 돌면서 락을 체크하면 전력을 불필요하게 많이 소모한다. 네트워크에서 전속력으로 상대방에게 락 획득 여부를 물어보는 일은 마치 블랙 프라이데이에 사람들이 백화점에 몰려가는 것과 같다. 환경에 따라서는(그리고 이 경우가 바로 아무 일도 하지 않는 두 번째 방법이다) 락을 요청하는 존재가 락 획득 요청을 락을 관리하는 쪽에 **등록**register하고, 요청이 받아들여졌을 때 **통지**notify를 받는 수도 있다. 이 방식을 택하면 요청하는 쪽에서는 기다리는 동안 더 유용한 일을 할 수 있다. 이런 접근 방법은 규모를 쉽게 키우기 어렵고,[6] 인터넷 아키텍처에서는 직접적으로 지원되지 않는다. 대신, 필요하면 인터넷 위에 이런 방식을 구현할 수는 있다.

6장에서 이더넷이 대기 시 흥미로운 방식을 택했다는 사실을 배웠다. 이더넷은 락을 사용하지는 않지만 여러 장치가 공유 자원(선)에 동시에 접근하려고 시도해서 충돌하는 경우 임의의 시간을 기다린 다음에 재시도한다.

일부 운영체제는 락 기능을 제공하는데, 이 핸들은 보통 파일 디스크립터와 비슷한 핸들과 연관된다. 블로킹이나 비블로킹 모드로 락을 요청할 수 있다. **블로킹**blocking이라는 말은 시스템이 락을 할당할 수 있을 때까지 락을 요청한 프로그램을 일시중단suspend(프로그램이 잠시 실행을 멈추게 함)시킨다는 뜻이다. **논블로킹**non-blocking이라는 말은 프로그램이 계속 실행되고 나중에 락을 얻었는지 여부를 어떤 방식으로든 통지받게 된다는 뜻이다.

6 다중 스레드 상황(같은 사용자 프로세스 안에서 여러 스레드가 같은 락을 사용하는 상황)에서는 락 개수를 늘려도 락 관리에는 큰 문제가 없는 경우가 일반적이지만, 멀티프로세스가 프로세스 간 락을 공유해야 하면 운영체제가 락 개수를 제한하는 경우가 많다. 하지만 락을 사용하는 프로세스나 스레드가 늘어나면 그중 하나에서 문제가 생길 가능성이나 앞으로 설명할 다른 문제가 발생할 가능성이 더 커진다고 볼 수 있기 때문에 락을 사용한 동시성 프로그램의 규모를 키우기는 쉽지 않다. 그런데 이 문제는 스핀을 사용해도 역시 마찬가지다. 오히려 타이머를 사용하지 않는 스피닝(이런 스피닝을 다른 말로 바쁜 대기(busy waiting)라고 부른다)은 문맥 전환이 일어나지 않고 스레드가 계속 실행되기 때문에 규모 확장이 더 어렵다. 바쁜 대기는 아주 짧은 시간 안에 락을 획득할 것이 분명한 경우에 사용해야 한다. – 옮긴이

교착 상태

프로그램이 락을 얻을 수 없으면 락이 사용 가능해질 때까지 어떤 식으로든 기다려야 한다는 사실을 살펴봤다. 하지만 복잡한 시스템에서는 여러 락을 사용하는 경우도 있다. 그림 12-7과 같은 일이 발생하면 어떻게 될까?

프로그램 #1은 성공적으로 락 A를 얻고, 프로그램 #2는 성공적으로 락 B를 얻는다. 다음으로 프로그램 #1은 락 B를 얻으려 시도하지만 프로그램 #2가 락 B를 갖고 있기 때문에 락 B를 얻을 수 없다. 마찬가지로 프로그램 #2는 락 A를 얻으려고 하지만 프로그램 #1이 이 락을 갖고 있다. 두 프로그램 모두 자신이 갖고 있는 락을 해제하는 지점으로 진행할 수가 없다. 이런 상황을 **교착 상태**deadlock라고 한다. 이 상황은 두 악당이 서로 상대방의 머리에 권총을 겨누고 있는 상황과 같다.

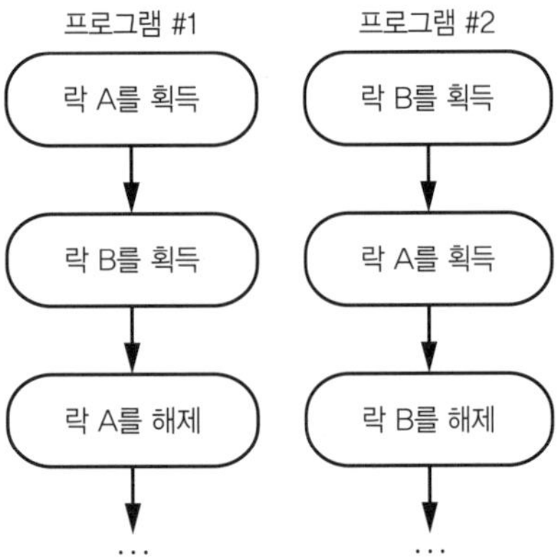

그림 12-7 교착 상태

코드를 잘 작성하는 방법 말고는 교착 상태를 피하는 훌륭한 해법이 거의 없다. 일부 상황에서는 수동으로 락을 해제해도 큰 문제가 없을 수도 있다. 어떤 프로그램이 락을 얻지 못해 실행을 할 수 없다면서 락을 해제하겠냐고 물어보는 메시지를 표시한 경우를 본 독자도 있을 것이다. 이런 상황은 락을 소유한 프로그램이 락을 해제하지 않은 상황에서 예기치 못하게 사라져버린 경우 발생한다.

교착 상태의 원인과 방지 방법

– 옮긴이 작성

교착 상태가 발생할 수 있는 상황은 공유 자원과 이 자원을 함께 사용하는 프로세스가(물론 프로세스가 아니라 스레드 등일 수도 있다) 여럿 있는데 다음 네 가지 조건을 동시에 만족하는 경우에만 발생한다.

1. 상호 배제(mutual exclusion): 공유 자원을 함께 쓸 수 없어서 어느 한 프로세스가 독점적으로 사용해야만 한다.
2. 점유 대기(hold and wait): 프로세스들은 어느 자원을 점유한 상태에서 다른 자원을 요청한다.
3. 비선점(no preemption): 프로세스가 할당받은 자원을 강제로 빼앗을 수 없다.
4. 순환 대기(circular wait): 각 프로세스가 서로 순환적으로 다른 프로세스가 갖고 있는 자원을 요구한다.

이 네 가지 중 어느 하나라도 없으면 교착 상태가 발생하지 않는다. 따라서 다음과 같은 방법으로 이를 해소할 수 있다.

1. 자원을 상호 배제하지 않고 언제든 공유할 수 있는 자원으로 만든다.
2. 어느 자원을 점유한 다음에 다른 자원을 요구하지 않고 한꺼번에 자원을 요구한다.
3. 선점형으로 바꾼다.
4. 자원마다 우선순위를 부여해서 모든 프로세스가 다 서로 정해진 순서대로만 자원을 요구한다.

교착 상태를 해결하기 위해 코드를 잘 작성한다는 말은 이 네 가지 해법 중 하나를 적용한다는 말이다. 상황에 따라 네 가지 해법 중 어떤 방법을 택할지 잘 선택해야 한다.

단기 락 구현

락을 구현하는 방법은 실제로는 하나뿐이지만, 이를 프로그램에 표현하는 방법은 여러 가지다. 락을 구현하려면 잠금을 지원하는 특별한 명령어를 제공하는 하드웨어 지원이 필요하다. 수십 년 전 발명된 소프트웨어적인 해법인 비순차적 명령어 처리out-of-order execution[7]나 다중 코어 등은 프로세서 기술의 발달로 인해 더 이상 제대로 작동하지 않는다.

여러 프로세서가 락에 사용하기 위한 **검사 후 설정**test and set이라는 명령어를 제공한다. 이 명령어는 원자적 명령어로, 어떤 메모리 위치에 들어 있는 값을 1로 설정하고, 원래 그 위치에 들어 있던 값을 돌려준다. 처음에 이 메모리에는 0이 들어 있어야 한다. 이제 둘 이상의 프로세스가 이

7 프로세서를 놀리지 않고 실행 성능을 높이기 위해 CPU가 둘 이상의 서로 의존관계가 없는 명령어를 찾아서 기계어 코드상의 순서와 관계없이 실행해주는 방법이다. 현대적 CPU는 100개 이상의 명령어를 뒤져서 그중 병렬 실행할 수 있는 명령어를 찾아서 효과적으로 처리해준다. – 옮긴이

명령어를 사용하면, 그중 한 프로세스의 검사 후 설정 명령어는 0을 반환하지만 나머지 프로세스의 검사 후 설정 명령어는 1을 반환한다. 이 명령이 원자적 명령어이기 때문에 어떤 프로세스가 0을 반환받았다면 이 프로세스에 의해 메모리 내용이 1로 바뀌고, 나머지 프로세스는 1을 반환받을 수밖에 없다. 따라서 이 명령어는 락을 직접 구현해준다.

락을 얻으려고 동시에 경합하는 프로세스가 아주 많을 때 잘 작동하는 다른 버전으로 **비교 후 바꾸기**compare and swap가 있다. 이 명령어는 검사 후 설정과 비슷하지만, 한 값만 설정하는 대신 명령어를 호출하는 쪽에서 예전 값과 새 값을 모두 제공한다. 예전 값이 메모리 위치에 들어 있는 현재 값과 일치하면 메모리의 값을 새로운 값으로 바꾸고 프로세스는 락을 얻는다.

이런 명령어들은 오직 시스템 모드에서만 사용하도록 제한된다. 따라서 사용자 프로그램은 이를 사용할 수 없다. C11 같은 최근의 언어 표준은 사용자 수준에서 지원하는 원자적 연산이 추가됐다. 그리고 여러 가지 락 연산이 표준화되어 라이브러리를 통해 제공된다.

락에 다른 코드를 덧붙여서 더 효율적인 락을 구현할 수 있다. 예를 들어, 락에 큐를 연결하면 락을 기다리는 프로그램을 등록할 수 있다.

장기 락 구현

우리는 대부분 가능한 한 짧은 시간 동안 소유할 락에 대해 이야기하고 있다. 하지만 때로는 아주 오랫동안 락을 소유하고 싶을 때도 있다. 이런 상황은 보통 여러 프로그램이 자원에 접근하면 안 되는 경우에 해당된다. 예를 들어 여러 사용자가 같은 문서를 동시에 변경하는 것을 허용하지 않도록 설계된 워드 프로세서에서는 장기간 락을 사용할 수 있다.

장기간 락은 메모리보다 좀 더 영구적인 저장소에 저장돼야 한다. 이런 락은 파일을 사용해 구현되는 경우가 자주 있다. 배타적으로 사용할 수 있는 파일을 생성할 수 있고 (파일 경로와 이름이 같다면) 가장 먼저 요청한 프로세스가 성공하게 되는 시스템 콜이 있다. 이는 락을 할당받는 것과 동등하다. 이런 시스템 콜은 내부에 숨겨진 원자적 연산을 더 높은 수준으로 추상화한 것이다.

브라우저 자바스크립트

초보 프로그래머라면 브라우저에서 실행될 자바스크립트 프로그램을 작성하면서 동시성에 처음 관심을 갖게 될 것이다. 자바스크립트 문서를 읽어본 사람이라면 이 말에 놀랄 것이다. 자바스크립트는 단일 스레드로 돌아가기 때문이다. 어떻게 단일 스레드에서 동시성이 문제가 될 수 있을까?

그 이유는 자바스크립트가 원래는 현재 쓰이고 있는 용도를 염두에 두고 만들어진 언어가 아니기 때문이다. 자바스크립트의 원래 목표는 더 빠르게 사용자 피드백을 제공하고 인터넷 트래픽을 줄이는 것이었다. 당시에는 인터넷이 아주 느렸기 때문이다. 예를 들어, 신용카드번호를 입력받는 필드가 포함된 웹 페이지가 있다고 하자. 자바스크립트가 없을 때는 입력한 데이터를 서버로 보내고, 데이터가 숫자로만 이뤄졌는지 검증해서 문제가 있으면 오류 메시지를 돌려보내고 문제가 없으면 신용카드번호를 더 처리했다. 자바스크립트가 생기면서 웹 브라우저상에서 사용자 입력이 오직 숫자로만 이뤄졌는지 검증할 수 있게 됐다. 이 말은 사용자가 입력을 잘못한 경우 서버까지 요청을 보내서 결과가 돌아올 때까지 기다리지 않아도 되고, 오류를 감지하고 잘못된 입력을 보고하기 위해 인터넷 트래픽이 발생하지 않는다는 뜻이다. 물론 여러분도 마주쳤겠지만 카드번호에 공백을 입력한 경우를 처리할 수 없는 잘못 작성된 자바스크립트 코드도 많다.

자바스크립트가 사용자 이벤트에 응답하는 짧은 프로그램을 실행하기 위해 만들어졌기 때문에, 자바스크립트 구현은 **이벤트 루프**event loop 모델을 사용한다. 이벤트 루프 동작을 그림 12-8에서 볼 수 있다.

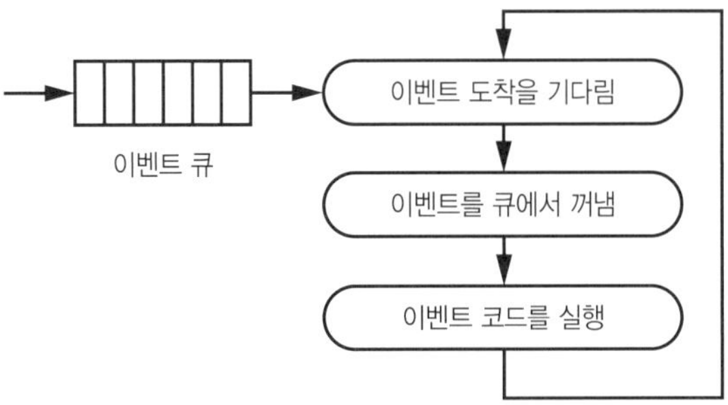

그림 12-8 자바스크립트 이벤트 루프

여기서는 실행할 작업을 **이벤트 큐**event queue에 추가한다. 자바스크립트는 이런 작업을 큐에서 한 번에 하나씩 꺼내서 실행한다. 자바스크립트는 단일 스레드 프로그램이기 때문에 이런 작업은 인터럽트할 수가 없다. 하지만 프로그래머가 이벤트가 큐에 추가되는 순서를 제어할 수는 없다. 예를 들어, 마우스 버튼마다 이벤트 핸들러를 연결했다고 하자. 여러분은 마우스 버튼이 클릭되는 순서를 제어할 수는 없다. 따라서 여러분이 작성한 프로그램은 이벤트가 어떤 순서로 발생하더라도 신뢰성 있게 작동해야 한다.

자바스크립트가 1995년 처음 등장했을 때는 비동기 통신을 언어 설계에 포함하지 않았다. 그 시점(자바스크립트 등장 시점)까지, 브라우저는 폼form(입력 양식)을 제출하고 서버는 웹 페이지를 반환했다. 두 가지 요소로 인해 이런 모습이 달라졌다. 첫 번째로 1997년 문서 객체 모델DOM, Document Object Model이 등장했다. 비록 2004년 근처까지는 DOM이 안정화되지 못했지만 말이다. DOM으로 인해 기존 웹 페이지 전체를 (서버에서 새 HTML 페이지를 받는 형태로) 바꾸는 대신, 웹 페이지 중 일부만 변경할 수 있게 됐다. 두 번째로 XHRXMLHttpRequest이 2000년쯤 등장했다. 이 기술은 AJAX의 기반이 됐다. XHR은 기존의 '페이지 로드load' 모델에서 벗어나 백그라운드background에서 브라우저와 서버가 통신할 수 있게 해줬다.

이런 변화로 인해 웹 페이지 복잡도가 극적으로 증가했다. 자바스크립트 코드가 더 많이 작성됨에 따라 자바스크립트가 주류 프로그래밍 언어로 부상했다. 웹 페이지는 서버와의 비동기 통신에 극도로 의존하게 됐다. 자바스크립트는 이런 상황에 대비한 언어가 아니었기 때문에, 더 많은 고통이 따랐다. 특히 단일 스레드 모델과 비동기 통신은 잘 맞지 않았다.

어떤 음악가의 앨범 표지를 보여주는 간단한 웹 애플리케이션을 생각해보자. 우리는 앨범과 음악가 이름을 사용자에게 받아서 서버가 앨범 식별자로 바꾸도록 요구하고, 이 식별자를 사용해 앨범 표지를 가져오는 가상의 웹사이트를 사용할 것이다. 여러분이 작성한 프로그램은 리스트 12-1과 비슷할 것이다. 이 코드에서 이탤릭체로 된 부분은 사용자에게 입력받을 부분이다.

리스트 12-1 앨범 표지 프로그램 최초 시도

```
var album_id;
var album_art_url;

// 음악가 이름과 앨범 이름을 서버에 보내서 앨범 식별자를 돌려받는다.

$.post("some_web_server", { artist: artist_name, album: album_name }, function(data) {
    var decoded = JSON.parse(data);
    album_id = decoded.album_id;
});

// 앨범 식별자를 서버에 보내고 앨범 표지 이미지의 URL을 돌려받는다.
```

```
// document에 img 엘리먼트를 추가해서 앨범 표지를 표시한다.

$.post("some_web_server", { id: album_id }, function(data) {
    var decoded = JSON.parse(data);
    album_art_url = decoded.url;
});

$(body).append('<img src="' + album_art_url + '"/>');
```

jQuery의 post 함수는 두 번째 인자로 받은 데이터를 첫 번째 인자로 받은 URL로 보내고, 응답을 받으면 세 번째 인자로 받은 함수를 호출해준다. 여기서 post 함수가 세 번째 인자로 받은 함수를 직접 호출하지는 않는다는 점에 유의하라. post는 함수를 이벤트 큐에 추가해서 나중에 응답 이벤트가 큐의 맨 앞에 도착하면 함수가 호출될 수 있게 준비해준다.

이런 형태는 멋지고, 간단하고, 잘 정돈된 프로그램 같아 보인다. 하지만 이런 구조는 신뢰성 있게 작동하지 않는다. 왜 그럴까? 실제로 어떤 일이 벌어질지 자세히 살펴보자. 그림 12-9를 보라.

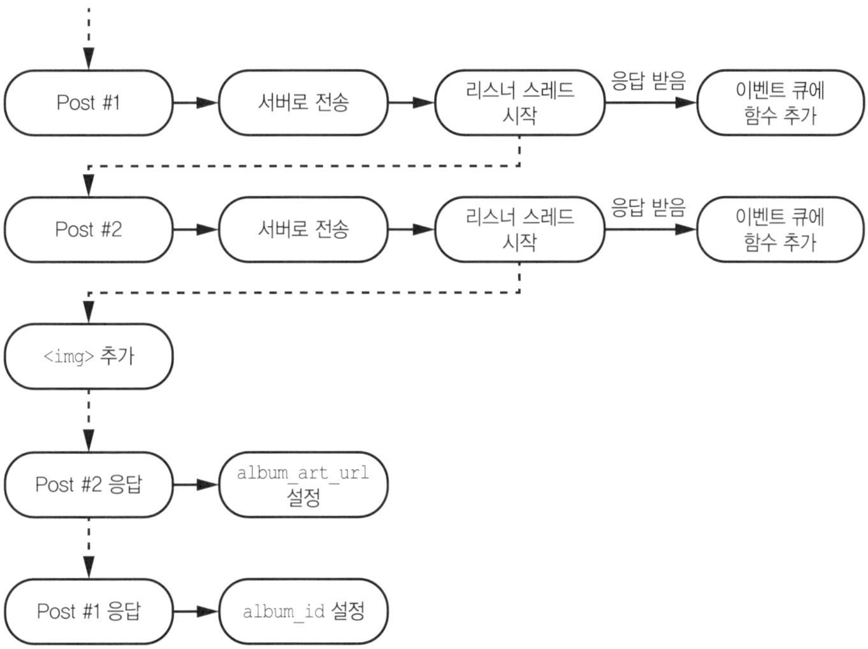

그림 12-9 앨범 표지 프로그램의 흐름

그림을 보면 프로그램이 순서대로 실행되지 않음을 알 수 있다. post 연산은 내부적으로 서버 응답을 기다리는 스레드를 시작한다. 응답을 받으면 콜백 함수를 이벤트 큐에 추가한다. 프로그램은 두 번째 post의 응답을 먼저 보여주지만, 비슷한 정도로 첫 번째 post의 응답이 더 빨리 도착할 수도 있다. 도착 순서를 우리가 제어할 수는 없다.

그렇기 때문에 첫 번째 post의 응답에서 album_id를 얻기 전에 프로그램이 표지를 요청할 가능성이 꽤 된다. 그리고 album_art_url을 얻기 전에 <img>를 웹 페이지에 추가하는 건 거의 확실히 보장된다. 이는 자바스크립트 자체가 단일 스레드이고, 서버와의 상호작용은 동시에 이뤄지기 때문이다. 다른 방법으로 설명하자면, 자바스크립트 인터프리터는 프로그래머에게 단일 스레드 모델을 제공하지만 내부에서는 멀티스레드를 활용하기 때문이다.

리스트 12-2는 작동하는 버전을 보여준다.

리스트 12-2 앨범 표지 프로그램 두 번째 시도

```
$.post("some_web_server", { artist: artist_name, album: album_name }, function(data) {
    var decoded = JSON.parse(data);

    $.post("some_web_server", { id: decoded.id }, function(data) {
        var decoded = JSON.parse(data);
        $(body).append('<img src="' + decoded.url + '"/>');
    });
});
```

여기서는 <img>를 append로 덧붙이는 부분을 두 번째 post 호출의 콜백callback 안에 넣었다. 그리고 두 번째 post 호출을 첫 번째 post 콜백 안에 넣었다. 이 말은 첫 번째 post 호출이 결과를 돌려주기 전에는 두 번째 post를 호출하지 않는다는 뜻이다.

코드를 보면 의존관계를 만족시키기 위해 코드를 내포시켜야 했다. 여기서는 따로 보여주지 않았지만 오류 처리가 들어가면 이런 식으로 콜백과 post 호출을 내포시켜 처리하는 방식은 굉장히 보기 나쁘다(물론 이해하기도 어렵다). 다음 절에서는 이런 문제에 접근하는 다른 방법을 살펴본다.

비동기 함수와 프로미스

리스트 12-2의 프로그램에 잘못된 부분은 전혀 없다. jQuery가 post 함수를 제대로 구현했기 때문에 이 프로그램은 제대로 작동한다. 하지만 jQuery가 제대로 구현됐다고 해서 다른 라이브러리도 제대로 구현됐다는 뜻은 아니다. 특히 Node.js 세계에서는 나쁜 라이브러리가 놀라운 속도로 생겨나고 있다. 콜백이 제대로 구현되지 않은 라이브러리를 사용하는 프로그램은 아주 디버깅하기 힘들다. 이 책의 '들어가며' 부분에서 언급한 것처럼 오늘날 아주 많은 프로그래머가 프로그래밍이 단순히 함수와 라이브러리를 서로 조합하는 과정인 것처럼 배우기 때문에 이런 경우가 더 문제가 된다.

자바스크립트는 **프로미스**promise라는 구성요소를 추가해 이런 문제를 처리하기 시작했다. 프로미스라는 계산 개념은 1970년대 중반 생겨났고 자바스크립트에 추가된 이후 다시 중흥기를 맞기 시작했다. 프로미스는 비동기 콜백 메커니즘을 언어 고유 기능으로 넣어서 라이브러리가 잘못 비동기 연산을 구현하지 못하게 한다. 물론 프로그래머가 실수를 할 때마다 언어에 새 기능을 추가할 수는 없으므로 (언어 기능을 추가해 오류를 방지하는 것은) 쉽게 달성하기 어려운 목표다. 하지만 이 특별한 경우(비동기 콜백 처리)는 언어를 바꿀 만큼 자주 발생하는 문제인 것처럼 보인다.

자바스크립트 프로미스에 대한 설명은 두 가지 독립적인 요소가 섞여 있어서 이해하기 어렵다. 이 두 구성요소를 따로 분리하면 프로미스를 이해하기가 더 쉬워진다. 중요한 부분은 비동기 연산을 처리하는 라이브러리가 프로미스를 사용하면 제대로 작동할 가능성이 더 커진다는 점이다. 덜 중요한 부분은(실제로는 더 많이 이야기가 되고 있지만) 프로그래밍 패러다임paradigm의 변화다. 프로그래밍 패러다임에 대한 '종교'가 많이 존재하는데, 이에 대해서는 마지막 장에서 더 자세히 논의할 것이다. 어떤 수준에서 프로미스라는 구성요소는 **편의 문법**syntactic sugar, 즉 프로그래밍 언어를 더 복잡하게 만드는 대신 프로그래밍의 유형 중 일부를 편리하게 처리할 수 있게 해주는 감미료일 뿐이다.

극단적으로 가면 자바스크립트 비동기 요청을 처리하는 코드는 마치 리스트 12-3의 **죽음의 피라미드**pyramid of doom 같아 보인다. 나는 개인적으로 이런 식의 코드가 전혀 잘못됐다고 생각하지 않는다. 들여쓰기가 눈에 거슬린다면 파이썬 언어를 피하면 된다. 파이썬을 사용하면 들여쓰기가 여러분의 다리를 물 것이다.

리스트 12-3 죽음의 피라미드

```
$.post('server', { parameters }, function() {
    $.post('server', { parameters }, function() {
        $.post('server', { parameters }, function() {
            $.post('server', { parameters }, function() {
                ...
            });
        });
    });
});
```

물론 이런 식의 코드는 프로그램이 작성된 방식에 의해 생기는 면이 있다. 익명 함수anonymous function는 모든 코드를 한꺼번에 적어야 한다. 하지만 리스트 12-4처럼 이런 익명 함수를 없앨 수 있다. 이렇게 하면 죽음의 피라미드는 사라지지만 코드를 좇아가기는 더 힘들어진다.

리스트 12-4 익명 함수를 제거하기 위해 다시 쓴 코드

```
$.post('some_web_server', { artist: artist_name, album: album_name }, got_id);

function
got_id(data)
{
    var decoded = JSON.parse(data);
    $.post('some_web_server', { id: decoded.id }, got_album_art);
}

function
got_album_art(data)
{
    var decoded = JSON.parse(data);
    $(body).append('<img src="' + decoded.url + '"/>');
}
```

프로그래머가 원하는 것은 코드를 더 간단히 작성하는 것이다. 코드를 더 간단히 작성하는 일은 다른 많은 프로그래밍 언어에서는 가능하지만, 자바스크립트에서는 단일 스레드 모델로 인해 쉽지 않다. 가상의 멀티스레드 자바스크립트에서는 리스트 12-5의 코드를 실행하기 위해 새로 스레드를 만들 수 있다. 이 코드는 post가 완료될 때까지 블록된다고 가정한다. 따라서 이 코드는 비동기적이 아니고 동기적이다. 코드는 이해하기 쉽고 명확해 보인다.

리스트 12-5 가상의 블로킹 자바스크립트 예제

```
var data = $.post('some_web_server', { artist: artist_name, album: album_name } );
var decoded = JSON.parse(data);

var data = $.post('some_web_server', { id: decoded.id }, got_album_art);
var decoded = JSON.parse(data);

$(body).append('<img src="' + decoded.url + '"/>');
```

이와 같은 코드를 자바스크립트에서 작성하면 제대로 작동하지 않을 것이다. 자바스크립트의 단일 스레드 특성으로 인해 post가 블록되면 다른 코드의 실행을 막는다. 이 말은 마우스 클릭 이벤트 핸들러나 그 밖의 사용자 상호작용이 제때 작동하지 못한다는 뜻이다.

자바스크립트 프로미스는 리스트 12-4와 비슷한 모습을 제공한다. 프로미스를 정의하는 문장은 함수를 정의하는 문장과 비슷하다. 프로미스 정의는 프로미스 실행과 분리된다.

프로미스를 리스트 12-6처럼 만들 수 있다. 이 코드는 함수를 인자로 받는 jQuery post 등의 다른 자바스크립트 코드와 그리 크게 달라 보이지 않는다. Promise에 전달되는 function은 실행이 되지 않는다. 이 단계는 프로미스를 설정하는 단계다.

리스트 12-6 프로미스 생성

```
var promise = new Promise(function(resolve, reject) {
    작업 수행
    if (작업 성공 시)
        resolve(성공 시 돌려줘야 할 값);
    else
        reject(실패 시 돌려줘야 할 값);
});
```

이를 좀 더 자세히 살펴보자. 프로미스에 비동기 연산을 수행하는 함수를 넘긴다. 이 함수는 두 함수를 인자로 받는다. 첫 번째 함수(리스트 12-6의 resolve)는 비동기 연산이 성공적으로 종료하면 호출해야 하는 함수다. 두 번째 함수(리스트 12-6의 reject)는 비동기 연산이 실패하면 호출해야 하는 함수다. 프로미스에 넘기는 함수는 비동기 연산을 수행하고, 수행 성공이나 실패에 따라 resolve나 reject를 호출하면 자바스크립트가 이를 이벤트 큐에 넣어준다.

프로그램은 리스트 12-7처럼 then 메서드를 사용해 프로미스를 실행한다. 이 메서드도 두 함수를 인자로 받는다. 첫 번째 함수는 resolve가 이벤트 큐에 들어갔을 때 호출되고, 두 번째 함수는 reject가 이벤트 큐에 들어갔을 때 호출된다.

리스트 12-7 프로미스 실행

```
promise.then(
    function(value) {
        resolve에 전달된 값을 value로 받아서 비동기 연산 성공 시 해야 할 일을 처리
    },
    function(value) {
        reject에 전달된 값을 value로 받아서 비동기 연산 실패 시 해야 할 일을 처리
    }
);
```

이 코드는 그리 흥미롭지 않다. 프로미스를 사용하지 않아도 앞에서 했던 것처럼 이런 일을 하는 코드를 작성할 수 있을 것이다. 그렇다면 왜 굳이 이런 수고를 더 해야 할까? 프로미스는 **체이닝**chaining(연쇄 호출)이 가능하다. 체이닝을 사용하면 something().then().then().then()... 스타일의 코드를 작성할 수 있다. then 메서드가 다른 프로미스를 반환하기 때문에 이런 연쇄 호출이 가능하다. 여기서 then의 두 번째 인자를 생략하면 예외 처리와 비슷하게 catch를 사용해 오류를 잡아낼 수 있다. 리스트 12-8은 프로미스 연쇄를 사용해 재작성한 앨범 표지 프로그램이다.

리스트 12-8 프로미스 연쇄를 사용하는 앨범 표지 프로그램

```
function
post(host, args)
{
    return (new Promise(function(resolve, reject) {
        $.post(host, args, function(data) {
            if (success)
                resolve(JSON.parse(data));
            else
                reject('failed');
        });
    }));
}

post('some_web_server', { artist: artist_name, album: album_name } ).then(function(data)
{
```

```
    if (data.id)
        return (post('some_web_server', { id: data.id });
    else
        throw ('nothing found for ' + artist_name + ' and ' + album_name);
}).then(function(data) {
    if (data.url)
        $(body).append('<img src="' + data.url + '"/>');
    else
        throw (`nothing found for ${data.id}`);
}).catch(alert);
```

나는 아직도 이 코드가 죽음의 피라미드 코드보다 더 나은지 잘 모르겠다. 하지만 여러분 느낌은 다를 수 있다. 리스트 12-2의 코드와 리스트 12-8의 코드는 프로그래밍이라는 기술의 또 다른 측면을 보여주는데, 개발 편리성과 유지보수 사이의 트레이드 오프가 바로 그 측면이다. 제품의 전체적인 생명주기lifecycle에서 유지보수 편의성이 코드를 누군가가 좋아하는 스타일로 작성하는 것보다 더 중요하다. 15장에서 이에 대해 좀 더 설명한다. 프로미스 연쇄를 사용하면 죽음의 피라미드 스타일의 코드 대신에 함수().함수().함수()... 스타일의 코드를 작성할 수 있다. 첫 번째(프로미스 연쇄) 스타일을 쓰면 괄호를 좀 더 편하게 추적할 수 있지만, 자바스크립트는 (루비 등의 언어와 달리) 두 번째 스타일로 설계됐기 때문에, 두 스타일을 한 언어에 섞어서 사용하면 혼란이 늘어나고 프로그래머의 생산성도 감소한다. 프로미스를 사용하면 어떤 유형의 프로그래밍 오류를 감소시킬 수는 있지만, 프로미스가 모든 잘못 쓴 코드를 해결해주는 만병통치약이라고 착각하면 안 된다.

프로미스를 사용하면 내포의 깊이를 줄일 수 있다. 하지만 좀 더 따라 읽기 편한 코드를 원한다면 리스트 12-5와 비슷한 코드를 작성할 수 있어야 한다. 자바스크립트는 또 다른 '비동기' 프로그램을 작성하는 방법을 제공한다. 이 방법은 프로미스를 기반으로 만들어졌지만 동기적인 코딩 스타일을 반영한다. async와 await가 바로 이 방법이다.

리스트 12-9는 async와 await를 사용해 다시 작성한 앨범 표지 프로그램이다.

리스트 12-9 async와 await를 사용한 앨범 표지 프로그램

```
function
post(host, args)
{
    return (new Promise(function(resolve, reject) {
        $.post(host, args, function(data) {
            if (success)
```

```
                resolve(JSON.parse(data));
            else
                reject('failed');
        });
    }));
}

async function
get_album_art()
{
    var data = await post('some_web_server', { artist: artist_name, album: album_name } );

    if (data.id) {
        var data = await post('some_web_server', { id: data.id });

        if (data.url)
            $(body).append('<img src="' + data.url + '"/>');
    }
}
```

내가 보기에는 이 코드가 리스트 12-8보다 훨씬 더 간단하다.

물론 이 코드는 자바스크립트의 단일 스레드 모델을 깨지는 않지만 상당히 많이 왜곡한다. 비동기 함수는 근본적으로 인터럽트할 수 없는 스레드다.[8]

정리

12장에서는 공유 자원 때문에 생기는 문제들을 살펴봤다. 경합 조건과 교착 상태를 배웠고, 프로세스와 스레드에 대해 살펴봤다. 그리고 자바스크립트의 동시성에 대해 알아보고 자바스크립트가 동시성을 어떻게 처리하고 있는지 살펴봤다. 이제 여러분은 기본적인 내용을 어느 정도 배웠다. 다음으로 다룰 두 가지 고급 주제 중 첫 번째 주제인 보안에 대해 13장에서 살펴본다. 보안을 배우면서 지금까지 여러분이 배운 여러 가지 기술을 다양하게 사용할 것이다.

8 I/O를 비동기로 처리하면 단일 스레드상에서도 상당히 좋은 성능을 얻을 수 있다. 게다가 C#, 코틀린, 파이썬, 자바스크립트 등의 언어가 제공하는 async/await을 사용하면 동기화된 코드와 거의 비슷한 형태로 비동기 처리를 편리하게 할 수 있기 때문에, 클라이언트나 서버 애플리케이션을 개발할 때 비동기 기법이 널리 쓰이고 있다. – 옮긴이

13장

컴퓨터 보안

- 컴퓨터는 어떻게 데이터를 안전하게 지키는가

보안security은 어려운 주제다. 특히 크립토그래피cryptography 요소들은 이상한 수학과 관련이 많다. 하지만 이 주제는 아주 중요하다. 지겨운 세부 사항까지 들어가는 대신 이번 장에서는 보안의 전체적인 지형을 보여준다. 이런 내용을 안다고 보안 전문가가 될 수는 없겠지만, 이런 내용 정도는 알아야 보안 구현이 가능한지 여부에 대해 질문을 던질 수 있다. 그리고 보안 전문가가 되지 않더라도 여러분 자신과 코드의 안전을 더 잘 보장하기 위해 해야 할 일이 아주 많다.

대부분의 경우 컴퓨터 보안은 전통적인 일반 보안(예: 국가 안보)과 그리 다르지 않다. 다양한 관점에서 볼 때, 컴퓨터 네트워크의 발달은 보안 문제를 작은 아파트 보안 문제에서 큰 성의 보안 문제로 변화시켰다. 큰 성에는 지켜야 할 출입구가 많고 더 많은 사람이 거주하는데 이들이 방어를 무력화할 수 있다는 사실을 상상할 수 있다. 그리고 성이 더 커지면 더 많은 쓰레기가 쌓이고 이에 따라 위생을 유지하기가 더 힘들어지며 버그(벌레)가 숨을 공간도 더 많아진다.

보안의 핵심은 여러분과 여러분의 물건을 여러분이 정의한 **안전함**safe에 따라 유지하는 것이다. 보안은 기술적인 문제만은 아니다. 보안은 사회적인 문제다. 여러분과 여러분의 물건, 그리고 여러분의 안전에 대한 정의는 모두 다른 사람과 다른 사람의 물건, 그들의 안전에 대한 정의와 균형을 맞춰야 한다.

보안과 프라이버시privacy는 서로 밀접히 엮여 있다. 특히 보안은 여러분의 정보를 사적으로 유지하는 것으로부터 생겨난다. 예를 들어, 패스워드를 누구나 다 안다면 여러분의 은행 계좌는 안전하지 못할 것이다. 반드시 상호작용해야만 하는 조직이 많고 그 조직들이 유지하는 이상한 실무 관행이 수없이 많기 때문에 프라이버시를 유지하기가 어렵다. 새로운 의사를 만날 때마다 병원에서는 내 개인 정보를 모두 다 물어본다. 내가 "왜 이런 정보가 필요하시죠?"라고 물어보면, "선생님의 프라이버시를 지켜드리기 위해서입니다."라는 대답을 듣는다. 그런 대답을 들으면 나는 항상 "내 개인 정보를 이 병원 저 병원에 다 이야기해야 하는데 어떻게 그게 내 프라이버시를 지키는 데 도움이 되죠?"라고 되묻는다. 그러면 상대방은 한숨을 쉬면서 "그냥 필요합니다."라고 말한다. 병원들이 프라이버시를 지키든 않든, 이들이 여러분에게 믿을 만한 답을 줄 의무는 없다. 요즘은 데이터 수집이 만연하기 때문에 여기저기 흩어져 있는 정보를 더 쉽게 연결할 수 있기 때문에(이에 대해서는 다음 장에서 다룬다) 프라이버시 보호가 더 힘들어졌다. 감시 카메라, 번호판 자동 판독기, (스팅레이StingRay 등의 IMSI 수집기를 포함하는) 휴대폰 감시, 인터넷 감시(미국의 통신 감시 시설인 641A호실), 얼굴 인식 등이 이런 데이터 수집의 예다. 여러분의 프라이버시를 지키는 일은 점점 더 어려워지고 있고, 이로 인해 여러분의 보안은 점점 더 나빠지고 있다.

보안을 제대로 유지하기는 어렵다. "쇠사슬은 가장 약한 고리만큼만 강하다"라는 속담은 이런 상황을 완벽히 묘사한다. 온라인 뱅킹을 생각해보라. 컴퓨터 하드웨어, 소프트웨어, 은행에서 개인에 이르는 통신 네트워크 등의 다양한 요소가 온라인 뱅킹을 이룬다. 여러분이 패스워드를 포스트잇에 적어서 컴퓨터 모니터에 붙이면, 은행이 아무리 최고의 기술을 써도 전혀 도움이 되지 않는다!

보안과 프라이버시 개요

이번 절은 보안과 프라이버시에 관련한 문제를 비기술적으로 소개하고, 그 과정에서 이번 장에서 다룰 여러 가지 용어를 정의한다.

위협 모델

위협threat이 없다면 보안에 대해 이야기할 수 없다. 누구나 서로에게 좋게 행동한다면 보안을 걱정할 이유도 없을 것이다. 하지만 사람은 그렇지 않다.

보안은 진공에 존재하지 않는다. 보안은 **위협 모델**threat model에 따라 상대적이다. 위협 모델은 보안이 필요한 대상 목록과 각 보안 대상에 가해질 수 있는 공격을 열거해서, 이런 공격을 방어하는 방법을 설계할 수 있게 한다. 인터넷에 연결된 텔레비전, 보안 카메라, 전구 등의 '스마트 장치'들처럼 '잘못될 게 뭐 있겠어?' 하는 식으로 준비하는 것은 올바른 위협 모델이 아니다.

예를 들어, 이 책을 쓰는 현재 펜더Fender(깁슨과 함께 최고의 기타 메이커로 알려진 미국 악기 회사)는 블루투스가 탑재된 기타 앰프를 출시했다. 블루투스 페어링pairing 프로토콜이 있어야 연주자의 기타와 앰프 사이의 연결을 보호할 수 있는데, 이 회사는 귀찮아서 이 프로토콜을 구현하지 않았다. 이로 인해 교활한 청중이 앰프와 가까이 있으면 휴대전화 등으로 무대의 앰프에 접근해 원하는 소리를 내보낼 수 있다(물론 이런 방식이 새로운 예술 형식이 될 수도 있겠지만, 이게 펜더가 의도한 상황일 것 같지는 않다).

언제나 100% 안전이란 있을 수 없기 때문에 위협 모델을 이해하는 것이 중요하다. 위협 모델에 따라 적합한 방어를 설계해야 한다. 예를 들어, 학교 교실에 있을 때 가방을 보호하기 위해 무장 경비원을 고용해 데리고 다니면 아주 안전할 것이다. 하지만 비용이 너무 많이 들고 학교 측에서도 좋아하지 않을 가능성이 크다. 이런 유형의 위협에 대해서는 사물함locker 정도가 더 적합한 방어다.

또 다른 예를 보자. 내가 벌목장과 채석장 근처 농장에 살고 있다고 하자. 문마다 원하는 대로 아주 비싼 자물쇠를 달 수도 있겠지만, 누군가 전기톱이나 다이너마이트로 우리 집에 침입한다면 그 소리가 늘 듣던 주변 소리와 구분되지 않아서 아무도 신경을 쓰지 않을 것이다. 이런 경우에도 물론 자물쇠를 달기는 하겠지만, 내 재산의 가치를 지키는 것이 목적인데 물리적인 수단으로 이를 방어하는 데는 너무 비용이 들기 때문에 적당한 보험을 드는 것이 내 보안 대책에서 상당한 부분을 차지할 것이다.

내 이웃들은 이런 문제를 제대로 이해하지 못해서 보안을 해치는 잘못된 절차를 수행하고는 한다. 사람들은 시골로 가자마자 자신의 집 앞에 가로등을 설치하기도 한다. 나는 시골에서 사는 이유 중에는 밤에 별을 보려는 목적도 있다고 생각하는데 빛 공해light polution는 별빛을 방해하므로 왜 가로등을 설치하냐고 물어보곤 한다. 사람들의 대답은 항상 '보안 때문에'였다. 나는 항상 이런 가로등은 단지 집에 아무도 없고 무언가 훔칠 만한 것이 있다는 사실을 알려주는 큰 광고판일 뿐이라고 설명해왔다.

컴퓨터 세계에도 자멸적인 보안 요소가 많다. 예를 들어, 여러 기업은 패스워드 조합 방법과 패스워드 변경을 몇 주마다 할지를 강제로 정해둔다. 이런 규칙의 결과로 사람들은 쉽게 추측할 수 있는 패스워드를 선택해 사용하거나, 패스워드를 잊어버렸을 때를 대비해 패스워드를 종이에 적어두게 된다.

결론은 위협 모델을 정의하지 않으면 효과적으로 보안을 강화할 수 없다는 것이다. 위협과 위협에 대비한 방어 사이에 균형을 맞춰야 한다. 목표는 공격자가 통과하려면 비싸지만 방어자에게는 비용이 적게 드는 방어를 사용하는 것이다. 인터넷은 공격 비용은 극적으로 줄여주는데 방어 비용은 줄여주지 못한다는 부작용이 있다.

신뢰

위협 모델을 정할 때 가장 어려운 부분은 여러분이 **신뢰**trust할 대상을 정하는 것이다. 예전에는 직접 만나서 이뤄진 상호작용을 통해 신뢰를 쌓았다. 매력적인 사기꾼은 그럼에도 불구하고 신뢰를 얻어서 남에게 해를 끼칠 수 있었지만 말이다. 현대에는 누구를 믿고 왜 믿어야 할지 결정하기가 더 어렵다. 어떤 와이파이 액세스 포인트를 신뢰할 수 있는지 직접 눈을 들여다보고 알아낼 수 있겠는가? 설령 액세스 포인트의 눈이 어디 있는지 안다고 해도, 눈을 보고 믿을 수 있는지 알 수 있을 것 같지는 않다.

친구들에게 비밀을 지켜달라고 이야기해본 독자라면 신뢰가 얼마나 중요한지 알고 있을 것이다. 친구가 여러분의 신뢰를 배신할 확률이 50 대 50이라 하자. 수학 확률에 따르면 여러분이 비밀을 두 사람에게 이야기했다면 비밀이 새어나갈 확률은 75%다. 친구를 한 명 추가할 때마다 비밀이 알려질 확률이 더 높아진다. 친구가 3명이면 87%, 4명이면 94%, 5명이면 97% 등으로 확률이 커진다. 여러분이 제어할 수 없는 대상을 신뢰할 때마다 보안은 감소한다. 처음 신뢰를 하는 순간부터 보안은 나빠지고, 신뢰할 대상을 추가하면 할수록 보안은 더 악화된다.

친구의 경우라면 여러분이 누구를 신뢰할지 결정할 수 있다. 네트워크로 연결된 컴퓨터 세계에서는 신뢰할 대상을 선택하는 것이 아주 제한적이다. 예를 들어, 여러분이 꼼꼼하게 약관을 읽어보는 사용자라면 거의 대부분의 약관에서 "저희는 당신의 프라이버시를 아주 중요하게 생각합니다. 따라서 당사는 당신의 프라이버시가 침해된 경우에 대해 책임을 지지 않습니다."와 같은 항목을 볼 수 있다. 그다지 신뢰할 수 있을 것 같지가 않다. 하지만 서비스를 사용하려면 하는 수 없다.

컴퓨터 보안 세계에서 '신뢰'는 여러분이 선택할 수는 없지만 의존해야 하는 대상을 가리키는 말이다. 여러분의 보안은 이런 구성요소의 보안에 달려 있다. 앞에서 본 것처럼 보안을 아주 높이기 위해서는 꼭 필요한 대상만으로 신뢰를 최소화해야 한다.

컴퓨터를 사용한다면 수없이 많은 서드파티third-party(컴퓨터를 만든 회사나 운영체제를 만든 회사가 아닌 그 밖의 회사들) 하드웨어나 소프트웨어에 의존해야 한다. 이들 서드파티 소프트웨어나 하드웨어의 설계도나 소스 코드를 볼 수는 없지만 이들에 의존하는 수밖에 없다. 심지어 이들을 신뢰할 수 없어도 이들에 의존해야 한다. 심지어 내부를 들여다볼 수 있다고 해도 정말로 모든 서드파티를 직접 검증할 수 있는 시간과 지식이 여러분에게 있을까?

보안에서는 신뢰라는 표현이 반복해 등장한다. 지금으로서는 세 가지 유형의 신뢰 위반을 고려할 수 있다.

- **의도적**deliberate: 예를 들어, 소니Sony BMG가 고객 컴퓨터에 설치했던 2005 **루트킷**rootkit(시스템의 보호를 우회하는 소프트웨어 모음)이나 레노보Lenovo가 몇 년 전 랩톱에 설치했던 광고를 표시하는 **멀웨어**malware('malicious software'를 줄인 말로, 악의적인 소프트웨어라는 뜻)를 들 수 있다. 이들은 사용자가 실수로 설치한 프로그램이 아니라 컴퓨터 제조사가 설치한 프로그램이었다.
- **무능**incompetent: 몇 가지 예를 보자. 암호화되지 않은 무선 타이어 압력 센서는 이 센서가 장착된 차를 공격 대상이 되도록 노출시킨다. 새 미국 여권에 들어 있는 암호화되지 않은 RFID 태그는 소지자의 개인 정보를 쉽게 노출시킨다. 현재 제안 중인 '안전을 위한' 차량 간 통신 표준을 악용하면 다른 차량에게 나쁜 정보를 주입할 수 있다. 공격자는 관리자 패스워드를 몰라도 수많은 와이파이 라우터에 접속해 설정을 변경할 방법을 찾을 수 있다. 극단적으로 위험한 범주로 가보자. 지멘스Siemens는 자사 산업 제어 시스템 중 일부의 패스워드를 하드코딩했다. 따라서 이 패스워드를 아는 사람은 누구든 안전하다고 여겨지는 제어 시스템에 접근할 수 있다. 시스코Cisco의 제품 중 일부에서도 하드코딩된 패스워드를 볼 수 있다. 가장 큰 DDoS(나중에 설명한다) 공격은 항저우 시옹마이Hangzhou XiongMai라는 회사가 만든 IoT 장치의 기본 패스워드를 악용한 것이었다. 이런 예는 슬프게도 모두 '잘못될 게 뭐 있겠어?'라는 위협 모델이 '모호성에 의한 보안security by obscurity'이라는 사고방식과 어우러진 것에 기인한다.
- **부정직**disingenuous: 사람들이 새빨간 거짓말을 하는 것을 뜻한다. 498페이지의 '사회적 맥락' 절에서 이에 대해 더 설명할 것이다. 좋은 예로는 미국 국립 표준 기술 연구소NIST, National Institute of Standards and Technology가 미국 국가안보국NSA, National Security Agency에서 온 '전문가'의 도움을 받아 만든 암호 표준을 들 수 있다. 나중에 NSA 전문가들이 의도적으로 표준을 강화하지 않고 약화시켰음이 드러났다. 표준을 약화시킴으로써 NSA는 더 쉽

13 컴퓨터 보안

게 스파이 활동을 할 수 있었지만, 해커들도 여러분의 은행 계정 보안을 더 쉽게 깰 수 있었다. 신뢰 위반은 너무나 흔하기 때문에, 이런 유형의 위반으로 인해 공격자가 비밀리에 안전하게 정보를 빼내는 경우를 표현하는 **클렙토그래피**kleptography라는 단어가 생겨났다.[1]

'모호성에 의한 보안'이라는 말은 비밀의 근원이 모호하면 보호 대상이 더 안전하다는 식의 주장을 가리킨다. 하지만 실제로는 보안에 도움이 되지 않는다는 사실이 반복적으로 드러났다. 사실 **투명성**transparency이나 **개방성**openness에서 더 나은 보안을 얻을 수 있다. 더 많은 사람이 현재 사용 중인 보안 기술에 대해 교육받으면 받을수록, 보안 기술의 약점에 대해 더 많이 토의하고 약점을 더 잘 발견하게 된다. 역사를 봐도 어느 누구도 완벽한 사람은 없고, 한 개인이 모든 요소를 다 생각해낸다는 것은 불가능함을 알 수 있다. 컴퓨터 프로그래밍에서는 이를 **수천 개의 눈 원리**thousands of eyeballs principle라고 부른다. 윈도우가 리눅스보다 수백 배 더 결정적인 보안 취약성이 많았다는 업계 통계를 보면 이는 분명하다.

이 주제는 쉽지 않다. 때로는 보안 문제를 발견하는 데 몇 년이 걸리기도 하고, 심하면 수십 년이 걸릴 수도 있다. 심지어 가장 똑똑한 사람들이 계속 연구를 하는데도 그렇다. 예를 들어, 최근 발견된 '스펙터Spectre'와 '멜트다운Meltdown' 취약점 공격exploit[2]은 1960년대 만들어진 CPU 아키텍처 설계 의사결정에 그 기원이 있는 보안 문제다.

물리적 보안

학교 사물함을 생각해보자. 소지품을 사물함에 넣으면 다른 사람들로부터 안전하게 보관할 수 있다. 사물함은 보통 튼튼한 강철재로 만들어졌고 쉽게 비틀어 열리지 않게 설계됐다. 사물함의 물건을 빼내려고 공격하는 사람들이 부수려고 하는 대상이 사물함의 문이므로 보안 전문가들은 사물함의 문을 **공격 표면**attack surface이라고 부른다. 도둑질의 위협으로부터 보호하려 할 때는 사물함이 꽤 좋은 대응 방법이다. 아무도 소리를 내지 않고 사물함을 강제로 열 수는 없기 때문이다. 낮에 여러분의 물건이 사물함 안에 있는 동안에는 사물함 주변에 많은 사람이 오가기 때문에

1 kleptography의 'klepto'는 도둑이라는 뜻이며, kleptography의 발음은 암호를 뜻하는 크립토그래피(cryptography)와 비슷하다. 암호를 써서 안전하다고 생각하고 있는데 사용자도 모르게 암호화되지 않은 정보를 빼낼 수 있게 하는 여러 가지 수단을 클렙토그래피라고 부른다. – 옮긴이

2 취약점 공격은 시스템에 있는 취약점(vulnerability)을 의도적으로 악용(exploit)하는 공격을 말한다. 스펙터는 현대적 CPU가 모두 사용하는 예측 실행(speculative execution)의 약점을 공격하는 방법으로, 2017년에 발견됐고 초기에는 인텔 CPU만 대상이었지만 비슷한 방식이 ARM이나 AMD CPU에도 적용될 수 있음이 증명됐다. 멜트다운 버그는 (역시 현대적 CPU에서 사용 중인) 비순차적 명령어 처리(out of order execution)를 악용해 컴퓨터 메모리 전체를 마음대로 볼 수 있는 공격으로 2018년 발견됐다. – 옮긴이

도둑이 강제로 문을 열려고 시도하면 아마도 눈에 띌 것이다. 방과시간 후에 누군가 사물함을 강제로 열 수도 있겠지만, 그 시간대에 소중한 물건이 사물함 안에 들어가 있을 것 같지는 않다.

사물함 문에 달린 번호 자물쇠는 올바른 번호와 순서로 열어야 열리며, 여러분은 이를 알고 있어야 한다. 학교가 이 조합을 여러분에게 알려주는 것은 여러분에게 그 특정 사물함을 열 수 있는 **권한을 부여**authorization하는 것이다. 번호 자물쇠도 또 다른 공격 표면이다. 번호 자물쇠를 설계할 때는 보통 번호 자물쇠를 부숴도 문이 열리지 않게 하기 때문에 일단 문을 번호 자물쇠로 잠그면 사물함 내부에 도달할 수 없다. 물론 이제 새로운 문제가 생긴다. 여러분은 번호 조합을 비밀리에 기억해야만 한다. 번호를 종이에 적어서 다른 장소에 둘 수도 있지만 다른 누군가가 이 종이를 찾을 수도 있다. 그리고 사물함 문을 열 때 누가 몰래 보고 번호를 알아내지 못하게 조심해야 한다. 또한 영화에서처럼 금고털이가 번호 자물쇠를 열 수도 있다. 학교 사물함에 너무 좋은 번호 자물쇠를 설치하는 것은 그다지 실용적이지 않다. 그래서 **자동다이얼기**autodialer라는 장치를 번호 자물쇠에 붙여서 모든 조합을 시도해볼 수도 있다. 자동다이얼기는 특별한 장치였지만, 아두이노 등의 마이크로컴퓨터와 스테퍼 모터stepper motor를 조합해 싸고 작은 자동다이얼기를 만들 수도 있다. 하지만 문의 경우와 마찬가지로 수많은 사람들이 보관함이 있는 방을 드나들기 때문에 자물쇠를 털려는 시도는 눈에 띄기 쉽다. 재능이 있는 금고털이이거나 설계가 잘못된 자물쇠(수많은 '강력해 보이는' 자물쇠는 그냥 쇼일 뿐이다)가 있으면 좀 더 침입이 쉬울 것이다. 그리고 1분 안에 쉽게 열 수 있는, 사람들이 많이 쓰는 유명한 조합이 많은데, 이런 조합을 쓰면 누구나 관련 지식을 쉽게 얻어서 자물쇠를 열 수 있다.

여러분이 눈치채지 못한 세 번째 공격 표면이 있다. 번호 자물쇠 가운데에는 열쇠 구멍이 있다. 학교 사물함의 경우에는 뒷면back이 아니라 앞면front에 있기는 하지만, 보안 전문가들은 이를 **백도어**back-door라고 부른다. 이 구멍은 여러분이 제어할 수 없지만 여러분의 사물함을 열 수 있는 또 다른 방법이다. 왜 열쇠 구멍이 거기 있을까? 물론 학교는 모든 자물쇠의 번호 조합을 알고 있다. 그렇지 않다면 여러분에게 그 조합을 알려주지 못했을 것이다. 이 백도어는 학교에서 모든 학생의 사물함을 빠르게 열 수 있도록 편의상 만든 것이다. 하지만 이로 인해 모두의 보안이 나빠진다. 열쇠 구멍이 있는 자물쇠는 몇 초 만에 쉽게 딸 수 있다. 그리고 모든 사물함이 똑같은 열쇠로 열리기 때문에 누군가 이 열쇠를 복사하면 모든 사물함이 취약해지는데, 열쇠 복사는 여러분의 생각보다 훨씬 더 쉽다.

학교가 여러분에게 사물함 번호 자물쇠 조합을 주는 것은 여러분에게 **권한**privilege을 허용하는 것이다. 이 경우 권한은 사물함 내부에 접근할 수 있는 능력이다. 열쇠를 가진 사람은 더 높은 **권**

한 수준privilege level을 갖는다. 이런 사람은 어느 한 사물함이 아니라 모든 사물함을 열어볼 수 있다. 복사한 열쇠를 얻으면 여러분의 권한 수준도 높아진다. 내 엔지니어 친구들 중 상당수(나 자신을 포함)는 십 대 때 열쇠를 따는 법을 배워서 '특권'을 얻을 수 있었다.

통신 보안

지금까지 사물을 안전하게 보관하는 법에 대해 배웠다. 이제는 더 어려운 문제를 해결해보자. 여러분의 물건을 다른 누군가에게 보내고 싶다면 어떻게 해야 할까? 쉬운 경우부터 시작하자. 오늘이 마감인 오리온Orion 별자리에 대한 숙제가 있다. 하지만 의사를 만나기로 예약을 했기 때문에 수업을 빠져야 한다. 학교 복도에서 친구 에드거[3]를 만나서 여러분 대신 숙제를 내달라고 부탁한다. 꽤 간단해 보인다.

이 과정에서 첫 번째 단계는 **인증**authentication이다. 이 말은 여러분이 숙제 전달을 부탁할 상대가 진짜 에드거인지 확인한다는 뜻이다. 하지만 여러분이 너무 마음이 급해서 성격이 나쁜 에드거의 쌍둥이 동생을 착한 에드거로 착각했거나, '에드거 옷'을 입고 에드거인 척하는 에드거일 수도 있다. 여러분은 실수로 버그가 많은 무언가를 인증하고 싶지는 않을 것이다(1997년 영화 〈맨인블랙〉[4]을 보라!).

에드거를 흉내 내는 것만이 유일한 공격 표면은 아니다. 숙제가 여러분 손을 떠난 순간부터 온갖 일이 벌어질 수 있다. 여러분은 에드거가 최선을 다해 여러분을 위할 것이라고 신뢰한다. 하지만 에드거가 우주로 나가서 숙제 제출을 까먹을 수도 있다. 나쁜 에드거가 숙제를 고쳐서 답을 틀리게 하거나, 더 악의적으로 여러분의 숙제가 다른 사람의 숙제를 베낀 것처럼 보이게 할 수도 있다. 이 경우에는 숙제의 **진본성**authenticity, 즉 에드거가 여러분이 준 숙제를 그대로 제출했음을 증명할 방법이 없다. 만약 여러분이 미리 계획을 세웠다면 숙제를 봉투에 넣고 밀랍으로 봉인을 했을 것이다. 물론, 밀랍 봉인도 아무 흔적을 남기지 않고 열었다 다시 봉할 수 있다.

인증 가능한 신뢰할 수 있는 숙제 배달자를 구할 수 없으면 문제가 더 어려워진다. 아마도 그냥 계획 없이 수업을 빠지면 선생님이 숙제를 우편으로 제출해도 된다고 말할 수도 있다. 이 경우 불특정 다수가 여러분의 편지를 다룰 수 있기 때문에, **중간자 공격**man-in-the-middle attack이 가능해진다. 중간자 공격이란 두 당사자의 중간에 공격자가 들어가서 통신을 가로채거나 변경하는 상

---

3 여기 나온 예제의 에드거는 영화 〈맨인블랙〉에 나오는 등장인물이다. 〈맨인블랙〉에는 오리온이라는 이름의 고양이가 나오고 이 고양이 목줄(오리온의 벨트)에 걸린 은하가 〈맨인블랙〉에서 벌어지는 사건의 중심에 있었다. – 옮긴이

4 〈맨인블랙〉에는 에드거가 두 명 나오는데, 큰 벌레 모양의 외계 생명체인 에드거는 오리온 벨트에 걸린 은하를 찾기 위해 지구에 왔고, 인간인 에드거를 죽인 후 껍데기를 뒤집어 쓰고 인간 에드거인 척했다. – 옮긴이

황을 말한다. 여러분은 누가 우편을 처리할지 모르고, 에드거에게 숙제를 줄 때와 달리 심지어는 인증을 할 수 있는 기회도 없다.

이 문제의 해법은 **크립토그래피**cryptography다. 여러분과 여러분의 메시지를 받을 수신자만 아는 비밀 코드secret code를 사용해 **암호화**encrypt해서 보내면 수신자는 비밀 코드를 사용해 암호화된 메시지를 **복호화**decrypt한다. 물론 번호 자물쇠의 조합과 마찬가지로 비밀 코드는 비밀로 유지돼야 한다. 암호화를 써도 비밀 코드를 깰 수가 있고, 코드가 깨졌어도 여러분이 누군가가 코드를 알거나 깼다는 사실을 알 방법은 없다. 제대로 설계된 **암호 시스템**cryptosystem은 당사자 사이에 신뢰하는 요소의 수를 감소시킨다. 그래서 암호화되어 읽을 수 없는 통신 내용이 중간에 누출돼도 그리 큰 위험이 아니다.

암호 사용자가 코드가 깨졌다고 의심하면 코드를 바꿀 수 있다. 2차 세계대전의 코드 해독과 관련해 흥미로운 점은 코드가 해독됐다는 사실을 감추기 위해 갖가지 책략이 동원됐다는 점이다. 예를 들어, 비행기를 내보내서 '우연히' 적국 함대의 이동을 발견하고 공격하게 해서 실제로 함대 위치를 알아낸 이유가 해독된 암호 때문이었다는 사실을 감췄다. 닐 스티븐슨Neal Stephenson의 소설 『Cryptonomicon』은 이런 종류의 정보 보안과 관련해 재미있게 읽을 수 있는 책이다.

모던 타임즈[5]

'연결된 컴퓨터' 시대는 물리적 보안 문제를 통신 보안 문제와 결합시켰다. 사이키델릭 카우보이이자 시인이며 작사가이자 미래학자인 존 페리 발로우John Perry Barlow(1947~2018)는 1990년 SIGGRAPH 패널로 나와서 이를 "사이버스페이스는 여러분의 돈이 있는 곳이다."라는 말로 표현했다. 하지만 사이버스페이스에 있는 것이 돈뿐만은 아니다. 사람들은 과거 레코드판이나 CD에 들어 있는 음악이나 비디오 테이프나 DVD에 들어 있는 영화를 구매했다. 하지만 이제 이런 엔터테인먼트들은 대부분 그냥 컴퓨터 안에 비트로 존재한다. 물론 은행도 온라인으로 옮겨갔다.

이런 비트들이 여러분이 소유한 여러 컴퓨터에 가만히 있을 수도 있다. 하지만 여러분의 컴퓨터와 전화는 모두 전 지구적인 인터넷에 연결되어 있다. 인터넷은 너무 큰 공격 표면이기 때문에 적어도 어느 한 곳에서는 신뢰가 깨질 것이라 예상해야 한다. 게다가 인터넷을 통한 공격자는 근본적으로 눈으로 볼 수 없다.

5 모던 타임즈(modern times)는 시대적으로 근대나 현대를 뜻하기도 하지만(근대 사람의 현대는 현대 사람의 근대라는 점에 유의하라), 찰리 채플린의 명작 영화 제목이기도 하다. – 옮긴이

예전에는 누군가 여러분을 화나게 만들고 싶으면 직접 초인종을 누르고 도망가야 했다. 여러분이 적시적지에 있다가 초인종을 누르는 사람을 본다면 이런 공격자를 잡을 확률이 상당히 높았다. 그리고 하루에 장난으로 누를 수 있는 초인종 수도 한정되어 있었다. 인터넷상에서는 짜증 나는 공격자를 볼 수 있다고 해도 여러분이 할 수 있는 일이 많지 않다. 심지어 이제는 공격자가 더 이상 사람도 아니다. 프로그램이 여러분을 공격한다. 공격자가 프로그램이기 때문에 공격자는 매초 수천 번 여러분의 기계를 깨기 위한 공격을 시도한다. 이제 게임 양상이 완전히 달라졌다.

문제를 일으키기 위해 공격자가 꼭 어떤 기계에 들어갈 필요도 없다. 초인종을 누르는 사람이 충분히 지속성이 있다면 이들로 인해 다른 사람이 여러분의 대문 초인종을 누르지 못할 수도 있다. 정당한 고객들이 서비스를 받지 못하게 방해하기 때문에, 이런 형태의 공격을 **서비스 거부**DoS, denial of service 공격이라고 부른다. 오늘날 이런 식의 공격은 대부분 **분산 서비스 거부 공격**DDoS, distributed denial of service으로 이뤄진다. DDoS는 엄청나게 많은 사람이 협력해서 초인종을 누르는 상황과 비슷하다.

공격자 추적을 아주 어렵게 하는 요인 중 하나는 공격자가 **프록시**proxy를 사용한다는 점이다. 자신의 컴퓨터에서 수백만 번 공격을 시도한다면 쉽게 추격할 수 있는 흔적이 남는다. 하지만 공격자들은 몇몇 기계에 침입해서 자신의 소프트웨어(멀웨어)를 설치하고, 이 다른 기계들이 더러운 일을 하게 한다. 이런 공격은 종종 수백만 대의 손상된compromised 기계가 포함된 여러 계층의 트리 구조를 만들어내기도 한다. 다른 손상된 기계에게 어떤 일을 할지 지시하는 극소수의 **명령 및 제어**command and control 메시지를 잡아내기는 아주 어렵다. 그리고 공격 결과를 공격자에게 보낼 필요도 없다. 공격 결과는 공개된 웹사이트에 암호화된 형태로 포스트되고, 공격자는 편할 때 그 정보를 얻으면 된다.

어떻게 이런 일이 가능할까? 이 세상에 실행 중인 기계 중 상당수는 마이크로소프트사의 소프트웨어를 사용하고, 마이크로소프트사의 소프트웨어는 버그나 안전하지 않은 소프트웨어의 표준이 된다.[6] 1995년 10월 「포커스Focus」 잡지와의 인터뷰에서 빌 게이츠Bill Gates는 "나는 우리가 (단순히) 버그를 수정하기 위해 새로운 버전을 내놓지는 않는다고 말하는 겁니다. 우리는 그런 식으로 일하지 않습니다. (버그만 수정한 윈도우 버전을 내놓는다면) 충분한 수의 사람들이 그런

6 마이크로소프트 제품이 버그가 많고 안전하지 않아서라기보다는 워낙 많은 컴퓨터에 설치되어 있고 사용자 중 상당수가 일반 사용자이기 때문이라고 봐야 한다. 예를 들어, 리눅스는 대부분 클라우드에서 돌아가는 컴퓨터나 데이터 센터에 있는 컴퓨터에 설치되는 경우가 많고 이런 시설들은 보안도 일반인의 컴퓨터에 비해 더 나은 편이다. 맥 같은 경우는 과거에는 사용자 수가 너무 적었고, 요즘은 사용자가 늘었지만 그중 상당수는 개발자여서 컴퓨터 시스템을 보호하는 방법을 그래도 일반인보다는 잘 아는 편이다. 공격자들도 가격 대 성능비(cost effectiveness)를 따지는데, 전 세계에 한 대밖에 없는 슈퍼컴퓨터를 공격 대상으로 삼아봐야 심리적 만족감 외에 큰 이득을 얻기는 어렵다. – 옮긴이

버전을 사지는 않을 것이기 때문입니다."[7]라고 말했다. 마이크로소프트도 최근 꽤 좋아졌지만, 안전하지 못한 소프트웨어 부문인 사물인터넷IoT, Internet-of-Things 시장에서는 시장 지배력을 상실하고 있다. IoT에 있는 기계 중 상당수는 이제 데스크톱 컴퓨터보다 훨씬 더 많은 처리 능력을 갖고 있다.

공격에는 주로 두 가지 유형이 있다. 첫 번째 공격 유형인 크립토그래피 시스템 공격은 상대적으로 드물고, 잘 설계된 시스템을 공격하기는 어렵다. 더 일반적인 공격은 트릭을 써서 사용자가 자신의 컴퓨터에 소프트웨어를 직접 설치하게 만드는 '사회적social' 공격이다. 여러분이 설치한 프로그램 내부에 키보드로 입력하는 패스워드를 몰래 살펴보는 악의적인 코드가 심어져 있다면 아무리 최고로 복잡한 패스워드를 사용해도 소용이 없다. 흔한 사회적 공격 메커니즘 중에는 똑똑하다고 여겨지는 사람들조차 저지를 수 있는 멍청한 행동이 들어 있다. 예를 들어 전자우편을 통해 전달됐거나 땅에서 주운 USB에 들어 있던 아무 프로그램이나 실행한다거나, 휴대폰을 아무 USB 포트에 꽂는다거나 하는 일이 그런 행동이다. 이런 짓을 한다고 잘못될 게 뭐 있을까? (당연히 엄청나게 잘못될 수 있다.) 이런 공격은 피할 수 있지만, 이제는 웹 브라우저를 통한 공격으로 바뀌는 중이다. 9장에서 웹 브라우저가 얼마나 복잡한지 이미 설명했다.

아주 위험하고 똑똑한 공격의 예로 2009년 온라인 뱅킹 취약점 공격이 있다. 이 공격은 누군가가 은행 계정에 로그인하면 그 계정의 돈을 공격자 계정으로 송금한다. 그 후, 은행 사이트가 보여주는 웹 페이지를 고쳐서 송금 사실을 감춤으로써 계정 주인이 눈치채지 못하게 한다. 이로 인해 여러분이 종이로 된 은행 거래 명세서를 사용하고 주의 깊게 이 명세를 살펴보지 않는 한, 이 공격을 눈치채기는 극히 어렵다.

현대에 생긴 또 다른 문제로는 비트를 조작하면 물리적인 반향을 일으킬 수 있게 됐다는 점이 있다. 진보나 편리라는 미명하에 이제는 온갖 필수적인 인프라가 인터넷에 연결되어 있다. 이로 인해 공격자가 발전소를 중단시키거나, 겨울에 집 보일러를 꺼서 수도관을 동파시키는 일이 가능해졌다. 그리고 IoT와 로보틱스robotics의 등장으로 인해 공격자가 진공 청소기를 프로그램해서 여러분 집의 고양이에게 테러를 가하거나, 여러분이 없을 때 침입 경보기를 끌 수 있다.

마지막으로, 현대 기술로 인해 어떤 것이 진본인지를 결정하기가 점점 어려워지고 있다. 이제는 **딥페이크**deep fake라는 사실적인 사진, 오디오, 비디오를 만들어내기가 너무 쉬워졌다. 최근 이뤄지는 자동녹음전화 중 상당수는 단지 다른 용도로 쓸 목소리 샘플을 얻으려는 목적에서 이뤄진

7 새로운 기능을 넣거나 더 큰 변화가 있을 때만 윈도우 8에서 윈도우 10으로 가는 식의 큰 버전 변경이 일어난다는 뜻이다. – 옮긴이

다는 이론이 있다. 음성 검색에 사용했던 데이터가 여러분의 친구가 여러분에게 전화하는 인공지능 전화 소리로 바뀌는 데 얼마나 오래 걸리겠는가?

메타데이터와 감시

현대 기술이 가져올 큰 변화가 또 있다. 암호화가 통신 내용을 비밀로 유지할 수 있다고 해도, 단지 통신 패턴을 관찰하는 것만으로도 많은 정보를 얻을 수 있다. 요기 베라Yogi Berra가 말한 것처럼 "보고 있는 것만으로도 많은 것을 관찰할 수 있다." 예를 들어 여러분의 편지를 굳이 열어보지 않더라도, 여러분이 누구에게 편지를 쓰고 누가 여러분에게 편지를 보내는지 살펴봄으로써 상당히 많은 정보를 얻을 수 있다. 봉투 크기나 무게, 편지를 쓰는 빈도 등을 고려하면 더 많은 정보를 얻을 수 있음은 두말할 나위가 없다. 미국에서는 우체국이 모든 우편물의 사진을 찍기 때문에 이런 관찰을 피할 수 없다.

봉투 밖에 써 있는 내용을 **메타데이터**metadata라고 한다. 이 정보는 데이터 자체는 아니고 데이터에 대한 데이터다. 누군가는 이 정보를 사용해 여러분의 친구 네트워크를 알아낼 수 있다. 현대 서방 세계에 사는 사람에게는 이 말이 그리 나쁜 말로 들리지 않을 것이다. 하지만 좀 더 억압적인 사회에 사는데 여러분에 대한 이 정보가 알려지면 친구가 위험하다고 생각해보라. 이런 예로는 중국의 '소셜 크레딧social credit' 점수를 들 수 있다.

물론 이제는 우편물을 추적해서 친구 정보를 얻는 사람은 거의 없을 것이다. 그냥 여러분의 SNS 친구를 보면 되기 때문에 이런 일이 더 쉬워졌다. 그리고 여러분이나 여러분의 친구를 추적하는 데 더 이상 인력이 많이 필요하지 않게 됐다. 온라인 활동을 먼 곳에서도 추적할 수 있기 때문에 이제는 아무도 여러분이 집 밖에 있을 때 여러분을 추적할 필요가 없다. 그리고 점점 늘어나는 다양한 스파이 카메라로 인해 실제 세계에서의 동선도 추적할 수 있게 됐다. 물론 여러분이 핸드폰을 들고 다니면, 또 다른 메타데이터인 휴대전화 시스템 정보를 가지고 여러분을 추적할 수 있다.

사회적 맥락

정치적이 되지 않고 보안에 대해 이야기할 수는 없다. 왜냐하면 보안에는 실제로 두 가지 축이 있기 때문이다. 첫 번째 축은 튼튼한 보안을 구축하기 위한 기술이다. 다른 축은 개인의 보안과 사회 전체의 보안 사이의 트레이드 오프다. 여기서 사회적인 목표를 언급하지 않고 기술적인 요소만 설명하기는 어려우므로 문제가 복잡해진다.

보안은 사회적 문제일 뿐만 아니라, 각기 다른 관습과 법으로 인해 나라마다 다른 문제이기도 하다. 특히 통신이 쉽게 국경을 넘을 수 있어서 서로 다른 규제를 받을 수 있는 현 시대에는 특히 이 문제가 복잡해졌다. 여기서 정치적 논쟁을 시작하고 싶지는 않다. 단지 여러분이 온전히 기술적인 측면에서만 보안을 논의할 수는 없다는 사실을 말하고 싶을 뿐이다. 이번 장에서 정치적인 부분은 주로 미국인의 입장에서 쓴 것이다.

'국가 안보'가 미국 헌법에 명시되어 있다는 착각이 흔하다. 특히 정부 공직자들이 '국가 안보'나 '국가 기밀'이라는 망령을 불러올 때마다 법원이 반복적으로 헌법에 명시된 권리에 관련한 (정부 측에 반하는) 소송을 기각해왔기 때문에 이런 착각을 이해할 만하다. 미국 수정 헌법 제4조 The Fourth Amendment of US Constitution는 국가 안보에 대한 가장 명확한 표현인데, "불합리한 압수와 수색에 대해 신체, 주거, 서류, 물건의 안전을 확보할 국민의 권리는 침해돼서는 안 된다. 선서나 확약에 의해 상당하다고 인정되는 이유가 있어 특별히 수색할 장소와 압수할 물건, 체포·구속할 사람을 특정한 경우를 제외하고는 영장은 발부돼서는 안 된다."[8]라고 말한다. 불행히도 '불합리한unreasonable'이라는 단어의 의미가 명확히 정의되어 있지 않다(아마도 당시의 합리적인 사람들은 이 말의 뜻을 누구나 잘 알았기 때문이 아닌가 싶다). 이 수정 조항은 국민의 보안을 부여하고 국가의 보안을 부여하지 않는다는 점에 유의하라. 이 조항이 바로 '인민에 의한, 인민을 위한'[9] 조항이다.

이 문제의 핵심은 정부가 국민을 지켜야 한다는 의무가 국민의 권리보다 더 강한가의 문제다.

많은 사람은 누군가 자신을 안전하게 지켜준다는 사실을 알고 편안히 있고 싶어 한다. 이를 사회적 계약social contract이라고 간주할 수 있다. 불행히도 사회적 계약은 신뢰 위반에 의해 위협받을 수 있다.

정부에 속한 사람들이 다른 모든 사람보다 더 '좋은' 사람이거나 '더 정직하다'는 편견이 있지만, 실제는 사실에 반한다. 기껏해야 그들도 다른 사람들과 비슷한 사람일 뿐이다. 좋은 사람도 있고 나쁜 사람도 있다. 법 집행자가 범죄를 저지른다는 사실에 대한 문서화된 증거는 충분하고도 남는다. 이를 악화시키는 요소로는 비밀주의를 들 수 있다. 감시와 감독이 부족한 정부 직책에는 나쁜 사람들이 모이는 경향이 있다. 이는 투명성과 개방성이 좋은 신뢰 모델의 근본인 이유와 같다. 예를 들어 1960년대 마인드 컨트롤mind-control 실험의 일부분으로 CIA는 사람들에게 LSD를 투여하고 반응을 관찰했다. MK울트라MKUltra라고 알려진 이 프로그램에 대한 감시는

8 번역문은 한국어 위키 https://ko.wikipedia.org/wiki/미국_수정_헌법_제4조에서 가져왔다. – 옮긴이
9 유명한 링컨의 게티즈버그 연설문에 나온 말이다. https://ko.wikipedia.org/wiki/게티즈버그_연설을 보라. – 옮긴이

전혀 없었고 그로 인해 자신이 실험 대상인지도 모르는 실험 대상이 최소한 한 명 이상 죽었다. MK울트라가 종료된 이후, 연방 마약국Federal Bureau of Narcotics 에이전트인 조지 화이트George White는 "혈기 왕성한 미국 소년이 다른 어디서 고위층의 허가와 축복 아래 거짓말, 살인, 강간, 절도, 파괴 등을 저지를 수 있겠는가?"라고 말했다. 그리고 존 에드거 후버J. Edgar Hoover가 수장이던 FBI도 정치적인 남용이 상당히 심했다. 당시 FBI는 정치적 목적으로 민간인에 대한 첩보 활동을 진행했을 뿐만 아니라, 알려진 적에 대한 파괴공작까지 자행했다.

최근 들어 더 많은 신뢰 남용이 드러나고 있고, 감시 부족과 비밀주의를 감안하면 이들은 실제 벌어진 남용의 빙산의 일각일 뿐일 것이다. 이번 장에 더 적절한 예로는 에드워드 스노든Edward Snowden의 불법 정부 도감청 폭로를 들 수 있다.[10]

감시가 없으면 정부의 비밀주의가 불법적인 활동이나 단순한 무능을 덮어줄 수 있다. 1998년 미국 정부는 데이터 암호화 표준DES, Data Encryption Standard이라는 암호를 사용하라고 장려했다. 전자 프론티어 재단EFF, Electronic Frontier Foundation은 약 25만 달러(이 돈을 현재 가치로 환산해도 50만 달러를 넘지 않을 것이다. 현재 NSA의 예산인 80억 달러에 비하면 새 발의 피다)를 들여 DES 코드를 깨기 위해 딥크랙Deep Crack이라는 기계를 만들었다. 이들이 딥크랙을 만든 이유는 정부 기관의 전문가들이 무능하거나, 알고리즘의 안전성에 대해 거짓말을 하고 있다고 증명하려는 의도에서였다. EFF는 NSA 등이 미국 측 스파이의 편의를 위해 의도적으로 신뢰를 위반했다는 사실을 알리려 시도했다. 그리고 이들의 노력은 어느 정도 효과가 있었다. 비록 정보 관련 기관의 전문가 행동을 바꾸지는 못했지만, 그들의 노력은 DES를 대신하는 향상된 암호화 표준Advanced Encryption Standard 개발의 기폭제가 됐다.

'위험한 세계야'라고 주장하기는 쉽다. 하지만 수많은 나쁜 사람들이 이런 비밀 프로그램에 의해 체포됐다면 그런 사실이 벌써 알려졌을 것이다. 하지만 실제로는 개인에게 '침입해서 단서도 없이' 아무 위협이 되지도 않는 사람을 불법 체포했다는 소식만 들려온다. 사람들은 "정부가 내 물건을 봐도 개의치 않아. 난 감출 게 없어."라고 말하곤 한다. 이 말은 참일지도 모르지만, 이런 말을 하는 사람들도 자신의 은행 계좌 패스워드를 정말로 감추고 싶어 할 것이라는 사실은 충분히 타당한 추측이다. 가장 극단적인 (자신이 선하다는 식의) 주장을 하는 사람들이 실제로는 가장 나쁜 행동을 하는 사람인 것 같아 보이는 경우가 종종 있다.

10 에드워드 스노든은 미국 CIA 등에서 일했던 컴퓨터 기술자로, 2013년 〈가디언(Guardian)〉지를 통해 PRISM이라는 감시 프로그램과 미국 내 통화기록 등을 공개했고, 현재는 미 당국을 피해 러시아에 망명해 거주 중이다. – 옮긴이

신뢰 위반은 국제적으로 영향을 끼친다. 보안이 저하된 상품을 구매하려면 주저하게 된다. 아웃소싱outsourcing도 위협이 될 수 있다. 여러분의 국가가 개인 정보를 보호하는 법을 제공할 수도 있지만, 다른 국가에서는 그 정보에 접근이 (법적으로) 가능할 수도 있다. 아웃소싱한 데이터가 매매되는 경우가 자주 있는데, 최근에는 외부자가 취득한 개인 정보를 정치적인 과정에 사용한 경우가 있었다. 아마도 이를 통해 '서방 주권'의 종말을 획책하는 것일 수도 있다.

신뢰 위반은 자유에도 영향을 끼친다. 사람들이 자체 검열self-censorship을 하거나 온라인 만남이나 통신이 추적당할 것을 염려하기 시작하면 '냉각 효과chilling effect'가 발생한다. 냉각 효과가 정치 운동에 끼친 영향을 보여주는 역사적인 증거가 많이 있다.

현대적인 휴대 전화는 암호, 패턴, 지문, 얼굴 인식 등 여러 가지 잠금 해제 방법을 제공한다. 여러분은 어떤 방법을 사용해야만 할까? 최소한 미국에서는 약간의 불편을 감수하고라도 암호나 패턴을 사용할 것을 권장한다. 세 가지 이유가 있다. 첫째, 수정 헌법 5조 "어느 누구도 ... 형사 사건에서 자신의 증인이 될 것을 강요받아서는 안 되며, ..."라는 부분을 여러분의 머릿속에 들어 있는 '증거' 정보를 제출하라고 명령받을 수 없다라고 해석한 법원이 있다. 다시 말해, 법원이 여러분에게 패스워드, 패턴 등을 알려주도록 명령할 수 없다는 뜻이다. 하지만 지문이나 얼굴을 제공하도록 명령할 수 있다는 판결을 내린 법원도 일부 있다. 둘째, 신뢰 문제가 있다. 여러분의 휴대 전화 잠금을 요청에 따라 해제하는 데 반대하지 않는다고 해도, 여러분의 사진이나 지문 정보를 가지고 여러분의 폰에 어떤 일을 할지 어떻게 알 수 있겠는가? 단지 사진이나 얼굴을 사용해 전화 잠금을 풀 수도 있지만, 여러분에게 알리지 않은 채 미래에 사용하기 위해 데이터베이스에 사진이나 지문을 저장할지 어떻게 알 수 있을까? 셋째, 싸구려 영화에서 계속 나오는 플라스틱으로 만든 지문이나 가짜 홍채(눈)가 실제로도 작동한다는 사실을 시연한 경우가 있다. 생체 정보는 패스워드보다 흉내 내기가 더 쉽다.

인증과 권한부여

앞서 인증과 권한부여에 대해 언급했다. **인증**authentication은 어떤 사람이나 대상이 실제로 그 사람이나 대상임을 증명하는 과정이며, **권한부여**authorization는 제대로 된 '자격증명credential'을 제공하지 않는 사람에게 접근을 제한하는 것이다.

이 두 가지 중에서는 분명 권한부여가 더 쉽다. 권한부여는 제대로 설계하고 구현한 하드웨어와 소프트웨어로 해결이 가능하다. 인증은 훨씬 어렵다. 소프트웨어는 패스워드를 입력한 사람이 여러분인지 다른 사람인지 어떻게 구분할 수 있을까?

요즘 많은 시스템에서 **2단계 인증**2FA, two-factor authentication을 사용한다. 여기서 **단계**factor란 독립적인 검증 수단을 뜻한다. 한 단계는 여러분을 유일하게 구분할 수 있는 요소(지문 등)이거나 여러분만 알 수 있는 내용(패스워드나 PIN)을 포함한다. 따라서 2단계 인증은 이런 요소를 두 가지 사용한다. 예를 들어, 은행카드에 PIN을 입력하거나 패스워드를 입력하면 여러분의 휴대 전화로 일회용 코드one-time code를 보낼 수 있다. 이런 시스템 중 일부는 다른 시스템보다 더 잘 작동한다. 분명히 다른 사람도 접근할 수 있는 휴대 전화에 메시지를 보내는 것은 안전하지 못하다. 셀룰러 폰 시스템 인프라의 일부분으로 인해 휴대 전화가 포함된 2FA에 의존하는 것은 위험하다. 공격자는 여러분의 전자우편 주소나 쉽게 얻을 수 있는 다른 정보를 사용해 여러분의 전화번호를 자신이 제어할 수 있는 전화의 SIM 카드에 넣을 수 있다. 이렇게 하면 공격자가 여러분의 데이터에 접근할 수 있을 뿐만 아니라, 여러분이 셀룰러 네트워크에 접근하지 못하게 잠가버릴 수 있다.

크립토그래피

앞에서 말했듯이 크립토그래피를 사용하면 송신자가 통신 내용을 뒤죽박죽으로 만들어서 정해진 수신자만 디코딩하도록 송신할 수 있다. 여러분이 은행 계좌에서 출금할 때는 누군가 다른 사람이 출금을 하는 것을 원하지 않기 때문에 암호화가 아주 중요하다.

하지만 크립토그래피가 보안과 프라이버시를 위해서만 중요한 것이 아니다. 암호 서명을 사용하면 데이터의 진실성을 증명할 수 있다. 과거 어떤 정보의 근원에 대한 의문이 있을 때는 물리적인 원본을 참조할 수 있었다. 하지만 문서, 오디오, 비디오 등의 경우 처음부터 컴퓨터 안에서 원본이 생성되고 결코 물리적인 형태로 환원된 적이 없기 때문에 원본과 사본의 구분이 존재하지 않는 경우도 자주 있다. 암호화 기법을 사용하면 위변조forgery를 막거나 감지할 수 있다.

하지만 암호화만으로는 여러분의 성을 강력한 요새로 만들 수 없다. 암호화는 보안 시스템의 일부분이며, 보안 시스템에서는 모든 부분이 중요하다.

스테가노그래피

어떤 내용을 다른 내용 속에 감추는 방식을 **스테가노그래피**steganography라고 부른다. 스테가노그래피는 송신자와 수신자 사이에 연결의 자취가 남지 않기 때문에 비밀리에 통신하기 좋은 방법이다. 신문의 분류 광고classified ads[11]를 통해 스테가노그래피를 전달하곤 했는데, 요즘은 거의 무한대로 많은 장소에 글이나 그림을 올릴 수 있으므로 온라인에서 훨씬 더 쉽게 스테가노그래피를 할 수 있다.

스테가노그래피는 기술적으로는 크립토그래피가 아니다. 하지만 우리 목적에는 암호화와 거의 비슷하게 부합한다. 그림 13-1을 보라. 왼쪽에는 미스터 덕Mr. Duck과 토니 캣Tony Cat 사진이 있다. 중앙의 이미지는 비밀 메시지를 포함한 사진이다. 두 그림을 서로 구분할 수 있겠는가? 맨 오른쪽에는 숨겨져 있는 메시지가 있다.

그림 13-1 이미지 속에 숨겨진 비밀 메시지

어떻게 이런 일이 가능할까? 왼쪽의 이미지는 8비트 회색조 이미지다. 중앙의 이미지는 오른쪽 이미지의 각 픽셀의 가장 자릿수가 작은 비트LSB를 오른쪽 비밀 메시지의 LSB로 대체한 이미지다. 원래의 메시지를 복구하려면 가운데 이미지의 각 픽셀에서 LSB를 제외한 7비트를 제거하면 된다.

이 방법은 메시지를 감추는 데 최선은 아니다. 비밀 메시지를 문자가 아니라 아스키 코드로 넣었다면 더 알아보기 어려웠을 것이다. 또는 비밀 메시지의 비트를 이미지 여기저기에 흩어놓거나 암호화하면 훨씬 더 발견하기 어려울 것이다. 최근 콜롬비아 대학교의 창 샤오Chang Xiao, 청 장Cheng Zhang, 창시 정Changxi Zheng이 제안한 또 다른 접근 방법으로 텍스트 문자의 모양을 살짝 바꿔서 메시지를 표시하는 방법이 있다. 이 방법은 완전히 새로운 방법은 아니다. '미국 최초의 여성 암호 분석가'인 엘리제베스 스미스 프리드먼Elizebeth Smith Friedman(1892~1980)도 자기 남편의 묘비에 비슷한 방식으로 비밀 메시지를 숨겼다.[12]

여러분이 방문하는 웹 페이지를 감시하기 위해 광고회사들은 스테가노그래피를 사용했다. 여러분이 광고를 막으면 여러분의 눈에 안 보이게 감춰진 광고도 함께 막히기 때문에 광고회사가 이

11 무료 생활정보지(교차로 등)처럼 '부동산매매', '구인', '구직'하는 식의 분류 아래 한두 줄짜리 짧은 광고를 싣는 방식을 말한다. – 옮긴이

12 https://elonka.com/friedman/index.html을 참고하라. – 옮긴이

를 눈치챌 수 있다. 많은 웹사이트가 (개별 사용자를) 식별 가능한 URL이 링크된 단일 픽셀 이미지를 웹 페이지에 포함시킨다. 이런 방식이 항상 해가 없는 것은 아니다. 2016년 터키에서는 이런 유형의 감시 소프트웨어를 정부가 악용해서 수천 명이 반란 혐의로 고발당했다.

이 기법을 이미지에만 쓸 수 있는 것도 아니다. 비밀 메시지를 블로그 포스팅의 빈 줄에 인코딩하거나 웹 페이지 댓글에 인코딩할 수도 있다. 앞에서 본 예제와 비슷한 방식으로 메시지를 비디오 프레임에 나눠 담거나 디지털 오디오 안에 나눠 넣을 수 있다. 말도 안 되는 것처럼 보이는 예로, 웹사이트나 광고가 사람의 가청 주파수를 넘어서는 초음파를 플레이하는 **개 호루라기 마케팅**dog-whistle marketing이 있다. 이런 소리는 여러분의 휴대 전화 스피커로 전달돼서 광고회사들이 여러분의 여러 컴퓨터 장치 사이의 연관성을 파악하고 여러분이 본 광고를 판단할 수 있게 해준다.

스테가노그래피를 다른 데 쓸 수도 있다. 예를 들어, 영화 제작사는 영화 리뷰어에게 아직 개봉하지 않은 영화를 보낼 때 누구에게 보낸 영화인지를 식별할 수 있는 표시를 비디오에 넣을 수 있다. 이를 통해 영화가 유출되면 어디서 유출됐는지를 파악할 수 있다. 이 방식은 종이에 워터마크watermark를 표시하는 방식과 비슷하다.

거의 모든 컴퓨터 프린터가 스테가노그래피를 사용한다. 전자 프론티어 재단은 정보 자유법Freedom of Information에 따라 정부와 프린터 제조회사 사이에 프린터로 출력된 모든 문서를 추적 가능하게 하는 비밀 협약이 존재한다고 알려주는 문서를 받았다. 예를 들어, 컬러 프린터는 시리얼 번호를 인코딩해서 표현하는 작은 노란 점을 각 페이지에 추가로 출력한다. 전자 프론티어 재단은 이런 점을 발견할 수 있는 특별한 LED 손전등을 나눠줬다. 이를 프라이버시에 대한 공격으로 생각할 수도 있다.

치환 암호

암호 해독 원secret decoder ring을 본 적이 있다면, 그 원은 아마도 'cipher'('암호'라는 뜻)라는 단어를 치환하는 방식으로 구현되어 있을 것이다. 아이디어는 아주 간단하다. 그림 13-2처럼 각 문자를 다른 문자로 변환하는 표를 만든다(그래서 영어로는 'substitution cipher', '치환 암호'라고 부른다). 이 표를 보고 메시지에서 원래의 문자를 그에 대응하는 다른 문자로 바꿔치기 하면 메시지를 **암호화**encrypt할 수 있고, 암호화된 메시지를 표를 참조해 역방향으로 치환하면 암호화된 메시지를 **복호화**decrypt할 수 있다. 원래 메시지를 **평문**(cleartext 또는 plaintext)이라고 부르고, 암호화된 메시지를 **암호문**ciphertext이라고 부른다.

a	b	c	d	e	f	g	h	i	j	k	l	m	n	o	p	q	r	s	t	u	v	w	x	y	z
q	s	a	o	z	w	e	n	y	d	p	f	c	x	k	g	u	t	m	v	l	b	r	h	j	i

그림 13-2 치환 암호

이 암호표는 c를 a로, r을 t로, y를 j로, ... 등으로 바꾼다. 따라서 cryptography는 atjgvketqgnj라고 암호화된다. 역순의 매핑(a를 c로, t를 r로, ...)은 암호문을 복호화해준다. 이런 식으로 암호화와 복호화에 같은 암호를 사용하는 경우를 **대칭**symmetric 코드라고 부른다.

치환 암호가 왜 좋은 생각이 아닐까? 치환 암호는 통계를 사용해 쉽게 깰 수 있다. 사람들은 여러 언어에서 각 알파벳 글자가 얼마나 자주 쓰이는지 분석해왔다. 예를 들어 영어에서 가장 흔히 사용되는 다섯 문자는 순서대로 e, t, a, o, n이다(최소한 허버트 짐Herbert Zim(1909~1994)이 『Code & Secret Writing』이라는 책을 냈던 1948년까지는 그랬다). 치환 암호를 깨려면 암호문에서 가장 자주 나오는 문자를 살펴보고 그 글자가 e인지 생각해보는 등의 노력을 계속하면 된다. 몇 가지 글자를 제대로 추측하면 단어를 생각해내기는 훨씬 쉽고, 단어를 알아내면 나머지 글자를 쉽게 알아낼 수 있다.

다음은 어떤 단락을 바꾼 암호문이다. 편의를 위해 원문의 공백은 그대로 남겨두고 소문자만 사용했다.

```
vnzjtz ekyxe vk kgzx vnz eqvz qv qikxz qv qxj ckczxv
qcqiyxe ozzg lxvtqapzo gkrozt czzv cz qv vnz vkg kw vnz fywv
```

리스트 13-1은 암호화한 단락에 나온 문자의 빈도를 분석한 것이다. 문자를 빈도순으로 나열했다. 가장 자주 나온 문자가 가장 위에 있다.

리스트 13-1 문자 빈도 분석

```
zzzzzzzzzzzzzzzz
vvvvvvvvvvvvvv
qqqqqqqqq
kkkkkkkk
xxxxxxx
ccccc
eeee
gggg
nnnn
ooo
ttt
```

13 컴퓨터 보안

```
yyy
ii
jj
ww
a
f
l
p
r
```

코드를 깨려는 사람은 이 분석을 사용해 암호문에서 가장 자주 나오는 z가 평문의 e에 해당한다고 추측할 수 있다. 빈도 분석으로부터 v는 t, q는 a, k는 o, x는 n이라고 추측할 수 있다. 이제 암호문에 이 추측을 적용하자. 다만 암호문의 글자와 구분하기 위해 평문에 있을 것으로 추측한 글자를 대문자로 적는다.

```
TnEjtE eOyNe TO OgEN TnE eATE AT AiONE AT ANj cOcENT
AcAiyNe oEEg lNTtAapEo gOroEt cEET cE AT TnE TOg Ow TnE fywT
```

여기서부터는 일반적인 영어 지식을 사용해 간단한 추측을 반복해야 한다. 위 글을 보면 t로 시작해 e로 끝나는(이미 빈도 분석으로 원문 글자를 찾았으므로 위 문단에서는 T_E 형태가 된다) 세 글자짜리 패턴이 보인다. 영어에서는 'the'가 자주 쓰이므로 TnE는 the일 것이다. 따라서 n은 h다. 그리고 두 번째 줄 중간에 보면 cEET cE AT가 있는데 아무리 생각해봐도 MEET ME AT이 맞는 것 같다. 따라서 c는 m이다.

```
THEjtE eOyNe TO OgEN THE eATE AT AiONE AT ANj MOMENT
AMAiyNe oEEg lNTtAapEo gOroEt MEET ME AT THE TOg Ow THE fywT
```

OgEN은 어떤 단어와 일치할까? 리눅스에서 포함된 사전(`/usr/share/dict/words`)과 `grep` 명령어를 사용하면 쉽게 이런 단어를 검색할 수 있다(물론 그냥 웹에서 https://design215.com/toolbox/wordpattern.php 등을 써도 된다). 터미널에서 `grep '^o.en$' /usr/share/dict/words`를 해보라. omen, open, oven, oxen이 이 패턴과 일치한다. 여기서 open만 뜻이 통한다. 따라서 g는 p다. 이제 TO OPEN THE eATE AT에서 eATE는 GATE일 것이다. 따라서 e는 g다. o로 시작하는 두 글자짜리 단어는 of, oh, on, or, ox가 있는데 두 번째 줄 마지막의 Ow 위치에 들어갈 수 있는 단어는 of뿐이다. 따라서 w는 f이고, AT ANj MOMENT의 ANj는 AND나 ANT는 아닐 테니 ANY일 것이다. 따라서 j는 Y다.

```
THEYtE GOyNG TO OPEN THE GATE AT AiONE AT ANY MOMENT
AMAiyNG oEEP lNTtAapEo POroEt MEET ME AT THE TOP OF THE fyFT
```

이제 통계와 영어 지식만으로 치환 암호문을 해독할 수 있음을 보이기 위해 굳이 더 암호를 풀 필요가 없어 보인다(재미삼아 한번 해보라). 한편, 평문 원문은 리스트 13-2와 같고 이 평문을 그림 13-2의 암호표로 암호화한 문단이 리스트 13-1이었다.

리스트 13-2 암호화하기 전의 평문

```
theyre going to open the gate at azone at any moment
amazing deep untracked powder meet me at the top of the lift
```

지금까지는 간단한 방식만 사용했다. 하지만 일반적인 문자 쌍에 대한 지식을 활용할 수도 있다. 예를 들어 th, er, on, an 등의 문자는 서로 붙어서 자주 나온다. 이런 두 글자를 **다이그래프**digraph라고 한다. 한 글자가 두 번 반복되는 경우, 가장 흔한 패턴은 ss다. 이런 식의 트릭이 아주 많다.

여러분도 이제 알겠지만, 간단한 치환 암호는 재미는 있지만 그리 안전하지 않다.

전치 암호

메시지를 인코딩하는 또 다른 방법으로는 문자 위치를 뒤섞는 것이 있다. 고대 그리스인들이 사용한 것으로 여겨지는 글자를 뒤섞는 암호 시스템을 **스키테일**scytale이라고 부른다(글자를 뒤섞기 때문에 이런 암호법을 영어로는 'transposition cipher', 즉 암호를 바꾼다는 뜻의 '전치 암호'라고 부른다). 스키테일은 무섭게 들리겠지만 실제로는 그냥 둥근 막대기다. 양피지 리본을 이 봉에 감고, 메시지를 가로로 한 줄로 적는다. 그리고 다른 줄에는 아무 메시지나 적는다. 결과적으로 양피지 리본을 풀면 뒤죽박죽 뜻을 알 수 없는 문자들만 보인다. 메시지를 해독하려면 지름이 똑같은 막대기에 리본을 감아야 한다.

정해진 크기의 격자에 메시지를 적으면 쉽게 전치 암호를 만들 수 있다. 이렇게 만드는 경우 격자 크기가 암호화 키가 된다. 예를 들어, 리스트 13-2의 평문을 공백을 제거하고 11열 격자에 적으면 그림 13-3처럼 된다. 맨 마지막의 암호문을 얻으려면 가로로(일반적인 글 읽는 순서) 읽는 대신 세로로(동양의 세로 읽기 방식이 아니라 왼쪽부터 세로로 읽고 한 열을 다 읽으면 바로 오른쪽 열로 옮겨가는 순서) 읽으면 된다.

<table>
<tr><td>t</td><td>h</td><td>e</td><td>y</td><td>r</td><td>e</td><td>g</td><td>o</td><td>i</td><td>n</td><td>g</td></tr>
<tr><td>t</td><td>o</td><td>o</td><td>p</td><td>e</td><td>n</td><td>t</td><td>h</td><td>e</td><td>g</td><td>a</td></tr>
<tr><td>t</td><td>e</td><td>a</td><td>t</td><td>a</td><td>z</td><td>o</td><td>n</td><td>e</td><td>a</td><td>t</td></tr>
<tr><td>a</td><td>n</td><td>y</td><td>m</td><td>o</td><td>m</td><td>e</td><td>n</td><td>t</td><td>a</td><td>m</td></tr>
<tr><td>a</td><td>z</td><td>i</td><td>n</td><td>g</td><td>d</td><td>e</td><td>e</td><td>p</td><td>u</td><td>n</td></tr>
<tr><td>t</td><td>r</td><td>a</td><td>c</td><td>k</td><td>e</td><td>d</td><td>p</td><td>o</td><td>w</td><td>d</td></tr>
<tr><td>e</td><td>r</td><td>m</td><td>e</td><td>e</td><td>t</td><td>m</td><td>e</td><td>a</td><td>t</td><td>t</td></tr>
<tr><td>h</td><td>e</td><td>t</td><td>o</td><td>p</td><td>o</td><td>f</td><td>t</td><td>h</td><td>e</td><td>l</td></tr>
<tr><td>i</td><td>f</td><td>t</td><td>a</td><td>s</td><td>d</td><td>f</td><td>g</td><td>h</td><td>i</td><td>j</td></tr>
<tr><td colspan="11">tttaatehihoenzrrefeoayiamttyptmnceoareaogkepsenzmdetodgtoeedmffohnnepetgieetpoahhngaauwteigatmndtlj</td></tr>
</table>

그림 13-3 전치 암호 격자

전치 암호에서도 글자 빈도는 평문과 같다. 하지만 단어 내의 글자 순서도 바뀌기 때문에 빈도만으로는 큰 도움이 되지 않는다. 하지만 이와 같은 암호는 아주 쉽게 풀 수 있다. 특히 현재는 컴퓨터를 사용해 여러 격자 크기를 테스트할 수 있기 때문에 더욱더 그렇다.

더 복잡한 암호

치환 암호, 전치 암호, 그리고 치환과 전치를 조합한 암호화 방식 등 더 복잡한 암호화 방식이 무한히 많이 있다. 글자를 수치로 바꾸고 수에 대해 수학적인 연산을 수행한 다음, 이렇게 변환된 수를 다시 글자로 바꾸는 방식이 일반적이다. 몇몇 코드는 글자 빈도 분석을 방해하기 위해 표에 몇 가지 수를 더 추가하기도 한다.

2차 세계대전의 암호 해독 역사를 읽어보면 아주 흥미롭다. 당시 암호를 깨기 위해 도입했던 방법 중에는 라디오로 송신되는 메시지를 듣는 방법도 있었다. 이렇게 암호를 **가로채기**intercept할 수 있으면 무제한 통계적 분석을 할 수 있으므로 언젠가는 암호가 깨지기 마련이다. 사람의 두뇌는 패턴을 인식할 수 있는데, 이 또한 몇 가지 똑똑한 속임수와 함께 암호 해독의 열쇠 중 하나였다.

이미 알려진 사건에 대해 작성된 메시지를 통해 단서를 얻기도 했다. 미국은 일본 연합함대가 어디로 향할지를 알고 있었기 때문에 미드웨이 해전Battle of Midway에서 크게 이길 수 있었다. 미군은 일본군의 암호를 해독했지만 일본군은 목표 지점에 대해 AF라는 코드명을 사용했기 때문에 AF의 정확한 위치를 알 수 없었다. 미군은 일부러 미드웨이에서 식수가 떨어졌다는 평문으로 된 전문을 보내서 일본군이 이를 가로채게 했다. 얼마 지나지 않아 일본군 암호 통신에 AF에 식수가 떨어졌다는 내용이 전달됐고, 이를 통해 AF가 미드웨이라는 사실을 확인할 수 있었다.

당시 암호의 복잡도는 사람의 속도에 의해 정해졌다. 미국은 펀치 카드를 사용하는 기계를 암호 해독에 사용할 수 있었지만, 아직은 컴퓨터 시대가 열리기 전이었다. 암호가 유용하려면 빠르게 메시지를 암호화/복호화할 수 있을 정도로 코드가 간단해야 했다.

일회용 패드

가장 안전한 암호화 방식인 **일회용 패드**one-time pad는 미국 암호학자 프랭크 밀러Frank Miller (1842~1925)가 1882년 고안한 업적을 떠올리게 한다. 일회용 패드는 중복되지 않는 유일한 치환 암호들의 모음으로, 각 치환 암호 코드를 단 한 번만 사용했다. 일회용 패드라는 이름은 암호가 종이 패드에 인쇄돼서 사용한 암호를 바로 찢을 수 있었기 때문에 붙은 이름이다.

앞에서 본 메시지를 암호화하고 싶다. 일회용 패드에서 한 페이지를 가져오면 리스트 13-3 같은 내용이 적혀 있다.

리스트 13-3 일회용 패드

```
FGDDXEFEZOUZGBQJTKVAZGNYYYSMWGRBKRATDSMKMKAHBFGRYHUPNAFJQDOJ
IPTVWQWZKHJLDUWITRQGJYGMZNVIFDHOLAFEREOZKBYAMCXCVNOUROWPBFNA
```

이 암호는 원래 메시지의 각 글자를 1부터 26까지의 숫자로 바꾸고, 이 패드의 각 글자도 1부터 26까지의 숫자로 바꾸는 식으로 작동한다. 그리고 밑이 26인 산술 연산을 사용해 두 값(메시지의 글자를 숫자로 바꾼 값과 패드의 글자를 숫자로 바꾼 값)을 더한다. 예를 들어, 메시지의 첫 글자는 T이므로 값이 20이다. 패드의 첫 글자는 F이므로 값이 6이다. 이 둘을 더하면 26이며 이를 글자로 바꾸면 Z다. 마찬가지로 두 번째 글자인 H는 8이고, 이 글자는 패드의 두 번째 글자인 G와 연결된다. G의 값은 7이므로 합한 값은 15여서 글자 O가 된다. 네 번째 글자는 Y이고 값은 24이며, 패드의 네 번째 글자는 D라서 값이 4다. 이 둘을 더하면 28인데 이 값은 26보다 크므로 26을 빼면 2가 남고, 2는 B에 해당한다. 복호화를 할 때는 덧셈 대신 뺄셈을 써서, 암호문의 각 글자에 해당하는 값에서 패드의 각 글자에 해당하는 값을 빼준다.

일회용 패드는 제대로 사용하기만 하면 완전히 안전하다. 하지만 몇 가지 문제가 있다. 첫째, 양 당사자가 똑같은 패드를 써야 한다. 둘째, 양 당사자가 서로 동기화돼야 한다. 어떤 방식을 쓰든 수신자와 송신자는 패드에서 같은 페이지에 있는 암호를 사용해야 한다. 누군가 실수로 한 페이지를 덜 뜯거나 더 뜯으면 통신이 불가능하다. 셋째, 패턴 반복을 피하려면 패드가 메시지만큼 길어야 한다.

일회용 패드의 흥미로운 응용으로 2차 세계대전 시대인 1943년에 쓰이기 시작한 SIGSALY 비화(음성 암호화) 시스템을 들 수 있다. 이 시스템은 레코드판에 저장된 일회용 패드를 사용해 오디오를 뒤섞고 복구했다. 이 기계는 이동이 불가능했는데, 한 대의 무게가 무려 50톤이 넘었다!

키 교환 문제

대칭 암호 시스템에는 통신의 양 당사자가 같은 열쇠(키)를 사용해야 한다는 문제가 있다. 일회용 패드를 우편으로 보내거나 잘되리라는 희망을 품고 믿을 만한 사람에게 배달을 맡길 수도 있겠지만, 중간에 누가 가로채서 복사본을 만들어도 알 방법이 없다. 그리고 키가 망가지거나 손상된 경우에는 쓸모가 없어진다. 이는 마치 집 열쇠를 친구에게 우편으로 보내는 것과 비슷하다. 누가 중간에 키를 복사했는지 여부를 알 수 없다. 다시 말해, 대칭 암호 시스템은 중간자 공격에 취약하다.

공개키 암호

공개키 암호public key cryptography는 지금까지 논의한 여러 문제 중 상당수를 해결해준다. 공개키 암호에서는 서로 **연관된**related 키 쌍을 사용한다. 대칭키 암호에서는 암호화와 복호화에 같은 암호를 사용했지만, 공개키 암호에서는 누구에게나 알려져 있는 키를 **공개키**public key라고 부르고, 여러분만 알고 있어야 하는 키를 **비밀키**private key라고 부른다. 누군가 공개키로 암호화한 암호문은 비밀키로만 복호화할 수 있다.

공개키 암호 시스템은 암호화와 복호화에 사용하는 키가 다르기 때문에 **비대칭**asymmetric 시스템이다. 이로 인해 키 교환 문제를 해결할 수 있다. 공개키를 누가 알아도 그 키로는 암호문을 복호화할 수 없기 때문이다.

공개키 암호는 **트랩도어 함수**trapdoor function에 의존한다. 트랩도어 함수는 한 방향으로는 계산하기 쉽지만 비밀 정보를 알지 못하면 반대쪽 방향으로는 계산이 어려운 함수를 뜻한다. 이 용어는 트랩도어(천정이나 바닥에 구멍을 뚫고 판자 한쪽에 경첩을 달아 막아둔 문)에 빠지기는 쉽지만 사다리 없이는 올라오기 어렵다는 점으로부터 나온 용어다. 간단한 예제로 $y = x^2$이라는 함수를 생각해보자. x에서 y를 계산하기는 쉽지만, y에서 x를 $x = \sqrt{y}$로 계산하려면 어렵다. 물론 이 예제는 간단한 예제라서 반대쪽 방향의 연산이 그렇게 어렵지는 않지만, 그래도 곱셈이 제곱근을 구하는 것보다 어렵다는 사실은 쉽게 알 수 있을 것이다. 여기에 수학적인 비밀은 없다. 하지만 계산기를 사용하면 x에서 y를 계산하는 것만큼이나 y에서 x를 쉽게 계산할 수 있으므로 이를 비밀이라고 생각할 수도 있다.

아이디어는 트랩도어 함수를 계산할 수 있는 정보를 공개키로 사용하고, 트랩도어 함수를 쉽게 풀 수 있게 해주는 비밀 정보를 비밀키로 사용하는 것이다. 메시지를 공개키를 사용해 트랩도어 함수로 암호화하면 트랩도어 함수의 특성상 비밀키를 모르는 사람들이 평문을 알아내기는 어렵지만, 비밀키를 아는 사람은 쉽게 트랩도어를 풀어서 평문을 얻을 수 있다.

비대칭 암호화는 계산 비용이 많이 든다. 그로 인해 비밀리에 메시지 내용을 실제로 암호화할 때 사용할 대칭 **세션 키**session key를 만들기 위해 비대칭 암호화를 사용하는 경우도 자주 있다. 일반적으로 이런 키를 만들어내는 방법으로는 **디피-헬먼 키 교환**DHKE, Diffie-Hellman Key Exchange을 사용한다. DHKE는 미국 암호학자인 휫필드 디피Whitfield Diffie와 마틴 헬먼Martin Hellman의 이름을 딴 명칭이다.

디피와 헬먼은 공개키 암호화에 대한 논문을 1976년 발표했다. 하지만 트랩도어 함수의 개념은 간단하지만 실제 트랩도어 함수를 만들기는 아주 어려웠기 때문에 1977년이 돼서야 구현이 가능해졌다. 보고에 따르면 1977년 로널드 리베스트Ronald Rivest가 매니셰비츠Manischewitz 와인에 취해서 이 문제를 해결하면서 수학 능력이 버드와이저 맥주를 맛보는 것과는 무관함을 증명했다. 이스라엘 암호학자 아디 샤미르Adi Shamir와 미국 과학자 레너드 에이들먼Leonard Adleman과 함께 리베스트는 RSA 알고리즘을 만들었다. RSA는 세 사람의 성 첫 글자를 딴 이름이다. 불행히도, 에드워드 스노든이 폭로한 신뢰 위반에 따르면 이들이 만든 RSA 보안 회사는 NSA에서 돈을 받고 자신들이 제공하는 난수 생성기에 클렙토그래피 백도어를 설치했다. 이 백도어로 인해 NSA나 백도어의 존재를 아는 사람은 RSA로 암호화한 메시지를 쉽게 해독할 수 있었다.

전방향 안전성

대칭 암호 세션 키를 실제 통신에 사용할 경우, 키를 발견하면 모든 메시지를 읽을 수 있다는 문제가 있다. 여러 정부가 통신을 기록하고 저장할 능력이 있다. 예를 들어, 여러분이 인권 운동가이고 여러분이 주고받는 통신의 안전에 여러분의 안전이 달려 있다고 하자. 이런 경우 키가 발견되면 모든 메시지가 해독되는 위험을 감수하고 싶지는 않을 것이다.

이를 피하는 방법이 **전방향 안전성**forward secrecy이다. 전방향 안전성 암호화는 각 메시지마다 세션 키를 새로 만든다. 이런 방법을 통해 키를 알아내도 메시지를 단 하나만 풀 수 있게 된다.

암호학적 해시 함수

빠른 검색 기법으로 사용하는 해시 함수에 대해서는 7장에서 살펴봤다. 해시 함수를 크립토그래피에서도 사용한다. 하지만 몇몇 특성을 지닌 함수만 암호학적 해시 함수로 쓸모가 있다. 일반 해시 함수와 마찬가지로 암호학적 해시 함수도 임의의 입력을 미리 정해진 범위 안의 수로 변환한다. 검색용 해시 함수는 메모리 위치를 찾기 위해 해시값을 사용하기 때문에 무작위 수를 만들어야 하는 암호학적 해시 함수보다 입력을 훨씬 더 좁은 범위로 매핑한다.

암호학적 해시 함수의 핵심 특성은 이들이 **단방향**one-way 함수라는 점이다. 단방향이라는 말은 입력에서 해시값을 만들어내기는 쉬워도 해시에서 입력을 만들어낼 수는 없거나 만들어내려면 비용이나 시간이 많이 들어서 비실용적이라는 뜻이다.

또 다른 중요한 특성으로, 차이가 조금 있는 여러 입력 데이터에 암호학적 해시 함수를 적용해 만든 해시값들은 서로 연관관계가 없어야 한다는 특성이 있다. 7장에서는 문잣값을 더해서 어떤 소수로 나눈 나머지를 사용하는 해시 함수를 살펴봤다. 이런 해시 함수의 경우 b에 대한 해시값은 a에 대한 해시값보다 1 더 크다. 이런 함수는 암호화를 위해 쓰기에는 해시값 예측이 너무 쉽다는 문제가 있다. 표 13-1은 한 글자만 다른 세 문자열의 SHA-1Secure Hash Algorithm #1(안전한 해시 알고리즘 #1) 해시를 보여준다. 값을 보면 입력과 해시값들 사이에 눈치챌 수 있는 관계가 없다는 사실을 알 수 있다.

표 13-1 콘비프 해시[13]

입력	SHA-1 해시값
Corned Beef	005f5a5954e7eadabbbf3189ccc65af6b8035320
Corned Beeg	527a7b63eb7b92f0ecf91a770aa12b1a88557ab8
Corned Beeh	34bc20e4c7b9ca8c3069b4e23e5086fba9118e6c

암호학적 해시 함수는 도용하기가 어려워야만 한다. 즉, 해시가 주어져도 그 해시를 만들어내는 입력 데이터를 알아내기가 아주 어려워야 한다. 다시 말해, 해시 충돌을 만들어내기가 아주 어

13 콘비프(corned beef)라는 문자열에 대한 해시라는 뜻이나, 콘비프 해시라는 요리 이름을 사용한 언어 유희이기도 하다. - 옮긴이

려워야 한다는 뜻이다. 7장에서 본 13을 소수로 사용하는 해시를 사용한다면 Corned Beef의 해시값으로 4를 얻는데, Tofu Jerky Tastes Weird라는 입력을 써도 똑같은 해시값을 얻을 수 있다.

오랫동안 MD5Message Diagest #5(메시지 요약 #5) 해시 함수가 가장 널리 쓰이는 해시 함수였다. 하지만 1990년 후반 MD5에서 **충돌**collision을 만들어내는 방법이 발견됐다(충돌에 대해서는 314페이지의 '해시' 절에서 살펴봤다). 2020년 현재 SHA 알고리즘을 변형한 다른 해시 알고리즘이 MD5 대신 쓰이고 있다. 불행히도 SHA-0와 SHA-1의 변종 알고리즘은 NSA에서 개발했기 때문에 신뢰할 수가 없다.

디지털 서명

크립토그래피를 사용하면 **디지털 서명**digital signature을 통해 데이터가 진본임을 검증할 수 있다. 디지털 서명은 정합성, 부인방지, 인증을 제공한다.

정합성integrity 검증은 메시지가 변조됐는지 검증할 수 있다는 뜻이다. 예를 들어 오래전에는 성적표가 과목과 성적이 실제로 종이에 인쇄된 표였고, 학생이 성적표를 받아서 부모님께 가져갔다. 초등학교 4학년 때 성적이 나빴던 내 친구는 F의 오른쪽에 세로선을 추가해 A로 성적을 바꿨다. 그 친구 부모님은 성적표가 변조됐는지 알 수 없었다.

정합성 검증은 데이터의 암호학적 해시값을 계산해 데이터 뒤에 추가함으로써 이뤄진다. 하지만 누구나 메시지 뒤에 해시를 붙일 수 있다. 따라서 송신자는 해시를 자신의 비밀키로 암호화해서 메시지 뒤에 덧붙인다. 수신자는 공개키를 통해 해시를 복호화할 수 있다. 서명의 경우 공개키와 비밀키의 역할이 반대라는 점에 유의하라.[14]

비밀키를 사용하기 때문에 부인방지와 인증이 가능하다. **부인방지**nonrepudiation는 메시지를 보낸 사람이 자기가 그런 메시지를 보낸 적이 없다고 주장할 수 없다는 뜻인데, 비밀키로 메시지에 서명을 하기 때문에 보낸 사람이 자신이 서명했음을 부인하기가 어렵다. 수신자는 공개키와 서명한 사람의 비밀키가 서로 연관되어 있음을 알고 있기 때문에 메시지에 서명한 사람을 확신할 수 있고, 변조가 되지 않았음은 해시값으로부터 확인할 수 있기 때문에, 수신자가 받은 메시지가 원본과 같은 메시지라는 사실을 확인할 수 있다. 이를 **인증**authentication이라 한다.

---

14 공개키 암호화 시스템에서 공개키로 암호화한 정보를 비밀키로 해제하는 것은 항상 가능하지만, 비밀키로 암호화한 정보를 공개키로 해제하는 것이 항상 가능하지는 않다. RSA나 요즘 블록체인 기술에서 자주 사용되는 타원 곡선 암호(elliptic curve cryptography)는 모두 양방향으로 암호화와 복호화가 가능하다. 이런 암호 시스템만 서명에 사용할 수 있다. – 옮긴이

공개키 인프라

하지만 공개키 암호화에도 큰 구멍이 입을 벌리고 있다. 웹 브라우저로 HTTPS라는 안전한 연결을 사용해 은행에 접속하는 경우를 생각해보자. 은행은 자신의 공개키를 브라우저에게 전송하고, 브라우저는 은행만 데이터를 복호화할 수 있도록 은행 공개키를 사용해 데이터를 암호화한다.[15] 하지만 은행에서 온 공개키가 정말 은행에서 왔고 제3자가 은행인 척하면서 여러분에게 주입한 것이 아님을 어떻게 알 수 있을까? 브라우저는 어떻게 이 키를 인증할 수 있을까? 키를 신뢰할 수 없다면 대체 누구를 신뢰할 수 있을까?

불행히도 그렇게 훌륭한 해법은 아니지만, 오늘날 사용하고 있는 해법은 **공개키 인프라스트럭처**PKI, public key infrastructure다. 이런 인프라에는 신뢰할 수 있는 제3자인 **인증기관**CA, certificate authority이 있어서 키가 어떤 당사자의 것임을 인증해준다. 이론적으로는 인증기관이 키를 발행할 기관을 확실히 알고, 키가 그 기관의 키임을 인증하기 위해 인증기관의 키로 서명된 **인증서**certificate를 발행해준다. 이 인증서는 ITUInternational Telecommunication Union(국제 전기통신 연합)에서 정의된 표준에 따라 X.509라는 형식으로 되어 있다.

일반적으로는 PKI가 잘 작동하지만, 때로 신뢰 문제가 발생할 수도 있다. 인증기관이 해킹될 수도 있다. 인증기관이 일을 대충하다 실수하면 자신의 비밀키를 실수로 공개할 수 있고, 이로 인해 누구나 가짜 인증서를 서명할 수 있다(다행히 인증서를 **무효화**revoke하는 메커니즘도 있다). 일부 인증기관은 인증서를 요청하는 기관을 제대로 검증하지 않아서 안전하지 못하다는 사실이 드러나기도 했다. 그리고 정부가 인증기관에게 강제로 가짜 인증서를 발행하라고 요구할 권리가 있다고 믿고 있다고 합리적으로 가정할 만하다.

블록체인

블록체인blockchain은 크립토그래피를 응용한 또 다른 분야다. 블록체인은 복잡한 수학으로 뒷받침된 아주 간단한 아이디어에서 비롯됐다. 블록체인에 대해 언론은 주로 비트코인Bitcoin이나 그 밖의 암호화폐cryptocurrency가 어떻게 응용되느냐를 다루고 이들이 동작하는 기술적인 이유에 대해서는 거의 다루지 않는다.

15 또는 직접 공개키로 암호화하지는 않더라도 DHKE 같은 키 공유 방법을 사용해 공개키로부터 대칭키 암호를 만들어낼 수 있다. 직접 공개키로 암호화하든, DHKE로 키를 공유하든 여기서 설명한 문제점은 똑같다. – 옮긴이

블록체인은 여러분의 은행 계좌와 비슷한 장부를 관리하는 메커니즘으로 생각할 수 있다. 장부의 문제점은 종이에 쓴 장부도 변조하기 쉽고 컴퓨터 장부의 경우 지우개 자국이 남지 않아서 더더욱 변조하기가 쉽다는 데 있다.

장부는 보통 레코드record로 구성된다. 각 레코드가 장부의 각 줄을 이룬다. 블록체인에서 장부 한 줄에 해당하는 내용은 **블록**block이다. 블록체인에서 새 블록(줄)을 만들 때는 이전 블록(이전 줄)에 대한 암호학적 해시와 블록 생성 시간을 추가한다. 이로 인해 블록의 해시와 타임스탬프에 의해 연결된 블록의 체인이 생긴다(이로부터 블록체인이라는 이름이 생겼다). 그림 13-4를 보라.

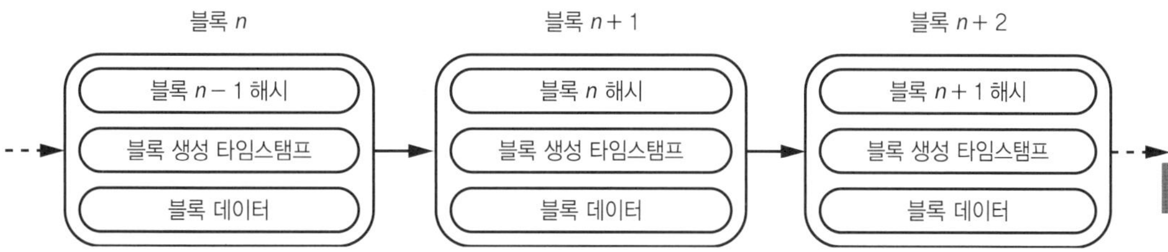

그림 13-4 블록체인을 단순화한 그림

그림을 보면 블록 n의 내용을 변경하면 그 블록의 해시가 바뀌기 때문에 블록 $n + 1$에 저장된 해시와 일치하지 않게 된다. 암호학적 해시의 특성으로 인해 블록이 해시를 유지하면서 쓸모 있게(즉, 공격자가 자신에게 이득이 되는 방향으로) 블록 정보를 변조할 수 있을 가능성은 거의 없다. 각 블록은 이전 블록에 대한 디지털 서명을 포함하고 있는 것 같은 효과가 있다.

블록체인을 공격하는 유일한 효율적인 방법은 블록체인을 다루는 소프트웨어를 변경하는 방법뿐이다. 하지만 블록체인 데이터가 공개되어 있고 수없이 많은 시스템에 중복되어 있기 때문에 이런 식으로 변형된 소프트웨어의 영향을 경감시킬 수 있다. 이런 식으로 이뤄진 큰 분산 시스템을 공격하려면 상당한 수의 사람들이 서로 결탁해야 한다.

패스워드 관리

크립토그래피의 응용 분야로 **패스워드 관리**password management를 들 수 있다. 예전에는 컴퓨터 안에 있는 패스워드 파일에 패스워드가 **평문**으로 저장됐다. 누군가 로그인하려고 하면 그 사람이 입력한 패스워드와 패스워드 파일에 저장된 패스워드를 비교하는 방법이었다.

이 방법은 파일에 접근할 수 있으면 누구나 모든 사람의 패스워드를 알 수 있어서 좋지 않은 방법이다. 꼭 컴퓨터를 공격해야 패스워드 파일에 접근할 수 있는 게 아니라는 점을 기억하라. 많은 조직이 자신의 백업을 제3자에게 보내서 저장했다(최소한 지리적으로 멀리 떨어진 세 군데 장소에 백업을 보관하는 것이 좋은 생각이다. 이 세 장소가 각기 다른 지각판tectonic plate에 위치하면 지진 등의 영향을 동시에 받기 어려우므로 더 좋다). 누군가는 패스워드 파일에 접근할 수 있거나 백업에 있는 다른 데이터에 접근할 수 있기 때문에, 여기서도 다시 신뢰의 문제로 돌아온다. 백업을 암호화할 수도 있지만 작은 저장장치 오류만으로(예를 들어, 디스크 드라이브 블록 중 하나가 잘못 써지거나 고장 남) 전체 백업을 못 쓰게 되기 때문에 약간 더 취약해진다. 데이터 보호와 데이터 복구 능력 사이에도 트레이드 오프가 존재한다.

이 문제의 간단한 해법은 패스워드를 암호학적 해시와 같은 암호화된 형태로 저장하는 것이다. 사용자가 로그인을 시도하면 패스워드를 암호학적 해시로 변환해서 파일에 있는 해시와 비교한다. 암호학적 해시의 특성으로 인해 패스워드를 추측하기 아주 어렵다. 추가로 대부분의 시스템에서는 좀 더 주의를 기울여서 패스워드 파일을 일반 사용자가 접근하지 못하게 막는다.

이런 방법을 동원해도 패스워드 사용에는 문제가 많다. 초기에 컴퓨터를 서로 공유해 사용하던 시기에는 기억해야 할 패스워드도 한 줌뿐이었다. 하지만 이제는 은행, 학교, 여러 온라인 상점 등에 대해 수없이 많은 패스워드를 기억해야 한다. 대부분의 사람은 똑같은 패스워드를 모든 곳에서 사용해서 이런 문제를 해결한다. 가장 일반적인 패스워드가 'password'이거나, 숫자와 문자를 함께 써야 하는 사이트의 경우 'password123'이라는 사실이 드러났다. 패스워드를 재사용하는 것은 전방향 안전성을 사용하지 않는 것과 같다. 한 사이트가 공격에 함락당하면 곧 다른 모든 사이트에서 같은 패스워드를 쓸 수 있게 된다. 여러 사이트에서 각기 다른 패스워드를 사용하고 이 모든 패스워드를 한 곳에 저장한 후, 한 가지 패스워드로 보호하는 **패스워드 관리자**password manager를 사용할 수도 있다. 하지만 패스워드 관리자에서 사용하는 패스워드가 알려지면 다른 모든 패스워드도 함께 알려진다. 아마도 가장 효과적이지만 문제가 될 수 있는 방법은 앞에서 이야기한 2단계 인증일 것이다. 하지만 이런 인증 방법도 휴대 전화 같은 장치에 의존하는 경우가 많고, 전화가 없으면 은행 계정에 접근하지 못하는 등의 문제가 생긴다. 그리고 2단계 인증은 귀찮기 때문에 사람들은 여러 사이트에서 로그인 상태를 유지하는 방법을 택한다.

보안을 위한 소프트웨어 예방 조치

이제 보안과 크립토그래피에 대해 알았으므로, 프로그래머로서 이를 어떻게 다룰 수 있을까 생각해보자. 일반적인 함정에 빠지는 일을 피하기 위해 굳이 크립토그래피 전문가나 보안 마법사가 될 필요는 없다. 대부분의 보안상 약점은 쉽게 피할 수 있는 상황에서 제멋대로 튀어나온다. 이 중 상당수는 헨리 스펜서Henry Spencer의 'C 프로그래머 십계명The Ten Commandments for C Programmers'에서 볼 수 있다. 이 중 몇 가지를 이제 살펴보자.

올바른 대상을 보호하라

무언가를 안전하게 유지하는 시스템을 설계할 때, 모든 대상을 안전하게 유지하고픈 유혹에 빠지기가 쉽다. 하지만 모든 대상을 안전하게 하는 것은 언제나 좋은 생각이 아니다. 예를 들어 안전할 필요가 없는 것을 보는 경우에도 사용자가 로그인을 해야만 한다면, 사용자들은 로그인 후 로그인된 상태를 계속 유지할 것이다. 하지만 이렇게 되면 로그인된 사용자는 '안전한' 내용에도 접근할 수 있으므로 다른 사람이 안전한 대상에 접근하게 될 가능성이 커진다. 예를 들어, 사용자가 잠깐 컴퓨터 곁을 떠나면 누군가 그 컴퓨터에 접근해서 보호된 문서를 살펴볼 수도 있다.

그런데 이런 사실은 여러 휴대전화 네트워크가 작동하는 방식을 잘 보여준다. 대부분의 경우 카메라를 제외한 모든 것이 잠겨 있다. 항상 잠겨 있어야만 하는 것이 있다. 휴대폰을 잊어버렸는데 누군가 여러분의 이름으로 문자 메시지를 보내기를 원치는 않을 것이다. 하지만 여러분과 친구가 음악을 함께 듣고 있다고 가정하자. 친구가 음악을 바꾸게 하려면 전화기 잠금을 해제해서 다른 사람에게 전달해야 하며, 이렇게 하면 그 친구가 모든 내용에 접근할 수 있게 된다. 2단계 인증에서는 휴대 전화로 문자 메시지를 보내는 것이 보통 두 번째 인증이 된다. 그런데 이 두 번째 단계를 제3자에게 넘기면 2단계 인증의 목표가 어그러진다.

로직은 세 번 체크하라

여러분이 생각하기에 무언가를 하는 프로그램을 작성했는데, 실제로는 그렇지 않은 경우가 꽤 자주 있다. 로직에 있는 오류를 공격에 활용할 수 있다. 특히 공격자가 소스 코드를 볼 수 있고 여러분이 찾지 못한 버그를 찾을 수 있다면 공격에 성공할 가능성이 더 커진다. 이를 해결하는 한 가지 방법은 다른 사람과 함께 크게 코드를 읽는 것이다. 큰 소리로 코드를 읽으면 눈으로 읽을 때보다 코드를 천천히 보게 되는데, 이를 통해 발견하는 내용은 항상 여러분을 놀라게 만들 것이다.

오류를 검사하라

여러분이 작성한 코드는 시스템 콜이나 라이브러리 함수를 호출한다. 이런 호출이 잘못되면 대부분의 경우 오류 코드를 반환받는다. 이를 무시하지 마라! 예를 들어, 메모리를 할당하려 했는데 실패했다면 메모리를 사용하지 마라. 사용자 입력을 읽는 데 실패했다면 올바른 입력을 가정하지 마라. 이와 비슷한 경우가 많고, 모든 오류를 처리하는 것은 지겨운 일일 수 있지만, 그래도 이 일을 해야 한다.

조용히 실패하거나 메모리 경계를 넘기는 라이브러리를 피하라. 여러분이 사용하는 언어 도구에서 오류나 경고 보고를 항상 활성화하라. 메모리 할당 오류가 나면 치명적인 오류로 간주하라. 대부분의 라이브러리 함수는 할당된 메모리에 의존하는데, 다른 곳에서 메모리 할당에 실패한 다음에는 이상한 방식으로 작동이 실패할 수 있다.

공격 표면을 최소화하라

이번 절은 크립토그래피 연구자인 맷 블레이즈Matt Blaze가 샌버너디노San Bernardino 총기 난사 사건 이후 미국 하원 소위원회에서 2016년 4월 19일 발언한 내용 중 일부를 풀어 썼다. 맷 블레이즈의 발언 전문은 읽어볼 만한 가치가 있다.

우리는 모든 소프트웨어가 너무 복잡해서 버그가 있을 수밖에 없다고 가정해야만 한다. 연구자들은 '형식적 방법론formal method'을 만들려고 노력해왔다. 형식적 방법론은 수학 증명과 비슷하며, 컴퓨터 프로그램이 '올바르다correct'는 사실을 보여주기 위해 사용될 수 있다. 불행히도 현재까지 이 문제는 풀 수 없는 문제다.

어떤 소프트웨어에 새로운 기능을 추가할 때마다 새로운 공격 표면이 추가된다는 사실이 알려져 있다. 심지어 우리는 어느 한 공격 표면이 100% 안전하다는 사실도 증명할 수 없다. 하지만 우리는 새로운 공격 표면은 새로운 취약점을 추가하고, 이렇게 추가된 취약점들이 서로 상승작용을 일으킨다는 사실을 안다.

이것이 바로 정치가와 반대로 실제 보안 전문가가 법 집행자를 위한 백도어 설치를 반대하는 이유다. 백도어를 설치하면 다른 공격 표면을 추가함으로써 소프트웨어가 더 복잡해질 뿐만 아니라, 이번 장에서 설명한 학교 사물함 예제처럼 권한을 부여받지 못한 당사자가 이런 백도어에 접근할 수 있는 방법을 알아낼 가능성이 꽤 크다.

맷 블레이즈가 실제로 자기 발언의 의미를 알았음이 분명히 드러났다. NSA는 1993년 클리퍼 칩Clipper chip 개발을 발표했다. NSA의 의도는 이 칩을 암호화에 사용하도록 명령하는 것이었다. 그 안에는 정부가 접근할 수 있는 백도어가 있었다. 하지만 이 칩은 다른 나라 국민들은 자신을 감시할 수 있는 미국산 제품을 사용하기를 주저할 것이기 때문에 정치적 이유로 팔기 어려운 칩이었다. 클리퍼는 정치적 반대와 블레이즈로 인해 침몰했다. 블레이즈는 1994년 「애스크로 암호 표준의 프로토콜 실패Protocol Failure in the Escrowed Encryption Standard」라는 논문을 출간했고, 이 논문에서 클리퍼의 백도어를 쉽게 악용할 수 있음을 보였다. 곁가지로, 블레이즈는 의회에 증언하기 위해 끌려갈 준비가 안 되어 있음을 알았지만 실제로는 증언을 아주 잘했다. 당시 (공개적인 증언대에 서는 것은) 블레이즈가 이해할 수 없는 세계에 속한 일이었다. 여러분도 대중 앞에서 연설하는 방법을 배워둬라. 언젠가 유용하게 쓸 수 있을 것이다.

여러분의 코드를 가능한 한 간단하게 유지해서 공격 표면을 줄이는 것이 좋은 보안 방법이다.

경계 내부에 머물러라

10장에서 버퍼 오버플로 개념을 소개했다. 버퍼 오버플로는 프로그램에서 오랫동안 발견되지 않고 공격자들이 악용할 수 있는 버그의 예다.

다시 설명하자면 버퍼 오버플로는 소프트웨어가 데이터의 메모리 경계를 체크하지 않고 다른 데이터를 덮어쓸 수 있는 경우를 말한다. 예를 들어 '권한부여됨'을 나타내는 변수가 패스워드를 저장하는 버퍼보다 더 뒤에 있고 패스워드 버퍼에 버퍼 오버플로가 일어날 수 있으면 잘못된 긴 패스워드를 사용해 권한을 부여받을 수도 있다. 스택 안에서 발생하는 버퍼 오버플로가 특히 문제가 된다. 공격자는 함수 호출의 반환 주소를 바꿀 수 있고, 그에 따라 프로그램의 나머지 부분이 프로그래머의 의도와 다른 방식으로 실행될 수 있다.

버퍼 오버플로는 문자열에만 한정되지 않는다. 배열 인덱스가 범위를 넘어가지 않는지 반드시 확인해야 한다.

또 다른 경계 문제로는 변수 크기 문제를 들 수 있다. 예를 들어, 정수가 32비트라고 그냥 가정해서는 안 된다. 경우에 따라 정수가 16비트일 수도 있고, 그런 경우 17번째 비트를 설정하면 어떤 일이 벌어질지 예상할 수 없다. 사용자 입력에 주의하라. 사용자가 제공한 숫자가 여러분의 변수가 저장할 수 있는 범위에 속하는지 검사해야 한다. 대부분의 시스템은 여러분의 코드에서 변수 크기를 정확히 지정하고 싶을 때 사용할 수 있는 정의 파일을 제공한다. 최악의 경우 이런 파일을 사용해 코드가 잘못된 크기의 변수나 값을 사용하면 컴파일이 못 되게 막을 수도 있다. 최선의 경우에는 자동으로 올바른 크기를 선택하도록 이런 파일을 활용할 수도 있다. 수의 범위나 바이트 내의 비트 수 등에 대한 정의도 들어 있다. 이런 수치에 대해 가정하지 마라!

그리고 메모리 경계 안에 머무는 것도 중요하다. 동적으로 할당된 메모리를 사용하면서 n바이트를 할당했다면, 코드는 이 메모리의 0부터 n-1의 범위에만 접근해야 한다. 내가 디버깅한 프로그램 중에는 `memory[-1]`과 같은 식으로 접근해야 편리한 알고리즘을 사용하기 위해 메모리를 할당한 다음에 메모리를 가리키는 포인터값을 1 증가시킨 프로그램이 있었다. 이 프로그램은 나중에 `memory[-1]` 대신 `memory`를 해제했고, 그에 따라 문제가 생겼다.

임베디드 시스템embedded system에 사용할 목적으로 설계된 마이크로컴퓨터는 프로그램이 필요한 메모리보다 더 많은 메모리를 탑재한다. 이런 시스템에서는 대부분 동적인 할당을 피하고 정적인 데이터를 사용하라. 이렇게 하면 수많은 잠재적 문제를 피할 수 있다. 물론 여러분의 코드가 시스템의 데이터 저장소 경계를 지키는지 꼭 확인해야 한다.

또 다른 경계로는 타이밍timing이 있다. 입력이 인터럽트 핸들러가 처리할 수 있는 속도보다 빨리 들어와도 프로그램이 입력을 제대로 처리할 수 있게 하라. 인터럽트 핸들러가 다시 인터럽트되지 못하게 해서 스택을 날려버리는 일이 없게 하라.

이런 유형의 버그를 잡을 때 도움이 되는 **퍼징**fuzzing이라는 테스트 기법이 있고, 이를 돕는 도구도 있다. 하지만 퍼징은 통계적 기법이기 때문에 퍼징을 가지고 좋은 코드를 작성하는 것을 대신할 수는 없다. 퍼징은 아주 다양한 변형이 가해진 합법적인 입력을 코드에 보냄으로써 코드를 테스트한다.

좋은 난수를 생성하기는 힘들다

크립토그래피에는 좋은 난수가 중요하다. 어떻게 좋은 난수를 얻을 수 있을까?

가장 흔히 쓰이는 난수 생성기는 실제로는 **의사 난수**pseudorandom number를 생성한다. 의사 난수를 사용하는 이유는 논리 회로로는 진짜 난수를 만들 수 없기 때문이다. 의사 난수는 같은 숫자에서 시작하면 같은 순서로 난수가 생성된다. 그림 13-5에 나타나 있는 **선형 피드백 시프트 레지스터**LFSR, linear feedback shift register라는 간단한 회로가 의사 난수 생성기PRNG, pseudorandom number generator로 쓰인다.

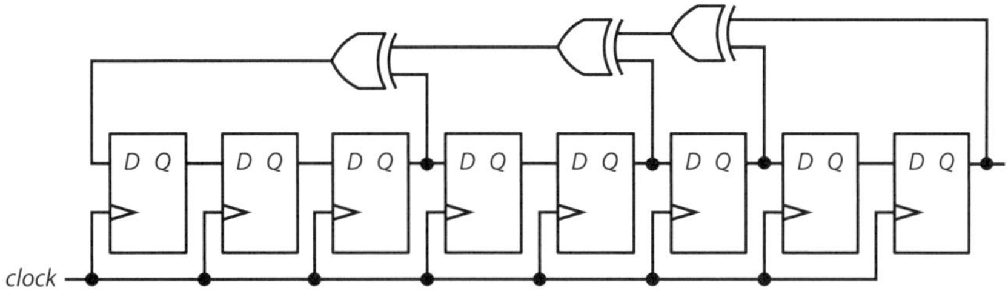

그림 13-5 선형 피드백 시프트 레지스터

숫자가 오른쪽으로 시프트되면서 왼쪽에 들어가는 새 비트에는 다른 비트들로부터 생성된 값이 들어간다는 사실을 알 수 있다. 그림의 버전은 8비트 정수밖에 못 만들지만 더 큰 회로를 만들 수도 있다. 이 회로에는 두 가지 문제가 있다. 첫째, 난수가 주기적으로 반복된다. 둘째, 가장 최근의 난수를 알면 바로 다음 난수를 쉽게 알 수 있다. 이 회로가 0xa4를 생성했다면 다음 숫자는 항상 0x52다. 이런 성질이 크립토그래피에서는 문제가 되지만 프로그램을 디버깅할 때는 유용할 수 있다는 점에 유의하라.

이 레지스터에 설정되는 최초의 숫자를 **시드**seed라고 부른다. 여러 소프트웨어 구현이 시드를 설정하도록 허용한다. LFSR에도 메르센 트위스터Mersenne Twister[16] 등의 많은 개선이 있었다. 하지만 이런 개선에도 불구하고 앞에 설명한 두 가지 문제는 항상 남는다. 어떤 개선책을 사용해도 진짜 무작위성은 없다.

최근의 소프트웨어는 이 문제를 해결하기 위해 여러 가지 대상으로부터 엔트로피를 수집한다. **엔트로피**entropy라는 용어는 열역학thermodynamics에서 끌어온 용어로, 우주가 무질서로 나가려는 경향을 뜻한다.

초기 엔트로피 소스 중 라바랜드LavaRand는 SGI가 1997년 발명한 것이다. 라바랜드는 몇 가지 라바 램프lava lamp(색이 든 액체가 들어 있고 대류 현상에 의해 계속 모습이 변하는 램프)를 웹캠webcam으로 찍어서 매초 거의 200Kb의 난수 데이터를 만들어낸다. 엔트로피 소스의 성능이 중요하다. 웹사이트가 여러 클라이언트를 위해 수많은 세션 식별자를 생성해야 한다면 좋은 난수를 빠르게 만들 필요가 있다.

컴퓨터마다 라바 램프를 한 쌍씩 두는 것은 근사하지만 실용적이지 않다. 일부 하드웨어 생산자는 하드웨어에 난수 생성기를 추가했다. 인텔Intel은 칩에서 발생하는 열 잡음thermal noise을 사용

16 주기가 메르센 소수(2^n-1 꼴의 소수)인 PRNG를 말한다. – 옮긴이

해 초당 500MB의 난수를 발생시키는 난수 생성기를 2012년에 추가했다. 하지만 발표된 시점이 스노든의 폭로 직후여서 사람들이 신뢰할 수 없어서 이 난수 생성기 사용을 거부했다.

칩에 포함된 난수 생성기를 신뢰하기 위해서는 또 다른 요소가 필요하다. 생산자는 난수 생성기의 설계를 공개해서 사람들이 리뷰하게 할 수도 있다. 심지어는 칩의 뚜껑을 따고decap 전자 현미경으로 관찰해서 설계와 회로가 같은지 검증하기도 한다. 이는 하드웨어에서 벌어진 도핑(약물투여) 스캔들에 해당한다. 2장에서 트랜지스터에 대해 논의할 때 p와 n 영역을 만들어내기 위해 도포하는 화학물질을 **도펀트**dopant라고 부른다고 했다. 도펀트의 수준을 미묘하게 바꾸면 회로의 동작을 변경할 수 있다. 현미경을 사용해도 이 결과를 감지하기는 힘들다.

보안 전문가들은 하드웨어 난수 생성기를 신뢰할 수 없다는 사실을 발견했다. 그래서 컴퓨터 프로그램과 무관한 키보드를 누르는 시간의 차이, 디스크 접근 속도, 마우스 움직임 같은 임의의 이벤트에서 엔트로피를 수집한다. 이 방법은 꽤 잘 작동하지만 빠르게 많은 난수를 생성하기는 어렵다.

몇몇 큰 바보 같은 버그 때문에 엔트로피 수집이 엉클어지곤 한다. 특히 리눅스 기반의 안드로이드 운영체제에서 그런 일이 있었다. 안드로이드 전화는 엔트로피를 빠르게 생성하지 못하고 그로 인해 부팅 직후 생성되는 난수는 실제로는 그렇게 무작위성이 크지 않다는 사실이 드러났다. 그리고 초기 구현 중 일부에서는 디스크 접근 시간으로부터 엔트로피를 수집하는 코드를 그대로 복사해 사용했다. 물론 휴대폰에는 하드 디스크가 없고, 플래시 메모리를 사용하기 때문에 접근 시간이 예측 가능했고, 엔트로피도 예상이 가능했다.

여러분의 보안이 좋은 난수에 의존해야 한다면, 난수를 생성하는 시스템을 반드시 이해해야만 한다.

네 코드를 알라

큰 프로젝트에는 **서드파티 코드**third-party code가 들어가는 경우가 자주 있다. 서드파티 코드는 프로젝트 팀이 아닌 제3자가 작성한 코드를 말한다. 이때 서드파티 코드의 소스 코드에 접근할 수 없는 경우가 많다. 코드가 안전하고 잘 작동한다는 벤더vendor(코드를 개발한 회사)의 말을 믿어야만 한다. 뭐가 잘못될 수 있겠어?

무엇보다, 이 코드가 안전하고 잘 작동한다는 사실을 어떻게 알 수 있을까? 이 코드를 만든 사람 중에 백도어를 설치한 사람이 없음을 어떻게 알 수 있을까? 이 질문은 가상의 질문이 아니다.

2015년 주요 네트워크 벤더 중 하나가 만든 제품에서 비밀 백도어가 발견됐다. 2016년에도 하드코딩된 암호가 들어 있는 추가 계정이 다른 벤더의 제품에서 발견됐다. 더 많은 목록이 있고, 이런 나쁜 관행을 용인하는 한 목록은 계속 늘어날 것이다. 아마 이미 알려진 예보다 더 질이 나쁜 계획이 지금도 진행되고 있을 것이다.

1984년 켄 톰슨Ken Thompson은 '신뢰를 신뢰하는 것에 대한 회고Reflections on Trusting Trust'라는 제목의 튜링상 강의에서 악의적 행위자가 얼마나 큰 손해를 끼치는지 설명했다.

서드파티 코드를 사용하면 또 다른 더 미묘한 문제가 생긴다. 이 문제는 물리적인 인프라에 설치된 소프트웨어(발전소 등을 움직이게 하는 소프트웨어)에서 두려울 정도로 더 자주 나타난다. 이와 같이 결정적인 소프트웨어는 엔지니어에 의해 설계될 것이라 생각하겠지만, 실제로 그런 경우는 드물다. 엔지니어가 소프트웨어 명세를 결정해도 보통은 '시스템 통합가integrator'에 의해 소프트웨어가 구축된다. 이런 사람들은 '코딩 스쿨' 같은 곳에서 받는 것과 비슷한 훈련을 거친 사람들이다. 시스템 통합은 다른 사람들이 작성한 코드를 임포트하고 함수 호출로 서로 이어 붙이는 것으로 정리할 수 있다. 그 결과 생기는 실제 제품 코드는 그림 13-6과 비슷해진다.

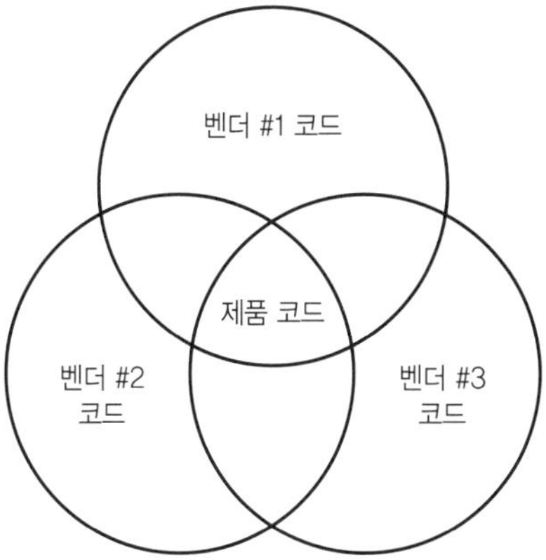

그림 13-6 사용하지 않은 벤더 코드와 제품 코드

이 말은 제품에 쓰이지 않는 코드가 꽤 많이 제품에 포함된다는 뜻이다. 그림을 보면 제품 코드보다도 제품에서 쓰이지 않는 코드가 더 많다. 한번은 이와 관련된 강의를 하다가 이런 코드에 대해 '디지털 헤르페스herpes(단순 포진)'라는 이름을 붙인 적이 있다. 사람의 단순 포진처럼, 이런 코드는 제품의 중앙 신경계에 똬리를 틀고 머무르면서 적당한 외부 자극이 오면 시스템을 깨고 나가기 때문이다.

이로 인해 코드를 작성하는 사람은 어려운 입장에 처한다. 어떻게 서드파티 코드를 사용해도 안전하다고 결정할 수 있을까? 발전소에서 일하는 모든 사람이 크립토그래피나 네트워크 프로토콜의 전문가는 아니다.

첫째, 이런 부분에서 오픈소스 코드가 더 나을 수 있다. 실제로 여러분도 오픈소스 코드를 들여다보고, 누구나 실제 코드를 볼 수 있으므로 다른 사람들도 그 코드를 볼 가능성이 있다. '더 많은 눈' 원칙은 소수만 소스 코드를 볼 수 있는 비공개 소프트웨어보다 다수가 살펴보는 오픈소스 소프트웨어에서 버그를 발견할 가능성이 더 높다는 뜻이다. 물론 이 원칙이 만병통치약은 아니다. 유명한 오픈SSL OpenSSL 크립토그래피 라이브러리에서도 2014년 큰 버그인 하트블리드 Heartbleed 버그가 발견됐다. 그나마 좋은 면은 이 버그가 발견되고 수많은 사람이 오픈SSL 코드는 물론 보안이 중요한 다른 패키지의 코드를 점검했다는 점이다.

또 다른 좋은 실천 방법으로는 제3자 패키지에서 실제로 사용하는 코드의 크기와 전체 패키지 크기 사이의 비율을 주시하는 것이다. 한번은 경영진에서 "싼 값에 구할 수 있는 이 멋진 운영체제를 사용하자."라고 말하는 의료 장비 프로젝트에서 일한 적이 있다. 하지만 이 운영체제에는 실제로 사용하지 않을 수많은 기능이 들어 있었다. 나는 반대했고, 딱 필요한 코드만 직접 작성했다. 이 일이 일어나고 십 년이 넘게 지났는데, 그 운영체제를 배포한 곳 중에는 아직도 버그가 발견되는 곳이 있다.

감시해야 할 다른 영역은 디버깅을 위한 코드다. 제품을 개발하는 중에는 디버깅을 위해 추가로 작성한 코드가 포함되는 경우가 일반적이다. 출시 전에 이런 디버깅 코드를 꼭 제거하라! 제거해야 할 대상에는 패스워드도 포함된다. 코드 디버깅을 쉽게 하기 위해 디폴트 패스워드나 그 밖의 지름길을 추가했다면, 출시 전에는 이런 내용을 반드시 없애야 한다.

극단적인 영리함은 여러분의 적이다

서드파티 코드를 사용한다면 이상하고 영리한 기능은 피하라. 많은 고객이 쓰지 않는 기능을 벤더가 더 이상 지원하지 않을 수도 있다. 그런 일이 벌어지면 더 이상 서드파티 코드를 업그레이드하지 못할 수도 있다. 벤더가 최신 버전에 대해서만 버그 픽스를 제공하는 경우가 자주 있다. 따라서 여러분의 코드가 더 이상 지원되지 않는 기능에 의존할 경우, 심각한 보안 버그를 수정한 버그 픽스를 설치하지 못할 수도 있다.

눈에 보이는 것을 이해하라

민감한 데이터sensitive data를 여러분의 프로그램이 아닌 다른 프로그램이 접근할 수 있는지(일반적인 데이터뿐만 아니라 메타데이터에 대해서도) 생각해보라. 여러분이 만든 프로그램의 데이터를 누가 볼 수 있는가? 이 부분은 위협 모델을 정의할 때 중요한 부분이다. 누군가 그 데이터를 가지고 종적을 감추면 그러지 않았을 경우 완벽했을 코드에서 어떤 부분이 취약해질까? 공격자가 장치에서 메모리를 빼내서 직접 접근하면 보호를 우회해서 데이터를 얻을 수 있는가?

코드를 안전하게 하는 일 외에 **사이드 채널 공격**side-channel attack에 주의를 기울여야 한다. 사이드 채널 공격은 프로그램 구현의 메타데이터나 부작용에 기반을 둔 공격 방법이다. 예를 들어, 암호를 검사하는 코드가 있다고 하자. 틀린 암호를 검사하는 것보다 올바른 암호에 가까운 암호를 검사할 때 시간이 더 걸린다면 공격자에게 힌트를 주는 것과 같다. 이런 종류의 공격을 **타이밍 공격**timing attack이라고 부른다.

은행 자동 입출금기에서 키패드를 향하고 있는 카메라가 있다면 사이드 채널 공격일 수 있다.

전자기파 방사를 기반으로 하는 공격도 문서화된 적이 있다. 멋진 공격 방법으로 **반 에크 프리킹**van Eck phreaking이 있다. 안테나를 사용해 모니터 방사파를 잡아내서 모니터에 표시된 이미지를 원격에서 재현할 수 있다. 이런 방식을 사용해 전자 투표 시스템을 공격해서 비밀 투표를 무력화할 수 있음이 시연된 적이 있다.

사이드 채널 공격은 정말 은밀해서 심각한 시스템은 개선을 고려해야 한다. 코드를 작성하는 법을 아는 것만으로는 충분하지 않다. 예로 들 수 있는 것이 많은데, 특히 현대적인 크립토그래피가 태동하던 시기인 2차 세계대전 때 그런 예가 많다. 독일군은 수백 통의 시어스Sears 통신판매 카탈로그가 똑같은 사서함PO box으로 배달되는 것을 보고 로스 알라모스 국립 연구소Los Alamos National Laboratory가 존재한다고 결론 내릴 수 있었다. 그리고 영국 화학 공장 축구팀의 경기 결과가 지역 신문에 실린 것을 보고 해당 화학 공장의 위치를 알아낼 수 있었다.

일반적으로, 중요한 보안 코드에 대해 외부에서 관찰할 수 있는 행동이 실제 내부에서 일어나고 있는 일과는 무관하게 만들어야만 한다. 사이드 채널을 통해 정보를 노출하는 일이 없게 하라.

과다수집하지 마라

이 말은 너무 분명해서 따로 설명할 필요가 없을 정도다. 하지만 경험에 따르면 이 조언을 심각하게 듣는 사람은 드물다. 사물을 안전하게 유지하는 가장 좋은 방법은 안전하게 유지해야 할 대상을 아예 만들지 않는 것이다. 정말 필요한 경우가 아니라면 민감한 정보를 수집하지 마라.

병원의 환자 입력 양식에서 고전적인 예를 찾을 수 있다. 생년월일과 나이를 동시에 물어보는 양식을 보면 당혹감을 느낀다. 생년월일로부터 나이를 계산하지도 못하는 의사에게서 진찰을 받고 싶을까? 두 정보를 모두 수집한다면 두 정보를 모두 안전하게 유지해야만 한다. 따라서 필요한 한 가지만 수집하라.

모아두지 마라

민감한 정보를 수집했다고 이 정보를 항상 근처에 둬야 하는 건 아니다. 가능하면 빨리 민감한 정보를 없애라. 예를 들어, 시스템에 로그인하기 위해 패스워드가 필요할 수도 있다. 일단 패스워드를 확인하고 나면 더 이상 패스워드는 필요하지 않다. 패스워드를 더 오래 저장하고 있을수록 누군가 그 패스워드를 발견할 확률이 높아진다.

개인 정보 유출 시 큰 책임을 지게 하는 유럽 연합EU의 일반 개인 정보 보호법GDPR, General Data Protection Regulation을 세계가 이해하려고 노력함에 따라 민감한 데이터를 깨끗이 제거하는 것이 더더욱 법적으로 중요해졌다.

동적 메모리 할당은 여러분의 친구가 아니다

7장에서 힙을 사용한 동적 메모리 할당을 살펴봤다. 이번 절에서는 C 언어 표준 라이브러리의 `malloc`, `realloc`, `free` 함수를 살펴본다. 이 세 함수에는 저마다 문제점들이 있다.

동적으로 할당한 메모리를 해제하면 어떤 일이 벌어지는지 살펴보면서 시작하자. 그림 13-7을 보라.

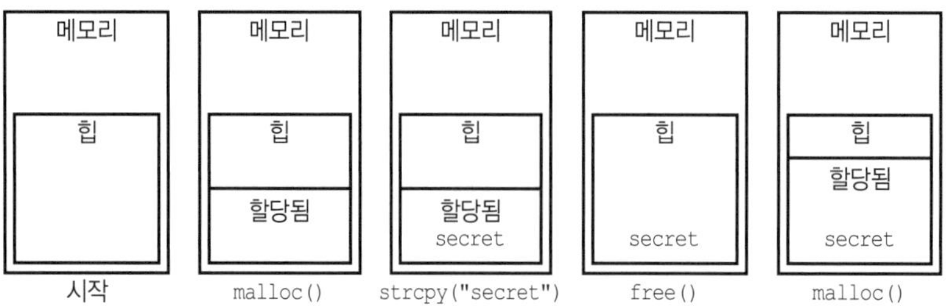

그림 13-7 메모리 해제

그림 13-8의 왼쪽에서 메모리 안에 있는 힙을 볼 수 있다. 바로 오른쪽에는 프로그램이 쓰기 위해 힙에서 할당받은 메모리를 보여준다. 더 오른쪽으로 가면 비밀 정보의 일부분인 secret을 할당한 메모리에 쓴다. 나중에 이 메모리를 더 이상 쓸 필요가 없어져서 해제하면 메모리가 힙으로 돌아간다. 마지막으로 가장 오른쪽 그림을 보면 다른 목적으로 메모리를 다시 할당한다. 하지만 여기서는 비밀secret이 여전히 우리가 읽을 수 있는 영역 안에 존재한다. 동적 메모리를 사용할 때 첫 번째 규칙은 메모리를 해제하기 전에 민감한 정보를 지워야 한다는 것이다.

realloc 함수를 쓰면 할당된 메모리의 크기를 줄이거나 늘릴 수 있다. 그림 13-8을 보자.

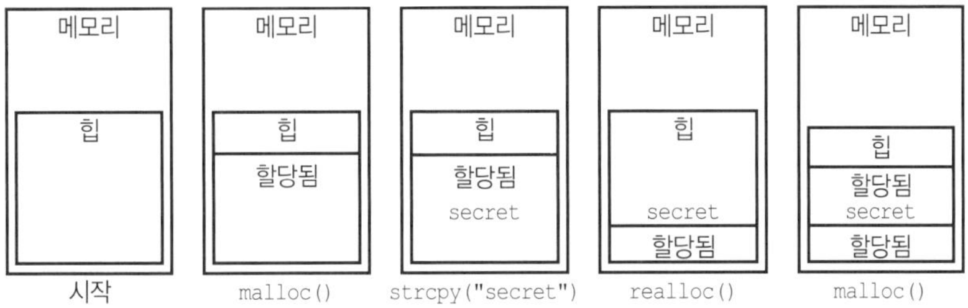

그림 13-8 메모리 줄이기

첫 번째 단계는 앞에서 본 예제와 같다. 하지만 그 후 할당된 메모리 크기를 줄였다. 비밀 정보는 줄어든 메모리 영역 밖에 있어서 할당 가능한 힙으로 돌아간다. 그 후 나중에 메모리를 할당하면 비밀이 들어 있는 메모리 블록을 얻을 수 있다. 동적 메모리를 사용할 때 두 번째 규칙은 메모리를 줄이는 경우 그에 따라 반환될 영역에 있는 정보를 지워야 한다는 것이다. 이 규칙은 첫 번째 규칙과 비슷하다.

realloc을 사용해 할당된 메모리 크기를 늘릴 때도 고려할 사항이 두 가지 있다. 첫 번째 경우가 더 쉽고 보안 문제도 없다. 그림 13-9처럼 힙에 이미 할당된 블록의 위에 공간이 있으면 블록 크기가 늘어난다.

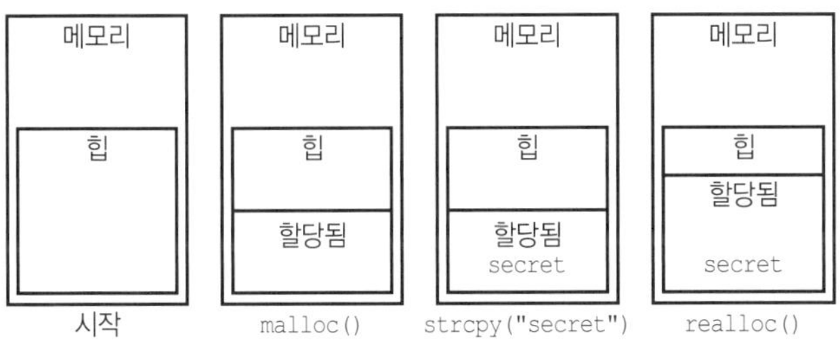

그림 13-9 좋은 메모리 크기 확장

그림 13-10은 보안 문제가 생기는 경우를 보여준다.

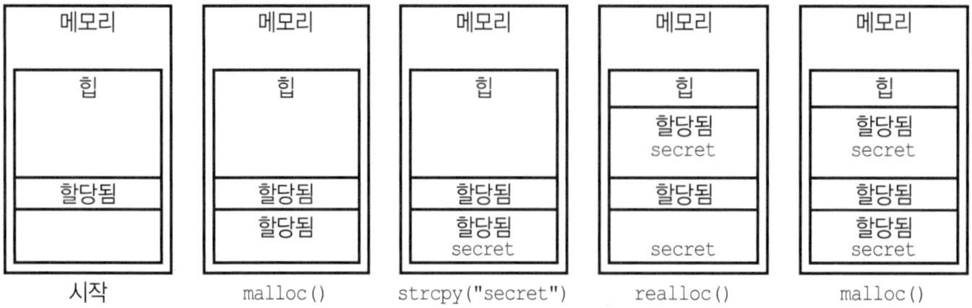

그림 13-10 나쁜 메모리 크기 확장

이 예제에서는 크기를 키우려는 메모리 블록 위에 이미 다른 목적에 할당된 메모리 블록이 있다. 메모리 블록의 크기를 키우려고 시도하면 다른 블록으로 인해 충분한 공간이 없으므로, 힙에서 충분한 크기의 연속된 메모리 공간을 찾는다. 메모리가 할당되면 예전 블록에 있던 데이터가 복사되고 이전 블록이 해제된다. 따라서 메모리에 비밀 정보의 복사본이 2본 존재하고, 그중 하나는 새로 할당될 수 있는 메모리 영역에 위치한다. 여기서 큰 문제는 realloc을 호출한 사람이 어떤 일이 벌어졌는지를 알 수 없다는 데 있다. 메모리 블록이 옮겨졌는지 알아내는 유일한 방법은 원래 블록의 주소와 realloc으로 받은 블록의 주소를 비교하는 것뿐이다. 하지만 메모리가 옮겨졌다는 사실을 알아낸다고 해도 예전 블록은 여러분이 제어할 수 있는 영역에 있지 않기 때문에 너무 늦는다. 이로 인해 세 번째 규칙이 생겨난다. 보안이 필수적인 경우 realloc을 사용하지 마라. malloc으로 새 메모리를 할당하고 이전 데이터를 새 블록에 복사한 다음, 민감한 데이터를 덮어써 지우고 free로 해제하라. 효율적이지는 않지만 훨씬 더 안전하다.

가비지 컬렉션도 여러분의 친구가 아니다

앞에서 중요한 데이터가 불필요해졌으면 지우라고 말했다. 바로 앞 절에서는 명시적인 메모리 관리를 사용할 때 이런 일이 생각보다 쉽지 않음을 배웠다. 가비지 컬렉션garbage collection을 사용하는 시스템에도 독특한 문제가 존재한다. 무언가 '민감한' 정보가 포함된 C로 작성한 프로그램이 있다고 하자. 그림 13-11을 보라.

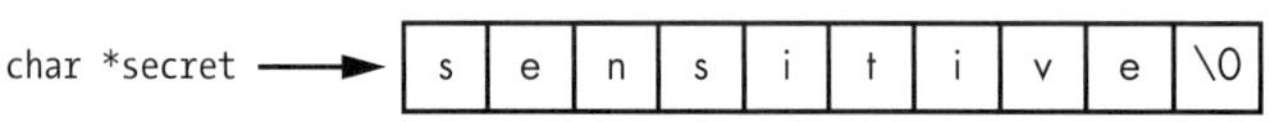

그림 13-11 민감한 데이터가 들어 있는 C 문자열

이 문자열을 다 쓰고 나면 어떻게 지울 수 있을까? C 문자열은 NUL로 끝나므로 그림 13-12처럼 첫 번째 글자를 NUL로 덮어쓰면 문자열을 빈 문자열로 만들 수 있다.

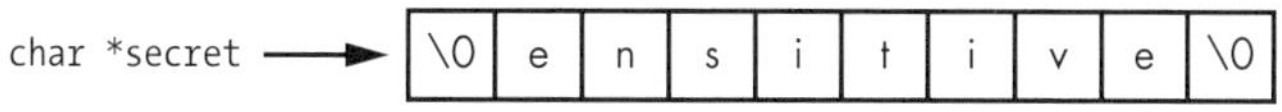

그림 13-12 민감한 정보를 잘못 지운 C 문자열

사악한 사람이 전혀 어렵지 않게 내용을 추측할 수 있다. 정말 필요한 일은 전체 문자열을 덮어쓰는 것이다.

이 문자열은 메모리 배열 안에 있거나 `malloc`으로 할당된 동적 메모리 안에 들어 있을 수 있다. `free`를 호출하기 전에 이 문자열의 모든 문자를 NUL이나 알아보기 쉬운 값으로 덮어써서 디버깅 시 쉽게 알아볼 수 있게 하라. 그렇게 하지 않으면 민감한 정보가 다시 힙에 돌아가서 이후 이뤄지는 `malloc` 호출에 의해 노출될 수 있다.

명시적인 메모리 관리 대신 가비지 컬렉션을 사용하는 언어를 사용한다면 어떻게 해야 할까? `secret = "xxxxxxxxxxxxxxxx"`처럼 해도 자바스크립트, PHP, 자바 등의 언어에서는 효과가 없다. 이런 언어는 민감한 정보를 덮어쓰는 대신 새로운 문자열을 할당한 다음, 민감한 정보가 담긴 문자열은 가비지 컬렉션이 가능한 문자열로 분류한다. 민감한 정보는 지워지지 않고 게다가 여러분이 이 정보를 강제로 지울 방법도 없다.

이런 문제가 몇몇 프로그래밍 언어와 환경에만 국한된 것이면 좋겠지만, 실제로는 그렇지 않다. 플래시 메모리가 점점 더 널리 쓰이고 있다. 플래시 메모리의 용도 중에는 SSD가 있다. 플래시 메모리는 데이터를 쓸수록 낡아지기 때문에, SSD에는 여러 플래시 메모리 칩에 데이터를 분산해 저장하는 **부하 평탄화**load leveling 기능이 들어간다. 이 말은 이런 장치에 어떤 데이터를 기록해도 예전 정보를 덮어쓴다는 보장을 할 수 없다는 뜻이다. 이 경우는 마치 할당된 메모리를 해제해서 그 메모리가 힙의 사용 가능 영역에 남게 되는 것과 비슷하다.

지금까지 본 것처럼, 무언가를 안전하게 지우는 동작조차 '코딩 스쿨'에서 배울 수 있는 어떤 내용보다도 더 복잡하다. 이런 일을 잘하려면 프로그래밍 환경을 전반적으로 잘 이해하고 있어야 한다. 여러분이 이 책을 읽고 있는 이유가 바로 이것이다.

코드 역할을 하는 데이터

여러분은 이제 '코드'는 단지 컴퓨터가 이해할 수 있는 특정한 형태의 데이터라는 사실을 알아야 한다. 컴퓨터라는 말은 처음에는 컴퓨터 하드웨어를 뜻했지만, 이제는 자바스크립트 프로그램 형식이 포함된 데이터를 실행할 수 있는 웹 브라우저 등의 여러 프로그램도 포함된다. 자바스크립트 자체도 데이터를 실행할 수 있다. `eval` 함수는 문자열을 프로그램처럼 취급해서 실행할 수 있다.

5장에서는 컴퓨터가 특정 데이터를 코드로 취급하지 못하게 막는 하드웨어를 몇 가지 살펴봤다. 메모리 관리 장치MMU나 하버드 아키텍처 기계는 코드와 데이터를 분리해서 데이터 실행을 막는다. 데이터를 실행할 수 있는 프로그램은 이런 종류의 보호 장치가 없기 때문에 여러분이 직접 이런 보호를 제공해야 한다.

고전적인 예가 **SQL 주입**SQL injection 공격이다. SQL은 구조화된 질의 언어Structured Query Language의 약자로, 많은 데이터베이스 시스템에서 인터페이스 언어로 쓰인다. '구조화된'이라는 말은 데이터를 정해진 구조(예를 들어, 직원 정보 레코드)로 만들 수 있다는 뜻이고, '질의'는 데이터에 접근하기 위한 질문을 뜻한다. 물론, '언어'는 구조화된 데이터 접근이 이뤄지는 방법을 뜻한다.[17]

SQL 데이터베이스는 데이터를 **테이블**table로 조직한다. 테이블은 행row(로우 또는 레코드)과 열column(컬럼)로 이뤄진 직사각형 배열이다. 프로그래머는 테이블을 만들면서 열을 지정할 수 있다. 질의를 사용하면 테이블에 행을 삽입, 삭제, 변경하거나 행을 읽어올 수 있다.

다음 예제를 이해하기 위해 SQL을 알 필요는 없다. 단지 SQL 문장이 세미콜론(;)으로 끝나고 주석이 숫자나 해시 기호(#)로 시작한다는 사실만 알면 된다.

학교에 성적을 알아볼 수 있는 웹사이트가 있다고 하자. 이 예제에서는 표 13-2처럼 생긴 `students`라는 테이블이 있는 SQL 데이터베이스를 사용한다.

17 SQL은 원래 IBM에서 1970년대 초에 만든 언어로 처음에는 구조화된 영어 질의 언어(SEQUEL, Structured English Query Language)라는 이름으로 나왔다가, 상표권 문제로 발음이 똑같은 SQL로 이름이 바뀌었다. 그래서 (저자의 설명과 다르게) 실제 '구조화된'이 의미하는 것은 자연어 영어보다는 좀 더 제약이 있는 언어라는 의미였을 가능성이 높다. 실제 SQL 쿼리의 기본 형태는 `SELECT ... FROM ... WHERE ... ORDER BY ...`라는 식으로 극도로 구조가 제한되어 있어서 처음 배우는 사람도 이해하기 쉽다. – 옮긴이

표 13-2 데이터베이스의 students 테이블

student	class	grade
David Lightman	Biology 2	F
David Lightman	English 11B	D
David Lightman	World History 11B	C
David Lightman	Trig 2	B
Jennifer Mack	Biology 2	F
Jennifer Mack	English 11B	A
Jennifer Mack	World History 11B	B
Jennifer Mack	Geometry 2	D

이 웹사이트는 학생이 과목 이름을 입력하는 HTML 텍스트 필드를 제공한다. 자바스크립트와 jQuery가 과목 이름을 웹 서버에 보내고 응답으로 받은 성적을 화면에 표시한다. 웹 서버에는 데이터베이스에서 성적을 검색해서 웹 페이지에게 돌려주는 PHP 코드가 들어 있다. 학생이 로그인하면 `$student` 변수에 학생 이름이 설정돼서 자신의 성적을 볼 수 있게 된다. 리스트 13-4는 코드를 보여준다.

리스트 13-4 학생 웹사이트 코드 조각

```
HTML
<input type="text" id="class"></input>

JavaScript
$('#class').change(function() {
    $.post('school.php', { class: $('#class').val() }, function(data) {
        // 성적 표시
    });
});

PHP
$grade = $db->queryAll("SELECT * FROM students
    WHERE class='{$_REQUEST['class']}' && student='$student'");

header('Content-Type: application/json');
echo json_encode($grade);
```

데이터베이스 질의는 간단하다. 이 질의는 `students` 테이블의 모든 행으로부터 모든(*) 열을 선택select하는데, `class` 열은 웹 페이지의 `class` 필드에 들어 있던 내용과 일치해야 하고, `student`

열은 로그인한 학생 이름이 들어 있는 변수와 일치해야 한다. 잘못될 게 뭐 있겠어?

그런데 데이빗은 생물Biology에는 신경 쓰지 않았는데 컴퓨터는 잘 안다. 데이빗은 자기 계정에 로그인해서 `Biology 2`를 과목 이름으로 입력하는 대신에 `Biology 2' || 1=1 || '; #`를 입력한다. 이렇게 하면 PHP의 `select` 문이 리스트 13-5처럼 바뀐다.

리스트 13-5 SQL 주입

```
SELECT * FROM students WHERE class='Biology 2' || 1=1 || ''; # && student='David
Lightman'
```

이 문장은 'students 테이블에서 모든 열을 선택하되 과목이 Biology 2이거나 1이 1과 같거나 빈 문자열인 경우에 해당하는 행에 있는 열을 선택하라'는 뜻이다. 세미콜론은 질의를 더 빨리 끝내고 그 뒤는 #로 인해 주석으로 해석된다. 1은 항상 1과 같으므로 데이빗은 모든 학생의 모든 과목 서적을 얻을 수 있다. 더 나아가 데이빗이 제니퍼의 생물학 성적을 높여서 제니퍼에게 강한 인상을 남기는 과정을 보여줄 수도 있겠지만, 그냥 여러분이 1983년 영화 〈위험한 게임WarGames〉을 보면 된다. 맛보기로 이야기하자면, 데이빗은 과목 입력 필드에 세미콜론이 들어 있는 문자열을 입력하되 세미콜론 뒤에 데이터베이스를 갱신하는 SQL 명령을 더 입력할 수 있다.

이런 공격은 단지 공상과학 영화에서나 등장할 법한 이론적인 시나리오만은 아니다. xkcd 만화 327번[18]을 보라. 2017년, 유명한 워드프레스WordPress 웹사이트 소프트웨어에서 큰 SQL 주입 버그가 발견됐다. 워드프레스는 전 세계 웹사이트 중 상당수(전체 웹사이트의 40% 정도)가 사용 중인 소프트웨어다. 이 사건은 여러분이 서드파티 코드에 의존하면 어떤 일이 벌어지는지를 더 잘 보여준다고 할 수 있다.

또 다른 예로 많은 웹사이트가 사용자가 댓글을 달 수 있게 한다. 사람들이 입력하는 댓글에 자바스크립트 코드가 있는지 꼭 확인해서 제거해야 한다. 그렇지 않으면 댓글을 보는 사용자가 의도치 않게 이 코드를 실행하게 된다. 그리고 댓글에 HTML을 사용하도록 허용하면 곧 댓글창이 광고나 다른 웹사이트의 링크로 가득 찬 모습을 보게 될 것이다. 여러분이 받는 입력이 결코 코드로 해석되지 않게 하라.

18 https://xkcd.com/327/에 있다(영문). xkcd는 랜들 먼로(Randall Munroe)가 그린 과학 웹 만화로 유명하고, 2014년 타임지가 주는 휴고상을 수상하기도 했다. xkcd의 분위기가 궁금한 독자는 (물론 직접 xkcd를 읽어도 되지만) 먼로의 2014년 테드 강연 https://www.ted.com/talks/randall_munroe_comics_that_ask_what_if를 보라. – 옮긴이

정리

13장에서는 보안 원칙을 기초적으로 이해할 수 있었다. 그리고 컴퓨터 보안 기술의 핵심인 크립토그래피에 대해 약간 배웠다. 또 코드를 더 안전하게 하기 위해 취해야 하는 몇 가지 조치를 배웠다.

그 외에도, 보안이 아주 어려운 분야이며 아마추어가 할 수 있는 일이 아님을 배웠기를 바란다. 혼자 보안을 해결하려 하지 마라.

보안과 마찬가지로 기계 지능machine intelligence도 배워둘 만한 가치가 있는 고급 주제다. 14장에서는 이에 대해 다룬다.

14장

세상을 바꾸는 기계 지능
- 미래를 열어가는 인공지능, 머신러닝, 빅데이터

'cats and meetloafs' 등을 검색해서 'cats and meatloaves 말씀이신가요?'와 같은 답을 받은 적이 얼마나 자주 있는가? 아마도 여러분은 어떻게 검색 엔진이 입력값에 오류가 있는지 알 뿐만 아니라 그 오류를 고치는 방법을 알 수 있을지 생각하느라 잠시 멈추지 않고 이런 답을 그냥 당연하게 생각했을 것이다. 하지만 모든 오류와 그 오류를 고친 정답을 매치시키는 프로그램을 누군가 작성했을 것 같지는 않다. 대신, 어떤 종류의 **기계 지능**machine intelligence이 분명 작동했을 것이다.

기계 지능은 **머신러닝**ML, machine learning, **인공지능**AI, artificial intelligence, **빅데이터**big data 등의 연관 분야가 포함된 고급 주제다. 프로그래머라면 이런 주제와 언젠가는 마주치게 될 것이다. 이번 장은 여러분에게 고수준의 개론을 제시한다.

인공지능은 이 단어가 처음 생긴 1956년 다트머스 대학 워크숍[1]에서부터 그 문이 열렸다. **머신러닝**은 1957년 **퍼셉트론**perceptron이 생기면서 두 번째로 생겼다. 퍼셉트론에 대해서는 곧 설명한다. 오늘날 두 가지 경향으로 인해 머신러닝이 널리 성공하고 있다. 첫째, 기술적 발전으로 인해 저장장치의 크기는 늘고 가격은 저렴해졌다. 그리고 기술 발전으로 인해 프로세서와 네트워크도 더 빨라졌다. 둘째, 인터넷으로 인해 엄청난 양의 데이터를 쉽게 수집할 수 있게 됐다. 그리고 이렇게 수집된 데이터를 여기저기 찔러봐도 사람들이 저항하지 않게 됐다. 예를 들어, 한 큰 회사가 수행한 책 스캔과 번역 프로젝트가 별도의 언어 번역 프로젝트를 극적으로 향상하는 데 쓰였

1 https://en.wikipedia.org/wiki/Dartmouth_workshop을 보라(영문). 참가자 면면을 보면 당시 왜 참가자들이 여름 안에 인공지능을 완성할 수 있을 거라고 생각했는지 수긍이 된다. – 옮긴이

다. 또 다른 예로는 지도 제작 프로젝트의 결과를 자율주행 자동차 개발을 위해 사용한 것을 들 수 있다. 이런 프로젝트나 그 밖의 프로젝트 결과가 너무나도 뛰어났기 때문에 머신러닝을 여러 가지 응용 분야에 적용하는 중이다. 최근에는 똑같은 두 가지 경향(더 저렴한 저장장치와 더 큰 계산 능력, 그리고 더 많은 양의 데이터)이 인공지능을 다시 활발하게 하는 데 도움이 된다는 사실을 깨달았고, 그로 인해 인공지능 분야에도 수많은 새로운 일들이 벌어지고 있다.

하지만 기계 지능을 빠르게 채택하려는 움직임이 컴퓨터 보안 세계에 팽배한 '잘못될 게 뭐 있겠어?' 하는 철학을 닮은 것 같다. 우리는 1968년 영화 〈2001 스페이스 오디세이〉에 나온 정신병적인 시스템인 HAL과 같은 기계가 생기는 일을 피할 만큼 충분히 기계 지능에 대해 알고 있지 못하다.

개요

여러분은 이제 프로그래밍이라는 일이 문제에 대한 해법을 구현하기 위해 필요한 힘들고 지루한 일이라는 사실을 알아야만 한다. 문제를 정의하고 해결 방법을 찾는 것이 가장 어려우면서 힘든 부분이다. 많은 사람이 직접 이런 일을 하기보다는 컴퓨터에게 이런 일을 시키려고 노력하는 데 자신의 일생을 바쳤다(이 또한 5장에서 말한 '엔지니어의 이상한 게으름'에 속한다).

앞에서 설명한 것처럼 이 모든 것의 시작은 인공지능이었다. 머신러닝과 빅데이터는 나중에 등장했다. 1956년 다트머스 워크숍까지는 인공지능이라는 용어가 없었지만, 인공지능의 개념 자체는 그리스 신화로 거슬러 올라갈 수 있다. 그 후 여러 철학자와 수학자가 인간의 생각을 코드화할 수 있는 엄밀한 형식적인 시스템을 만들기 위해 노력해왔다. 이런 노력은 진짜 인공지능에 이르지는 못했지만 인공지능이 탄생할 기틀을 마련했다. 예를 들어, 1장에서 살펴본 불리언 대수를 만든 조지 불은 1854년 「논리와 확률 수학 이론의 기초가 되는 생각의 법칙에 대한 탐구An Investigation of the Laws of Thought on Which Are Founded the Mathematical Theories of Logic and Probabilities」라는 논문을 출간했다.

인간의 의사결정 과정에 대한 정보가 수없이 축적됐지만, 여전히 인간이 어떻게 생각하는지에 대해서는 잘 알지 못한다. 예를 들어, 여러분이나 친구는 고양이와 미트로프를 구분할 수 있을 것이다. 하지만 이 결론에 도달하기 위해 여러분과 친구가 각기 다른 경로를 거쳤을 수도 있다. 같은 데이터에서 같은 결론이 나왔다고 해서 그 데이터를 똑같이 처리했다고는 할 수 없다. 우리는 입력과 출력을 알지만 어떤 입력을 출력으로 바꾼 정확한 '프로그래밍'에 대해서는 알지 못한다. 따라서 컴퓨터가 고양이와 미트로프를 구분하는 데 사용하는 경로도 인간의 사고 경로와는 다를 수 있다는 결론을 내릴 수 있다.

인간의 사고 처리 과정 중에 잘 알려져 있다고 간주할 수 있는 것은 인간이 무의식중에 정말 통계를 잘 처리한다는 점이다. 예를 들어, 언어학자들은 인간의 언어 습득 과정을 연구해왔다. 유아는 엄청난 양의 통계 분석을 통해 주변에서 중요한 소리를 찾아내 음소로 분리한 다음 단어와 문장으로 그룹화한다. 인간에게 이런 일을 처리하는 특별한 기능이 들어 있는지, 아니면 일반적인 목적을 위한 처리 도구를 사용해 언어를 습득하는지에 대해서는 아직도 논란이 진행 중이다.

유아들은 통계 분석을 통해 배우는 일이 (적어도 부분적으로는) 가능하다. 예외적인 환경을 빼면 유아는 지속적으로 소리에 노출된다. 마찬가지로 시각적인 정보와 그 밖의 감각 정보도 수없이 많이 주어진다. 유아는 엄청난 양의 데이터, 즉 **빅데이터**를 처리함으로써 배운다.

계산 능력, 저장소 공간 용량, 여러 가지 네트워크에 연결된 센서(휴대 전화를 포함)의 증가로 인해 엄청난 양의 데이터를 모을 수 있게 됐다. 그리고 이전 장에서 본 나쁜 사람들만 데이터를 수집하지는 않는다. 이런 데이터 중 일부는 체계가 잘 잡혀 있고, 일부는 그렇지 않다. 체계가 잡힌 잘 정리된 데이터로는 연안의 부표에서 수집된 파도 높이 정보를 들 수 있다. 체계가 없는 데이터로는 주위의 소음을 들 수 있다. 이런 데이터로 무엇을 할 수 있을까?

물론 통계는 잘 정의된 수학 분야다. 따라서 (앞에서 논의한 데이터를 가지고) 통계 분석을 수행하는 프로그램을 작성할 수 있다. 그리고 데이터를 사용해 훈련할 수 있는 프로그램도 작성할 수 있다. 예를 들어, 스팸 필터spam filter를 구현하는 방법 중 하나는 (좀 있다 자세히 살펴본다) 수집한 스팸과 정상 전자우편을 어떤 것이 스팸이고 아닌지 표시를 달아서 통계 분석기에 아주 많이 넣는 것이다. 다시 말해, 잘 조직된 **훈련 데이터**training data를 프로그램에 넣고 프로그램에게 데이터의 의미를 말해주면(여기서는 스팸인지 아닌지 여부) 된다. 이를 **머신러닝**이라고 부른다. 마치 마크 트웨인이 지은 소설 주인공인 허클베리 핀이 말한 것처럼 "우리는 앞으로 (기계를 가르치지 않고) 그 기계에 대해 배울 것이다".

여러 측면에서 머신러닝 시스템은 인간의 자율 신경계의 기능과 같다. 인간의 두뇌는 실제로 호흡 등 수많은 저수준 처리를 능동적으로 수행하지는 않는다. 두뇌는 저녁으로 뭘 먹을 것인가 같은 더 고차원적인 기능을 위해 예약되어 있다. 저수준 기능은 자동 신경계가 처리한다. 자율 신경계는 뭔가 주의가 필요할 때만 두뇌를 괴롭힌다. 현재 머신러닝은 인식recognition을 잘 처리하지만, 어떤 행위를 처리하는 수준은 인식에 비해서는 떨어진다.

조직화되지 않은 데이터는 사나운 짐승과 같다. 이는 바로 빅데이터를 이야기하는데, 빅데이터는 인간이 다른 도움 없이는 이해할 수 없는 어떤 존재라는 뜻이다. 이런 경우 여러 가지 통계 기법을 사용해 패턴이나 관계를 찾는다. 예를 들어, 이 기법(때로는 **데이터 마이닝**data mining이라고 부르는)을 사용해 주변 소음으로부터 음악을 추출해낼 수 있다(무엇보다, 프랑스 작곡가 에드가드 바레즈Edgard Varèse가 말한 것처럼, 음악은 잘 조직화된 소리다).

이 모두는 근본적으로 복잡한 데이터를 더 단순한 어떤 것으로 변환하는 방법을 찾는 것이다. 예를 들어, 누군가가 머신러닝 시스템을 훈련시켜서 고양이와 미트로프를 구별하게 만들었다고 하자. 이 시스템은 아주 복잡한 이미지 데이터를 간단한 고양이와 미트로프 비트로 변환해준다. 이런 과정을 **분류**classification라고 말한다.

5장에서 명령어와 데이터의 분리에 대해 논의했다. 13장에서는 보안상의 이유로 데이터를 명령어처럼 다루도록 허용하면 안 된다고 경고했다. 하지만 지금까지 우리가 할 수 있는 것이 데이터를 기반으로 하는 분류밖에 없기 때문에, 때로는 데이터를 명령어로 다루는 것이 타당한 경우가 있다.

예를 들어, 분류만 가지고는 자율주행 차를 만들 수 없다. 분류기의 출력에 의해 작동하는 복잡한 프로그램이 작성돼야 '고양이는 차로 치면 안 되지만 미트로프는 차로 쳐도 괜찮고 차로 치는 것이 때로는 사회에 이익이 될 수도 있다'라는 행동을 구현할 수 있다. 이런 행동 방식을 구현하는 방법으로는 차의 이동 방향을 바꾸거나 속도를 줄이는 등의 여러 가지 방법이 있다. 그리고 다른 교통 수단의 위치, 장애물의 상대적 위치 등 고려해야 할 변수가 아주 많다.

인간은 '핸들을 1도 왼쪽으로 돌리면서 브레이크에 3초 동안 압력을 1그램 가해서 고양이를 피해라'나 '핸들을 오른쪽으로 3도 돌리고 차가 미트로프를 깔아뭉갤 때까지 기다려라'와 같은 복잡하고 자세한 명령어를 통해 운전을 배우지 않는다. 대신 인간은 '고양이를 치지 마라'와 같은 목표를 통해 배운다. 인간은 자기 자신을 '프로그램'한다. 그리고 앞에서 언급했듯이 우리는 아직 인간이 목적을 달성하는 방법을 기술한 프로그램(인간이 생각하는 방법)을 관찰하는 방법을 알아내지 못했다. 교통 흐름을 분석하면 인간이 똑같은 기본 과업을 달성하기 위해 아주 다양한 방법을 사용한다는 사실을 알게 된다.

이와 같은(목표를 통해 배우는) 경우 인간은 자신의 분류기를 더 세분화하는 것으로 끝내지 않고 새로운 프로그램을 만들어낸다. 컴퓨터가 이런 일을 할 수 있을 때 이를 **인공지능**AI이라고 부른다. AI 시스템은 스스로 프로그램을 작성하면서 목표를 달성한다. 실제 고양이를 다치게 하지 않고 이를 달성하는 방법은 AI 시스템에게 시뮬레이션된 입력을 제공하는 것이다. 물론 1974년 영화 〈다크 스타Dark Star〉에 나온 폭탄 20 등의 철학적인 열 항성파괴 장비는 이 방식(시뮬레이션된 입력 제공)이 항상 제대로 작동하는 것은 아니라는 사실을 보여준다.

인공지능 시스템 중에는 시스템을 관찰해 '사고 과정'을 '이해'할 수 있는 시스템과 그렇지 않은 시스템이 있다. 머신러닝 시스템에서는 사고 과정을 이해할 수 없지만, 다른 기법을 사용한 시스템 중에는 사고 과정을 이해할 수 있는 경우가 많다. 인공지능 시스템이 점점 커지고 머신러닝과 융합되면서 인간의 사고와 비슷하지 않은 시스템이 늘어남에 따라 이를 이해하는 것이 계속 가능할지는 분명치 않다.

머신러닝

고양이 사진과 미트로프 사진을 구분하는 방법을 찾을 수 있는지 생각해보자. 이런 정보는 인간이 실제 고양이와 미트로프에 대해 갖고 있는 정보에 비해서는 훨씬 더 적은 정보다. 예를 들어 인간은 고양이를 추적하면 보통은 달아난다는 사실을 아는데, 이런 행동 방식은 미트로프에서는 흔하지 않은 행동 방식이다. 우리는 사진이 주어지면 '자신이 보는 대상이' 고양이인지 미트로프인지 아니면 둘 다 아닌지 알려주는 어떤 프로세스를 만들려 한다. 그림 14-1의 왼쪽 사진은 미트로프처럼 보이는 고양이 토니이고 오른쪽은 실제 미트로프 사진이다.

그림 14-1 원래의 고양이 토니와 미트로프

어떤 수준의 머신러닝을 사용하든 통계학을 만나게 될 확률이 아주 높다. 따라서 먼저 기본적인 통계 이론을 살펴보자.

베이즈

영국 목사인 토머스 베이즈Thomas Bayes(1701~1761)가 확률에 대해 그렇게나 많이 생각한 것을 보면 이 목사님은 자신이 이끄는 양들이 하늘나라로 갈 가능성을 신경 썼음에 틀림없다. 특히 베이즈는 여러 사건이 조합될 때 확률이 어떻게 될지에 관심이 많았다. 예를 들어, 〈블루마블〉 게임 플레이어들은 아마도 정육면체 주사위 한 쌍을 굴렸을 때 나오는 숫자의 분포 확률에 대해 잘 알 것이다. 베이즈는 자기 이름과 똑같은 **베이즈 정리**Bayes' theorem를 증명했다.

베이즈의 업적 중 이 책에서 중요한 부분은 **나이브 베이즈 분류**naive Bayes classifier다. 잠시 미트로프나 고양이는 잊고, 스팸 메시지와 그렇지 않은 메시지를 구분하는 문제를 풀어보자. 메시지는 단어 모음이다. 어떤 단어는 스팸에서 더 잘 나타나기 때문에 이로부터 이런 단어가 들어 있지 않은 단어는 스팸이 아닐 것이라고 추론할 수 있다.

먼저 간단한 통계를 수집하는 작업부터 시작한다. 메시지를 대표하는 샘플을 갖고 있다고 하자. 100가지는 스팸이고 100가지는 그렇지 않다. 메시지에서 단어를 추출하고, 각 단어가 나타나는 메시지가 몇 개인지 세어본다. 메시지가 100개씩이므로 개수만 세면 마법처럼 백분율을 알 수 있다. 부분적인 정보를 표 14-1에서 볼 수 있다.

표 14-1 단어가 등장하는 메시지의 통계

단어	스팸 메시지 백분율	스팸이 아닌 메시지 백분율
meatloaf	80	0
hamburger	75	5
catnip	0	70
onion	68	0
mousies	1	67
the	99	98
and	97	99

몇몇 단어는 스팸이나 일반 메시지에서 모두 공통적으로 나타난다는 점을 알 수 있다. 이제 이 표를 'hamburger and onion'이라는 문구가 들어 있는 알려지지 않은 메시지에 적용해보자. 순서대로 보면 각 단어가 스팸에 속하는 확률은 75, 97, 68%이고, 스팸이 아닌 메시지에 속하는 확률은 5, 97, 0%다. 그렇다면 이 메시지가 스팸에 속하거나 스팸에 속하지 않을 확률은 얼마일까?

p_0가 'meatloaf'라는 단어가 들어 있는 메시지가 스팸일 확률, p_1은 'hamburger'가 들어가 있는 메시지가 스팸일 확률 등일 때 모든 단어가 다 들어가 있을 경우 스팸일 결합 확률은 베이즈 정리에 따라 다음과 같다.

$$p_{결합} = \frac{p_0 p_1 p_2 \ . \ . \ . \ p_n}{p_0 p_1 p_2 \ . \ . \ . \ p_n + (1-p_0)(1-p_1)(1-p_2) \ . \ . \ . \ (1-p_n)}$$

이를 그림 14-2처럼 시각화할 수 있다. 표 14-1처럼 구한 사건과 확률을 이 분류기에 넣으면 우리가 원하는 모든 경우가 조합된 사건의 확률이 나온다.

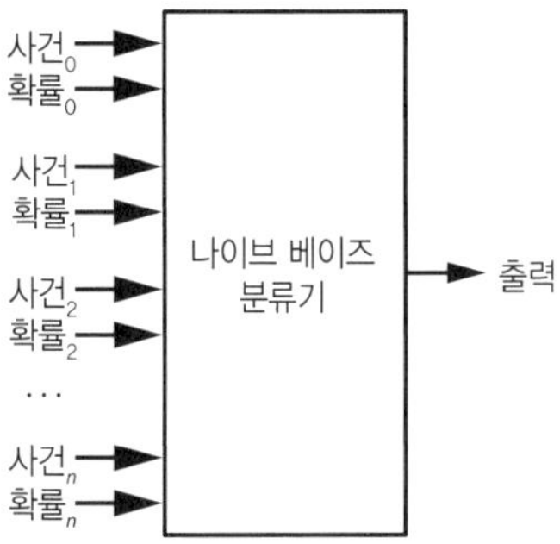

그림 14-2 나이브 베이즈 분류기

스팸과 스팸이 아닌 경우를 계산하는 두 가지 분류기를 만들 수 있다. 위에서 구한 숫자를 끼워 넣으면 이 메시지가 스팸일 확률은 99.64%이고, 스팸이 아닐 확률은 0%다.

이 기법이 꽤 잘 작동함을 알 수 있다. 통계가 최고다! 물론 제대로 된 스팸 필터를 만들기 위해서는 여러 가지 트릭도 필요하다. 예를 들어, '나이브'라는 단어가 '순진무구하며 어리석다'라는 뜻임을 이해해야 한다. 나이브라는 말은 베이즈가 자신이 하는 일을 몰랐다는 뜻이 아니다. 이 단어는 단지 주사위를 굴릴 때처럼 각 사건이 서로 관련되어 있지 않은 독립적인 사건이라는 뜻이다. 단어 사이의 관계를 살펴보면서 'and and' 같은 패턴은 불리언 대수를 다루는 메시지에서만 나온다는 사실 등을 활용하면 스팸 필터를 더 향상할 수 있다. 스팸을 보내는 사람spammer들은 메시지에 여러 단어로 이뤄진 '단어 샐러드word salad'를 포함시켜서 필터를 피하려고 시도하는데, 단어 샐러드가 문법적으로 맞는 경우는 거의 없다.

가우스

독일 수학자 요한 카를 프리드리히 가우스Johann Carl Friedrich Gauss(1777~1855)도 통계학에서 중요한 사람이다. **종모양 곡선**bell curve(벨 커브)이라고도 하고 **정규 분포**normal distribution나 **가우스 분포**Guassian distribution라고도 불리는 확률 분포에 대해 가우스를 욕할 수 있다. 이 분포는 그림 14-3처럼 생겼다.

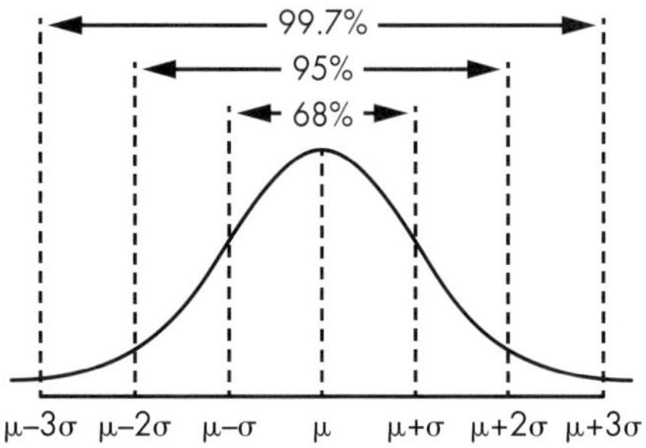

그림 14-3 종모양 곡선

어떤 현상을 관찰한 결과가 보통 종모양 곡선에 들어맞기 때문에 이 곡선이 흥미롭다. 예를 들어, 농구 선수의 신장을 공원에서 측정하고 평균이 μ라 하자. 일부 선수는 키가 평균보다 크고, 일부는 평균보다 작을 것이다(한편 μ는 '뮤'라고 읽는다. 고양이가 가장 좋아하는 그리스 문자가 바로 μ다). 선수 중 68%는 평균에서 **표준 편차**standard deviation, 즉 σ 안에 들어가며, 95%는 2σ 안에 들어간다. 샘플 숫자가 늘어나면 어느 한 선수의 키가 알려주는 내용이 거의 없으므로 키의 분포도 종모양 곡선에 더 가까워진다. 잘 정의된 모집단population에서 주의 깊게 채취한 샘플을 사용해 분포를 얻으면 전체 모집단의 분포를 추정할 수 있다.

이런 특성이 아주 흥미롭지만 종모양 곡선을 응용할 수 있는 다른 분야가 아주 많다. 이 중 일부를 고양이와 미트로프 문제에 적용할 수 있다. 1975년 『고양이Cat』라는 유명한 만화책을 펴낸 미국 만화가 버나드 클리반Bernard Kliban(1935~1990)은 고양이란 귀와 꼬리가 달린 미트로프일 뿐임을 가르쳐준다. 따라서 사진에서 귀, 꼬리, 미트로프 등의 특성을 뽑아낼 수 있다면 이를 분류기에 넣어서 관심 대상을 식별할 수 있을 것이다.

물체의 특성을 더 잘 알아보려면 외형을 추적해야 한다. 물론 물체의 테두리edge(윤곽선이라고도 함)를 찾을 수 없으면 이렇게 할 수 없다. 고양이나 상당수의 미트로프는 애매모호하게 생겼기 때문에 테두리를 찾기가 어렵다. 특히 고양이는 털이 많고 털마다 테두리가 있다. 하지만 우리가 원하는 테두리는 털의 테두리가 아니다. 직관에는 반대될지 모르지만 처음 해야 할 일은 사진을 약간 흐릿하게blur 만들어서 털로 인한 원치 않는 효과를 줄이는 것이다. 이미지를 흐리게 만든다는 것은 6장에서 오디오를 살펴볼 때 배운 로우패스 필터를 통과시킨다는 뜻이다. 이미지의 세부 사항은 '고주파'에 속한다. 여러분이 이미지를 쭉 살펴볼 때 자세한 세부 사항이 빠르게 변한다고 생각하면 좀 더 직관적으로 이를 이해할 수 있다.

가우스가 어떤 일을 할 수 있는지 살펴보자. 그림 14-3과 같은 곡선을 μ를 중심으로 회전시켜서 3차원 버전을 만들면 그림 14-4와 같다.

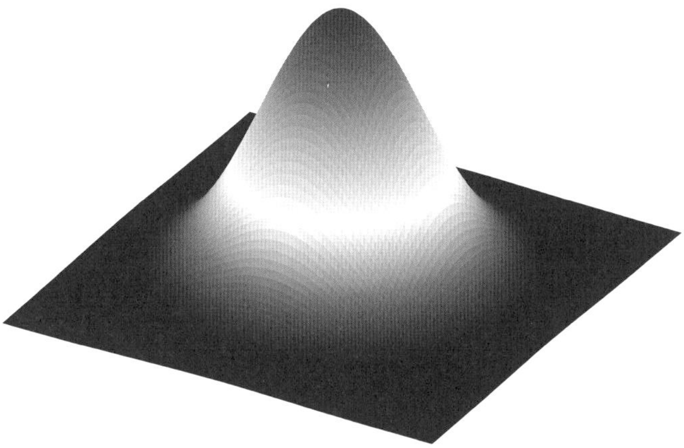

그림 14-4 3차원 가우스 분포

이 3차원 가우스 분포를 이미지로 끌어가서 μ를 각 픽셀의 중심에 차례로 일치시킨다. 곡면(3차원이니까 곡선이 아니라 곡면이 된다)의 일부분이 중심 픽셀 주변의 픽셀을 덮는 것을 생각할 수 있다. 이제 곡면 아래 있는 픽셀의 값과 곡면의 값을 곱한 결과를 모두 더해서 중심 픽셀의 값으로 만든다. 이런 방식으로 이미지를 흐리게 만드는 방식을 **가우스 블러**Gaussian blur라고 부른다. 그림 14-5에서 가우스 블러가 어떻게 작동하는지 볼 수 있다. 그림 14-5에서 가운데 있는 이미지는 왼쪽 이미지에(왼쪽에서 1/3 정도 되는 지점의 맨 위쪽을 보라) 있는 흰 사각형을 확대한 것이다. 맨 오른쪽의 이미지는 가운데 있는 이미지의 중앙에 있는 픽셀의 가우스 블러를 계산할 때 어떻게 가중치가 계산되는지를 3차원으로 보여준다.

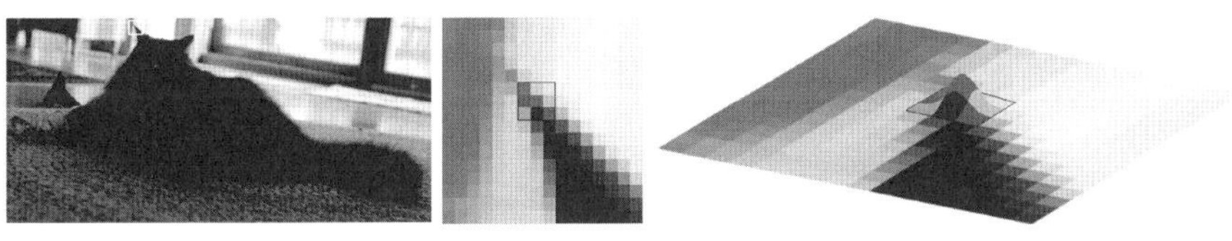

그림 14-5 가우스 블러

픽셀과 픽셀 주변의 값을 서로 조합하는 과정이 약간 복잡해(영어로는 'convoluted') 보일 것이다. 실제로 이 과정을 수학에서는 **컨볼루션**convolution이라고 부르며, 가중치 배열을 **커널**kernel이나 **컨볼루션 커널**convolution kernel이라고 부른다. 몇 가지 예를 살펴보자.

그림 14-6은 3×3과 5×5 커널을 보여준다. 밝기를 유지하기 위해 모든 가중치를 더하면 1이 된다는 점에 유의하라.

3×3		
$\frac{1}{16}$	$\frac{2}{16}$	$\frac{1}{16}$
$\frac{2}{16}$	$\frac{4}{16}$	$\frac{2}{16}$
$\frac{1}{16}$	$\frac{2}{16}$	$\frac{1}{16}$

5×5				
$\frac{1}{256}$	$\frac{4}{256}$	$\frac{6}{256}$	$\frac{4}{256}$	$\frac{1}{256}$
$\frac{4}{256}$	$\frac{16}{256}$	$\frac{24}{256}$	$\frac{16}{256}$	$\frac{4}{256}$
$\frac{6}{256}$	$\frac{24}{256}$	$\frac{36}{256}$	$\frac{24}{256}$	$\frac{6}{256}$
$\frac{4}{256}$	$\frac{16}{256}$	$\frac{24}{256}$	$\frac{16}{256}$	$\frac{4}{256}$
$\frac{1}{256}$	$\frac{4}{256}$	$\frac{6}{256}$	$\frac{4}{256}$	$\frac{1}{256}$

그림 14-6 가우스 컨볼루션 커널

그림 14-7은 왼쪽에 원본 이미지를 보여준다. 중간에 많은 빈 공간이 있어도 나뭇가지를 알아볼 수 있다. 가운데 이미지는 3×3 커널로 흐리게 만든 이미지다. 이 그림이 더 흐리지만 테두리를 구별하기는 좀 더 쉽다. 오른쪽의 이미지는 5×5 커널을 적용한 이미지다.

이미지를 **밝기** = $f(x, y)$라는 수학 함수의 결과로 생각할 수 있다. 이 함수의 값은 각 좌표 점상의 픽셀 밝기다. 이 함수는 **이산적인**discrete 함수다. 즉, x, y의 값은 정수여야만 한다. 물론 x, y는 이미지 경계 안에 있어야 한다. 비슷한 방식으로 컨볼루션 커널을 값이 **가중치** = $g(x, y)$라는 작은 이미지라고 생각할 수도 있다. 따라서 어떤 점에 대해 컨볼루션을 수행하는 과정은 커널이 덮는 영역에 속한 모든 점을 순회하면서 커널의 가중치를 곱한 다음에 다 더하는 방식으로 이뤄진다.

그림 14-7 가우스 블러 예제

그림 14-8은 5×5 가우스 커널로 흐리게 만든 이미지를 보여준다.

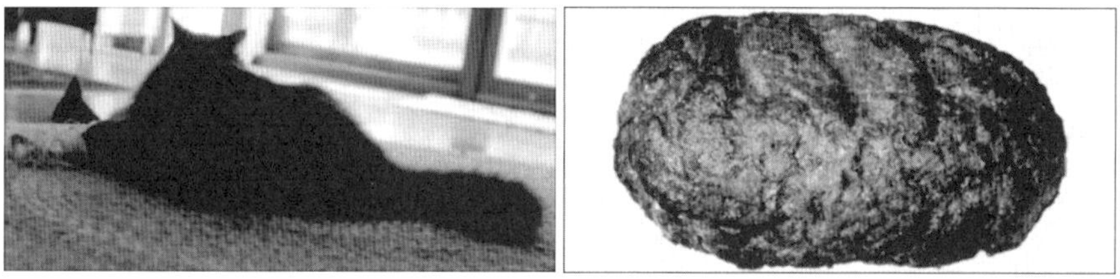

그림 14-8 흐리게 만든 고양이와 미트로프 이미지

컨볼루션 커널이 1픽셀보다 크기 때문에 이미지의 가장자리에서는 컨볼루션을 계산할 수 없다. 가장자리 근처로 너무 가까이 가지 않거나(즉 가로 세로가 커널 크기만큼 줄어든 결과를 돌려주는 방법) 주변에 윤곽선을 그려서 이미지를 더 크게 만드는 방법 등 이를 처리하는 방법이 여러 가지 있다.

소벨

그림 14-1에는 문제의 대상을 식별하는 데 실제로 필요가 없는 정보(예: 색깔)가 많이 들어 있다. 예를 들어, 스콧 맥클라우드Scott McCloud는 『Understanding Comics: The Invisible Art』라는 책(툰드라Tundra에서 펴냄)에서 동그라미와 점 둘, 줄 하나만 있으면 얼굴을 인식할 수 있다고 나머지 세부 사항은 불필요하며 무시할 수 있다는 사실을 보여줬다. 이에 따라 이미지를 더 단순화하려 한다.

이제 이미지를 흐리게 만들어서 테두리를 더 잘 찾게 됐으므로 실제 테두리를 찾아보자. **테두리** edge에는 많은 정의가 있다. 인간의 눈은 밝기 변화에 가장 민감하므로 여기서도 밝기 변화를 사용하자. 밝기 변화란 단지 어떤 픽셀과 그 픽셀의 이웃 픽셀 사이의 밝기 차이를 말한다.

미적분calculus의 거의 절반은 변화에 대한 것이므로 미적분을 여기에도 적용하자. 어떤 함수의 **도함수**derivative는 함수가 만들어내는 곡선의 기울기다. 한 픽셀과 바로 오른쪽 픽셀 사이에 밝기가 변한다면 밝기 변화 공식은 **밝기** $= f(x+1, y) - f(x, y)$다.

그림 14-9에 있는 가로 선에 있는 픽셀을 살펴보자. 밝기 수준을 바로 아래 표시했고, 그 아래는 밝기 변화를 표시했다. 밝기 변화가 뾰족뾰족하다는 사실을 알 수 있다. 뾰족뾰족한 이유는 0이 아닌 값으로 변경이 일어나야만 밝기가 변화된 것이기 때문이다.

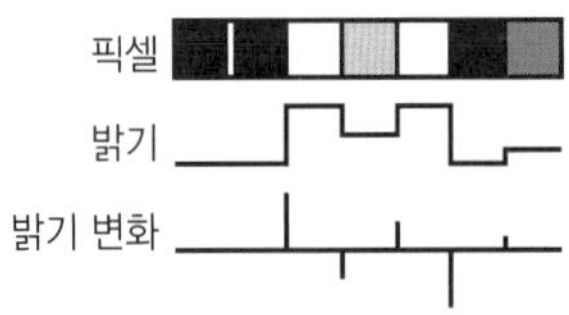

그림 14-9 테두리는 밝기 변화에 있다.

이런 식으로 밝기 변화를 측정하면 문제가 한 가지 생긴다. 밝기 변화가 픽셀과 픽셀 사이에서만 일어난다. 우리는 픽셀 중간에서 변화가 생기기를 원한다. 여기서도 가우스가 도움을 줄 수 있는지 살펴보자. 이미지를 흐리게 만들 때는 μ를 픽셀 중앙에 맞췄다. 마찬가지 접근 방법을 택하되 이번에는 종모양 곡선이 아니라 그림 14-10처럼 생긴, 종모양 곡선의 1차 도함수first derivative를 사용하자. 이 곡선은 그림 14-3에 있는 곡선의 기울기를 그래프로 그린 그림이다.

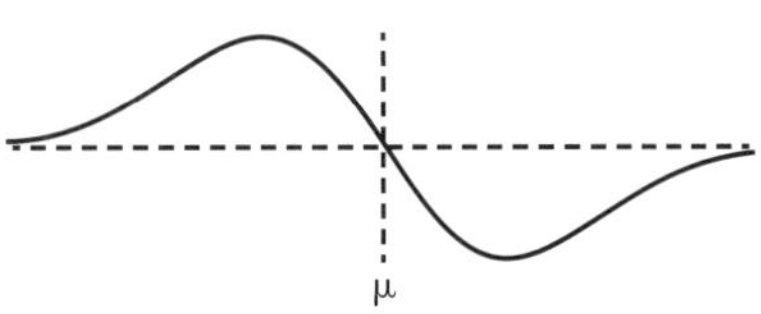

그림 14-10 그림 14-3에 있는 가우스 곡선의 기울기 곡선

이 곡선에서 양의 봉우리와 음의 봉우리를 +1과 -1이라고 부르고 이 두 봉우리를 이웃 픽셀의 중심에 맞추면, 픽셀의 밝기 변화는 $\Delta \text{brightness}_n = 1 \times \text{pixel}_{n-1} - 1 \times \text{pixel}_{n+1}$이다. 그림 14-11을 보면 이 방식이 어떻게 작동하는지 볼 수 있다.

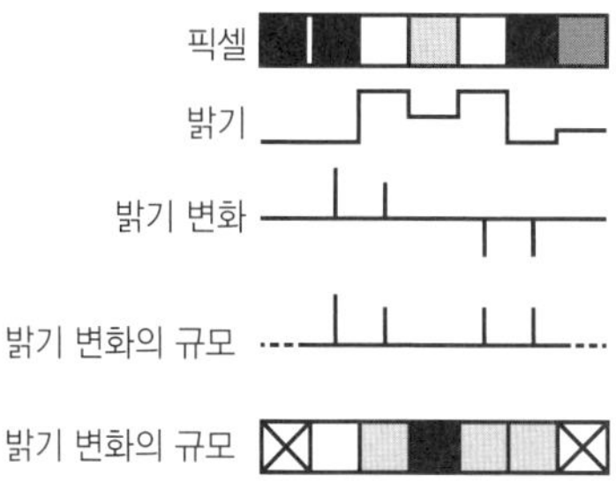

그림 14-11 픽셀에 중심을 맞춘 밝기 변화

물론 이 경우에도 바로 앞에서 본 것 같은 이미지 경계 문제가 있다. 따라서 양쪽 끝 픽셀에 대해서는 밝기 변화를 계산할 수 없다. 현재 우리는 변화의 방향에는 관심이 없고 변화의 크기에만 관심이 있다. 따라서 절댓값을 취함으로써 **규모**magnitude를 계산하자.

테두리를 이런 식으로 감지하는 것은 꽤 잘 작동한다. 하지만 많은 사람이 이를 개선하려 시도했다. 그중 가장 널리 쓰이는 접근 방법이 **소벨 연산자**Sobel operator다. 미국 과학자 어윈 소벨Irwin Sobel과 게리 펠드만Gary Feldman이 1968년 논문에서 소벨 연산자를 발표했다.

가우스 블러 커널에서 했던 것과 비슷하게 여기서도 가우스 곡선의 기울기에서 얻은 값을 바탕으로 소벨 테두리 감지 커널을 생성한다. 그림 14-10에서 2차원 버전을 이미 봤고, 그림 14-12는 3차원 버전을 보여준다.

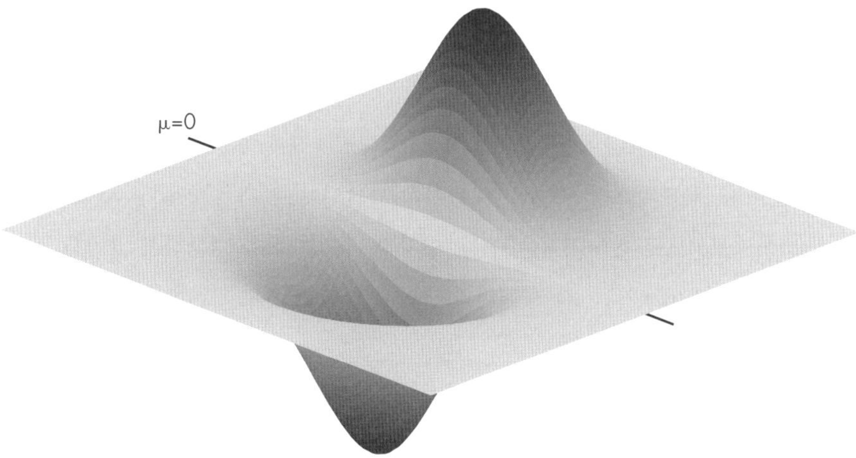

그림 14-12 그림 14-10에 있는 가우스 곡선의 기울기 곡선의 3차원 버전

이 곡선은 축을 중심으로 대칭이 아니기 때문에 소벨은 수평 방향과 수직 방향별로 다른 버전을 사용했다. 그림 14-13은 두 커널을 보여준다.

소벨$_x$			소벨$_y$		
+1	0	−1	+1	+2	+1
+2	0	−2	0	0	0
+1	0	−1	−1	−2	−1

그림 14-13 소벨 커널

이 커널을 적용하면 각 픽셀마다 한 쌍의 **증감률**gradient G_x와 G_y를 얻는다. 증감률을 경사도로 생각할 수 있다. 직교 좌표 각 축 방향에 대한 증감률을 알고 있으므로, 그림 14-14처럼 삼각함수를 사용해 이를 극좌표로 변환하면 **규모**magnitude G와 **방향**direction θ를 얻을 수 있다.

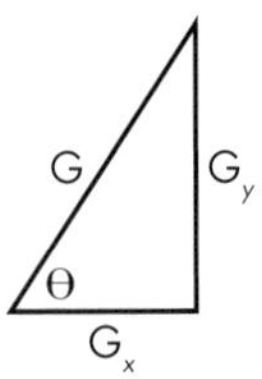

$$G = \sqrt{G_x^2 + G_y^2}$$

$$\theta = \tan^{-1}\frac{G_y}{G_x}$$

그림 14-14 증감률 규모와 방향

증감률 규모는 우리가 얻은 테두리가 얼마나 '강한지'를 말하며, 방향은 테두리의 방위orientation를 뜻한다. 여기서 물체와의 방향이 수직perpendicular임을 기억하라. 따라서 수평 방향인 테두리의 변화 방향은 수직 방향이다.

규모와 방향 계산이 실제로는 11장에서 본 직교 좌표를 극좌표로 변환하는 방법과 같다는 사실을 안 독자도 있을 것이다. 좌표계를 바꾸는 것은 손쉬운 기법이다. 여기서는 일단 극좌표로 바꾸고 나면 분모가 작아져도 0으로 나누거나 아주 큰 숫자가 나오는 것을 걱정하지 않아도 된다. 대부분의 수학 라이브러리는 `atan2(y, x)` 형태의 함수를 제공하므로 나눗셈을 하지 않아도 아크탄젠트arctangent를 계산할 수 있다.

그림 14-15는 각 이미지의 증감률 규모를 보여준다.

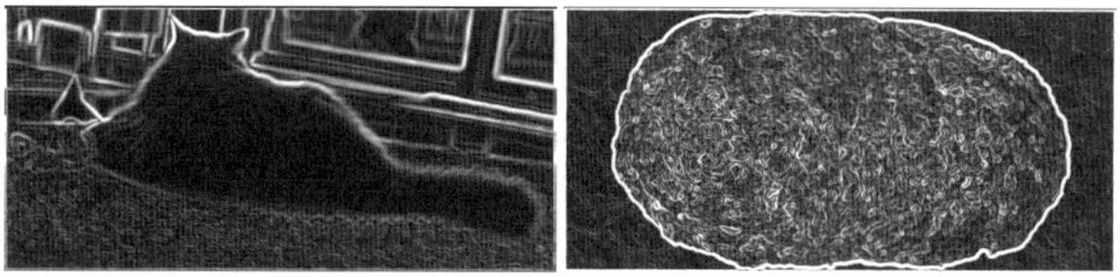

그림 14-15 흐리게 만든 고양이와 미트로프 이미지에서 얻은 소벨 규모

방향과 관련해 우리가 사용할 수 있는 것보다 더 많은 정보가 있다는 문제가 더 있다. 그림 14-16을 보라.

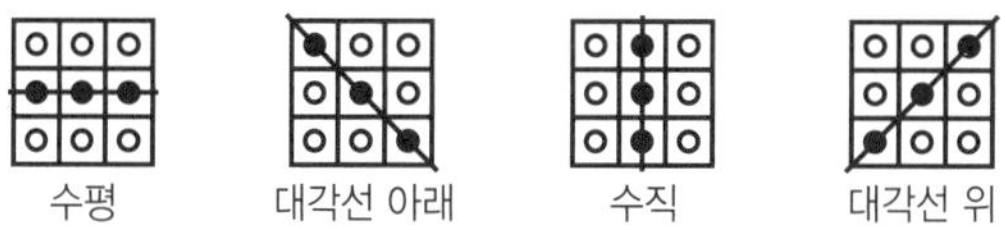

그림 14-16 픽셀의 이웃들

픽셀에는 이웃한 픽셀이 8개뿐이기 때문에 신경 써야 하는 방향은 실제로는 네 가지뿐이다. 그림 14-17은 방향을 네 가지 빈bin으로 어떻게 구분할 수 있는지를 보여준다.

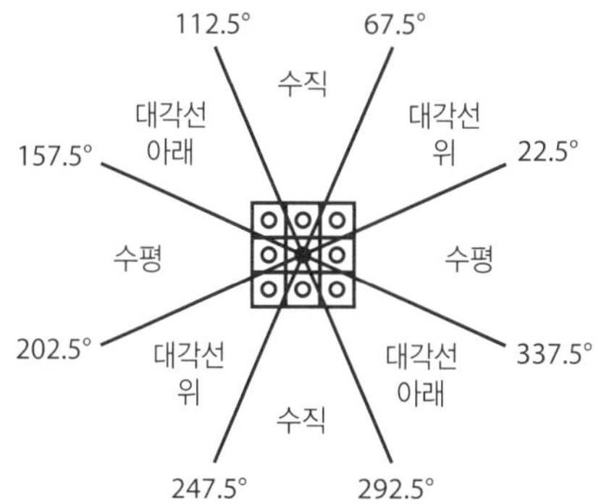

그림 14-17 증감률 방향 빈

그림 14-18은 흐리게 처리한 이미지에서 빈을 활용해 소벨 방향을 계산한 모습을 보여준다. 방향과 규모 사이의 관계를 볼 수 있다. 맨 위는 수평 빈, 그 아래는 대각선 위 빈, 그 아래는 수직 빈, 맨 아래는 수직 아래 빈이다.

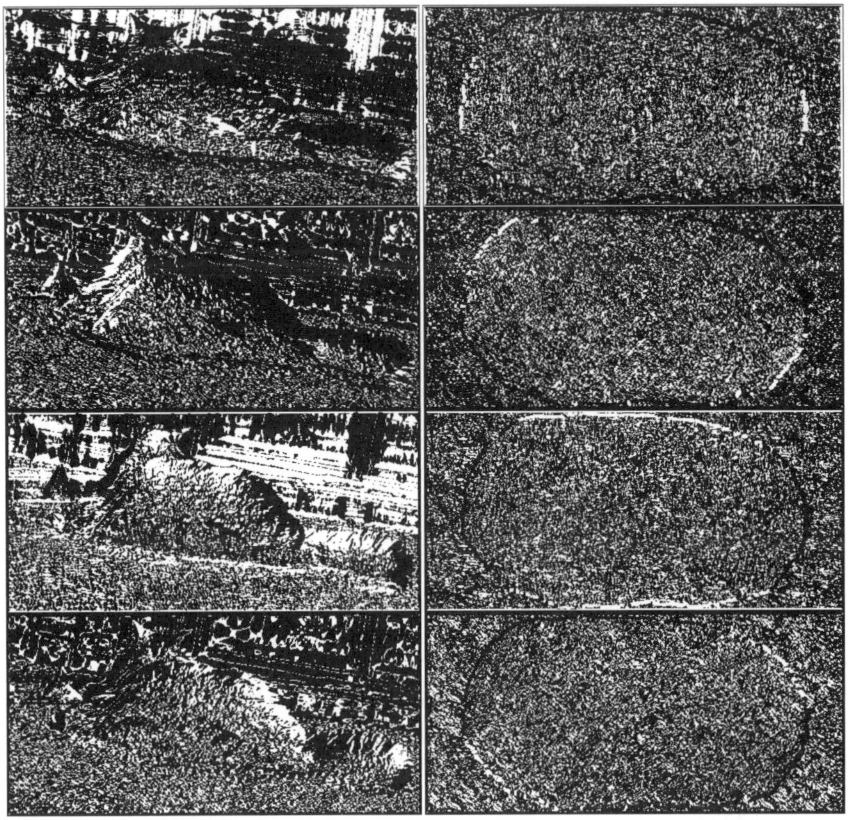

그림 14-18 흐리게 처리한 고양이와 미트로프의 소벨 방향

그림을 보면 소벨 연산자가 테두리를 찾아주기는 하지만 그렇게 훌륭하지는 않음을 알 수 있다. 테두리가 두꺼워서 객체의 특성과 혼동할 수 있다. 테두리가 가늘면 이런 문제가 사라진다. 그리고 소벨 방향을 사용해 더 가는 테두리를 찾을 수 있다.

캐니

호주 컴퓨터과학자인 존 캐니John Canny는 1986년 소벨의 결과에 몇 가지 단계를 추가해서 테두리 감지를 개선했다. 첫 번째는 **비최댓값 억제**nonmaximum suppression다. 그림 14-15를 보면 테두리 중 일부가 두껍고 모호하다는 것을 알 수 있다. 테두리가 가늘면 나중에 이미지의 특성을 더 쉽게 알아낼 수 있다. 비최댓값 억제는 **테두리를 가늘게 하는**edge thinning 기법이다.

계획은 다음과 같다. 각 픽셀의 증감률 규모를 증감률 방향에 있는 이웃 픽셀과 비교한다. 만약 가운데 픽셀의 규모가 주변 픽셀의 규모보다 크면 값을 유지하고, 그렇지 않으면 0으로 감소시킨다(그림 14-19 참조).

그림 14-19 비최댓값 억제

그림 14-19를 보면 왼쪽 그림에서는 가운데 픽셀이 주변 픽셀보다 더 규모가 크므로(즉, 더 밝으므로) 값이 유지되고, 오른쪽 그림에서는 이웃 픽셀의 규모가 가운데 픽셀보다 크므로 값을 0으로 억제한다.

그림 14-20은 비최댓값 억제를 소벨 연산자 다음에 적용하면 테두리가 얼마나 가늘어지는지를 보여준다.

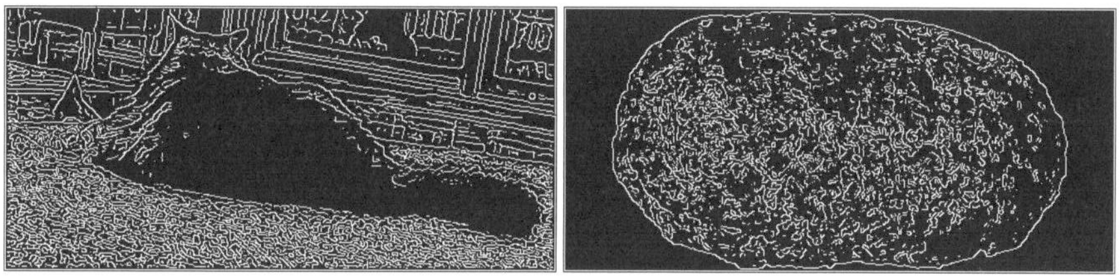

그림 14-20 고양이와 미트로프 사진에 비최댓값 억제를 적용한 결과

이 그림은 꽤 좋아 보이지만, 이 두 그림은 미트로프를 구분하기 쉬운 편에 속하기는 한다. 비최댓값 억제는 이미지에서 테두리를 많이 만들어낸다. 그림 14-15를 보면 이 중 상당수의 증감률 규모가 아주 낮다는 사실을 알 수 있다. 캐니 처리의 마지막 단계는 **이력**hysteresis**을 활용한 테두리 추적**이다. 이 단계는 '약한 테두리'를 없애고 '강한 테두리'를 남긴다.

2장에서 한 쌍의 문턱값을 비교할 때 이력이 관련되는 모습을 살펴봤다. 우리는 비최댓값 억제 결과를 스캔하면서 테두리 픽셀(그림 14-20에서 흰 픽셀들)을 찾되, 증감률 규모가 상단 문턱값보다 큰 픽셀만 찾는다. 이렇게 찾은 픽셀을 최종 테두리 픽셀로 판정한다. 그 후 이런 픽셀의 이웃을 살펴본다. 이웃 중에 증감률 규모가 중앙 픽셀보다 큰 픽셀들은 이미 최종 테두리 픽셀로 표시됐을 것이다. 이런 경로를 재귀적으로 쫓아가면서 변경률이 낮은 문턱값보다 큰 규모인 픽셀을 모두 최종 테두리 픽셀로 판정한다. 이 과정을 분명한 테두리를 찾은 다음, 이 테두리가 희미해져 사라질 때까지 테두리 연결을 추적해나가는 것으로 생각할 수 있다. 이 결과를 그림 14-21에서 볼 수 있다. 강한 테두리는 흰색, 거부된 약한 테두리는 회색으로 구분되어 있다.

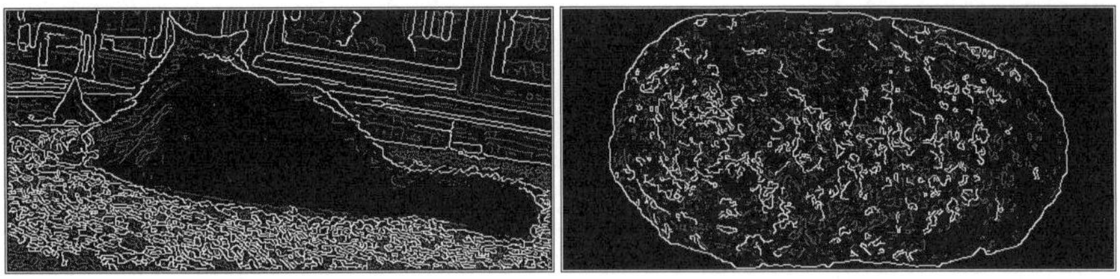

그림 14-21 이력을 활용한 테두리 추적

비최댓값 억제에 의해 많은 테두리가 사라지고, 물체의 테두리를 꽤 잘 볼 수 있음을 알 수 있다. OpenCV라는 훌륭한 오픈소스 컴퓨터 비전 라이브러리가 있다. 이 라이브러리를 이번 장에서 본 처리를 비롯한 온갖 이미지 처리에 사용할 수 있다.

특성 추출

다음 단계는 인간이 하기는 쉽지만 컴퓨터가 하기는 어려운 단계다. 그림 14-21에서 특성을 추출하고 싶다. 특성 추출에는 여러분이 본 적이 없을 가능성이 높은 여러 가지 수학이 필요하기 때문에 이 주제를 자세히 다루지는 않는다. 하지만 몇 가지 기본적인 사항을 살펴보자.

특성 추출 알고리즘은 아주 많다. 그중에 **휴 변환**Hough transform 같은 것은 선이나 원 같은 기하학적인 모양을 추출하기에 좋다. 고양이-미트로프 문제의 경우 기하학적 모양을 찾는 것이 아니기 때문에 휴 변환이 유용하지는 않다. 뭔가 간단한 처리를 해보자. 이미지를 스캔하면서 테두리를 찾고, 테두리를 추적해서 물체를 추출하자. 테두리가 서로 교차하면 가장 짧은 경로를 찾자.

이렇게 하면 그림 14-22처럼 몸통, 귀, 고양이 장난감, 구불구불한 무언가를 얻는다.

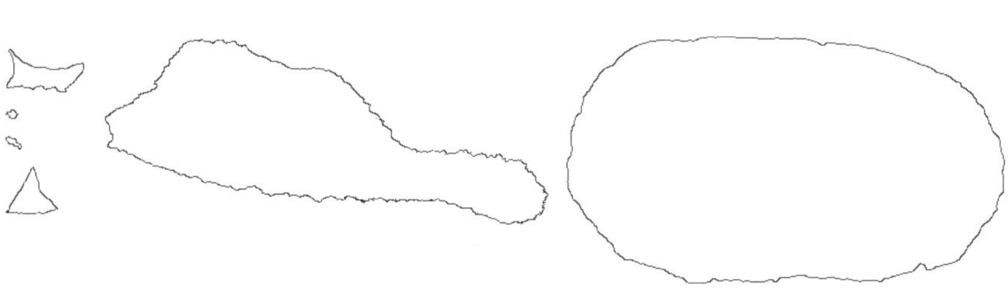

그림 14-22 추출한 특성들[2]

2 추출한 특성을 원래 이미지에 있던 위치에 그린 그림이 아니라는 점에 유의하라. 예를 들어, 몸통과 얼굴 위쪽(이마와 귀 부분)은 서로 붙어 있지만 이 그림에서는 얼굴을 왼쪽에 배치했다. – 옮긴이

이제 특성을 찾았으므로 앞에서 스팸 감지 예제에서 했던 일을 다시하면 된다. 즉, 이 특성들을 (그림 14-23처럼) 분류기에 넣는다. 분류기 입력에서 +는 이런 특성이 있는 이미지가 결과에 부합하는 특성이라는 뜻이고, -는 이런 특성이 있는 이미지는 결과에 반하는 특성이라는 뜻이며, 0은 아무 도움도 되지 않는 특성이라는 뜻이다.

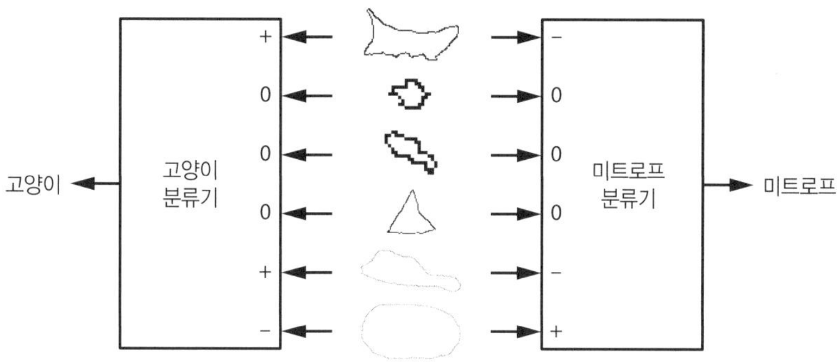

그림 14-23 특성 분류

이미지에서 고양이 장난감처럼 나이브 베이즈 분류를 향상할 수 있는 정보가 있다는 사실에 유의하라. 고양이 장난감을 고양이 근처에서 찾을 가능성은 높지만 미트로프 근처에서 찾을 가능성은 낮다.

이 예제는 특성 분류의 단계를 보여주는 목적 외에는 그다지 쓸모가 있지는 않다. 특성을 분류하는 단계를 그림 14-24에 요약해뒀다.

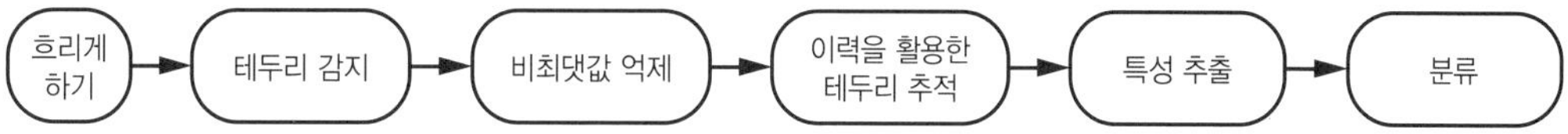

그림 14-24 이미지 인식 파이프라인

미트로프는 주로 제자리에 있지만 고양이는 많이 돌아다니면서 귀여운 포즈를 엄청나게 많이 남긴다. 우리 예제는 샘플에 있는 물체에 대해서만 제대로 작동한다. 이 분류기는 455페이지의 그림 11-44에 있는 물체를 고양이로 인식하지는 않는다. 그리고 맥락 문제가 있기 때문에 그림 14-25에 있는 물체를 미트로프로 판정할 가능성이 거의 없다.

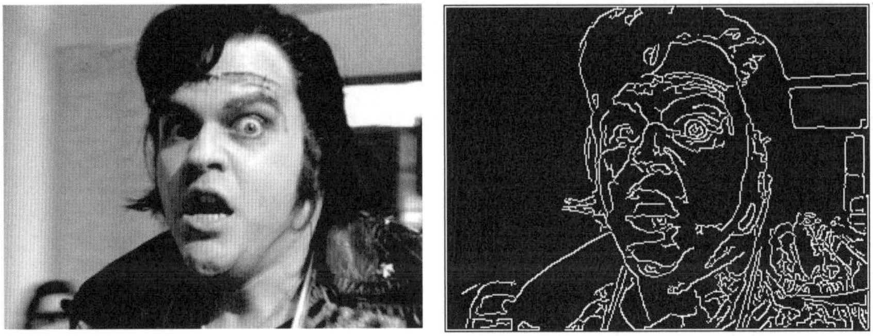

그림 14-25 고양이일까, 미트로프일까?

인공 신경망

(인공지능의) 어떤 수준에서는 물체를 표현하기 위해 사용하는 데이터가 어떤 종류인지는 실제로 문제가 되지 않는다. 이 세상에 존재하는 엄청난 변형들을 처리할 수 있어야 한다. 인간과 마찬가지로 컴퓨터도 입력을 바꿀 수는 없다. 따라서 다양성에 대응할 수 있는 더 나은 분류기가 필요하다.

인공지능에서 사용해온 접근 방법 중에는 인간의 행동을 흉내 내려는 노력이 있었다. 인간의 경우 **뉴런**neuron이 큰 역할을 한다는 사실을 잘 알고 있다. 인간에게는 860억 개나 되는 뉴런이 있다. 이들 모두가 '두뇌' 안에 있지는 않다(신경 세포도 뉴런인데, 아마 이 때문에 일부 사람들은 배짱 있게 생각할 수 있는 것 같다).

뉴런을 2장에 나온 논리 게이트와 6장에 나온 아날로그 비교기를 합한 것으로 생각할 수 있다. 뉴런을 간략히 그린 모습을 그림 14-26에서 볼 수 있다.

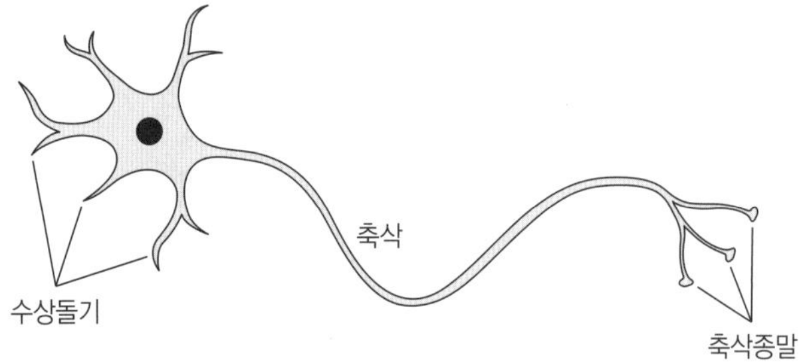

그림 14-26 뉴런

수상돌기dendrite(나무모양 돌기라는 뜻)는 입력이고, **축삭**axon(중심을 따라 길게 뻗었다는 뜻)은 출력이며, **축삭종말**axon terminal은 단지 축삭과 다른 뉴런을 연결해주는 것에 지나지 않는다. 뉴런은 모든 입력을 동등하게 취급하지 않기 때문에 AND 게이트와는 다르다. 그림 14-27을 보라.

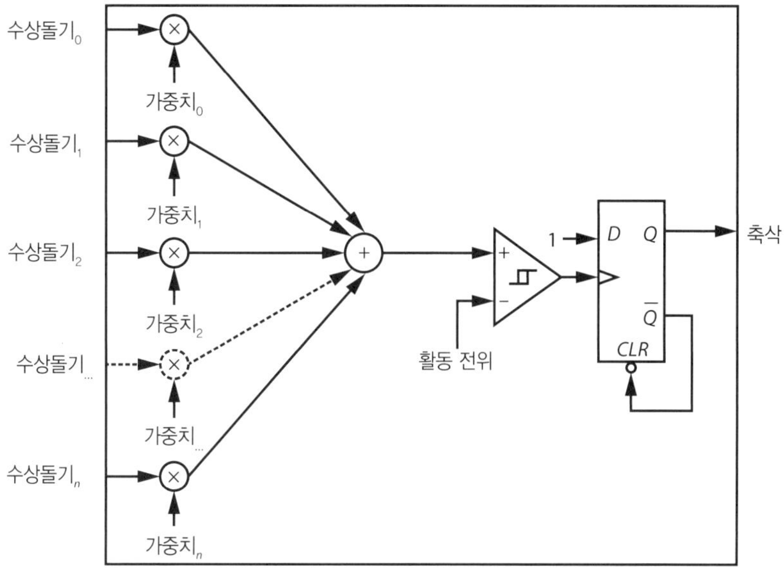

그림 14-27 뉴런을 게이트처럼 단순화한 모델

각 수상돌기의 값을 어떤 **가중치**weight로 곱한 다음, 모든 가중치가 곱해진 값을 더한다. 이 과정은 베이즈 분류와 비슷하다. 전체를 더한 값이 **활동 전위**action potential보다 낮으면 비교기의 출력이 false이고, 그렇지 않으면 비교기 출력이 true다. 비교기 출력이 true이면 뉴런이 출력 플립플롭을 true로 설정해서 **활성화**fire된다. 축삭의 출력은 펄스pulse다. 즉 참이 된 직후에 다시 플립플롭이 리셋되면서 거짓으로 돌아간다. 신경과학자 미야기Miyagi 씨의 표현을 따르자면, 액스-온, 액스-오프ax-on, ax-off된다. 신경과학자들은 비교기를 이력이 있게 만들어야 한다고 투덜거릴 수도 있다. 실제 뉴런은 이력에 따라 다르게 작동한다. 하지만 그 이력은 시간에 따른 이력이고, 이 모델은 시간에 따라 작동하지는 않는다.

뉴런은 '간단하다'는 점에서 게이트와 비슷하고 함께 더 복잡한 '회로', 즉 **신경망**neural network을 이룰 수 있다는 점에서도 비슷하다. 뉴런에서 핵심으로 알아둘 내용은 뉴런이 입력의 가중치를 더한 값에 따라 활성화된다는 점이다. 따라서 여러 가지 입력 조합이 뉴런을 활성화할 수 있다.

최초로 인공 뉴런을 만들려는 시도는 미국 심리학자인 프랭크 로젠블랏Frank Rosenblatt (1928~1971)의 **퍼셉트론**perceptron이었다. 그림 14-28이 퍼셉트론의 모습을 보여준다. 퍼셉트론에서 중요한 점은 입력과 출력이 2진수라는 점이다. 그래서 입력과 출력은 0 아니면 1밖에 올 수 없다. 가중치와 문턱값은 실수다.

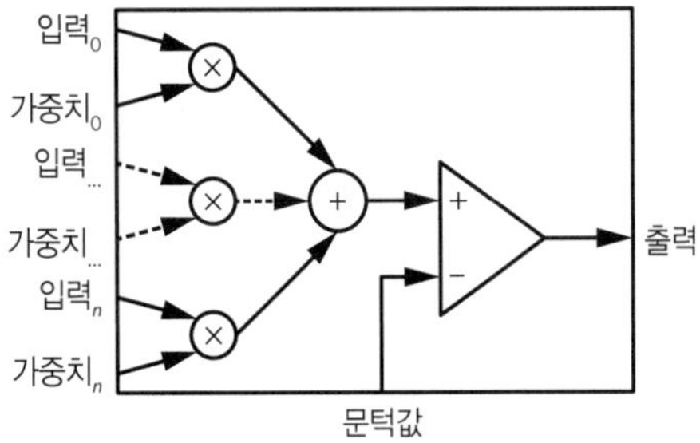

그림 14-28 퍼셉트론

퍼셉트론은 AI 분야에 큰 흥분을 안겨줬다. 하지만 그 후 퍼셉트론이 어떤 유형의 문제를 풀 수 없다는 사실이 알려졌다. 이 사실과 다른 여러 가지 요인으로 인해 AI에 대한 연구 지원이 상당수 끊긴 'AI의 겨울'이라는 시절이 왔다.

하지만 특정 문제를 풀 수 없었던 이유가 퍼셉트론을 사용하는 방법 때문이라는 사실이 밝혀졌다. 당시에는 그림 14-29처럼 여러 퍼셉트론을 한 '계층layer'으로 조직했었다. 그림에서 동그라미가 퍼셉트론이다.

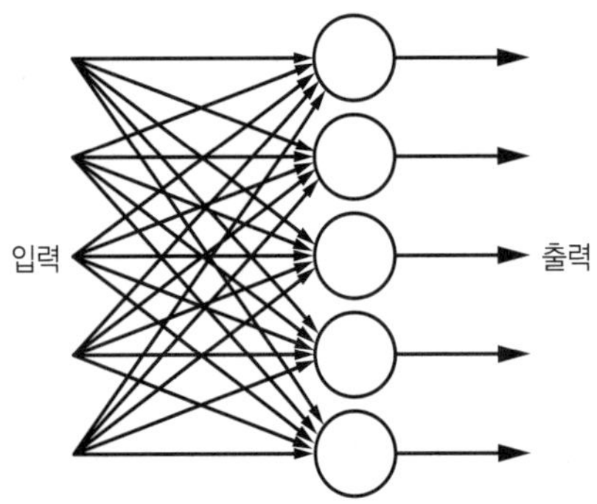

그림 14-29 단일 계층 신경망(단층 신경망)

입력은 여러 퍼셉트론으로 전달될 수 있지만, 각 퍼셉트론은 각자 따로 결정을 내리고 출력을 만들어낸다. 하지만 그림 14-30 같은 다중 계층 신경망multilayer neural network(다층 신경망)이 생기고 퍼셉트론의 여러 가지 문제가 해결됐다.

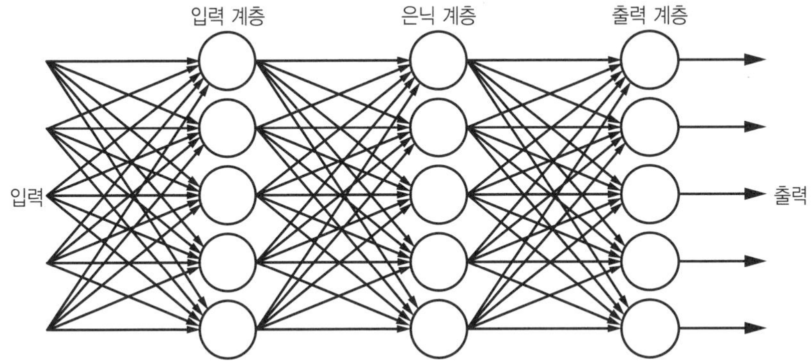

그림 14-30 다중 계층 신경망(다층 신경망)

각 계층에서 만들어진 출력을 다음 계층으로만 보내기 때문에 이런 신경망을 **앞먹임 신경망** feedforward network이라고 부른다. 가운데는 원하는 만큼 **은닉 계층** hidden layer(감춰진 계층)이 들어갈 수 있다. 은닉이라는 이름은 이들이 입력이나 출력과 연결되지 않았기 때문에 붙은 이름이다. 그림 14-30은 각 계층마다 같은 수의 뉴런을 사용하지만 이는 필수적인 요구사항은 아니다. 문제에 따라 계층(특히 은닉 계층)의 수와 계층당 뉴런 수를 결정하는 방법은 이 책의 범위를 벗어나는 흑마술에 속한다. 이렇게 생긴 다층 신경망은 간단한 분류자보다 더 많은 일을 할 수 있다.

신경과학자들은 아직 수상돌기의 가중치가 결정되는 방법을 모른다. 하지만 이 방법을 모르면 신경망이 쓸모가 없으므로, 컴퓨터과학자들은 어떻게든 가중치를 알아내는 방법을 생각해내야만 했다. 퍼셉트론의 2진법적인 특성으로 인해 가중치를 살짝 바꿔도 출력이 그에 비례해 변경되지 않고 1이 아니면 0인 식으로 변경됐기 때문에 가중치 결정이 어려웠다. 퍼셉트론의 비교기를 **시그모이드 함수** sigmoid function로 바꿔서 이런 문제를 해결한 다른 뉴런 설계인 **시그모이드 뉴런** sigmoid neuron이 탄생했다. 시그모이드 함수는 S자 모양 곡선인 함수를 부르는 멋진 이름일 뿐이다. 그림 14-31은 퍼셉트론의 전이 함수와 시그모이드 함수를 보여준다. 이 두 함수는 2장에서 아날로그와 디지털을 설명할 때 나왔던 함수와 거의 비슷하다. 그렇지 않은가?

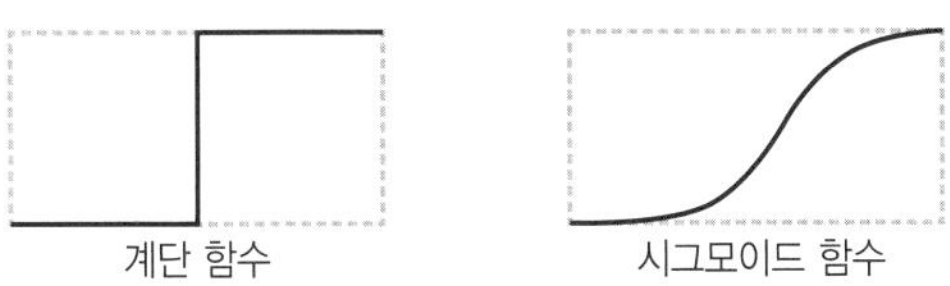

$$\sigma(x) = \frac{1}{1 + e^{-x}}$$

그림 14-31 인공 뉴런 전이 함수

그림 11-32는 시그모이드 뉴런 내부를 보여준다.

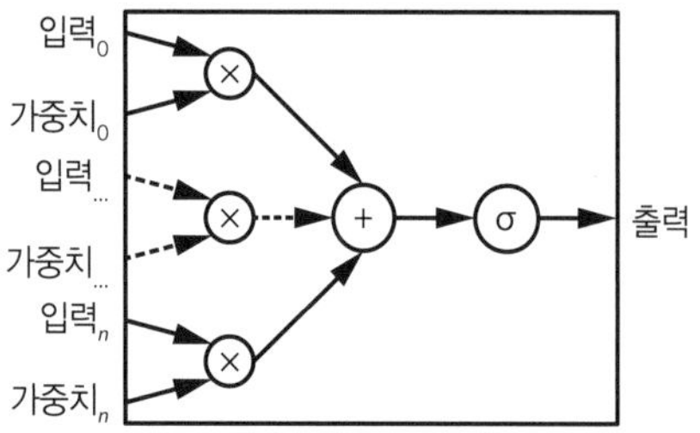

그림 14-32 시그모이드 뉴런

이 그림에서 분명히 나타나지 않는 부분은 시그모이드 뉴런 입력과 출력이 '아날로그적인' 부동소수점 수라는 점이다. 정확도를 위해, 시그모이드 뉴런에서는 편향값bias도 쓰이지만, 여기서 시그모이드 뉴런을 이해하는 데는 이 사실이 중요하지 않다.

시그모이드 뉴런에서는 **역전파**backpropagation 기법을 사용해 신경망의 가중치를 결정할 수 있다. 역전파 기법은 가끔 잃어버렸다가 재발견되곤 했는데, 가장 최근의 재발견은 데이비드 러멜하트David Rumelhart(1942~2011), 제프리 힌튼Geoffrey Hinton, 로널드 윌리엄스Ronald Williams의 1986년 논문이었다. 역전파는 선형대수linear algebra를 많이 사용하기 때문에 여기서 자세한 내용을 다루지는 않는다. 아마도 대수학algebra 시간에 연립방정식simultaneous equation을 푸는 법을 배웠을 것이다. 선형대수는 변수가 아주 많고 등식도 아주 많은 연립방정식을 풀 때 도움이 된다.

역전파의 일반적인 아이디어는 고양이의 특성처럼 이미 알고 있는 대상에 대한 입력을 제공하는 것이다. 이렇게 제공한 입력에 대한 출력을 관찰할 때, 우리는 고양이임을 알고 있으므로 출력이 1이거나 1에 아주 가까운 값이어야 한다는 사실을 안다. 따라서 예상 출력값에서 실제 출력값을 뺀 값인 **오류 함수**error function를 계산할 수 있다. 그 후 오류 함수의 값을 가능한 한 0이 되도록 가중치를 조정한다.

가중치 조정은 보통 **경사 하강**gradient descent이라는 알고리즘을 사용해 이뤄진다. 수학을 좋아하지 않는 사람이라면 이를 단테Dante가 지옥으로 내려가는 것[3]처럼 생각할 수 있다. 이를 간단한 예제를 통해 이해해보자. '경사gradient'는 기울기와 똑같은 단어라는 사실을 기억하라. 가중치로 여러 가지를 시도해보고 오류 함수의 값을 계산해본다. 이렇게 그린 그림은 그림 14-33과 비슷할 것이다. 이 그림은 산, 골짜기 등을 보여주는 입체 지형도relief map처럼 보인다.

3 단테의 『신곡』에 따르면 지옥은 역피라미드형의 원추형 구조로, 맨 밑에는 루시퍼(Lucifer)가 있다. 따라서 단테는 경사도를 따라 아래로 아래로 내려가 루시퍼에 도달한다. – 옮긴이

경사 하강과 관련 있는 내용은 지도에서 공을 굴려서 가장 깊은 골짜기에 도달하는 것이다. 가장 깊은 골짜기가 바로 오류 함수가 최소화되는 지점이다. 공이 위치한 곳을 표현하는 값으로 가중치를 설정한다. 이 알고리즘이 멋진 이름을 얻게 된 이유는 이런 작업을 단 두 가지 가중치만 있는 예제와 달리 아주 많은 가중치에 대해 수행하기 때문이다. 그림 14-30처럼 여러 계층에 가중치가 있으면 이 작업은 더욱더 복잡해진다.

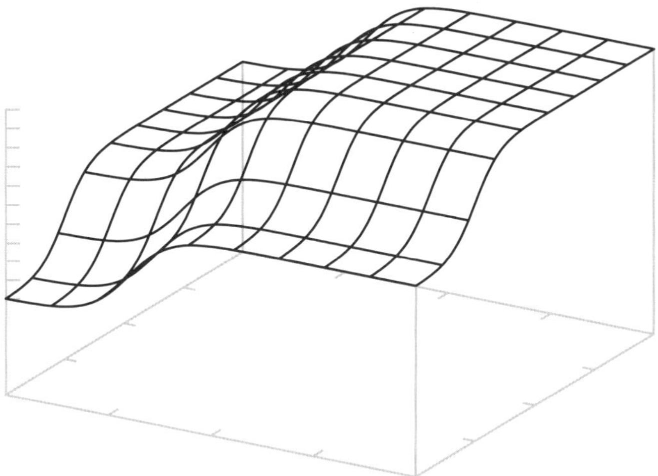

그림 14-33 경사도 배치

그림 14-27에 있는 출력 활성화 기능이 신비롭게도 사라졌다는 사실을 눈치챈 독자도 있을 것이다. 지금까지 본 신경망은 기본적으로 조합 논리였지 순차 논리가 아니었고, 실질적으로 DAG(유향 비순환 그래프)였다. 신경망에도 **순환 신경망**RNN, recurrent neural network이라는 순차 논리적인 변종이 있다. RNN은 DAG가 아니다. 따라서 어떤 계층의 출력이 다시 아래 계층의 입력으로 들어갈 수 있다. 출력을 저장하고 전체에 클록을 공급함으로써 신경망이 폭발하는 것을 방지한다. 손글씨나 음성 인식 등 순차적인 입력을 처리할 때 이런 유형의 신경망이 잘 작동한다.

이미지 처리에 좋은 또 다른 유형의 신경망인 **컨볼루션 신경망**CNN, convolution neural network도 있다. 이 신경망을 마치 앞에서 본 컨볼루션 커널과 비슷한 픽셀값의 배열을 입력으로 받는 것으로 생각할 수 있다.

인공 신경망의 큰 문제는 나쁜 훈련 데이터에 의해 신경망이 '중독'될 수 있다는 점이다. 아이일 때 텔레비전 프로그램을 너무 많이 본 어른이 나중에 어떤 이상 행동을 보일지 알 수 없는 것처럼, 머신러닝 시스템도 마찬가지다. 기계 옆에 앉아서 "자, 이제 고양이 그림을 보고 정말 당신이 어떻게 느끼고 있는지 말씀해주세요."라고 말하는 사람을 상상하기는 힘들지만, 미래에는 기계 심리 치료사가 필요할지도 모른다.

신경망에서 핵심은 이들이 아주 능력이 많은 분류기라는 점이다. 엄청난 양의 입력 데이터를 가지고, 우리가 원하는 대로 입력을 기술하는 훨씬 적은 양의 출력으로 변환하도록 신경망을 훈련시킬 수 있다. 교양 있는 사람들은 이를 **차원 수 축소**reducing dimensionality라고 표현한다. 이제, 머신러닝으로 얻은 정보를 어떻게 사용할지 생각해봐야 한다.

머신러닝 데이터의 활용

분류기의 출력을 사용해 자율주행 케첩 병 같은 것을 어떻게 만들 수 있을까? 그림 14-34와 같은 테스트 시나리오를 사용한다. 케첩 병은 체스의 킹처럼 한 번에 한 칸씩 움직이고 고양이를 피해 미트로프에 도달하는 게 목표다.

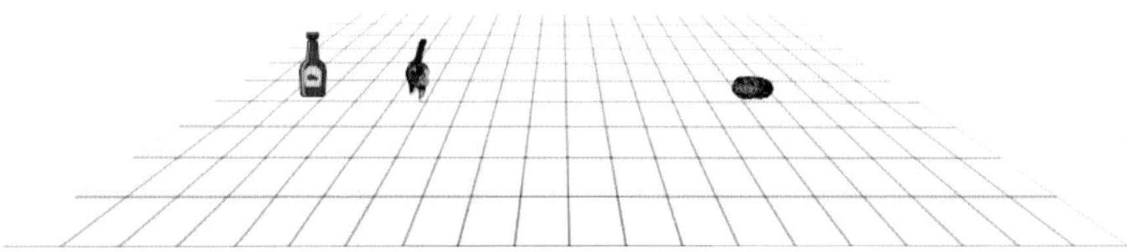

그림 14-34 테스트 시나리오

이런 '교과서적인 예제'에서는 분류기가 고양이와 미트로프의 위치도 알려준다. 두 지점 사이의 최단 거리는 직선이고, 시나리오의 격자 주소는 정수로 되어 있으므로 가장 효율적으로 미트로프에 도착하는 방법은 416페이지의 '직선' 절에서 본 브레슨햄의 선 그리기 알고리즘을 사용하는 것이다. 물론 고양이와 향신료(케첩)는 함께 잘 지낼 수 없으므로 그림 14-35처럼 이를 변경해야 한다.

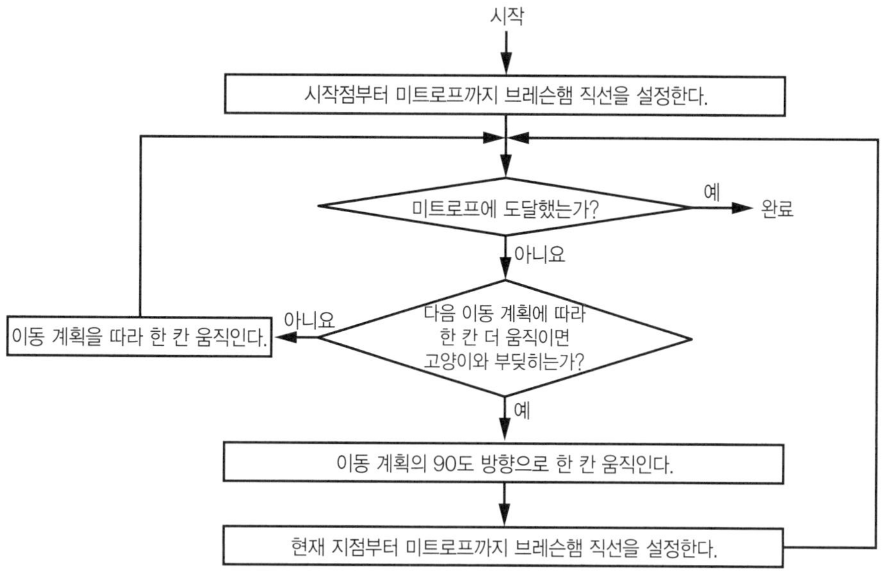

그림 14-35 자율주행 케첩 병 알고리즘

순서도를 보면 알 수 있듯 꽤 단순하다. 미트로프까지 일직선을 긋고 그 방향으로 움직인다. 중간에 고양이를 만나면 급히 방향을 전환해 움직인 후 다시 미트로프까지 일직선을 긋는다. 물론 실제 세계에서는 고양이는 계속 움직일 수 있고 그 밖의 장애물도 존재하기 때문에 이보다 훨씬 더 복잡해질 것이다.

이제부터는 인공지능이 머신러닝이 아닌 다른 방법으로 어떻게 이런 문제를 해결하는지 살펴보자.

인공지능

초기 인공지능은 체커 게임, 여러 가지 논리 문제 풀이 등으로 인해 흥분을 자아내고, 연구 지원금도 많이 받았다. 불행히도 이런 이른 성공이 더 어려운 문제에 대한 성공으로 이어지지 못했고, 그에 따라 연구 지원도 끊겼다.

AI라는 단어가 만들어진 1956년 다트머스 워크숍의 참가자 중에는 MIT에서 리습LISP 프로그래밍 언어를 만든 미국 과학자 존 매카시John McCarthy(1927~2011)도 있었다. 리습은 초기 AI 작업에 쓰였으며, 리습이라는 말은 공식적으로 **리스트 처리기**List Processor라는 뜻이다. 하지만 이 언어의 문법을 잘 아는 사람들은 이를 '수많은 지겨운 괄호들Lots of Insipid Parentheses'의 줄임말이라고 하기도 한다.

리습으로 인해 고수준 프로그래밍 언어에 몇 가지 새로운 개념이 도입됐다. 물론 다른 고수준 언어가 한 가지(포트란)밖에 없던 1958년에는 새로운 개념을 도입하는 것이 쉬운 일이었다. 특히 리습은 단일 연결 리스트(7장을 참고하라)를 데이터 타입으로 도입하고, 프로그램을 명령어의 리스트로 간주했다. 이 말은 프로그램이 자기 자신을 바꿀 수 있다는 뜻이고, 이런 특징은 머신러닝 시스템을 만들 때 탁월한 특징이었다. 신경망은 가중치를 조절할 수는 있어도 알고리즘을 바꿀 수는 없다. 리습 프로그램은 코드를 만들 수 있기 때문에, 리습 프로그램이 새로운 알고리즘을 만들거나 기존 알고리즘을 수정하는 것이 가능하다. 리습보다 명확하지는 않지만 자바스크립트도 **자신을 수정하는 코드**self-modifying code를 지원한다. 물론 웹이라는 제약이 거의 없는 환경에서 이런 코드는 아주 위험하다.

초기 AI 시스템은 가용 하드웨어 기술에 빠르게 제한되기 시작했다. 당시 연구에 가장 널리 쓰인 기계는 DEC PDP-10이었다. PDP-10의 주소 공간은 처음에 256K개의 36비트 워드로 제한됐고, 나중에 4M개의 36비트 워드로 확장됐다. 이 정도의 메모리는 이번 장에서 보여준 머신러닝 예제를 실행하기에도 충분하지 않다. 미국 프로그래머인 리처드 그린블랏Richard Greenblatt과 컴퓨터 엔지니어 톰 나이트Tom Knight는 1970년대 초 MIT에서 리습을 위해 최적화된 컴퓨터인 **리습 기계**Lisp machine를 만들었다. 하지만 최전성기를 지났음에도 이런 기계는 겨우 수천 대밖에 만들어지지 않았다. 아마도 범용 컴퓨터가 너무 빠른 속도로 발전했기 때문일 것이다.

인공지능은 1980년대 **전문가 시스템**expert system이 소개되면서 다시 돌아오기 시작했다. 전문가 시스템은 의료 전문가 같은 사람에게 질문을 던지면서 지식 데이터베이스 내부를 검색하도록 돕는다. 다음과 같은 설명이 친근할 것이다. 10장에서 만든 '동물 추측' 게임을 좀 심각한 분야에 적용하면 바로 전문가 시스템이다. 불행히도 전문가 시스템은 성가신 전화 메뉴로 성장했다.

앞에서 본 자율주행 케첩 병 문제를 **유전 알고리즘**genetic algorithm으로 해결하려 한다. 이 기법은 진화evolution를 흉내 낸 기법이다(그림 14-36 참조).

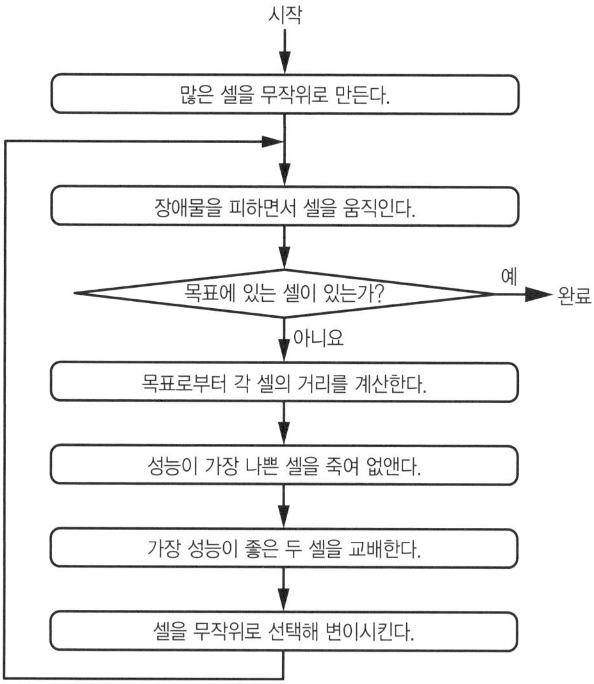

그림 14-36 유전 알고리즘

각각 위치와 움직임 방향이 정해진 자동차 **셀**cell 집합을 생성한다. 각 셀을 한 칸 움직이고 셀의 '좋은 정도goodness', 즉 적합도fitness를 계산한다. 여기서는 거리를 사용해 좋은 정도를 계산한다. 가장 성적이 좋은 두 셀을 사용해 새로운 셀을 만들고 가장 성적이 나쁜 셀은 없앤다. 진화evolution 과정이기 때문에 셀 중 어느 하나를 무작위로 변이mutate시킨다. 셀 중 하나가 목표에 도달할 때까지 이 단계를 반복한다. 셀이 목표에 도달하기 위해 이동한 경로가 만들어진 (자율주행) 프로그램이다.

이 알고리즘을 20가지 셀을 사용해 실행한 결과를 살펴보자. 운이 좋아서 36번 반복만으로 그림 14-37에 보인 답을 찾았다.

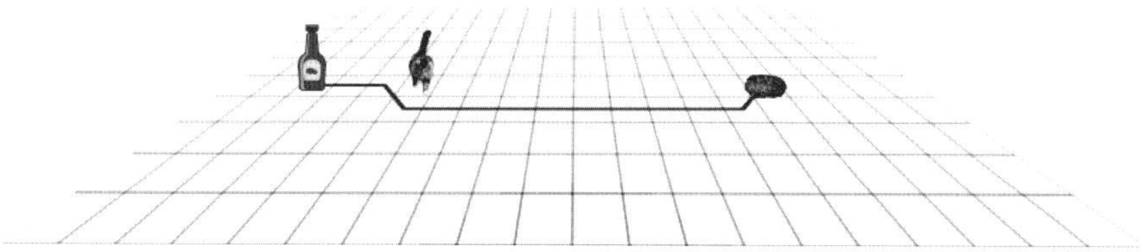

그림 14-37 유전 알고리즘 결과가 좋은 경우

우리 알고리즘은 리스트 14-1에 있는 목표를 완수하는 간단한 프로그램을 만들었다. 여기서 중요한 건 프로그래머가 이 코드를 작성하지 않았다는 점이다. AI가 우리 대신 코드를 작성해줬다. 변수 x와 y는 케첩 병의 위치다.

리스트 14-1 만들어진 코드

```
x++;
x++;
x++; y++;
x++;
x++;
x++;
x++;
x++;
x++;
x++;
x++;
x++;
x++; y--;
```

물론 유전적이기 때문에 무작위적이며 항상 리스트 14-1처럼 깔끔하게 작동하는 것은 아니다. 유전 알고리즘 프로그램을 다시 실행하면 82번의 반복 끝에 그림 14-38 같은 해법을 내놓을 수도 있다. 어쩌면 이런 경우를 '지능적인 설계'라고 불러야 할지도 모르겠다.

그림 14-38 유전 알고리즘 결과가 이상한 경우

AI 프로그램이 놀랄 만한 결과를 만들어낼 수 있음을 알 수 있다. 하지만 이는 아이들이 세계를 탐험하면서 떠올리는 생각과 그리 다르지 않다. 단지 사람들이 이제 이런 일에 좀 더 많은 관심을 기울일 뿐이다. 실제 일부 사람들을 AI가 놀라게 하리라는 사실은 오래전에 예측된 일이다. 예를 들어, 한 회사의 AI 시스템이 자체적으로 언어를 만들어서 서로 통신했다는 소식이 수많은

언론에 보도됐다.[4] 하지만 1970년 SF 영화 〈콜로서스〉를 본 독자에게 이는 전혀 새로운 생각이 아니다.

빅데이터

지금까지 본 예제에서는 분명하지 않지만 우리는 꽤 많은 데이터를 처리했다. HD(1920×1080) 비디오 카메라는 매초 0.3기가바이트에 달하는 데이터를 만들어낸다. LHC^Large Hadron Collider^(대형 강입자 충돌기)는 초당 25GiB의 데이터를 만들어낸다. 네트워크에 연결된 장치들이 생성하는 데이터 총량을 매초 50GiB로 추정하는데, 25년 전만 해도 1MiB/초였다. 이런 정보 중 대부분은 쓰레기다. 어려운 점은 유용한 부분을 캐내는 것이다.

빅데이터는 움직이는 표적이다. 빅데이터라는 말은 너무 크고 복잡해서 오늘날의 기술로 마구잡이식으로 처리하면 처리가 불가능한 데이터를 뜻한다. 25년 전에 생성되던 데이터양은 오늘날의 기술로는 쉽게 처리할 수 있는 수준이지만, 당시에는 그렇지 않았다. 데이터가 모이는 속도는 항상 데이터를 분석하는 능력보다 많다. 따라서 똑똑해야 한다.

'빅데이터'라는 용어는 분석뿐만 아니라 데이터 수집, 저장, 관리에도 적용된다. 우리 목적에는 분석 부분만 관계가 있다.

수집된 데이터 중 상당수는 특성상 개인적인 정보다. 은행 계좌 정보나 진단 이력을 모르는 사람과 공유하는 것은 좋은 생각이 아니다. 그리고 한 가지 목적을 위해 수집된 데이터를 다른 목적에 사용하는 경우가 자주 있다. 예를 들어, 독일 나치는 인구 조사^census^ 데이터를 유대인을 박해하기 위해 식별하고 찾아내는 데 사용했고, 75년간 개인을 식별할 수 있는 인구 조사 정보는 비밀로 유지해야 한다는 미국 법률에도 불구하고 미국은 인구 조사 데이터를 활용해 일본계 미국인을 식별해 억류했다.

수많은 정보가 연구 목적으로 '익명화^anonymized^'한 형태로 제공된다. 익명화라는 말은 개인을 식별할 수 있는 정보를 제거한다는 뜻이다. 하지만 그렇게 단순하지는 않다. 빅데이터 기법을 사용하면 종종 익명화한 데이터에서 개인을 다시 식별할 수 있다. 그리고 재식별을 어렵게 하려고 만든 여러 정책이 실제로는 재식별을 더 쉽게 만들어준다.

4 '페이스북 AI가 만들어낸 알 수 없는 언어… 두려워해야 할까?'라는 동아사이언스 기사를 보라(http://dongascience.donga.com/news.php?idx=19215). – 옮긴이

미국에서는 보통 사회보장번호SSN, Social Security Number를 개인 식별자로 잘못 사용한다. 하지만 사회보장번호는 결코 개인 식별자로 계획되지 않았다. 실제로 사회보장카드에는 '개인 식별 목적으로 발급한 카드가 아님'이라는 문구가 들어 있다. 이 문구는 원래 법령에 들어 있던(그러나 이제는 강제되는 경우가 거의 없고 수많은 예외가 존재하는) 문구다.

사회보장번호에는 세 자리 지역번호AN, area number, 두 자리 그룹번호GN, group number, 네 자리 일련번호SN, serial number라는 세 가지 필드가 들어 있다. 지역 번호는 사회보장 신청 양식의 우편 주소의 우편번호를 바탕으로 할당된다. 그룹번호는 미리 정의된 비연속적인 번호로 할당된다. 일련번호는 순서대로 할당된다.

카네기 멜론 대학교의 연구 그룹이 2009년 사회보장번호를 성공적으로 추측해내는 방법을 보여주는 논문을 발표했다. 두 가지 요소로 인해 이런 추측이 쉬워졌다. 첫 번째는 **사망자 마스터 파일**DMF, Death Master File이다. 이 파일은 표면적으로는 부정수급 방지를 위해 사회보장국에서 만든 사망자 명단이다. 이 파일에는 이름, 생일, 사망일, 사회보장번호, 우편번호가 들어 있다. 어떻게 죽은 사람의 사회보장번호로 살아 있는 사람의 사회보장번호를 추측할 수 있을까?

사실, 외부에 있는 정보는 사망자 마스터 파일뿐만이 아니다. 투표자 명부에도 생일 데이터가 들어가 있고, 여러 가지 온라인 프로파일에도 생일이 들어 있다.

사망자 마스터 파일에 있는 지역번호와 우편번호를 통계적으로 분석하면 지역번호와 지역 사이의 관계를 알아낼 수 있다. 그룹번호와 일련번호를 할당하는 규칙은 쉽다. 그 결과 사망자 마스터 파일 정보를 사용해 지역번호를 우편번호와 매핑할 수 있다. 그리고 별도로 얻은 생일 정보를 우편번호와 연결할 수 있다. 이 두 정보 소스를 생일로 정렬해 서로 엮을 수 있다. 사망자 마스터 파일 사회보장번호의 일련번호 사이에 빈틈이 있다면 이는 살아 있는 사람의 사회보장번호 일련번호가 바로 앞에 있는 사망자의 사회보장번호 일련번호와 바로 뒤에 있는 사망자 사회보장번호 일련번호 사이에 있다는 뜻이다. 이런 식으로 분석한 결과의 예를 표 14-2에서 볼 수 있다.

표 14-2 우편번호 89044에 대한 데이터 조합하기

사망자 마스터 파일			추측한 사회보장번호	출생 기록	
이름	생년월일	사회보장번호		생년월일	이름
John Many Jars	1984-01-10	051-51-1234			
John Fish	1984-02-01	051-51-1235			
John Two Horns	1984-02-12	051-51-1236			
			051-51-1237	1984-02-14	Jon Steinhart
John Worfin	1984-02-20	051-51-1238			
John Bigboote	1984-03-15	051-51-1239			
John Ya Ya	1984-04-19	051-51-1240			
			051-51-1241	1984-04-20	John Gilmore
John Fledgling	1984-05-21	051-51-1242			
			051-51-1243	1984-05-22	John Perry Barlow
John Grim	1984-06-02	051-51-1244			
John Littlejohn	1984-06-03	051-51-1245			
John Chief Crier	1984-06-12	051-51-1246			
			051-51-1247	1984-07-05	John Jacob Jingleheimer Schmidt
John Small Berries	1984-08-03	051-51-1250			

물론 실제 사회보장번호를 추측하는 과정은 이 예제처럼 단순하지는 않지만, 훨씬 더 어렵지도 않다. 예를 들어, John Chief Crier와 John Small Berries 사이처럼 사망자 마스터 파일 데이터의 사회보장번호 일련번호 사이 간격이 크면 일련번호의 범위만 추측할 수 있다. 많은 기관이 사회보장번호의 마지막 네 자리를 개인 식별을 위해 물어본다. 위 예제를 보면 알겠지만, 이 네 자리 숫자가 추측하기 가장 어려운 숫자다. 따라서 누군가 이 네 자리 번호를 물어본다면 대답하지 마라. 대신 다른 개인 식별 수단을 채택하라고 요청하라.

다음은 또 다른 예제다. 매사추세츠 그룹 보험 위원회GIC, Group Insurance Commission는 보건 분야의 발전과 제어 비용 감소를 목적으로 익명화한 병원 데이터를 공포했다. 매사추세츠 주지사인 윌리엄 웰드William Weld는 환자 프라이버시가 보호된다고 주민들을 안심시켰다. 아마 여러분은 주지사가 입을 다물어야 했다는 생각과 함께 이 사건의 결말이 무엇인지 짐작할 수 있을 것이다.

웰드 지사는 1996년 5월 18일 행사 도중 쓰러져 병원에 입원했다. MIT를 졸업한 라타냐 스위니 Latanya Sweeney는 주지사가 케임브리지에 산다는 사실을 알고 20달러를 주고 케임브리지시의 투표인 명부를 샀다. 스위니는 우리가 표 14-2에서 했던 것 같은 방식으로 GIC 데이터와 명부를 조합해서 쉽게 주지사의 정보를 탈익명화할 수 있었다. 스위니는 처방전과 진단 기록을 포함한 주지사의 건강 기록을 주지사 사무실로 보냈다.

이 경우는 주지사가 공인이기 때문에 상당히 쉽게 탈익명화가 가능했지만, 여러분의 전화기는 스위니가 1996년에 사용할 수 있었던 계산 능력보다 더 큰 계산 능력을 지녔다. 오늘날의 계산 자원을 사용하면 이보다 훨씬 더 어려운 문제도 처리할 수 있다.

정리

14장에서는 정말 복잡한 주제를 다뤘다. 여러분은 머신러닝, 빅데이터, 인공지능이 서로 연관되어 있음을 배웠다. 그리고 이런 분야에서 일하고 싶다면 더 많은 수학 과목을 들어야 한다는 사실을 배웠다. 이번 장을 쓰면서 어떤 고양이도 희생되지 않았음을 밝혀둔다.

15장

훌륭한 프로그래머가 되기 위한 팁과 경험담

- 알아두면 좋은 실무 상식과 조언

이 책은 코드를 배우는 사람의 동반자가 될 책으로 쓰였으므로, 독자들이 지금까지 이 책을 통해 소프트웨어는 물론, 소프트웨를 실행하는 하드웨어에 대해서도 충분한 배움을 얻었기를 바란다. 이제 프로그래머가 될 준비가 됐다고 생각하는 독자도 있을 것이다. 하지만 프로그래밍은 하드웨어를 알고 코드를 작성하는 것 이상의 내용을 포함한다. 어떤 코드를 작성해야 할지는 어떻게 알 수 있고, 어떻게 해야 코드를 잘 쓸 수 있을까? 어떻게 코드가 제대로 작동하는지 알 수 있을까?

여러분이 직면하게 될 중요한 질문은 훨씬 더 많다. 여러분이 작성한 코드를 사용하는 방법을 다른 사람들은 어떻게 알아낼 수 있을까? 여러분이 작성한 코드에 다른 개발자가 새로운 기능 추가나 버그 수정하기는 과연 쉬울까? 여러분의 코드를 원래 작성된 하드웨어가 아닌 다른 하드웨어에서 실행하기는 혹시 어렵지 않을까?

15장에서는 소프트웨어 작성과 관련된 여러 주제를 다룬다. 정크 푸드만 충분히 있다면 밀실에 앉아서 혼자서 작은 프로젝트를 마칠 수 있겠지만, 대부분의 프로젝트는 팀 스포츠처럼 다른 사람과의 관계가 포함된다. 사람과의 관계는 여러분의 생각보다 훨씬 더 어렵다. '사람'이라는 하드웨어나 소프트웨어 시스템은 가장 끔찍한 IoT 혼종 시스템보다 버그도 훨씬 더 많고 불안정하다. 게다가 사람에 대한 문서가 있으리라 기대하지 않는 편이 낫다. 만에 하나, 그런 문서가 있다 하더라도 아마 너무 오래된 문서일 것이다.

그래서 이번 장에서 프로그래머가 된다는 것에 대한 철학적인 문제와 실용적인 문제를 설명한다. 그렇다. 이번 장에서는 오랜 경험을 쌓은 백전노장 프로그래머가 어렵게 배운 지혜를 여러분에게 넘겨준다.

가치 제안

프로젝트에 참가할 때마다 염두에 둬야 하는 아주 중요한 질문이 있다. 바로 "내가 가치를 더하고 있는가?"라는 질문이다. 여기서 가치는 어떤 과업을 달성하는 데 내재된 고유한 가치를 말하는 것이 아니라, 생산성 증대를 말한다.

여러분이 생계를 위해 프로그래밍을 한다면 고용주가 설정한 목표를 달성해야 한다. 물론 이런 목표에 도달하는 방법은 여러 가지가 있다. 어떻게든 여러분이 해야 하는 일만 해결할 수도 있다. 또는 생각을 좀 더 많이 해서 관리가 필요 없게 만들 수도 있다. 예를 들어, 여러분의 코드가 다른 프로젝트에서도 유용할 것이라고 생각해서 코드를 재사용 가능한 구조로 만들 수도 있다. 또는 어떤 문제를 해결하라는 주문을 받았는데, 이 문제를 포괄하는 더 일반적인 문제를 풀어서 나중에 다른 문제까지 해결할 수 있는 시스템을 만들 수도 있다. 물론 이런 요소는 그때그때 윗선과 이야기해 상사들이 놀라지 않게 해야 한다.

다양한 기술을 잘 배워두면 여러분 자신에게 가치를 더할 수 있다. 경험을 쌓는 방법으로는 가외 프로젝트가 자주 쓰인다. 가외 프로젝트는 숙제와 비슷하지만 좀 더 재미를 위해 수행한다는 점이 다르다.

사람들이 자신의 가치를 높이는 고전적인 방법은 도구를 만드는 것이다. 여러분 자신의 가치를 높이려다 보면 다른 사람의 가치를 낮추는 경우가 생길 수 있으므로, 스스로의 가치를 높이는 일은 생각보다 어렵다. 사람들은 자신에게 필요한 기능이 현재 사용 중인 도구에 없다고 생각해서 새 도구를 만들어내곤 한다. 좋은 예로는 여러 큰 소프트웨어 패키지를 빌드할 때 쓰이는 make 유틸리티(벨 연구소의 스튜어트 펠드만Stuart Feldman이 1976년 만듦)를 들 수 있다. 시간이 지남에 따라 이내 새로운 기능이 필요해졌다. 이런 기능 중 일부는 make에 추가됐지만, 다른 수많은 경우 사람들은 선의로 비슷한 역할을 수행하는 호환되지 않는 새로운 도구를 만들어냈다(일례로, make 문서를 읽지 않아 make와 동일한 기능을 한다는 사실을 모르고 같은 일을 하는 도구를 만들려고 시도하는 회사를 컨설팅한 적도 있다). 결국 서로 호환되지 않는 방식으로 비슷한 일을 수행하는 make, cmake, dmake, imake 등 수많은 도구가 생겼다. 결과적으로 여러분 같은 실무 개발자들이 분야마다 갖가지 도구를 배워야 하는 상황이 됐다. 이로 인해 모든 사람의 삶은 고단해졌으며, 적어도 결코 쉬워지지 않았다. 이런 프로젝트는 가치를 추가하지 않는다(오히려 가치를 떨어뜨린다). 그림 15-1은 이런 상황을 멋지게 요약해준다.

그림 15-1 가치를 더하지 못함(랜들 먼로(xkcd.com)의 허가하에 인용함)

다른 사람에게 짐을 지우는 건 가치를 더하지 못한다. 경험이 많은 프로그래머는 이미 해결된 문제를 자신이 좋아하는 방식으로 다시 풀 경우 가치가 늘어나는 경우가 드물다는 사실을 안다. 대신에, (어떤 일을 자기 방식대로 다시 해결하는 것은) 이 사람이 프로그래머로서 아직 미성숙함을 드러낸다. 가능하다면 기존 도구를 개선하라. 여러분의 기여로 더 많은 사람이 혜택을 입을 수 있다. 새 도구를 만들고 싶어도 새로운 기능이 생각날 때까지 참아라. 사용 중인 기존 도구를 완전히 이해했는지 확인하라. 여러분이 처음에 깨달은 것보다 기존 도구가 할 수 있는 일이 더 많은 경우도 있다.

여러분이 코드를 배포하는 생태계ecosystem에 가치를 더하지 않으면서 코드를 추가해 생태계를 더럽히지 마라. 많은 개발자가 다른 나라에 휴가 간 전형적인 미국인처럼 행동하거나, 우리 장인어른이 새로운 장소에 방문할 때마다 보이는 자세, 즉 "난 여기 처음 왔으니 내 마음대로 할 거야."와 같은 자세로 생태계를 더럽힌다.

예를 들어, 유닉스 시스템에는 프로그램의 매뉴얼 페이지를 표시해주는 명령이 있다. `man foo`라고 치면 foo라는 명령에 대한 페이지를 보여준다. 그리고 yacc처럼 정말 복잡한 도구의 경우에는 짧은 매뉴얼 페이지와 프로그램의 기능을 더 자세히 설명하는 상세 문서를 따로 두는 관습이 있었다. GNU(그뉴) 프로젝트(잠시 후 설명한다)에서 유닉스 명령을 추가할 때, GNU 자체적으로 매뉴얼을 담는 `texinfo` 시스템을 사용했다. 그 결과, 이제 사용자는 `man`과 `info` 명령을 모두 사용해야 문서를 찾을 수 있다.[1] 몇몇 사람이 믿는 것처럼 GNU의 접근 방법이 더 우월하다고 해도, 유닉스 커뮤니티가 파편화된 생태계로 인해 겪게 된 생산성 저하보다 texinfo 시스템이 주는 이득이 더 클 수는 없다.

다른 예도 많다. 더 예를 들자면, init 시스템 대신 systemd를 채용한 것을 들 수 있다. 유닉스 철학(이에 대해서는 나중에 설명한다) 중 큰 부분은 모듈화된 설계다. 하지만 systemd는 모듈화한 init 시스템을 큰 모놀리식monolithic 괴물로 대치했다. 새로운 특징을 기존 시스템에 장착하려는 노력도 아니었다. 전체 사용자 베이스user base가 기존 시스템이 하는 일과 거의 똑같은 일을 하는 새로운 시스템을 배워야 해서 생산성이 나빠졌다. 기존 시스템에 멀티스레드나 그 밖의 새로운 기능을 추가했다면 아마 더 가치를 추가할 수 있었을 것이다.

또 다른 예로는 자바 프로그램 환경에 포함된 jar 유틸리티를 들 수 있다. tar 유틸리티는 1970년대에 여러 파일을 한 파일로 (압축은 하지 않고) 묶어주는 프로그램으로 개발됐다. tar는 자기 테이프magnetic tape를 저장소로 사용했기 때문에 생긴 문제를 해결할 수 있었다. 자기 테이프는 블록 장치이기 때문에 한 파일에 모든 파일을 채워 넣으면 블록을 꽉 채울 수 있어서 저장 효율이 좋아진다. ZIP 파일은 처음에 윈도우에 도입됐는데 tar로 묶은 파일과 비슷한 역할을 한다(파일을 하나로 묶을 때 내용을 압축해서 결과 파일 크기가 작아짐). 기존 파일 형식 중 하나를 선택하는 대신 자바는 새로운 자신만의 파일 형식을 만들었다.[2] 그 결과 사용자는 딱히 특별한 이유 없이 명령어를 또 배워야 한다.

고로, 자기중심적으로 행동해 남에게 민폐를 끼치는 프로그래머가 되어서는 안 된다. 부디 생태계에 순응하고, 대항하지 마라. '최소 놀람의 규칙rule of least astonishment'[3]을 가이드라인 삼아라. 여러분의 작업이 기존 환경을 자연스럽게 확장한 것처럼 보인다면, 이미 그 환경에 가치를 더한 것이다.

1 적어도 리눅스에 탑재되는 GNU 소프트웨어는 대부분 man에도 간단한 문서를 추가하고 texinfo에도 문서를 추가하기 때문에 보통은 man을 먼저 해보면 된다. – 옮긴이

2 사실 jar 파일은 실제로는 zip 파일이다. 그래서 zip을 푸는 도구로 jar를 풀면 내용물을 볼 수 있다. jar 파일 확장자를 따로 만든 이유는 내부에 자바 프로그램과 관련된 여러 가지 정보가 들어 있는 매니페스트(manifest) 파일이 들어가기 때문이다. 이 매니페스트는 자바에서만 통하기 때문에 별도로 파일 형식 이름을 붙인 게 의미가 없다고 보기는 어렵다. 실제 jar 파일 표준을 보면 파일 이름을 꼭 jar로 끝내야 한다는 규정은 없고, 파일 형식은 ZIP을 따왔다고 명시되어 있다. – 옮긴이

3 사용자 인터페이스나 소프트웨어가 가능한 한 사람들의 예상과 다른 결과를 내놓지 말아야 한다는 규칙이다. – 옮긴이

소프트웨어 개발의 발자취

좀 더 실용적인 주제를 다루기 전에, 지금까지 소프트웨어 개발이 어떻게 발전해왔는지를 살펴보자. 사실은 이 책에서 다룰 내용보다 훨씬 더 많은 일이 일어났다. 따라서 역사적으로 중요한 사건만 간략히 다루고, 최근의 발전상을 약간 더 다룬다.

간추린 역사

오래전, 사람들은 컴퓨터를 판매하는 것으로 돈을 벌었다. 이런 컴퓨터는 아주 비쌌다. 컴퓨터를 팔 때 도움이 되기 위해 소프트웨어를 작성하고 컴퓨터와 함께 제공했다. 당시에는 소프트웨어를 개선하기 위해 서로 생각과 구현을 공유하고 함께 협력하는 문화가 있었다. 컴퓨터를 더 많이 쓸 수 있게 됨에 따라 더 많은 사람이 소프트웨어를 작성해 공유했다.

멀틱스Multics 운영체제는 큰 GE645 메인프레임mainframe 컴퓨터에서 실행됐는데, 1960년대에 벨 전화 연구소와 제너럴 일렉트릭GE, General Electric, MITMassachusetts Institute of Technology가 협력해 개발한 것이었다. 벨은 프로젝트에서 빠졌고, 벨 연구소에서 멀틱스에 참여했던 사람들 중 일부(특히 켄 톰슨과 데니스 리치)는 멀틱스 프로젝트를 수행할 때 가졌던 파일 시스템에 대한 아이디어를 바탕으로 디지털 이큅먼트사DEC, Digital Equipment Corporation에서 만든 더 작은 컴퓨터에서 실험했다. 이들의 작업은 유닉스UNIX라는 혁신적인 새 운영체제를 낳았고, 유닉스는 소프트웨어에 있어 최소주의와 모듈화라는 철학을 구현했다. 애초부터 계획에 있었던 일은 아니지만, 유닉스는 첫 번째 **이식 가능한**portable 운영체제가 됐다. 이식 가능하다는 말은 여러 종류의 컴퓨터에서 실행할 수 있다는 뜻이다.[4] 이 책에서는 **유닉스**라는 용어를 리눅스, 프리BSDFreeBSD, 넷BSDNetBSD, 오픈BSDOpenBSD, 최근의 맥OSmacOS 등의 유닉스 계열 시스템을 모두 포함하는 용어로 사용한다. 마이크로소프트 윈도우가 유일하게 유닉스 계열이 아니면서 널리 쓰이는 운영체제인데, 윈도우조차도 네트워킹에 사용하는 소켓 모델 등 더 많은 유닉스의 특징을 채용했다.

벨 연구소만이 멀틱스에서 빠져나와 자신만의 길을 간 유일한 참가자는 아니었다. MIT에서는 ITSIncompatible Timesharing System(비호환 시분할 시스템)가 개발됐다. ITS에는 여러 가지 혁신적인 기능이 들어갔는데, 그중 논란의 여지는 있지만 가장 크게 소프트웨어 개발자들에게 기여

4 유닉스 상당 부분이 C로 작성돼서 가능했던 일이다. 물론 디스크(당시라면 아마도 자기 테이프나 펀치 카드)를 그냥 가져가서 복사만 하면 되는 건 아니고 하드웨어와 관련된 맨 아래쪽 부분은 어셈블리어로 다시 작성하고 각 기계에 맞춰 (운영체제를 새로 개발하는 것에 비하면 훨씬 간단하지만) 수정할 필요가 있다. – 옮긴이

한 것은 이맥스Emacs, Editor MACroS 텍스트 편집기일 것이다. 이맥스는 DEC TECOText Editor and Corrector(텍스트 편집기 및 교정기)에 대한 매크로로 시작됐다. ITS와 이맥스의 사용자 인터페이스는 MIT에서 시작된 GNU 프로젝트에도 영향을 끼쳤다.

켄 톰슨은 1975년 버클리 캘리포니아 대학교에서 안식년을 보내면서 유닉스 복사본을 가져갔다. 이 유닉스 복사본은 엄청난 파장을 (버클리에) 불러일으켰고 지금까지도 그 반향이 남아 있다. 버클리 학생들은 실제 작동하는 시스템에 처음으로 접속할 수 있었다. 그리고 코드를 검토하고 어떻게 모든 게 작동하는지 살펴볼 수 있었으며, 코드를 바꿀 수도 있었다. 게다가 그 과정에서 학생들은 유닉스 철학에 물들었다. 버클리는 자체적인 유닉스 버전을 만들어냈다. 이 버전은 버클리 소프트웨어 배포판Berkeley Software Distribution의 약자인 BSD로 불린다.

학생들은 새로운 중요한 기능을 시스템에 추가했다. 인터넷의 토대인 BBN(1948년 MIT에서 설립된 미국 기술회사)의 네트워크 스택도 버클리에서 유닉스에 통합됐다. 이제는 어디서나 쓰이는 소켓 인터페이스가 이 과정에서 태어났다. 대학을 졸업한 사람들이 BSD 버전인 유닉스를 사용하기 시작했고, 썬 마이크로시스템즈Sun Microsystems라는 회사를 창업해서 유닉스 기반의 상업적인 시스템을 만들어 판매하기 시작했다.

개인용 컴퓨터personal computer(이하 PC)가 이런 지형을 바꿨다. 급기야 소프트웨어를 작성하는 사람과 컴퓨터를 파는 사람이 구분되기 시작했다. 따라서 소프트웨어를 작성하는 사람들이 자신의 소프트웨어에 가격을 매겨 돈을 받기 시작했다. 하지만 여전히 "이렇게 멋진 걸 만들면서 먹고 살 수 있다니 대단한 걸." 하는 태도가 있었다. 빌 게이츠Bill Gates(마이크로소프트 설립자)가 등장하면서 이런 경향이 극적으로 변했다. 수많은 법정 진술에서 명백히 드러나듯이, 게이츠는 금전적 이익에 초점을 맞췄다. 멋진 일을 하는 게 돈을 버는 데 도움이 되면 게이츠는 그 일을 하겠지만, 게이츠의 우선순위는 (소프트웨어) 산업계에 속한 다른 사람들과는 달랐다. 어떻게 이런 태도가 모든 것을 바꿨을까?

소프트웨어 개발이 갑자기 정치가나 변호사에 의해 관리되기 시작하면서, 뛰어난 엔지니어링보다는 공정하지 못한 방식에 의해 주도되기 시작했다. 이런 접근 방향은 때로는 기존 제품과 경쟁하는 혁신을 억압하는 데 초점을 맞추는 경우가 종종 있었다. 예를 들어 마이크로소프트(이하 MS)가 발매한 MS-DOS는 MS가 개발한 것이 아니라 미국 컴퓨터 프로그래머인 팀 패터슨Tim Paterson이 개발한 운영체제를 산 것이었다. MS는 MS-DOS로 돈을 버는 동안 이를 개선하지 않았고, 디지털 리서치Digital Research라는 회사가 MS-DOS보다 개선된 DR-DOS라는 운영체제를 내놨다. 마이크로소프트가 윈도우를 처음 내놨을 때 윈도우는 도스 위에서 돌아갔다. MS는 윈도우 내부에 시스템이 MS-DOS에서 실행되는지 DR-DOS에서 실행되는지 알아내는 암호화된 코드를 집어넣고, DR-DOS에서 돌아가는 경우에는 가짜 오류를 내놨다. 이로 인해 분명 MS-DOS보다 더 제값을 하는 제품이었던 DR-DOS는 시장에서 성공할 수 없었다.

하지만 마이크로소프트뿐만이 아니었다. 애플Apple도 자사의 사용자 인터페이스를 디지털 리서치의 GEM이라는 제품이 '표절'했다며 디지털 리서치를 고소했다. 어쩌면 디지털 리서치는 이 소송에서 이길 수도 있었겠지만, 애플의 주머니가 더 두둑했기 때문에 소송을 진행하다 파산할 수도 있었다. 하지만 애플의 사용자 인터페이스가 상당 부분을 제록스 알토Xerox Alto에서 베껴왔다는 사실을 감안하면 이는 상당히 아이러니한 일이다.

불행히도 이런 사고방식은 오늘날까지 지속되어 거대 기업들은 혁신으로 어려움을 극복하는 대신에 법원에 의지하곤 한다. SCO 대 IBM, 오라클Oracle 대 구글, 애플 대 삼성, 페이퍼 컴퍼니인 인텔렉추얼 벤처스Intellectual Ventures 대 전 세계 등 이런 예는 다양하다.

PC는 1980년대 중반 유명해졌다. 초기 PC에는 메모리 관리 장치MMU, memory management unit(5장을 참고하라)가 없었기 때문에, 유닉스를 돌리기에 적합하지 않았다. 다만 제닉스Xenix라는 유닉스 변종을 원래의 IBM PC 하드웨어에서 실행할 수는 있었다.

대학은 마이크로소프트 윈도우가 실행되는 PC가 더 저렴하다는 이유로 PC를 교육에 활용하기 시작했다. 하지만 유닉스 시절에 UC 버클리 같은 학교를 졸업했던 사람들과 달리, PC로 교육받은 사람들은 자신이 사용하는 시스템의 소스 코드를 볼 수 없었다. 그리고 이들이 학교에서 익숙해진 시스템은 유닉스보다 훨씬 덜 발전된 시스템이었다. 그 결과, 이 시대에 졸업한 사람들은 그 이전 시대에 비해 질이 떨어지는 경우가 많다.

소스 코드를 감추려는 작용에 대한 반작용으로, 리처드 스톨먼Richard Stallman은 GNU(Gnu is Not Unix) 프로젝트를 1983년 시작했다. 다른 목표도 있었지만, GNU의 목표는 자유롭게 사용 가능하고 법적으로 방해받을 걱정이 없는 유닉스 버전을 만드는 것이었다. 현재는 이런 소프트웨어를 '자유로운 오픈소스 소프트웨어free and open source software'를 줄여 FOSS라고 부른다. **오픈소스**란 소스 코드가 열려 있어서, 누구나 볼 수 있으며 더 중요한 것으로 변경하거나 향상할 수 있다는 뜻이다. 스톨먼은 자신의 변호사와 함께 **카피레프트**copyleft 라이선스를 만들었다. 카피레프트는 다른 사람들이 자신의 소프트웨어를 보호하기 위해 사용하는 카피라이트copyright(저작권)의 변종이다. 근본적으로 카피레프트는 다른 사람이 소프트웨어를 자유롭게(그리고 무료로) 사용하고 변경하게 허용하는 것이다. 다만 카피레프트 소프트웨어를 변경한 사람은 자신이 변경한 소프트웨어를 똑같은 카피레프트 라이선스하에 다른 사람들에게 제공해야 한다. 다시 말해, '우리가 공유한 코드를 여러분도 우리와 똑같은 방식으로 공유하라'라고 할 수 있다. GNU 프로젝트는 cp 등의 다양한 유닉스 유틸리티를 성공적으로 (카피레프트하에) 다시 만들어냈는데, 이런 소프트웨어 중 가장 중요한 것으로는 gcc C 컴파일러를 들 수 있다. 하지만 GNU 프로젝트만의 오픈소스 운영체제를 만드는 작업의 진척은 상당히 느렸다.

리누스 토발즈Linus Torvalds는 1991년에 오늘날 **리눅스**Linux로 알려진 시스템을 개발했다. 리누스가 리눅스를 개발한 이유 중에는 GNU가 제공하는 운영체제가 없었다는 점도 있다. 대체로 이 작업은 초기 인터넷과 GNU의 도구(C 컴파일러 등)가 존재했기 때문에 가능했다. 리눅스는 순식간에 아주 유명해졌다. 데이터 센터(클라우드)에서 리눅스가 널리 쓰이고, 안드로이드의 바탕이 되는 소프트웨어도 리눅스다. 여러 가전제품 등에서도 리눅스가 많이 쓰이고 있다. 이 책도 리눅스 시스템에서 작성됐다.

대기업들은 오픈소스 소프트웨어 사용에 회의적이었다. 누가 버그를 고칠까? 사실 이런 질문은 좀 우습다. MS, 애플 등 대기업에 버그 리포트를 제출해본 사람이라면 이런 회사가 버그에 얼마나 관심이 있는지 잘 알 것이다. 1989년 존 길모어John Gilmore, DV 헨켈월리스DV Henkel-Wallace(검비Gumby라고도 알려짐), 마이클 티만Michael Tiemann은 오픈소스 소프트웨어를 상업적으로 지원하기 위한 **시그너스 서포트**Cygnus Support를 만들었다. 시그너스 서포트의 등장으로 회사들이 오픈소스 소프트웨어를 사용하려는 의향이 늘어났다.

여러 가지 방법으로 리눅스와 GNU는 버클리 유닉스 시절과 같은 새로운 황금기를 이끌었다. 하지만 PC 시대에 자라난 사람들이 철학을 제대로 이해하지 못한 상태에서 리눅스나 GNU 코드를 변경하기 때문에, 버클리 유닉스 시절처럼 아주 반짝거리지는 않는다. 특히, 평생 유닉스를 접해본 적도 없는 일부 프로그래머는 작은 모듈화된 요소를 큰 모놀리식 프로그램으로 바꿈으로써 리눅스 생태계의 가치를 격하시키고 있다.

오픈소스 소프트웨어

일부 성공한 클로즈드 소스closed source 회사가 만들어내는 홍보문구에도 불구하고 오픈소스 소프트웨어는 크게 성공했다. 예를 들어 MS가 내부적으로 비밀리에 오픈소스 도구를 사용하고 있음에도 불구하고, 지금은 회사의 성향이 많이 달라졌지만 2011년 당시만 해도 MS 고위 직원은 "오픈소스는 지적 재산권을 파괴한다. 소프트웨어와 지적 재산권 사업에 있어 이보다 더 나쁜 것을 상상할 수 없다."라고 말했다. 오픈소스 소프트웨어의 주된 장점은 더 많은 사람이 코드를 살펴보기 때문에 안전성이나 신뢰성이 더 높아진다는 점이다. 또 다른 장점은 프로그래머가 모든 것을 완전히 새로 만들지 않고도 다른 사람들이 작업해둔 것을 바탕으로 작업할 수 있다는 점이다. 클로즈드 소스 컴퓨터 시스템을 사용한다고 해도, 여전히 시스템 중 일부분은 오픈소스일 가능성이 꽤 높다. 심지어 MS도 이런 장점을 보고 자사 시스템에 수많은 유닉스 도구를 이식했다.

인터넷과 클라우드 서비스로 인해 오픈소스 소프트웨어 개발은 아주 많이 향상됐다. 오픈소스 프로젝트를 찾거나 직접 시작하기도 쉬워졌다. 하지만(정말 큰 문제다!) 오픈소스 프로젝트 중 대다수는 클로즈드 소스에 있는 비슷한 프로젝트만큼이나 '쓰레기들'이다.

수많은 오픈소스 프로젝트는 학생들의 프로젝트에서 나왔다. 대부분 이런 프로젝트들은 코드를 제대로 작성하는 법조차 잘 모르는 이들이 처음으로 만들어본 프로젝트인 경우가 대다수였다. 그리고 이런 프로젝트 중 상당수는 학생이 과목을 끝내거나, 졸업하거나, 그냥 다른 프로젝트로 옮겨가는 등의 이유로 마무리가 되지 않은 채 끝난다. 누군가가 만든 잘못 쓰이고 문서화도 되지 않은 코드를 해독하느니 새로 작성하는 게 편한 경우가 많다. 코드를 재작성하다 제대로 끝내지 않는 경우가 많기 때문에 갖가지 이유로 작동하지 않는 버전이 여럿 생기므로, 이런 과정은 악순환이다. 예를 들어 최근 MP3 파일에서 태그를 추출해야 해서 여섯 가지 오픈소스 프로그램을 검토해봤는데, 각각이 저마다의 이유로 실패한 적도 있다. 너무 쓰레기 프로젝트가 많아서 제대로 작동하는 버전이 있는지 결정하기 어려운 경우도 자주 있다.

리처드 스톨먼이 GNU 프로젝트를 시작할 때는 세상이 자신이나 자기 동료들같이 높은 수준의 프로그래머로 가득 차 있다고 가정했다. 하지만 이 가정은 사실이 아닌 것으로 판명됐다. 여러분이 기능을 추가하거나 발견한 버그를 수정할 수 있다는 점이 오픈소스 소프트웨어의 장점이라는 믿음은 여전히 존재한다. 하지만 불행히도 오픈소스 소프트웨어 중 많은 수는 문서화도 전혀 되어 있지 않은, 제대로 작성되지 않은 소프트웨어다. 이로 인해 일반적인 사용자가, 심지어 경험 많은 프로그래머조차도 이런 소프트웨어의 버그를 수정하거나 새로운 기능을 추가하려면 너무 많은 노력이 든다.

어떤 프로젝트가 오픈소스라고 해서 그 프로젝트가 잘 만들어진 소프트웨어의 훌륭한 예라는 뜻은 아니다. 하지만 다른 사람의 코드를 살펴보면, 무엇을 해야 할지를 배우는 것만큼이나 무엇을 하지 말아야 할지도 배울 수 있다.

어떤 코드의 품질을 결정할 때 도움이 되는 두 가지 지표가 있다. 한 가지는 긍정적 지표이며, 한 가지는 부정적 지표다.

프로젝트가 한 사람 이상의 기여자contributor에 의해 활발히 개발되고 있다는 사실은 긍정적 지표다. 오랫동안 존재해서 '완성된' 프로젝트라면 이 지표가 적용되지 않을 수도 있다. 어떤 조직이 프로젝트를 지원한다면 더 긍정적일 수 있다. 주요 오픈소스 프로젝트 중에는 기업에 의해 시작되고 기업이 계속 지원하는 프로젝트가 상당수다. 하지만 어떤 회사에 의해 만들어졌지만 이후에 전혀 다른 철학을 지향하는 회사가 인수한 오픈소스 프로젝트가 있다면 반드시 경계해야 한다. 예를 들어 썬 마이크로시스템즈는 오픈오피스OpenOffice, 자바, 버추얼박스VirtualBox 등의 오픈소스 소프트웨어에 엄청나게 기여를 하는 개발사였다. 하지만 썬은 이후 오라클에 합병됐고, 오라클은 이 중 몇 가지에 대한 지원을 중단하고 다른 몇 가지는 더 많이 제어하면서 수익을 만들어내려고 시도했다. 오라클과 구글의 소송이 그 예다. 어떤 프로젝트는 처음 만든 회사가 해당 프로젝트를 지원하는 재단에 프로젝트 자체를 기부한 경우도 있다. 이런 경우에는 좀 더 일관성 있는 비전을 가지고 프로젝트를 제 궤도에 올려놓는 경우가 많다. 이런 지표를 항상 신뢰할 수 있는 것은 아니다. 따라서 이를 참고 지표로만 생각하라. 예를 들어, 파이어폭스 웹 브라우저는 문서화가 잘되어 있지 않은 엉망진창인 코드다.

여러 프로그래머 '질문' 웹사이트에서 어떤 프로젝트에 대해 올라오는 질문의 유형과 양을 해당 프로젝트의 질을 알아보는 지표로 볼 수도 있다. "어떻게 xx를 동작시켜야 할지 모르겠어요."라든지 "xx를 변경하려면 어떻게 해야 할까요?" 같은 질문이 많다면 해당 코드는 그리 좋은 코드는 아닐 것이다. 더 나아가 질문에 대한 응답이 쓸데없는 답변밖에 없거나, 비난이나 짜증이 가득하고 도움을 주지 않는다면 해당 프로젝트에 좋은 개발자가 부족할 가능성이 크다. 자신이 작업한 결과가 부실한데 질문한 사람을 비난하는 개발자는 좋은 역할 모델이 아니다. 물론, 아예 답과 질문이 없는 것도 나쁜 징조다. 이 프로젝트의 코드가 전혀 쓰이지 않고 있다는 뜻일 수 있다.

주의사항은 제쳐두고 이야기하자면, 오픈소스는 훌륭한 것이다. 코드가 오픈소스로 만들기에 타당하다면, 오픈소스로 만들어라. 하지만 무엇보다 어떻게 일을 제대로 하는지를 먼저 배워서, 여러분이 작성한 코드가 다른 사람에게 좋은 예제가 되게 하라.

크리에이티브 커먼즈

카피레프트는 소프트웨어의 경우 잘 먹히지만, 과거로부터 사회가 혜택을 얻을 수 있는 분야가 소프트웨어만은 아니다. 카피레프트가 처음 생겼을 때는 대부분의 컴퓨터 애플리케이션이 텍스트 기반이었다. 그래픽, 이미지, 오디오, 비디오는 일반적인 사용자가 쓰기에는 너무 비쌌다. 요즘은 프로그램에서 음향이나 시각적인 부분이 분명히 프로그램 자체만큼이나 중요하다.

미국 변호사이자 학자인 로렌스 레식Lawrence Lessig은 예술 작업의 중요성을 깨닫고 카피레프트와 비슷한 **크리에이티브 커먼즈**Creative Commons라는 라이선스를 만들었다. 소프트웨어에 대한 오픈소스 라이선스에도 다양한 변종이 있듯이 이 라이선스에도 여러 변종이 있다. '여러분이 원하는 대로 뭐든지 해도 좋습니다.'부터 '원작자를 꼭 밝혀야 합니다.', '변경한 내용이 있으면 모두 공개해야 합니다.', '상업적으로는 사용할 수 없습니다.', '2차 저작을 만들어서는 안 됩니다.'에 이르기까지 다양하다.

크리에이티브 커먼즈 법률 프레임워크는 다른 사람의 창작물로부터 무언가를 만들어내는 우리의 능력을 엄청나게 향상시켰다.

이식성의 발전

이식성portability은 소프트웨어에서 특별한 의미를 지닌다. 이식성 있는 코드는 처음 개발된 환경뿐만 아니라 여러 다양한 환경에서 실행될 수 있다. 이런 환경에는 다양한 소프트웨어 환경, 다양한 하드웨어, 또는 하드웨어도 다르고 소프트웨어도 다른 환경이 포함된다. 컴퓨터 벤더가 한 손에 꼽을 정도였던 초기 컴퓨팅 시대에는, 물론 코볼COBOL이나 포트란FORTRAN 같은 표준 언어는 여러 다른 기계에서 실행될 수도 있었지만 이식성이 문제는 아니었다. 1980년대 EDA 산업계(162페이지의 '하드웨어와 소프트웨어 비교' 절을 참고하라)와 유닉스로 인해 훨씬 더 많은 컴퓨터 회사가 생겨나면서 이식성은 더 중요해지기 시작했다.

1980년대에 생긴 새로운 컴퓨터 벤더들은 유닉스를 자신의 제품에 포팅했다. 이들의 고객은 포팅에 신경 쓸 필요가 없었다. 하지만 거의 비슷한 시점에 다른 변화가 일어났다. 학계가 아니라 상용 시장에도 좀 더 저렴한 유닉스 시스템이 들어오기 시작한 것이다. 이런 시스템 중 상당수는 최종 사용자가 프로그램을 직접 만들 이유가 없었기 때문에 소스 코드가 탑재되지 않았다. 그리고 이익을 극대화하기 위해 일부 기업은 C 컴파일러 같은 몇몇 유닉스 도구에 대해 추가 비용을 받기 시작했다. 이런 도구가 필요했던 사람들은 무료이면서 원래의 유닉스 도구만큼 좋은 (종종 더 낫기도 한) GNU 도구로 방향을 선회했다.

하지만 이제는 사용자가 직접 도구를 다른 시스템에 포팅해야 했고, 이는 곧 큰 문제가 됐다. 서로 상이한 여러 시스템들은 각기 다른 위치에 헤더와 라이브러리 파일을 뒀고, 라이브러리 함수 중 상당수는 행동 방식이 미묘하게 달랐다. 이 문제는 두 가지 방향으로 해결됐다. 첫째로, POSIXportable operating system interface(이식 가능한 운영체제 인터페이스의 약자로, '포직스'라고 읽음) 등의 표준이 만들어져서 사용자 환경과 API에 약간의 일관성이 생겼다. 둘째로, GNU 프로젝트는 automake, autoconf, libtool 등이 들어 있는 **빌드 도구**build tool 집합을 개발했다. 이 도구들은 시스템의 의존관계를 자동으로 검사해서 적절한 헤더와 라이브러리를 링크해줬다. 불행히도 이런 도구들은 믿기 어려울 정도로 사용하기 힘들고 설정 파일도 암호 같았다. 게다가 이런 도구들 사이에도 자체적인 의존관계가 있기 때문에, 특정 버전에서 빌드되던 코드가 다른 버전에서는 빌드가 안 되는 경우도 있었다.

현재 세상의 상황을 정리하면 이렇다. 현대 시스템은 상당수가 유닉스 기반이기 때문에 과거에 비해 훨씬 더 서로 비슷하다. 그리고 시스템 사이에 매끄럽게 연결되지 못하는 부분은 거의 대부분의 경우 GNU 빌드 도구가 제대로 처리해준다.

패키지 관리

오픈소스 소프트웨어, 특히 리눅스는 소프트웨어 배포 문제를 상당히 악화시켰다. 사람들은 리눅스를 마치 하나의 동일 시스템인 것처럼 말하지만, 실제로는 데이터 센터에서 사용되는 것, 데스크톱에서 실행되는 것, 안드로이드 폰이나 태블릿에서 실행되는 것 등 여러 가지 설정의 리눅스가 존재한다. 모든 시스템이 동일한 설정을 사용한다고 해도, 각 시스템별로 여러 버전이 존재한다. 소스 코드를 제공하기는 하지만, 대부분의 코드는 이제 미리 컴파일된 실행 준비가 다 된 형식으로 배포된다.

218페이지의 '프로그램 실행' 절에서 공유 라이브러리에 대해 다뤘다. 미리 컴파일된 프로그램은 시스템 안에 자신이 의존하는 올바른 버전의 라이브러리가 없으면 제대로 작동하지 않는다. 일부 커다란 프로그램은 아주 많은 라이브러리에 의존하기 때문에, 이 모든 라이브러리가 시스템에 들어 있고 모두 다 프로그램이 예상하는 버전이어야 프로그램이 제대로 작동한다.

리눅스 이전에도 몇몇 시도가 있었지만, 드디어 리눅스에서 **패키지 관리**package management가 활성화됐다. 패키지 관리 도구는 프로그램을 의존관계 목록이 포함된 **패키지**package로 묶게 해준다. apt, yum, dnf 등의 패키지 관리 도구는 소프트웨어를 다운로드해 설치해줄 뿐만 아니라, 대상 시스템이 설치한 프로그램의 의존관계를 만족하는지 검사해서 필요한 의존관계를 다운로드하고 설치해준다.

이런 도구들은 대부분 잘 작동한다. 하지만 여러 프로그램이 동일한 의존관계에 대해 각기 다른 버전을 요구할 때는 문제가 발생하는 경향이 있다. 그리고 패키지 관리 프로그램은 서로 호환되지 않기 때문에, 프로그램이 각기 다른 시스템에서 설치될 수 있게 준비하려면 작업량이 크게 늘어난다.

컨테이너

컨테이너container는 패키지 관리 문제를 해결하는 방법으로 최근에 등장한 새로운 접근 방법이다. 아이디어는 애플리케이션과 모든 의존관계를 컨테이너에 한꺼번에 담는 것이다. 컨테이너는 이렇게 담긴 데이터 파일 등의 모든 내용물이 들어 있는 환경에서 프로그램을 실행해주되, 시스템의 나머지와는 격리된isolated 상태에서 실행해준다.

컨테이너는 애플리케이션을 실행하기 위해 필요한 모든 의존관계(라이브러리나 프로그램)를 하나의 패키지로 묶을 수 있어서 소프트웨어 디플로이deploy[5]를 단순화해준다. 이 말은 시스템이 어떤 컨테이너 유형을 지원하기만 하면, 시스템의 다른 부분에 영향을 끼치는 것을 걱정하지 않고 해당 컨테이너 유형으로 패키징된 애플리케이션을 설치해 실행할 수 있다는 뜻이다. 이런 접근 방식의 단점은 실질적으로 컨테이너가 공유 라이브러리(218페이지의 '프로그램 실행' 절을 참고하라) 사용을 없애버린다는 점이다.[6] 이로 인해 메모리 활용도는 낮아질 수 있다. 그리고 컨테이너는 애플리케이션 자체보다 더 크다는 단점도 있다.

컨테이너의 장점으로 보안을 강조하는 경우가 많다. 이런 생각은 어떤 애플리케이션이 한 운영체제 안에서 동시에 여럿 실행되는 경우 운영체제의 버그를 이용해 애플리케이션 사이에 간섭이 있을 수 있다는 생각을 바탕으로 한다. 이 주장이 맞기는 하지만, 이 말은 그저, 기존 시스템을 공격할 때 이용했던 버그와는 다른 종류의 버그로 컨테이너를 공격할 수 있다는 뜻에 불과하다.

컨테이너화된 애플리케이션을 **스냅**snap[7]이라고 부른다. **코어OS**CoreOS 리눅스는 이제 **컨테이너 리눅스**Container Linux라고 불리는데, 리눅스를 컨테이너에서 실행하기 위해 가볍게 만들려는 노력 중 하나다. 컨테이너 리눅스 개발자 중 한 명은 이 책의 바탕이 된 강의 노트로 배웠던 개발자다. 따라서 컨테이너 리눅스 시스템은 믿어도 된다.

자바

자바는 썬 마이크로시스템즈에서 제임스 고슬링James Gosling이 이끄는 팀에 의해 1991년부터 만들어졌다. 고슬링은 기술이 바뀜에 따라 새로운 접근법이 실용화되는 시점을 알아내는 데 탁

5 배포(distribute)는 소프트웨어를 사용자 등에게 전달하는 것이고, 흔히 디플로이라고 부르는 전개(deploy)는 소프트웨어를 설치하고 실행될 수 있는 상태로 만드는 것이다. – 옮긴이

6 컨테이너의 장치 드라이버에 따라서는 동일한 버전의 공유 라이브러리가 메모리에 물리적으로 단 하나만 존재할 수도 있다. – 옮긴이

7 스냅은 우분투(Ubuntu)를 만든 캐노니컬(Canonical)에서 만든 애플리케이션용 컨테이너 환경이다. 비슷한 종류로 플랫팩(flatpak), 앱이미지(appimage) 등이 있다. – 옮긴이

월했다. 1991년 그는 기계가 충분히 빨라져서 여러 환경에서 컴파일러보다 인터프리터가 더 실용적인 대안이라는 점을 깨달았다. 자바 언어는 C나 C++와 꽤 닮았다.

자바의 새로운 아이디어 중 하나는 모든 대상 기계에 대해 코드를 재컴파일하는 대신, 대상 기계에서 실행될 자바 인터프리터(자바 가상 머신이라고 불리는 바이트코드Bytecode라는 기계어를 실행하는 인터프리터다)만 누군가 재컴파일해두면 프로그래머가 자바 코드를 재컴파일할 필요는 없다는 것이었다. 코드를 한 번만 작성하고 나면 어디서나 이 코드를 실행할 수 있다. 처음에는 자바가 인터프리터에 의해 실행되는 언어가 아니었기 때문에, 당시 이 아이디어는 처음부터 자바를 뒷받침하진 못했다.

자바는 원래 텔레비전 셋톱 박스를 위해 설계됐다(당시 이름은 오크Oak였다). 이후 목표를 바꿔서 브라우저가 실행되는 기계라면 어떤 기계든 관계없이 실행되는, 브라우저를 위한 코드를 실행하는 방법으로 자바(자바 애플릿applet)가 제안됐다. 오늘날 브라우저에서 실행되는 코드라는 분야에서는 자바스크립트에 의해 빛이 가려졌지만, 여전히 브라우저에서 코드를 실행하기 위해 자바를 사용할 수도 있다. 자바스크립트는 자바와 무관하며 자바만큼 멋진 언어도 아니지만, 아무 도구가 없어도 브라우저만 있으면 실행할 수 있기 때문에 훨씬 더 작성하기 쉽다.

자바는 프로그래머 교육에 널리 쓰이면서 점점 중요해졌다. 교육에 자바가 쓰인 이유 중 하나는 자바가 가비지 컬렉션을 통해 메모리를 관리하기 때문에 초보자에게 복잡한 메모리 관리를 가르치지 않아도 되기 때문이었다. 자바에서만 그치지 않는다면 자바로 코딩 학습을 시작하는 건 아주 좋은 방법이다.

자바라 함은 단지 자바 언어만을 뜻하지 않는다. 자바 언어를 감싸는 여러 소프트웨어로 이뤄진 전체 생태계가 바로 자바다. 이 생태계에는 여러 가지 전용 도구와 파일 형식이 있어서 프로그래머들의 삶을 더 어렵게 만들었다. 이 생태계는 너무 복잡하고 파편화되어 있어서, 프로그래머가 코드를 일단 작성하고 나면 이 코드를 실행하기 위한 생태계를 설치하고 제대로 돌아가게 하기가 아주 어려울 때가 있다는 프로그래머들의 불평을 드물지 않게 들을 수 있다.

자바의 또 다른 단점으로는 자바를 중심으로 확장된 프로그래밍 문화를 들 수 있다. 자바 프로그래머는 한 줄로 충분한 코드에 몇백 줄의 코드를 작성하는 경향이 있다. 누군가의 자바 코드를 보면 실제 필요한 일을 하는 부분이 어딘지 어떻게 찾을지 궁금할 때가 자주 있다. 이런 경향의 일부는 자바가 좋은 객체지향 언어라는 점에서 비롯된다. 아름다운 클래스 계층을 유지하는 것에 대한 환상적인 강박관념이 있어서 때로는 어떤 목표를 달성하는 것보다 클래스 계층 유지에 더 우선순위를 두곤 한다.

좋은 예로 자바 데이터베이스 도구인 **하이버네이트**Hibernate를 들 수 있다. 내 생각에 하이버네이트는 두 가지 '목표'를 이루려고 시도한다. 첫 번째는 자바 클래스class와 하위 클래스subclass로 **데이터 은닉**data hiding, 즉 내부에서만 사용하는 변수를 외부에서 보지 못하게 제한하는 멋진 목표를 달성하려 한다. 하지만 데이터 은닉에도 불구하고 클래스 계층의 맨 밑바닥에 있는 클래스는 전체 데이터베이스에 접근할 수 있다. 이로 인해 어떤 사람들은 이 철학에 대해 미치려고 한다. 하이버네이트는 자바의 특별한 주석(애노테이션annotation이라고 부름)을 사용해 데이터베이스를 조작하고, 프로그래머에게서 현실을 감춘다. 물론 무언가 망가지기 전까지는 이 모든 게 아주 잘 돌아가고 좋아 보인다. 하지만 무언가 잘못된 순간, 프로그래머는 현실에 직면해야 한다.

두 번째는 HQLHibernate Query Language(하이버네이트 질의 언어)이라는 추상화를 일반적으로 SQL인 기반 데이터베이스 API 위에 제공하는 것이다. 이론적으로는 이렇게 하면 프로그래머가 데이터베이스 시스템 사이의 차이점에 신경 쓰지 않고도 데이터베이스 연산을 처리할 수 있다.

C 프로그래밍 언어가 엄밀하게 표준화되기 전에는 컴파일러마다 서로 호환되지 않는 요소가 많았다. '메타 Cmeta-C'를 만드는 대신 사람들은 '이 기능을 쓰지 마시오' 같은 프로그래밍 가이드라인을 만들어냈다. 이 가이드라인을 따르면 코드는 아무 컴파일러에서나 작동할 수 있었다.

SQL 구현 사이의 차이도 이와 비슷한 방법을 사용하면 다른 메커니즘을 도입할 필요 없이 해결할 수 있다. 그리고 아주 중요한 SQL 프로젝트에는 **저장 프로시저**stored procedure라는 것이 들어 있는 경우가 많은데, 저장 프로시저에는 데이터베이스 시스템 구현 간의 호환성이 거의 없고, HQL이 이를 지원하지 않는다는 점도 알아둘 만하다. 따라서 HQL은 HQL이 정말로 유용하게 쓰일 법한 부분을 지원하지 않는다.

하부 데이터베이스 시스템을 감춘다는 느낌의 가치는 여러분에게 필요한 모든 것을 제공하지 못하는 새로운 언어를 배워야만 한다는 사실보다 그 가치가 더 크지는 않다.

노드제이에스

이 책에서 본 것처럼 자바스크립트는 브라우저에서 사용하는 스크립팅 언어로 시작됐다. 노드제이에스Node.js(이하 노드)는 자바스크립트가 브라우저 밖에서 실행되게 해주는 아주 최근에 나온 환경이다. 노드의 주된 매력은 클라이언트와 서버 쪽 애플리케이션을 하나의 프로그래밍 언어로 작성할 수 있다는 점이다.

이런 생각이 멋지기는 하지만 결과는 그때그때 달라진다. 몇 가지 이유로 나는 노드를 서버에 사용하지 않는다. 첫째로, 노드는 자신만의 패키지 관리자를 만들었다. 이런 패키지 관리자는 모든 사람에게 필요하지만, 호환되지 않는 방법으로 이를 만들었기 때문에 시스템을 유지보수하기가 더 어려워졌다. 대조적으로 펄[Perl]은 자신만의 패키지 관리자가 있지만 자신이 제공하는 패키지를 `apt`나 `dnf` 등의 패키지 관리자를 통해 사용할 수 있게 했기 때문에 생태계의 가치를 떨어뜨리지 않는다.

둘째로, 의존성이 꼬인 노드 패키지가 수천 수백 가지 있고 상당수는 심각한 작업에 적당하지 않다. 무슨 이유인지 몰라도 노드에는 나쁜 코드가 꼬인다.

클라우드 컴퓨팅

클라우드 컴퓨팅은 네트워크를 통해 다른 누군가의 컴퓨터를 쓴다는 뜻이다. 이런 개념은 전혀 새로운 개념이 아니다. 1960년대 발명품인 시분할을 새롭게 포장한 버전일 뿐이다. 클라우드 컴퓨팅을 더 흥미롭게 만드는 요소를 꼽자면 다음과 같다.

- 네트워크가 전 세계로 퍼졌고 속도도 극적으로 빨라졌다. 이로 인해 전자우편 같은 정보를 로컬 컴퓨터에 담아두지 않아도 되는 것은 물론, 오디오와 비디오 스트리밍 등의 기능이 가능해졌다.
- 믿을 수 없을 만큼 큰 컴퓨팅 파워와 저장소를 마음껏 제공할 수 있을 정도로 하드웨어 가격이 저렴해졌다. 이로 인해 문제 해결을 위해 과거에는 실용성이 없던 새로운 알고리즘이나 처리 방식을 사용할 수 있게 됐다. 물론 데스크톱 컴퓨터에서도 마찬가지다. 내가 지금 사용하는 기계는 8개의 프로세서 코어에 64GiB RAM과 28TB 디스크가 달려 있다. 내가 처음 프로그래밍을 시작했을 때는 이 정도의 시스템은 실용적이지도, 경제적이지도 않았다. 다른 방식으로 이를 설명하자면, 지금 내가 이 책을 쓰는 데 사용 중인 기계에 달린 RAM 용량이 20년 전 내가 사용하던 기계에 달려 있던 디스크 전체 용량보다 더 많다.

클라우드 컴퓨팅에서 정말로 마법 같은 부분은 전혀 없다. 클라우드 컴퓨팅은 단지 하드웨어와 소프트웨어의 조합일 뿐이다. 클라우드 컴퓨팅은 컴퓨팅 자원을 빌려준다는 새로운 비즈니스 모델을 만들어냈다.

클라우드 컴퓨팅은 하드웨어 패키징에 일어난 여러 가지 혁신으로 인해 불꽃처럼 일어나기 시작했다. 데이터 센터는 완전히 다른 규모의 경제economy of scale를 실현하기 때문에 신뢰성이 중요하다. 엄청난 수의 기계를 한 공간에 밀어 넣으려면 전원과 냉각에 엄청나게 신경 써야 한다. 썬 마이크로시스템즈는 건물 대신 화물 컨테이너에 데이터 센터를 만드는 시도를 하기도 했다.

가상 머신

과거에는 프로그램이 한 컴퓨터에서 하나씩만 실행됐다. 운영체제는 시분할을 통해 여러 프로그램을 실행할 수 있게 해준다. 하지만 사용자가 원하는 모든 애플리케이션이 모든 운영체제에서 실행될 수 있도록 준비되어 있지는 않다. 특히 클로즈드 소스 시스템이 규범이 되면서 이런 현상은 더 심해졌다. 많은 사용자는 다양한 운영체제를 실행하도록 컴퓨터를 많이 사용해 이런 문제를 해결하거나, 같은 컴퓨터를 리부팅하면서 다른 운영체제를 실행하는 방법으로 이를 해결했다.

이제는 하드웨어가 충분히 빨라져서 전체 운영체제를 애플리케이션으로 간주해도 될 정도가 됐다. 이로 인해 여러 운영체제를 시분할로 돌려도 실용적일 수 있게 됐다. 이런 일을 하려면 하부의 물리적인 기계의 명령어 집합과 다른 명령어 집합을 해석해야 하는 경우도 생긴다. 그리고 단지 새로운 명령어 집합을 실행할 수 있는 것만으로는 충분하지 않다. (운영체제가) 예상하는 하드웨어 환경도 따로 제공해줘야 한다.

운영체제가 물리적 기계 하드웨어 위에서 바로 실행될 필요가 없으므로, 이런(하드웨어 환경과 운영체제가 실행되기 위한 명령어 집합을 제공하는) 시스템을 **가상 머신**virtual machine이라고 부른다. 가상 머신은 특정 운영체제에 종속되는 것을 방지한다는 면 외에도 여러 가지 장점을 제공한다. 프로그램, 그중에서도 운영체제를 개발할 때 가상 머신은 도움이 된다. 운영체제를 개발 중인 시스템이 개발 중인 운영체제의 문제로 망가지면 작업 중인 시스템도 망가지기 때문이다.

가상 머신은 클라우드 컴퓨팅 세계의 주류다. 클라우드상에서 공간을 빌리고 여러분이 원하는 운영체제를 조합해 실행할 수 있다.

가상 머신을 운영하는 시스템을 **하이퍼바이저**hypervisor라고 부르기도 한다.

이동식 장치

클라우드 컴퓨팅과 마찬가지로 통신 기술과 하드웨어 가격 대 성능비의 발전으로 인해 큰 컴퓨팅 파워와 기능을 제공하는 이동식portable(포터블) 장치 개발이 가능해졌다. 최근의 휴대 전화기는 몇십 년 전 온 세계의 컴퓨터의 능력을 합한 것보다 더 큰 컴퓨팅 파워를 제공한다. 이동 가능하다는 점 말고는 이런 장치에 새로운 점이나 마법 같은 특별한 점은 없다. 이동식 장치마다 자신만의 생태계와 도구가 존재한다.

이동식 장치 프로그래밍에서 해결해야 할 가장 중요한 문제는 전원 관리다. 이동식 장치의 전원이 배터리인 경우가 많기 때문에 전력을 소비하면서 배터리를 소모하는 메모리 접근 등의 연산을 최소화하기 위해 노력을 많이 기울여야 한다.

프로그래밍 환경

먹고살기 위해 하는 프로그래밍은 개인이나 학교 프로젝트 작업과는 차원이 다르다. 프로그래머로 일한다는 말은 다른 사람에게 지시를 받고, 다른 사람에게 지시를 내리며, 다른 사람들과 함께 일한다는 뜻이다. 학교에서는 이런 부분을 거의 가르치지 않는다(전혀 안 가르치는 것은 아니다). 실무에서 이상한 경험을 다양하게 겪으면서 이에 대해 배우게 된다.

초보 프로그래머도 경험을 얻는 방법

이제 여러분은 거의 경험이 없거나 아예 없는 새로운 프로그래머다. 그렇다면 경험이란 무엇이며 어떻게 해야 경험을 얻을 수 있을까?

고용주는 항상 '경험이 있는 프로'를 찾는다. 하지만 이 말이 어떤 뜻일까? 가장 간단한 정의는 필요한 기술을 후보자가 정확히 갖고 있다는 뜻이다. 하지만 이런 정의는 실제로 좋은 정의도 아니고 실용적이지 않은 경우도 많다. 예를 들어, 나는 1995년에 5년 정도의 자바 프로그램 경험이 있는 후보자를 찾는 리크루터recruiter의 전화를 받았다. 그 사람에게 자바가 생긴 지 그렇게 오래되지 않았으므로 자바를 만든 사람조차도 그 정도 수준의 경험은 없다고 설명해줘야만 했다.

프로그래밍에서 만족스러운 점 중 하나는 예전에 해본 적 없는 일도 할 수 있다는 점이다. 어떻게 하면 해보기도 전에 필요한 기술을 갖출 수 있을까? 어떻게 해야 '경험'을 잘 정의할 수 있을까?

무엇보다 기본이 탄탄해야 한다. 여러분이 아는 것이 웹사이트를 잘 만드는 방법뿐이라면, 성공적으로 수술 로봇 프로젝트에 기여하기는 어렵다. 하지만 더 중요한 건, 경험이란 여러분이 무엇을 할 수 있고 무엇을 할 수 없는지를 아는 것이라는 점이다. 여러분이 해보지도 않은 일을 할 수 있을지 어떻게 알 수 있을까? 추정을 통해 배울 수 있다. 추정은 단순한 추측이 아니고, 경험을 바탕으로 하는 직관적인 어림짐작이다.

추정하는 방법 배우기

프로젝트 팀원으로 여러분이 할 수 있는 가장 파괴적인 행위는 아무 경고도 없이 결과물을 제때 전달하지 않는 것이다. 여기서 핵심은 '경고를 하지 않는다'는 것이다. 항상 제때 결과를 내놓을 수 있는 사람은 아무도 없다. 하지만 갑자기 팀원들에게 기한을 맞추지 못하겠노라고 뒤늦게 알린다면 그에 바로 대응해 작업할 수 있는 사람은 거의 없다.

어떻게 추정하는 방법을 배울 수 있을까? 연습을 통해서다. 먼저 이것부터 시작하라. 숙제 등의 작업을 시작하기 전에 그 작업이 얼마나 걸릴지 여러분이 추정한 값을 적어두자. 그 후 실제 작업이 얼마나 걸렸는지 추적해보라. 이런 연습을 잠시라도 해보고 나면 점점 여러분의 추정이 나아지고 있음을 발견하게 된다. 숙제는 프로그래밍을 할 때와 마찬가지로 이전에 해본 적이 없는 어떤 일을 해보는 것이기 때문에 좋은 연습이 된다.

자주 남용되지만 할 만한 가치가 있는 관리 기법은 '상황 일지' 작성이다. 여러분은 주기적으로 마지막 상황 일지 작성 이후 여러분이 달성한 내용, 생겨난 문제, 다음 보고까지 어떤 일을 할지를 기록한 목록을 만든다. 이 방법은 숙제에 대한 추정을 추적하던 것을 좀 더 격식 있게 만든 것일 뿐이다. 상황 일지에서 계획을 달성하지 못했는데 새로운 문제도 없다고 돼 있다면, 이는 빨간 깃발과 같다. 상황 일지를 사용하면 추정치를 실제 결괏값과 비교하면서 추정치를 계산하는 방법을 조정할 수 있다.

프로젝트 스케줄링

프로그래밍 프로젝트는 일반적으로 학교 숙제보다 훨씬 더 복잡하다(프로그래밍 수업 숙제는 예외일 수도 있다). 어떻게 더 복잡한 프로젝트의 일정을 추정할 수 있을까?

아주 간단한 방법은 프로젝트의 모든 요소를 목록으로 만드는 것이다. 각각을 1시간, 1일, 1주일 등의 세 가지 적당한 단위로 나누어라. 대부분의 추정은 아마 틀릴 것이다. 하지만 평균적으로 전체 추정은 실제 결과와 꽤 비슷할 것이다. 여기서 상황 일지가 핵심이다. 상황 일지를 보면 어떤 요소가 추정보다 시간이 더 오래 걸렸고 어떤 요소가 추정보다 덜 걸렸는지 알고, 이로 인해 원래의 추정과 비슷하게 프로젝트를 진행할 수 있게 된다.

복잡한 프로젝트의 완전한 목록을 만들고 정확한 스케줄을 부여하려면 그냥 프로젝트를 수행하는 것보다 준비 시간이 더 오래 걸리기 때문에 이와 같은 접근 방법에는 중요한 트레이드 오프가 있다. 그리고 이런 추정은 눈이 오는 날 같은 예기치 못한 상황을 처리하지는 못한다.

이와 관련한 내용으로 업계에서 실제로 프로젝트가 어떻게 계획되는지에 대한 예를 들어보자. 다음 내용은 2004년 오리건 주립 대학교의 ACM 강의에서 청중의 질문에 내가 답한 내용이다. 이 말을 한 이후 청중들이 어안이 벙벙해하면서 침묵했던 모습을 여러분에게 설명하기란 불가능하다.

"여러분이 알아야 할 모든 내용을 학교에서 배우지는 못한다는 사실을 여러분에게 보여주고 싶네요. 취직하고 나면 여러분은 어떤 프로젝트에서 뛰어난 성과를 내서 스스로를 드러내게 될 겁니다. 이제 관리자가 여러분을 따로 불러서 물어봅니다. "잘했어요! 우리 부서에서 새로운 일을 하려고 하는데, 그 일이 얼마나 오래 걸리고 비용은 얼마나 될지 생각해보겠어요?" 여러분은 너무 감격해서 이 프로젝트의 세부 사항을 알아내고 일정을 세우고 비용을 추정하느라 사회생활도 잠시 포기합니다. 하지만 여러분은(내 말을 듣는 여기 있는 분들을 제외하고는) 관리자가 이런 이야기를 할 때 이미 정해진 어떤 숫자가 있다는 사실을 알지 못한 상태에서 계획을 세웁니다. 그리고 그 숫자는 보통 관리자의 관리자에 의해 주어집니다. 이제 결과를 관리자에게 알려주면 관리자는 이렇게 답합니다. "그렇군요. 그런데 이렇게 오래 걸리고 비용도 많이 들면 그냥 안 하는 편이 나을 것 같네요." 여러분 머릿속에 빨간 불이 켜지면서 스스로에게 이런 질문을 던지게 됩니다. "다음 주에도 계속 이 직장에서 일할 수 있을까?" 그래서 다시 관리자에게 대답합니다. "사실 말씀드렸던 계획은 보수적으로 잡은 겁니다. 여기저기에서 이것저것을 없앨 수 있어요." 이제 아주 흥미로운 일이 벌어집니다. 여러분은 관리자에게 거짓말을 하고 있죠. 그런데 관리자도 여러분이 거짓말을 하고 있다는 사실을 압니다. 관리자는 여러분이 처음에 전달했던 숫자가 맞고, 그렇게 진행하면 여러분이 적어낸 예산 범위 안에서 프로젝트가 제때 완료되리라는 사실도 알고 있습니다. 게다가 관리자는 여러분이 제시한 더 공격적인 숫자를 사용해 프로젝트를 진행하면 프로젝트가 늦게 끝나고 비용도 더 든다는 사실을 이미 알고 있어요. 하지만 슬프게도, 이런 식으로 일정이 결정되는 경우가 자주 있습니다."

이 시나리오를 믿기는 어렵겠지만, '딜버트Dilbert'라는 만화가 얼마나 유명한지를 염두에 두자.[8]

이 사례가 보여주듯 스케줄링에서 일반적인 어려움은 개발자가 제시한 스케줄과 비용을 인정하지 않는 관리자다. 엔지니어가 아닌 사람들은 스케줄이 서로 교섭에 의해 바뀔 수 있는 것이라 생각하곤 한다. 엔지니어가 스케줄 산정 시 너무 보수적이라고 느껴서 추정한 시간을 관리자가 줄이려 시도하는 경우도 자주 있다. 이런 상황은 결국 큰 문제를 낳는다. 시간을 줄이는 유일하고 타당한 방법은 기능을 줄이는 것이다.

의사결정

프로젝트를 수행하는 데는 여러 방법이 존재한다. 프로그래밍 언어, 데이터 구조 등 선택할 수 있는 여지가 많다. 엔지니어는 무언가를 하는 '올바른' 방법에 대해 과도하게 논쟁하는 것으로 유명하다. 때로는 사람들이 서로 논쟁하느라 실제 업무를 시작하지 못해서 프로젝트는 개시되지도 못한 채 사람들이 직장을 잃는 경우도 있다. 논쟁이 과열돼서 관리자가 불편해하는 경우도 종종 있다.

평범한 한 관리자가 이런 문제를 해결하는 아주 유용한 방법을 내게 가르쳐줬다. 프로젝트를 시작할 때 그 관리자는 우리 모두를 회의실에 모이게 해서 자신이 어떻게 일하는지 말해줬다. 그는 기술적인 배경을 먼저, 가장 우선적으로 고려해 결정이 이뤄질 것이라고 말했다. 하지만 그는 어떤 일을 반드시 특정 방법으로만 수행해야 하는 기술적인 이유는 딱히 없는 경우가 많다고 했다. 그는 이런 경우 특히 "난 이런 방법을 좋아해서 이런 방식으로 하고 싶어."라고 말해도 아무 문제가 없다고 덧붙였다. 다른 누군가가 다른 방법을 더 좋아하지 않는 한, 그 관리자도 이 방법을 채택할 것이라 했다. 그는 누군가가 자신의 선호도를 정당화하고 싶은데 선호한다는 이야기는 하기 싫어서 진행되는 복잡한 의사기술적인pseudotechnical 논쟁을 듣고 싶지 않다고 하면서, 이런 식으로 자기 생각을 정당화하는 사람은 원하는 것을 얻지 못할 뿐만 아니라 잘못하면 직장을 잃을 수도 있다고 경고했다. 이 이야기의 교훈은 개인적인 선호와 기술적인 필요성을 서로 분리해야 한다는 것이다.

12장에서 자바스크립트의 프로미스가 죽음의 피라미드에 대한 두려움이라는 식으로 정당화됨에 따라 실제로 프로미스를 사용해야 하는 이유나 이점을 알아보기 어려워졌다는 사실을 살펴봤을 때, 여러분은 이미 이런 종류의 행동 방식을 맛봤을 수도 있다.

8 '딜버트'는 엔지니어 샐러리맨의 일상을 그린 미국 만화다. https://dilbert.com/에서 모든 편을 볼 수 있다(영문). – 옮긴이

성향이 다른 사람들과 함께 일하기

이번 장의 앞부분에서 프로그래밍을 하는 과정에는 다른 사람과 함께 일하는 것이 포함된다고 말했다.

여러 '코딩 스쿨' 초보자 교육은 '프로그래밍은 재미있다'는 점을 강조한다. 하지만 이 주장에는 동의하지 않는다. 나는 '코딩은 재미있지 않으며, 기술적으로나 윤리적으로 복잡한 작업이다'라는 이탈리아 연구자인 월터 바니니Walter Vannini의 글에 동의한다. 이 책의 '들어가며'에서 설명한 2단계 프로그래밍 과정을 다시 살펴보자. 두 번째 단계에서 3살짜리에게 실제 프로그래밍을 설명하려면 세부 사항을 꼼꼼히 돌아봐야 한다. 어느 단계에서는 여러분이 방을 깨끗이 유지하는 데 어려움을 겪게 될 수도 있지만 이런 어려움을 프로그래밍으로 바꿔서 표현할 수는 없다. 나는 프로그래밍이 '만족스럽다satisfying'라고 이야기하고 싶다. 이런 재미는 첫 단계인 문제를 이해하는 단계로부터 오지만, 이런 재미조차도 엄청난 재미는 아니다.

어떤 직업이든 종사하는 사람들의 성향은 다양하다. 그런 성향 중에는 '잘 적응'한다고 말하긴 어려운 성격도 있다. 프로그래머도 예외는 아니다. 성향이 균형 잡힌 프로그래머도 많지만 일부는 사회적 재주보다 기술적인 기량을 더 선호하는 사람도 있다. 리처드 스톨먼부터 데니스 리치 사이에는 다양한 스펙트럼이 존재하며, 리누스 토발즈는 그 중간 어디쯤 위치한다. 성격이나 성향의 차이는 문제가 될 수도 있다. 특히 사람들이 단어 선택에 아주 민감한 요즘 같은 시대에는 더욱 그렇다.

최근에는 직장 내 (물리적, 정신적) 폭력에 대한 여러 가지 논의가 언론에서 다뤄지고 있다. 명확히 해두자. 직장 내 폭력은 어떤 경우에도 용납될 수 없다. 따라서 가해자가 되지 말며, 여러분이 피해자가 되도록 내버려두지도 마라. 하지만 때로는 어떤 것이 폭력적이고 어떤 것이 그렇지 않은지 구분하기 힘들 때도 있다. 이는 사람들의 세계관이 똑같지 않기 때문이며, 어떤 사람에게는 괜찮은 일이 다른 사람에게는 그렇지 않기 때문이다. 전형적인 예로 애플의 창업자인 스티브 잡스를 들 수 있다.

이 문제를 몇 가지 간단한 규칙으로 해결할 수 있다고 생각하는 독자도 있을 것이다. 그리고 진짜 몇 가지 규칙으로 해결이 될 수도 있다. 하지만 이렇게 하는 데는 트레이드 오프가 있다. 여러 해 전에 나는 이를 아주 잘 표현하는 관리자와 함께 일한 적이 있다. 그는 팀원들의 논쟁적인 발언 자세를 누그러뜨리는 등 더 '잘 행동하도록' 강제할 수도 있지만, 그럴 경우 직원들을 고용한 이유인 미칠 듯한 창조적 에너지를 대부분 잃게 될 것이라고 이야기했다. 그는 자신의 일 중 상당 부분은 사람들이 생산적이 될 수 있도록 성격 차이를 부드럽게 해소해주는 것이라고 느꼈다.

자신의 일에 열정적인 프로그래머가 다른 사람의 작업에 극도로 비판적인 경우가 문제의 큰 원인이다. 여기서 이런 비판이 결코 개인에 대한 비판은 아니라는 점을 명심해야 한다. 나는 단지 버그를 지적했을 뿐인데 (나중에 전해들은 바로) 마치 내가 그를 나쁜 사람이라고 지적한 것처럼 내 말을 해석한 직원이 있었다. 반대로, 해당 동료가 '감사하게도' 내 코드의 버그를 지적해줬을 때 내 반응은 "같이 버그를 고쳐요. 이 코드가 제대로 작동하기를 바라니까요."였다. 근본적으로 이는 자기 자신에 대한 자신감의 문제다. 여러분의 팀 멤버들 사이에 자신감을 키워라. 자신감이 많은 사람은 대체로 어떠한 일이 일어나도 개인적으로 받아들이는 경향이 더 적다.

이와 관련해, 한번은 내가 하는 일에 대해 멍청하다고 입버릇처럼 말하는 사람과 프로젝트를 한 적이 있었다. 결국 나는 어떤 일이 벌어지고 있는지 알아냈고 다음과 같이 말했다. "당신도 알겠지만, 내가 하는 일이 멍청하다고 이야기한다는 건 결국 당신이 내 일을 이해하지 못한다는 뜻입니다. 이 사실을 깨달았으니, 이제부터는 최선을 다해 당신을 무시할 겁니다. 하지만 나도 인간이니까 당신이 '멍청해'라고 말하면 그다음 며칠간은 저의 업무 효율이 떨어질 겁니다. 당신이 저한테 지불하는 돈만큼 결과를 얻고 싶으시면 이해할 수 없는 부분이 있을 경우 그냥 이해하기 어렵다고 말해주시면 될 겁니다."

대화가 중요하다. 불안정한 사람의 특징은 이들이 자신의 수준을 과장해 이야기하거나 남에게 굴욕을 줌으로써, 다른 사람들이 열등하다고 느끼게 만들려고 시도한다는 점이다. 안정적인 사람의 역할은 다른 사람들이 이해할 수 있는 수준으로 설명할 방법을 생각해내는 것이다. 예를 들어, 1989년 SIGGRAPH 콘퍼런스 파티에 참석했을 때 어떤 사람이 아카데미 상을 최초로 수상한 기술자인 로렌 카펜터Loren Carpenter가 작성한 논문을 이해하도록 도와달라고 다른 사람에게 요청하는 모습을 봤다. 그 사람은 끈기 있게 논문 내용을 설명해줬다. 나중에 첫 번째 사람이 물었다. "고맙습니다. 정말 도움이 많이 됐어요. 저는 조Joe입니다. 당신 이름은 뭡니까?" 두 번째 사람이 대답했다. "저는 로렌입니다." 로렌 같은 사람이 되자.

여러분이 직장에서 어려운 상황을 마주하게 됐을 때 추가로 기억해야 할 일은 바로 인사 부서(또는 인력 관리 부서)는 여러분의 친구가 아니라는 점이다. 인사 부서의 목표는 여러분을 보호하는 것이 아니고 회사를 책임으로부터 보호하는 것이다.

직장 내 문화 다루기

직장마다 독특한 문화가 있다. 여러분의 성격과 맞는 문화를 가진 직장을 고르는 것은 성공적이고 즐거운 경력을 영위하는 데 가장 중요한 요소다. 성과 중심 문화와 사람 중심 문화는 스펙트럼의 양 극단에 놓여 있다.

에이미 브제스니에프스키Amy Wrzesniewski, 클라크 맥컬리Clark McCauley, 폴 로진Paul Rozin, 배리 슈워츠Barry Schwartz의 1997년 글 '직업, 경력, 소명: 인간과 일의 관계Jobs, Careers, and Callings: People's Relations to Their Work'는 사람들이 하는 일을 제목 그대로 세 가지 분류로 나눈다. 이른바, 사람들은 직업에서 금전적 보상을 받고, 경력에서 향상을 원하며, 소명에서 즐거움을 얻는다. 여러분의 성격이 어떤 분류에 속하는지 이해하고, 직장을 자신의 성격에 맞추는 것이 성공의 핵심적인 요소다.

직업이나 경력에 주안을 두는 사람들은 사람 중심 문화에서 더 잘 일할 수 있다. 사람 중심 문화는 원만한 개인 관계라는 보상을 제공한다. 사람들은 (최소한 얼굴을 마주 볼 때만이라도) 서로에게 잘 대해준다.

소명과 결과 중심 문화는 서로 잘 어울린다. 최선의 결과를 이룰 수만 있으면 그 과정에서 불꽃 튀는 설전이 오가고 강렬한 비판이 이뤄져도 사람들이 만족스러워한다.

예를 들어, 이 책의 기술 검증 편집자와 나는 몇 달 동안 7장의 한 단락을 두고 엄청난 설전을 벌였다. 결국 훌륭한 해결책을 찾았고 둘 다 그 해결책에 만족했다. 이런 행복은 모든 설전의 긴장을 만회하고도 남았다. 우리는 해법을 찾는 데 오래 걸렸다는 사실에 둘 다 화가 나긴 했지만, 이는 자연스러운 일이다. 때로는 해답이 분명하지 않은 경우도 흔하다. 이런 식의 과정과 결과가 여러분을 기쁘게 한다면, 여러분은 이런 행동에 더 가치를 부여하는 직장을 찾고 싶어 할 것이다.

해법을 찾기 어렵다면 한걸음 뒤로 물러서서 문제를 다시 재구성해보는 것이 중요하다. 하지만 열정적인 논의가 벌어지는 도중에 이런 사실을 기억하기는 어렵다.

정보를 얻은 상태에서 선택하기

지금까지 내가 특정 기술 분야(예를 들면 웹 등)를 높이 평가하는 데 인색했다는 사실을 눈치 챈 독자도 있을 것이다. 이로 인해 여러분 자신이 프로그래밍 분야에서 일해도 될지 확신이 사라졌을지도 모른다. 앞 절에서 이야기한 것처럼 여러분이 직업에서 어떤 것을 바라느냐에 따라 모든 것이 달라질 수 있다. 모든 노력에는 장단점이 있음을 명심하자. 눈을 크게 뜨고 작업 환경을 선택하라.

재미있는 일과 금전적인 보상을 얻는 일 사이에 절충을 해야 하는 경우도 종종 있다. 소명을 중시하는 사람들은 재미있는 일을 좋아하고 필요하면 돈을 받지 않고도 일을 할 수 있다. 직업이나 경력을 추구하는 사람들은 큰돈을 받을 수 있으면 귀찮거나 망가진 기술을 사용하는 일도 할 수 있다. 좋은 예로 코볼 프로그래밍 방법을 기억해내서 Y2K 버그를 수정한 사람들을 떠올릴 수 있다. Y2K 버그는 오래된 코드에서 연도의 네 자릿수 중 마지막 두 자리만 사용해 저장해서 생긴 버그였다. 1999년에서 2000년으로 바뀌는 시점에 이런 코드는 문제가 생길 수 있었고, 이런 코드가 상당수의 중요한 인프라에서 사용 중이었다.

개발 방법론

노력이 이뤄지는 모든 분야는 결국 '방법론 전문가'를 양산하는 것 같다. 프로그래밍도 다르지 않다. 다만 **방법론**methodology이라고 부르는 것보다 **이데올로기**ideology라고 부르는 편이 더 어울릴 법한 열혈분자가 있다는 점이 좀 다르다. 그리고 모든 방법론에는 저마다의 제복, 머리 스타일, 용어, 비밀 악수법 등이 존재하는 것 같다. 이런 요소는 앞에서 본 로렌 카펜터의 경우와 반대로, 방법론에 빠진 사람들이 자신의 방법론을 믿지 않는 사람들을 몰아내는 효과를 낳는다. 그리고 때로 방법론자들은 불합리해지기도 한다. 한번은 어떤 고객과 방법론에 대해 토론하다가 "우리가 애자일 피보팅[9] 스크럼Agile pivoting scrum을 제대로만 한다면, 모든 게 잘될 거라고요!"라고 불쑥 내뱉는 말을 들은 적도 있다.

전문가로서 조언하는데, 어떤 이데올로기든 너무 심각하게 받아들이지 마라. 그 어떤 이데올로기도 순수한 형태로 동작하는 경우는 없다. 필요한 아이디어를 골라잡아서 프로젝트에 맞춰 사용하면 된다. 어떤 아이디어가 프로젝트에 어울릴지를 어떻게 알 수 있을까? 개발의 여러 가지 단계를 살펴보자(그림 15-2).

9 피보팅(pivoting)이란 농구선수가 한 발을 축으로 방향을 전환하듯이 기민한 개발에서 개발 방향을 전환하는 것을 뜻한다. 재무적으로 한계에 도달했거나, 기능을 추가, 개선하는 비용이 기하급수적으로 증가하거나, ROI가 빠르게 감소하거나 프로젝트를 마무리할 경우가 보이지 않는 경우 등에 방향 전환을 심각하게 고려해봐야 한다. – 옮긴이

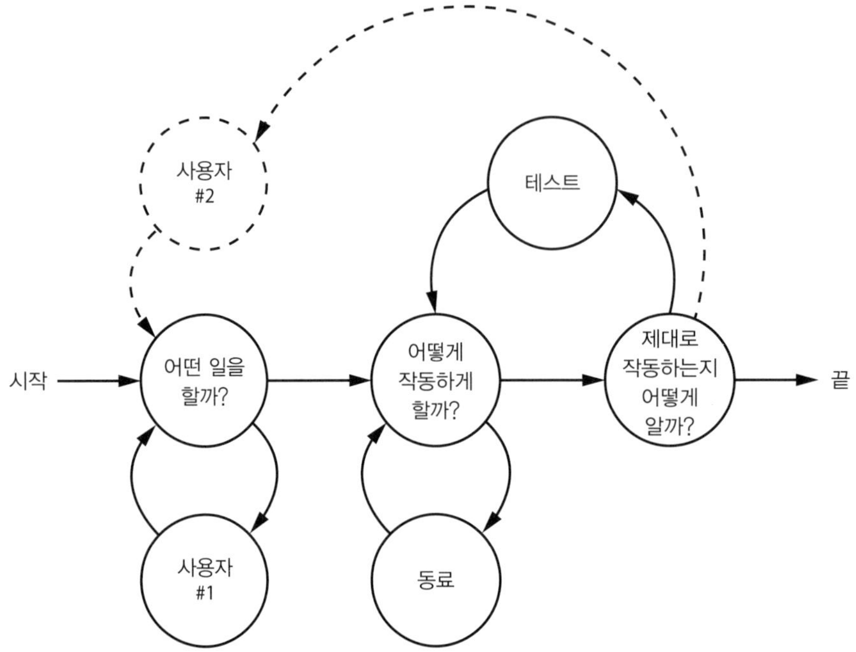

그림 15-2 프로젝트 개발 주기

이번 장을 시작하면서 세 가지 질문을 던졌다. 이데올로기와 방법론 사이의 차이는 사용자의 역할에 있다.

주변 세상을 관찰해서 얻을 수 있는 믿음과 반대로, 엔터테인먼트보다는 세상에 필요한 일을 처리하기 위해 작성되는 소프트웨어가 더 많다. 웹사이트나 비디오 게임에 적용될 수 있는 이데올로기는 아마도 인공위성, 발전소, 심장 박동기, 자동차 등에 쓰이는 소프트웨어에 적용될 수 있는 이데올로기와는 다를 것이다.

실패 비용이 높은 경우에는 어떤 일을 해야 할지 정확히 아는 것이 중요하다. 따라서 사용자 #1은 초기에 개입해서 더 명확한 정의를 내려야 한다. 일단 정의가 명확해지면 코딩을 시작할 수 있고, 코드는 보통 동료에 의해 검토된다(그리고 꼭 검토돼야 한다). 작성한 코드는 테스트를 통해 정의와 일치하는지 검증된다.

실패 비용이 낮은 경우에는 명확한 정의를 미리 작성해야 할 유인incentive(인센티브)이 상대적으로 작아진다. 그래서 "만들어서 봐야 우리가 원하는 건지 알 수 있어."라는 접근 방법을 더 많이 택한다. 사용자 #2는 결과를 살펴보고 원하는 대로 모든 것이 처리되는지 살펴보는 데 더 중요한 역할을 한다. 코드가 실제로 작동하는지 알아내기 위해 하는 테스트를 현재의 소프트웨어 정의(명세)를 사용자가 좋아하는지 결정하기 위해 해야 하는 테스트와 종종 혼동하기도 한다.

게으름이나 무능은 좋은 개발 방법론이 아니다. 단지 작성법을 모른다는 이유만으로 명세를 작성하지 않는 사람들이 많다. 프로젝트에 맞는 방법론을 먼저 고르고, 다음으로 프로젝트에 맞는 사람을 고르라.

프로젝트 설계

프로젝트는 아이디어로부터 시작한다. 이 아이디어는 여러분 자신의 것일 수도 있고, 다른 누군가가 가져온 것일 수도 있다. 이 아이디어를 어떻게 코드로 바꿀 수 있을까?

물론 그냥 코딩을 시작할 수도 있다. 작은 개인 프로젝트라면 그래도 좋다. 하지만 개인 프로젝트보다 중요한 프로젝트라면 더 나은 결과를 얻기 위해 여러분이 따라야 할 어떤 단계가 존재한다.

생각을 글로 써보자

아이디어를 글로 써보자. 글로 쓰다 보면 중간중간 빠져서 채워 넣어야 할 세부 사항이 얼마나 많은지 깨닫고 놀랄 것이다.

문서를 올바른 수준까지 작성하는 것이 중요하다. 일을 처리할 방법을 적지 말고, 하고 싶은 일을 적어야 한다.

반드시 피해야 할 사례를 한번 살펴보자. 새로운 혈압 모니터를 설계하는 프로젝트를 도와달라는 요청을 받은 적이 있었다. 고객은 5,000페이지나 되는 문서를 보내면서 비용을 추정해달라고 요청했다. 물론 자료가 너무 방대해서 비용을 산정할 수는 없었다. 알고 보니, 이전에 생겼던 문제로 인해 회사 경영진이 문서가 작성되기 전에는 코드를 단 한 줄도 써서는 안 된다는 규정을 만들었다고 한다. 이 규정은 좋아 보이지만, 문제는 이 회사의 누구도 이런 문서를 제대로 쓰는 방법을 모르고, 아무도 이에 대한 훈련을 받지 않았다는 점을 간과했다는 것이었다. 그래서 엔지니어는 관리자에게 보고하지 않고 코드를 작성한 다음, 이 코드를 다시 영어로 설명했다. 심지어 문서 어디에도 이 회사가 개발하려는 제품이 혈압 모니터라는 언급조차 없었다.

또 다른 예로는 아파치Apache 웹 서버를 들 수 있다. 아파치 웹 서버는 잘 작성된 소프트웨어다. 설정 파라미터를 어떻게 정해야 하는지 알려주는 문서가 엄청나게 많다. 하지만 코드가 웹 서버라는 설명이나 각 부분이 어떻게 연관됐는지 알려주는 부분은 없다.

빠른 프로토타이핑

언급할 만한 가치가 있는 개발 방법론으로 **빠른 프로토타이핑**fast prototyping이 있다. 이 방법론에는 부분적으로 작동하는 프로젝트 결과물을 사람들에게 내보이는 것이 포함된다. 문서를 작성하는 것처럼 프로토타이핑도 아이디어를 더 깊이 이해하는 데 도움이 된다. 프로토타입은 여러분의 아이디어를 남에게 설명할 때도 유용하다.

다만 다음과 같은 함정을 조심하라.

- 프로토타입을 프로덕션production(제품 등으로 외부에 내보내거나 고객이 사용할 서비스에 사용할 최종 결과물) 코드와 혼동하지 마라. 프로토타입은 던져버리고, 프로토타입에서 배운 내용을 기초로 새로운 코드를 작성하라.
- 억지로 프로토타입 작성에 너무 빡빡한 스케줄을 부여하지 않게 하라. 무엇보다 프로토타이핑을 하는 큰 이유는 여러분이 실제적인 스케줄을 도출해낼 수 있을 만큼 충분히 프로젝트를 알지 못하기 때문이다.
- 가장 어려운 일인데, 관리자가 프로토타입을 외부에 배포할 수 있는 제품으로 착각하지 않도록 주의하라.

프로토타입 코드를 외부로 배포할 경우 드러나는 전형적인 특징은 응집도가 떨어진다는 점이다. 스티븐 핑커Steven Pinker는 펭귄Penguin 출판사에서 펴낸 『The Stuff of Thought』라는 책에서 블록을 가지고 작업하는 것과 블록의 동작을 지정하는 원칙을 가지고 작업하는 것의 차이에 대해 설명한다. 프로토타이핑은 주로 블록을 가지고 작업하는 것이다. 프로토타입이 작동하면 한 걸음 물러나서 프로토타입의 동작을 관장하는 원칙을 관찰하고 이런 원칙을 일관성 있게 적용하면서 새로 코드를 재구현해야 한다.

인터페이스 설계

여러분의 프로젝트는 **소프트웨어 스택**software stack에서 어느 위치를 차지하고 있을 것이다. 44페이지의 그림 1에서 전체적인 컴퓨터과학의 개요를 살펴봤다. 소프트웨어는 샌드위치의 속처럼 자기 위아래와 통신하며 스택 안에 존재한다. 애플리케이션의 인터페이스는 샌드위치의 아래쪽 빵을 사용해 결정된다. 따라서 위쪽 인터페이스를 결정해야 한다.

시스템 프로그래밍은 하드웨어와 애플리케이션 사이에 위치한다. 시스템 프로그램은 장치 생산자의 데이터시트에 적힌 내용에 따라 레지스터와 비트를 사용해 하드웨어와 통신한다. 하지만 시스템 프로그램도 애플리케이션과 통신해야 한다. 애플리케이션과 시스템 사이처럼 소프트웨어 스택에서 한 스택과 다른 스택 사이의 선을 **애플리케이션 프로그램 인터페이스**API, application program interface라고 부른다. API가 다른 프로그램을 대상으로 하지 않고 사람을 대상으로 한다면 **사용자 인터페이스**UI, user interface라고 부른다. 프로그램이 계층화되어 있기 때문에 다양한 API가 존재한다. 맨 밑에 있는 운영체제가 제공하는 API는 그 위 계층의 라이브러리가 사용한다. 라이브러리가 제공하는 API를 그 위 계층에 있는 애플리케이션이 사용한다. 어떻게 API를 설계할 수 있을까? 어떤 특징이 좋은 API를 만들어줄까?

좋은 시작점은 **유스케이스**use case를 문서화하는 것이다. 유스케이스는 어떤 작업을 완수하기 위해 API를 사용하는 상황을 뜻한다. 프로그램을 사용하는 모든 사람에게 질문을 던져서 유스케이스를 수집할 수도 있다. 하지만 사용자는 이미 무언가를 사용하고 있기 때문에 시야가 좁은 답변을 하는 경우가 많다. 사용자 피드백 중 상당수는 "다른 뭐시기 프로그램처럼 만들면 되는데 이 부분을 바꿔주세요."와 비슷한 경향이 있다. 게다가 개별적인 요구사항을 쌓아둔다고 깔끔한 결과(API)가 나오지는 않는다.

이제 사용자의 요청을 그냥 수행할 수도 있다. 잠깐 동안은 이렇게 해도 잘 돌아갈 것이다. 하지만 API가 제대로 움직이려면 사용자 요구를 추상화해서 우아한 해법을 만들어낼 필요가 있다. 몇 가지 예를 살펴보자.

최초의 애플 매킨토시 API는 1985년 『Inside Macintosh』라는 3권짜리 책으로 애디슨웨슬리Addison-Wesley에서 출판됐다. 이 3권짜리 세트는 총 1,200페이지에 달했다. 오늘날 이 API는 전혀 쓸모가 없다. 최신(유닉스 기반) 맥은 더 이상 이 API를 쓰지 않는다. 왜 이 API는 오래가지 못했을까?

이 맥 API는 아주 넓고 얕다고 표현할 수 있다. 내부에 많은 함수가 있었지만 각각은 오직 한 가지 일만 수행했다. 이 API가 너무 구체적이어서 추상화나 일반화가 부족하고, 새로운 유스케이스가 발생해도 확장이 불가능했기 때문에 오래가지 못했다고 주장할 수 있다. 물론 (기능 확장이 필요하면) 함수를 추가할 수 있지만, 이렇게 하면 API 폭이 더 넓어지는데, 이는 좋은 접근 방법이 아니다.

반대로 유닉스 운영체제 버전 6는 맥 API보다 10년 전인 1975년 발매됐으며, 매뉴얼은 321페이지였다. 유닉스의 API 접근 방법은 방금 살펴본 매킨토시와 완전히 달라서 좁고 깊은 API였다. 좁고 깊은 API가 가능했던 이유는 잘 추상화된 API 집합을 사용했기 때문이다. 추상화abstraction란 무엇인가? 다양한 유형의 대상을 추상화라고 부른다. 예를 들어 고양이, 개, 말, 소 등에 대해 개별적으로 이야기하지 않고 '동물'이라는 추상화를 사용할 수 있다. 이런 추상화는 시스템 콜(212페이지의 '시스템 공간과 사용자 공간' 절을 참고하라)뿐만 아니라 애플리케이션에서도 분명히 눈에 띈다.

예를 들어, 여러분은 데이터 저장 공간으로 쓰이는 파일이라는 개념에 익숙할 것이다. 여러 운영체제가 각기 다른 유형의 파일에 대해 각기 다른 시스템 콜을 사용한다. 유닉스는 파일 유형이 한 가지밖에 없고, 이 파일에 대해 10여 개의 시스템 콜을 제공한다. 예를 들어, 파일 유형과 관계없이 파일을 만들 때 creat 시스템 콜을 쓸 수 있다(새로 유닉스 시스템을 설계한다면 무언가 다르게 만들고 싶은 것이 있냐는 질문을 받자 켄 톰슨은 "creat에 e를 추가하고 싶어요."라고 답했다). 파일 추상화의 일부분으로 유닉스에서는 심지어 I/O 장치도 파일처럼 취급된다. 10장에서 이에 대해 살펴봤다.

이 추상화를 DEC 시스템의 pip(Peripheral Interchange Program) 유틸리티와 비교해보자. pip는 아주 복잡하고 어색한 도구로, 사용자가 파일을 복사하게 해주는 명령도 들어 있었다. pip에는 파일을 테이프, 프린터 등으로 보내는 명령이 모두 따로 있었다. 반대로 유닉스는 cp(copy)라는 한 명령만 사용해 파일 유형과 위치에 관계없이 파일을 복사할 수 있다. 그래서 파일을 한 위치에서 다른 위치로 복사하는 것만큼이나 편하게 파일을 프린터와 연결된 I/O 포트로 복사할 수 있었다.

유닉스 추상화는 고상한 프로그래밍 철학을 지원한다.

- 각 프로그램은 한 가지 일을 수행해야만 하고 그 일을 잘 수행해야 한다. 새 기능이 필요하면 기존 프로그램을 더 복잡하게 만들지 말고 새로운 프로그램을 만들어라.
- 프로그램이 함께 동작할 수 있게 작성하라. 프로그램의 출력을 다른 프로그램의 입력으로 쓸 수 있어야 한다. 커다란 모놀리식 프로그램을 작성하는 대신에 간단한 프로그램을 서로 엮어서 복잡한 작업을 수행하라.

유닉스 API와 유닉스가 제공하는 풍부한 애플리케이션은 40년이 지난 오늘날에도 널리 쓰이고 있다. 이는 유닉스 설계 품질이 얼마나 좋은지를 보여주는 증거다. 그뿐 아니라 수많은 라이브러리가 근본적으로 거의 변화된 것 없이 여전히 쓰이고 있다. 그리고 이런 라이브러리의 기능은 여러 시스템에 복제됐다. 브라이언 커니핸과 롭 파이크가 쓴 『The UNIX Programming Environment』(프렌티스 홀에서 출간됨)라는 책은 수십 년이 지난 지금도 여전히 읽어볼 만한 가치가 있다.

이런 모듈화된 접근 방법의 더 교묘한 장점은 새로운 프로그램이 그 자체만의 가치를 제공하지 않고, 생태계 전체의 가치를 키운다는 점이다.

잠깐, 주제를 조금 바꿔보자. 앞에서 UI는 다른 프로그램이 아니라 사용자에게 제공되는 API라고 말했다. 에릭 레이먼드Eric Raymond는 2004년에 쓴 책 『The Art of Unix Usability』에서 공통 유닉스 프린팅 시스템CUPS, Common Unix Printing System에 대한 분석을 제공했다. 이 분석은 사용자 인터페이스를 설계할 때 반드시 피해야 하는 사항에 대해 여러 가지 통찰을 제공한다.

훌륭한 인터페이스를 설계하기는 어렵다. 다음 몇 가지를 염두에 두고 API를 설계하라.

- API는 자세한 내부 구현을 노출해서는 안 된다. 특정 구현에 API가 의존해서도 안 된다.
- API는 **응집도**가 높아야 한다. 즉 좋은 추상화를 제공해야 한다는 뜻이다.
- API는 **확장 가능**extensible해야 한다(미래의 새로운 필요에 맞춰 변화가 가능해야 한다). 추상화를 잘해두면 이 경우 도움이 된다.
- API는 **최소화**해야 한다. 이 말은 API가 같은 일을 처리하는 방법을 여러 가지로 제공하지 말아야 한다는 뜻이다.
- **모듈화**modularity가 잘되어 있으면 좋다. API가 연관된 기능을 제공한다면 이들을 가능한 한 서로 독립적으로 만들어라. 모듈화를 잘해두면 좀 더 쉽게 프로젝트를 여러 조각으로 나눠서 동시에 각 부분에 대해 작업하게 할 수 있다.
- 기능은 **합성 가능**composable해야 한다. 이 말은 여러 기능을 유용하게 조합하기가 쉬워야 한다는 뜻이다(이를 **비료로 사용가능**compostable이라는 단어와 혼동하지 마라. 이미 세상에는 잘못 설계돼서 썩은 내가 나는 인터페이스가 너무 많다). 예를 들어, 검색 결과를 정렬해 돌려주는 인터페이스가 있다면 검색과 정렬을 별도로 분리할 경우 각각을 독립적으로 쓸 수도 있고 조합해서 쓸 수도 있다.

책을 읽다 졸지 않은 독자라면 내가 유닉스 철학의 팬임을 눈치챘을 것이다. 내가 팬인 이유는 이 철학이 잘 작동하기 때문이지, 멋지거나 최신 유행이어서가 아니다. 유닉스 철학은 방금 설명한 요소들을 더 쉽게 이해할 수 있게 해준다.

앞에서 설명한 것처럼 다른 시스템에서도 사용 가능한 유닉스 특징으로 파일 추상화를 들 수 있다. 대부분의 파일 연산은 파일 이름을 사용해 이뤄지지 않는다. 대신, 파일 이름을 **파일 디스크립터**file descriptor라는 핸들로 변환해 사용한다. 이렇게 추상화를 하면 사용자가 기술적으로 파일이 아닌 대상에 파일 연산을 수행할 수 있게 된다. 예를 들어, 네트워크를 통해 외부의 어떤 대상을 연결해 파일처럼 사용할 수도 있다.

10장에서 본 것처럼 유닉스는 프로그램을 시작하면서 **표준 입력**standard input과 **표준 출력**standard output에 대한 파일 핸들을 넘겨준다. 유닉스에서는 프로그램을 파이프에 연결된 수질 필터처럼 생각할 수 있다. 표준 입력으로는 걸러지지 않은 원수가 들어가고, 표준 출력에서는 걸러진 정수가 흘러나온다. 유닉스에서 똑똑한 부분은 **파이프**pipe라는 존재를 통해 한 프로그램의 표준 출력을 다른 프로그램의 표준 입력으로 넣을 수 있다는 점이다. 예를 들어 물의 정수 필터 프로그램과 물을 데우는 프로그램을 작성하면, 별도로 프로그램을 작성할 필요 없이 두 프로그램을 연결해 뜨거운 정수를 얻을 수 있다. 유닉스를 여러 도구와 부품이 들어 있고 이들을 활용해 다양한 것을 만들 수 있는 상자처럼 생각할 수 있다.

이런 철학을 흥미롭게 설명하는 책이 1986년 나왔다. 돈 크누스Donald Knuth(스탠퍼드 대학교 전산과 명예 교수. 『The Art of Computer Programming』 시리즈의 저자로 유명하다. 이 시리즈를 꼭 소장하기 바란다)는 ACM 회보(CACM)에 특정 문제를 똑똑하게 푼 10페이지짜리 코드가 들어 있는 글을 써서 실었다. 이 글에 대해 더그 맥일로이Doug McIlroy(당시 켄 톰슨과 데니스 리치의 상사로 벨 연구소 근무)는 전체 해법을 유닉스 명령 여섯 가지를 파이프로 연결해 단 한 줄로 처리할 수 있다고 덧붙였다. 이 이야기의 교훈은 일반적인 목적을 위해 설계된 좋은 도구를 서로 연결한 것이 특별한 문제를 해결하기 위해 만들어진 해법보다 나을 수도 있다는 것이다.

파이프라인이 작동할 수 있는 이유 중 하나는 대부분의 프로그램이 텍스트를 기반으로 하기 때문에 공통의 입출력 형식을 사용한다고 말할 수 있기 때문이다. (유닉스) 프로그램은 텍스트 줄과 몇몇 문자로 구분된 필드 외에는 복잡한 데이터 구조를 사용하지 않는다. 일부는 이런 접근 방법이 텍스트가 공통 형식이 될 수 있는 '더 간단했던 시절'에나 가능한 거라고 주장한다. 하지만 이런 경우에도 API는 다리가 달려서 앞으로 나간다. 이미지매직ImageMagick 같은 프로그램 모음program suite은 복잡한 이미지 처리 파이프라인을 제공하고, XML이나 JSON 같은 더 복잡한 구조로 된 (텍스트) 데이터를 처리하는 프로그램도 있다.

코드를 재활용할 것인가, 직접 작성할 것인가

샌드위치에서 가장 위에 있는 빵에 해당하는 인터페이스(즉, 프로젝트에서 가장 위에 있는 계층의 인터페이스)를 정의하는 것이 프로젝트에서 중요하지만, 샌드위치에서 아래쪽에 있는 빵을 결정하는 것도 어려운 일이다. 여러분이 작성하지 않은 코드 중 어떤 코드에 의존해 프로젝트를 진행해야 할까?

프로그램은 여러분이 작성한 코드 대신 사용할 수 있는 함수가 들어 있는 다른 사람이 작성한 라이브러리(218페이지의 '프로그램 실행' 절을 참고하라)를 사용한다. 언제 라이브러리 함수를 사용하고 언제 직접 코드를 작성해야 할지는 어떻게 알 수 있을까?

한 계층에서만 보면 이는 좋은 오픈소스 소프트웨어를 찾는 것과 같은 문제다. 576페이지의 '오픈소스 소프트웨어' 절에서 이에 대해 논의했다. 라이브러리가 안정된 API를 제공하지 않는다면 미래에 배포될 새 버전이 여러분의 코드를 깰 가능성이 있다. 이런 가능성을 프로그램이 사용하는 라이브러리 개수로 곱하면, 가용 시간을 여러분 자신의 코드를 작성하는 데 쓰는 대신 라이브러리 변경으로 인해 생긴 문제를 해결하는 데 써야 한다는 사실이 분명히 보인다. 라이브러리를 너무 많이 쓰면 코드가 깨지기 쉬워진다. 예를 들어 최근에 노드Node.js에서 다른 수많은 패키지가 의존하는 패키지 하나가 깨졌고, 이로 인해 아주 많은 프로그램이 영향을 받았다.

때로는 뭔가를 구현하려면 여러분이 모르는 특별한 지식이 필요하기 때문에 어쩔 수 없이 라이브러리를 사용해야 할 때도 있다. 예를 들어, OpenSSL의 크립토그래피 라이브러리가 이런 경우다.

라이브러리가 더 널리 쓰이고 더 많이 디버깅되기 때문에, 직접 코드를 작성하는 것보다 라이브러리를 사용하는 편이 더 좋다고 주장하는 사람도 있다. 불행히도 항상 그렇지는 않다. 악명 높은 예로 OpenSSL 라이브러리(524페이지에서 이야기한 하트블리드 버그)를 들 수 있다.

보통은 라이브러리가 차지하는 메모리 크기가 여러분이 직접 작성한 코드가 차지하는 메모리 크기보다 크면 라이브러리를 쓰지 말라고 말한다. 예를 들어, 단일 연결 리스트를 직접 작성하는 편이 `glib`[10]을 포함시키는 것보다 더 낫다. 하지만 라이브러리가 쓰이는 환경도 생각해봐야 한다. 그래픽 작업에 김프를 사용하는 환경이거나 GNOME 데스크톱을 사용하는 환경이라면 어차피 `glib`이 메모리에 올라와 있을 가능성이 크므로 `glib`을 써도 메모리를 더 쓰지는 않을 것이다.

유용한 라이브러리를 찾기가 어려운 경우도 종종 있다. 최근 어떤 글은 350,000개의 노드 패키지가 있다고 언급했다. 모래사장에서 바늘을 찾느니 여러분이 직접 코드를 작성하는 편이 아마도 더 빠를 것이다.

10 GUI 프로젝트인 GTK+ 프로젝트(김프(gimp)라는 어도비 포토샵과 비슷한 프로그램을 위해 만들어진 그래픽 라이브러리)에 쓰이는 일반(비 그래픽) 유틸리티 라이브러리다. C로 객체 지향을 구현한 코드를 보고 싶으면 이 프로젝트 소스 코드를 보면 된다. – 옮긴이

프로젝트 개발

이제 여러분은 프로젝트의 명세를 만들고 구현 일정을 작성할 수 있을 것이다. 그렇다면 이런 계획을 어떻게 현실로 만들 수 있을까?

프로그래밍 환경으로는 리눅스를 비롯한 유닉스 파생 환경을 선택하라. 여러 방법으로 유닉스 환경을 쓸 수 있다. 맥이 있다면, 맥OS는 유닉스를 기반으로 만들어졌기 때문에 준비가 끝난 것이다. PC라면 리눅스를 설치할 수도 있다. 리눅스를 설치하는 것이 실용적이지 않다면 DVD에서 실행되어 (리눅스 설치를 위해) 하드 드라이브 내용을 바꾸지 않는 **라이브 이미지**live image를 사용할 수도 있다. 더 나은 방법은 **가상 머신**에 리눅스를 설치하는 것이다. 가상 머신은 여러분의 컴퓨터에서 실행되는 윈도우 안에 다른 운영체제를 설치해 실행할 수 있게 해주는 소프트웨어다. 예를 들어, **버추얼박스**VirtualBox를 윈도우 기계에 설치하고 리눅스를 버추얼박스 위에서 실행할 수 있다.

나이 든 개발자의 잡설

좋다. 이제 내 경험을 이야기해보겠다. 어쩌면 여러분 부모님이 아주 당황할 수도 있다. 여러분이 학교에서 주워들었을 거라 생각하실지도 모른다. 혹은 여러분이 인터넷에서 필요한 것을 찾아낼 것이라고 생각할 수도 있다. 이 모두는 설득력이 별로 없다. 여러분이 진지한 코드 작성자가 되고 싶다면, 컴퓨터와 어른스러운 성숙한 관계를 유지해나가야 한다. 마우스를 내려놓고 텍스트 편집기를 쓰는 법을 배워야 한다.

컴퓨터와의 어른스러운 관계

지금까지 여러분과 컴퓨터의 관계는 아주 어린아이들 같았다. 여러분은 컴퓨터를 손가락으로 가리키고, 찌르고, 누르거나, 때로는 간지럽힌 다음에 컴퓨터가 웃는 모습을 바라봤다. 하지만 이런 관계는 프로그래밍에 적합하지 않다.

프로그래밍을 할 때는 컴퓨터와 상당히 강렬한 관계가 수반된다. 단지 숙제를 타이핑하거나 비디오를 보는 것보다 훨씬 더 많은 일을 하게 된다(더 생산적인 프로그래머가 되려면 훨씬 더 많은 일을 해야 한다). 이 말은 이제는 전동공구power tool를 다루는 방법을 배울 때가 됐다는 뜻이다.

이런 도구 중 상당수는 암호처럼 보이고 배우기가 더 어렵다. 애석하다. 하지만 요령을 익히고 나면, 훨씬 더 적은 노력으로 훨씬 더 많은 일을 할 수 있기 때문에 절대 과거로 돌아가지 않을 것이다. 따라서 이를 악물고 지금부터 알려줄 일을 수행하라. 이 투자를 통해 나중에 훨씬 더 큰 이익을 얻을 것이다!

터미널과 셸

6장에서 터미널에 대해 배운 내용을 기억하는가? 그렇다면, 추측해볼 수 있겠는가? 진짜 프로그래머들은 여전히 터미널을 사용한다. 이제 터미널은 더 이상 시끄러운 소리를 내거나 녹색 화면을 깜빡이지 않는다. 그리고 이제는 별도의 기계로 존재하는 터미널도 거의 없다. 요즘 쓰는 터미널은 컴퓨터에서 실행되는 소프트웨어다.

모든 데스크톱 컴퓨터 시스템에는 (가끔 찾기 어려운 경우는 있지만) 터미널이 있다. 기본적으로 터미널은 **명령 해석기**command interpreter를 실행한다. 여러분에게는 명령 **프롬프트**prompt가 표시된다. 여러분도 상상할 수 있는 것처럼, 프롬프트 다음에 명령을 입력하면 된다. 유닉스 기반의 시스템(애플 맥OS나 리눅스, 프리BSD 등)은 명령 해석기로 **셸**shell이 있다. 보통 배시bash라는 셸을 사용한다. 윈도우에는 이런 셸이 없지만 필요하면 배시를 설치할 수는 있다.

> **배시 셸**
>
> 최초의 유닉스에 있던 셸은 스티븐 본(Stephen Bourne)이 작성한 sh였다(그래서 sh를 본 셸이라고 부른다). 시간이 지남에 따라 더 많은 기능을 제공하는 다른 셸이 생겨났다. 불행히도 이런 새로운 기능은 sh와 완전히 호환되지 않는 성격의 기능이었다. 나중에는 이 모든 추가 기능을 본 셸과 호환되는 방식으로 포함하는 새로운 버전의 sh가 생겼다. 이 새 버전을 '본 어게인 셸(Bourne-again shell)'의 약자를 따서 배시라고 이름 붙였다. 본 셸의 레거시(legacy, 유산)를 남겼기 때문에 배시는 큰 가치를 추가해줬고, 그에 따라 여러 셸 중에 가장 널리 쓰이는 셸이 될 수 있었다.[11]

많은 명령 이름이 암호처럼 보일 것이다. 예를 들어 grep은 'global regular expression printer'를 줄인 이름이다. 이는 마치 해부학 같다. 몸의 각 부분을 부르는 이름은 그 부분의 모양을 닮은 물건의 이름을 따라, 또는 최초 발견자의 이름을 따라 붙여진다. 예를 들어, awk라는 명령은 이 명령을 작성한 세 사람 알프레드 아호Alfred Aho, 피터 와인버거Peter Weinberger, 브라이언 커니핸Brian Kernighan의 성을 딴 이름이 붙었다.

11 시스템 관리 스크립트 등에서는 bash를 쓰고 일상에서는 zsh나 fish를 쓰는 경우도 자주 있다. 예를 들어, 맥OS는 카탈리나부터 zsh로 기본 셸을 바꿨다. – 옮긴이

이런 암호 같은 이름의 명령을 배우는 주된 이유는 자동화다. 셸이 제공하는 기능 중에는 명령을 파일에 넣어서 실행될 수 있는 프로그램을 만드는 강력한 기능이 있다. 여러분이 어떤 일을 수행하기 위해 같은 명령들을 계속 반복해 사용한다면, 이 일을 하는 명령을 파일에 넣어서 새로운 명령을 직접 만들 수 있다. 이런 식으로 명령을 만들어 활용하면 보기 좋은 그래픽 화면에서 버튼을 클릭하고 결과를 기다리는 것보다 훨씬 더 생산적으로 일할 수 있다.

텍스트 편집기

텍스트 편집기는 여러분이 텍스트(과거에는 아스키ASCII로 인코딩했고 그에 따라 영어를 주로 사용했지만, 요즘은 보통 utf-8로 인코딩된 유니코드를 사용한다) 데이터를 만들거나 편집할 수 있게 해주는 프로그램이다. 텍스트 편집기는 빠르게 텍스트를 편집할 수 있는 명령이나 키보드 단축키를 제공한다. 일단 한번 배워놓으면 마우스로 내용을 복사하고 붙여넣는 등의 일을 할 때보다 훨씬 더 빠르게 텍스트를 입력하고 변경할 수 있다.

역사적으로도 유명하고 현재도 많은 사람이 쓰는 텍스트 편집기로는 vi와 **이맥스**Emacs가 있다. 요즘 널리 쓰이는 텍스트 편집기로는 비주얼 스튜디오 코드, 노트패드++, 아톰Atom, 브래킷츠Brackets 등이 있다. vi와 이맥스 사용자 중에는 광신도라 할 정도의 사용자도 있다(그림 15-3).

그림 15-3 vi와 이맥스

이클립스Eclipse와 비주얼 스튜디오Visual Studio, 인텔리제이 아이디어IntelliJ IDEA는 **통합 개발 환경**IDE, integrated development environment이라고 불리는 멋진 프로그래밍 도구다(다만 '3월에 나온 IDE를 조심하라Beware the IDEs of March'는 말이 있다[12]). IDE는 누군가 잘못 작성한 코드를 해결할 때

12 옛날 로마인들이 날짜를 말하던 방법으로부터 온 말이다. 로마인들이 하던 식으로 말하면 3월 15일은 'ide of march'이고, 율리우스 카이사르가 암살당한 날짜가 3월 15일이어서 '3월 15일을 조심하라(Beware the ides of March)'라는 말이 나왔다. – 옮긴이

훌륭한 도구이지만, 그런 코드가 필요한 상태라면 여러분은 이미 패배한 것이다. 이 책의 '들어가며'에서도 말했듯 멋진 도구에 미혹되어 시야를 잃기 전에 기초를 다져야 한다. 그리고 이런 도구는 아주 느리기 때문에 단순하고 강력한 다른 수단을 사용하는 편이 훨씬 더 효과적이다. 예를 들어, 텍스트 편집기로 프로그램을 수정하고 다시 빌드하는 데 걸리는 시간이 이런 IDE 중 하나를 시작하는 데 걸리는 시간보다 훨씬 덜 걸릴 수도 있다.[13]

이식성이 있는 코드

소프트웨어를 (처음 작성한 컴퓨터가 아닌) 다른 곳에서 사용할 의도가 전혀 없다고 해도, 실제로 그런 일이 얼마나 자주 벌어지는지 알면 깜짝 놀랄 것이다. 여러분이 작성한 코드가 오픈소스라면, 사람들은 어딘가에서 그 코드를(또는 코드 일부를) 사용하고 싶어 할 것이다. 어떻게 코드를 작성해야 다른 곳으로 포팅하기가 조금이라도 수월해질까? 짧게 답하자면, 하드와이어링 hardwiring[14]을 가능한 한 피해야 한다.

이 책 앞부분에서 배운 것처럼 하드웨어는 비트나 바이트 배열 순서, 워드 크기 등 여러 가지 측면에서 달라질 수 있다. 하드웨어와 별개로, 프로그래밍 언어가 하드웨어를 프로그래머에게 드러내는 방식도 다르다. 예를 들어, C와 C++에서 문제가 되는 부분 중에는 언어 표준에서 `char`가 부호가 있는 값인지, 없는 값인지 정해놓지 않았다는 점이 있다. 이를 해결하는 방법은 코드에서 부호를 명시하는 것이다.

C에서는 `sizeof` 연산자를 사용해 데이터 타입의 크기를 바이트 단위로 얻을 수 있다. 불행히도 비트나 바이트 순서를 알려면 간단한 프로그램을 작성해야만 한다. 여러 언어가 이런 요소를 알아내는 방법을 제공한다. 예를 들어, 자바에서는 가장 큰 정수와 가장 작은 정수를 `java.lang.Integer.MAX_VALUE`에 저장해둔다.

문제가 되는 또 다른 영역으로 문자 집합character set이 있다. UTF-8을 사용하면 여러 가지 문제를 피할 수 있다.

13 실무에서는 보통 IDE를 쓰지만, 데브옵스 등의 업무에서는 vi나 ed 같은 텍스트 편집기와 명령줄 컴파일 도구를 써야 하는 경우가 생긴다. 이런 경우를 대비해 명령줄 도구를 익혀둘 수 있다면 더 좋다. – 옮긴이

14 전자 회로를 만들 때 프린트 기판(PCB) 등을 쓰지 않고 직접 선을 연결하고 납땜해서 만드는 방법을 하드와이어링이라고 한다. 여기서는 특정 시스템에 종속된 값을 직접 쓰거나, 특정 시스템 환경을 가정하고 코드를 작성하는 등의 처음 소스 코드가 작성된 환경이 아닌 곳으로 가면 바뀔 수 있는 부분을 너무 강하게 고정해두는 행위를 하드와이어링이라고 부른 것이다. – 옮긴이

많은 프로그램이 외부 라이브러리나 다른 도구를 사용한다. 어떻게 시스템이 달라지는 것으로부터 문자열 비교를 보호할 수 있을까? 한 가지 방법은 표준 기능만 사용하는 것이다. 예를 들어, POSIX 등의 표준은 라이브러리 함수의 동작을 정의해뒀다.

실행 환경의 차이 중에는 쉽게 처리하기 어려운 것도 있다. 이런 의존관계를 여러 곳에 분산시키는 대신에 가능하면 한곳에 모아두라. 한곳에 모아두면 누군가가 쉽게 (원하는 시스템에 맞춰) 의존관계를 변경할 수 있다.

다른 시스템에서 작동할 수 있게 코드를 포팅할 수 있다고 해서 포팅이 항상 좋은 생각인 것은 아니다. 고전적인 예로 X 윈도우X Window 시스템을 들 수 있다. 1980년대 초 스탠퍼드를 졸업한 앤디 벡톨샤임Andy Bechtolsheim은 스탠퍼드 대학교 네트워크에서 작동하는 특별한 워크스테이션처럼 생긴 개인용 터미널을 설계했다. 스탠퍼드는 이 하드웨어 설계를 허가했고, 이 하드웨어는 썬 마이크로시스템즈 썬 워크스테이션의 바탕이 됐다. 스탠퍼드 교수인 데이비스 체리턴David Cheriton과 키스 란츠Keith Lantz는 썬에서 실행되는 V 운영체제를 만들었다. 이 운영체제에는 아주 빠른 프로세스 간 통신IPC, interprocess communication 메커니즘이 들어 있어서 여러 프로그램이 서로 아주 빠르게 통신을 할 수 있었다. 폴 아센테Paul Asente와 브라이언 리드Brian Reed는 V 시스템에서 실행되는 W 윈도우 시스템을 개발했다. 이 코드는 나중에 MIT에 알려졌고, MIT에서 유닉스 환경에 포팅되면서 X라는 이름이 붙었다. 하지만 유닉스에는 빠른 동기적 IPC가 없었고, 당시 태동기였던 더 느린 인터넷을 가정한 비동기 IPC가 있었다. 이로 인해 X의 성능은 끔찍하단 말로도 표현할 수 없을 만큼 형편없었고, 설계를 엄청나게 바꾸고 나서야 겨우 심하게 느린 정도로 성능을 끌어올릴 수 있었다.

소스 코드 제어

프로그램은 바뀐다. 기능을 추가하거나 버그를 수정하기 위해 변경하는 등의 일이 벌어진다. 어떻게 예전 버전의 소스 코드를 모두 추적할 수 있을까? 새로운 버전에 버그를 추가한 경우 어떤 부분이 변경됐는지 확인해야 하기 때문에, 소스 코드를 과거로 돌릴 수 있는 게 아주 중요하다.

유닉스 철학을 또 이야기할 때다. 더그 맥일로이는 1970년대 초 두 파일을 비교해서 달라진 부분의 목록(변경 목록)을 생성해내는 diff(디프)라는 프로그램을 만들었다. 이 프로그램이 제공하는 옵션 중에는 출력을 텍스트 편집기에 파이프로 연결해 넣으면 변경 목록을 활용해 한 파일을 변경된 파일로 바꿔주는 기능이 있었다. 이 기능을 활용하면 합성성composability을 더 잘 활용할 수 있었다. 마크 로치카인드Mark Rochkind는 diff의 아이디어를 바탕으로 **소스 코드 제어 시스템**SCCS,

Source Code Control System을 만들었다. 파일이 바뀔 때마다 복사본을 남기는 대신, SCCS는 원본과 각 버전의 변경 목록을 저장했다. 사용자가 어떤 버전의 파일을 요구하면, 원본에 모든 변경 버전을 적용해서 그 자리에서 만든on-the-fly 원하는 버전의 파일을 얻을 수 있었다.

SCCS는 이상한 사용자 인터페이스를 제공했고, 버전이 쌓이면 어떤 버전을 만들기 위해 더 많은 변경 목록을 적용해야 했기 때문에 속도가 느렸다. 월터 티치Walter Tichy는 1982년 **변경 제어 시스템**RCS, Revision Control System(현재는 흔히 버전 관리 시스템이라고 부름)을 발표했다. RCS는 더 나은 사용자 인터페이스를 제공하고, SCCS가 사용하던 전방 변경 이력forward differencing 대신 후방 변경 이력backward differencing을 채택했다. 이 말은 RCS는 가장 최신 버전을 저장하고 최신 버전으로부터 옛 버전을 만들어낸다는 뜻이다. 사용자는 주로 최근 버전을 자주 요구하므로 RCS가 훨씬 더 빨랐다.

SCCS와 RCS는 한 컴퓨터 안에서만 잘 작동했다. 딕 그룬Dick Grune은 **동시성 버전 제어 시스템**CVS, Concurrent Versioning System을 개발했다. CVS는 RCS와 비슷한 기능을 네트워크로 접근할 수 있게 해주면서 최초로 파일 잠금 대신 병합merge을 사용한 시스템이다.

원래 SCCS나 RCS는 파일을 잠그기 때문에 대규모로 사용하기가 어려웠다. 사용자는 파일을 '체크아웃check out'하고, 변경한 다음, '체크인check in'한다. 체크아웃된 파일은 잠기기 때문에 다른 사람이 편집할 수가 없었다. 누군가 파일을 잠그고 휴가라도 가면 특히 문제가 더 커졌다. 이런 한계를 극복하려는 노력으로, 서브버전Subversion, 비트키퍼Bitkeeper, 깃Git 등의 **분산**distributed 시스템이 만들어졌다. 이런 도구는 잠금 방식의 문제점을 병합 방식으로 해결했다. 누구나 파일을 편집할 수 있지만, 파일을 체크인하려고 시도할 때 다른 사람이 변경한 내용과 충돌conflict이 일어나면, 자신이 변경했던 내용을 다른 사람이 변경한 내용과 비교하면서 파일을 병합해 문제를 직접 해결해야 한다.

이 중 하나라도 사용해 여러분의 코드를 추적하라. RCS는 아주 단순하고, 자신만의 시스템에서 개인 프로젝트를 한다면 쓰기도 쉽다. 현재 여러 사람에게 분산되어 진행하는 프로젝트의 경우에는 깃Git이 가장 유명하다. 깃을 배워라.

테스트

테스트를 하지 않으면 프로그램이 잘 작동하는지 실제로 알 수가 없다. 프로그램을 작성할 때 테스트 집합도 만들어야 한다(일부 개발 방법론은 테스트부터 시작하기도 한다). 테스트도 소스 코드 제어 시스템에 등록하라. 셸 스크립트나 배치 파일 등을 통해 전체 테스트를 한꺼번에 실행할 수 있는 명령을 만들 수도 있고, GUI나 명령줄 빌드 도구가 전체 테스트 실행을 지원하기도 한다. 종종 나이틀리 빌드nightly build를 하면 유용할 때가 있다. 나이틀리 빌드는 매일 정해진 시간(보통은 사람들이 다 퇴근한 다음 밤 늦게)에 프로그램을 빌드하고 테스트를 실행한다. **회귀 테스트**regression test는 변경한 코드가 잘 작동하던 부분을 깨지는 않았는지 검증하는 과정이다. '회귀'는 '과거로 돌아간다'는 뜻인데, 회귀 테스트는 수정된 버그가 다시 나오지는 않는지 확인할 때 도움이 된다.[15]

테스트를 돕는 몇 가지 프로그램이 있다. 복잡하기는 하지만, 프로그램이 키보드 입력을 넣고 마우스를 움직이거나 클릭하게 해서 사용자 인터페이스를 테스트하는 프레임워크도 있다.

가능하면 여러분의 코드를 위한 테스트는 다른 사람이 작성하게 하라. 코드를 작성한 사람은 무의식중에 자신의 코드에 있는 문제를 보지 못할 수도 있어서 테스트를 작성할 때도 이런 문제와 관련된 테스트를 (문제가 될 수 없다고 생각해서) 빼먹는 경우가 자주 있다.

버그 보고와 추적

여러분 스스로가 수행한 테스트와 별개로 사용자도 버그를 찾게 된다. 사용자가 발견한 버그를 보고하고, 이런 버그를 어떻게 고쳤는지 추적하는 도구가 필요하다.

이 경우에도 다양한 도구가 존재한다.[16]

리팩토링

리팩토링refactoring은 코드의 인터페이스나 동작은 바꾸지 않고 코드 내부를 재작성해 개선하는 과정을 말한다. 왜 리팩토링을 해야 할까? 주된 이유는 코드가 완전히 구체화되면 코드가 지저분해지거나 좀 더 낫게 문제를 처리하는 방법을 알게 되는 경우가 있기 때문이다. 리팩토링을 하면 유지보수 비용을 줄일 수 있다. 하지만 리팩토링한 코드가 리팩토링하기 전 코드와 똑같이 작동한다는 사실을 확인하려면 좋은 테스트 집합이 필요하다. 그리고 리팩토링을 위해 코드를 재작성하는 과정에서 새로운 기능을 추가하고 싶은 욕구가 느껴지더라도 절대 그 기능을 집어

15 언어마다 사실상 표준으로 쓰이는 테스트 방식과 도구가 있다. 특히 단위 테스트(unit test) 도구와 속성 기반(property-based) 테스트 도구는 꼭 배워두자. – 옮긴이

16 이런 도구를 버그 추적 시스템(bug tracking system)이나 이슈 추적 시스템(issue tracking system)이라고 부른다. 깃허브 등 웹을 기반으로 만들어진 소스 코드 버전 제어 시스템은 프로젝트 리포지터리에 이슈 추적 기능을 함께 제공하기도 한다. 복잡한 프로젝트나 외부로 판매하는 제품과 연관된 프로젝트의 경우에는 고객 센터(헬프 데스크) 시스템과 연동된 티켓 시스템을 사용하기도 한다. – 옮긴이

넣지 마라. 리팩토링은 596페이지의 '빠른 프로토타이핑' 절에서 언급한 대로 이미 작성한 코드 뒤에 감춰진 원칙들을 다시 한번 검토할 수 있는 좋은 기회가 된다.

유지보수

프로그래밍에서 사실이지만 분명하지 않아 보이는 것으로는, 진지한 코드의 경우 개발에 드는 비용보다 유지보수에 드는 비용이 훨씬 더 크다는 점이 있다. 이를 염두에 둬라. 동료들이 감탄할 만큼 멋지게 비틀어 작성한 코드는 피하라. 유지보수를 하는 사람이 여러분처럼 똑똑하지 못하면, 이런(똑똑한 사람만 알아볼 수 있기 때문에 자신들은 알아볼 수 없는) 코드를 보고 유지보수를 하는 것이 아니라 코드를 새로 설계하게 된다.

12장에서 비동기 자바스크립트 코드를 작성하는 방법을 살펴봤다. 이 방법 중에는 모든 것을 한 자리에서 처리하는 방법도 있고, 설정 단계와 실행 단계를 나눠서 처리하는 방법도 있다. 이 모든 요소를 유지보수하는 사람이 추적해야 하면 버그를 찾고 수정하는 데 시간이 더 오래 걸린다.

간혹, 프로그램은 예술 작품 같은 것이라서 손대기 전에 완전히 이해해야만 한다고 생각하는 프로그래머들도 있다. 이런 생각은 멋있는 철학처럼 들린다. 하지만 현실에서는 누구든지 코드의 어떤 부분이든 빠르게 살펴보고 무슨 일을 하는지 이해할 수 있는 것이 더 중요하다. 유지보수할 수 없는, 그저 아름다운 코드를 작성하면 실패하기 쉽다. 쉽게 이해할 수 있는 코드를 작성하는 것으로부터 아름다움을 찾아라.

여러분의 코드가 하드웨어와 통신해야 하는 경우, 유지보수하는 사람에게 정말 도움이 될 수 있는 것으로는 코드 안에 하드웨어 데이터시트에 대한 참조를 포함하는 것이다. 레지스터를 건드려야 한다면 해당 레지스터에 대한 설명이 들어 있는 데이터시트 페이지를 포함시켜라.

스타일을 지켜라

프로그램이 존재하는 환경을 이해하지 못하고 프로그래밍을 배우는 사람도 많다. 여기서 기억해야 할 내용이 몇 가지 있다.

교육 시스템에 대해 충분히 생각해보지는 않았을 것이다. 지금은 교육이 여러분에게 지식을 뿜어내고 있고, 그중 일부를 여러분이 실제로 흡수한다. 이 지식은 어디에서 온 것일까? 다른 사람들이 발견한 것이다. 어느 시점이 되면, 특히 여러분이 더 높은 학위를 얻으려고 한다면, 이제는 다른 사람이 배울 내용을 여러분이 발굴해야 할 차례다. 오픈소스 소프트웨어 프로젝트의 멋진 점은 여러분이 기여할 수 있다는 점이다. 여러분이 코드를 작성할 준비가 되어 있지 않더라도, 이들 중 많은 프로젝트는 문서화 등에 도움이 필요하다. 따라서 여러분이 사용하거나 관심 있는 프로그램이 있다면 참여해보라. 오픈소스 프로젝트 참여는 다른 사람들을 만나는 아주 훌륭한 방법이고, 대학이나 직장에 지원할 때도 좋은 이력이 된다. 많은 프로그래머가 특히 사회적 관계에 능숙하지 않으므로, 조심해야 한다. 얼굴이 좀 두꺼워질 필요가 있다.

소프트웨어는 깔끔하게 작성하고 문서도 잘 작성하라. 코드에서 벌어지는 일을 다른 사람이 잘 이해할 수 있게 하라. 그렇지 않으면 아무도 여러분을 도와줄 수 없다. 여러분의 '직업 안정성'은 여러분이 작업한 코드에 아무도 손을 댈 수 없게 만들어 담보되는 것이 아니라, 정말 일 잘한다는 평판을 얻어야 확보될 수 있다. 앞에서 말한 것처럼 여기서도, 소프트웨어를 유지보수하는 비용이 개발 비용보다 더 크다는 사실을 기억하라.

가능하면 여러분의 소프트웨어를 오픈소스로 공개하고, 이를 통해 오픈소스에 진 빚을 갚아라.

영어(혹은 다른 자연어를 선택해서)로, 올바른 맞춤법을 따르고 논리를 잘 갖춘 글 쓰는 법을 익혀라. 코드에 대한 실제 문서를 작성하라. 독시젠Doxygen 같은 문서 생성 도구는 피하라. 이런 도구는 불필요한 커다란 문서를 만들어내는 데 아주 유용한 도구라는 사실을 눈치챈 독자도 있을 것이다.

문서는 코드가 하는 일을 기술해야 한다. 문서는 데이터의 구조를 이해할 수 있게 알려주고 코드가 데이터를 어떻게 조작하는지 설명해야 한다. 내가 코드를 작성하는 일을 처음 시작한 때는 고등학교 때 벨 전화 연구소에서였다. 내 상사는 모든 줄에 주석이 있어야 한다고 말했다. 당시 나는 그리 똑똑하지 못했기 때문에, 다음과 같이 코드를 작성했다.

```
lda foo ; foo를 누산기에 넣는다
add 1   ; 1을 더한다
sta foo ; 결과를 foo에 저장한다
```

눈치챈 독자도 있겠지만, 이런 주석은 전혀 쓸모가 없다. 다음과 같이 주석을 작성하면 더 좋을 것이다.

```
; foo에는 구석에 숨어 있는 그렘린의 수가 들어 있다
; 방금 한 마리를 더 발견했으므로 1 증가시킨다
lda foo
```

```
add 1
sta foo
```

1985년에 나는 소스 코드에서 문서를 뽑아낼 수 있다면, 특히 코드를 변경한 곳과 같은 위치에서 문서를 추출할 수 있을 테니 멋지겠다는 생각을 했다. 나는 troff 형식으로 조판작업이 된 매뉴얼을 소스 코드로부터 추출해내는 **xman**extract manual(매뉴얼 추출)이라는 도구를 작성했다. 문서 부분을 시작할 때는 /**로 C 주석을 시작하게 했다. 세상의 다른 편에서는 1986년 SIGGRAPH 콘퍼런스에서 강의 하나를 맡고 싶다는 내 제안이 받아들여졌다. 다른 강사가 필요해서 나중에 자바를 발명한 제임스 고슬링에게 연락했고, 그에게 xman을 보여줬다. 약간의 시간이 지난 후 우리는 xman을 포기했다. xman이 예쁜 문서를 많이 만들어낼 수는 있지만 그 문서는 대부분 잘못된 유형의 문서라는 사실이 분명해 보였기 때문이다. 한편, 상관관계correlation가 인과관계causation를 입증하지는 못하지만(그리고 고슬링은 xman을 기억하지 못한다), 자바에는 **자바독**Javadoc이라는 소스 파일에 문서를 넣는 방법이 포함됐고, 자바독의 문서 주석은 /**로 시작한다. 그리고 여러 도구가 이 기법을 복제했다. 따라서 어쩌면 나도 이 엉망진창에 책임이 있을지 모른다.

자동으로 만들어진 문서를 살펴보면 앞에서 보여준 '1을 더한다'를 변형한 문서인 경향이 있다. 함수 이름 또는 함수 이름과 더불어, 인자 이름과 타입만 포함한 문서도 상당히 많다. 코드를 보고 함수 이름이나 인자 이름, 타입을 알아낼 수 없다면 여러분은 프로그래밍을 해서는 안 된다! 이 문서는 함수가 하는 일이나 어떻게 그 일을 하는지, 그리고 시스템의 나머지 부분과 어떤 관계가 있는지에 대해 거의 아무것도 알려주지 않는다. 여기서의 교훈은 멋진 도구를 멋진 문서와 같은 것으로 착각하지 말라는 것이다. 좋은 문서를 작성하라.

문서에 대해 마지막으로 한마디 더하겠다. 여러분에게 명확해 보이는 내용, 즉 (너무 뻔해서) 여러분이 결코 생각도 해본 적이 없는 내용을 넣어라. 여러분의 문서를 읽는 사람은 여러분에게 뻔해 보이는 내용을 알지 못한다. 유닉스 버전 6(소스 코드에 주석이 달린 부분이 별로 없다)에 유명한 주석이 있다. "당신은 이걸 이해할 수 없을 겁니다." 그다지 도움이 되지 않는다!

기존 프로젝트를 활용하라

소프트웨어 세계는, 특히 오픈소스 영역은 부분적으로 동작하는 프로그램과 비슷한 일을 하지만 완전히 같지는 않은 프로그램들로 가득 차 있다. 이런 유형의 일을 피하라.

자신의 프로젝트나 다른 사람이 시작한 프로젝트를 끝내기 위해 노력하라. 자신의 프로젝트를 끝내지 못한다면 적어도 누군가 쉽게 개발을 이어받을 수 있는 형태로 남겨두기 바란다. 이 모든 것이 생태계에 가치를 추가하는 것과 관련된 일이라는 사실을 기억하라.

정리

이제 여러분은 프로그래밍이 하드웨어와 소프트웨어를 이해하는 문제만은 아니라는 사실을 배웠다. 프로그래밍은 수많은 이질적인 지식이 필요한, 복잡하지만 보상이 큰 노력이다. 이 책에서 아주 많은 기초적인 내용을 다뤘다. 여러분은 복잡한 정보를 비트로 표현하고 연산하는 방법을 살펴봤다. 기초적인 하드웨어 구성요소와 이런 요소를 조합해 컴퓨터를 만드는 방법도 살펴봤다. 컴퓨터를 더 잘 활용할 수 있는 추가 기능과 컴퓨터와 외부 세상을 연결하는 여러 가지 기법을 배웠다. 그러고 나서 데이터를 정리하는 방법과 메모리 아키텍처의 장점도 다뤘다. 컴퓨터 언어를 하드웨어가 이해할 수 있는 언어로 변환하는 과정을 살펴봤다. 여러분은 웹 브라우저에 대해 배우고, 웹 브라우저가 데이터를 조직화하는 방법과 언어를 처리하는 방법도 배웠다. 고수준 애플리케이션과 저수준 시스템 프로그램을 비교해봤다. 문제를 해결하기 위해 사용하는 흥미로운 알고리즘 기법을 살펴봤고, 그 과정에서 고양이 그림을 사용했다. 멀티태스킹으로 인해 생기는 문제 중 일부에 대해 논의했다. 그리고 보안이나 더 많은 고양이가 관여된 기계 지능 같은 고급 주제까지 살펴봤다. 여러분이 이 모든 내용에서 기본적인 구성요소와 트릭을 각기 다른 조합으로 계속 반복 사용했음을 깨달았기를 바란다. 마지막으로, 프로그래밍 작업은 하드웨어와 소프트웨어뿐만 아니라 사람도 연관된 과정임을 배웠다.

이런 내용은 단지 시작일 뿐이다. 여러분이 프로그래밍에 대해 배웠거나 배우고 있는 내용을 더 잘 조망하고, 여러분에게 토대를 제공하기 위해 이런 내용을 다뤘다. 여기서 멈추지 않길 바란다. 배울 내용이 훨씬 더 많다.

이 책의 '들어가며' 절에서 우주를 이해할 필요가 있다고 언급한 사실을 기억하는가? 어느 한 사람이 우주에 대한 모든 내용을 이해하기란 불가능하다. 그렇기에 나는 이 책을 어떤 멋진 말로 마무리하면 좋을지도 도무지 떠오르지 않는다. 자, 이제 끝이다. 다 마쳤다. 그럼 이만.

찾아보기

ㄱ

가격/성능 비율 168
가로채기 508
가비지 컬렉션 292, 528
가산(additive) 색 시스템 86
가산 혼합 색 시스템 260
가상 머신 334, 345, 585, 602
가상 메모리 211
가상 주소 209
가성비 168
가수 70
가우스 분포 542
가우스 블러 543, 545
가장 작은 유효 비트 60
가장 큰 유효 비트 60
가중치 544, 555
가중치를 사용한 평균 463
가치 570
간접 블록 300
간접 주소 레지스터 186
간접 주소 지정 179
감산 색 시스템 87, 260
강도 절감 343
강제 타입 변환 395
개발 방법론 593
개발자 콘솔 345
개발 편리성 485
개방성 492
개인용 컴퓨터 574
개 호루라기 마케팅 504
객체 310
객체 지향 310
갱신 151
거듭제곱 58
거리 공식 430
거짓 54
검사 후 설정 475
게리 펠드만 547
게오르크 시몬 옴 104
게이트 114, 115
게이트가 있는 래치 140
게이트 배열 162
게이트 밸브 102
게인 99
격리된 581
결정 변수 420
경량 프로세스 469
경로 349
경사 하강 558
경합 조건 465
경험 586, 587
계산자 92
계전기 109
계층 556
계층적 파일 시스템 301
고수준 언어 321
고정소수점 표현법 68
고주파 121
고체 상태 드라이브 159
공개키 510
공개키 암호화 510, 514
공개키 인프라스트럭처 514
공격 표면 492, 495, 518, 519
공용체 283
공유 라이브러리 219
공유 메모리 210
공유 자원 466, 467
공통 모드 판별비 120
공통 캐소드 227
과다수집 525
과학적 표기법 70
광식각 114
광역 네트워크 240
광학 디스크 158
교착 상태 474
교착 상태의 원인과 방지 방법 475
구분자 324
구성적인 기하 431
구조적 입체 기하 439
구조적 프로그래밍 323
구조체 280
국제 전기통신 연합 514
국제 표준화 기구 81
권한 493
권한부여 493, 501
권한 수준 493
규모 547, 548
규모의 경제 585
균일 자원 위치 지정자 348
균형이 잡히지 않은 2진 트리 298
그라운드 227
그래픽 사용자 인터페이스 384
그래픽 이퀄라이저 254
그래픽 처리 장치 191
그레이디언트 422
그레이스케일 266
그레이스 호퍼 112
그레이 코드 231
그리드 113, 266
그림 원소 86
극 106
극좌표 427
근거리 네트워크 240
근삿값 계산 405
글꼴 440
글래스 tty 266
글리치 118
금속산화물 반도체 전계 효과 트랜지스터 114
긍정적인 논리 56
긍정 전방 탐색 330
기가 77
기계어 319
기계어 코드 320
기계어 프로그램 183
기계적인 내성 231
기계 지능 535
기본 데이터 타입 274
기본 정밀도 부동소수점 수 72
기비 78
기억 장치 165
기여자 578
기저 주소 276
기준 전압 249
기호 52, 53, 324
깃 607
깃허브 47
깊이 우선 순회 201, 353

ㄴ

나노코드 189
나쁜 훈련 데이터 560
나이브 베이즈 분류 540, 553
나이퀴스트 법칙 256
나이틀리 빌드 608
나이프 스위치 106

난수 448
낮은 워터마크 248
내부 353
냉각 효과 501
너비 우선 순회 201
넷BSD 573
넷스케이프 363
넷스케이프 내비게이터 363
노드 353, 601
노드제이에스 583
노치 255
노트패드++ 604
논리 45
논리 게이트 115
논리 연산 54
논블로킹 473
놈 촘스키 41
놉 232
높은 워터마크 248
누산기 178
눅시 신드롬 168
뉴런 554
뉴욕 공과대학 408
니모닉 319
니블 77
닐스 피터 넬슨 411

ㄷ

다비트 힐베르트 450
다이그래프 507
다이오드 222
다중 계층 신경망 556
다차원 276
다층 신경망 556
다트머스 대학 워크숍 535, 561
단극단투 스위치 106
단극쌍투 스위치 106
단방향 함수 512
단어 52
단어 샐러드 541
단위 원 443
단일 연결 리스트 283
단일 칩 시스템 196
닫는 태그 351
닫힌 회로 108
대규모 집적 회로 126
대량 저장장치 156
대역폭 239
대칭성 425
대칭 코드 505
대형 강입자 충돌기 565
더그 맥일로이 600
더글러스 엥겔바트 271
더블 워드 77
더프의 장치 306
덧셈 기계 127
데니스 리치 323, 411
데이비드 러멜하트 558
데이비스 체리턴 606
데이터 309
데이터 경로 185
데이터 구조 273
데이터그램 243
데이터 마이닝 538
데이터 방향 레지스터 223
데이터 버스 149
데이터베이스 302
데이터베이스 관리 시스템 302
데이터시트 122
데이터 암호화 표준 500
데이터 은닉 583
데이터 흐름 제어 186
도 427
도메인 46
도메인 이름 시스템 243
도메인 특화 언어 334
도체 104
도핑 114
도함수 546
돈 크누스 600
돈 퍼셀 453
동기적 카운터 146
동기화 235
동시성 버전 제어 시스템 607
동적 RAM 151
동적 데이터 217
동적 링크 219
동적 메모리 할당 289, 526
되먹임 136
되튕겨짐 224
듀티 사이클 230
드라이버 120
드모르간의 법칙 56
등록 473
디더링 457, 461
디렉터리 정보 301
디먹스 131
디멀티플렉서 131
디바운스 225
디스크 드라이브 156
디스크 헤드 156
디스패처 215
디스플레이 목록 267
디지털 94
디지털 리서치 575
디지털 서명 513
디지털 신호 처리 장치 69
디지털 이큅먼트 72, 573
디지털 헤르페스 523
디코더 129
디폴트 358
디프 606
디피-헬먼 키 교환 511
딕 그룬 607
딥크랙 500
딥페이크 497
뜨개질 규칙 452

ㄹ

라디안 427, 447
라바랜드 521
라비 세티 333
라우터 242
라이브러리 218
라이브 이미지 602
라이트 스루 216
래스터 그래픽 268, 308
래치 139, 221
랜덤 453
랜덤 논리 187
랜덤 논리로 이뤄진 교통 제어 회로 187
랜덤 백오프 후 재시도 242
랜스 윌리엄스 408
램프 변환기 250
런타임 라이브러리 219
레너드 에이들먼 511
레노보 491
레이블 319, 320
레이어링 263

레지스터 147
렉스 331
로그 92
로널드 리베스트 511
로널드 윌리엄스 558
로렌스 레식 579
로렌 카펜터 454
로 모드 387
로버트 노이스 115
로버트 플로이드 462
로우패스 255
로케일 313
롤오프 255
롭 파이크 308, 598
루돌프 바이어 302
루비 334
루이스 스타인버그 462
루카스필름 454
루트 295, 353
루틴 411
루프 불변값 최적화 410
루프 불변 요소 342
루프 언롤링 305
룩비하인드 330
리누스 토발즈 576
리눅스 573, 576
리듀스 331
리딩 제로 60
리머스마 오류 전파 464
리스크 190
리습 561
리습 기계 562
리시버 120
리처드 그린블랏 562
리처드 스톨먼 575
리처드 해밍 161
리터럴 85
리턴 384
리틀 엔디안 168
리팩토링 608
리프레시 문제 293
리플 자리올림 가산기 128
리플 카운터 145
린덴마이어 시스템 451
린 콘웨이 162
릴레이 91, 109
링 240
링 버퍼 390
링커 218
링크 218, 301, 391

ㅁ

마스크 206, 278
마스크 오프 441
마스크 프로그래머블 ROM 155
마우스 233
마이크 레스크 329
마이크로명령어 189
마이크로소프트 496, 574
마이크로컨트롤러 195
마이크로컴퓨터 195
마이크로코드 189
마이크로프로세서 195
마이크 셰리든 34
마이클 디어링 415
마이클 티만 576
마크 로치카인드 606
마크 앤드리슨 363
마크업 347
마크업 언어 346
마틴 헬먼 511
망점 인쇄 456
매스매티카 37
매크로 413
맥OS 573
맵리듀스 317
맷 블레이즈 518
머신러닝 535, 537, 539, 561
먹스 132
멀웨어 491, 496
멀티코어 465
멀티코어 프로세서 195
멀티태스킹 193, 265, 465
멀티프로세서 194
멀티플렉서 132
멀티플렉스 227
멀티플렉싱 150
멀틱스 219, 573
메가 77
메르센 트위스터 521
메모리 165, 193
메모리 경계 518, 520
메모리 계층 213
메모리 관리 장치 209, 289, 530, 575
메모리를 사용한 교통 제어 188
메모리 위치 166
메모리 컨트롤러 215
메모리 컴포넌트 148
메비 78
메서드 310
메인프레임 573
메타데이터 498
멜트다운 492
멤버 280
명령어 174, 176
명령어 레지스터 184
명령어 집합 162, 176
명령코드 170
명령 프롬프트 384, 603
명령 해석기 603
명세 595
모뎀 239
모듈화 599
모린 스톤 87
모자익 363
모집단 542
모토로라 168
목적 코드 321
무능 491
무료 무손실 오디오 코덱 259
무손실 압축 259
무아레 패턴 459
문맥 52, 207
문맥 전환 309, 385
문법 331
문서 611
문서 객체 모델 352
문서 타입 정의 361
문서화 610
문자 53, 78
문자 언어 52
문자열 279
문자열 터미네이터 280
문자 종류 판별 411
문자 종류 판별 표 412
문자 집합 605
문턱값 99, 111
물리 주소 209
미니컴퓨터 76
미드웨이 해전 508
미디 36

민감한 데이터 525
밑 57

ㅂ

바 139
바구니 314
바운스 224
바이어 필터 457
바이어 행렬 457
바이트 76, 77, 78
바이트코드 582
반가산기 127
반도체 113
반송파 238
반 에크 프리킹 525
반이중 연결 236
반지름 427
반환 198
반환 주소 201
발광 다이오드 125, 222
발진자 136
밥 멧칼프 241
방법론 593
방사상 영역 157
방향 548
배너바 부시 244
배럴 시프터 173
배리 슈워츠 592
배시 603
배열 275
배열 디더링 458
배질 부숑 153
배치 프로세싱 264
배커스-나우르 표기법 326
백그라운드 209
백도어 493, 518, 519
백슬래시 330
백엔드 339
밴드패스 255
밸브 102
버그 112
버나드 클리반 542
버스 149
버추얼박스 578, 602
버클리 소프트웨어 배포판 574
버클리 캘리포니아 주립 대학교 468
버킷 314
버퍼 116, 386
버퍼 오버플로 393, 519
범용 비동기 수신기-송신기 236
베르너 하이젠베르크 96
베이스 114
베이스 인코딩 84
베이즈 정리 540
베이직 322
벡터 266
벡터 그래픽 266
벡터링 모드 446
벡터 폰트 440
벨 연구소 240, 241, 268, 308, 323, 329, 331, 333, 411, 570, 600
벨 전화 연구소 573
벨 커브 542
변경 제어 시스템 607
변수 322
변이 563
변조 238
변환 209, 406, 414
병렬 467
병렬 연결 102
병렬 통신 233
병렬 포트 233
병렬화 191, 194
병합 607
보 레이트 236
보수 139
보안 499
보안상 약점 517
보잉 302, 454
복셀 439
복조 239
복호화 495, 504
본 브레슨햄 560
볼트 104
부도체 104
부동소수점 표현법 70
부모 353
부인방지 513
부정적인 논리 56
부정직 491
부트 321
부트스트랩 321
부하 평탄화 529
부호 63
부호와 크기 표현법 63
분기 180
분기 예측 215
분류 538
분산 서비스 거부 공격 496
불리언 대수 54
뷰포인트 408
브누아 망델브로 449
브라우저 373
브라우저 개발자 콘솔 380
브라우저 블록도 371
브라우저 자바스크립트 477
브라이스 바이어 457
브라이언 리드 606
브라이언 커니핸 333, 598, 603
브래킷츠 604
브레슨햄의 선 그리기 알고리즘 419, 422
브레이크 289
브루스 스털링 93
블로킹 473
블록 157, 299, 515
블록리 36
블록 접근 159
블록체인 514
블릿 308
비교기 248
비교 후 바꾸기 476
비구조적 322
비닝 138
비대칭 시스템 510
비동기 자바스크립트 364
비동기 카운터 145
비동기 프로그램 485
비디오 262
비밀 코드 495
비밀키 510
비선점 475
비순차적 명령어 처리 475
비주얼 스튜디오 604
비주얼 스튜디오 코드 604
비최댓값 억제 550
비트 53, 91, 100
비트맵 278, 301, 440
비트 밀도 157
비트 뱅잉 236
비트코인 514
비트키퍼 607

비판적 사고 37
비행 컴퓨터 93
비호환 시분할 시스템 573
비휘발성 152
빅데이터 535, 537, 565
빅 엔디안 168
빌 게이츠 496, 574
빌드 384
빌드 도구 580
빠른 푸리에 변환 254
빠른 프로토타이핑 596, 609

ㅅ

사각파 251
사람 중심 문화 592
사망자 마스터 파일 566
사물인터넷 497
사분면 425
사용자 44
사용자 공간 467
사용자 모드 213
사용자 인터페이스 597, 599
사이드 채널 공격 525
사인파 237
사회보장번호 566
사회적 계약 499
사회적 공격 497
산술 논리 장치 170
살아 있는 문서 346
삼극관 113
삽입 정렬 316
상대 주소 지정 208
상승 에지 251
상태 205, 325
상태 기계 184, 327
상호 배제 470, 475
상호 운용성 346
색 표현법 86
샌버너디노 518
샘플 245, 248
샘플링 221, 251
샘플링 주파수 251
샘플 앤드 홀드 248
생명주기 485
생성 문법 451
생태계 571, 612
샤딩 317
서드파티 491
서드파티 코드 522
서명된 인증서 514
서브루틴 196
서브버전 607
서브우퍼 257
서비스 205
서비스 거부 496
석영 137
선입선출 386
선조 또는 조상 353
선형적인 데이터 구조 294
선형 피드백 시프트 레지스터 520
설정 시간 144
성과 중심 문화 592
성기다 472
세른 244
세밀하다 472
세션 키 511
섹터 157
실렉터 132, 173, 355
실렉터 스위치 133
셀 애니메이션 88
셋업 타임 144
셸 603
소규모 집적 회로 126
소니 491
소벨 연산자 547
소수 315
소스 코드 제어 시스템 606
소프트웨어 개발 573
소프트웨어 디플로이 581
소프트웨어 스택 596
손실 압축 259
수도 배관 101
수상돌기 555
수정 헌법 제4조 499
수직 리트레이스 269
수천 개의 눈 원리 492
수치 해석 71
수평 리트레이스 269
수평 파티셔닝 317
순서도 203, 375
순서를 벗어나는 실행 215
순차 논리 134, 135
순차적 메모리 155
순환 대기 475
순환 신경망 559
순환 올림 65
순환 중복 검사 161
숫자 57
슈미트 트리거 119
슈퍼샘플링 261, 262, 415
스냅 581
스레드 스케줄러 469
스레싱 265
스와핑 212
스왑 아웃 212, 265
스왑 인 212, 265
스위치 104
스캔 229
스캔 라인 440
스콧 맥클라우드 545
스키매틱 105
스키테일 507
스킴 349
스택 201, 207
스택 언더플로 201
스택 오버플로 47, 201
스택 프레임 201
스탠퍼드 606
스탠퍼드 연구소 271
스테가노그래피 502
스토리지 튜브 268
스토캐스틱 453
스튜어트 펠드만 570
스트로브 233, 234
스티브 잡스 193
스티브 존슨 331, 392
스티븐 울프람 37
스티븐 콜 클레이니 328
스티븐 핑커 596
스팸 필터 541
스펙터 492
스펙트럼 분석기 254
스핀 473
슬립 386
시간 분할 멀티플렉싱 236
시그너스 서포트 576
시그널 206
시그모이드 뉴런 557
시그모이드 함수 557
시드 521
시맨틱 엘리먼트 368
시분할 207, 264

시스코 491
시스크 190
시스템 관리자 44
시스템 콜 213, 309, 598
시스템 프로그래밍 45, 596
시스템 프로그램 402
시작 비트 236
시점 408
시크 타임 158
시프트 172, 331
시프트 레지스터 172
시프트-리듀스 파서 331
신경망 555
신뢰 490
실패 비용 594
실행과 링크가 가능한 형식 219
실행 불가 비트 211
실행 장치 174
실행파일 219
심볼 320
심볼릭 링크 301
심볼 테이블 338
쌍극쌍투 스위치 107
쌍극 접합 트랜지스터 114
썬 마이크로시스템즈 34, 581, 606
쓰기 가능한 제어 저장소 189

ㅇ

아날로그 94, 97
아두이노 195
아디 샤미르 511
아리스티드 린덴마이어 451
아스키 78, 313, 604
아스키 코드 표 79
아웃소싱 501
아이노드 300
아이디어 595
아톰 604
아티팩트 256, 262
아파넷 241
악기 디지털 인터페이스 36
안전함 487
안정성 346
안티 에일리어싱 270
알레산드로 볼타 104
알렉산더 그레이엄 벨 120
알비 레이 스미스 451
알파 88
알프레드 아호 333, 603
암순응 87
암페어 104
암호문 504
암호 시스템 495
암호학적 해시 함수 512
암호 해독 원 504
암호화 495, 498, 504
압력 104
압전 137
앙드레마리 앙페르 104
앞먹임 신경망 557
애노드 112
애노테이션 583
애트리뷰트 351, 356
애플 575, 576, 597
애플리케이션 377
애플리케이션 프로그래머 45
애플리케이션 프로그램 인터페이스 597
애플릿 582
액션 366
액정 디스플레이 266
액티브 로우 139
액티브 풀업 123
액티브 하이 139
앤디 벡톨샤임 606
앨런 푸르니에 453
양의 룩어헤드 330
양의 에지에 의해 변화가 촉발 142
양자화 454, 455
어도비 시스템즈 367
어드바이저리 471
어드바이저리 락 471
어셈블러 320
어셈블리 언어 319
어윈 소벨 547
어휘 분석 324
어휘 분석기 329
언더샘플링 256
언더플로 62, 171
얼 허드 88
에드가드 바레즈 538
에드 맥크레이트 302
에드워드 스노든 500
에릭 레이먼드 599
에릭 슈미트 329
에이미 브제스니에프스키 592
에이잭스 364
에일리어싱 256
에지 142
에코 387
에크마스크립트 363
엔디안 168, 274
엔지니어링 43
엔터 384
엔트로피 521
엔티티 참조 351
엘리먼트 350
엘리제베스 스미스 프리드먼 503
엡시딕 78
여는 태그 351
역 기전력(EMF) 109
역전파 558
역 폴란드 표기법 202
연결 리스트 283
연산 코드 170
연선 케이블링 120
연속적 94
연속 추정 변환기 251
연쇄 호출 484
열 150, 530
열 잡음 521
열전자 방출 112
예외 201
예외 처리 394
오거스터스 드모르간 56
오류 460
오류 검사와 정정 161
오류 함수 558
오른쪽 시프트 172
오버클로킹 138
오버플로 62, 171
오버플로 비트 62
오크 582
오토 H. 슈미트 119
오프셋 276
오픈BSD 573
오픈SSL 524
오픈 드레인 124, 229
오픈소스 575, 576, 578, 601, 610
오픈오피스 578
오픈 컬렉터 124
옥텟 82

옥트리 438
올림 예측 가산기 128
옴 104
옴의 법칙 104, 105
와이어드 AND 124
와이어드 OR 125
완전 해시 316
왜곡 99
왼쪽 시프트 172
요구불 페이징 212
요한 카를 프리드리히 가우스 542
요한 헬프리히 폰 뮐러 93
우선순위 206
운영체제 193, 265
움직임 보상 263
워드 77, 87
워터마크 504
원소 276
원소 삭제 284
원소 추가 284
원자적 470
원추 곡선 426
원판 157
원형 버퍼 389, 390
원형 큐 390
월드 와이드 웹 39
월터 바니니 590
월터 티치 607
웹 브라우저 244, 345
웹 서버 244
위상 257
위상차 257
위젯 383
위협 488
위협 모델 488
윈도우 573
윌리엄 깁슨 93
윌리엄 에클스 144
윌리엄 오트레드 92
유니코드 81
유니코드 변환 형식 8비트 81
유닉스 282, 300, 313, 328, 571, 573, 579, 597
유스케이스 597
유인 594
유전 알고리즘 562
유지보수 485, 609
유지 시간 144
유한 상태 오토마타 326
유한 임펄스 응답 필터 225
유향 비순환 그래프 200, 335, 353, 376
윤곽선 542
은닉 계층 557
음극선관 266
음성 암호화 510
음수 표현 62
음의 에지에 의해 변화가 촉발 142
음향심리학 259
응답 시간 205
의도적 491
의미론적 368
의사결정 589
의사 난수 520
의사 난수성 448
의사명령어 320
이더넷 241, 473
이동식 장치 586
이력을 활용한 테두리 추적 551
이력 현상 118
이름 공간 360
이맥스 574, 604
이미지 258
이벤트 206
이벤트 루프 477
이벤트 큐 477
이벤트 핸들러 367, 382
이산 수학 245
이산적 94
이산적인 함수 544
이스케이프 329, 330
이스트먼 코닥 457
이식 가능한 573
이식 가능한 문서 형식 368
이식성 275, 368, 579, 605
이중 간접 주소 지정 286
이중 연결 리스트 293
이클립스 604
익명 함수 382, 482
익명화 565
인공 신경망 554
인공지능 41, 535, 536, 538, 561
인덱스 276
인덱스 레지스터 208
인라인 스타일 383
인버터 111, 116
인센티브 594
인자 199
인증 494, 501, 513
인증기관 514
인코딩 52, 81, 129
인터넷 241, 242, 495, 577
인터럽트 203, 205, 468
인터럽트 벡터 205
인터럽트 요청 205, 224
인터럽트 핸들러 205
인터페이스 600
인터페이스 설계 596
인터프리터 334, 337
인터프리트 334
인텔 155
일반 보안 487
일시중단 473
일회용 코드 502
일회용 패드 509
읽기 전용 211
읽기 전용 메모리 153
임계화 455
임베디드 시스템 520
임의 접근 159
임의 접근 메모리 151
임피던스 126
입력 55
입력과 출력 165
입력 버퍼 387
입력/출력 슬롯 169
잎 노드 200

ㅈ

자격증명 501
자기 드럼 158
자기 유사성 449
자기 테이프 158, 572
자동감소 주소 지정 모드 190
자동증가 주소 지정 모드 190
자바 275, 363, 578, 581
자바독 611
자바스크립트 36, 363, 374, 379, 583
자바스크립트 객체 표기법 369
자식 353
자신감 591
자신을 수정하는 코드 562

자연어 51
자주 사용할 정보를 미리 계산해두는 것 410
자체 검열 501
작업의 크기 472
잔상효과 228
잠깐 중단 204
잡음 내성 97
장기간 락 476
장치 드라이버 386
장 피아제 41
재귀 198
재귀적 분할 199, 427
재귀 함수 201
재배치 208
재사용 196
잭 볼더 442
잭 킬비 115
저널링 파일 시스템 302
저수준 I/O 222
저작권 575
저장 178
저장 프로시저 583
저주파 121
저항 104
적합도 563
전가산기 127
전계 효과 트랜지스터 114
전구 108
전극 137
전기로 지울 수 있는 읽기 전용 메모리 155
전기 이론 101
전력 220
전력 장벽 195
전류 104
전문가 시스템 562
전문 분야 46
전방향 안전성 512
전송 제어 프로토콜/인터넷 프로토콜 243
전압 104
전원 108
전위 표기법 202
전이 325
전이중 236
전이 함수 98
전자 95
전자석 109
전자 프론티어 재단 318, 504
전자 회로 45
전치 암호 507
전파 지연 104, 121, 122, 129, 146
전화 교환국 111
절대 주소 지정 208
점유 대기 475
접점 106
정격표 122
정규 분포 542
정규식 328
정규화 71
정렬 279, 312
정렬이 맞지 않는 접근 167
정밀도 71
정보 교환을 위한 미국 표준 코드 78
정적 289
정적 RAM 151
정적 데이터 217
정적 링크 219
정전 편향 266
정지 비트 236
정합성 513
제너럴 일렉트릭 573
제닉스 575
제록스 알토 575
제록스 팔로 알토 연구소 241
제어 문자 80
제어 신호 185
제어 장치 174
제이쿼리 365
제임스 고슬링 34, 581
제프리 울만 333
제프리 힌튼 558
조건 코드 170
조건 코드 레지스터 170
조건 코드 명령어 180
조셉 마리 자카드 153
조셉 오산나 392
조제프 푸리에 253
조지 불 54
조합 논리 91, 115
존 길모어 576
존 네이피어 92
존 레식 365
존 매카시 292, 561
존 벤틀리 334
존 브레이 88
존 앰브로즈 플레밍 경 112
존 워녹 367
존 캐니 550
존 페리 발로우 495
종단 353
종모양 곡선 542
좋은 정도 563
좌표 회전 디지털 컴퓨터 알고리즘 442
주기 함수 136
주 메모리 214
주변장치 168
주석 319
주소 148, 150, 166
주소 버스 149
주소 지정 모드 179
주소 확장 레지스터 176
주 인덱스 304
주파수 238
주파수 변조 258
주파수 편이 변조 238
죽음의 피라미드 481
중간 규모 집적 회로 126
중간 언어 334, 339
중간자 공격 494
중앙 처리 장치 165, 170
중위 표기법 202
즉시 주소 지정 모드 179
즉시 컴파일 309
증가 175
증감률 548
증폭 회로 99
지름길 405
지멘스 491
지수 70
지식 기반 376
지역 변수 201
지울 수 있는 읽기 전용 메모리 155
직교 좌표계 414
직렬 연결 102
직렬 통신 234
직장 내 문화 592
직접 메모리 접근 216
직접 블록 300
직접 주소 지정 179
진공관 91, 104, 112
진리표 55

진본성 494
진입점 219
진폭 238, 251
진화 563
짐 블린 464
집적 회로 91, 115
짝수 패리티 160

ㅊ

차단 101
차동 신호 119, 120
차분 기관 93
차원 수 축소 560
찰스 배비지 93
참 54
참조 175, 275, 292
참조 지역성 273, 277
창 샤오 503
창시 정 503
창조적 에너지 590
척 게스케 367
척하기 54
천공 종이 테이프 154
청 장 503
체이닝 484
체크섬 161
체크아웃 607
체크인 607
초대규모 집적 회로 126
최소 놀람의 규칙 572
최소 최근 사용 알고리즘 212
최악의 경우 121
최적화기 341
추상화 597
추정 587
축삭 555
축삭종말 555
출력 55
출력 가능하게 변경한 인코딩 83
출력 버퍼 387
충돌 236, 315, 513, 607
취약점 공격 492
칩 115

ㅋ

카버 미드 162
카운터 145
카케하시 이쿠타로 36
카피라이트 575
카피레프트 575, 578
캐니 처리 551
캐리어 238
캐소드 112
캐스케이딩 스타일 시트 355
캐스트 395
캐시 실패 215
캐시 일관성 216
캐시 적중 215
캔버스 368, 414
커널 206, 544
커패시터 151
컨베어 442
컨볼루션 544
컨볼루션 신경망 559
컨볼루션 커널 544, 545
컨테이너 581
컨텍스트 207
컬러 큐브 86
컬럼 530
컴파일 321, 391
컴파일러 321, 339
컴퓨터 35, 38, 40, 165
컴퓨터과학 43, 44
컴퓨터 보안 487
컴퓨터 아키텍처 193
컴퓨터 프로그래밍 39, 41, 402
켄 톰슨 323, 328, 523
코덱 259
코드 253, 569
코드 생성기 339
코드의 품질 577
코딩 42, 590
코볼 579
코어 로프 메모리 154
코어 메모리 152
코프로세서 216
코흐 눈송이 449
콜백 480
콤팩트 디스크 256
쿡드 모드 387
쿼드러처 232
쿼드러처 인코딩 232
쿼드트리 200, 431, 435
퀵정렬 313
큐 225, 386
크기 변경이 가능한 벡터 그래픽스 367
크기 변환 415
크리스털 발진자 137
크리에이티브 커먼즈 578, 579
크립토그래피 448, 487, 495, 497
클라우드 서비스 577
클라우드 컴퓨팅 584
클라크 맥컬리 592
클러스터 299
클렙토그래피 492
클로즈드 소스 576
클록 138, 146
클록 속도 95
키 314
키 교환 510
키보드 270
키비 78
키스 란츠 606
키프레임 263
킬로 77

ㅌ

타이밍 520
타이밍 공격 525
타이밍 다이어그램 146
타일링 458
타입 캐스팅 311
탄젠트값 446
탐색 시간 158
탤리 막대 93
터미널 264, 385, 603
테두리 542, 546
테라 77
테비 78
테스트 607
테스트 집합 608
테이블 530
테일 284
테일러 급수 441
텍사스 인스트루먼츠 115
텍스처 매핑 407
텍스트 편집기 347, 604

텍트로닉스 268
텔레타이프 235, 264
토머스 베이즈 540
토머스 포터 88, 409
토큰 324
토템폴 123
톰 나이트 562
톰 더프 88, 306, 409
통지 473
통합 개발 환경 604
투명도 88
투명성 492
트라이스테이트 버퍼 221
트라이스테이트 출력 125, 148
트랜잭션 472
트랜지스터 113
트랜지스터-트랜지스터 논리 116
트랩 213
트랩도어 함수 510, 511
트레이드 오프 관계 129
트리 200
트리 깊이 298
트리 원소 삽입 296
특권 213
특성 추출 552
티아메 리머스마 463
팀 버너스리 39, 244, 348

ㅍ

파라미터값 197
파스 트리 335, 353
파이어폭스 578
파이프 600
파일 디스크립터 388, 599
파일 이름 300
파일 포인터 392
파장 238
파편화 290
판정 기준 97
팝 201
패딩 282
패딩 문자 85
패리티 160
패스워드 관리 515
패스워드 관리자 516
패시브 풀업 124
패키지 580
패키지 관리 580
패킷 239
패킷 교환 240
패턴 매칭 328
패트릭 노튼 34
퍼리퍼럴 168
퍼센트 인코딩 85
퍼셉트론 535, 555
퍼징 520
펄 584
펄스 555
펌웨어 162
페이로드 239, 242
페이지 210
페이지 경계 210
페이지 테이블 209, 210, 305
페이지 테이블 항목 211
페이지 폴트 211
페치 184, 186
편의 문법 281, 481
편향된 지숫값 72
평문 504, 515
평상시 닫힌 릴레이 110
평상시 열린 릴레이 110
평판 디스플레이 266
평행이동 415
포스 202
포스트스크립트 202, 367
포인터 191, 275, 311
포인트 샘플링 260
포직스 579
포터블 586
포트란 321, 562, 579
포트란 프로그래밍 312
포화 101
폰 노이만 구조 194
폴딩 256
폴 로진 592
폴링 204
폴 아센테 606
폴 자크 137
폼 363, 478
표준 GML 348
표준 입력 600
표준 입력/출력 388
표준 출력 600
표준 편차 542
표 찾기 406
푸리에 변환 253
푸시 201
푸시 버튼 224
풀업 저항 124, 224
프라이버시 487
프랙탈 449
프랭크 그레이 231
프랭크 로젠블랏 555
프랭크 밀러 509
프랭크 조던 144
프레드 브룩스 321
프레임 242, 262, 309
프레임 버퍼 440
프로그래머블 읽기 전용 메모리 155
프로그래밍 35, 43, 569, 590
프로그래밍 언어 319
프로그래밍 철학 598
프로그래밍 패러다임 481
프로그래밍 펄즈 334
프로그래밍 환경 586
프로그램 182, 373
프로그램 상태 207
프로그램 저장 방식 컴퓨터 174
프로그램 카운터 175
프로덕션 596
프로미스 481
프로세서 코어 194, 195
프로세스 206, 467
프로세스 간 통신 606
프로세스 문맥 385
프로시저 196
프로젝트 569, 587
프로젝트 개발 주기 594
프로젝트 설계 595
프로젝트 스케줄링 587
프로토콜 235
프로퍼티 310, 356
프록시 496
프론트엔드 339
프리BSD 573
프리페치 215
프린트 서버 468
플래시 메모리 159
플래시 변환기 249
플로이드-스타인버그 오류 전파 462
플로피 디스크 158
피드백 136

피보나치 323
피보나치 수열 183
피에르 퀴리 137
피에조 전기 137
피연산자 170
피터 와인버거 603
픽셀 86
필터 254

ㅎ

하드 드라이브 158
하드웨어 91
하드웨어를 조작하는 코드 343
하버드 구조 194
하위 호환성 258
하이버네이트 583
하이버네이트 질의 언어 583
하이 임피던스 124
하이패스 255
하이퍼바이저 585
하이퍼텍스트 349
하이퍼텍스트 마크업 언어 244
하이퍼텍스트 전송 프로토콜 244
하인리히 헤르츠 238
하트블리드 524
하프 워드 77
한스 크리스티안 외르스테드 109
함수 196, 413
합성 88
합성 가능 599
합성 계산법 88
합성성 606
항 425
해당하는 캐시 214
해럴드 로슨 275
해밍 코드 161
해상도 247, 251, 266, 415
해시 체인 315
해시 테이블 314
해시 함수 314
해싱 314
해제 290
핸들 388
행 150, 530
허니웰 76
허먼 홀러리스 153
허버트 집 505
헤더 239, 242, 309
헤드 284
헤르츠 238
헨리 스펜서 517
헨리 탤벗 456
헬게 폰 코흐 449
형식 문자열 396
형식적 방법론 518
형제 또는 자매 353
호스트 349
홀드 타임 144
홀러리스 카드 153
홀수 패리티 160
화기 제어 컴퓨터 92
화이트스페이스 334
확장 BCD 교환 코드 78
확장 가능 599
확장 가능한 마크업 언어 348
확장 가능한 스타일시트 언어 변환 361
활동 전위 555
활성화 125, 555
회귀 테스트 608
회로 105, 108
회색조 266
회선 교환 240
회전 415
회전 모드 446
회전 지연 시간 158
효율적인 메모리 할당 291
후방 탐색 330
후손 또는 자손 353
훈련 데이터 537
휘발성 메모리 152
휫필드 디피 511
휴 변환 552
히터 112
힐베르트 곡선 450
힙 217, 289

A

absolute addressing 208
accumulator 178
action 366
action potential 555
active high 139
active low 139
active pull-up 123
ADC 248
adder 127
additive 86, 260
address 148, 166
address bus 149
address extension register 176
addressing mode 179
Adi Shamir 511
Adobe Systems 367
advisory lock 471
AD 변환기 248
AI 41, 535
AI 분야 556
AI의 겨울 556
AJAX 364, 478
Alan Fournier 453
Alessandro Volta 104
Alexander Graham Bell 120
Alfred Aho 333, 603
aliasing 256
alignment 279
ALU 170, 178
Alvy Ray Smith 451
American Standard Code for Information Interchange 78
ampere 104
amplifier circuit 99
amplitude 238, 251
Amy Wrzesniewski 592
analog 94
analog-to-digital converter 248
ancestor 353
AND 55, 111, 116, 412, 435
Andy Bechtolsheim 606
AND 연산 103
annotation 583
anode 112
anonymized 565
anonymous function 382, 482
anti-aliasing 270
API 597
Apple 575
applet 582
application program interface 597
application programmer 45
approximating 405

apt 580
Arduino 195
argument 199
Aristid Lindenmayer 451
arithmetic logic unit 170
ARPANET 241
array 275
artifact 256
artificial intelligence 41, 535
ASCII 78, 313, 604
assembler 320
assembly language 319
asymmetric 510
async 485
asynchronous counter 145
Asynchronous JavaScript and XML 364
Atom 604
atomic 470
AT&T 238
attack surface 492
attribute 351
Augustus De Morgan 56
authentication 494, 501, 513
authenticity 494
authorization 493, 501
autoconf 580
autodecrement 190
autoincrement 190
automake 580
await 485
awk 603
axon 555
axon terminal 555

B

back-door 493
back-EMF 109
back-end 339
background 209
backpropagation 558
Backus-Naur form 326
backward-compatibility 258
band pass 255
bandwidth 239
bar 139
barrel shifter 173
Barry Schwartz 592
base 57, 114
base64 84
base address 276
bash 603
BASIC 322
Basile Bouchon 153
batch processing 264
Battle of Midway 508
Baud rate 236
Bayer filter 457
Bayer matrix 457
Bayes' theorem 540
BCD 73, 100
BCPL 191
Beginner's All-purpose Symbolic Instruction Code 322
bell curve 542
Benoit Mandelbrot 449
Berkeley Software Distribution 574
Bernard Kliban 542
biased 72
big data 535
Bill Gates 496, 574
binary-coded decimal 73
binary search 251
binary tree 295
binning 138
bipolar junction transistor 114
bison 331
bit 53
bit-banging 236
Bitcoin 514
bit density 157
Bitkeeper 607
bitmap 278, 440
BJT 114
blit 308
block 157, 299, 515
block access 159
blockchain 514
blocking 473
Blockly 36
BNF 326
Bob Metcalfe 241
Boeing 302
Boolean algebra 54
boot 321
bootstrap 321
bounce 224
Brackets 604
branch 180
branch prediction 215
breadth-first traversal 201
break 289
Brian Kernighan 333, 603
Brian Reed 606
Bruce Sterling 93
Bryce Bayer 457
BSD 574
bucket 314
buffer 116, 386
buffer overflow 393
bug 112
build tool 580
bus 149
byte 76, 77, 78
Bytecode 582
B 트리 302

C

C 191, 275, 280, 281, 283, 289, 311, 323, 334, 339, 363, 374, 383, 384
CA 514
cache 214
cache coherency 216
cache hit 215
cache miss 215
callback 480
canvas 368, 414, 415, 417
capacitor 151
carrier 238
carry look-ahead adder 128
Cartesian coordinate system 414
Carver Mead 162
Cascading Style Sheets 355
cast 395
CAT 439
cathode 112
cathode ray tube 266
CD 256
cell animation 88
central processing unit 170

CERN 244
certificate 514
certificate authority 514
chaining 484
Chang Xiao 503
Changxi Zheng 503
character 53, 78
character classification 411
character set 605
Charles Babbage 93
check in 607
check out 607
checksum 161
chem 333
Cheng Zhang 503
child 353
chilling effect 501
chip 115
chord 253
Chuck Geschke 367
ciphertext 504
circuit 105, 108
circuit switch 240
circular buffer 390
circular queue 390
circular wait 475
CISC 190
Cisco 491
Clark McCauley 592
class 351
classification 538
cleartext 504
clock 138
clock speed 95
close 388
closed circuit 108
closed source 576
cluster 299
cmake 570
CMOS 115
CMRR 120
CNN 559
coarse–grained 472
COBOL 579
codec 259
code generator 339
coding 42
collision 236, 315, 513
color cube 86
column 150, 530
combinatorial logic 91
command interpreter 603
command prompt 384
comment 319
common cathode 227
common–mode rejection ratio 120
compact disc 256
comparator 248
compare and swap 476
compile 321
compiler 321
complementary 139
complementary metal oxide semiconductor 115
complicated instruction set computer 190
composability 606
composable 599
compose 88
compositing algebra 88
computer 165
computer architecture 193
computer science 43
Concurrent Versioning System 607
condition code 170
condition code register 170
conductor 104
conflict 607
conic section 426
constructive solid geometry 439
container 581
context 52, 207
context switching 309, 385
continuous 94
contributor 578
control character 80
control unit 174
Convair 442
convolution 544
convolution kernel 544
convolution neural network 559
cooked mode 387
Coordinate Rotation Digital Computer 442
coprocessor 216
copyleft 575
copyright 575
CORDIC 442
core 152
core rope memory 154
counter 145
CPU 165, 170
CRC 161
creat 598
Creative Commons 579
credential 501
critical thinking 37
CRT 266
cryptography 448, 495
cryptosystem 495
CSS 355, 382
current 104
cutoff 101
CVS 607
cyclic redundancy check 161
Cygnus Support 576

D

DAC 247
DAG 200, 335, 353, 376
dark adaptation 87
database 302
database management system 302
data bus 149
Data Direction Register 223
Data Encryption Standard 318, 500
datagram 243
data hiding 583
data mining 538
datasheet 122
data structure 273
David Cheriton 606
David Hilbert 450
David Rumelhart 558
DA 변환기 245
DBMS 302
DDoS 496
deadlock 474
Death Master File 566
debounce 225
DEC 72, 573, 598
decimal number 57

decision criteria 97
decision variable 420
decoder 129
decrypt 495, 504
Deep Crack 500
deep fake 497
default 358
degree 427
delete 293
deliberate 491
demand paging 212
demodulation 239
De Morgan's law 56
demultiplexer 131
dendrite 555
denial of service 496
Dennis Ritchie 323, 411
deploy 581
depth 298
depth-first traversal 201, 353
derivative 546
DES 318, 500
descendant 353
developer console 345
device driver 386
DHKE 511
Dick Grune 607
diff 606
difference engine 93
differential signaling 120
Diffie-Hellman Key Exchange 511
digit 57
digital 94
Digital Equipment Corporation 72, 573
digital signal processor 69
digital signature 513
digital-to-analog converter 245
digraph 507
diode 222
direct addressing 179
direct block 300
directed acyclic graph 200, 335
direction 548
direct memory access 216
directory 301
discrete 94, 544
discrete mathematics 245
disingenuous 491
disk drive 156
disk head 156
dispatcher 215
display list 267
distance formula 430
distortion 99
distributed denial of service 496
dithering 457
DMA 216
DMF 566
demux 131
dnf 580
DNS 243
Document Object Model 352
Document Type Definition 361
dog-whistle marketing 504
DOM 352, 376
domain 46
Domain Name System 243
domain-specific language 334
Donald Knuth 600
Don Fussell 453
doping 114
DoS 496
double indirect 301
double indirect addressing 286
double-pole, double-throw 107
double precision 72
double word 77
doubly linked list 293
Douglas Engelbart 271
Doug McIlroy 600
DPDT 107
DRAM 151
DR-DOS 575
driver 120
DSL 334
DSP 69
DTD 361
Duff's Device 306
duty cycle 230
DV Henkel-Wallace 576
DV 헨켈-월리스 576
dynamic 151, 217
dynamic linking 219
D 플립플롭 142, 143, 144, 147

E

Earl Hurd 88
Eastman Kodak 457
EBCDIC 78
ECC 161
echo 387
Eclipse 604
ECMA-262 363
ECMAScript 363
economy of scale 585
ecosystem 571
Edgard Varèse 538
edge 142, 542, 546
Editor MACroS 574
Edward Snowden 500
EEPROM 155
electrically EPROM 155
electrode 137
electromagnet 109
Electronic Frontier Foundation 318
electrostatic deflection 266
element 276, 350
ELF 219
Elizebeth Smith Friedman 503
Emacs 574, 604
embedded system 520
enable 125
encoding 52, 81
encrypt 495, 504
end-around carry 65
endian 168
endianness 274
engineering 43
ENTER 384
entity reference 351
entropy 521
entry point 219
EPROM 155
erasable programmable ROM 155
Eric Raymond 599
Eric Schmidt 329
error 460
error checking and correction 161
error function 558
Ethernet 241
eval 370
even parity 160

event 206
event handler 367, 382
event loop 477
event queue 477
evolution 563
exception 201
exception handling 394
Executable and Linkable Format 219
execution unit 174
exit 395
expert system 562
exploit 492
exponent 70
Extended Binary-Coded Decimal Interchange Code 78
extensible 599
eXtensible Markup Language 348

F

false 54
Fast Fourier Transform 254
fast prototyping 596
feedback 136
feedforward network 557
FET 114
fetch 184
FFT 254
field effect transistor 114
field-programmable gate array 163
FIFO 247, 386
file 349
file descriptor 388, 599
filename 300
file pointer 392
filter 254
fine-grained 472
finite impulse response 225
finite state automata 326
FIR 225
fire 555
fire control computer 92
firmware 162
first derivative 546
first in 247
first-in 386
first out 247
first-out 386
fitness 563
fixed-point 68
FLAC 259
flash converter 249
flash memory 159
flat screen 266
flight computer 93
float 124
floating-point 70
floppy disk 158
flowchart 203
FM 스테레오 258
folding 256
font 440
form 363, 478
formal method 518
format string 396
forth 202
FORTRAN 312, 321, 579
forward secrecy 512
FOSS 575
Fourier transform 253
FPGA 163, 467
fprintf 395
fps 262
fractals 449
fragmentation 290
frame 242, 309
frame buffer 440
frame per second 262
Frank Gray 231
Frank Jordan 144
Frank Miller 509
Frank Rosenblatt 555
Fred Brooks 321
free 289, 290, 526, 528, 529
FreeBSD 573
Free Lossless Audio Codec 259
frequency 238
frequency modulation 258
frequency shift keying 238
front-end 339
FSA 326
fsck 302
FSK 238
full adder 127
full-duplex 236
function 196, 413
fuzzing 520

G

gain 99
garbage collection 292, 528
Gary Feldman 547
gate 102, 114
gate array 162
Gaussian blur 543
gcc 576
GE 573
genetic algorithm 562
Geoffrey Hinton 558
George Boole 54
Georg Simon Ohm 104
gets 393
gibi 78
giga 77
Git 607
GitHub 47
glass tty 266
glib 601
glitch 118
GNU 575, 577
Gnu is Not Unix 575
goodness 563
GOTO 322
GPU 191
Grace Hopper 112
gradient 422, 548
gradient descent 558
grammar 331
granularity 472
graphical user interface 384
graphic equalizer 254
graphics processing unit 191
Gray code 231
grayscale 266
grep 328, 603
grid 113
ground 227
Guassian distribution 542
GUI 384

H

half adder 127
half-duplex 236
halftone printing 456
half word 77
Hamming code 161
handle 388
Hans Christian Ørsted 109
hard drive 158
hardware 91
Harold Lawson 275
Harvard 194
hash chain 315
hash function 314
hashing 314
hash table 314
HD 565
head 284
header 239, 242, 309
heap 217
Heartbleed 524
heater 112
Heinrich Hertz 238
Helge von Koch 449
Henry Spencer 517
Henry Talbot 456
Herbert Zim 505
Herman Hollerith 153
herpes 523
Hertz 238
hexadecimal representation 74
hex triplet 89
Hibernate 583
Hibernate Query Language 583
hidden layer 557
hierarchical filesystem 301
high frequency 121
high impedance 124
high-level language 321
high pass 255
high-water mark 248
hold and wait 475
hold time 144
Hollerith card 153
Honeywell 76
horizontal partitioning 317
horizontal retrace 269
host 349
Hough transform 552
HQL 583
HTML 244, 348
HTML5 368
HTML 인스펙터 382
hypertext 349
HyperText Markup Language 244, 346
HyperText Transfer Protocol 244
hypervisor 585
hysteresis 118, 551

I

IBM 348, 419
IC 91
ICD-10 42
IDE 604
IEEE 754 71
image 258
imake 570
immediate addressing mode 179
impedance 126
incentive 594
Incompatible Timesharing System 573
incompetent 491
increment 175
index 276
index register 208
indirect addressing 179
indirect address register 186
indirect block 300
infix notation 202
info 571
init 572
inline style 383
inode 300
input 55
input buffer 387
insertion sort 316
inspector 382
instruction 174
instruction register 184
instruction set 162
insulator 104
in sync 235
integrated circuit 91, 115
integrated development environment 604
integrity 513
Intel 155
IntelliJ IDEA 604
intercept 508
interior 353
intermediate language 334, 339
International Standards Organization 81
International Telecommunication Union 514
Internet-of-Things 497
interoperability 346
interpret 334
interpreter 334
interprocess communication 606
interrupt 204, 205
interrupt handler 205
interrupt request 205, 224
interrupt vector 205
inverter 111, 116
invisible 383
I/O 165
IoT 497
I/O 장치 168
IP address 243
IPC 606
IP 주소 243
IRQ 224
Irwin Sobel 547
isalpha 412
isdigit 412
ishexdigit 412
ISO 81
isolated 581
isupper 412
ITS 573
ITU 514

J

Jack Bresenham 419
Jack Kilby 115
Jack Volder 442

James Gosling 34, 581
jar 572
Javadoc 611
JavaScript 36, 363
JavaScript Object Notation 369
Jean-Baptiste Joseph Fourier 253
Jean Piaget 41
Jeffrey Ullman 333
Jim Blinn 464
JIT 309
Johann Carl Friedrich Gauss 542
Johann Helfrich von Müller 93
John Bray 88
John Canny 550
John Gilmore 576
John McCarthy 292, 561
John Napier 92
John Perry Barlow 495
John Resig 365
John Warnock 367
Jon Bentley 334
Joseph Marie Jacquard 153
Joseph Ossanna 392
journaling 302
JPEG 261
jQuery 365, 479
JSON 369
JSON.parse 370
just-in-time 309

K

Keith Lantz 606
Ken Thompson 323, 523
kernel 206, 544
key 314
keyframe 263
kibi 78
kilo 77
knife switch 106
knob 232
knowledge base 376
Koch snowflake 449

L

label 319
LAN 240
Lance Williams 408
Large Hadron Collider 565
large-scale integration 126
latch 139
LavaRand 521
Lawrence Lessig 579
layer 556
layering 263
LCD 266
leading zero 60
leaf node 200
least recently used 212
least significant bit 60
LED 125, 222
Lenovo 491
Leonard Adleman 511
lex 329, 330, 331
lexical analysis 324
lexical analyzer 329
LFSR 520
LHC 565
library 218
libtool 580
lifecycle 485
light bulb 108
light emitting diode 222
light-emitting diode 125
lightweight process 469
Lindenmayer systems 451
linear 294
linear feedback shift register 520
link 218, 301, 391
linked list 283
linker 218
Linus Torvalds 576
Linux 576
liquid crystal display 266
LISP 292, 561
Lisp machine 562
literal 85
live image 602
load leveling 529
local area network 240
locale 313
locality of reference 273, 277
local variable 201
logarithm 92
logic 45
logic gate 115
logic operation 54
lookbehind 330
loop invariant 342
loop unrolling 305
Loren Carpenter 454
lossless compression 259
lossy compression 259
Louis Steinberg 462
low frequency 121
low pass 255
low-water mark 248
LRU 212
LSB 60, 172, 503
LSI 126
Lynn Conway 162
L 시스템 451, 452

M

machine code 320
machine intelligence 535
machine language 319
machine learning 535
MACMedia 242
macOS 573
macro 413
magnetic drum 158
magnetic tape 158, 572
magnitude 547, 548
mainframe 573
main memory 214
make 570
malloc 289, 290, 526, 528, 529
malware 491
man 571
man-in-the-middle attack 494
mantissa 70
MapReduce 317
Marc Andreesen 363
Mark Rochkind 606
markup 347
Martin Hellman 511

mask 206, 278
mask off 441
mask-programmable 155
mass storage 156
Mathematica 37
Matt Blaze 518
Maureen Stone 87
MD5 513
mebi 78
Media Access Control 242
medium-scale integration 126
mega 77
Meltdown 492
member 280
memory 165
memory controller 215
memory hierarchy 213
memory location 166
memory management unit 209, 289, 575
merge 607
Mersenne Twister 521
Message Diagest #5 513
metadata 498
metal-oxide semiconductor field effect transistor 114
method 310
methodology 593
Michael Deering 415
Michael Tiemann 576
microcode 189
microcomputer 195
microcontroller 195
microinstruction 189
microprocessor 195
MIDI 36
Mike Lesk 329
Mike Sheridan 34
minicomputer 76
MIP 매핑 408
MIP 맵 409
MIT 573
ML 535
MMU 209, 211, 289, 305, 530, 575
mnemonics 319
modem 239
modularity 599
modulation 238
moiré 459
Mosaic 363
MOSFET 114
most significant bit 60
motion compensation 263
Motorola 168
mp3 309
MRI 439
MS 574, 576
MSB 60, 172
MS-DOS 574
MSI 126
multicore 195
Multics 219, 573
multidimensional 276
multilayer neural network 556
multiplex 227
multiplexer 132
multiplexing 150
multiprocessor 194
multitasking 193, 265, 465
Musical Instrument Digital Interface 36
mutate 563
mutual exclusion 470, 475
mux 132

N

naive Bayes classifier 540
namespace 360
NaN 73
NAND 116, 117
negative edge-triggered 142
negative logic 56
NetBSD 573
Netscape 363
neural network 555
neuron 554
new 292
nibble 77
nightly build 608
Nils-Peter Nelson 411
Noam Chomsky 41
node 353
Node.js 583, 601
no execute bit 211
noise immunity 97
normalization 71
nonaligned access 167
non-blocking 473
nonmaximum suppression 550
nonrepudiation 513
non-volatile 152
no preemption 475
NOR 116, 117
normal distribution 542
normally closed relay 110
normally open relay 110
NOT 54, 111, 116, 435
not and 116
not a number 73
notch 255
notify 473
not or 116
NSA 491, 519
NULL 275, 284
numerical analysis 71
nuxi syndrome 168
NYIT 408

O

Oak 582
object 310
object code 321
object-oriented 310
octal representation 74
octet 82
octree 438
odd parity 160
offset 276
ohm 104
Ohm's law 104
one-dimensional 276
one's complement 64
one-time code 502
one-time pad 509
one-way 512
opcode 170
open 388
OpenBSD 573
open-collector 124
OpenCV 552

open-drain 124, 229
openness 492
OpenOffice 578
open source 575
OpenSSL 524, 601
operand 170
operating system 193, 265
operation code 170
optical disk 158
optimizer 341
OR 55, 111, 116, 435
ordered dithering 458
OR 연산 103
OS 193, 265
oscillator 136
Otto H. Schmitt 119
out-of-order execution 215, 475
output 55
output buffer 387
outsourcing 501
overclocking 138
overflow 62, 171
overflow bit 62

P

package 580
package management 580
packet switch 240
padding 85, 282
page 210
page boundary 210
page fault 211
page table 209
page table entry 211
paradigm 481
parallel connection 102
parallelize 191
parallelized 194
parallel port 233
parameter 197
PARC 241
parent 353
parity 160
parser 331
parse tree 335
passive pull-up 124
password management 515
password manager 516
path 349
Patrick Naughton 34
pattern matching 328
Paul Asente 606
Paul-Jacques 137
Paul Rozin 592
payload 239
PC 574, 575
PDF 368
percent-encoding 85
perceptron 535, 555
perfect hash 316
periodic 136
peripheral 168
peripheral device 168
Perl 584
persistence of vision 228
Peter Weinberger 603
phase 257
phase difference 257
photolithography 114
physical address 209
picture element 86
Pierre 137
piezoelectric 137
pipe 600
pixel 86
PKI 514
plaintext 504
platter 157
PL/I 275
pointer 191, 275
point sampling 260
polar coordinate 427
pole 106
polling 204
pop 201
population 542
portability 275, 368, 579
portable 573, 586
Portable Document Format 368
portable operating system interface 579
PORTB 344
positive edge-triggered 142
positive logic 56
positive lookahead 330
POSIX 579, 606
post 479
PostScript 202, 367
power 220
power wall 195
precision 71
prefetch 215
prefix notation 202
pressure 104
price/performance ratio 168
primary index 304
prime number 315
primitive data type 274
printf 396
print server 468
priority 206
privacy 487
private key 510
privilege 493
privilege level 494
procedure 196
process 206, 467
process context 385
processor core 195
production 596
production grammar 451
program 182
program counter 175
Programmable ROM 155
programming 43
programming language 319
Programming Language One 275
Programming Pearls 334
PROM 155
promise 481, 483
prompt 603
propagation delay 104, 121
property 310, 356
protocol 235
proxy 496
pseudo-instruction 320
pseudorandomness 448
pseudorandom number 520
psychoacoustic 259
public key 510
public key cryptography 510
public key infrastructure 514

pull-up 224
pull-up resistor 124
pulse 555
punched paper tape 154
push 201
push button 224
pyramid of doom 481

Q

QP 인코딩 83
qsort 313
quadrant 425
quadrature encoding 232
quadtree 200
quantization 455
quartz 137
queue 225, 386
quicksort 313
Quoted-Printable encoding 83

R

race condition 465
radial zone 157
radian 427
radius 427
RAM 151
ramp converter 250
random 453
random access 159
random access memory 151
random back-off-and-retry 242
random logic 187
raster graphics 268
Ravi Sethi 333
raw mode 387
RCS 607
read-only memory 153
realloc 526, 527
receiver 120
recurrent neural network 559
recursion 198
recursive subdivision 199, 427
reduced instruction set computer 190
reducing dimensionality 560
refactoring 608
reference 175, 275, 292
reference voltage 249
refresh 151
register 147, 473
regression test 608
regular expression 328
reject 483
relative addressing 208
relay 91, 109
relocate 208
resistance 104
resolution 247, 251, 266, 415
resolve 483
response time 205
return 198
RETURN 384
reuse 196
reverse Polish notation 202
Revision Control System 607
RGB color model 86
RGBα 89, 283
RGB 색 모델 86
Richard Greenblatt 562
Richard Hamming 161
Richard Stallman 575
ring 240
ring buffer 390
ripple-carry adder 128
ripple counter 145
RISC 190
rising edge 251
RNN 559
Robert Floyd 462
Robert Noyce 115
Rob Pike 308
roll off 255
ROM 153
Ronald Williams 558
root 295, 353
rotation 415
rotational latency 158
rotation mode 446
router 242
routine 411
row 150, 530
RPN 202
RS-232 237, 385
RSA 511
Ruby 334
Rudolf Bayer 302
rule of least astonishment 572
runtime library 219

S

safe 487
sample 245, 248
sample and hold 248
sampling 221, 251
sampling frequency 251
San Bernardino 518
SATA 237
saturation 101
Scalable Vector Graphics 367
scaling 415
scan 229
scan line 440
SCCS 606
schematic diagrams 105
scheme 349
Schmitt trigger 119
scientific notation 70
scytale 507
secret code 495
secret decoder ring 504
sector 157
Secure Hash Algorithm #1 512
seed 521
seek time 158
segment 227
selector 132, 355
selector switch 133
self-censorship 501
self-modifying code 562
self-similarity 449
semantic 368
semiconductor 113
sensitive data 525
separator 324
sequential 155
sequential logic 134, 135
series connection 102

service 205
session key 511
setup time 144
SGML 348
SHA-1 512
sharding 317
shared library 219
shared memory 210
shared resource 466
shell 603
shift-reduce 331
shift register 172
shortcut 405
sibling 353
side-channel attack 525
Siemens 491
sigmoid function 557
sigmoid neuron 557
sign 63
signal 206
sign and magnitude 63
SIGSALY 비화 시스템 510
Simple Mail Transfer Protocol 244
sine wave 237
single-pole, single-throw 106
single precision 72
Sir John Ambrose Fleming 112
sleep 386
slide rule 92
slot 169
small-scale integration 126
SMTP 244
snap 581
Sobel operator 547
SoC 196
social 497
social contract 499
Social Security Number 566
software stack 596
solid-state drive 159
Sony 491
Source Code Control System 607
Spectre 492
spectrum analyzer 254
spin 473
SPST 106
SQL 530
SQL injection 530
SQL 주입 공격 530
SQL 주입 버그 532
square wave 251
SRAM 151, 168
S-R 래치 139
SSI 126
SSN 566
stability 346
stack 201
stack frame 201
stack overflow 201
Stack Overflow 47
stack underflow 201
standard deviation 542
Standard Generalized Markup Language 348
standard input 600
standard input/output 388
standard output 600
Stanford Research Institute 271
start bit 236
start-hidden 382
state 205, 325
state machine 184, 327
static 151, 217, 289
static linking 219
stderr 392
stdio 388, 392
steganography 502
Stephen C. Johnson 331
Stephen Cole Kleene 328
Stephen Wolfram 37
Steve Jobs 193
Steve Johnson 392
Steven Pinker 596
stochastic 453
stop bit 236
storage tube 268
store 178
stored procedure 583
stored-program computer 174
strcmp 313
strength reduction 343
string 279, 394
string length 400
string terminator 280
strlen 400
strobe 233
structure 280
structured 323
Stuart Feldman 570
subroutine 196
subtractive 87, 260
Subversion 607
subwoofer 257
successive approximation converter 251
Sun Microsystems 34
supersampling 261
suspend 473
SVG 367
swap in 212, 265
swap out 212, 265
swapping 212
switch 104
symbol 320
symbolic link 301
symbol table 338
symmetric 505
symmetry 425
synchronous counter 146
syntactic sugar 281, 481
system administrator 44
system call 213
systemd 572
System on a Chip 196
system programming 45

T

table 530
tail 284
tally stick 93
tar 572
Taylor series 441
TCP/IP 243
tebi 78
Tektronix 268
teletype 235, 264
tera 77
term 425
terminal 264, 353
test and set 475
texinfo 571
text editor 347

texture mapping 407
then 484
thermal noise 521
thermionic emission 112
Thiadmer Riemersma 463
third-party 491
third-party code 522
Thomas Bayes 540
Thomas Porter 88, 409
thousands of eyeballs principle 492
thrashing 265
thread scheduler 469
threat 488
threat model 488
threshold 99
thresholding 455
tiling 458
Tim Berners-Lee 39
time division multiplexing 236
time sharing 264
time slicing 207
timing 520
timing attack 525
timing diagram 146
token 324
tolerance 231
Tom Duff 88, 306, 409
Tom Knight 562
totem pole 123
training data 537
transaction 472
transfer function 98
transformation 414
transistor 113
transistor-transistor logic 116
transition 325
translation 209, 415
Transmission Control Protocol/Internet Protocol 243
transparency 88, 492
trap 213
trapdoor function 510
tree 200
triode 113
triple indirect 301
tri-state 125, 148
troff 333, 347, 611
true 54
trust 490
truth table 55
TTL 116
TTY 264
twisted-pair cabling 120
two-factor authentication 502
two's complement 66
type casting 311

U

UART 236
UI 597
underflow 62, 171
undersampling 256
Unicode 81
Unicode Transformation Format-8 bit 81
Uniform Resource Locator 348
union 283
unit circle 443
Universal Asynchronous Receiver-Transmitter 236
Universal Serial Bus 233, 239
UNIX 282, 300, 573
UNIX-to-UNIX copy 241
unstructured 322
URL 348
URL 인코딩 85
USB 233, 239
use case 597
user 44, 213
user interface 597
user space 467
utf-8 604
UTF-8 81, 605
UUCP 241

V

V 104
vacuum tube 104
valve 102
van Eck phreaking 525
Vannevar Bush 244
variable 322
vector 266
vectoring mode 446
vertical retrace 269
very large-scale integration 126
vi 604
viewpoint 408
virtual address 209
VirtualBox 578, 602
virtual machine 334, 345, 585
virtual memory 211
Visual Studio 604
VLSI 126
volatile 152, 344
volt 104
voltage 104
voltage source 108
von Neumann 194
voxel 439

W

Walter Tichy 607
Walter Vannini 590
WAN 240
watermark 504
wavelength 238
web browser 244
web server 244
weight 555
weighted average 463
Werner Heisenberg 96
whitespace 334
Whitfield Diffie 511
wide area network 240
widget 383
William Eccles 144
William Gibson 93
William Oughtred 92
wired-AND 124
word 77, 87
word salad 541
World Wide Web 39
worst-case 121
writable control store 189
write through 216

X

X.509 514
Xenix 575
Xerox Alto 575
Xerox Palo Alto Research Center 241
XHR 478
XHTML 348
XML 348, 358, 364
XMLHttpRequest 478
XML Path Language 361
XML 경로 언어 361
XOR 55, 116
XPath 361
XSLT 361
Xtensible Stylesheet Language Transformations 361
X 윈도우 606

Y

yacc 331, 332
yum 580

Z

ZIP 572

번호

0x 76
1의 보수 64
1주소 명령어 178
1차 도함수 546
1차원 276
1차원 오류 전파 461
2FA 502
2단계 인증 502, 517
2배 정밀도 부동소수점 수 72
2본 528
2의 보수 가산기 127
2의 보수 표현법 66
2중 간접 블록 301
2진 검색 251
2진수 덧셈 61
2진 코드화한 10진수 73
2진 트리 295
3중 간접 블록 301
7세그먼트 디스플레이 227
8진 숫자 76
8진 표현법 74
10진수 57, 76, 93
16진수 76
16진 트리플렛 89
16진 표현법 74
32비트 447

기호

/** 611
& 351
〈 351
& 351
〈body〉 378
〈div〉 379
< 351
θ 427
μ 542
σ 542

한 권으로 읽는 컴퓨터 구조와 프로그래밍

더 나은 소프트웨어 개발을 위한 하드웨어, 자료구조, 필수 알고리즘 등 프로그래머의 비밀 노트

펴낸날 | 2021년 4월 8일 초판 1쇄
2023년 10월 30일 6쇄 발행

지은이 | 조너선 스타인하트
옮긴이 | 오현석

펴낸이 | 김희정
엮은이 | 김경희
관리총괄 | 양아영
디자인 | 전병준(표지), 박진희(본문)
제 작 | 재영P&B(인쇄, 제본), 다올페이퍼(용지)

펴낸곳 | (주)책만
주소 | 경기도 안양시 동안구 학의로 282 금강펜테리움IT타워 A동 810호
연락처 | 전화 02) 535-4331, 팩스 02) 6280-4350
홈페이지 | www.onlybook.co.kr
페이스북 | www.facebook.com/onlybookpub
전자우편 | support@onlybook.co.kr

ISBN 979-11-89909-28-4 93000